Rudolf Fisch / Hans-Dieter Daniel (Hg.)

Messung und Förderung
von Forschungsleistung

Konstanzer Beiträge
zur sozialwissenschaftlichen Forschung

Herausgegeben von Rudolf Fisch und Kurt Lüscher

Band 2

UNIVERSITÄTSVERLAG KONSTANZ GMBH

Rudolf Fisch / Hans-Dieter Daniel (Hg.)

Messung und Förderung von Forschungsleistung

Person – Team – Institution

UNIVERSITÄTSVERLAG KONSTANZ GMBH

Einbandvorderseite:
Die Forschungsproduktivität eines bedeutenden
Wissenschaftlers: Albert Einstein veröffentlichte
zwischen 1900 und 1950 über 300 wissenschaftliche
Schriften.
Quelle: Paul A. Schilpp (ed.)
Albert Einstein: Philosopher–Scientist
London: Cambridge University Press, 1970

Foto: Nordpress Verlag, Hamburg.

ISBN 3 87940 297 3

Gesamtherstellung:
Universitäts-Druckerei Konstanz GmbH, Konstanz

Inhalt

Vorwort

Ende der siebziger Jahre wurde eine bis dahin nur in Expertenkreisen diskutierte Frage öffentlich: Wie leistungsfähig sind die Universitäten der Bundesrepublik Deutschland in der Forschung? Oder pointierter gefragt: Besteht nicht ein Mißverhältnis zwischen den hohen Forschungsaufwendungen und den vergleichsweise wenigen bemerkenswerten und international anerkannten Forschungsleistungen? Insbesondere der Wissenschaftsrat hatte im Jahre 1979 mit seinen »Empfehlungen zur Forschung und zum Mitteleinsatz in den Hochschulen« mit Nachdruck diese Frage gestellt und eine Reihe von Anhaltspunkten für eine bestehende Diskrepanz zwischen Mittelaufwendungen und Forschungsertrag genannt. Diese herbe Kritik verstärkte bereits vorhandene selbstreflexive Prozesse in der Wissenschaft über ihre Ziele und Zwecke im allgemeinen und über die Leistungsfähigkeit der universitären Forschung im besonderen, die in den letzten beiden Jahrzehnten durch den Vorrang der Ausbildung, durch Strukturreformen und andere Einflüsse beeinträchtigt worden war. Im Verlauf der Diskussion ist etwa seit 1983 deutlich geworden, daß die Hochschulpolitiker eine bestimmte Problemlösung favorisieren: Durch mehr Wettbewerb zwischen den Universitäten und durch Konzentration der Forschungsressourcen auf Schwerpunktgebiete soll die Leistungsfähigkeit der Hochschulforschung gesteigert werden.

Ein funktionierender Wettbewerb setzt allerdings Transparenz des Hochschulsystems voraus. Damit eine gewisse Konzentration von Ressourcen auf Forschungsschwerpunkte vorgenommen werden kann, müssen alle Beteiligten darüber informiert sein, wer was leistet und wie das Geleistete beurteilt wird. Informationen über die Leistungen der einzelnen Universitäten standen bisher jedoch kaum zur Verfügung. Erst in den letzten Jahren sind vergleichende Untersuchungen zum Leistungsniveau und zur Reputation der Universitäten in größerer Zahl veröffentlicht worden. Die in diesen Studien verwendeten Bewertungskriterien sind innerhalb der Wissenschaft jedoch sehr umstritten. Erschwerend kommt hinzu, daß die eilfertig angebotenen Universitäts-Hitlisten nach Art von Schlagerparaden und Schönheitskonkurrenzen nicht immer den strengen Kriterien für Wissenschaftlichkeit genügten, die innerhalb der Fachwissenschaften gelten. Bei einigen Untersuchungen gab es Erhebungsfehler, Fehler bei der Analyse der Daten oder bei der Interpretation der Befunde. Leistungsvergleiche berücksichtigten häufig nicht die bestehenden Größen-, Alters- und Spezialisierungsunterschiede zwischen den Universitäten. Zweifel an der Möglichkeit eines fairen Vergleichs der Universitäten wurden auf diese Weise bestärkt.

Wir hatten uns seit längerem mit Fragen wissenschaftlicher Produktivität und Kreativität sowohl auf der Ebene von Einzelwissenschaftlern als auch auf der Ebene von Forschergruppen befaßt. Wir fühlten uns daher von der hochschulpolitischen und -organisatorischen Debatte herausgefordert und veranstalteten ein Symposium zu Fragen der »Messung und Förderung der universitären Forschungsleistung«*. Das Symposium fand im Januar 1985 im Internationalen Institut für wissenschaftliche Zusammenarbeit e. V. Schloß Reisensburg statt. Wissenschaftler aus vier Ländern (Bundesrepublik Deutschland, Österreich, Schweiz und USA), die mit einschlägigen Arbeiten hervorgetreten waren, bemühten sich um eine Bestandsaufnahme der Forschung. Gemeinsam mit Vertretern der großen Forschungsförderungsorganisationen erörterten sie, welche Möglichkeiten zur Messung und Förderung universitärer Forschungsleistungen bestehen und wie man sie unter den gegenwärtigen Bedingungen des Hochschulsystems umsetzen könnte.

Die Beiträge wurden von den Referenten und Diskutanten ausgearbeitet und sind in diesem Buch zusammengestellt worden. Bei der formalen Gestaltung der einzelnen Arbeiten wurde wegen der unterschiedlichen fachspezifischen Regelungen von einer Normierung abgesehen. Der Nachweis verwendeter Literatur wurde den Autoren jeweils selbst überlassen, ebenso die Gestaltung der Tabellen und Abbildungen. Die Schreibweise von Fachausdrücken ist nicht durchweg einheitlich. Bei der Auswahl der Autoren wurde darauf geachtet, daß die Beiträge über den Universitätsbereich hinaus Bedeutung erlangen können. Außer für Hochschullehrer sollten die Arbeiten auch von Interesse sein für Mitglieder von Forschungsinstituten, Großforschungseinrichtungen, Forschungs- und Entwicklungsabteilungen der Wirtschaft und von privaten und staatlichen Forschungsverwaltungen.

Allen, die zum Gelingen des Symposiums und dieses Buches in vielfältiger Weise beigetragen haben, möchten wir an dieser Stelle sehr herzlich danken.

Konstanz, im März 1986   Rudolf Fisch und Hans-Dieter Daniel

* Das Symposium war zugleich das Abschlußkolloquium zu einem vom Bundesministerium für Bildung und Wissenschaft (Förderungskennzeichen: G 0074.00) und dem Ausschuß für Forschungsfragen der Universität Konstanz (AFF-Projekt Nr. 50/75) geförderten Forschungsprojekt mit dem Titel »Determinanten des Erfolgs universitärer Forschungsprojekte – Eine empirische Analyse forschungshemmender und -fördernder Faktoren«. Die erste Phase des Projekts wurde durch eine Personalbeihilfe des Ministeriums für Wissenschaft und Kunst Baden-Württemberg unterstützt. Wir danken dem Bundesministerium für Bildung und Wissenschaft und dem Ministerium für Wissenschaft und Kunst Baden-Württemberg für Sachbeihilfen zur Durchführung des Symposiums auf Schloß Reisensburg.

Rudolf Fisch und Hans-Dieter Daniel

Zur Einführung: Messung von Forschungsleistungen – wie, wozu und mit welchen Implikationen?

Dieses Buch handelt von Forschungsleistung auf der *Ebene von Einzelwissenschaftlern, Forschergruppen* und *Institutionen*. Forschungsleistung steht hier als Sammelbegriff für den sichtbaren Forschungsertrag, so wie er anderen mitgeteilt werden kann. Leistung ist, physikalisch gesprochen, Arbeit pro Zeiteinheit. Die Definition legt eine quantitative Betrachtung nahe und bildet im vorliegenden Band im wesentlichen die Grundlage für das Verständnis von Forschungsleistung. Im weiteren Wortsinn wird Forschungsleistung jedoch auch als gedankliches Konstrukt angesehen, als Abstraktion eines vielfältig zusammengesetzten Urteils über das, was Wissenschaftler, Wissenschaftlergruppen oder Wissenschaftsinstitutionen erarbeiten und was der Bewertung durch Dritte unterliegt. Die Kriterien der Forschungsleistung, auf die wir weiter unten noch eingehen werden, haben überwiegend den Charakter von Indikatoren. Sie repräsentieren in der Regel eine Anordnung, ein gedankliches System von Urteilsgrößen, die, meist zusammengenommen, für etwas Bestimmtes stehen. Die Kriterien selbst sind also nicht immer »Forschungsleistung« an sich.

Ebene des Einzelwissenschaftlers bedeutet: Ein Forscher betreibt im wesentlichen allein ein Forschungsvorhaben. *Forschergruppe* steht hier für die arbeitsteilig organisierte Erledigung eines Forschungsvorhabens durch mehrere Personen unter der Leitung eines Wissenschaftlers. Arbeitsgruppen können unterschiedlich organisiert sein; eine Sonderform ist die Teamarbeit. *Institution* steht hier für eine Aggregation einzelner Forscher oder Forschergruppen zu größeren organisatorischen Einheiten wie einer Fakultät, einem Sonderforschungsbereich oder einer Universität.

Die Messung der Forschungsleistung ist in den meisten Beiträgen nicht Selbstzweck, sondern eine notwendige Voraussetzung für die empirische Klärung folgender Fragen: Welches sind die Erfolgsbedingungen für hervorragende Forschungsleistungen? Wie müssen die Bedingungen für Forschung beschaffen sein, damit der Ertrag optimiert werden kann? Wie könnte man zu mehr Höchstleistungen in der Wissenschaft kommen? Die Frage, durch welche Maßnahmen die Forschungsleistung von Wissenschaftlern gefördert werden kann, zieht sich wie ein roter Faden durch das Buch.

Das Thema »Messung von Forschungsleistungen« löst leicht erregte Kommentare und hitzige Debatten aus. Denn die Messung wird natürlich nie um ihrer selbst willen durchgeführt, sondern die Ergebnisse liefern Argumente für größere Entscheidungszusammenhänge, die so vielfältiger Natur sind, daß wir sie in einem Einleitungskapitel nicht annähernd erschöpfend behandeln können. Ein wesentlicher Entscheidungs-zusammenhang ist zum Beispiel die Allokation oder der Abzug von Ressourcen für die Forschung. Wer hier verantwortlich entscheiden und handeln will, möchte gut und zutreffend informiert sein. Der Begriff »Messung« soll signalisieren, daß es in den Beiträgen zunächst um eine Erfassung von Forschungsleistungen anhand konsensibler Kriterien geht und erst dann um den bewertenden Aspekt.

Dieses Buch ist also keine Handreichung zur Bewertung von Forschungsleistungen, obwohl mit der Bewertung befaßte Wissenschaftler und Administratoren sicher manchen Hinweis daraus ziehen können, vor allem den, daß mit der Bewertung wegen der meist unkontrollierbaren Folgen nicht vorsichtig genug umgegangen werden kann. Es wird deutlich werden, welche Fehlerquellen sich bei den – immer plausibel erscheinenden – Bewertungen von Forschungsleistungen einschleichen können.

Effizienz und Effektivität der Forschung*

Überlegungen, wie man den Forschungsertrag von Institutionen optimieren könnte, lenken die Aufmerksamkeit rasch auf die Frage nach der Effizienz von Forschungsbemühungen. Effizienz als das Verhältnis von Aufwand zu Ertrag erfordert klare und quantifizierbare Kriterien zu ihrer Bestimmung. Der Aufwand ist vergleichsweise leicht zu erfassen, zum Beispiel als Geldeinsatz oder Personalstunden; der Forschungsertrag ist demgegenüber sehr viel schwieriger zu ermitteln.

Was ist »Forschungsertrag«, wie ist er angemessen zu quantifizieren? Ist »Forschungsertrag« gleichzusetzen mit der Anzahl von Patenten, Zeitschriftenartikeln, Aufsätzen, Vorträgen, Büchern, wissenschaftlichen Preisen und Ehrungen, zum Beispiel der Anzahl von Nobel-Preisen, die an Wissenschaftler einer Forschungseinrichtung oder eines Landes verliehen werden? Oder ist es nicht vielmehr die Anerkennung, also die sogenannte Reputation, die einzelne Wissenschaftler oder Wissenschaftsinstitutionen in den Augen der internationalen Wissenschaftler-Gemeinde finden? Oder ist es die Rezeption und soziale sowie technologische Verwertung wissenschaftlicher Erkenntnisse? Gelten all diese Kriterien nicht vorwiegend für technische Fachbereiche und Naturwissenschaften? Wie bewertet man dagegen die Leistungen von Geisteswissenschaftlern, von Sozialwissenschaftlern? Ferner: Sollten nicht noch weitere Produktivitäts- oder Leistungskriterien hinzutreten, z. B. die Anzahl der Absolventen, Doktoranden, Habilitanden, Beiträge zu fach-

* Von den Herausgebern dieses Buches ist eine annotierte Bibliographie mit detailliertem Sachindex »Messung von Forschungsleistungen (1910–1985)« erstellt worden. Sie kann über den Buchhandel bezogen werden.

und wissenschaftspolitischen Leistungen, wie sie etwa die Gründung von Forschungsschwerpunkten oder das Betreiben von Forschungszentren, die Erstellung von Gutachten, die Durchführung von Beratungen und manch anderes darstellen. Und weiter gefragt: Welche Konsequenzen zieht man aus den Effizienzbeurteilungen?

Die wissenschaftliche und die öffentliche Debatte um diese Fragen haben in den vergangenen Jahren deutlich gemacht, daß die Antworten weitaus weniger einheitlich und klar ausfallen, als es die Fragen sind. Woran könnte das liegen?

Fragen nach der Effizienz sind bürokratisch organisierten Sozialgebilden wie Forschungseinrichtungen oder Universitäten eher fremd. Schon eher angemessen erscheint die Frage nach der Effektivität als dem Grad der Zielerreichung. Aber gibt es so klar umrissene Zielvorstellungen von dem jeweiligen wissenschaftlichen Ertrag in den einzelnen Disziplinen, um das Ausmaß einer wie immer umschriebenen Effektivität angemessen beurteilen zu können?

Auch den Wissenschaftlern selbst ist die Frage nach der Effizienz ihrer Arbeit eher ungewohnt. Der Gedanke paßt nicht recht zur Norm der Zweckfreiheit von Forschung und zu den Wertvorstellungen von grundlagenorientierter Wissenschaft, die sich um irdischer Dinge willen nicht von ihrem Vorsatz, das gesicherte Wissen zu vermehren, abbringen lassen darf oder sollte. Wir können unterstellen, daß Wissenschaftler im allgemeinen daran interessiert sind, Erfolge in ihrer Arbeit zu sehen, aber das ist eine andere Bedeutung von Effizienz, als sie hier angesprochen ist. Wissenschaft ist in diesem Jahrhundert zu einem so aufwendigen Unternehmen geworden, daß die Frage nach der Effektivität, ja auch nach der Effizienz, trotz aller methodischer Schwierigkeiten nicht mehr zu umgehen ist. Doch wer sich auf die Suche nach Antworten macht, ist mit einer Fülle von Problemen konfrontiert.

In der Bundesrepublik Deutschland ist das Thema erst seit einiger Zeit in der Diskussion. In anderen Ländern, zum Beispiel Holland, Großbritannien, Kanada und den USA, ist es schon länger in der Debatte; wesentliche Gedankenmodelle und Verfahren zur Bestimmung von Forschungsleistungen kommen aus den USA. Die überwiegend normativ geführte Diskussion um die Forschungsleistung leidet hier wie dort an einem Mangel konsensibler Beurteilungsgrundlagen von »Forschungsertrag«. Je nach nationalen und organisationsspezifischen Zielsetzungen von Wissenschaft bieten sich unterschiedliche Kriterien an. Wissenschaftler haben oftmals andere Erfolgskriterien als Wissenschaftspolitiker. Ressourcen vermittelnde und verteilende Instanzen, wie die staatlichen Institutionen des Bundes und der Länder, wissenschaftliche Stiftungen oder Selbstverwaltungsorganisationen der Wissenschaft, haben wiederum sehr unterschiedliche Vorstellungen davon, wo der Einsatz welcher Mittel am ehesten lohnt.

Perspektiven der Wissenschaftsforschung

Das Interesse am Thema Forschungsleistung und Effizienz von Forschung nährt sich nicht nur aus den skizzierten pragmatischen Fragestellungen, obwohl sie unzweifelhaft große Bedeutung für die laufende Debatte haben. Es sind auch wissenschaftsimmanente Fragestellungen, wie sie die empirische Wissenschaftsforschung aufwirft, die dazu geführt haben, daß dieses Thema größeres Interesse findet. Vergleichende Analysen der Forschungsleistungen von Einzelwissenschaftlern, Forschergruppen und Institutionen sind beispielsweise Voraussetzung für die Bearbeitung zahlreicher wissenschaftspsychologischer und -soziologischer Fragestellungen: Was sind die entscheidenden individuellen und institutionellen Bedingungen hoher wissenschaftlicher Produktivität? Eignen sich Kommunikationsnetze, erschlossen beispielsweise über den Science Citation Index, für die Aufdeckung forschungsaktiver Problemfelder? Nach welchen Kriterien verteilt die Wissenschaftler-Gemeinde Reputation für Leistung? Geschieht dies im Sinne von Merton (1968) normengerecht?

Diese Fragestellungen leiten sich aus einer anderen analytischen Perspektive her als die bisher genannten. Dennoch sind auch bei den wissenschaftsimmanenten Fragen die pragmatischen Zielsetzungen unverkennbar. Daher werden wir uns im folgenden vorrangig mit den pragmatischen Aspekten der Forschungsmessung befassen.

Kriterien für Forschungsleistung

Die systematische Erfassung und Bewertung individueller und organisationsbezogener Forschungsleistung ist in der Bundesrepublik bisher quantitativ nicht so bedeutsam gewesen wie beispielsweise in den USA. Dort gibt es differenzierte Leistungsbewertungssysteme, die unter anderem auch dazu dienen, das jeweilige Gehalt der Wissenschaftler festzulegen. Hierbei geht es aber nicht allein um den Forschungsertrag, sondern auch um die Qualität der Lehre, der Mitwirkung in der Forschungsorganisation und ähnliches. In der Bundesrepublik Deutschland ist das Interesse an Forschungsmessung überwiegend anders motiviert. Angesichts knapper Ressourcen geht es vorrangig um Hilfestellungen bei Entscheidungen über die Reallokation und Konzentration von Forschungsmitteln. Das betrifft Einzelforscher, Forschergruppen und Institutionen (vergleiche Turner, 1986).

Insgesamt gesehen scheint es nur einige wenig umstrittene Kriterien für Forschungserfolg zu geben, wie beispielsweise die Anzahl der Publikationen in »angesehenen« Fachzeitschriften, sofern es zu den Publikationsgewohnheiten des Faches gehört, Ergebnisse in Fachzeitschriften zu publizieren. In anderen Fächern zählen nur

Bücher, genaugenommen aber nur die rezipierten, manchmal aber auch nur die originellen Gedanken daraus. Wer aber legt anhand welcher Kriterien fest, was »angesehene« Zeitschriften sind, welche Anzahl von Artikeln angemessen ist, wann ein Buch »rezipiert« wurde, was »originell« ist? Die Standards werden im fachinternen Diskurs definiert und so zum Bestandteil einer auf dem gleichen Weg wieder veränderbaren Realität. Die Standards sind also nicht stabil, nicht objektiv, und ob sie für etwas Verläßliches stehen, wird nur schwer auszumachen sein. Die gleichen Kriterien haben von Disziplin zu Disziplin ihre unterschiedliche Bedeutung und Wertigkeit: Einen Historiker nach der Anzahl seiner Zeitschriftenaufsätze zu bewerten, ist wahrscheinlich ebensowenig angemessen, wie einen Ingenieurwissenschaftler nach der Anzahl seiner Monographien.

Die Vertiefung solcher Fragen führte zur Entwicklung szientometrischer Verfahren wie zum Beispiel der Zitations- und Ko-Zitationsanalyse; sie liefern relativ objektive, genauer gesagt intersubjektiv akzeptable und nachprüfbare Kriterien zur Beurteilung des Forschungsertrags. Aber die Zitationsanalyse findet in der Wissenschaftler-Gemeinde so gut wie keine Zustimmung. Denn die Objektivität der szientometrischen Verfahren bezieht sich auf die methodische Vorgehensweise, nicht auf die interpretationsbedürftige Bewertung ihrer Ergebnisse selbst und auf deren Zustandekommen.

Der Wert quantitativer Kriterien, von denen wir bisher ausgingen, läßt sich mit guten Argumenten bestreiten. Sobald allgemein bekannt ist, daß es auf hohe Publikationszahlen ankommt, um als erfolgreich zu gelten, werden sich viele Wissenschaftler bemühen, ihre Publikationszahlen zu steigern. Das wiederum führt zu einer Nivellierung auf hohem quantitativen Niveau. Aktivismus kann unter bestimmten Umständen und in bestimmten Situationen eine wichtige Eigenschaft sein, um Dinge voranzubringen – eine Dauerstrategie kann es jedoch für die Wissenschaft im wahren Wortsinne nicht sein. Wer an die kognitive Wissenschaftsentwicklung denkt, an die Weiterentwicklung von Theorien und Methoden, dem dürften als Urteilsgrundlage hohe Publikationszahlen allein nicht ausreichen. Denn Erkenntnisse fallen dem Forscher im allgemeinen nicht in den Schoß, und wirkliche Marksteine in der Wissenschaftsentwicklung sind selten.

Andererseits erzeugen Aktivitäten Aufmerksamkeit und regen zu Bewertungen an. Sie werden so zum Gegenstand der Kommunikation unter Menschen. Daher kommt man nicht umhin, sich mit den Aktivitäten auseinanderzusetzen. Gedanken und Ergebnisse, die nicht kommuniziert, nicht publiziert werden, sind nicht öffentlich sichtbar. So gesehen haben Publikationen instrumentellen Charakter für Wissenschaftler, um sich bemerkbar zu machen, um Karriere zu machen, um Einfluß auf die Diskussion zu nehmen und sich intellektuell produktiv an anderen zu reiben. Hohe Publikationszahlen sind also nur zum Teil, aber leider zu einem nicht exakt definierbaren Teil, ein wichtiges wissenschaftliches Ergebnis.

Der Bewertungsprozeß

Natürlich haben die mit der Bewertung wissenschaftlicher Leistungen befaßten Wissenschaftler und Administratoren Beurteilungsgesichtspunkte, die sie für ihre Urteile heranziehen. Diese Urteile lassen sich im allgemeinen – gegebenenfalls auch nachträglich – begründen. Genauso selbstverständlich kann man Beurteilungen kritisch daraufhin befragen, wie wahr oder zutreffend sie sind. Mitunter können Dritte erhebliche Vorbehalte gegenüber den Beurteilungen haben und diese auch begründen. Unabhängig davon, wie wahr oder zutreffend die Urteile sind, gilt: Weil Beurteilungen und daraus ableitbare Schlußfolgerungen eine Grundlage für weitreichende Entscheidungen sein können, stehen die Beurteiler heute unter zunehmendem öffentlichen Legitimationszwang. Schon allein deshalb erscheint es wichtig, sich Gedanken über den Bewertungsprozeß und die Gewinnung konsensibler Wertmaßstäbe zu machen. Wir bewegen uns hier zwar auf einem Feld, das in der Wirtschaft mit dem Verfahren der Wertanalyse recht erfolgreich bearbeitet wurde. Doch die Verhältnisse scheinen im Bereich der Forschung um einiges komplizierter zu sein.

So ist aus sozialpsychologischen Untersuchungen zur Personwahrnehmung und -beurteilung sinngemäß ableitbar, daß in die Beurteilung von Forschungsleistungen die Menge und die geschätzte Güte der Arbeiten ebenso eingehen wie die Reputation, die sich der Forscher oder gegebenenfalls die Forschergruppe oder die Institution bisher erworben hat. Will man genauer sein, werden Publikationen nach Anzahl und Seitenumfang bewertet. Es wird gefragt, wie reputierlich die Publikationsorgane oder Verlage sind, in denen veröffentlicht wurde. Diese Reputation kann durch quasi-objektive, szientometrische Zählkriterien, zum Beispiel aus Zitationshäufigkeiten berechnete Impact-Faktoren, bestimmt worden sein. Was immer man an »intersubjektiv akzeptierten« Kriterien heranzieht, es bleibt nicht beim einfachen Messen oder Zählen: Für eine Entscheidung handlungsrelevant wird in der Regel das aus den Daten abgeleitete oder mit Daten und Fakten legitimierte oder nachträglich begründete Wahrnehmungsurteil. Objektiv wären diese Entscheidungen erst dann, wenn sich die Beurteiler auf bestimmte, intersubjektiv nachvollziehbaren Urteilskriterien einigten und zur Grundlage ihrer Entscheidung machten.

In aller Regel wird nicht ein einziges Kriterium wie etwa die Anzahl der Publikationen in anerkannten Fachzeitschriften herangezogen, sondern mehrere Kriterien zusammen. Es gibt in der Erforschung sozialer Urteile empirische Belege dafür, daß bei der Beurteilung von Personen die Gewichte einzelner Urteilsgrößen im Gesamturteil interindividuell erheblich variieren können; konkret gesagt, es wird auf verschiedene Dinge geachtet, und sie werden im Urteilsprozeß unterschiedlich im Bewertungszusammenhang gewichtet. Das bedeutet: Um der Forderung nach Intersubjektivität zu genügen, sollten nicht nur die Kriterien konsensfähig sein, sondern auch deren relative Gewichtsanteile bei umschriebenen Urteils- und Entscheidungsverfahren. Die Forderung ist jedoch praktisch kaum erfüllbar, so daß zwangsläufig der subjektive Anteil am Urteil meistens sehr hoch sein wird. Im Ergebnis kann das zu strittigen Bewertungen führen (vergleiche Neidhardt, 1986). Anschaulich und am deutlichsten ist das am Kriterium »wissenschaftliche Reputation« aufzuzeigen.

Reputation ist in der Wissenschaftler-Gemeinde ein häufig genanntes Kriterium für die Bewertung von Personen und wissenschaftlichen Institutionen. Was bedeutet Reputation und wie läßt sie sich erfassen? Reputation ist ein Globalurteil, eine Abstraktion, die sich aus zahlreichen Komponenten und subjektiv gefärbten Eindrucksurteilen zusammensetzt. Jeder glaubt zu wissen, was Reputation ist, keiner kann jedoch *genau* sagen, was es ist. Daher kann man nur anhand von Indikatoren eine näherungsweise Bestimmung des Konzepts versuchen. Dabei ist ein sehr unbefriedigender Tatbestand, daß Reputation ein Ganzheitsurteil ist und die Indikatoren jeweils nur Teilaspekte widerspiegeln, nicht aber ihre Rolle im ganzen. So kann es sein, daß man sich mit einem leicht faßbaren und leicht quantifizierbaren Indikator beschäftigt, dem an sich nicht viel Bedeutung zukommt. Möglicherweise ist das einer der Kritikpunkte an der bereits erwähnten Zitationsanalyse zur Bestimmung der Reputation eines Wissenschaftlers oder einer Wissenschaftlergruppe.

Bekanntermaßen variiert das Urteil über die Reputation von Fachkollegen sehr stark von Beurteiler zu Beurteiler – sieht man einmal von den wenigen, allgemein anerkannten Wissenschaftlern ab. Das Urteil ist zeitlich instabil, hat oftmals eine schmale Erfahrungsbasis und ist vom Standpunkt einer »Messung« her gesehen eigentlich wenig verläßlich und valide. Das Fatale ist: Man weiß, daß das Kriterium »Reputation« in der Wissenschaftler-Gemeinde äußerst wichtig ist und daß das eigene Urteil über die Reputation einer Person oder Institution wahrscheinlich zutreffend sein wird. Die Problematik des Kriteriums, sein Zustandekommen auf der Basis nicht immer ganz nachvollziehbarer Erfahrungsauswertungen, das Fehlen der Objektivität als wichtige Norm bei der Abgabe von Urteilen über andere, all dies ist kollektives Wissen und darf als bekannt vorausgesetzt werden. Wegen der erlebten Bedeutsamkeit wird kaum jemand auf die Reputation als Indikator für Forschungsleistung bei einer Urteilsfindung verzichten wollen.

Die subjektiven Komponenten des Kriteriums »Reputation« sind nicht vermeidbar und nicht zu beseitigen. Deshalb kann es keine »objektive« Aussage über Reputation geben.Die erlebte Bedeutsamkeit von Reputation wird dafür sorgen, daß man sie bei Beurteilungen mit einbezieht. Es wäre immerhin denkbar, in einem Kreis von Beurteilern durch Offenlegen und Erörterung der Gesichtspunkte zu einer gemeinsamen Sichtweise zu kommen, um so durch den denkbaren Fehlerausgleich bei Beurteilungen durch eine Gruppe zu einem akzeptablen und zutreffenden Schätzwert für die Reputation zu gelangen.

Diese Überlegungen können nicht ohne weiteres auf die Bestimmung der Reputation von Organisationen, z.B. Universitäten, übertragen werden. Reputation von Organisationen ist qualitativ verschieden von der Reputation von Personen. Bei der Reputation von Universitäten denkt man in erweitertem Sinne eher an etwas, was mit den Begriffen »Image« und »stereotype Vorstellungsbilder« belegt werden kann. Die sogenannten Prestige-Ranglisten von Universitäten haben im Grunde mit wertbezogenen Images von Institutionen zu tun. Images von Organisationen oder Institutionen erweisen sich in der Regel als sehr zeitstabil oder änderungsresistent. Leitet man aus dem Image einer Universität Aussagen über ihre Reputation her, wird Reputation zu einem recht zeitstabilen Kriterium.

Wahrscheinlich muß man hinnehmen, daß letztlich nicht nur objektive Zählkriterien, sondern immer auch subjektiv gefärbte Eindrucksurteile maßgeblich für die Feststellung von Forschungsleistungen sein werden. Urteile und Einschätzungen sind, bei aller Subjektivität und der oben demonstrierten Angreifbarkeit, ernst zu nehmen. Denn in der Wissenschaft gilt, wie im gesamten sozialen Leben, das sogenannte »Thomas-Theorem«. Danach beeinflußt nicht die Realität als solche das Verhalten von Individuen und Kollektiven, sondern die jeweils subjektive und damit selektive und bewertende Wahrnehmung der Realität durch die Handelnden. Im Ergebnis heißt das: Erst wenn Menschen etwas als real ansehen, hat es Konsequenzen für die Realität.

Insgesamt gesehen zeigen die Beiträge in diesem Band sehr deutlich, daß das Thema »Messung und Förderung von Forschungsleistung« jetzt in eine Phase gekommen ist, in der – wie Kornadt in seinem Beitrag fordert – komplexere Hypothesen über das Entstehen guter Forschungsleistungen aufgestellt und geprüft werden müssen. Ansätze zur Erklärung dieser Zusammenhänge stellen wir in diesem Buch vor. Da wir uns in der Hauptsache auf bereits durchgeführte empirische Untersuchungen stützen, liegt das Schwergewicht der Beiträge bei den Geistes-, Sozial- und Wirtschaftswissenschaften. Die Natur- und Ingenieurwissenschaften, die noch stärker in der öffentlichen Auseinandersetzung um die Leistungsfähigkeit der Hochschulen stehen, sind hier leider nicht vertreten. In der Bundesrepublik wurden allerdings erste Untersuchungen in diesen Wissenschaftsbereichen begonnen, so zum Beispiel in der Biologie.

Übersicht über die Beiträge

Das Buch hat drei Themenschwerpunkte. Der erste Teil (I) enthält Beiträge zur Messung von Forschungsleistungen. Im zweiten Teil (II) geht es um die Frage, welchen Einfluß personen- und gruppenspezifische Faktoren auf die Forschungsleistung haben. Die Beiträge im Schlußteil (III) befassen sich mit den institutionellen Rahmenbedingungen für Forschung und geben Gestaltungsempfehlungen für das Hochschulsystem.

Im ersten Beitrag bezeichnet Markl, Präsident der Deutschen Forschungsgemeinschaft, die Forschungsleistungen unserer Universitäten als verbesserungswürdig. Er schlägt vor, Allokationsentscheidungen stärker nach Maßgabe der wissenschaftlichen

Leistung zu treffen. Die gebräuchlichsten Ansätze zur Erfassung und Beurteilung von Forschungsleistungen stellt Bolsenkötter vor. Es folgen Berichte über empirische Untersuchungen in einzelnen Fächern: Anglistik (Finkenstaedt), Ökonomie (Rau, Pommerehne und Renggli, Heiber), Jurisprudenz (Klausa) und Psychologie (Daniel und Fisch). Wissenschaftliche Leistung wird in diesen Studien nach verschiedenen Methoden bestimmt: Produktivitätsanalysen werden beispielsweise von Finkenstaedt, Rau sowie Daniel und Fisch durchgeführt. Pommerehne und Renggli ermitteln die relative Bedeutung von Fachzeitschriften, um auf diese Weise der quantitativen Dimension die qualitative hinzuzufügen. Heiber führt Zitationsanalysen, Sehringer Ko-Zitations-Analysen durch. Das Prestige von universitären Fachbereichen bestimmt Klausa nach der Peer-Rating-Methode. Blaschke behandelt die besonderen Probleme bei der Evalution interdisziplinärer Forschungsleistungen. Untersuchungsobjekte sind in diesen Studien Einzelwissenschaftler (Finkenstaedt, Daniel und Fisch), Forschergruppen (Blaschke), Hochschulinstitute (Rau, Heiber, Klausa), Universitäten (Rau, Daniel und Fisch) und Länder (Sehringer). Der erste Themenbereich wird abgeschlossen mit einem Diskussionsbeitrag von Spiegel (Stifterverband für die Deutsche Wissenschaft).

Der zweite Teil des Buches befaßt sich mit Faktoren, von denen angenommen wird, daß sie einen Einfluß auf die wissenschaftliche Leistung haben. Die Frage, inwieweit persönliche Eigenschaften des Wissenschaftlers eine Rolle spielen, wird von Rieser behandelt. Bedingungen für Erfolg und Mißerfolg von Forschergruppen werden in den Beiträgen von Fisch und Daniel sowie Mittermeir isoliert. Geschka zeigt auf, wie wissenschaftliche Kreativität durch Problemlösungsmethoden gefördert werden kann. Schneider, Wissenschaftsrat, faßt die Diskussion zu diesem Themenbereich zusammen und gibt Anregungen für die weitere Forschung.

Im dritten und letzten Teil des Buches geht es um die Frage, welche institutionellen Rahmenbedingungen die Forschung fördern und welche sie behindern. Backes und Sadowski werten hierzu die einschlägige Literatur aus, und Bresser stellt Ergebnisse einer empirischen Untersuchung vor, die den Zusammenhang zwischen Fachbereichsstruktur, Kontextmerkmalen und Erfolgsindikatoren beleuchtet. Van Lith unterbreitet Gestaltungsvorschläge für ein Hochschulsystem, das stärker an marktwirtschaftlichen Prinzipien orientiert ist. Im Schlußbeitrag gibt Kornadt (früherer Präsident der Deutschen Gesellschaft für Psychologie und langjähriges Mitglied des Wissenschaftsrates) einen kritischen Rückblick und diskutiert »policy«-Implikationen der in diesem Band enthaltenen Beiträge. Er mahnt die Forschungspolitiker zu einer vorsichtigen Rezeption der bisher vorliegenden Untersuchungsbefunde.

Literatur

Merton, R.K. Science and democratic social structure. In: R. K. Merton, Social theory and social structure (enlarged edition). New York: The Free Press, 1968, 604-615.

Neidhardt, F. Kollegialität und Kontrolle – Am Beispiel der Gutachter der Deutschen Forschungsgemeinschaft (DFG). Kölner Zeitschrift für Soziologie und Sozialpsychologie, 1986, 38, 3–12.

Turner, G. Universitäten in der Konkurrenz. Stuttgart: Verlag Bonn Aktuell, 1986.

Hubert Markl

Wettbewerb im deutschen Hochschulsystem: die Sicht eines Naturwissenschaftlers

1. Warum Wettbewerb im Hochschulsystem?

Ein Biologe wird sich diese Frage dadurch handlicher machen dürfen, daß er sie in einen weiteren, biologischen Zusammenhang stellt. Dies bietet sich hier um so mehr an, als Konkurrenz – lange ehe sie ein Begriff für menschliches Handeln werden konnte – für das Dasein aller Lebewesen von Anbeginn an eine bestimmende Tatsache gewesen ist. Ja, es ist wahrscheinlich nicht übertrieben, wenn man behauptet, daß wir den unerschöpflichen Formen- und Leistungsreichtum der lebendigen Natur vor allem drei Faktoren verdanken: der Konkurrenz um knappe lebensnotwendige Güter, der Arbeitsteilung in ihrer Nutzung und der daraus erst möglich werdenden Kooperation verschiedenartig spezialisierter Nutzer. Da Arbeitsteilung und Kooperation ihrerseits Folgen von Antworten auf Konkurrenz sind, sind die mannigfachen Arten des Wettbewerbs wirklich die Grundlage allen Lebens, bis hin zur Wurzel des Lebendigen im Unbelebten.

Worum konkurrieren Lebewesen? Um knappe Ressourcen, darunter vor allem um knappe Produktionsfaktoren für die Erzeugung von Nachkommen. Da prinzipiell jede Organismenart zu exponentieller Vermehrung fähig ist, wird in einer endlichen Umwelt über kurz oder lang immer irgendeine unverzichtbare Ressource knapp, das heißt produktionsbegrenzend; daher ist Konkurrenz unter den Nutzern gleicher Ressourcen eine Naturnotwendigkeit. Zu fragen, welchen *Zweck* Konkurrenz in der Natur erfüllt, wäre daher sinnlos. Hingegen lohnt es zu betrachten, wozu sie führt: Sie hat zur *Folge*, daß in der Evolution manchem Augenschein verschwenderischer Fülle zum Trotz ein strenges Ökonomieprinzip wirkt. Die natürliche Selektion begünstigt unter augenblicklich konkurrierenden Typen immer jene, die aus gegebenen knappen Ressourcen ein Maximum an Vermehrungsprodukten erwirtschaften. Dieses Prinzip gewährleistet somit die ökonomisch effiziente Allokation knapper Ressourcen. Wer in dieser Feststellung ideologische Voreingenommenheit sehen möchte, der mag sie auch in Newtons Gravitationsgesetz entdecken, wenn es feststellt, daß Massen anziehend wirken.

Daß solche Wettbewerbsbedingungen auch für den Menschen in seiner Umwelt begrenzter Möglichkeiten gelten, ist ebenso trivial wie nur die halbe Wahrheit. Haben wir doch dank unserer Freiheit zu vorbedachtem Handeln die Wahl, die

Wettbewerbsprinzipien der Natur auch in unserem Tun unverändert fortgelten zu lassen oder sie, wenn auch nicht ganz und gar, so doch für bestimmte Zeit, bestimmte Bereiche unseres Handelns oder bestimmte Gruppen in einer Gesellschaft willkürlich außer Kraft zu setzen, etwa, indem wir die Allokation von Produktionsfaktoren statt im freien Wettbewerb nach Maßgabe von Leistungsfähigkeit nach einem von der Obrigkeit erlassenen Plan vornehmen. Das mag dann zwar nicht besonders vernünftig und schon gar nicht ökonomisch sein, aber solange wir die Folgen tragen mögen, ist solches Handeln durchaus machbar. Somit wird es für uns sehr wohl sinnvoll, danach zu fragen, was denn die *Zwecke* sind, für deren Erreichung uns der Wettbewerb ein geeignetes *Mittel* scheint. Während für die Natur nur die Frage »*warum Wettbewerb?*« beantwortbar ist, müssen wir uns auch fragen: »*Wozu Wettbewerb?*« Das heißt, bezogen auf die Ziele, die man verfolgen möchte – denn Wettbewerb kann ja wohl nicht Selbstzweck sein: Wieviel Wettbewerb, nach welchen Regeln, zwischen welchen Konkurrenten soll es geben, und wonach soll der Erfolg dieser Konkurrenz bemessen werden? Die Tatsache, daß irgendwelche Ressourcen immer knapp sind, *erklärt* Wettbewerb, sie *rechtfertigt* ihn noch nicht. Gerechtfertigt wird Wettbewerb, indem man seine Tauglichkeit als Mittel zu autonom begründeten Zwecken prüft. Ich sage das ausdrücklich als Evolutionsbiologe, weil der Versuch, jeden Wettbewerb an sich schon als gleichsam durch Naturzwang legitimiert anzusehen, in der Tat ideologisch wäre.

2. Wozu Wettbewerb?

Auf unser Thema bezogen also: Was sind diese Zwecke, denen der Wettbewerb im Hochschulsystem dienen soll? Es sagt sich so leichthin »zur Steigerung der Leistungsfähigkeit der Hochschulen . . . zur Verbesserung der Qualität von Forschung und Lehre«. Wettbewerb also zur optimalen Allokation von Produktionsmitteln für quantitativ und qualitativ maximalen wissenschaftlichen Ertrag. Nun kann man sich an der Operationalisierung dessen, was wissenschaftliche Qualität sein soll, leicht die definitorischen Zähne ausbeißen. Darauf wird zurückzukommen sein. Zunächst mag es jedoch genügen, mit berufenen Sachkennern die Leistungen unserer Hochschulen als unbefriedigend, verbesserungswürdig und nach dem Prinzip Hoffnung auch als verbesserungsfähig zu bezeichnen. Fragen wir daher zunächst nicht so genau danach, was Qualität ist, sondern danach, wie Wettbewerb sie steigern könnte. Die Begründung dafür, warum wir dies ausgerechnet dem Wettbewerb – und nicht etwa dem Zufall, himmlischer Schicksalsfügung oder den Planungsabteilungen von Ministerien – zutrauen, kommt aus dreifachen Analogieschlüssen:

1. weil in der Natur Konkurrenz nachweislich produktionssteigernd wirkt und das meiste aus knappen Ressourcen macht;

2. weil in der Wirtschaft das gleiche zu gelten scheint, wobei aber anzumerken ist, daß sich die Leistungssteigerung hier am Gewinn mißt und daß es dabei zu einem vertrackten Trade-off zwischen Quantität und Qualität erzeugter Produkte kommen kann, was uns für unser Thema sogleich warnend mahnen sollte, das Ergebnis des Wettbewerbs an Hochschulen höchst sorgfältig auf diesen Zusammenhang zu prüfen;

3. weil die Hochschulsysteme anderer wissenschaftlich-technisch führender Länder (etwa Frankreich, England, USA oder Japan) und auch das deutsche Hochschulsystem in der Vergangenheit mit augenscheinlichem Erfolg von mehr oder weniger ausgeprägten Wettbewerbsprinzipien Gebrauch machen oder machten – was auch wieder nicht heißen muß, aber heißen kann, daß das, was augenscheinlich ist, auch wirklich die Ursache von uns bewunderter Erfolge dieser Systeme ist.

Wenn wir aufgrund solcher Überlegungen annehmen, daß Wettbewerb auch hier und jetzt eine besonders taugliche Methode sein könnte, um an unseren Hochschulen aus begrenzten Ressourcen möglichst viel Ertrag zu gewinnen – und zwar nicht nur nach der Menge, sondern nach der Qualität des Hervorgebrachten bemessen –, indem dafür gesorgt wird, daß die knappen Mittel den Nutzern nach Maßgabe ihrer wie immer bestimmten Leistungsfähigkeit zufließen, so müssen wir also fragen:

– Was sind die begrenzenden Ressourcen für eine hohe Leistungsfähigkeit für Forschung und Lehre: *Worum* soll konkurriert werden?

– *Wer* sollte auf *welche Weise* um sie konkurrieren, um eine für optimalen Ertrag sorgende Zuteilung zu erreichen? Was sind die besten Wettbewerbsregeln? Daß kein Wettbewerb ohne Freiheit der Konkurrenten denkbar ist, sei hier sogleich hervorgehoben.

– *Was sind geeignete Indikatoren* für die angestrebte Ertragssteigerung, also vor allem *für die Qualität der Produkte von Forschung und Lehre?* Anders gesagt: Wenn auf dem wirtschaftlichen Markt Knappheitspreise die Signale für ökonomisch optimale Allokation setzen: Was sind die geeigneten Signale, wo ist der Markt für die Produkte unserer Hochschulen?

3.   Worum Wettbewerb?

Natürlich um die knappen wissenschaftlichen Produktionsmittel, worum denn sonst? Können wir nicht alle das Notwendige anhand der Titelgruppen und Kostenstellen unserer Hochschulhaushalte herunterleiern? Worum verhandeln wir denn bei Berufungen, worüber wacht verläßlich jene stabilisierende Urkraft im Innersten aller Hochschulgremien: der Neid der Kollegen? Da geht es doch immer um Räume, Planstellen, Sachmittel für Investitionen, Verbrauchsmaterial, Reparatur und Wartung, Bücher- und Zeitschriftenkauf, Forschungs- und Kongreßreisen, Gästekolloquien. Ist das nicht der Stoff, von dem sich Wissenschaft nährt? Auch für die rechte

Lust auf Wissensvermehrung scheint ja zu gelten, daß Geld sinnlich macht. Was Wunder, wenn Arthur Koestler oder Erwin Chargaff wissenschaftliche Callgirls im Wettbewerb sehen, wenn denn von Wettbewerb an Hochschulen die Rede ist. Der schlimme Vergleich trägt vielleicht weiter als beabsichtigt: könnte es doch sein, daß das, was sich so kaufen läßt, auch hier nicht ausmacht, was allein leidenschaftliche, dauerhafte Liebe, nämlich zur Wissenschaft, hervorzubringen vermag: das bleibende Werk, den bleibenden Wert. Dennoch, ohne ausreichende sachliche Mitgift führt oft noch soviel Liebe zur Sache nicht weiter. Es mag daher gerade für einen Naturwissenschaftler unerwartet klingen, wenn ich als das, worum wir in unseren Hochschulen am meisten im Wettbewerb stehen müssen, weil es die knappste, die absolut begrenzende Ressource ist, einen ganz immateriellen Faktor in den Vordergrund rücke, vor allem einen Produktionsfaktor, den man nicht einfach kaufen kann: die Bereitschaft zur wissenschaftlichen Leistung, den Drang nach Exzellenz, den beharrlichen Willen zum »starken langsamen Bohren von harten Brettern mit Leidenschaft und Augenmaß zugleich«, den Max Weber zu Unrecht nur als das Wesen der Politik auszumachen meinte. Es ist auch das Wesen der Wissenschaft, in der gilt, was Spinoza ans Ende seiner Ethik stellte: »Alles Vortreffliche ist ebenso schwierig wie selten.« Um Menschen, die wissenschaftliche Vortrefflichkeit zum Ziel haben, ist also an Hochschulen vor allem anderen zu konkurrieren – ob dies Professoren sind oder Studenten.

Daß wir um diesen »human-capital«-Faktor mehr als um jeden anderen besorgt sein müssen, wenn wir über Wege zur Leistungssteigerung an unseren Hochschulen nachdenken, das sollte jedem nur zu deutlich sein, der heute den Betrieb an einer englischen oder amerikanischen Spitzenhochschule mit dem selbst an den besten deutschen Hochschulen vergleicht. Das böse Wort von der Robinson-Universität macht die Runde, in der die gelehrigen Zöglinge eines Permissionsschulwesens sehnsüchtig auf Freitag warten; ein Cargokult greift um sich, der verheißt, daß die Solidargesellschaft alle benötigten und erwünschten Versorgungsgüter abwerfen müsse, auf das inbrünstige Glauben und Fordern hin. Wir haben mit gigantischen Anstrengungen die Studentenzahlen und die Wissenschaftlerzahlen an Hochschulen vervielfacht, aber wo man hinkommt, ist die schlimmste Klage die, daß wirklich aus sich heraus zur wissenschaftlichen Leistung drängende Studenten so knapp sind wie wirklich produktive Kollegen. Auf dem Weg von der Berufung zum Beruf könnte der Wille zur Wettkampfteilnahme allzusehr gelitten haben, ohne den es gar nicht zu einem Wettbewerb kommen kann, weil die Athleten auf den Zuschauerbänken sitzen: Wissenschaft als Breitensport droht zur Wissenschaft als Zuschauersport zu verkommen. Freuen wir uns daher nicht zu früh über die ständig besser berichtenden Wissenschaftsmagazine der Fernsehanstalten. Voyeure bleiben auch bei gesteigerter Leistung steril (der Versuchung, dieses Diktum auch auf Wissenschaftskritiker und -theoretiker auszudehnen, sei aus Fairneß widerstanden).

Wenn es also darum geht, daß eine Universität ihre Leistungsfähigkeit in Forschung und Lehre durch Wettbewerb steigern will, so muß sie zuallererst im Wettbewerb mit anderen Hochschulen jene Professoren, jene Nachwuchswissenschaftler und jene Studenten anziehen und zusammenbringen, die am stärksten dazu und vor allem dadurch motiviert sind, wissenschaftlich Hervorragendes zu leisten. Dazu benötigen sie sicher viele wichtige materielle Voraussetzungen. Wenn es ihnen aber am ideellen Antrieb fehlt, davon optimalen Gebrauch zu machen, so bleiben sie am Ende, wie Callgirls zu sein pflegen: anspruchsvoll, eitel und unfruchtbar.

Es stellt sich natürlich sofort die Frage, wie man denn diese seltenen Vögel erkennt und fängt, die von sich aus Freude daran haben, mehr und Besseres zu tun, als dem Mindestanspruch von BAFöG, BAT oder KapVO entspricht? Das Prinzip kann man in Oxbridge nicht anders als am MIT, in der Geschichte der deutschen Universitäten genauso wie in exzellenten Sonderforschungsbereichen und Fakultäten auch heute am Werk sehen: Aller Anfang ist schwer und erfordert Gründermut, Gründerweitsicht und Gründerglück – man muß sehr guten Leuten Freiheit zur Entscheidung und Verantwortung geben. Ist der Anfang gut gemacht, so hilft Matthäus weiter, wenn man ihn nur wirken läßt: Sehr gut besetzte Fakultäten kooptieren bevorzugt sehr gute Professoren, diese holen sich sehr gute Mitarbeiter, sie werden von sehr guten Postdocs aufgesucht und ziehen sehr gute Studenten an beziehungsweise wählen die Besten unter den Bewerbern aus. Daß sie es wirklich tun, *darüber* müssen Senate und Präsidenten wachen und *dazu* müssen sie ermutigen und herausfordern. Jede mir bekannte naturwissenschaftliche Blüte verdankt ihre Entfaltung großen, originellen Gründern – keine dem Planungswillen von Bürokraten (es sei denn, er hätte sich darin geäußert, die richtigen Gründer wirken zu lassen!). Wer möchte glauben, daß die Kölner Molekularbiologie ohne Max Delbrück wäre, was sie geworden ist?

Selbstverständlich ist es zur Gewinnung der besten Wissenschaftler und Studenten zusätzliche Voraussetzung, daß eine Universität ihnen Arbeitsbedingungen bieten kann, die so gut wie oder besser als die konkurrierender Institutionen sind (wobei allerdings die Möglichkeit zur Zusammenarbeit mit exzellenten Kollegen und mit begabten, hochmotivierten Studenten oft die verlockendste Arbeitsbedingung sein könnte!). Mit Absicht sei dabei jedoch der Blick nicht primär auf den Wissenschaftler gelenkt, der mit anderen um Zugang zu knappen Mitteln konkurriert – darauf wird gleich zurückzukommen sein. Wenn nur die besten Wissenschaftler hervorragende Leistungen erbringen (und nicht die beste Ausstattung beliebige Figuren zu Spitzenkräften erblühen läßt), so kann, wer eine Hochschule leistungsfähiger machen möchte, gewiß mehr erreichen, wenn er sie dazu veranlaßt, ja zwingt, mit den dafür notwendigen Konditionen die besten Kräfte anzuwerben, als wenn er versucht, Mittelmaß durch noch so raffinierten Ansporn zum Wettbewerb leistungsfähiger zu machen. Auch deshalb sind Hausberufungen, wenn sie Versorgungsberufungen für Sozialfälle sind, so fatal, genauso wie Bequemlichkeits- und Genehmheitsberufungen. Meines Erachtens steckt daher auch ein selbsttäuschender Denkfehler in manchen noch so gut gemeinten Bemühungen um Leistungssteigerung durch mehr Konkurrenz um Mittel. Man muß schon gute Hürdenläufer an den Start stellen können, wenn sie durch Wettbewerb Rekorde verbessern sollen: So oft kann man

Fußkranke, Hürdenumrunder oder Hürdenunterkriecher gar nicht laufen lassen, daß man sie dadurch zu Erfolgsstars macht.

Das Prinzip, vorher streng und sachgerecht ausgewählten Leuten einen erheblichen Teil der für ihre wissenschaftliche Arbeit benötigten Mittel ohne zusätzlichen und ständig wiederholten Wettbewerb zur Verfügung zu stellen (allerdings nie soviel, daß nicht Sonder- und Spitzenbedarf durch einzuwerbende Drittmittel zu ergänzen sind), war in der Blütezeit der deutschen Universitäten immerhin erfolgreich genug, um einen daran zweifeln zu lassen, daß allein kompetitive Mitteleinwerbung automatisch zu Leistungssteigerung führt. Vielmehr ist die Zuflucht dazu manchmal doch auch das Eingeständnis, daß man viel zu viele in Stellungen kommen ließ, in denen man ihnen nun keine garantierten Mittel zubilligen möchte, weil man ihrer Qualifikation und Bereitschaft, sie optimal einzusetzen, doch nicht so recht traut, oder anders gesagt, man hält die Hochschulen für nicht mehr imstande, mit einigermaßen verläßlicher Treffsicherheit vor allem jene zu berufen, bei denen eine Fehlallokation von Ressourcen nicht zu befürchten ist. Da man die zeitlich befristete kompetitive Mittelzuteilung gerne als besondere Errungenschaft preist, sollte man vielleicht gelegentlich darauf hinweisen, aus welch traurigem Grunde sie tatsächlich eine Errungenschaft, ja in der Tat eine unbestreitbare Notwendigkeit geworden ist.

4.   Wettbewerb nach welchen Regeln?

Da dies nun aber die Wirklichkeit vieler unserer Hochschulen ist – die dauerhaftesten Fehlentwicklungen sind ja personelle Fehlentwicklungen, weil sie sich sogar selbsttätig fortpflanzen können –, führt jetzt kein Weg daran vorbei, die knappen Ressourcen den weniger Leistungsfähigen vorzuenthalten, um sie den Hochleistungsfähigen zukommen lassen zu können, indem man alles, was über eine auf das absolut Notwendige beschränkte Basisausstattung hinausgeht, auf begründeten Antrag möglichst sachgerecht nach Qualitätskriterien zuteilt. Dazu hat sich der Wissenschaftsrat schon 1979 geäußert.

Wer soll konkurrieren? Wer soll nach welchen Regeln über die konkurrierenden Forderungen entscheiden? Was sind die Folgen? An der Universität Konstanz werden zum Beispiel fast alle Forschungsmittel jährlich erneut auf Antrag zugewiesen. Wir haben gute Erfahrungen damit gemacht. Eine psychologische Auswirkung solchen Vorgehens ist sofort offenbar: Zu wissen, daß man vor einem Kreis von Kollegen jährlich Rechenschaft über Geleistetes geben muß, um weitere Mittel zu erhalten, fördert zielgerichteten Eifer bei allen Beteiligten sehr, selbst wenn man zugibt, daß dies noch nicht gewährleisten kann, daß dieser Eifer nur beste Ergebnisse zeitigt. Wir wissen das von den DFG-Verfahren nicht anders, und es ist auch klassische Lernpsychologie: Nur wenn Handeln nicht folgenlos bleibt, kann man überhaupt von Erfolg und Mißerfolg reden, kann man aus dieser Erfahrung für künftiges Handeln Folgerungen ziehen. Ein ebenfalls lernpsychologischer Nachteil dieses Verfahrens darf allerdings auch nicht verschwiegen werden: kurzatmige Produktion kleiner Brötchen statt der Förderung der opera magna. Wir kennen das schon aus dem Tierreich: Nach kurzen Tragzeiten können zwar viele Junge geworfen werden, aber meist sind diese doch von etwas dürftigem Format. Urteilserfahrung und Personenkenntnis der Begutachtenden und über Anträge Entscheidenden sind daher die wichtigsten Voraussetzungen, um nicht bevorzugt oberflächliche Schnellproduktion und allzu starke Ausrichtung auf das sicher Mach- und Publizierbare zu fördern.

Damit kommen wir zum wichtigsten Element einer solchen Mittelvergabe im Wettbewerb: *Wer soll über die Anträge entscheiden?* Gerade gute Wissenschaftler unterwerfen sich solchen tief in ihre Arbeitsmöglichkeiten eingreifenden Entscheidungen nur dann freiwillig, das heißt, ihre Motivation zur wissenschaftlichen Anstrengung wird nicht entmutigt, wenn sie überzeugt sind, daß die über ihre Anträge entscheidenden Gremien nicht nur *formal korrekt und fair* verfahren, sondern ihre Entscheidung aufgrund der unbestreitbaren Urteilsfähigkeit und Erfahrung der Beteiligten *sachkompetent* treffen. Die Deutsche Forschungsgemeinschaft lebt von diesem oft geradezu erstaunlich beständigen Vertrauen in ihr qualitätsbezogenes Begutachtungsverfahren. Ich halte es für wichtig, dies klar herauszustellen: Wettbewerb an Hochschulen kann nur dann leistungsfördernd wirken, wenn sichergestellt ist, daß jene, die über die Allokation von Ressourcen entscheiden, dies mit vertrauenerweckender Kompetenz nach für die Antragsteller akzeptablen Qualitätskriterien tun, wobei die Standards jene sein müssen, die im Selbstverständnis der Besten eines Fachgebietes Gültigkeit beanspruchen dürfen. Ohne einen maßgeblichen Anteil von Peer-Review unter sorgfältiger Vermeidung jeder unsachlichen Begünstigung oder Benachteiligung kann dies nach meiner Überzeugung nicht gelingen.

Diese Forderung nach Fairneß und Sachkompetenz hat große Konsequenzen für die Ausgestaltung jedes Wettbewerbssystems in Hochschulen. *Wer soll konkurrieren?* Jeder, der kraft seines Amtes über Produktionsmittel selbstverantwortlich verfügen soll oder wer den Anspruch erhebt, dies tun zu wollen. Hier entsteht freilich leicht die Gefahr der Zersplitterung in lebensunfähiges Einzelgängertum. Zumindest für die Naturwissenschaften wird es daher gelten, daß Arbeitsgruppen – etwa ein Professor mit seinen Mitarbeitern, Doktoranden, Diplomanden – »natürliche« Einheiten der Konkurrenz sind, weil sie in der Regel darauf angewiesen sind, gemeinsam größere Geräte, Einrichtungen, technische und personelle Infrastruktur vor allem der Grundausstattung zu nützen. In solchen Arbeitsgruppen akkumuliert auch die notwendige methodische Kompetenz, das spezielle Know-how, ohne dessen kontinuierliche Tradition leistungsfähige Forschung nicht möglich ist. Es ist weiter wichtig, daß eine solche Wettbewerbs-Organisation indirekt auch den wünschenswerten leistungsbezogenen Wettbewerb unter den Studenten nach sich zieht: Die besten Studenten bemühen sich um Arbeitsplätze in den besten Arbeitsgruppen, die so durch deren Mitwirkung wieder besser im Wettbewerb um die benötigten Mittel bestehen. Einmal in Gang gebracht, hat ein solches System alle Eigenschaften selbstverstärkender Leistungssteigerung.

Wie bei jedem Wettbewerbsverfahren gibt es die Gefahr unfairer Tricks, der Begünstigung, der Durchstecherei. Dagegen hilft, wie bei jedem Wettbewerbssystem, erstens ein informeller, verinnerlichter, sozial bekräftigter »code of conduct« und für die Ausnahmefälle die kodifizierte und sanktionierte Formalregelung. Dieser Punkt ist allerdings im Hinblick darauf bedeutungsvoll, auf welchen und auf wie vielen Ebenen Ressourcenzuweisung im Wettbewerb an Hochschulen erfolgen sollte. Meines Erachtens muß dies im Grundsatz schon in jeder Arbeitsgruppe erfolgen: Deren Leiter ist verantwortlich, seine Mitarbeiter nach ihrem Leistungsvermögen arbeitsfähig zu machen. Ihr Leistungsvermögen ist die wichtigste und knappste Ressource. Er ist verantwortlich dafür, diese optimal zur Wirkung kommen zu lassen. Von dieser Basis aus muß das Prinzip jedoch für alle höheren Ebenen gelten: Institut, Fachbereich, zentrale Hochschulgremien, Landesministerien bis hin zu bundesweit operierenden Vergabe-Instanzen wie DFG, Bundesministerien, Stiftungen etc. Auf jeder dieser Ebenen gibt es Wettbewerbsmöglichkeiten für die Entscheidung über Zuteilung von wissenschaftlichen Produktionsmitteln, und oft könnten sie weiter ausgebaut werden. Jede Monopolisierung der Zuteilung durch eine oder wenige übermächtig dominierende Agenturen der Mittelvergabe wäre für die Wissenschaftsförderung fatal, da auf jeder Ebene Fehlentscheidungen durch Begünstigung oder Mißgunst, durch Corpsgeist oder Machtcliquen, vor allem aber durch Unvermögen oder Irrtum der Entscheidungsträger auftreten können, Fehlentscheidungen, die nur durch ausreichende Pluralität der Zugangswege zu Ressourcen wenigstens so weit wie möglich korrigierbar sind. Wer dann nirgends reüssiert, mag immer noch ein verkanntes Genie sein, aber dann wenigstens ein unwahrscheinlich verkanntes!

Die Organisationsstruktur des Wettbewerbs in Hochschulen muß allerdings auf eine weitere Tatsache Rücksicht nehmen: Die qualifizierte Begutachtungskapazität in unserem Land ist begrenzt und zum Teil bereits bis an die Grenzen der Belastbarkeit zum Beispiel durch die Deutsche Forschungsgemeinschaft, das wissenschaftliche Publikationswesen, durch Prüfungs- und Beratungsbedarf in Anspruch genommen. Zudem besteht nicht nur die Gefahr oberflächlicher Ritualbegutachtung, der dann oberflächliche Ritualantragstellung entspricht, gegen die gute Antragsteller schnell wilden Unmut entwickeln, da sie ihre Zeit und Kraft unnötig vergeudet sehen. Es besteht auch die Gefahr, daß die gleichen Gutachter mit jeweils neuen Hüten auf vielen Ebenen immer wieder auftreten: im Forschungsrat der Hochschule, im Landesforschungsrat, als DFG-Gutachter oder in ministeriellen Fachbeiräten, in Stiftungsräten usw. Auch Begutachtungskapazität ist eine knappe, kostbare Ressource, deren Einsatz wohl bedacht sein will. Ich halte daher Vorschläge, die doch eher geringfügigen noch frei verteilbaren Forschungsmittel in Hochschulen mit Hilfe externer Gutachtervoten zu verteilen, für ebenso überzogen, wie ich die Entwicklung eigener kleiner Länder-DFGs für bedenklich halte. Hier sehe ich mich auch etwas im Widerspruch zu der Empfehlung des Wissenschaftsrates von 1979: In einer Zeit, in der die meisten Hochschulen sich außerstande sehen, auch nur ihren Verpflichtungen zur Grundausstattung, zu Reparatur, Wartung und Ersatz von Geräten nachzukommen, kann ich Wunschvorstellungen über schwerpunktsetzende Forschungskuratorien an jeder Hochschule offen gestanden nur als theoretisches Schaulaufen bestaunen: Dieses Kaisers neue Kleider scheinen mir oft aus recht durchsichtigen Absichten gestrickt! Aus der Sicht der Naturwissenschaften ist die Gewährleistung der infrastrukturellen Grundausstattung an den Hochschulen heute vorrangig nötig. Der qualitätsabhängige Wettbewerb sollte sich in bezug auf Sonderausstattungen auf Universitäts- und Landesebene beim Aushandeln von Berufungs- und Rufabwendebedingungen abspielen, sowie – unabhängig davon – bei der ständig gegebenen Notwendigkeit, Drittmittel von außen einzuwerben. Diese Notwendigkeit rührt von der Knappheit institutionell vorgegebener Grundausstattungsmittel her; daß diese immer knapp und nie völlig bedarfsdeckend zugeteilt werden, ist also richtig.

Die Frage, was als Grundausstattung der Stelle eines Wissenschaftlers, des Arbeitsplatzes eines Mitarbeiters oder Doktoranden zu gelten hat – eine Ausstattung, die schon deshalb *vor* allem Wettbewerb zur Verfügung gestellt werden muß, weil sich ohne sie eine Arbeitsgruppe gar nicht erfolgreich um zusätzliche Mittel bewerben kann –, ist erstens extrem fachgebietsabhängig und zweitens (und eben deshalb) Gegenstand eines ständigen fröhlichen Schattenboxens aller Geldgeber, für das dann ein »*consensus omnium*« als Schiedsrichter angerufen wird. Das Bollwerk, nur *das* Grundausstattung zu nennen, was in einem Institut vorhanden sein muß, damit Studenten dieses Fachgebietes berufsqualifizierende Abschlußarbeiten machen können, bröckelt immer schneller unter dem Ansturm des Fortschrittes der Wissenschaften, den geltend gemachten Arbeitsmarkterwartungen an Hochschulabsolventen und vor allem unter der Wucht der Argumentationskunst rhetorisch begnadeter Antragsteller, Gutachter oder Gremienmitglieder, so daß am Ende oft für die Grundausstattung gilt, was angeblich Aaron Katchalsky beim Versuch, das Gebiet der Biophysik zu definieren, zum Vergleich mit seiner Frau Zuflucht nehmen ließ: »*I know her, but I cannot define her.*«

Als Resümee dieses Abschnittes ist jedenfalls aus allen angeführten Gründen sehr dazu zu raten, die knappen, frei verfügbaren Mittel für Hochschulen nicht über neu einzurichtende und einzuübende Gremien – seien es Hochschulforschungskuratorien oder Landesforschungsräte – zu verteilen, sondern sie einerseits in Berufungsverfahren und andererseits über vorhandene Institutionen mit großer Erfahrung und nachgewiesener Kapazität und Vertrauenswürdigkeit in der qualitätsbezogenen Begutachtung zuzuweisen. Die Einrichtung von Arbeitsgruppen und die Berufung von Wissenschaftlern ist *das* wichtigste Planungs- *und* Wettbewerbsinstrument der Länder und ihrer Hochschulen; der fortgesetzte Wettbewerb um Drittmittel spornt die so Berufenen zu bleibender Anstrengung an. Hochschulinterne Mittelvergabe auf Antrag ist sicher eine wirksame Erziehung zur Rechenschaftspflicht gegenüber sich selbst und anderen und vermag auch in Grenzen wechselnder Nachfrage (zum Beispiel je nach Diplomanden- und Doktorandenzahl von Arbeitsgruppen) zu entsprechen, Pilotstudien zu ermöglichen usw.; doch halte ich die Effekte differentieller Allokation unter Wettbewerbsbedingungen auf dieser Ebene eher für marginal, solange das Geld kaum für das Nötigste der Grundversorgung hinreicht.

Die bisherige Betrachtung der Möglichkeiten leistungssteigernden Wettbewerbs an Hochschulen ist allerdings allzu einseitig an Fragen der Zuteilung der Ausstattung für Lehre und Forschung orientiert. Damit sind die Wettbewerbsmöglichkeiten und ist vor allem die Wettbewerbswirklichkeit an unseren Universitäten jedoch keineswegs vollständig erfaßt.

So sind ja auch die Studienplätze knappe, in NC-Zeiten sogar allzu knappe Güter. Genauso die Finanzierungsmittel für ein Studium, ganz gleich, ob diese Mittel von einigen Bürgern, nämlich den Eltern der Studenten, oder von allen Steuerzahlern (verschleiernd als »der Staat« anonymisiert) oder aus eigenen Einkünften der Studenten aufgebracht werden. In jeden Studenten wird investiert und von jedem Studenten wird investiert – und sei es nur das unwiederbringliche knappe Gut »Lebenszeit«. Darin stecken beträchtliche Risiko- und Opportunitätskosten. Auch über deren Allokation kann, ja sollte nach Wettbewerbsprinzipien entschieden werden, wenn man Fehlinvestitionen vermeiden will. Wettbewerb um den *Hochschulzugang* durch Vorleistungen, die Eignung und Neigung zum Studium wahrscheinlich machen, damit das Risiko der Fehlzuweisung von Studienplätzen erträglich bleibt. Wettbewerb *in den Hochschulen* durch Abforderung von Studienleistungsnachweisen, damit zugeteilte Plätze nicht verschwendet werden und den Tüchtigsten zugute kommen. Leistungswettbewerb der Studierenden um Stipendien und günstige Darlehen, damit die Leistungsfähigen und Leistungswilligen studieren können. Die Entscheidungen in diesem Wettbewerb werden sicher wieder von allen Beteiligten um so verantwortungsbewußter, leistungsgerechter und erfolgsbezogener getroffen werden, je deutlicher und spürbarer die Entscheidungsfolgen für sie sind. Wer Studiengebühren zahlt oder Darlehen aufnimmt, wird sehr viel gründlicher prüfen, ob und wo ein Studium für ihn oder sie sinnvoll und erfolgversprechend ist, als wer bei (scheinbar) kostenlosem Angebot nur seine Zeit vertut (schlimm genug). Wer im Bewußtsein, erhebliche eigene Beiträge leisten zu müssen, studiert, der wird allerdings den Hochschulen mit ganz anderem Nachdruck ein möglichst gutes und Nutzen versprechendes Studienangebot abfordern als der Verbraucher eines freien Gutes »wissenschaftliche Ausbildung« (oder im schlimmsten Fall: »akademisch veredelter Wartesaal«). Andererseits würde sich eine Hochschule, die durch die Leistungen ihres Studienangebotes Einnahmen an Studiengebühren erzielen könnte – und seien sie auch durchaus bescheiden –, die ihr aufgrund der freien Wahlentscheidung von zahlenden Ausbildungskunden im Wettbewerb mit anderen Hochschulen zufließen, in Anpassung an die Nachfrage sicher eifriger um die Qualität ihres Angebots kümmern als eine, bei der die mehr oder weniger gute Inanspruchnahme und der mehr oder weniger gute Erfolg ihrer Ausbildungsleistungen ohne deutlich erkennbare Folgen für ihr künftiges

Geschick ist. Das segensreiche Wirken solcher Markt- und Wettbewerbsbedingungen ist vor allem – für die Qualität des Hochschulangebots wie für die Ernsthaftigkeit seiner Inanspruchnahme – an angelsächsischen Universitäten beobachtbar. Man möchte sich wenigstens Ansätze dazu für unsere Hochschulen wünschen. Hoffentlich lehrt das angelsächsische Beispiel nicht zugleich, daß nur bei Beteiligung privater Hochschulen solcher Wettbewerb möglich ist. Man darf die Vermutung wagen, daß es keinen Numerus clausus gäbe, wenn Studierende die wirklichen Knappheitspreise für das teure Gut »wissenschaftliche Ausbildung« zu zahlen hätten (wofür ihnen sicher großzügig günstige Kredite zu gewähren wären). Nicht etwa, weil dann weniger junge Leute studieren könnten – sie täten es dann allerdings wohl nur, wenn sie erwarten könnten, daß der Einsatz lohnt –, sondern weil es für eine solche zahlende Nachfrage sicher bald ein ausreichendes Angebot gäbe, und zwar eines von hoher Qualität durch Wettbewerb.

Wettbewerb herrscht nicht nur um Studienplätze (und könnte zum Nutzen aller Beteiligten durchaus marktgerechter gestaltet werden), Wettbewerb herrscht an Hochschulen auch um knappe Stellen für Wissenschaftler, ein Wettbewerb, der heute immer härter und zunehmend bitterer wird. Wenn es einen Sektor der Hochschulen gibt, in dem wir schon jetzt, sicher aber bald, nicht die Folgen von zuwenig, sondern von *zuviel* Wettbewerb, von einem *zu* krassen Mißverhältnis von Angebot und Nachfrage fürchten müssen, so ist es der Stellenmarkt für Nachwuchswissenschaftler. Er ist ein gutes Beispiel dafür, daß, wenn Wettbewerb leistungsfördernd und daher erwünscht ist, daraus durchaus nicht folgt, daß immer schärferer Wettbewerb zu immer mehr Leistung führen muß. Wer mit offenen Augen beobachtet, was zur Zeit an unseren Hochschulen vor sich geht, kann erkennen, daß bei allzu gering eingeschätzten Erfolgs-Chancen nicht Ermutigung zum Sichdurchsetzen, sondern leistungshemmende Mutlosigkeit gerade bei oft sehr begabten, aber sensiblen jungen Wissenschaftlern die Folge ist. Eine Mutlosigkeit, die – da die von ihr Geschlagenen ja häufig auch junge Lehrende sind – in fataler Weise vervielfacht auf die nachrückende Studentengeneration übertragen wird. Angst steckt an, wie Freude ansteckt. Wenn der Erfolg viele Väter hat, so haben Mißerfolg und Mutlosigkeit leider noch viel mehr Kinder!

5. Wettbewerb nach Qualitätsmaßstäben: Worin zeigt sich der Erfolg?

Werden Allokationsentscheidungen nicht nach Maßgabe des erstrebten Erfolges – hier der wissenschaftlichen Leistung – getroffen, so sind sie nicht nur unsachgemäß, sie können das Verhalten der Konkurrenten sogar gänzlich falsch steuern: etwa zur Produktion vielen in der hauseigenen Druckerei bedruckten grauen, gehefteten

Papieres statt zur Produktion wertvoller wissenschaftlicher Ergebnisse. Daher jetzt die Frage: *Was zeigt uns Erfolg an, nach welchen Kriterien sollen die Entscheidungen im Wettbewerb fallen?* Gilt das »citius, altius, fortius« für den schnellsten Beschleuniger, den höchsten Etat, den stärksten Ausstoß an Diplomierten? Gewiß sollte vor und über all dem doch der Wunsch nach dem »*melius*« stehen: also sehr deutlich gesagt, eine Wertentscheidung. Die Wertmaßstäbe für Entscheidungen über wissenschaftliche Qualität zu begründen, zu überprüfen und weiterzuentwickeln, muß das wichtigste ständige Anliegen jeder Wissenschaftsförderung unter Wettbewerbsbedingungen sein. Darüber wurde viel nachgedacht. Es ist hier nicht Platz, dies gründlich zu behandeln. Einige Andeutungen müssen genügen.

Zunächst: Wenn Qualitätssignale den wissenschaftlichen Wettbewerb steuern sollen, an wen sollen sich diese Signale richten? Der wichtigste Adressat für Qualitätssignale muß der einzelne Wissenschaftler, der einzelne Student sein: Sollen sie doch steuernd auf seine Bereitschaften und sein Verhalten wirken. Um welche leistungsbezogenen Signale kann es sich dabei handeln? Das wichtigste·Steuersignal ist die *Anerkennung*, die sich in dreifacher Hinsicht auswirken kann:

1. als *Ansehen*, am wichtigsten, da am schwersten zu erwerben, Ansehen bei den Hochschullehrern, bei den Kollegen wie bei den Studenten, in der nationalen und internationalen Fachwelt: Ein Preis, den eine informierte Öffentlichkeit auf höchst demokratische, auf schwerlich manipulierbare Weise zumißt (sicher auch nicht immer unfehlbar gerecht), der deswegen aber nicht mit Publizität und Medienwirksamkeit verwechselt werden darf;

2. als *Vergütung*, ein Anreiz, der ebensowenig als ausschlaggebend wie als unbedeutend oder gar anrüchig betrachtet werden sollte;

3. als *Einfluß*, als Zuteilung von *Verfügungsrechten* über Produktionsmittel, von Weisungs- und Entscheidungsbefugnissen auf Zeit oder Dauer.

Dies sind die *äußeren Leistungsanzeigen*, an denen Wissenschaftler ihren Erfolg ablesen. Je weniger nach Karriereroutine, je weniger dauerhaft statusverbunden sie zugeteilt werden, um so eifriger werden sie angestrebt. Das bedeutet nicht, daß Wissenschaftler etwa ihre Wissenschaft nur solcher Belohnungen halber betreiben: Ohne die *inneren Leistungszeichen*, ohne die Freude und die tiefe Befriedigung über die eigene wissenschaftliche Leistung wird keiner die notwendigen Anstrengungen aufbringen und durchhalten können, bis der äußere Erfolg eintritt: Aber um solche inneren Signale konkurriert man nicht, um Anerkennung kann man konkurrieren.

Wer soll nun aber und nach welchen Kriterien entscheiden, wem wieviel Anerkennung zufallen soll? Der wichtigste Agent ist dabei ein Anonymus: die Fachwelt. Sie muß nicht immer gerecht entscheiden, wichtig ist, daß sie in der Regel qualitätsbezogen mißt. Wichtig ist vor allem, daß jeder im Bereich der Wissenschaft Tätige weiß, daß seine Leistung ständig einer Prüfung unterliegt. Der Student erlebt dies noch sehr konkret durch Prüfer, weshalb die aufrechterhaltenen oder degradierten Qualitätsstandards universitärer Prüfungen für die Funktionsfähigkeit des gesamten Wettbewerbssystems in Hochschulen von fundamentaler Bedeutung sind: Wenn hier nicht

Wertmaßstäbe, sondern qualitätswidrige Begünstigung oder Benachteiligung herrschen, können wir nicht hoffen, daß künftig ein Wettbewerbssystem zur Steigerung wissenschaftlicher Leistung funktioniert. Lauter gute Noten schmecken süß, aber die durch sie hervorgerufene Krankheit ist wie Karies, die die Wurzeln der Wissenschaft verfaulen läßt. Wo Noten nicht mehr Leistung des Geprüften anzeigen, sondern Mitgefühl des Prüfers, sind sie für Wettbewerbsentscheidungen über künftige Tätigkeitsmöglichkeiten des Geprüften wertlos.

Für den fortgeschrittenen Wissenschaftler äußert sich die Fachwelt vielfältiger: über die Einladungen zu Kongressen oder zu Vorträgen, vor allem und zuerst aber über die Entscheidungen von Gutachtern der angesehenen Fachzeitschriften. Ein qualitätskritisch funktionsfähiges, wissenschaftliches Publikationswesen ist nach dem Prüfungswesen die zweite tragende Säule für leistungsfähige Wissenschaft. Nach der Bedeutung und Qualität der dort veröffentlichten Arbeiten kristallisiert sich in jedem Fachgebiet eine Rangordnung der Zeitschriften, von den must-journals bis zu den Mist-Journalen. Um Platz in den besten internationalen Zeitschriften herrscht ein besonders scharfer Wettbewerb nach Qualitätsmaßstäben: Kein Wunder, daß sich zunehmend andere Gutachtersysteme auf die Entscheidungen der Herausgeber von *critically refereed journals* beziehen. Das macht wiederum deren Aufgabe noch verantwortungsvoller. In den Naturwissenschaften wird bei Begutachtungen aller Art – gleich, ob es sich dabei um Sachbeihilfen, Habilitationen oder Berufungen handelt – wohl kein Argument häufiger zur Entscheidungsfindung herangezogen als der Publikationserfolg in international anerkannten Zeitschriften.

Deshalb sei hier der Erfolg bei der Beantragung von Drittmitteln im begutachteten Wettbewerbsverfahren erst an dritter Stelle als Leistungsindikator genannt: Dieser track record in der Mitteleinwerbung ist aber gewiß ein weiteres wesentliches Erfolgs- und Qualitätszeichen, jedenfalls, wenn die Mittel nach scharf qualitätsprüfenden Verfahren zugeteilt werden.

Diese drei Indikatoren: *Prüfungsergebnisse*, bisheriger *Publikationserfolg*, bisheriger *Drittmittelgewinn* sind nun für den zweiten Adressaten von Qualitätssignalen zur Entscheidungssteuerung im Allokationswettbewerb von maßgeblicher Bedeutung: für alle, die die knappen wissenschaftlichen Produktionsmittel zuweisen. In allen drei Bereichen sollte die Fachwelt im Idealfall über ihre bestqualifizierten Repräsentanten, die Prüfer und Gutachter, entscheiden. Wenn, wie es in der Vergangenheit geschah, das Prüfungswesen zu einer Farce wird, weil jeder, der einmal selbst eine Prüfung bestanden hat, dadurch in den Stand hochschuldemokratischer Gnade gesetzt wird, der ihn befähigt, flugs weiter seinesgleichen durch Prüfung zu absolvieren und zu legitimieren, dann sollte es uns nicht wundern, wenn der Leistungsstand von Hochschulen nicht befriedigt. Man braucht vielleicht gar nicht mehr lange weiter nach exotischen Ursachen dieser Leistungsschwäche zu fahnden, wenn und solange dieser gravierendste Ursachentatbestand ins Auge springt. Solange hier nicht durch Pflicht zur Veröffentlichung der Statistik aller Prüfungsergebnisse, durch Beschränkung des Prüfungsrechtes auf die dafür besonders Qualifizierten und durch die

Einführung von der Aufsichtsbehörde berufener unabhängiger und qualifizierter External Examiners Remedur geschaffen wird, ist wohl die Qualitätsflaute an unseren Hochschulen nicht zu durchbrechen. Statt der durch zentrale und dezentrale Reformkommissionen immer weiter getriebenen Überprüfung von Studienordnungen sollten sich die Hochschulen und die für ihr Funktionieren Verantwortlichen lieber mehr auf die Qualitätskontrolle der Produkte der Lehre und Forschung von Hochschulen konzentrieren. Der Glaube, daß das Produkt zwangsläufig hervorragend sein müsse, wenn es nur nach hervorragenden Plänen produziert wurde, offenbart erschütternd naiv technokratisches Denken: Können doch allein Produkte hoher Qualität *nachträglich* die Produktionspläne legitimieren.

Schließlich und gerade auch in diesem Zusammenhang ist noch ein dritter Adressat von Bewertungsentscheidungen und ein drittes Bündel von Qualitätsindikatoren zu nennen: Die Qualität der Lehre einer Hochschule wird durch nichts verläßlicher angezeigt als durch den Erfolg ihrer Absolventen auf einem nicht beliebig aufnahmebereiten Arbeitsmarkt für Akademiker. So hart das jetzt klingen mag: Daß eine Reihe von Jahren lang jeder Hochschulabsolvent sofort eine sichere und meist hervorragende Anstellungschance fand, war für die Hochschulen so schlecht zu ertragen wie Goethes »Reihe von guten Tagen«. Wie Schuhe und Kleider aussehen, wenn der Staat kraft Plan deren Absatz garantiert, wissen wir aus dem Ostblock. Worüber wundern wir uns dann also? Ohne die Probleme der Unterkommensschwierigkeiten von Hochschulabsolventen im mindesten verkennen oder verniedlichen zu wollen, muß es erlaubt sein, auch einen Vorteil aufzuzeigen: Vom Arbeitsmarkt kommt eine der wichtigsten Rückmeldungen für Qualitätswettbewerb an den Hochschulen. Wer das nicht schön findet, soll bitte sagen, daß er bereit ist, eine künftig noch größere Akademikerarbeitslosigkeit mitzuprogrammieren, indem er auf die Steigerung der wissenschaftlichen Leistungsfähigkeit durch Wettbewerb um Erfolg auf dem Arbeitsmarkt verzichtet oder die Rückmeldungssignale vom Arbeitsmarkt zur Leistungskontrolle der Hochschulen mißachtet. Daß dieser Wettbewerb am Arbeitsmarkt allerdings bei übertriebener Schärfe auch kontraproduktiv werden kann, wurde bereits dargelegt.

6. Ein Wettbewerbsmodell

Das bisher Gesagte läßt zwei wichtige Aspekte noch völlig außer acht:
1. Die Mittel für Forschung und Lehre an Hochschulen sind jetzt und künftig mit Sicherheit zu knapp, um mehr als 60 Universitäten mit Promotionsrecht in allen ihren Fachgebieten in gleicher Weise zu hochqualifizierten wissenschaftlichen Leistungen zu befähigen. Fehlte es dazu nicht an Mitteln, es fehlte immer noch an der benötigten Zahl an wissenschaftlichen Leistungsträgern, vom Hochschullehrer bis zu Studenten.

34

2. Wenn jetzt annähernd ein Fünftel und künftig ein noch größerer Anteil eines Altersjahrganges im tertiären Bereich ausgebildet wird, so ist es eine statistische Trivialität, darunter nur einen Bruchteil wissenschaftlich besonders Leistungsfähiger zu erwarten. Selbstverständlich zieht auch die Breitenausbildung Vorteil aus mehr Wettbewerbselementen, wie sie geschildert wurden; für die Spitze des Leistungskegels an Hochschulen gilt dies jedoch ad fortiorem.

Das Optimierungsproblem für die Steigerung der wissenschaftlichen Leistungsfähigkeit durch Wettbewerb besteht daher nicht nur darin, die knappen Ressourcen nur den Bestqualifizierten zukommen zu lassen. Wenn – wie ausgeführt – gilt, daß leistungswilliges und leistungsfähiges human capital die wissenschaftliche Leistungsfähigkeit begrenzt, und wenn weiter gilt, daß Wechselwirkungen zwischen und unter Wissenschaftlern und Studenten nicht linear leistungsfördernd wirken – wofür alles spricht, insbesondere die frustrierenden Erfahrungen, die wir heute fast täglich mit der unvermeidlichen »Talentverdünnung« in den nach Zufallsprinzipien aufgefüllten Massen-Universitäten machen –, so heißt das Problem: Wie bringen wir die besten Hochschulwissenschaftler und die besten Studenten zusammen, damit der bei ihnen stärker konzentrierte Mitteleinsatz den erwünschten Leistungsertrag zeitigt, damit sie leisten können, wozu sie befähigt sind und wofür unsere Gesellschaft auf sie angewiesen ist? Vor allem, wie kann eine solche leistungsbezogene Differenzierung unserer Hochschullandschaft mit den Vorteilen optimaler Allokation durch Leistungswettbewerb verbunden werden und – überdies – auch noch politisch durchgesetzt, das heißt vor allem auch von den Betroffenen akzeptiert werden? Dazu gehört natürlich zuerst der nachdrückliche politische Wille, Hochschulen nicht nur zu Stätten qualifizierter Breitenausbildung, sondern auch zu wissenschaftlichen Hochleistungseinrichtungen zu machen. Dabei hat man dann allerdings auf die konsensfördernde Fiktion zu verzichten, daß dies altdeutscher Hochschultradition gemäß in *allen* Hochschulen *gleichermaßen* zu verwirklichen sein muß, denn dies kann nicht gelingen. Wer zu Hochleistungseinrichtungen ja sagt, muß also auch zu Durchschnitts- und Unterdurchschnitts-Einrichtungen ja sagen!

Ein geeignetes Differenzierungsmodell sollte jedoch *dreierlei* erreichen:
1. jeder Hochschule die Chance geben, sich in dem Wettbewerb um Hochleistungsschwerpunkte in Lehre und Forschung zu bewerben;
2. jedem Studenten, der dies wünscht, die Chance geben, sich um einen Platz an einer Spitzeninstitution zu bewerben;
3. den Hochschulen das Recht geben, die ihnen bestgeeignet erscheinenden Studenten auszuwählen.

Statt computergesteuerter Streuzuteilung, statt dieser fatalen Einziehung zum Lerndienst *freiwillige Identifikation* von Studenten *mit einer selbst erwählten Institution;* statt der Mästung der alma mater mit dem Nudelholz der *ZVS freiwillige Aufnahme selbst ausgewählter Mitglieder* durch die Universität.

Wie schön, wie unwirklich naiv: Wollen wir etwa Elitehochschulen? Nun, ich will sie allein deshalb nicht, weil es höchst unwahrscheinlich ist, daß wir sie schaffen könnten. Was wir hingegen erreichen können, ist folgendes: Wie in den USA Routine und jüngst erneut durch die National Academy of Sciences wieder bewiesen, ist es durchaus möglich, Institute und Fachbereiche verschiedener Universitäten auf ihre Qualität in Forschung und Lehre begutachten zu lassen und sie in eine Rangfolge zu bringen: Die UC Davis ist in Pflanzenphysiologie besser als Harvard, aber Harvard ist in Zoologie führend.

Ich schlage vor, daß sich die Universitäten für jene Fachgebiete, in denen sie sich am besten qualifiziert haben und sich für am leistungsfähigsten halten, um die – zum Beispiel auf 10 bis 15 Jahre – zeitlich befristete Zuerkennung der Auszeichnung als *Schwerpunktgebiet* bewerben, worüber – unter geeigneter Berücksichtigung regionaler Gesichtspunkte – ein hochrangig, auch international besetztes Gutachtergremium unter der Verantwortung des Wissenschaftsrates entscheiden soll. Dies mögen jeweils die 10 bis 20 Prozent bestbewerteten Fachgebiete sein, von 60 Chemie-Fachbereichen also meinetwegen 10. In diesen Schwerpunktfachgebieten werden durch Konzentration von Mitteln und Bereitstellung hervorragender Einrichtungen die strukturellen Voraussetzungen für besonders hohe wissenschaftliche Leistungsfähigkeit geschaffen; zusätzliche Förderung durch Drittmittel – etwa Sonderforschungsbereiche – bietet sich an, so wie sie wohl meist schon Voraussetzung für eine erfolgreiche Bewerbung sein wird. Nachweislich erfolgreiche Kooperation mit Gastforschungseinrichtungen, Max-Planck-Instituten oder Industrieforschungszentren – wenn diese auch der wissenschaftlichen Ausbildung zugute kommt – kann diesen Anspruch noch zusätzlich bekräftigen. Das Schwerpunktgebiet wäre dann *Sonderlehrbereich* und *Sonderforschungsbereich* in einem. *Um die Studienplätze in solchen Schwerpunktbereichen können und müssen sich die Studenten bewerben.* In einem unter staatlicher Formalaufsicht durch die Hochschullehrer des Schwerpunktbereichs durchzuführenden Prüfungs- und Auswahlverfahren nimmt der Bereich eigenverantwortlich die ihm am besten geeignet erscheinenden Studienanfänger an, ähnlich wie dies jetzt auch Kunst- oder Sporthochschulen tun, doch muß gerade auch Studenten höherer Semester die Bewerbung offenstehen. Alternativ wäre auch an eine weitgehend freie Grundzulassung zu denken, der dann allerdings in den ersten vier Semstern eine harte Leistungsauslese zu folgen hat. Hingegen sollte es keine Minderung der Aufnahmekapazität von Schwerpunktgebieten durch Beschränkung der Lehrverpflichtungen der an ihnen tätigen Hochschullehrer, etwa zugunsten ihrer Forschung, geben. Auch hohe Belastung mit der Unterrichtung hervorragender Studenten stärkt die Forschung!

Jeder Schwerpunktbereich muß sich *in regelmäßigen Abständen einer externen Begutachtung seiner Leistungen* unterziehen, von der die Fortdauer der Anerkennung abhängt; dazu sind besonders qualifiziert besetzte *externe Fachbeiräte als Gutachtergremien* einzusetzen.

Für nicht als Schwerpunktbereiche anerkannte Fachbereiche von Hochschulen muß es unbenommen bleiben, sich um Drittmittelförderung, zum Beispiel auch für Sonderforschungsbereiche, zu bewerben, um gegebenenfalls so den Aufstieg in die Spitzengruppe vorzubereiten, wenn sie dies wünschen. Jede Universität wird und sollte bestrebt sein, wenigstens einige ihrer Fachgebiete so auszubauen, auszustatten und durch hochqualifizierte Berufungen zu stärken, daß sie als Schwerpunktbereiche Anerkennung finden. Die kommunizierenden Röhren des Berufungsgeschehens zwischen konkurrierenden Universitäten werden dann automatisch dazu führen, daß sich besondere wissenschaftliche Kapazität dort bündelt, wo sie die besten Bedingungen und Studenten findet.

Aktive Öffentlichkeitsarbeit der Schwerpunktbereiche muß schon den Studienanfängern ihre Bewerbungsentscheidungen erleichtern; qualifizierte Studenten in höheren Semestern sind zum Wechsel von anderen Hochschulen zu ermutigen.

In einer Anfangsphase könnte ein solches Modell dadurch erprobt werden, daß man Schwerpunktbereiche zunächst für Postgraduiertenstudien, die zur Promotion führen, einrichtet. Schrittweise sollten jedoch auch Haupt- und Grundstudium an solchen Schwerpunktbereichen auf die besondere Aufgabe der Förderung wissenschaftlicher Spitzenleistungen in Lehre und Forschung ausgerichtet werden. Die Initiative für alle diese Entwicklungen muß aber, wenn sie erfolgreich sein soll, von den Hochschulen selbst ausgehen, die sie langfristig bejahen und tragen müssen; außerdem muß sie in entsprechenden Entscheidungen der Länder verankert sein.

7. Wettbewerb ist nicht nur nicht Selbstzweck, Konkurrenz ist auch kein Allheilmittel

Ob in Natur oder Wirtschaft oder Spiel: Wir wissen, daß jede Strategie nicht isoliert nach ihrem Nutzen oder ihren Kosten, sondern nach ihrem Nutzen-Kosten-Verhältnis im Vergleich zu alternativ möglichen Strategien zu bewerten ist. Es darf keinen Zweifel geben: *Auch eine Wettbewerbsstrategie zur Leistungsförderung an Hochschulen hat ihre Kosten.* Diese sind um so größer, je weniger fair, sachbezogen und qualitätsgemäß die Allokationsentscheidungen fallen. Wo Produktionsmittel zugeteilt werden, kommt es nicht nur aus Schlamperei, Irrtum oder Unwissenheit zu Fehlallokationen; auch unsachgemäße Begünstigung, betrügerische Vorteilserschleichung, unfaire Einflußnahme bringen Kosten mit sich. Schließlich ist nicht zu verkennen, daß jedes System seine Nutzer erzieht: hier also die Diplomkonkurrenten mit den Stromlinienanträgen und iridiumvergüteten Ellbogenspitzen. Genauso wird es, wie jedes System, das über Ressourcen verfügt, seine parasitischen Ausbeuter finden. Hier hilft nur die soziale Kontrolle, vor allem entsprechend einem internalisierten Verhaltenskodex, aber auch diese kann Mißstände nur mildern, nie gänzlich beseitigen. Wir brauchen also nicht nur mehr Wettbewerb zur Leistungssteigerung, sondern *gerade in einem solchen System und verbunden mit ihm aufmerksamen Schutz gerade der wissenschaftlich Hochleistungsfähigen, aber Konkurrenzleistungsschwachen.* Es gibt sie, jeder kennt sie, wir wollen sie nicht *unter* den Rädern des leistungsgesteigerten Fortschritts finden, sie gehören mit *an* die Steuerräder des Systems. Auch in einer durch Wettbewerbsprinzipien geformten Universität braucht es Freiräume für Außenseiter, für das selbstbestimmte Forschen im ungebahnten Terrain, wohin einem Entdecker die Gutachter gutwillig oft erst folgen, wenn es dort schon nichts mehr zu entdecken gibt. Diese *Freiräume* dürfen keine *leeren Räume*, geschweige denn leere Versprechungen sein. Eine ausreichende Grundausstattung jedes Wissenschaftlers erfüllt auch diesen Zweck – forschen zu dürfen, ohne immer erst jemanden fragen zu müssen, ob man das forschen darf beziehungsweise ob man dafür die benötigten Mittel erhält. Daß es in der Natur der Sache liegt, wenn dies dann meist zunächst nur wenig aufwendige Projekte sein können, muß kein Nachteil sein: Auch Riesen fangen klein an, sie unterscheiden sich von Zwergen nur dadurch, daß letztere nicht weiter wachsen. Bescheidenheit ist immer noch die sicherste Garantie für Freiheit.

Ein Letztes sei noch angemerkt, um damit auch zur Natur zurückzukehren: Einige der gewaltigsten Anpassungserfolge haben Lebewesen weniger durch Konkurrenz erreicht als durch *Kooperation*: genauer, dadurch, *daß unter Konkurrenzdruck kooperierende Systeme erfolgreicher waren als nicht kooperierende!* Wir verdanken diesem Prinzip so ziemlich alles, was wir sind, das subtile Zusammenspiel der Organelle in jeder unserer Zellen wie das der Gewebe und Organe in unserem vielzelligen Körper. Ohne soziale Kooperation gäbe es keine Kultur und ohne symbiontische Kooperation keine Wälder, keine blühenden Wiesen, ja nicht einmal die Kuh, die uns die Milch gibt, und die Biene, von der der Honig stammt. Wenn wir also für uns und unsere Hochschulen von dem Land träumen, in dem Milch und Honig fließen, so sollten wir auch daran denken. *Ohne* Wettbewerb werden wir den Weg dorthin nicht finden können, aber *nur mit* Wettbewerb und *ohne vernünftig arbeitsteilige Kooperation* kommen wir sicher auf ihm auch nicht weit voran. Auch wenn Kooperation hier nicht das Thema war, sollte man bei aller Wettbewerbsfreude nicht vergessen, daß Wissenschaft immer auch ein Mannschaftssport ist; wer allzu einsam im Langlauf sein Heil sucht, läuft allzu leicht im Kreise.

I. Forschungsleistungen im Vergleich: Methoden und Befunde

Heinz Bolsenkötter

Ansätze zur Erfassung und Beurteilung von Forschungsleistungen

Einleitung

Für Unternehmen gibt es einen Indikator, der als Maßstab des wirtschaftlichen Erfolges gewertet wird: das wirtschaftliche Periodenergebnis, absolut als Gewinn und relativ zu dem im Unternehmen arbeitenden Kapital als Rentabilität definiert. Auch dieser Indikator liefert nicht alle gewünschten Erkenntnisse über die unternehmerische Leistung, und er wird vielfältig durch weitere Indikatoren ergänzt, aber immerhin, man hat diesen aggregierenden, globalen Indikator und arbeitet mit ihm.

Für die Forschung verfügen wir über keinen vergleichbaren Einstieg in die Erfolgsmessung. Die Gründe sind bekannt und seien auf folgenden vereinfachenden Nenner gebracht: Es fehlt der Markt, der Angebot und Nachfrage über Preise steuert, Preise, die wiederum die Bewertungen der gehandelten Produkte durch die Marktteilnehmer ausdrücken und die Bewertungen quasi interpersonell vergleichbar objektivieren; die Unterschiede der subjektiven Bewertungen gehen dann – für den Markt nicht weiter von Bedeutung – in den Anbieter- und Nachfragerrenten unter. Ein derartiger Markt macht auch Aggregierungen unterschiedlicher Leistungen über die Preise vertretbar, bei totaler Aggregation schließlich auch globale Größen wie den Gewinn oder die Rentabilität.

Da es für die Produkte der Forschung im allgemeinen diesen Markt mit Marktpreisen nicht gibt, kann auch ein globaler Indikator nicht gefunden werden. Die Frage bleibt, ob es statt dessen individuelle signifikante Indikatoren dafür gibt, wo und unter welchen Bedingungen sie angewendet werden können, ob und wie man verschiedene Indikatoren miteinander kombinieren und ob man vielleicht zu einem abgestimmten Gefüge von Indikatoren gelangen kann.

Die Notwendigkeit der Bemühungen um brauchbare Indikatoren wird nach meinem Eindruck zunehmend anerkannt. Freilich stehen wir gleichwohl noch in einer frühen Phase der Bemühungen, und auch die Frage nach dem »cui bono« (mehr Wettbewerb, etwaige Auswirkungen auf die Mittelzuführung) wird noch eine Weile bleiben. Die Hemmnisse und Restriktionen für die Indikatorenermittlung sind – für die Forschung mehr noch als für die Lehre – im übrigen auch nicht bestreitbar. Mit meinem Beitrag möchte ich versuchen, die Problematik und die Möglichkeiten von Problemlösungen zu strukturieren, nicht aber, mögliche Problemlösungen zu beurteilen.

Behandeln werde ich die Objekte der Bemühungen um die Erfassung und Bewertung von Forschungsleistungen sowie die sich hierfür anbietenden Indikatoren, und es scheint mir angebracht zu sein, auch die zeitliche und organisatorische Komponente kurz anzusprechen.

1. Die Objekte

Greifen wir wieder auf die Wirtschaft zurück. Hier steht im Mittelpunkt der Bemühungen um die Erfolgsmessung das Unternehmen, nach oben hin aggregiert in verbundenen Unternehmen, Branchen oder noch darüber hinausgehend (man denke an die volkswirtschaftliche Gesamtrechnung), nach unten hin untergliedert nach Betriebssparten, Betriebsstätten, Produkten, regionalen Märkten usw.; bei aller Notwendigkeit des Aggregierens und des Differenzierens gibt es wiederum einen zentralen Bezugspunkt.

Worüber verfügen wir in der Forschung? Die Objekte können sein:
– Forschungsprojekte
oder die Forschungsleistung von
– Personen;
– Personengruppen (im Team oder nicht im Team arbeitend);
– Institutionen (ggf. horizontal und/oder vertikal unterteilt entsprechend der internen Gliederung von Institutionen);
– Regionen/Ländern/Nationen.

Da nun Forschung von Personen (-gruppen) durch Arbeit an Projekten innerhalb von Institutionen und in Regionen/Ländern/Nationen erbracht wird, läßt sich prima vista unser Objektproblem – jedenfalls formal – durch geordnetes Gliedern, Schichten und Aggregieren erschließen. Man braucht aber addierbare Einheiten, quantitative Rechengrößen; die sachlichen Probleme liegen demnach darin, hierfür sinnvolle Definitionen und Abgrenzungen zu finden. Was z. B. ist ein Projekt? Eine Buchbesprechung, ein Buchmanuskript oder ein Raumprogramm mit drei Satelliten zur Erforschung von Erdmagnetfeld und Sonnenwind? Läßt sich das über Gewichtungsfaktoren vergleichbar und addierbar machen? Aggregieren von Forschungsleistungen – um ein anderes Beispiel zu nennen – kann fachbezogen, aber institutionenübergreifend aussagefähiger sein als innerhalb einer Institution mit mehreren Fachrichtungen; Möglichkeiten und Grenzen des Aggregierens verlaufen also nur teilweise parallel zu den Strukturen organisatorischer Gliederung, und die Universität ist ja als ein Gefüge aus gegliederten Einheiten zu verstehen. Schließlich sei erwähnt, daß Forschung heute z. T. durch einen gewaltig gestiegenen Sachaufwand geprägt wird, andererseits aber immer noch stark personenbezogen ist, was wiederum eigene Probleme aufwirft.

42

Trotz und wegen solcher Unterschiede meine ich, daß wir die hier anstehenden Fragen mit einer Objektdifferenzierung angeben müssen. Eine Beschränkung etwa nur auf Einzelpersonen oder nur auf einzelne Projekte erscheint mir weder geboten noch vertretbar. Die Aussagemöglichkeiten bei unterschiedlichen Objektfestlegungen und die Möglichkeiten, zu aggregieren und zu vergleichen, bedürfen dann natürlich jeweiliger Erörterung im Einzelfalle.

Neben der strukturell verstandenen Objektbestimmung hat auch die Art von Forschungsleistungen Bedeutung dafür, mit welchen Ansätzen erfolgversprechend gearbeitet werden kann, wieweit Vergleiche sinnvoll möglich und ob und wieweit Aggregierungen vertretbar erscheinen. Hierfür möchte ich die folgenden Unterschiede oder Abstufungen als wesentlich herausstellen:

- Grad der Homogenität/Inhomogenität von Forschungsleistungen;
- Besonderheiten der Forschung in verschiedenen Fachrichtungen (Geistes-, Sozial-, Natur-, Ingenieurwissenschaften, Medizin);
- fachrichtungsbezogene oder fachrichtungsübergreifende Erfassung von Forschungsleistungen;
- Art und Zweckbezug der Forschung (reine Forschung, Grundlagenforschung, anwendungsorientierte Forschung, Entwicklung);
- Art der angestrebten Forschungsergebnisse (Entdeckung, Beschreibung, Erklärung, Entwicklung von Normen);
- Fehlen oder Vorhandensein eines Verbundes der Forschung mit der Lehre, der Krankenbehandlung u. a.

Ich kann es mir sicher ersparen, dem hier detailliert nachzugehen. Allgemein mag angemerkt werden, daß Forschungsleistungen desto eher erfaßbar und vergleichbar sind, je mehr Übereinstimmung nach den oben genannten Kriteriengruppen gegeben ist. Zwischen den einzelnen Dimensionen, durch die ich hier die Forschung zu charakterisieren versucht habe, bestehen einige Interdependenzen und Korrelationen; so ist – wenn ich es richtig sehe und cum grano salis – die Forschung in den Naturwissenschaften tendenziell stärker auf Entdeckung, Erklärung und Ordnung und in den Sozialwissenschaften mehr auf normative Aussagen gerichtet, und für die Geisteswissenschaften sind wiederum besondere Merkmale charakteristisch (Finkenstaedt und Fries 1978); oder: bei fachübergreifender Betrachtung nimmt der Grad der Homogenität ab. Doch lassen sich daraus keine so weitgehenden Zusammenhänge herleiten, daß sich für unser Problem eine alles erfassende und ausdrückende eindimensionale Darstellung – etwa nach dem Grad der Homogenität/Inhomogenität – konstruieren ließe.

Daß Forschungsleistungen so unterschiedlich sind, sollte allerdings nicht von vornherein zum Resignieren verleiten, etwa mit der Begründung, alle Forschungsleistungen seien schließlich Unikate und damit notwendig heterogen, oder sie seien häufig – ein klassisches Problem für die Betriebswirte – Kuppelprodukte, und die Kosten ihrer Erstellung seien bekanntlich und nicht widerlegbar zwingend miteinander verbunden und nicht nach zuverlässigen, »richtigen« Methoden trennbar.

Unter Umständen läßt sich mit Hilfe indirekter Vergleichstechniken sogar völlig Inhomogenes vergleichen, z. B. wenn innerhalb einer Universität die Rangplätze verschiedener Fakultäten aufgrund einer landes-/bundesweiten Reputationserhebung (»Ranking durch Rating«) miteinander verglichen werden. So lassen sich einige quantitative Kennwerte – Rangplätze, Mittelwerte, Streuungen u. ä. – auch übergreifend vergleichen.

Irgendwo kommt man allerdings in Bereiche, in denen die Verwendung bestimmter Indikatoren sinnvolle Aussagen nicht mehr ermöglicht. Es gibt ferner auch Zurechnungsprobleme für einen Forschungserfolg, so etwa bei Mehrfachnutzung von Produktionsfaktoren, wegen der zunehmenden Teamorientierung in der Forschung, in Fällen des Zusammenwirkens von unterschiedlichen Produktionsfaktoren, vor allem bei steigendem Sach- und Konstruktionsaufwand in der Großforschung (Kombination von Sachfaktoren und persönlicher Forschungsleistung); ich denke dabei etwa an Riesenteleskope, Teilchenbeschleuniger u. ä.

2. Die Indikatoren

Ich habe früher schon versucht, die Indikatoren, nach verschiedenen Merkmalen gruppiert, quasi linear anzuordnen. Auf diese Übersicht (mit geringfügigen Änderungen und zusammengefaßt in Form einer Matrix) möchte ich hier zurückgreifen, ohne dabei jedoch individuell auf die Indikatoren und ihre Aussagemöglichkeiten einzugehen.

Vielleicht aber wird die gedankliche Struktur einer solchen Indikatorenliste deutlicher, wenn man sich die möglichen Kriterien oder Kriteriengruppen im Sinne verschiedener Dimensionen vorstellt und das gesamte Gefüge der Aussagemöglichkeiten dementsprechend als einen n-dimensionalen Polyeder. Einzelne Indikatoren werden – entsprechend den Schnittstellen der verschiedenen Dimensionen – durch mehrere Merkmale charakterisiert. In diesem Sinne wären die Indikatoren wie folgt zu gruppieren:
– Erfassung der Leistungsmengen,
   quantitative Leistungsbewertung – qualitative Leistungsbewertung;
– output-orientierte Indikatoren – input-orientierte Indikatoren,
   output-input-orientierte (Effizienz-)Indikatoren,
   Indikatoren für Sekundärwirkungen;
– unmittelbare Indikatoren – mittelbare Indikatoren;
– Anteilswerte bei Forschung in Kuppelprozessen oder sonstige Anteilsangaben.
Dieses Indikatorenschema ist primär personen- und institutionenbezogen, und mit den Indikatoren wird weitgehend ein in Zahlen faßbarer Ausdruck für Mengen und Werte gesucht; für einzelne Projekte wird man nach anderen und weiteren, vielfach

TABELLE: Eine Übersicht über die Indikatoren für Leistungsmessung und -bewertung in der Forschung.

	Leistungsmessung	Leistungsbewertung (quantitativ)	Leistungsbewertung (qualitativ)
unmittelbar	– Zahl der Forschungsprojekte – Zahl und Umfang von Veröffentlichungen (evtl. gestaffelt nach Bedeutung der Publikationsorgane) – Zeitaufwand der Wissenschaftler je Semester und Studienjahr für Forschung – Zeitaufwand je Forschungsprojekt (oder Teile davon) – Zahl der Forschungsfreisemester – Kosten der Forschung (ggf. nach Kostenarten untergliedert)	– Kosten der Forschung (ggf. nach Kostenarten untergliedert) – Kosten der Forschung/ Wissenschaftler – Kosten der Forschung/ Anzahl der Projekte – Kosten eines Forschungsprojektes/ durchschnittliche Projektkosten – Kosten der Forschung/ Gesamtkosten der Institution – Kosten der Forschung/ Kosten der Lehre – Erlöse aus Drittmitteln – Erlöse aus sonstiger Verwertung von Forschungsergebnissen	– Beurteilung durch Auftraggeber (bei Auftragsforschung) – Diskussion über Forschungsergebnisse
mittelbar	– Zahl der Dissertationen – Zahl der Habilitationen	– Zahl der Vorträge – Zahl der Patente und Lizenzen – Forschungsaufenthalte – Zahl der Forschungsaufenthalte, die von »Dritten« finanziert werden (Auftragsforschung) – Umfang der Drittmittelfinanzierung (absolut und relativ zur freien Forschung) – Forschungsberichte	– Bewertung durch fachkundige Kommissionen – Beurteilung durch Wissenschaftler – Beurteilung durch Wirtschaft und Verwaltung – Erlöse aus Drittmitteln – Zahl der Zitate je Semester und Studienjahr – Zahl der Zitate je Semester und Studienjahr im Verhältnis zu Zahl und Umfang von Veröffentlichungen – Nachhaltigkeit von Zitierungen – Anfragen, Ehrungen, Stipendien

nur verbal beschreibbaren Maßstäben zu greifen haben, wie sie etwa der Wissenschaftsrat in seinen Empfehlungen zur Organisation, Planung und Förderung der Forschung (Bonn 1975, S. 168 ff.) zusammengestellt hat.

Die Aussagefähigkeit einiger Indikatoren wurde z. T. mit Nachdruck in Frage gestellt. So wurde etwa gefragt, wieviel der Zeitaufwand besagt, wenn einem Forscher die gesuchte Problemlösung in einer schlaflosen Nacht oder auf einem sonntäglichen Spaziergang einfällt (Flämig 1977, S. 329), und es wird auch auf die bekannte Problematik input-orientierter Indikatoren hingewiesen (durch größeren Aufwand, mithin durch geringere Wirtschaftlichkeit, kann der Anschein höherer Leistung erweckt werden). Ich darf bei meinem hier zu gebenden Überblick sicherlich solche und andere Vorbehalte, Einwendungen (berechtigt oder weniger berechtigt) auf sich beruhen lassen; für einige Indikatoren wird dies ja später noch eingehend diskutiert werden. Auch ein weiterer Problemkreis mag hier lediglich angesprochen werden, nämlich die unterschiedliche Eignung einzelner Indikatoren bei ihrer Anwendung auf die oben dargelegten verschiedenen Objekte und die dabei gegebenen oder u. U. auch nicht gegebenen Möglichkeiten der horizontalen und vertikalen Aggregation. Gewiß aber ist es ein weiteres wichtiges Teilgebiet im Rahmen unseres Themas, die Verbindung zwischen einer differenzierenden Objektbetrachtung und den Indikatorenkatalogen herzustellen.

Mit einem Gedanken möchte ich mich aber doch noch ein wenig beschäftigen. Die praktisch durchgeführten – noch nicht zahlreichen – Untersuchungen arbeiteten vorwiegend mit einzelnen Indikatoren (Stipendien, Publikationen, Anfragen, Ehrungen, Zitate), weniger jedoch mit Indikatorensystemen. Greifen wir noch einmal auf die Parallele der Unternehmen zurück. Trotz der erwähnten globalen Indikatoren Gewinn und Rentabilität sind auch dort Kennzahlensysteme mit einer Vielzahl einzelner, nicht integrierter, aber sich ergänzender Indikatoren gebräuchlich (Beispiel: Beurteilung der Bilanzstruktur, der Liquidität und der Finanzlage). Man sollte analog hierzu auch für den Bereich der Forschung insbesondere der Frage weiter nachgehen, ob und wie mit Bezug auf Personen und Institutionen verschiedene Indikatoren zu einem sinnvollen System zusammengefügt werden können; dabei sollten dann graduell auch Aussageschwächen einzelner Indikatoren durch Aussagemöglichkeiten anderer Indikatoren ausgeglichen werden. Das dürfte eine langfristige Aufgabe sein, für deren Lösung die vorliegenden vergleichenden Untersuchungen über die Ergebnisse verschiedener Indikatoren wertvolle Grundlagen bieten. Anzustreben ist ein System aus Faktoren für den Input, für die Leistungsmengen (Produktion/Produktivität) und für die Bewertung (soweit möglich quantitativ und qualitativ).

Wenn Indikatoren ermittelt sind, hat man einen wesentlichen Schritt zur Beurteilung getan; man hat aber gleichwohl erst nur das Objekt mit einzelnen erhobenen Merkmalen beschrieben, ein Ist-Objekt abgebildet. Die Ergebnisse müssen nun noch in Beziehung gebracht werden mit entsprechenden Daten geeigneter Vergleichsobjekte; man braucht also Vergleichsmaßstäbe.

In Betracht kommen Vergleiche mit:
- entsprechenden Indikatoren einer früheren Erhebung für dasselbe Objekt (Zeitvergleich);
- entsprechenden Indikatoren anderer Projekte, Personen usw., durch Anordnung in Ordinal- oder Kardinalskalen;
- Durchschnittswerten/Zielvorgaben;
- Relevanz/Zweckbezug.

Ich möchte darauf hinweisen, daß die zuletzt genannten Maßstäbe über die Qualität der Forschung hinausgehend auch deren Inhalte mit ansprechen. Auch bei der Auswahl dieser Vergleichsmaßstäbe wird es Unterschiede in Abhängigkeit von den Objekten geben, auf die sich die erhobenen und nun zu bewertenden Indikatoren beziehen. Hinsichtlich der Aussagefähigkeit der Vergleichsergebnisse sind die auch sonst üblichen Anforderungen in bezug auf die sachliche Vergleichbarkeit der Objekte und die Methodengleichheit der Indikatorenermittlung zu stellen.

3. Zeitliche und organisatorische Komponente der Erfassung von Forschungsleistungen

Erfassung und Beurteilung von Leistungen ist sicherlich wesentlich eine Art Ex-post-Information und -Beurteilung; ein Blick auf die Indikatoren-Kataloge macht deutlich, daß viele Indikatoren so verstanden und konzipiert sind. Wie es aber außerhalb der Forschung neben nachträglichen Kontrollen z. B. auch Ex-ante-Kontrollen und begleitende Kontrollen gibt, so hat auch für das Thema dieses Bandes die Dimension Zeit ihre Bedeutung. Ex-ante-Beurteilungen (Eingangs-Beurteilungen) sowie begleitende Beurteilungen kann es etwa für einzelne Forschungsprojekte wie auch für Forschungsprogramme von Personen und Institutionen geben. Ich denke dabei u. a. an Empfehlungen des Wissenschaftsrats (Bonn 1975) sowie die Praxis der Deutschen Forschungsgemeinschaft. Dabei werden vielfach qualitative, nur verbal wiederzugebende Aspekte im Vordergrund stehen und manche Möglichkeiten quantifizierender Aussagen ausscheiden oder in den Hintergrund treten.

In einer kleinen schematischen Übersicht komprimiert, zeigt sich demnach die zeitliche Komponente für unser Thema etwa wie folgt:
- Beurteilung in der Planungsphase von Forschungsvorhaben (Eingangsbeurteilung) / Beurteilung von Forschungsprogrammen von Personen oder Institutionen;
- (Projekt-)begleitende Erfassung und Beurteilung von Forschungsaktivitäten / von (teilrealisierten) Forschungsprogrammen;
- nachträgliche (abschließende) Erfassung und Beurteilung von Forschungsleistungen.

Im einzelnen wird sich dies natürlich je nach Objekt und Art der Indikatoren recht unterschiedlich darstellen.

Nun bleibt als wichtig erscheinender weiterer Aspekt noch die organisatorische Komponente. In dieser Hinsicht möchte ich differenzieren nach:
- einmaliger/gelegentlicher oder laufender/regelmäßiger Erfassung und Beurteilung von Forschungsleistungen;
- dem Grad und der Art der Institutionalisierung der Erfassung und Beurteilung von Forschungsleistungen;

– den die Forschungsleistungen erfassenden und sie beurteilenden Personen/Institutionen.

Da ich hier nicht zu werten, sondern nur einen Überblick zu geben habe, brauche ich nicht die Frage zu beantworten, wie weit man es denn nun mit der Organisation treiben soll oder vertretbar treiben darf. Aber andeuten möchte ich doch wenigstens, worauf es dabei ankommt. Eine gewichtige Rolle hat gewiß auch hier die Wirtschaftlichkeit zu spielen, der Aufwand, den man für die Erfassung und Beurteilung von Forschungsleistungen für unvermeidlich oder für angemessen und vertretbar hält. Mit zunehmender Regelmäßigkeit und Häufigkeit von Erhebungen und Untersuchungen, mit zunehmendem Grad der Institutionalisierung steigt ceteris paribus der Aufwand.

Neben diese Input-Betrachtung muß aber auch hier der Output-Aspekt treten, nämlich Art und Umfang der erwünschten Erkenntnisse. Eine gewisse Erfassung und Beurteilung von Leistungen gibt es auch ohne jede Organisation und ohne jede Systematisierung; Verbraucher bilden sich eine Meinung auch ohne die Stiftung Warentest, nur eben erheblich weniger fundiert. Wer kann und sollte es für die Forschung machen? Besondere, neutrale Einrichtungen? Die Gemeinschaft der Wissenschaftler (scientific community) im Wege einer Peer Review durch Kommissionen (man denke an die Praxis der DFG-Kommissionen) oder aufgrund von Befragungen (Beispiel etwa die in den USA gebräuchlichen Ratings)? Die Forschenden selbst durch Forschungsberichte u. ä.? Einrichtungen mit Organcharakter an Forschungsinstitutionen? Mittel gewährende Stellen und Auftraggeber? Engagierte Einzelforscher mit Freude und Engagement für die Metaforschung? Man wird diese Fragen und die dahinter stehenden Möglichkeiten sicherlich nicht nur alternativ zu verstehen haben, sondern in Abhängigkeit von den Objekten und den angestrebten Erkenntnissen über Quantitäten und Qualitäten werden verschiedene Möglichkeiten der Organisation und Institutionalisierung, der Aufgabenträger (=Subjekte) einer Erfassung und Beurteilung von Forschungsleistungen nebeneinander sinnvoll sein.

Schlußbemerkung

Den Naturwissenschaftlern verdanken wir die Erkenntnis, daß die Natur normalerweise nach der Gleichverteilung von Energie und Materie strebt, zu amorphen Zuständen also. Das nennt man dann Entropie. Strukturbildungen sind dementsprechend eigentlich regelwidrig; sie sind mithin negative Entropie. Ich habe hier versucht, durch den Themenbereich dieses Bandes einige Schnitte in verschiedenen Dimensionen zu legen und Möglichkeiten einer Problem- und Problemlösungsstrukturierung anzudeuten. Es würde mich freuen, wenn auch dabei ein kleines Stückchen negative Entropie herausgekommen wäre.

Literatur

Ad Hoc Commitee on Education Benefits/Performance Measures: Measuring the Benefits and Performance of the University of Washington, o. O., 1974 (Manuskript).

Bolsenkötter, Heinz. Leistungserfassung in Hochschulen, in: BFuP 1978, S. 1.

Daniel, Hans-Dieter. Zur Messung und Förderung der Forschungsleistung deutscher Universitäten – Eine vergleichende Analyse empirischer Untersuchungen. Konstanz 1983.

Finkenstaedt, Thomas, Marlene Fries. Zur Forschungsmessung in den Geisteswissenschaften – Das Beispiel der Anglistik, in: ad acta 1978, S. 110.

Flämig, Christian. Effizienzkontrolle der Hochschulforschung?, in: Hochschulverband, Bilanz einer Reform, Denkschrift zum 450jährigen Bestehen der Philipps-Universität zu Marburg. Darmstadt 1977.

Heiber, Horst. Messung von Forschungsleistungen der Hochschulen – Ein empirischer Ansatz auf der Basis von Zitatenanalysen. Baden-Baden 1983.

Rau, Einhard. Mal diese, mal jene an der Spitze – Eine Rangfolge deutscher Hochschulen anhand der Stipendienvergabe, in: DUZ 1984, Heft 19, S. 15.

Spiegel-Rösing, Ina S., Peter M. Fauser, Helmut Baitsch. Beiträge zur Messung von Forschungsleistungen – Institutionen, Gruppen und Einzelpersonen. Bonn 1975.

Turner, George. Die gute Leistung prämieren und die Schwächen ahnden, in: Handelsblatt vom 21./22. 12. 84, S. 25.

Verry, Donald, Bleddyn Davies. University Costs and Outputs. Amsterdam – Oxford – New York 1976.

WIBERA-Projektgruppe Bolsenkötter: Ökonomie der Hochschule, 3 Bde., Baden-Baden 1976.

Wissenschaftsrat: Empfehlungen zur Organisation, Planung und Förderung der Forschung. Bonn 1975.

Wissenschaftsrat: Empfehlungen zur Forschung und zum Mitteleinsatz in den Hochschulen. Bonn 1979.

THOMAS FINKENSTAEDT

Forschungsmessung in den Geisteswissenschaften

Das Beispiel Anglistik

1. Fragestellungen

Die große Mehrheit der bundesdeutschen Geisteswissenschaftler, ich schätze 98 %, hält das Messen ihrer Forschungsleistungen nicht nur für unmöglich, sondern – die Möglichkeit einmal unterstellt – für unsinnig, ihrem Tun nicht angemessen. Dem entspricht, daß mir bisher nur ein einziger Versuch einer solchen Messung bekannt ist – mein eigener.

Ich sehe drei Arten des Interesses an einer Forschungsmessung in den Geisteswissenschaften:

1. Das rein wissenschaftliche Interesse der Hochschulforschung mit dem Ziel, den Prozeß der Forschung besser zu verstehen, z. B. Fragen der Kreativität vergleichend nachzugehen;
2. Ein historisches Interesse, das rückwärts gewandt die Entwicklung eines Faches »exakt« zu überprüfen sucht, nach Einflüssen, Wirkungen, Wendepunkten fragt, und zwar messend, nicht intuitiv oder mit historisch-philologischer Interpretation des Einzelfalls;
3. Ein auf Gegenwart und Zukunft bezogenes, letztlich politisch-planerisches Interesse, das u. a. nach dem Verhältnis von Forschung und Lehre, nach den zweckmäßigen Typen der Forschung, nach der Effizienz von Drittmittelforschung, Teamarbeit, Institutionsstrukturen, sagen wir allgemein nach dem Verhältnis von Geld zu Idee und Ergebnis fragt.

Ich lasse offen, wieweit Forschungsmessung eine politische Modeerscheinung ist, geboren aus der Skepsis, ob die Urteile von Großordinarien und Forschungspäpsten unbesehen, ungemessen gelten sollen.

Mein eigenes Interesse war zunächst »rein wissenschaftlich«, hat sich zunehmend zu historischen Fragestellungen hin entwickelt, wobei ich allerdings betonen möchte, daß in den Geisteswissenschaften die Vergangenheit ja in ganz eigentümlicher Weise gegenwärtig bleibt. Planerisches und politisches Interesse habe ich mangels Gelegenheit wenig. Im folgenden gehe ich mehr auf die Probleme der Forschungsmessung ein als auf die Ergebnisse im einzelnen.

2. Mein Untersuchungsmaterial

Gegenstand meiner »Meßversuche« ist die (bundes-)deutsche Anglistik. 1975 haben meine damalige Mitarbeiterin Marlene Fries und ich versucht, das gesamte wissenschaftliche Personal der Anglistik in seiner Lehr-, Forschungs- und Verwaltungstätigkeit zu erfassen. (Faktisch haben wir 77 % der Habilitierten, 45 % des sogenannten »Mittelbaus« erfaßt). Die relevanten Daten wurden im *Anglistenspiegel* veröffentlicht; eine Fortschreibung bis 1983 bietet der *Neue Anglistenspiegel*. Das ältere Material ist von Haenicke (1981) bearbeitet worden. Außerdem sind die Lehre seit 1878 bis heute und die Dissertationen seit 1890 erfaßt und statistisch ausgewertet (ca. 5000 Dissertationen, 20 000 Lehrveranstaltungen; Vollständigkeit >95 %). Die Untersuchungen beziehen sich in erster Linie auf die Produktion von Individuen (Publikationen und Betreuung von Dissertationen); die Rezeption von Forschungen ist bisher noch nicht bearbeitet.

3. Forschung – Messung

3. 1. DIE DEFINITION VON »FORSCHEN«

Die Schwierigkeiten der Messung beginnen bei der Schwierigkeit der Definition von Forschung in den Geisteswissenschaften. Forschung kann in den Geisteswissenschaften ganz Verschiedenes sein:
– Spurensicherung der Vergangenheit;
– Interpretation von Vergangenheit und Gegenwart;
– angewandte, manchmal experimentelle Arbeit.
Da Falsifikation und linearer Fortschritt kaum möglich sind, da die Grenzen zur akademischen Lehre und zur allgemeinen Belehrung des gebildeten Publikums fließend sind, da es nicht möglich ist, die wissenschaftlichen Zeitschriften aufzuzählen, in denen sich die Forschung der einzelnen Geisteswissenschaften primär niederschlägt – ja, die Zeitschrift im Unterschied zu den Naturwissenschaften oft kaum relevant ist –, muß man sich mit äußerlichen Kriterien behelfen. Forschung schlägt sich in den Publikationen nieder, und man wird diese zunächst alle als Rohmaterial nehmen dürfen und müssen.
Es ist kaum möglich, »wissenschaftliche« Veröffentlichungen von »nichtwissenschaftlichen« säuberlich und intersubjektiv zu trennen, noch ist es möglich, bestimmte Typen von Veröffentlichungen (z. B. Rezensionen) von vornherein auszuschließen. Um zwei Ergebnisse vorwegzunehmen:
1. Eine solche Abgrenzung ist nicht nötig;

2. die verschiedenen Wissenschaften scheinen eine bestimmte Mischung von Veröffentlichungstypen zu haben, die sich natürlich erst herausstellt, wenn man zunächst das Netz weit auswirft und wenn man auch die »kleinen Fächer« anschaut.

Genaugenommen untersuchen wir also Publikations-, nicht Forschungsprofile von Wissenschaftlern, nicht nur von Forschern – wir haben es aber auch mit Wissenschaften im deutschen Wortsinn und nicht mit *science* zu tun. (Ich erlaube mir, als Anglist beiläufig darauf hinzuweisen, daß viele Mißverständnisse dadurch entstehen, daß von *Wissenschaft* in der Sprache der *science* gesprochen wird; die Rede vom »Paradigmenwechsel« ist eines der auffälligsten Beispiele.)

3.2. DIE DEFINITION VON »MESSEN«

Messung bedeutet zumindest vergleichen, besser noch die Angabe einer Position auf einem Maßstab. Ein Vergleichen durch Zählen der Publikationen liegt nahe, erscheint aber als unangemessen. Die Erstellung eines Maßstabs, also einer begründeten Gewichtung von Veröffentlichungen, stößt auf z.T. seltsame Schwierigkeiten. Meine Versuche, Kollegen zu Stellungnahmen zu bewegen, schlugen weitgehend fehl. Das Argument war meist, das hänge vom Einzelfall ab. Man kennt das ja aus Berufungskommissionen, wo eine zu große Anzahl von Publikationen genauso negativ eingeschätzt werden kann wie das Fehlen von Publikationen, und doch im nächsten Moment der eine Artikel mehr wert sein kann als zwei Monographien. (Man muß ja nicht unbedingt so weit gehen wie einer meiner Kollegen, der meinte, es müsse ja nicht stimmen, wenn es nur geistreich sei. Und in einer anderen Kommission war ihm unverständlicher Tiefsinn lieber als platte Verständlichkeit – aber wie messe ich die Tiefe von Tiefsinn, wenn dieser noch dazu unverständlich ist. Also nicht messen, Tiefsinn spürt man.)

Der Ablehnung jeder Gewichtung steht die andere Meinung gegenüber, daß die Gewichtung sehr genau sein muß. In der Tat zeigt sich, daß es nicht nur aufschlußreich ist, wie viele Publikationen jemand hat, sondern auch wie umfangreich sie sind, ob sie allein oder gemeinsam mit anderen entstanden sind, ob eine Monographie eine zweite Auflage erreichte, ob sie ohne oder mit Zuschuß gedruckt wurde (Auflagen über 1000, so wurde ich zu meinem Leidwesen einmal belehrt, sind nicht zuschußfähig, weil keine Forschung). Ja, man muß auch fragen, welche Publikationsmöglichkeiten in einem Fach überhaupt bestehen, ob es »refereed journals« gibt – oder Publikations- und Rezensionskartelle usw.

Dies sind im Grunde alles meßbare Faktoren. Ob man sie messen soll, muß der Urteilskraft überlassen bleiben, und diese bedarf der allgemeinen Erfahrung in der jeweiligen Geisteswissenschaft. (Ich nehme damit ein Ergebnis vorweg: es sollten nicht zu junge Leute die Forschungsmessung zu ihrem Gebiet machen; das Messen geht nach vier Monographien, einigen Projekten, ein paar Dutzend Artikeln, Frustration in der Teamarbeit besser und vermutlich fairer.)

Aus dem Gesagten folgt jedoch keineswegs, daß man nicht messen soll und nicht ausprobieren soll, welche Parameter sich bewähren. Anders formuliert: ich halte den Versuch einer Forschungsmessung in den Geisteswissenschaften für einen geeigneten Weg, eine »discovery procedure« zur Aufdeckung von Fachstrukturen, über die dann ggf. ein wissenschaftlicher Diskurs einsetzen kann.

Die von uns verwendete Gewichtung ist in *Tabelle 1* dargestellt. Sie war in einem Punkt sicher falsch: Die Rubrik »Rezension« umfaßt die kurze Anzeige, die man in fünf Minuten schreibt, ebenso wie Beiträge, welche die Forschung mehr fördern als das rezensierte Werk. Eine Unterscheidung nach langen Rezensionen (über 3 Seiten) und anderen ist für den *Neuen Anglistenspiegel* eingeführt worden und läßt – in einigen wenigen Fällen – ein typisches Rezensenten-Forscherprofil erkennen. Eine Reihe anderer Einwände gegen unsere Tabelle haben mich nicht überzeugt – abgesehen davon, daß sie keine statistisch signifikanten Änderungen unserer Ergebnisse brachten.

TABELLE 1:   Art und Gewichtung von Publikationen.

Monographie	50 Punkte
Monographie-Mitverfasser	40 Punkte
Aufsatz	10 Punkte
Aufsatz-Mitverfasser	8 Punkte
Kleiner Beitrag	1 Punkt
Rezension	1 Punkt
Herausgebertätigkeit	10 Punkte
Mitherausgeber	8 Punkte
Schulbücher	5 Punkte
Sonstiges (z. B. Übersetzungen)	5 Punkte
(in einigen Fällen 10 Punkte)	
Dissertationen (bei Institutsbewertung)	20 Punkte
Habilitationsschriften	50 Punkte

3.3.   DAS ZITIERVERHALTEN

Leider kann ich für die Geisteswissenschaften keine systematische Untersuchung über das Zitierverhalten und den Wert des Zitats im Rahmen der Forschungsmessung nennen. Ich möchte aber auf den interessanten Beitrag von G. Hard u. H. Fleige (1977) hinweisen. Diesbezüglich einige Beobachtungen, die teils auf meinen eigenen Publikationen beruhen, teils auf erste Analysen von Fußnoten und Äußerungen über Fußnoten zurückgehen. Die erste Feststellung ist diese: der »Citation Index« funktioniert nur, weil in den Naturwissenschaften ein ganz bestimmter Zyp von Zitat und Zitieren durch die »scientific community« erzwungen wird; die Anfänge dieser Zitiersitte stehen in direktem Zusammenhang mit der wachsenden Rolle des Experiments und lassen sich bis auf Boyles »Sceptical Chymist« aus dem Jahre 1661 zurückführen. In den Geistes- und Gesellschaftswissenschaften scheint die Rolle des Zitats einem großen Wandel in der Geschichte zu unterliegen und überdies von Fach zu Fach verschieden zu sein. Schließlich spielt der Publikationstyp und das Alter des Verfassers eine Rolle. Der Doktorand und der Habilitand müssen sich durch viele Fußnoten als auf der Höhe der Forschung befindlich ausweisen: Max Weber sprach einmal spottend von der »Pönitenz einer bösen Fußnotengeschwulst« (1922, S. 89).

Aber sind solche Zitate tatsächlich (oder gar überhaupt) Belege für die Bedeutung des Zitierten als Forscher? Solange keine Einzeluntersuchungen vorliegen, möchte ich Zweifel anmelden, ob die Wirkung eines Geisteswissenschaftlers ohne weiteres an den Zitaten aus seinen Schriften abgelesen werden kann. »Wirkung« wäre erst einmal zu definieren, und man könnte z. B. mit Lessing fragen, ob es relevant ist, zitiert zu werden:

> Wer wird nicht einen Klopstock loben?
> Doch wird ihn jeder lesen? – Nein.
> Wir wollen weniger erhoben
> Und fleißiger gelesen sein.

Und nun meine eigene Erfahrung: Ich bin Mitverfasser eines chronologischen Wörterbuchs des Englischen und einer dazugehörigen Monographie. Das Wörterbuch steht in allen großen Bibliotheken, z. B. in der British Library auf den sogenannten Lower Shelves, also bei den Standardwerken. Ich sehe das Wörterbuch viel benutzt, fast nie zitiert. Meine Habilitationsschrift dagegen wird als Standardwerk auf einem Spezialgebiet u. a. von angelsächsischen Autoren als *das* Standardwerk zitiert – nur lesen können sie das Buch nicht, weil es auf Deutsch erschienen ist. Auf einem weiteren Blatt stünde dann noch das systematische Nichtzitieren und die *mutual admiration societies* der Zitierkartelle. Schließlich gibt es noch eine neue Variante in der jüngsten Linguistik – vielleicht auch anderswo: wichtige ältere Werke werden nicht zitiert, weil man sie nicht kennt, gar nicht mehr versucht, sie kennenzulernen.

3.4. DIE WIRKUNG DES ZITIERVERHALTENS

Die Bemerkungen über das Zitierverhalten weisen bereits darauf hin, wie wenig eindeutig die Verhältnisse sind; sie implizieren zugleich, daß alle Antworten im Bereich der Forschungsmessung aufs engste mit der Art der Fragestellung verknüpft sind – und über diese besteht kein Einverständnis, weil man kaum die Frage stellt, was die Forschung in den Geisteswissenschaften eigentlich will, soll, kann. Geht es nur um den effizienten Mitteleinsatz bei Projekten, dem man mit Messungen nachspüren will? Geht es um die kurzfristige Bewertung der Forschungsleistung von Individuen, denen man Geld, Stipendien, Verantwortung übertragen will? Geht es um das Verständnis der Entwicklung von Geisteswissenschaften, also vielleicht die

Langzeitwirkung von großen Gelehrten im sozialen Kontext ihrer Zeit und späterer Generationen?

Je nach Art der Fragestellung wird der Spezialist, der Herausgeber, der geistreiche Interpret, der Methodenanreger (der vielleicht sogar andere Fächer beeinflußte), der Erschließer neuer Stoff- und Themenbereiche auf der »Meßlatte« höher stehen. Und wo wollen wir jenen ansiedeln, dessen Ideen im Hörsaal mündlich zu seinen Schülern gelangten?

Um das Ergebnis meiner Erfahrungen und Überlegungen zusammenzufassen: Ich bin für Versuche der Messung, damit über solche Fragen mehr nachgedacht wird.

4. Einige Befunde

1. Es wird weniger, vielleicht viel weniger geforscht, als man vermuten möchte, wenn man an Äußerungen von Wissenschaftlern über Forschung denkt *(Tabelle 2)*.
2. Die einzelnen Fachgebiete der Anglistik (Sprach-, Literaturwissenschaft, Fachdidaktik) weisen typisches Publikationsverhalten auf, zeigen auch quantitative Charakteristika (z. B. typische durchschnittliche Länge von Aufsätzen). Wie weit die Anglistik insgesamt ein quantitativ zu erfassendes typisches Publikationsprofil hat, läßt sich ohne die Untersuchung anderer Geisteswissenschaften nicht sagen.
3. Die meisten gängigen Vorstellungen über Kreativität, den Zusammenhang von Geld oder Personal und Forschung werden durch die Befunde nicht bestätigt, vielleicht falsifiziert. Was die Kreativität anbetrifft, so kann man Fleißige und weniger Fleißige unterscheiden. Ob jemand zu den Fleißigen gehört, stellt sich frühestens nach zehnjährigem regelmäßigen Publizieren heraus. Die besondere Kreativität der Jugend (oder gar des Mittelbaus) ist nicht nachzuweisen, wohl aber, daß die Fleißigsten meist früh mit dem Publizieren begonnen und ein großes »Laufbahntempo« haben (Alter bei der Promotion und Alter bei der Berufung).
4. Liegt bei einem Wissenschaftler eine große Zahl von Publikationen vor, kann in der Regel auf eine Gewichtung verzichtet werden, d. h., seine Position in der Skala bleibt mit und ohne Gewichtung ungefähr gleich. Von dieser Regel gibt es nur vereinzelte Ausnahmen: den Verfasser von kleinen Beiträgen und Rezensionen auf der einen Seite, den von mehrbändigen Monographien und wenigen Artikeln auf der anderen (das bedeutet: die anglistischen Forschungsleistungen kann nur messen, wer die Anglisten kennt).
5. Die Fleißigen unter den Hochschullehrern zeichnen sich i. a. dadurch aus, daß sie mehr Doktoranden haben als die weniger Fleißigen. Sie scheinen auch in Lehre und Verwaltung zu den Fleißigeren zu gehören. (In dieser Hinsicht gibt es aber einige statistische »Ausreißer«, die individuell zu charakterisieren wären.)
6. Die Verteilung der Promotionen und laufenden Dissertationen ist und war stets sehr ungleich. Der Rückgang des Promovierens ist augenfällig; insbesondere die

jüngeren Professoren haben kaum Doktoranden. Von 1965 bis 1980 haben die 57 bis 1965 Berufenen 588 Doktoranden promoviert, die übrigen 250 Professoren nur 340, d. h. im Durchschnitt 10,32 gegenüber 1,36. 1984 betreuten die 55 dienstältesten Professoren 187 Dissertationen, die 250 anderen 355.

7. Der Einfluß der Institutsgröße und der Institutsstruktur kann vernachlässigt werden, sogar die Zahl der Mitarbeiter und Hilfskräfte des einzelnen Hochschullehrers scheint i. a. nicht relevant zu sein (dies gilt natürlich nicht für die Projektforschung mit Drittmitteln).

Es gibt allerdings interessante Ausnahmen: Köln und Würzburg sind konservativ und fallen auf durch geringe Promotionszahl, Marburg war schon immer »fortschrittlich« und hat viele Promotionen. Junge Universitäten promovieren in der Anglistik eher wenig, unabhängig davon, ob dort Professoren mit langjähriger Lehrerfahrung tätig sind oder nicht.

8. Eine Auswertung der Publikationen nach inhaltlichen Gesichtspunkten zeigt deutliche Schwerpunkte und eine Entwicklung, die nicht identisch ist mit den Schwerpunkten und der Entwicklung der Lehre. Untersuchenswert wäre – obwohl das Ergebnis ziemlich feststeht – die individuelle Schwerpunktbildung bzw. das Publizieren auf mehreren Fachgebieten der Anglistik oder gar außerhalb der Anglistik.

5. Schlußfolgerungen

Eine Beurteilung der Forschungsleistung unter Mitverwendung quantitativer Methoden kommt für Geisteswissenschaften grundsätzlich in Frage; dabei ist es eher möglich, Aussagen über die Produktion als über die Rezeption zu machen. In großen, unüberschaubaren Fächern können quantitive Aussagen über die Forschung zu einer innerfachlichen Klärung beitragen. Vergleichende Untersuchungen sind wünschenswert. Da zu vermuten ist, daß die Fächer spezifische Profile aufweisen, dürfte es zweckmäßig sein, wenn die Untersuchungen von einem Vertreter des Faches gemeinsam mit einem Sozialwissenschaftler durchgeführt werden. Der »Feinheitsgrad« der Untersuchung kann nicht von vornherein festgelegt werden, sondern hängt von der jeweiligen Fragestellung ab.

Es dürfte sich nicht empfehlen, die Beurteilung nach einem Kriterienkatalog vorzunehmen, der auch für Naturwissenschaften gelten soll: Gewichtung von Typen der Forschung kann zu einer künstlichen Verlagerung von Forschungsaktivitäten führen, die mit inhaltlicher Forschungsplanung und Förderung nichts zu tun hat. Die Analyse der Forschungsleistung einzelner scheint folgende Aussage zu rechtfertigen: wer viel publiziert, publiziert nicht unbedingt Gutes; wer Gutes publiziert, publiziert i. a. viel. Der Monographie gebührt bei der Beurteilung besonderes Gewicht. Schließlich darf vermutet werden, daß die größere Wirkung im Fach und über das Fach hinaus nicht von denen ausgeht, die wenig veröffentlichen.

TABELLE 2: Publikationstätigkeit[1] ausgewählter Anglisten. Die folgende Tabelle bietet eine Übersicht über die Veröffentlichungen der Professoren und Habilitierten in der Anglistik, aufgegliedert nach der Art der Publikation. Gleichzeitig wird das Jahr der Berufung mitangegeben. Neben der Auswertung der Bibliographie in den I und I-Schriften[2] handelt es sich hierbei um das innerhalb des Projekts Anglistik 1975 erhobene Datenmaterial, das den folgenden empirischen Auswertungen zugrunde liegt.

Case-Nr.	Berufung nach H4	Monographien	Monographien mitbeteiligt	Aufsatz	Aufsatz mitbeteiligt	kleine Beiträge	Rezensionen	Hrsg.	Hrsg. mitbeteiligt	Schulbuch	Sonstige
1	1942	8 u. m.	3	54	–	11	22	7	6	–	–
2	1948	8 u. m.	–	97	–	20	97	7	2	–	–
3	1951	2	2	17	–	1	17	2	6	–	–
4	1953	5	–	16	–	–	98 u. m.	1	–	–	–
5	1954	4	–	63	1	12	22	–	4	–	3
6	1956	3	–	21	–	–	98 u. m.	2	2	–	–
7	1959	2	1	13	–	–	30	–	–	–	–
8	1959	3	1	29	–	3	84	2	1	–	–
9	1961	4	–	34	–	–	98 u. m.	2	–	–	–
10	1964	2	–	42	–	20	80	3	6	–	–
11	1962	2	–	19	–	–	–	–	1	–	–
12	1962	1	2	30	5	21	–	1	2	–	–
13	1963	4	2	22	–	12	77	–	–	–	–
14	1961	1	5	55	7	–	12	2	1	–	1
15	1960	3	–	33	–	5	–	–	1	–	–
16	1961	4	–	52	3	–	34	–	5	–	1
17	1960	4	–	29	–	–	22	2	1	–	–
18	1962	1	–	39	3	10	19	8 u. m.	–	–	–
19	1961	–	–	–	–	–	–	–	–	–	–
20	1961	1	–	6	–	1	25	–	1	–	–
21	1964	3	–	20	–	–	98 u. m.	–	–	–	–
22	1962	1	–	22	1	–	11	5	4	–	–
23	1963	6	–	36	–	4	23	2	–	–	–
24	1963	4	–	23	–	–	98 u. m.	–	–	–	–
25	1963	2	1	29	1	4	–	1	4	–	–
26	1963	2	2	12	–	4	–	1	–	1	1
27	1963	1	–	6	–	–	8 u. m.	1	–	–	–
28	1963	1	–	61	4	–	20	8 u. m.	4	–	1
29	1963	5	1	13	–	–	5	–	–	–	–
30	1962	2	–	10	3	–	15	1	3	–	–

[1] Dargestellt ist hier die Publikationstätigkeit der ersten 30 und der letzten 30 Anglistik-Professoren einer Zusammenstellung, die insgesamt 217 Fälle umfaßt.

[2] I und I-Schriften = Augsburger Informationen für Anglistik und Amerikanistik, vereinigt mit Informationen zur Didaktik des Englischunterrichts und der Anglistik (IDEA).

Case-Nr.	Berufung nach H4	Monographien	Monographien mitbeteiligt	Aufsatz	Aufsatz mitbeteiligt	kleine Beiträge	Rezensionen	Hrsg.	Hrsg. mitbeteiligt	Schulbuch	Sonstige
187	1974	1	–	5	–	–	–	1	–	–	–
188	1974	1	–	7	–	–	–	–	1	–	–
189	?	1	2	4	–	–	1	–	1	–	1
190	?	–	–	5	–	–	1	–	–	–	–
191	?	1	–	1	–	–	3	–	–	–	–
192	1971	3	–	80	–	21	–	3	–	–	1
193	1972	1	–	23	–	–	93	–	2	4	–
194	1975	1	–	3	–	–	–	–	1	–	–
195	?	–	–	–	–	–	–	–	–	–	–
196	?	1	–	2	1	–	–	–	–	–	4
197	?	1	–	–	–	–	–	–	–	–	–
198	1974	1	–	5	–	–	–	–	–	–	–
199	?	1	–	5	–	–	6	–	–	2	–
200	?	1	–	2	–	–	–	–	–	–	–
201	1975	–	–	–	–	–	–	–	–	–	–
202	?	–	1	1	3	–	98 u. m.	–	–	–	–
203	?	1	–	5	–	–	4	–	1	–	8 u. m.
204	?	1	–	11	–	–	4	–	2	–	–
205	?	1	–	–	–	–	–	–	–	–	–
206	1970	2	–	6	–	27	1	–	–	2	–
207	?	1	1	2	–	–	–	–	–	–	–
208	?	1	–	10	–	2	5	–	–	–	–
209	1975	3	–	7	–	1	–	–	1	–	–
210	1975	1	–	–	–	–	–	–	–	–	–
211	1966	1	–	24	–	–	40	2	2	–	–
212	1974	3	–	4	3	1	6	–	1	–	–
213	?	1	–	3	–	–	–	–	–	–	–
214	1974	2	–	4	1	–	1	–	–	–	–
215	?	1	–	1	–	–	1	–	–	–	–
216	?	–	–	3	–	–	1	1	–	–	–
217	?	–	–	–	–	–	–	–	–	–	–

Literatur

Die folgenden bibliographischen Angaben stellen die Schriften zusammen, in denen das hier ausgewertete Material veröffentlicht ist.

Finkenstaedt, Th. Anglistenspiegel. Augsburg 1977 (= Augsburger I und I-Schriften, Bd. 1).

Finkenstaedt, Th. Art. Forschung I: Allgemeines. In: Staatslexikon 7. Auflage, im Druck.

Finkenstaedt, Th. Dear Brutus. Statistiken und Vermutungen zur Anglistik 1983. Referat Anglistentag 1983. In: Augsburger Informationen, Folge 37, S. IX–XXVII.

Finkenstaedt, Th. Erfahrungen mit und gegenwärtige Projekte zur Personen- und Institutionengeschichte in der Anglistik. In: W. Brückner, K. Beitl (Hrsg.), Volkskunde als akademische Disziplin. Studien zur Institutionenausbildung. Wien 1983, S. 209–219 (= Österr. Ak. d. Wiss., Phil.-Hist. Kl. SB 414. Bd., Mitt. der Inst. f. Gegenwartsvolkskunde Nr. 12).

Finkenstaedt, Th. Kleine Geschichte der Anglistik in Deutschland. Eine Einführung. Darmstadt 1983.

Finkenstaedt, Th. Neuer Anglistenspiegel. Augsburg 1983 (= Augsburger I und I-Schriften, Bde. 26 und 27).

Finkenstaedt, Th., M. Fries. Anmerkungen zu einem Kommentar. In: Beiträge zur Hochschulforschung, 1979, S. 301–306.

Finkenstaedt, Th., M. Fries. Zur Forschung in den Geisteswissenschaften. Das Beispiel Anglistik, in: ad acta, 1978, S. 110–164.

Finkenstaedt, Th., R. Redelberger. Anglistik 1970. Ausbildungskapazität – Lehrkörper – Forschung – Lehre. Saarbrücken 1971 (= Saarbrücker Studien zur Hochschulentwicklung Nr. 10).

Finkenstaedt, Th., G. Scholtes. Towards a History of English Studies in Europe. Proceedings of the Wildsteig-Symposium April 30 – May 3, 1982. »Patterns of Research«, Augsburg 1983 (= Augsburger I und I-Schriften, Bd. 21), S. 237–266.

Förderung wissenschaftlicher Spitzenleistungen. Begründungen und Wege. Villa-Hügel-Gespräch 1981 des Stifterverbandes für die Deutsche Wissenschaft, Essen 1982.

Haenicke, G. Biographisches und bibliographisches Lexikon zur Geschichte der Anglistik 1850–1925 (mit einem Anhang bis 1945). Augsburg 1981 (= Augsburger I und I-Schriften, Bd. 13).

Hard, G., H. Fleige. Zitierzeiten und Zitierräume in der Geographie. Mitteilungen der Österreichischen Geographischen Gesellschaft, Wien 1977, Bd. 119.

Pfeiffer-Rupp, R. »Ein Kommentar zur Forschungsmessung in der Anglistik nach Finkenstaedt/Fries (1978)«, Beiträge zur Hochschulforschung, München: Bayerisches Staatsinstitut für Hochschulforschung und Hochschulplanung, 1979, Nr. 3, S. 286–300.

Weber, M. Gesammelte Aufsätze 2, Religionssoziologie I, Tübingen 1922.

EINHARD RAU

Produktivität und Reputation
als Indikatoren universitärer Forschungsleistung

Einleitung

Deutungsversuche und Bewältigungsstrategien für die in der Bundesrepublik Deutschland zyklisch auftretenden ökonomischen Wachstumskrisen und ihre gesellschaftlichen Folgeprobleme rekurrieren – wenn auch mit unterschiedlicher Zielrichtung – stets auch auf Versäumnisse und Mängellagen in gesellschaftlichen Teilsystemen. Die Aufhebung des technologischen Rückstands gegenüber den Konkurrenten auf dem Weltmarkt und die Wiederherstellung bzw. langfristige Sicherung der Wettbewerbsfähigkeit auf diesem globalen Markt gilt nach der herrschenden Meinung – neben Sparmaßnahmen und Plädoyers für Anspruchsminderungen – als Voraussetzung für die erfolgreiche Wiederbelebung der Konjunktur. Nahezu folgerichtig – wenn auch verkürzt – zielen dann Anamnese, Diagnose und Therapie der Krise auch auf das Bildungssystem und seine Teilbereiche.

In Abhängigkeit von der jeweiligen Haushaltslage werden Förderungsprogramme entwickelt und aufgelegt, Besoldungsstrukturen für die im Bildungssystem Beschäftigten verbessert, erfolgversprechende Berufskarrieren propagiert oder auch restriktive Maßnahmen diskutiert und umgesetzt. Die Entdeckung und Förderung des »Humankapitals«, die Identifikation einer »Qualifikationslücke«, Stipendienprogramme für Studenten der Naturwissenschaften und Aktionen für die Bildungswerbung sind erinnerliche Eingriffe, mit denen in verschiedenen Phasen der Entwicklung der Bundesrepublik Deutschland auf Wachstumsbeschränkungen reagiert wurde. Der unstrittige Erfolg – zumindest einiger – dieser Maßnahmen hat gleichwohl neuerliche Krisenerscheinungen nicht verhindern können.

Beschränkt man die Suche nach Deutungen dieser Mißerfolge auf das Bildungssystem, dann spricht vieles dafür, daß die Investitionen im Bildungsbereich primär quantitative Effekte bewirkt haben, mit denen allein die notwendige Anpassung an veränderte Erfordernisse und zukunftsträchtige Entwicklungen nicht zu realisieren war.

Angesichts dieses unbefriedigenden Verhältnisses von Aufwand und Ertrag verwundert es nicht, daß nach neuen Erklärungen und Lösungsansätzen gesucht wird.

Die konservativ kritische Rezeption der skizzierten Entwicklung reagiert bereits seit einigen Jahren mit dem Ruf nach »Mut zur Erziehung«, mit Forderungen nach der Wiederbelebung von pädagogischen und wissenschaftlichen Standards, der Berücksichtigung von Begabungsunterschieden sowie Leistungs- und Berechtigungsdifferenzierungen auf die Situation im Bildungssystem. Auch wenn diese Kritik immer schon die propagierten und implementierten Reformmaßnahmen begleitet hatte, so wird aktuell deutlich, daß der Einfluß dieser Position beträchtlich zugenommen hat.

Gerade auch im Hochschulbereich wird ein solcher Themenwechsel und Orientierungswandel deutlich. Vor dem Hintergrund eines vermeintlich erkennbaren, eingeschränkten Leistungsvermögens der bundesdeutschen Hochschulen identifizieren Politik und Teile der Öffentlichkeit Mängel und Fehlentwicklungen bundesdeutscher Hochschulorganisation. Die Charakterisierung dieser Fehlentwicklungen und eine Reihe von Maßnahmen, die zu ihrer Behebung vorgeschlagen werden, zielen einmal nur auf diejenigen Folgen der Expansion des Hochschulsystems, die eher nur plakativ als Vermassung des Studiums, überlange Studienzeiten und Qualitätsverlust beschrieben werden, andererseits auf die Veränderung von Macht- und Entscheidungsbefugnissen, mit der man der mehr oder minder latenten Kritik großer Teile der Hochschullehrerschaft gerecht werden will. Dabei kommen die Voraussetzungen und Erfordernisse einer grundlegend strukturellen Anpassung an ein tiefgreifend verändertes Hochschulsystem oft zu kurz.

Gleichwohl muß zugestanden werden, daß auch Strukturfragen in dieser Diskussion thematisiert werden. Allerdings reduziert sich dies häufig auf Schlag- und Reizworte, rekurriert auf vermeintlich erfolgreiche Vorbilder und bleibt dabei aber weitgehend unreflektiert.

Vielfalt, Differenzierung, Elite, Leistung, Qualität u. a. sind in der aktuellen hochschulpolitischen Auseinandersetzung bisher nur Topoi, die ein grundlegendes Problem zwar richtig benennen, ohne sich damit aber schon der Lösung dieses Problems auch nur anzunähern. Der naheliegende und tendenziell richtige Verweis auf das Hochschulsystem der USA trägt deshalb nicht, weil das mit den genannten Merkmalen beschreibbare amerikanische Hochschulsystem unter völlig anderen Bedingungen entstanden und gewachsen ist, deshalb nicht einfach für die Bundesrepublik Deutschland adaptiert werden kann[1]. Eine verantwortungsbewußte, erfolgsträchtige Annäherung an einen strukturellen Umbau des Hochschulsystems der Bundesrepublik, der den hier schlagwortartig skizzierten Anforderungen gerecht wird, sollte nur über eine möglichst genaue Analyse der Möglichkeiten, potentiellen Gewinne und Realisierungschancen, aber auch der Grenzen und Gefahren erfolgen.

Messung universitärer Forschungsleistungen

Angesichts der spezifischen Struktur des Hochschulsystems der USA, das als ein marktorientiertes System Vielfalt und Leistung deutlich herausstellt, um Studenten, Lehrpersonen und materielle Ressourcen konkurriert, verwundert es nicht, daß Bemühungen um die Ermittlung und Darstellung der Leistungsfähigkeit der Universitäten eine lange Tradition haben, daß Methoden, Verfahren, Ansätze und Untersuchungen zur Analyse des universitären Forschungspotentials erprobt sind und in großer Zahl vorliegen[2]. Seit einiger Zeit und in erstaunlich wachsendem Ausmaß greift auch die bundesdeutsche Hochschul- und Wissenschaftsforschung das Problem auf.

Dies sollte nicht nur als eine Reaktion auf ein politisch vorgegebenes Thema oder als das verbreitete Aufgreifen von in den USA behandelten Problemen interpretiert werden. Vielmehr ist nicht zu verkennen, daß ein Problemdruck gegeben ist. Einige Aspekte davon wurden in der Einleitung angedeutet.

Neu ist die Fragestellung aber insoweit, als man in der Bundesrepublik Deutschland lange Zeit davon ausgegangen ist, daß die Universitäten des Landes als gleich und gleichrangig einzuschätzen sind. Formal vergleichbare Studienanforderungen, Abschlußregelungen und Zugangsvoraussetzungen zum Beschäftigungssystem einerseits und ebenso vergleichbare Eingangsvoraussetzungen etwa zum Hochschullehrerberuf stützten diese Annahme. Gleichwohl kann aber mit einem hohen Maß an Wahrscheinlichkeit unterstellt werden, daß auch im Verlauf der Entwicklung der Hochschulen in der Bundesrepublik Deutschland mehr oder minder informell Rang- und Qualitätsunterschiede kolportiert worden sind, die auch über den relativ engen Rahmen der scientific community hinausreichten.

Die aktuell erkennbaren Bemühungen um die Ermittlung und Eingrenzung von Indikatoren, mit denen qualitative Differenzierungen oder auch Möglichkeiten der Profilierung von Hochschulen beschrieben und bewertet werden können, sollten auch als eine Bemühung um die Objektivierung solcher Vorurteile verstanden werden. Sie sollten aber nicht schon in dieser Situation politische Entscheider dazu verleiten, auf der Basis bisher vorliegender Ergebnisse grundlegende und weitreichende Entscheidungen zu treffen. Der kritische Blick auf bisher vorliegende Analysen und Studien in diesem Problembereich zeigt, daß noch viele Fragen unbeantwortet, Probleme unbewältigt und Hypothesen unüberprüft sind. Es müssen noch viele Teile gesucht und zusammengesetzt werden, ehe sich das Gesamtbild der Leistungsfähigkeit der Hochschule als vollständig erweist und für intra- und interuniversitäre Vergleiche herangezogen werden kann.

Die hier vorgestellte Untersuchung von zwei möglichen Indikatoren für die Forschungsleistung von Universitäten versteht sich in diesem Sinne als kleiner Teil eines noch sehr unvollständigen Puzzles.

Produktivität wirtschaftswissenschaftlicher Fachbereiche bundesdeutscher Universitäten

Im Zusammenhang mit oben skizzierten Überlegungen wurden im Sommer 1984 im Rahmen des Forschungsprojektschwerpunktes »Ökonomische Theorie der Hochschule« am Zentralinstitut für sozialwissenschaftliche Forschung der Freien Universität Berlin insgesamt zwölf deutschsprachige wirtschaftswissenschaftliche Fachzeitschriften (sieben volkswirtschaftliche und fünf betriebswirtschaftliche) für den Zeitraum 1970 bis 1981 systematisch ausgewertet[3]. Wesentliches Auswahlkriterium war die anonyme Begutachtung der eingereichten Beiträge als Merkmal der Veröffentlichungspolitik der Zeitschriften. Darüber hinaus wurde die Breite des thematischen Spektrums der Zeitschriften für die Auswahl berücksichtigt, d. h., Organe mit deutlichen Akzenten auf innerdisziplinäre Spezialisierung (z. B. Organisation, Genossenschaftswesen, Ökonometrie, Finanzwissenschaft u. ä.) wurden nicht in die Untersuchung einbezogen.

Ziel der Untersuchung war eine erste Annäherung an die Ermittlung der Publikationshäufigkeit bundesdeutscher Hochschullehrer. Den Verfassern war dabei deutlich, daß nur ein kleiner Ausschnitt der wissenschaftlichen Publikationen erfaßt wurde, mit dem Verzerrungen, die sich aus der Vernachlässigung von Buchpublikationen, fremdsprachlichen Zeitschriften und spezialisierten Organen ergeben, nicht ausgeschlossen sind. Da diese Einschränkung aber für alle Fachbereiche zutrifft, wurde sie für diesen ersten Versuch in Kauf genommen[4].

Publikationshäufigkeit wurde in diesem Zusammenhang als wissenschaftliche Produktivität gedeutet, die wiederum als Indikator für Forschungsleistung interpretiert wird. Anzumerken ist, daß der Seitenumfang der publizierten Artikel nicht berücksichtigt wurde und daß im Falle von Mehrfachautorenschaft allen beteiligten Autoren die Veröffentlichung »gutgeschrieben« wurde.

Im Untersuchungszeitraum erschienen in den ausgewerteten volkswirtschaftlichen Zeitschriften insgesamt 2144 Artikel. Davon entfielen 801 (= 37,4 %) auf im Ausland tätige Autoren und 454 (= 21,2 %) auf hochschulexterne Wissenschaftler (»Sonstige«). Damit blieben 889 (= 41,4 %) Beiträge im Blickfeld der Analyse. Die Autoren dieser Beiträge verteilen sich auf insgesamt 22 wirtschaftswissenschaftliche Fachbereiche/Fakultäten an Hochschulen der Bundesrepublik Deutschland.

In der gleichen Zeitspanne erschienen in den fünf zur Auswertung herangezogenen betriebswirtschaftlichen Zeitschriften insgesamt 2044 Beiträge, von denen 281 (= 13,8 %) auf die Kategorie »Ausland« und 796 (= 38,9 %) auf die Kategorie »Sonstige« entfielen. Die näher analysierten 967 (= 47,3 %) Artikel konnten ebenfalls 22 Fachbereichen/Fakultäten zugeordnet werden.

Tabelle 1 zeigt die sich aus der Auszählung ergebenden Rangordnungen für die wirtschaftswissenschaftlichen Einheiten der Hochschulen, getrennt nach Volks- und Betriebswirtschaftslehre. Dabei soll betont werden, daß die Liste der erfaßten Fach-

64

bereiche in beiden Disziplinen nicht vollkommen identisch ist. Gießen und Aachen tauchen nur bei den Betriebswirten, Konstanz und Marburg nur bei den Volkswirten auf. Schon wegen dieser mangelnden Übereinstimmung ist es wenig sinnvoll, die disziplinären Teilergebnisse zu einem Gesamtresultat für wirtschaftswissenschaftliche Fachbereiche zu aggregieren. Darüber hinaus würde eine solche Aggregation Ungleichgewichte in der personellen Besetzung der Disziplinen und damit auch fachspezifische Profile einzelner Universitäten verwischen.

TABELLE 1: Rangordnung deutscher Hochschulen nach der Publikationshäufigkeit in ausgewählten Zeitschriften der Volks- und Betriebswirtschaftslehre.

Volkswirtschaftslehre	Zahl der Beiträge 1970–1981	Betriebswirtschaftslehre	Zahl der Beiträge 1970–1981
1. Kiel	103	1. Köln	145
2. Konstanz	63	2. Frankfurt	80
3. Mannheim	62	3. Bochum	77
4. FU Berlin	61	4. Hamburg	73
5. Hamburg	57	5. München	63
6. Münster	52	6. Mannheim	59
7. Tübingen	48	7. Münster	58
8. Köln	46	8. Saarbrücken	55
9. München	44	9. Erlangen/Nürnberg	52
10. Frankfurt	38	10. FU Berlin	45
11. Bonn	36	11. Göttingen	41
12. Marburg	35	12. TU Berlin	36
13. TU Berlin	34	13. Augsburg	30
14. Bochum	33	Bonn	30
15. Saarbrücken	27	15. Gießen	28
16. Würzburg	26	Kiel	28
17. Göttingen	25	17. Aachen	26
18. Augsburg	23	18. Freiburg	12
Heidelberg	23	19. Bielefeld	11
20. Erlangen/Nürnberg	21	20. Würzburg	10

Grundsätzlich ist es erforderlich, das Potential wissenschaftlich publizierender Personen der Hochschulen zu berücksichtigen. Eine solche Forderung ist allerdings nicht ohne weiteres einzulösen. Die Personalstatistik der amtlichen Statistik faßt das wissenschaftliche Personal der Hochschulen zu Fächergruppen zusammen, liefert also z. B. keine gesonderten Personalangaben für Volks- und Betriebswirtschaft. Die detaillierte Ermittlung fachspezifischer Personalstärken hätte deshalb eine Auswertung aller Vorlesungsverzeichnisse der Hochschulen der Bundesrepublik für den gesamten Untersuchungszeitraum erforderlich gemacht. Ganz abgesehen davon, daß auch nach einer solchen Recherche Unstimmigkeiten und Zweifel hinsichtlich der Zuordnung von Personen zu Fächern bestehen bleiben (die Vorlesungs- und Personalverzeichnisse sind – insbesondere hinsichtlich der Fächerabgrenzung – in einem erstaunlichen Ausmaß uneinheitlich), konnte der hierfür erforderliche Aufwand im Rahmen der Studie nicht geleistet werden.

Zur Annäherung an die Lösung dieses Problems haben wir für ein Jahr (1977) die Zahl der Hochschullehrer in beiden Disziplinen aus einer Veröffentlichungsserie der »Wirtschaftswoche« über die wirtschaftswissenschaftlichen Fakultäten/Fachbereiche bundesdeutscher Hochschulen übernommen. Obwohl der gewählte Zeitpunkt nahe der Mitte des Untersuchungszeitraums liegt, bleiben auf diese Weise die Folgen personeller Fluktuation, der Expansion und des Auf- bzw. Ausbaus disziplinärer Schwerpunkte unberücksichtigt. Besonders die neuen Universitäten sind vermutlich aus diesem Grund in unserer Untersuchung unterrepräsentiert.

Vor dem Hintergrund dieser Einschränkungen sind die Ergebnisse der *Tabelle 2,* in der nur 20 Fachbereiche berücksichtigt sind, zu lesen und einzuschätzen. Die hier vorgestellte Rangordnung resultiert aus der Division der Zahl der Beiträge eines Fachs (1970–1981) durch die Zahl der in dem Fach jeweils tätigen Hochschullehrer im Jahr 1977.

Beim Vergleich der ungewichteten mit der gewichteten Rangordnung (*Tabelle 1* und *2*) fällt für die Volkswirtschaftslehre eine recht große Homogenität auf. Bedeutende Verluste verzeichnen nur die FU Berlin, die von Platz 4 auf Platz 16 abfällt, und die Universitäten Bochum und Frankfurt, die in *Tabelle 2* nicht mehr unter den ersten 20 auftauchen. Immerhin noch fünf bzw. vier Rangplätze verlieren die Universitäten Marburg und Saarbrücken. Gewinne von fünf und mehr Plätzen machen die TU München (in *Tabelle 1* nicht erfaßt), Erlangen/Nürnberg, Heidelberg, Augsburg, Würzburg und Bonn. Bonn, Würzburg und die TU Berlin nehmen in der gewichteten Rangfolge Rangplätze in der Spitzengruppe der ersten 10 zu Lasten von Köln, Frankfurt und der FU Berlin ein.

TABELLE 2:   Gewichtete Rangordnung deutscher Hochschulen nach der Publikationshäufigkeit in ausgewählten Zeitschriften der Volks- und Betriebswirtschaftslehre sowie nach Zahl der Hochschullehrer in diesen Disziplinen.

Volkswirtschaftslehre		Betriebswirtschaftslehre	
1. Konstanz	11. Köln	1. Kiel	11. Bielefeld
2. Kiel	12. TU München	2. Bochum	12. Hamburg
3. Hamburg	13. Augsburg	3. Köln	13. Aachen
4. Mannheim	14. Heidelberg	4. München	14. Frankfurt
5. Bonn	15. Erlangen/Nürnberg	5. Bonn	15. Göttingen
6. Tübingen	16. FU Berlin	6. Erlangen/Nürnberg	16. Gießen
7. Münster	17. Marburg	7. Saarbrücken	17. Heidelberg
8. Würzburg	18. Göttingen	8. Münster	18. Mannheim
9. München	19. Saarbrücken	9. Augsburg	19. TU Berlin
10. TU Berlin	20. Bielefeld	10. Freiburg	20. FU Berlin

Im Falle der Betriebswirtschaft ist ein höheres Maß an Variabilität erkennbar. Bei Gewichtung verlieren fünf Universitäten (Frankfurt, Hamburg, Mannheim und die beiden Berliner Universitäten) sieben und mehr Rangplätze. Bielefeld, Freiburg, Kiel und Bonn verbessern sich demgegenüber um acht und mehr Plätze. Freiburg, Kiel, Bonn und Augsburg verdrängen die FU, Mannheim, Hamburg und Frankfurt aus der Spitzengruppe, der auch Bielefeld (Platz 11) sehr nahe kommt. Ursachen für diese Veränderungen sind auf den ersten Blick nicht erkennbar. Größe, Standort (Großstadt versus ländliche Region), Alter der Hochschule und Bundesland liefern kaum Hinweise auf Gewinn und Verlust von Rangplätzen.

Vorliegende Untersuchungsergebnisse zum Publikationsverhalten, zu Publikationsmöglichkeiten und Publikationsweisen deuten auf wichtige Einflußgrößen wissenschaftlicher Produktivität hin. Wanner identifiziert auf der Basis dieser Ergebnisse zwei Muster, mit denen Unterschiede der Publikationshäufigkeit erklärt werden können. Zum einen bewirken danach unterschiedliche persönliche Eigenschaften eine differenzierte Disposition für und eine Bindung an Forschung. Ausdauer, Motivation, bestimmte Fähigkeiten und Einstellungen führen in der Regel zu höheren Publikationsraten (»sacred spark thesis«). Andererseits kann Publikationshäufigkeit auch mit der Zugehörigkeit zu herausragenden Institutionen, Wissenschaftlergruppen und »Schulen«, die Vorteile akkumulieren können, zusammenhängen (»accumulative advantage framework«). Keines der beiden Muster ist typisch für spezifische Disziplinen, Institutionen oder Personengruppen. Vielmehr stellt Wanner fest, »that a unitary model of scholarly or scientific productivity cannot be assumed to operate in all academic disciplines«[5].

Auch Forschungen in der Tradition der »Merton Schule« weisen nach, daß die Belohnungs- und Kommunikationssysteme der Wissenschaft durch komplexe, psychosoziale Prozesse beeinflußt werden, daß unterschiedliche »Reifegrade« der Disziplinen, disziplinspezifische Standards, Theoriekonzepte, Denktraditionen und methodische Orientierungen einen beträchtlichen Einfluß auf Publikationschancen, also auch auf den öffentlichen Nachweis von Produktivität haben[6]. Für die bundesdeutsche Soziologie z. B. hat Sahner Einflußnahmen der »gatekeepers« deutlich gemacht[7].

Sehr viel weniger differenziert haben wir im Rahmen unserer Studie eine Zuordnung von Hochschule/Fachbereich und den ausgewerteten Zeitschriften vorgenommen. Hierbei wird deutlich, daß häufiger enge Zusammenhänge zwischen Hochschulort und Erscheinungsort bzw. institutioneller Anbindung der Herausgeber bestehen, ohne daß wir allerdings auf wissenschaftstheoretische, fachspezifische u. a. Präferenzen, die möglicherweise identifiziert werden können, rekurriert haben (vgl. *Tabellen 3 und 4*). Aus den Tabellen wird für eine Reihe von Universitäten eine Konzentration der Veröffentlichungen auf oft nur eine Zeitschrift erkennbar.

Im Falle der Betriebswirtschaft entfallen auf die Universitäten Bielefeld, Bochum, Bonn, Frankfurt, Hamburg, Kiel und Saarbrücken 50 und mehr Prozent aller Publikationen auf nur eine Zeitschrift (Heidelberg und Tübingen werden hierbei

TABELLE 3: Publikationen in ausgewählten Fachzeitschriften der Volkswirtschaftslehre 1970–1981 nach Hochschulen.

Zeitschrift Universität	Hamburger Jahrbuch für Wirtschafts- und Gesellschaftspolitik	Jahrbücher für Nationalökonomie und Statistik	Konjunkturpolitik – Zeitschrift für angewandte Konjunkturforschung	KYKLOS – Internationale Zeitschrift für Sozialwissenschaften	Weltwirtschaftliches Archiv, Zeitschrift des Instituts für Weltwirtschaft an der Universität Kiel	Zeitschrift für die gesamte Staatswissenschaft	Schmollers Jahrbuch für Wirtschafts- und Sozialwissenschaften bzw. Zeitschrift für Wirtschafts- und Sozialwissenschaften	Insgesamt
Augsburg	1	2	12	1	–	2	5	23
FU Berlin	3	2	25	8	2	5	16	61
TU Berlin	–	5	8	3	–	5	13	34
Bielefeld	1	–	–	1	1	10	–	13
Bochum	4	11	4	2	7	3	2	33
Bonn	1	8	–	6	–	14	7	36
Erlangen/Nürnbg.	4	5	1	5	1	2	3	21
Frankfurt	5	8	3	3	–	14	5	38
Freiburg	1	8	3	2	–	3	2	19
Göttingen	–	6	1	2	6	5	5	25
Hamburg	30	7	2	4	4	6	4	57
Heidelberg	2	5	–	3	3	10	–	23
Kiel	3	12	9	4	54	5	16	103
Köln	13	9	5	3	4	12	4	46
Konstanz	3	13	4	10	4	17	12	63
Mannheim	3	17	3	3	6	18	12	62
Marburg	3	15	–	–	2	10	5	35
München	7	24	1	5	3	2	2	44
Münster	6	10	1	2	2	26	5	52
Saarbrücken	4	–	7	–	–	13	3	27
Tübingen	1	27	2	2	–	12	4	48
Würzburg	20	2	2	–	–	–	2	26
Ausland	19	44	30	241	305	113	49	801
Sonstige	58	78	104	15	13	117	69	454
Insgesamt	192	318	227	325	413	425	245	2144

TABELLE 4: Publikationen in ausgewählten Zeitschriften der Betriebswirtschaftslehre 1970–1981 nach Hochschulen.

Zeitschrift Universität	Die Betriebs-wirtschaft (77–81)	Zeitschrift für Betriebswirt-schaft	Zeitschrift für betriebsw. Forschung	Betriebsw. Forschung und Praxis	Die Unternehmung Schweiz. Zeitschrift für Betriebswirtschaft	Insgesamt
Aachen	12	7	3	2	2	26
Augsburg	10	4	10	6	–	30
FU Berlin	7	17	12	6	3	45
TU Berlin	3	11	9	9	4	36
Bielefeld	–	11	–	–	–	11
Bochum	12	7	50	5	3	77
Bonn	–	22	6	2	–	30
Erlangen/Nürnbg.	4	10	9	21	8	52
Frankfurt	2	15	48	10	5	80
Freiburg	1	4	3	4	–	12
Gießen	1	10	11	5	1	28
Göttingen	1	11	9	19	1	41
Hamburg	5	40	12	12	4	73
Heidelberg	–	3	–	1	–	4
Kiel	4	14	5	2	3	28
Köln	15	22	40	67	1	145
Mannheim	12	26	11	4	6	59
München	12	16	21	6	8	63
Münster	10	19	23	4	2	58
Saarbrücken	6	17	29	3	–	55
Tübingen	–	1	2	–	1	4
Würzburg	–	2	3	4	1	10
Ausland	28	35	50	34	134	281
Sonstige	62	165	310	237	22	796
Insgesamt	207	489	676	463	209	2044

wegen der insgesamt geringen Zahl von Veröffentlichungen vernachlässigt). Andere Hochschulen weisen demgegenüber eine breitere Streuung ihrer Veröffentlichungen auf. Der Konzentrationsbias ist nicht ohne weiteres zu beseitigen. Die bloße Vernachlässigung des »Hausorgans« der jeweiligen Hochschule wird dem Problem nicht gerecht.

Läßt man bei einer vorläufigen Überprüfung für alle Hochschulen die höchste Zahl der Veröffentlichungen in einer Zeitschrift außer Betracht, dann zeigt sich immerhin, daß sich die Zusammensetzung der ersten zehn Hochschulen der Spitzengruppe nicht verändert. Auch wesentliche Rangplatzverluste bzw. -gewinne (gegenüber *Tabelle 1*) ergeben sich nicht. Nur Bochum verliert sechs Plätze. Köln behält weiterhin seinen herausragenden Spitzenplatz.

Eine vergleichbare Situation findet sich auch im Bereich der Volkswirtschaftslehre. Eine hohe Konzentration der Publikationen auf eine Zeitschrift (mehr als 50 % aller Veröffentlichungen) findet sich bei den Universitäten Augsburg, Bielefeld, Hamburg, Kiel, München, Münster, Tübingen und Würzburg. Aber auch hier verändert sich die Zusammensetzung der Spitzengruppe gegenüber *Tabelle 1* nur unwesentlich. Bochum und Bonn gewinnen zu Lasten von München und Tübingen einen Platz unter den ersten zehn. Auf den Spitzenplätzen wird der Abstand gegenüber Kiel bedeutend geringer.

Eine Vielzahl der vorliegenden Beiträge zur Messung von Forschungsleistungen verweist darauf, daß eine möglichst große Zahl verschiedener Indikatoren für Forschungsleistung in möglichst vielen Fächern und Institutionen zu erproben ist. Dies gilt insbesondere auch für die Bundesrepublik Deutschland, wo mit diesem Gebiet noch weitgehend Neuland betreten wird. Vorliegende Versuche für einzelne Fächer bzw. Fächergruppen haben bisher oft noch Erprobungscharakter. Dies gilt auch für die Wirtschaftswissenschaften. In diesem Bereich sind uns drei Studien bekannt geworden, von denen sich eine auf schweizerische Hochschulen, eine andere des gleichen Autors auf den »Forschungsoutput« (bis 1973) einer ausgewählten Gruppe von Wirtschaftswissenschaftlern, der Mitglieder des »Theoretischen Ausschusses des Vereins für Socialpolitik«, bezieht[8]. Die dritte Arbeit ist eine »exemplarische Zitatenanalyse für die Betriebswirtschaftslehre in der Bundesrepublik Deutschland«, die als Teil einer größeren Studie zur »Messung von Forschungsleistungen der Hochschulen« vorliegt[9].

Nach Auffassung vieler Autoren können Zitatenanalysen und Zitierhäufigkeiten als guter Indikator für Forschungsleistung angesehen werden. Sie können die *quantitativ* ausgerichtete Ermittlung der Publikationshäufigkeit durch eine *qualitative* Komponente ergänzen und erweitern (wer häufig zitiert wird, der hat einen bedeutsamen Beitrag geleistet!), auch wenn es z. T. massive Einwände auch gegen diesen Ansatz gibt[10]. Zitatenanalysen greifen in der Regel auf die kontinuierlich durchgeführten Zeitschriftenauswertungen des Institute for Scientific Information (ISI) in Philadelphia zurück, die quartalsweise akkumuliert für große Wissenschaftsbereiche (Sciences, Social Sciences, Arts and Humanities) erscheinen.

Nachteilig für Analysen im deutschsprachigen Raum ist, daß das ISI relativ wenig in deutscher Sprache erscheinende Zeitschriften für seine Auswertungen berücksichtigt. Im Zeitraum 1979–1983 wurden nur sechs in der Bundesrepublik Deutschland herausgegebene deutschsprachige Zeitschriften aus dem Bereich der Wirtschaftswissenschaften ausgewertet. Davon können nur zwei als im engeren Sinne betriebswirtschaftliche Organe gelten, von denen eines wiederum nur in den Jahren 1979 und 1980 herangezogen wurde.

Eine Zitatenanalyse für bundesdeutsche Hochschullehrer der Betriebswirtschaft würde auf der Basis dieser Quelle nur sehr bruchstückhaft möglich sein und interuniversitäre Vergleiche nahezu wertlos machen (allerdings könnte man auch Veröffentlichungen und Zitierungen im internationalen Raum als eine Erhöhung der »Sichtbarkeit« eines Wissenschaftlers interpretieren, die auch als ein Qualitätsausweis gedeutet werden könnte, auf einer sehr viel schmaleren Datenbasis wären dann auch Vergleiche denkbar).

Angesichts dieser Grenzen wählt Heiber eine andere Datenquelle, nämlich die verschiedenen Handwörterbücher der »Enzyklopädie der Betriebswirtschaftslehre«, die zwischen 1969 und 1976 erschienen sind. Die Zuordnung der Zitiersubjekte zur Betriebswirtschaftslehre an den einzelnen Hochschulen erfolgte an Hand des Mitgliederverzeichnisses des Verbandes der Hochschullehrer für Betriebswirtschaft e. V. Heiber postuliert, daß die Bibliographien und Verweise auf Autoren in den verschiedenen Artikeln der Handwörterbücher zeigen sollten, »welche Betriebswirtschaftler wesentliche Beiträge zu dem Erkenntnisstand beigetragen haben, der zur Zeit der Anfertigung der Handwörterbuchartikel verfügbar war«[11].

Trotz der von Heiber formulierten Einschränkungen hinsichtlich der über Zitierfrequenzen nur »partiell und indirekt erfaßbaren wissenschaftlichen Reputation« der jeweils zitierten Wissenschaftler sollen einige seiner Ergebnisse mit den Resultaten der Analyse der Publikationshäufigkeit, wie sie oben vorgestellt wurden, konfrontiert werden.

Tabelle 5 weist die Rangreihe der ersten 22 Hochschulen nach der Anzahl der Zitate in allen Bänden der Enzyklopädie der Betriebswirtschaftslehre aus. Dabei sind einmal (Spalte 1) die emeritierten Hochschullehrer miterfaßt, in Spalte 2 bleiben sie dagegen unberücksichtigt. Das herausragende Merkmal beim Vergleich zwischen Spalte 1 und 2 ist der Rangverlust der Berliner Universitäten, insbesondere der FU. Der Grund hierfür liegt darin, daß der Wissenschaftler mit den insgesamt meisten Zitaten (Kosiol) den Spitzenplatz der FU (in Spalte 1) begründet. Bleibt er als Emeritus unberücksichtigt, gehen der FU die Zitate verloren, und sie fällt zurück, anders als etwa die Universität Köln, an der der Wissenschaftler mit den dritthäufigsten Zitaten (Gutenberg) lehrte. Vergleichbares gilt für die TU Berlin, die in der Folge der Emeritierung von Mellerowicz sechs Rangplätze verliert.

Eine vergleichbare Konzentration auf einzelne Wissenschaftler kann auch für die Publikationshäufigkeit vermutet werden. Zwar wurde dies in der oben beschriebenen Studie nicht systematisch überprüft, in einigen Einzelfällen allerdings festgestellt[12].

TABELLE 5: Rangreihe der Hochschulen nach aggregierten Zitierungen in der Enzyklopädie der Betriebswirtschaftslehre (»relative Impact-Faktoren«) für Mitglieder des Verbandes der Hochschullehrer der Betriebswirtschaftslehre e. V.

	inkl. Emeriti		exkl. Emeriti
Rang	Hochschule	Rang	Hochschule
1.	Köln	1.	Bonn
2.	Bonn	2.	Saarbrücken
3.	FU Berlin	3.	Köln
4.	Saarbrücken	4.	Univ. München
5.	Univ. München	5.	Tübingen
6.	TU Berlin	6.	Bochum
7.	Erlangen/Nürnberg	7.	Münster
8.	Bochum	8.	Aachen
9.	Münster	9.	Frankfurt
10.	Tübingen	10.	Gießen
11.	Mannheim	11.	Erlangen/Nürnberg
12.	Aachen	12.	TU Berlin
13.	Frankfurt	13.	Mannheim
14.	Gießen	14.	Darmstadt
15.	Göttingen	15.	Heidelberg
16.	Darmstadt	16.	TU München
17.	Heidelberg	17.	Wuppertal
18.	Wuppertal	18.	Göttingen
19.	Hamburg	19.	Augsburg
20.	Augsburg	20.	Hamburg
21.	Würzburg	21.	Würzburg
22.	Freiburg	22.	Freiburg

Quelle: Heiber, Horst: Messung von Forschungsleistungen der Hochschulen. Baden-Baden, Nomos, 1983, S. 231 und S. 239.

Heibers Ergebnisse zeigen aber auch, daß die Tatsache des Ausscheidens eines oft zitierten Wissenschaftlers aus der aktiven Tätigkeit an einer Universität nicht die skizzierten Konsequenzen haben muß. Neben Köln liefert auch die Universität Erlangen/Nürnberg hierfür ein Gegenbeispiel.

In *Tabelle 6* werden nun die Ergebnisse der Zitatenanalyse und der Untersuchung der Publikationshäufigkeit in der Betriebswirtschaftslehre gegenübergestellt. Aussagekräftig ist vermutlich nur der Vergleich der Zitate ohne Emeriti und der gewichteten Publikationshäufigkeit (Spalten 2 und 3). Insgesamt zeigt sich ein recht hohes Maß an Übereinstimmung auf den ersten zehn Rangplätzen. In beiden Spalten tauchen sechs Hochschulen jeweils zweimal in der Spitzengruppe auf, Köln und München erringen gar identische Rangplätze. Hinsichtlich der gesamten Rangordnung gibt es allerdings auch eine Reihe extremer Platzveränderungen. Darmstadt, Wuppertal und die TU München erscheinen nicht in Spalte 3, Kiel und Bielefeld nicht in Spalte 2. In der Rangordnung nach Publikationshäufigkeit gewinnen Freiburg zwölf, Augsburg zehn und Hamburg acht Plätze. Die TU Berlin und Gießen verlieren demgegenüber sechs bzw. sieben Plätze. Als interessant erscheint, daß die bemerkenswerten Verschiebungen in der unteren Hälfte der Rangordnung erfolgen. Summiert man die Platzziffern der Hochschulen in allen Spalten und bildet aus den sich jeweils ergebenden Summen eine Rangordnung der ersten zehn Hochschulen, dann ergibt sich folgende Reihenfolge: Köln, München, Bochum, Saarbrükken, Bonn, Münster, Erlangen/Nürnberg, Frankfurt, Mannheim und Technische Universität Berlin.

Im Vergleich der beiden Untersuchungsansätze ergibt sich somit eine durchaus recht konsistente Spitzengruppe von betriebswirtschaftlichen Fachbereichen/Fakultäten bundesdeutscher Hochschulen, ohne daß damit schon ein Anspruch auf Validität dieser Rangordnung erhoben werden soll. Zur weiteren Verifizierung einer solchen Rangordnung sollten weitere Aspekte von Forschungsleistung (z. B. Buchpublikationen, eingeworbene Drittmittel, Zahl der Promotionen und Habilitationen u. a.) herangezogen und analysiert werden.

Beim gegenwärtigen Forschungs- und Diskussionsstand zur Analyse von Forschungsleistungen, wissenschaftlichen Profilen und Hochschulqualität sollten Untersuchungen über möglichst viele und Erprobungen von möglichst vielen potentiellen Einflußfaktoren in einer großen Zahl von Fächern und Institutionen sowie auf unterschiedlichen Aggregationsebenen durchgeführt werden. Erst danach kann sich

TABELLE 6: Rangreihe der Hochschulen nach aggregierten Zitierungen und Publikationshäufigkeit in ausgewählten Fachzeitschriften der Betriebswirtschaftslehre.

Zitierungen		Publikationshäufigkeit	
inkl. Emeriti	exkl. Emeriti	gewichtet	ungewichtet
1. Köln	Bonn	Kiel	Köln
2. Bonn	Saarbrücken	Bochum	Frankfurt
3. FU Berlin	Köln	Köln	Bochum
4. Saarbrücken	Univ. München	Univ. München	Hamburg
5. Univ. München	Tübingen	Bonn	Univ. München
5. TU Berlin	Bochum	Erlangen/Nürnberg	Mannheim
7. Erlangen/Nürnberg	Münster	Saarbrücken	Münster
8. Bochum	Aachen	Münster	Saarbrücken
9. Münster	Frankfurt	Augsburg	Erlangen/Nürnberg
10. Tübingen	Gießen	Freiburg	FU Berlin
11. Mannheim	Erlangen/Nürnberg	Bielefeld	Göttingen
12. Aachen	TU Berlin	Hamburg	TU Berlin
13. Frankfurt	Mannheim	Aachen	Augsburg
14. Gießen	Darmstadt	Frankfurt	Bonn
15. Göttingen	Heidelberg	Göttingen	Gießen
16. Darmstadt	TU München	Gießen	Kiel
17. Heidelberg	Wuppertal	Heidelberg	Aachen
18. Wuppertal	Göttingen	Mannheim	Freiburg
19. Hamburg	Augsburg	TU Berlin	Bielefeld
20. Augsburg	Hamburg	FU Berlin	Würzburg
21. Würzburg	Würzburg		Heidelberg
22. Freiburg	Freiburg		Tübingen

zeigen, welche Aspekte von Forschungsleistung unter welchen Bedingungen aussagekräftig sind und gegebenenfalls für universitätsinterne oder auch universitätsexterne Entscheidungsprozesse herangezogen werden können. Dabei sollte nicht ausgeschlossen werden, daß sich auch eine unzureichende Praktikabilität entsprechender Verfahren herausstellen kann, die Ansätze folgerichtig verworfen werden müßten. Dieser Wissensstand ist gegenwärtig in der Bundesrepublik Deutschland nicht erreicht. Auf dem Weg dorthin soll ein weiterer Versuch einer *qualitativen* Analyse bundesdeutscher Hochschulen vorgestellt werden, der die Ebene der Einzeldisziplin verläßt, Hochschulen insgesamt in den Blick nimmt, gleichzeitig aber – zumindest teilweise – auf recht schmaler Datenbasis aufbaut.

Stipendien als Leistungsnachweis von Hochschulen

Die vorliegende Literatur zur Messung von Forschungsleistungen der Hochschulen verweist, neben den bereits erwähnten Indikatoren, u. a. auch auf den Stellenwert von Preisen, Auszeichnungen und Stipendien für die Einschätzung von Rangunterschieden zwischen Institutionen[13]. »The most obvious group or subsystem goal that is served by such prize competitions is that they sift and evaluate the participants, and thus furnish information about how each individual ranks in his or her achievement. They offer a basis for judgments about possible future achievements and are used in decisions about recruitment or the encouragement of people's talents«.[14]

Anstoß zur Untersuchung der Verteilung von Stipendien auf die Hochschulen der Bundesrepublik Deutschland war die These, daß Stipendien nicht nur eine Belohnung für die bereits erbrachte oder zukünftig zu erwartende individuelle Leistung eines Wissenschaftlers/Studenten sind, sondern daß sie darüber hinaus auch die Institution, welcher der jeweilige Stipendiat angehört (bzw. aus der er kommt), auszeichnet. Ein überproportional hoher Anteil studentischer Stipendiaten renommierter Organisationen der Wissenschaftsförderung an einer Hochschule könnte z. B. auf herausragende Ausbildung, Betreuung und besonderes Engagement für die Forschung hindeuten. Die häufige Wahl einer Universität bzw. eines Fachbereichs (einer Fakultät) für Forschungsarbeiten in einem geförderten »Freijahr« kann auf die Bedeutung der gewählten Institution – zumindest auf dem jeweiligen Arbeitsgebiet – verweisen. Eine solche Wahl durch ausländische Wissenschaftler könnte als weitere Verstärkung eines solchen Urteils interpretiert werden. Eine große Zahl von Trägern wissenschaftlicher Auszeichnungen, Gewinnern wissenschaftlicher Preise und Empfängern renommierter Stipendien an einer Universität erhöht national und international die »Sichtbarkeit« dieser Universität, ihr Prestige, ihre Reputation und verbessert damit auch ihre Stellung innerhalb der scientific community und ihren Rangplatz gegenüber anderen Hochschulen.

Auch in der Bundesrepublik Deutschland ist die Menge wissenschaftlicher Ehrungen kaum noch überschaubar. Sie werden von wissenschaftlichen Akademien, unabhängigen Förderungsinstitutionen, den Stiftungen der politischen Parteien und gesellschaftlichen Gruppen, von Wirtschaftsunternehmen, Einzelpersonen, aus Nachlässen u. a. für eine Vielzahl verschiedener wissenschaftlicher Leistungen und Beiträge in nahezu allen Disziplinen der Wissenschaft vergeben. Auch wenn eine Berücksichtigung und Auswertung all dieser Förderungsmaßnahmen, deren Vergabe stets an herausragende Arbeit geknüpft ist, recht informativ wäre, so würden sich hierbei doch gravierende Bewertungsprobleme ergeben. Wichtiger ist aber, daß die Erfassung aller Maßnahmen einen beträchtlichen Erhebungsaufwand erforderlich machen würde. Die genannte Studie beschränkt sich deshalb auf Stipendien von Institutionen, deren Programme fachlich möglichst breit gestreut sind und über möglichst lange Zeiträume eine möglichst große Zahl von Stipendiaten fördern können.

So wurden einmal die Promotionsstipendiaten der Studienstiftung des Deutschen Volkes für den Zeitraum 1975–1983 ausgezählt. Zu beachten ist hierbei, daß die Naturwissenschaftler (einschließlich Mathematiker) unter den Stipendienempfängern überrepräsentiert sind. Hochschulen, die ein stärkeres geisteswissenschaftliches Profil aufweisen, sind dadurch möglicherweise benachteiligt. Weiterhin muß berücksichtigt werden, daß die Stipendiaten u. U. den Studienort nicht frei wählen können (NC), und daß die Stipendien nur auf Vorschlag einer Hochschule oder eines Hochschullehrers vergeben werden. Es könnte also ein Zusammenhang von Stipendienvergabe und Vorschlagsbereitschaft bestehen, der allerdings nicht geprüft werden kann. Die Tatsache aber, daß Vorschläge eingereicht werden, wird hier als Betreuungsintensität und Engagement gedeutet und als Hinweis auf Qualität gewertet.

Daneben wurden für den Zeitraum 1980–1983 die Heisenberg-Stipendiaten der Deutschen Forschungsgemeinschaft und ihre Verteilung auf die Hochschulen der Bundesrepublik Deutschland ausgewertet. Die den Jahresberichten der DFG entnommenen Ortsangaben, die zur Bildung einer Rangordnung herangezogen wurden, beziehen sich auf die aktuellen, längerfristigen Arbeitsplätze der Stipendienempfänger. Nicht erkennbar sind die Herkunftsinstitutionen, also die Hochschulen, an denen die Nachwuchsspitzenkräfte ausgebildet worden sind. Diesen ginge (unberechtigterweise) Reputation verloren, sollte es gravierende quantitative Diskrepanzen zwischen Ausbildungs- und Arbeitsplatz geben. Der Prestigegewinn der aufnehmenden Institution kann – wegen der gezielten Wahl der Stipendiaten – demgegenüber als gerechtfertigt angesehen werden.

Angemerkt werden soll noch, daß auf Physiker, Biologen, Mediziner, Chemiker, Mathematiker und Germanisten ein hoher Anteil der Stipendien entfällt. Ingenieurwissenschaften, Rechtswissenschaften und die klinische Medizin, d. h. stärker praxisorientierte Berufsfelder, sind sowohl bei den Bewerbern als auch bei den Stipendienempfängern unterrepräsentiert.

Tabelle 7 faßt die Ergebnisse der Auszählungen zusammen. Eine sicher wünschenswerte (und für weiterreichende Überlegungen notwendige) Differenzierung nach

75

TABELLE 7: Promotionsstipendiaten der Studienstiftung des Deutschen Volkes (1975–1983) absolut und relativ zur durch-schnittlichen Studentenzahl zwischen WS 79/80 und WS 81/82 sowie Heisenberg-Stipendiaten (1980–1983) nach Hochschulen.

absolut			Promotionsstipendiaten der Studienstiftung relativ				Heisenberg-Stipendiaten		
Rang	Hochschule	Anz. Stip.	Rang	Hochschule	Stud.-Zahl	Stip.:Stud.-Zahl × 100	Rang	Hochschule	Anz.
1.	Tübingen	139	1.	Konstanz	3 334	1,02	1.	Heidelberg	24
2.	Bonn	132	2.	Tübingen	18 635	0,75	2.	Freiburg	23
3.	U München	128	3.	Marburg	12 100	0,72		U München	23
4.	Hamburg	125	4.	Freiburg	17 804	0,62	4.	Bonn	17
5.	Freiburg	111	5.	Heidelberg	19 631	0,52		Konstanz	17
6.	Heidelberg	103		Karlsruhe	10 517	0,52	6.	Göttingen	13
7.	Göttingen	102	7.	Mannheim	6 240	0,45	7.	FU Berlin	12
8.	Marburg	87	8.	Göttingen	23 347	0,44		Köln	12
9.	Frankfurt	83		Kiel	13 311	0,44	9.	Bochum	10
10.	FU Berlin	77		TiHo Hannover	1 351	0,44		Gießen	10
11.	Bochum	60	11.	Bonn	32 249	0,41		TU München	10
12.	Kiel	59	12.	Med.Ho. Hann.	2 748	0,40	12.	Frankfurt	8
13.	Köln	58	13.	Hamburg	33 215	0,38		Würzburg	8
14.	Karlsruhe	55		Stuttgart	11 776	0,38	14.	Münster	7
15.	Mainz	49	15.	Augsburg	4 338	0,37		Regensburg	7
16.	Münster	46		Darmstadt	10 871	0,37	16.	Braunschweig	6
17.	Stuttgart	45		Ulm	2 975	0,37		Darmstadt	6
18.	Darmstadt	40	18.	Frankfurt	22 775	0,36		Erlangen	6
19.	Aachen	38	19.	Hohenheim	3 508	0,34		Mainz	6
20.	Konstanz	34		Kaiserslautern	3 578	0,34		Marburg	6

absolut			Promotionsstipendiaten der Studienstiftung relativ				Heisenberg-Stipendiaten		
Rang	Hochschule	Anz. Stip.	Rang	Hochschule	Stud.-Zahl	Stip.: Stud.-Zahl × 100	Rang	Hochschule	Anz.
21.	Düsseldorf	32	21.	U München	38 768	0,33		Tübingen	6
22.	Regensburg	31	22.	Regensburg	10 046	0,31	22.	Düsseldorf	5
23.	U Hannover	30	23.	Düsseldorf	11 008	0,29	23.	Hamburg	4
24.	Erlangen	28	24.	Bochum	23 613	0,25		U Hannover	4
25.	Gießen	28	25.	Trier	3 809	0,24		Karlsruhe	4
26.	Mannheim	28	26.	Braunschweig	10 639	0,23		Saarbrücken	4
27.	Würzburg	26		Clausthal	2 638	0,23		TU Berlin	4
28.	Braunschweig	25		Mainz	21 223	0,23		Ulm	4
29.	TU Berlin	19	29.	Bremen	6 755	0,22	29.	Bielefeld	3
	TU München	19	30.	Gießen	13 827	0,20		Kiel	3
31.	Bielefeld	17		Würzburg	12 998	0,20		Mannheim	3
32.	Augsburg	16	32.	FU Berlin	39 963	0,19	32.	Aachen	2
33.	Bremen	15	33.	Köln	32 666	0,18		Osnabrück	2
34.	Dortmund	12	34.	Bielefeld	10 151	0,17		Stuttgart	2
35.	Kaiserslautern	12	35.	Bayreuth	1 902	0,16		TiHo Hannover	2
	Saarbrücken	12		U Hannover	18 660	0,16			
37.	Essen	11		Kassel	6 860	0,16			
	Kassel	11		TU München	15 106	0,16			
	Med. Ho. Hann.	11	39.	Aachen	25 800	0,15		Ausland	32
	Ulm	11		Erlangen	18 142	0,15		externe Inst.	23
41.	Trier	9	41.	Osnabrück	4 700	0,15			

Je ein Stipendium entfällt auf die Universitäten:

Augsburg, Bayreuth, Dortmund, Duisburg, Essen, HSBw Hamburg, Kassel und Trier.

Quellen: Angaben der Studienstiftung des Deutschen Volkes, der Deutschen Forschungsgemeinschaft, Studentenstatistik des Statistischen Bundesamtes und eigene Berechnungen.

Disziplinen wurde wegen der dann teilweise geringen Besetzung einzelner Felder nicht vorgenommen. Die auch für die Heisenberg-Stipendiaten sinnvolle Relationierung auf die quantiativen Besetzungen des »Mittelbaus« an den verschiedenen Hochschulen, aus denen sich die Stipendiaten in der Regel rekrutieren, hätte aufwendige Recherchen erforderlich gemacht, die im Rahmen der Pilotstudie nicht durchgeführt werden konnten. Auch ohne diese Recherchen fällt der Spitzenplatz der »kleinen« Universität Konstanz in den Spalten 2 und 3 der *Tabelle 7* auf. Auch wenn es aus der Tabelle nicht ersichtlich ist, soll erwähnt werden, daß ein hoher Anteil der Heisenberg-Stipendien in der Physik auf die Universitäten Heidelberg und Bonn, in der Medizin auf Heidelberg und Köln, in Germanistik/Philologien auf Freiburg, in Geschichte/Kunstgeschichte auf München (Universität), in Chemie auf Bonn und in Biologie/Forstwissenschaften auf Konstanz und Göttingen entfallen. Hieraus schon auf mögliche Profile zu schließen, wäre aber wohl zu voreilig.

In einem weiteren Untersuchungsschritt wurden Förderungsmaßnahmen der Alexander von Humboldt-Stiftung analysiert. Für den Zeitraum 1953–1983 sind die Verteilungen der Humboldt-Forschungsstipendien, die an ausländische Wissenschaftler vergeben wurden, auf die Hochschulen der Bundesrepublik Deutschland erfaßt worden. Nach einem rigiden Auswahlverfahren werden die Stipendiaten zu einem ein- bis zweijährigen Aufenthalt an einer bundesdeutschen Hochschule oder einem Forschungsinstitut eingeladen. Seit 1953 haben mehr als 8000 Wissenschaftler von dieser Maßnahme profitiert. Von diesen waren mehr als 60 % Naturwissenschaftler (Mediziner, Chemiker, Biologen und Physiker), etwa 30 % Geisteswissenschaftler (in erster Linie Rechtswissenschaftler, Philosophen, Historiker und Germanisten) und knapp 10 % Ingenieurwissenschaftler.

Die *Tabellen 8* und *9* geben, getrennt nach Hochschulen mit breitem Fächerspektrum und mit natur- bzw. ingenieurwissenschaftlichem Schwerpunkt, die aus der Stipendienvergabe resultierenden Rangordnungen der Hochschulen für den Gesamtzeitraum wieder. Gesondert ausgewiesen sind zusätzlich die Rangplätze in der 3. Dekade (1974–1983), wodurch einige Veränderungen im Zeitablauf deutlich werden. So zeigt sich etwa, daß in den letzten zehn Jahren die Universität Marburg sich um neun Rangplätze verschlechtert, die Universitäten Bochum um acht, Konstanz um sieben und Würzburg um sechs Plätze sich verbessert haben. Einbußen von vier Plätzen verzeichnen die Universitäten Freiburg, Frankfurt, die FU Berlin und die Universität Münster. Um die gleiche Zahl von Plätzen verbesserte sich demgegenüber die Technische Hochschule Darmstadt. Als bemerkenswert erscheint auch die Kontinuität in der Spitzengruppe der ersten drei Hochschulen über den gesamten Betrachtungszeitraum. Zu vermuten ist, daß die neuen Universitäten – allein schon auf Grund der Laufzeit des Programms – in dieser Rangordnung benachteiligt sind.

In den Tabellen sind zusätzlich Nominierungen für den Humboldt-Preis und Verleihungen desselben erfaßt. Diesen Preis vergibt die Stiftung seit 1972 an Natur- und Ingenieurwissenschaftler der USA, die von einer bundesdeutschen Forschungseinrichtung nominiert und im Falle der Auswahl zu einem einjährigen Aufenthalt an diese Einrichtung eingeladen werden (USA-Sonderprogramm). Zwischen 1972 und 1983 wurden aus 1220 Vorschlägen 759 Wissenschaftler ausgewählt. Schwergewichtig gefördert wurden Physiker, Chemiker, Biowissenschaftler und Mediziner.

Unberücksichtigt blieb in der tabellarischen Darstellung das Verhältnis von Verleihungen zu Nominierungen. Wird dieses Verhältnis ermittelt, dann ergeben sich beträchtliche Verschiebungen. Die Universitäten München, Heidelberg, Bochum, Freiburg, Erlangen/Nürnberg und Göttingen fallen aus der Gruppe der ersten zehn heraus. Bayreuth, Kassel, Kiel, die FU Berlin und Hannover verbessern sich demgegenüber in die Spitzengruppe. Als sehr konstant erweisen sich die Rangplätze von Frankfurt und Tübingen.

Ein eindeutiges Muster ist hinter diesen Entwicklungen nicht zu erkennen. Bayreuth und Kassel profitieren vermutlich von der geringen Zahl von Nominierungen. Viele Nominierungen könnten in diesem Zusammenhang zu Lasten der nominierenden Hochschulen gehen (die Technische Universität München ist hier eine Ausnahme). Hohe Verhältniszahlen könnten als Ausdruck hoher Standards bei der Nominierung, die zu größeren Erfolgsaussichten bei der Vergabe führen, gedeutet werden, ohne daß damit den Hochschulen mit niedrigen Verhältniszahlen niedrigere Standards unterstellt werden können. Die Problematik soll an dieser Stelle nicht vertieft werden. Wichtig ist hier nur der Hinweis, daß aus differenzierter Betrachtungsweise, aus der Verknüpfung von Kennzahlen und der Herstellung von Beziehungen zwischen einzelnen Kennzahlen unterschiedliche Ergebnisse resultieren können, was wiederum die Forderung nach der Berücksichtigung möglichst vieler Indikatoren stützt.

Werden die aus der hier vorgestellten Untersuchung resultierenden Ergebnisse zusammengefaßt, ergeben sich gleichwohl einige Akzentuierungen. Zählt man etwa aus, welche Hochschulen in den Spalten der *Tabellen 7* und *8* (= insgesamt sechs Spalten und die sich aus dem Verhältnis von Verleihungen zu Nominierungen ergebende Rangfolge) auf den ersten fünf Rangplätzen auftauchen, dann zeigt sich, daß Bonn, Freiburg, Heidelberg und München je fünfmal, Tübingen und Frankfurt je dreimal und Konstanz zweimal vertreten sind. Erweitert man dieses Spektrum auf die ersten zehn Rangplätze, dann entfallen auf Bonn, Freiburg, Göttingen, Heidelberg und Tübingen je sechs, auf Frankfurt und München je fünf, auf Köln vier und auf Bochum, die FU Berlin und Mainz je drei Nennungen.

Im Vergleich zur aggregierten Rangfolge für die Wirtschaftswissenschaften fehlen unter den sich hier ergebenden ersten zehn Saarbrücken, Münster, Erlangen/Nürnberg, Mannheim und die TU Berlin. Demgegenüber sind dort nicht die Universitäten Freiburg, Heidelberg, Göttingen, Tübingen, Konstanz, Mainz und die FU Berlin enthalten. In beiden Rangordnungen tauchen nur die Universitäten Köln, Bonn, München, Bochum und Frankfurt auf.

Rangordnungen und Bemühungen um ihre Erstellung setzen – zumindest implizit – die Existenz von wissenschaftlichen Standards voraus, d. h. innerhalb der scientific community anerkannte und akzeptierte Gütekriterien und Verhaltensweisen. Hin-

TABELLE 8: Rangordnung von Hochschulen nach Förderungen der Alexander von Humboldt-Stiftung 1972–1983 (Humboldt-Preis), 1953–1983 (Forschungsstipendien) und 1974–1983 (Forschungsstipendien in der 3. Dekade). (Hochschulen mit breitem Fächerspektrum.)

| Humboldt-Preis (1972–1983) | | | | | | Forschungsstipendien | | | | |
| Nominierungen | | | Verleihungen | | | 1953–1983 | | | 1974–1983 | |
Rang	Hochschule	Anz.	Rang	Hochschule	Anz.	Rang	Hochschule	Anz.	Rang	Hochschule
1.	U München	69	1.	U München	43	1.	U München	743	1.	U München
2.	Bonn	53	2.	Bonn	37	2.	Bonn	529	2.	Bonn
3.	Heidelberg	49	3.	Heidelberg	30	3.	Heidelberg	421	3.	Heidelberg
4.	Freiburg	45	4.	Frankfurt	28	4.	Freiburg	397	4.	Göttingen
5.	Frankfurt	38	5.	Tübingen	22	5.	Göttingen	394	5.	Köln
6.	Bochum	35	6.	Freiburg	21	6.	Köln	369	6.	Tübingen
7.	Göttingen	34	7.	Bochum	20	7.	Tübingen	325	7.	Freiburg
8.	Tübingen	31	8.	Göttingen	18	8.	Hamburg	288	8.	Bochum
9.	Erlangen	28		Köln	18	9.	Frankfurt	238	9.	Hamburg
10.	Mainz	28	10.	Erlangen	16	10.	Mainz	177	10.	Frankfurt
11.	Hamburg	27		Mainz	16	11.	FU Berlin	176	11.	Mainz
12.	Würzburg	26		Würzburg	16	12.	Marburg	169	12.	Würzburg
13.	Marburg	25	13.	FU Berlin	15	13.	Münster	159	13.	Gießen
14.	Köln	24	14.	Konstanz	13	14.	Bochum	157	14.	FU Berlin
15.	FU Berlin	21	15.	Gießen	11	15.	Gießen	145		Erlangen
16.	Konstanz	20		Hamburg	11	16.	Erlangen	135	16.	Münster
17.	Münster	17	17.	U Hannover	10	17.	Kiel	130	17.	Konstanz
18.	Gießen	16		Marburg	10	18.	Würzburg	120	18.	Kiel
	Saarbrücken	16		Saarbrücken	10	19.	U Hannover	107	19.	U Hannover
20.	U Hannover	15	20.	Regensburg	8	20.	Saarbrücken	87	20.	Marburg

	Humboldt-Preis (1972–1983)					Forschungsstipendien				
	Nominierungen			Verleihungen			1953–1983			1974–1983
Rang	Hochschule	Anz.	Rang	Hochschule	Anz.	Rang	Hochschule	Anz.	Rang	Hochschule
21.	Regensburg	12	21.	Münster	7	21.	Düsseldorf	80		
22.	Dortmund	7	22.	Kiel	5	22.	Konstanz	76		
	Kiel	7	23.	Bayreuth	3	23.	Bielefeld	47		
24.	Bielefeld	6		Dortmund	3	24.	Dortmund	37		
	Kaiserslautern	6		Kassel	3	25.	Regensburg	34		
26.	Bayreuth	4	26.	Kaiserslautern	2		andere Hochschulen	213		
	Kassel	4	27.	Bielefeld	1					
28.	Duisburg	3		Duisburg	1					
	Essen	3		Essen	1					
30.	Düsseldorf	2		Osnabrück	1					
	Osnabrück	2		Paderborn	1					
	Paderborn	2								
	Trier	2								
34.	Bremen	1								
	PH-Rheinland	1								
	externe Forschungs-institute	412		externe Forschungs-institute	272		externe Forschungs-institute	1384		

Quelle: Alexander von Humboldt-Stiftung 1953–1983 und eigene Zuordnungen (fehlende Angaben nicht verfügbar).

TABELLE 9: Rangordnung von Hochschulen nach Förderungen der Alexander von Humboldt-Stiftung 1972–1983 (Humboldt-Preis), 1953–1983 (Forschungsstipendien) und 1974–1983 (Forschungsstipendien in der 3. Dekade). (Hochschulen mit natur- bzw. ingenieurwissenschaftlichem Schwerpunkt.)

| Humboldt-Preis (1972–1983) | | | | | | Forschungsstipendien | | | | |
| Nominierungen | | | Verleihungen | | | 1953–1983 | | | 1974–1983 | |
Rang	Hochschule	Anz.	Rang	Hochschule	Anz.	Rang	Hochschule	Anz.	Rang	Hochschule
1.	TU München	84	1.	TU München	68	1.	TU München	249	1.	TU München
2.	Karlsruhe	64	2.	Karlsruhe	40	2.	Aachen	201	2.	Aachen
3.	Aachen	48	3.	Aachen	29	3.	Stuttgart	197	3.	Karlsruhe
4.	Stuttgart	35	4.	Darmstadt	17	4.	Karlsruhe	185	4.	Stuttgart
5	Darmstadt	27	5.	Stuttgart	16	5.	Darmstadt	137	5.	Darmstadt
6.	TU Berlin	22	6.	TU Berlin	10	6.	TU Berlin	97		
7.	Braunschweig	10	7.	Braunschweig	6	7.	Braunschweig	77		
8.	Hohenheim	9		Med. Ho. Hann.	6	8.	TiHo Hannover	65		
9.	Med. Ho. Hann.	7	9.	Clausthal	5	9.	Clausthal	52		
10.	Clausthal	6		Hohenheim	5	10.	Ulm	44		
11.	Ulm	5	11.	Ulm	3	11.	Hohenheim	43		
12.	HSBw München	2	12.	HSBw München	1					
12.	TeHo Hannover	2	12.	TeHo Hannover	1					

(andere Hochschulen und externe Forschungsinstitute sind in Tabelle 8 erfaßt) weise auf und Belege für Verstöße gegen diese Standards sind, insbesondere für den, der mit dem Hochschul- und Wissenschaftssystem vertraut ist, relativ leicht auffindbar[15]. Damit soll nicht unterstellt werden, daß sie grundsätzlich irrelevant sind, daß Protektion, Nepotismus oder andere Formen von »Beziehungen« die Standards der Wissenschaft überdecken. Gleichwohl ist nicht auszuschließen, daß Einflußnahmen dieser oder auch anderer Art Rangordnungen verzerren können. Den potentiell denkbaren Einflußfaktoren soll hier nicht weiter nachgegangen werden.

Eher beispielhaft habe ich im Hinblick auf die untersuchten Förderungsmaßnahmen die Verteilung der Fachgutachter der DFG, der Mitglieder der Auswahlausschüsse für die Forschungsstipendien der Alexander von Humboldt-Stiftung, des USA-Sonderprogramms und der Studienstiftung des Deutschen Volkes (nur Professoren) auf die Hochschulen der Bundesrepublik Deutschland ausgewertet. 1984 als

TABELLE 10: Fachgutachter und Mitglieder von Auswahlgremien von Forschungsförderungsorganisationen 1984 nach Hochschulzugehörigkeit.

Hochschule	Insgesamt	DFG	Forschungsstipendien der Alexander von Humboldt-Stiftung	USA-Sonderprogr. der Alexander von Humboldt-Stiftung	Studienstiftung des Deutschen Volkes
1. München	69	36	16	3	14
2. Bonn	43	22	10	1	10
3. Hamburg	42	28	3	–	11
4. Göttingen	38	25	7	–	6
5. Berlin	35	20	2	–	13
Hannover	35	23	2	–	10
7. Frankfurt	30	16	2	–	12
8. Aachen	29	18	4	–	7
Freiburg	29	16	4	–	9
10. Tübingen	26	14	1	–	11
11. Heidelberg	25	21	2	–	2
Erlangen/Nürnbg.	25	12	3	–	10
Bochum	25	12	9	–	4
14. Köln	24	12	7	–	5
15. Darmstadt	21	11	4	–	6
16. Marburg	20	9	4	–	7
17. Münster	18	12	3	–	3
Gießen	18	9	2	–	7
19. Kiel	16	11	1	–	4
Braunschweig	16	9	–	–	7
21. Regensburg	15	7	3	–	5
22. Mainz	14	7	1	–	6
Stuttgart	14	11	1	1	1
24. Würzburg	11	6	1	–	4
25. Karlsruhe	10	5	2	–	3

Anmerkung: Bei Städten mit mehreren Hochschulen können keine Differenzierungen für die einzelnen Hochschulen am Ort vorgenommen werden.
Quellen: Jahresberichte der Alexander von Humboldt-Stiftung, der Studienstiftung des Deutschen Volkes und Mitteilungen der Deutschen Forschungsgemeinschaft.

Zeitpunkt dieser Auswertung ist nicht mit den Untersuchungszeiträumen der vorgestellten Analysen kompatibel. Da es mir aber nicht um den Beleg, sondern um den Verweis auf mögliche Zusammenhänge geht, erscheint diese Diskrepanz als vertretbar.

In der *Tabelle 10* sind die Ergebnisse dieser Auszählung dargestellt. Anzumerken ist, daß an Orten mit mehreren Hochschulen (Berlin, Hannover, München z.B.) ein getrennter Ausweis für die einzelnen Hochschulen nicht möglich ist. Ohne diese Tabelle näher zu analysieren, fällt auf, daß auch hier München, Bonn, Göttingen, die FU Berlin und Frankfurt einen Spitzenplatz einnehmen. Ob dies einen Zusammenhang mit den oben ermittelten Ergebnissen konstituiert, einen weiteren Qualitätsausweis für diese Hochschulen darstellt oder andere Schlußfolgerungen zuläßt, soll an dieser Stelle offenbleiben.

Eine abschließende Bewertung der hier vorgelegten Untersuchungsergebnisse soll nicht vorgenommen werden. Für diesen Zweck ist die Datenbasis insgesamt zu schmal und in mancherlei Hinsicht zu bruchstückhaft. Für weitere Untersuchungen empfiehlt es sich aber, Unterscheidungen der Institutionen nach »alt–neu«, »groß–klein« und disziplinären Schwerpunkten vorzunehmen. Dabei sollte allerdings darauf geachtet werden, daß jeweils nur wenige Gruppen gebildet werden, da angesichts der relativ geringen Zahl von Hochschulen (etwa im Vergleich zu den USA) sonst kaum noch gruppeninterne Vergleiche durchgeführt werden können.

Perspektiven der Leistungsmessung

Bemühungen um die Messung und Darstellung der Leistungen von Hochschulen stehen vor einem mehrfachen Dilemma. Sie geraten in den Verdacht, unreflektiert aktuelle bildungs- und hochschulpolitische Trends aufzugreifen und sich oft vorschnell platten Effizienzüberlegungen zu unterwerfen. Angesichts einer Vielzahl ungeklärter methodischer Probleme, nicht aufgeklärter Bedingungen und Zusammenhänge des Leistungsprozesses der Hochschule und der insgesamt eher prekären Situation der Institution sind diese Versuche aus vielerlei – oft guten Gründen – angreifbar und mit Legitimationsproblemen belastet. Schließlich und nicht zuletzt deshalb stellen ihre potentiellen Erkenntnisgewinne, d.h. die Beschreibung von Leistungsunterschieden, zumindest dann Privilegien und Besitzstände in Frage, wenn aus ihnen auch Maßnahmen, z.B. Allokationsentscheidungen, abgeleitet werden.

Verfehlt wäre es allerdings, wenn die Wissenschafts- und Hochschulforschung angesichts der skizzierten Problemlagen kapitulieren würde. Vielmehr ist nachdrücklich zu empfehlen, daß sie sich gezielt und intensiv der Aufgabe stellt, die bisher noch bestehenden Defizite zu beheben und herauszufinden, ob – und gegebenenfalls wie – die Messung der Leistung von Hochschulen und ein darauf basierender intra- und interinstitutioneller Vergleich mit vertretbaren Aufwendungen möglich ist. Die Adaptation von Indikatoren für die Bewertung wissenschaftlicher Leistungen erscheint dabei als ein richtiger Ansatz. Der Entwicklungsstand und die Aussagekraft von Indikatoren in einer Reihe gesellschaftlicher Bereiche läßt die gezielte Überprüfung ihrer Relevanz für Hochschule und Wissenschaft als aussichtsreich erscheinen, ohne daß damit gleich schon die Hoffnung auf eine endgültige Abklärung und Bewältigung aller offenen Fragen verbunden sein muß.

Grundsätzlich muß aber deutlich sein, daß es sich bei Indikatoren ». . . um Konstrukte handelt, um Vorstellungen, die auf modellhafte Abstraktionen der komplexen sozialen Wirklichkeit zurückführbar sind, aufgrund derer politisches, berufliches und alltägliches Handeln strukturiert und geplant wird«[16]. Sie sind kein objektives Abbild der Realität und können deshalb auch nicht mit Ansprüchen und Erwartungen verbunden werden, die gemeinhin an objektive Maße gestellt werden. Da sie auf der Basis von Wertentscheidungen entwickelt werden, sind sie sowohl interpretationsfähig als auch interpretationsbedürftig, sollten deshalb auch nur als Informationsgrundlagen für Planung und Entscheidung, nicht aber als Ersatz für erforderliche politische Urteile dienen.

Zunehmender, auch sachlich begründeter Dissens in gesellschaftlichen Teilbereichen erschwert die Einsatzbedingungen und -möglichkeiten von Indikatoren, denn ». . . in political contexts discussions among competing parties about the bodies of data . . . may even be an extension of the struggle in which each group attempts to establish its own goals as the accepted normative references of collective behavior«[17].

Gilt dies auch für alle politischen Entscheidungsbereiche, so ist doch der Hochschul- und Wissenschaftsbereich besonders intensiven Kontroversen ausgesetzt. Dies hängt einmal damit zusammen, daß den politischen Entscheidern auf diesem Feld hochmotivierte und kompetente Fachleute gegenüberstehen. Darüber hinaus und sehr viel gravierender gelten Wissenschaft und Hochschule als sensible Entscheidungsfelder, in denen spezifische Handlungs- und Verhaltensbedingungen reklamiert werden. Die Überzeugungskraft des Autonomiepostulats, die verbreitete und weitgehend akzeptierte Einsicht, daß kreative Wissenschaft auf »Einsamkeit und Freiheit« angewiesen ist, erschwert Versuche steuernden Eingriffs durch hochschul- und wissenschaftsexterne Gruppen.

Angesichts der Veränderung des Hochschulbereichs von »elite to mass higher education« (Trow), die in den letzten Jahrzehnten nahezu alle Hochschulsysteme der westlichen Industrienationen durchgemacht haben, der damit verbundenen Belastungen und daraus resultierenden Probleme, liegt es gleichzeitig nahe, daß die Öffentlichkeit und ihre Repräsentanten zunehmend Einfluß – insbesondere auf die Kostenentwicklung – nehmen wollen (müssen). »In a sense, postsecondary education has become too important and too costly to be left to professors and educators alone.«[18]

Trotz dieser Einsicht formuliert Trow – und dies gilt vermutlich auch für die Mehrzahl der Mitglieder des Hochschulsystems – massive Vorbehalte gegenüber Versuchen, mit elaborierten Datensystemen Forschung und Lehre vermessen zu wollen. Seiner Auffassung nach können hochschul- und wissenschaftsexterne Beobachter nicht den kreativen vom lediglich kompetenten Wissenschaftler unterscheiden, ist nicht zu messen, was den Erfolg wissenschaftlicher Arbeit konstituiert. Ebensowenig kann die Vielfalt wissenschaftlicher Sachverhalte und Institutionen schematisch erfaßt werden. Gleichzeitig gesteht er aber ein, daß die Autonomie der Hochschule/ Wissenschaft, aus der heraus all dies sehr viel besser zu bewerkstelligen ist, häufig auch mißbraucht wird. Muß denn aber dieser Mißbrauch und muß denn dieses Diktum insgesamt hingenommen werden?

Gibt es nicht auch hochschulintern hinreichend viele Klagen aller Gruppen an der Hochschule über Mängel, Unzulänglichkeiten, Verstöße gegen das Ethos der Wissenschaft und die Vernachlässigung von Pflichten in Forschung und Lehre? Sollte nicht angesichts all dessen der Versuch unternommen werden, hochschulrelevante Entscheidungen zu rationalisieren, Vorurteile und Vermutungen zu relativieren? Erscheint ein solcher Versuch nicht auch als aussichtsreich, weil – gerade auch in der Folge der Expansion des Hochschulsystems – Administratoren und Entscheider zunehmend wissenschaftlich ausgebildet, mit den Voraussetzungen und Möglichkeiten wissenschaftlicher Arbeit besser als je zuvor vertraut sind?

Ich meine ja, meine auch, daß Indikatoren zur Bewältigung dieser Probleme und zur Beantwortung dieser Fragen einen konstruktiven Beitrag leisten können. Notwendig für die Entwicklung und den Einsatz von Indikatoren, die für die Planung, Entwicklung und Steuerung von Hochschule und Wissenschaft genutzt werden sollen, ist – angesichts der Komplexität des Entscheidungsfeldes – die Herstellung von Konsens über die Definition, Abgrenzung und Verwendung der Indikatoren zwischen Hochschule/Wissenschaft einerseits und den politischen Entscheidungsinstanzen andererseits. Dabei müssen die unterschiedlichen Implikationen der Indikatoren für die verschiedenen Interessen von Wissenschaft und Politik, innerwissenschaftliche Differenzierungen und Zielsetzungen des Gebrauchs von Indikatoren berücksichtigt werden. Schließlich sollte auch sichergestellt sein, daß Indikatoren variabel bleiben und jeweils gemäß neuer Einsichten modifiziert, neu konzipiert und gegebenenfalls auch verworfen werden können[19]. »Agreement may more easily be achieved, of course, when indicators are perceived as not being a significant factor in the differential allocation of resources.«[20]

Der erforderliche Konsens stellt sich aber nicht von allein ein: Vielmehr ist die Hochschulforschung aufgerufen, zur Verbesserung der Diskussionsgrundlagen Informationen und Erkenntnisse bereitzustellen, Modelle zu entwickeln und möglichst viele Kennzahlen auszuprobieren, ohne daß der Einsatz von Indikatoren auf eine ferne Zukunft verschoben wird. Selbst vor dem Hintergrund der Hypothese, daß gravierende Leistungsunterschiede zwischen den Institutionen des Hochschulbereichs der Bundesrepublik Deutschland nicht bestehen, daß aus einer breiten Gruppe leistungsfähiger Hochschulen (Fachbereiche/Fakultäten) nur vereinzelt disziplinäre Einheiten hervorragen, ist es sinnvoll, nach den Ursachen und Bedingungen zu fragen, unter denen sich differenziertes Leistungsvermögen herausbildet.

Auf der Ebene der Einzeldisziplinen und jeweils hochschulspezifisch sollte das Verhältnis von »input« und »output«, sollten die Rahmenbedingungen wissenschaftlichen Arbeitens in der Hochschule, das, was Martin Trow »the private life of higher education« nennt, genauer untersucht werden. Dies erfordert die vertrauensvolle Zusammenarbeit mit den Hochschulen und ihren Fachvertretern, die in der Explorationsphase nicht auf einen intradisziplinären Vergleich abgestellt werden sollte, keine nachteiligen Folgen androht und die Hinweise und Einwände der Betroffenen ernst nimmt. Erst im Anschluß an diese Arbeiten sollten dann verbesserte Instrumente zum Einsatz kommen, ohne daß sie ausschließlich unter Effizienzgesichtspunkten und Kosten – Nutzen – Kalkülen angewandt werden. In gleicher Weise (und möglicherweise weniger kontrovers) sollten sie der Darstellung der fachlichen »Profile« von Hochschulen dienen, Bemühungen interner (und externer) Differenzierung fördern, die Zusammenarbeit innerhalb der scientific community stimulieren und die Relevanz wissenschaftlicher Arbeit innerhalb der Gesellschaft verdeutlichen.

Anmerkungen

[1] Vgl.: Rau, Einhard: Differenzierung im amerikanischen Hochschulsystem – State Colleges/ Regional Universities und Community Colleges, in: Beiträge zur Hochschulforschung, Heft 2, 1984, S. 145–199.

[2] Zu einem Überblick vgl.: Hüfner, Klaus; Hummel, Thomas; Rau, Einhard: Ansätze zur Messung der Qualität von Hochschulen, in: Hochschule zwischen Plan und Markt. Freie Universität Berlin, Zentralinstitut für sozialwissenschaftliche Forschung. Forschungsprojektschwerpunkt Ökonomische Theorie der Hochschule, Arbeitshefte, Heft 1, Berlin, 1984, S. 77–123. – Rau, Einhard: Mal diese, mal jene an der Spitze. Eine Rangfolge deutscher Hochschulen anhand der Stipendienvergabe, in: Deutsche Universitätszeitung, 19, 1. Oktober 1984, S. 15–20.

[3] Vgl.: Hüfner, Klaus; Hummel, Thomas; Rau, Einhard: a. a. O.

[4] Im Rahmen einer Umfrage zur Differenzierung des Hochschulsystems, die von der Projektgruppe Bildungsbericht des Max-Planck-Instituts für Bildungsforschung u. a. auch bei Wirtschaftswissenschaftlern durchgeführt wurde, wurde auch nach dem Renommee wirtschaftswissenschaftlicher Zeitschriften gefragt. Die Auswertung der Befragung ist gegenwärtig noch nicht abgeschlossen. Die Ergebnisse werden aber auch eine Einschätzung der von uns ausgewählten Zeitschriften ermöglichen.

[5] Wanner, Richard A.: Research Productivity in Academia: A Comparative Study of the Sciences, Social Sciences and Humanities, in: Sociology of Education, Vol. 54, 1981, S. 238–253, S. 250.

[6] Vgl. etwa: Crane, Diana: The Gatekeepers of Science: Some Factors Affecting the Selection of Articles for Scientific Journals, in: The American Sociologist, Vol. 2, 1967, S. 195–201. – Merton, Robert K.: The Matthew Effect in Science, in: Science, Vol. 159, 1958, S. 56–63. –

Merton, Robert K.; Zuckerman, Harriet: Patterns of Evaluation in Science: Institutionalization, Structure and Functions of the Referee System, in: Minerva, Vol. 9, 1971, S. 66–100.

[7] Vgl.: Sahner, Heinz: Zur Selektivität von Herausgebern: Eine Input-Output-Analyse der Zeitschrift für Soziologie, in: Zeitschrift für Soziologie, Bd. 11, 1982, S. 82–98.

[8] Vgl.: Blankart, Beat: Probleme der Messung und Bewertung von Forschungsresultaten – eine Anwendung auf die Ökonomie in schweizerischen Hochschulen, in: Schweizerische Zeitschrift für Volkswirtschaft und Statistik, Heft 2, 1974, S. 205–229; ders.: Mikroökonomische Ansätze zur Messung des wirtschaftswissenschaftlichen Forschungsoutputs, in: Konjunkturpolitik, Bd. 21, 1975, S. 148–169.

[9] Vgl.: Heiber, Horst: Messung von Forschungsleistungen der Hochschulen. Ein empirischer Ansatz auf der Basis von Zitatenanalysen. Baden-Baden, Nomos, 1983.

[10] Zur Diskussion vgl.: Weingart, Peter; Winterhager, Matthias: Die Vermessung der Forschung. Theorie und Praxis der Wissenschaftsindikatoren. Frankfurt/Main, Campus, 1984.

[11] Vgl.: Heiber, Horst: a. a. O., S. 179.

[12] Auch Daniel deutet Ergebnisse seiner interuniversitär vergleichenden Untersuchung u. a. in dieser Richtung. Vgl.: Daniel, Hans-Dieter: Zur Messung und Förderung der Forschungsleistung deutscher Universitäten. Eine vergleichende Analyse empirischer Untersuchungen. Universität Konstanz, 1983.

[13] Vgl. z. B.: Bowker, Albert H.: Quality and Quantity in Higher Education, in: Journal of the American Statistical Association, Vol. 60, 1965, S. 1–15. – Cole, Stephen; Cole, Jonathan: Measuring the Quality of Sociological Research: Problems in the Use of the Science Citation Index, in: The American Sociologist, Vol. 6, 1971, S. 23–29. – Hagstrom, Warren O.: Inputs, Outputs, and the Prestige of the University Science Departments, in: Sociology of Education, Vol. 44, 1971, S. 375–397. – Wilson, Logan: American Academics. Then and Now. New York, Oxford University Press, 1979, insbesondere S. 227 ff.

[14] Goode, William J.: The Celebration of Heroes. Prestige as a Control System. Berkeley, The University of California Press, 1978, S. 164.

[15] Vgl. z. B.: Barnes, S. Barry; Dolby, R. G. A.: The Scientific Ethos: A Deviant Viewpoint, in: European Journal of Sociology, Vol. 11, 1970, S. 3–25. – Caplow, Theodore M.; McGee, Reece J.: The Academic Marketplace. New York, Basic Books, 1961. – Lewis, Lionel S.: Scaling the Ivory Tower. Merit and its Limits in Academic Careers. Baltimore, The Johns Hopkins University Press, 1975.

[16] Weingart, Peter; Winterhager, Matthias: Die Vermessung der Forschung, a. a. O., S. 14.

[17] Ezrahi, Yaron: Political Contexts of Science Indicators, S. 285–327, in: Elkana, Yehuda et al. (Eds.): Towards a Metric of Science: The Advent of Science Indicators. New York, Wiley, 1978, S. 289.

[18] Trow, Martin: The Public and Private Lives of Higher Education, S. 113–126, in: Daedalus, Vol. 104, 1975, S. 114.

[19] Vgl. hierzu: Weingart, Peter; Winterhager, Matthias, a. a. O., S. 31 ff.

[20] Ezrahi, Yaron: a. a. O., S. 301.

WERNER W. POMMEREHNE UND MARTIN F. P. RENGGLI*

Die Messung universitärer Forschungsleistung am Beispiel der Wirtschaftswissenschaften

Jeder Versuch, auf die universitäre Forschung Einfluß zu nehmen, steht vor einem zweifachen Problem. Das eine ist das Informationsproblem, das andere das Anreiz-problem. Das Informationsproblem besteht darin, herauszufinden, was eigentlich die Forschungsleistung in quantitativer und qualitativer Hinsicht ausmacht und welches die wesentlichen Bestimmungsgrößen überdurchschnittlich hoher bzw. geringer For-schungsleistung sind. Das Anreizproblem dagegen besteht zum einen darin, quasi auf konstitutioneller Ebene solche Regelungen zu erarbeiten, auf die sich zu einigen im langfristigen Interesse aller an der Forschung Beteiligten (der Forscher selbst, der »Abnehmer« der Forschungsergebnisse, der Auftraggeber und nicht zuletzt der Forschungsfinanzierer) liegt und die eine allgemeine Effizienzsteigerung der für die universitäre Forschung eingesetzten Ressourcen ermöglichen. Es besteht zum ande-ren und gleichsam auf der Ebene des Alltagsgeschehens darin, in den laufend auftretenden Entscheidungsproblemen (über Mittelvergabe, Einstellungs- und Besol-dungsfragen) jenes forschungspolitische Verhalten zu finden, welches zu einer effi-zienteren Verfolgung der wichtigsten Forschungsfragen anregt.

Es ist offensichtlich, daß beide, das Anreiz- und das Informationsproblem, eng miteinander verbunden sind. Jede auf das Setzen von Forschungsanreizen gerichtete Politik benötigt Information über die erwünschten Wirkungen als auch über die nicht-angestrebten (Neben-)Wirkungen unterschiedlicher Arten von Forschungsförderung, was voraussetzt, daß die Forschungsleistung erfaßt und eingeschätzt werden kann. Ebenso setzt sie Kenntnis darüber voraus, welches die politikrelevanten Bedingungen zur Erreichung einer hohen Forschungseffizienz sind und damit, welche Ansatz-punkte und Maßnahmen zur Beeinflussung der letztlich individuellen Anreizstruktur überhaupt bestehen. Auch in diesem Fall wird die Möglichkeit einer Erfassung und Beurteilung der universitären Forschungsleistung vorausgesetzt.

* Die Autoren danken den Teilnehmern am Kolloquium »Beiträge zur Messung und Förderung der universitären Forschungsleistung« (Schloß Reisensburg, 30. 1.–1. 2. 1985) für nützliche Hinweise und Anregungen. Besonderer Dank gilt Heinz Buhofer und Beat Gygi (beide Universität Zürich), Herbert G. Grubel (Simon Fraser University, Vancouver) sowie Bern-hard Wieland (Wiss. Institut für Kommunikationsdienste der Deutschen Bundespost, Bad Honnef) für wertvolle Anmerkungen zu einer ersten Fassung dieses Beitrags. Reiner Eichen-berger (Universität Zürich) hat die empirische Arbeit in effizienter Weise unterstützt.

Dieser Beitrag befaßt sich hauptsächlich mit dem Informationsaspekt. Zwar ist die universitäre Forschung gerade unter dem Aspekt der Anreizproblematik bislang eher stiefmütterlich behandelt worden[1]. Aber auch hinsichtlich der Erfassung und Beurteilung der Forschungsleistung und der Untersuchung der Bedingungen der Forschungseffizienz sind weit mehr und empirisch besser abgesicherte Informationen notwendig, als in dem jungen Bereich der Wissenschaftsforschung bisher vorliegen. Sie bilden die Voraussetzung zur Anwendung solcher Entscheidungshilfen wie der Nutzen-Kosten-Analysen, die gerade in außermarktlichen Bereichen (wie der universitären Forschung) vor besonderen Schwierigkeiten stehen, den Output zu erfassen und zu beurteilen[2]. Sie geben gleichzeitig auch gewisse Hinweise auf mögliche Ansatzpunkte für eine auf den Prozeß der Forschung gerichtete Anreizpolitik.

Teil I befaßt sich zunächst mit einigen grundlegenden Aspekten der Erfassung und Beurteilung von Forschungsleistung. Es wird sodann erörtert, weshalb sich in den Wirtschafts- und Sozialwissenschaften – im Gegensatz zu manch naturwissenschaftlicher Forschung – dabei besondere Probleme ergeben und daher zwecks Erfassung von Quantität und Qualität der Forschungsleistung auf nichtmarktliche Indikatoren Bezug genommen werden muß. In Teil II wird auf verschiedene, meistens in den Vereinigten Staaten entwickelte Ansätze zur vergleichenden Qualitätseinschätzung näher eingegangen, insbesondere auf die Versuche, die Leistung an dem mit der Bedeutung des entsprechenden Publikationsorgans gewichteten Forschungsoutput zu messen. Für einen dieser Bewertungsansätze werden Ergebnisse für den deutschen Sprachraum vorgestellt. Diese Information wird im III. Teil dazu verwendet, die Publikationstätigkeit in den Fächern Volks- und Betriebswirtschaft an den deutschen Hochschulen zu gewichten. Hierbei geht es um die Frage, inwieweit daraus ein Vergleich zwischen Universitäten abgeleitet werden kann.

Teil IV geht über die bloße Messung und Beurteilung der universitären Forschungsleistung hinaus, denn darin werden die Bedingungen unterschiedlicher Forschungsleistung erörtert. Von den bisher vorliegenden (wenigen) Studien ausgehend wird verdeutlicht, wie die weitere Analyse der universitären Forschungseffizienz konzeptionell gestaltet werden kann, um letztlich auch hinsichtlich des Anreizproblems Fortschritte zu erzielen. Der abschließende V. Teil enthält die Zusammenfassung und zugleich eine Warnung davor, aus der grundsätzlichen Meß- und Einschätzbarkeit von Forschungsleistung allzu weitreichende Folgerungen zu ziehen und bereits konkrete Politikempfehlungen abzuleiten.

I. Wesentliche Aspekte der Erfassung und Beurteilung der universitären Forschungsleistung

Handelte es sich bei den Ergebnissen der universitären Forschung um gewöhnliche, marktfähige Güter, bestünden keine besonderen Erfassungs- und Bewertungsprobleme. Die Bewertung erfolgte durch die Nachfrager auf dem Wettbewerbsmarkt, und es ergäbe sich ein monetärer Wert für die Forschungsleistungen, wie er in analoger Weise für weite Bereiche des Sozialprodukts errechnet wird[3]. Forschungsleistungen zeichnen sich aber gerade dadurch aus, daß sie vielfach *nicht* marktfähig sind. Entweder ist ein Ausschluß von nicht-zahlenden Nutznießern über den Kaufpreis technisch nicht möglich, oder aber er ist letztlich mit so hohen Kosten verbunden, daß er nicht lohnt. Die Leistungen sind dann »öffentlich« und stehen im Extremfall uneingeschränkt verwendbarer Forschungsresultate jedem potentiellen Nutznießer unentgeltlich zur Verfügung.

Fehlender Ausschluß bedeutet aber nicht unbedingt, daß eine Bewertung der entsprechenden Leistung gänzlich unmöglich ist. Die Inanspruchnahme neuer Forschungsergebnisse (z. B. Erkenntnisse, welche die Flugsicherheit erhöhen) kann mit der Nachfrage nach einem marktgängigen privaten Gut (gestiegene Nachfrage nach Passagierflügen) in *komplementärer* Beziehung stehen, so daß aus der vermehrten Nachfrage nach dem privaten Gut auf die Wertschätzung des öffentlichen Gutes (hier: die Wirkung des betreffenden Forschungsresultats) geschlossen werden kann[4]. In manchen Bereichen der (angewandten) naturwissenschaftlichen Forschung mag dies ein gangbarer Weg zur Bewertung von Forschungsleistungen darstellen. Gerade im Bereich der Wirtschafts- und Sozialwissenschaften sind die Interdependenzen in der Regel aber so groß und die Rückwirkungen so diffus, daß weder aus den Vorgängen im wirtschaftlichen Bereich (Markt) noch aus den Entscheidungen im politischen Bereich (Abstimmungen) ein Maß für die Wertschätzung abgeleitet werden kann.

Es kommt ein weiteres hinzu: Weil private Forschung im Fall der Nicht-Ausschließbarkeit über den Preis nicht lohnt, wird es auch zu keinen entsprechenden privaten Anstrengungen kommen – außer der Staat übernimmt ganz gezielt die Forschungsfinanzierung, oder es werden (über die Erteilung von Patenten u. ä.) private Ausschlußrechte definiert und staatlich durchgesetzt. In dem Maß, in dem Ausschlußrechte an der Nutzung von Forschungsresultaten durchgesetzt werden können, verringert sich wiederum das Meß- und Bewertungsproblem. Allerdings ist es in vielen Bereichen, vor allem in der Grundlagenforschung, außerordentlich aufwendig, solche Ausschlußrechte zu definieren und auf dem Kontrollweg (und notfalls mit Hilfe von Gerichtsentscheiden) tatsächlich durchzusetzen. Im allgemeinen wird daher eine staatliche Forschungsfinanzierung propagiert. Dies gilt auch für die sozialwissenschaftliche Hochschulforschung, die typischerweise Grundlagenforschung beinhaltet und deren entgeltlose Verbreitung kaum verhindert werden kann. Für diese Art von

Forschung Ausschlußrechte zu schaffen und durchzusetzen, ist volkswirtschaftlich gesehen auch nicht ohne weiteres wünschenswert, denn sie können im Hinblick auf die Entwicklung neuer Erkenntnisse sogar kontraproduktiv sein[5].

Im Falle der staatlichen Forschungsfinanzierung müssen an die Stelle einer Marktbewertung Ersatzmaßstäbe treten, wie sie in mehreren Beiträgen dieses Bandes[6] vorgestellt und diskutiert werden. Die verschiedenen, häufig genug rein inputorientierten Kennziffern[7] sollen daher nicht (nochmals) erörtert werden. Von dem Versuch einer vermeintlich objektiven Erfassung und Beurteilung von Forschungsleistung wird vielmehr bewußt Abstand und statt dessen auf eine *vergleichende* Einschätzung der universitären Forschungsleistung Bezug genommen. Diese Beurteilung kann unterschiedliche Formen annehmen, etwa in der Einschätzung durch fachkundige Gremien bestehen, anhand der mit der Bedeutung des Publikationsorgans gewichteten Anzahl von Veröffentlichungen erfolgen, sich an der Nachhaltigkeit der veröffentlichten Forschungsergebnisse orientieren (gemessen an der Häufigkeit, mit der in Zitaten anderer darauf Bezug genommen wird) oder auch darin bestehen, daß auf die Häufigkeit des Wiederabdrucks der entsprechenden Publikation (in Sammelbänden und Readern) und ihrer Übersetzung in andere Sprachen abgestellt wird[8].

Frühe Versuche, die Forschungsleistung in den Wirtschaftswissenschaften zu messen, stellten auf die Erfassung lediglich des *quantitativen* Forschungsoutputs ab. Dieser wird im allgemeinen anhand der Anzahl von Artikeln in Fachzeitschriften gemessen (z. T. unter Berücksichtigung der Anzahl Seiten pro Artikel)[9]; gelegentlich werden auch die in Monographien, Sammelbänden, Festschriften und dergleichen publizierten Forschungsresultate hinzugezogen[10]. Doch gibt es gute Gründe, zur Erfassung des *Forschungs*outputs insbesondere auf Veröffentlichungen in Fachzeitschriften abzustellen[11]:

a) Akademische Zeitschriften stellen *das* Medium für die Verbreitung der wesentlichen Ergebnisse der theoretischen und angewandten Forschung unter Wissenschaftlern dar[12]. Bücher spielen für die wissenschaftliche Entwicklung eine deutlich geringere Rolle[13]. Die darin enthaltenen Grundgedanken und die rigorosen Darstellungen sind im allgemeinen in Zeitschriftenartikeln vorweggenommen, während in Büchern eher eine Vielzahl von Ideen zusammengestellt und »popularisiert« wird (Lovell 1973, S. 31). Nicht selten dienen Bücher auch weit mehr der Verbreitung gefestigten Wissens (so etwa bei Lehrbüchern, Aufsatzsammlungen u. ä.) als der Veröffentlichung von Erkenntnissen, welche die bisherigen Wissens- und Forschungsgrenzen ausweiten[14].

b) Veröffentlichungen in (möglichst angesehenen) Fachzeitschriften ermöglichen es gerade jungen und noch wenig bekannten Forschern, neue Ideen *rasch* zu publizieren, so daß sie bald auf größere Verbreitung unter den Kollegen und auf allgemeines Interesse stoßen. Wie Erfahrungen in den Vereinigten Staaten gezeigt haben, läßt sich dadurch die Promotion an der eigenen Hochschule beschleunigen[15]. Auch können sich die Autoren so aus der Masse von anonymen Konkurrenten um freiwerdende Lehrstühle hervorheben und leichter einen Ruf an andere Universitäten und damit an andere Orte erhalten[16].

c) Nicht zuletzt können finanzielle Anreize dazu führen, die eigenen Forschungsergebnisse vor allem in Fachzeitschriften zu veröffentlichen, nämlich dann, wenn sich – wie an etlichen amerikanischen Hochschulen der Fall – der jährliche Gehaltszuwachs (über den Inflationsausgleich hinaus) an den Publikationen des betreffenden Wissenschaftlers orientiert[17]. Finanzielle Belohnungen stellen überdies nur eine Komponente des umfassend definierten Einkommens dar. Von erheblicher Bedeutung können auch das psychische Einkommen und andere Nutzenkomponenten im Zusammenhang mit der Veröffentlichung der eigenen Forschungsergebnisse in möglichst angesehenen und prestigeträchtigen Fachzeitschriften sein[18].

Insgesamt spricht einiges dafür, zur Messung der quantitativen Forschungsleistung insbesondere auf Artikel in Fachzeitschriften abzustellen. Doch wird man sogleich einwenden, daß nicht jeder Aufsatz zur Ausweitung der bisherigen Erkenntnisse beiträgt, ebenso, daß nicht alle Zeitschriften als gleich fortschrittsträchtig angesehen werden können. Z. B. kommt May (1968) im Anschluß an die Evaluation von nahezu 2000 Artikeln aus dem Bereich der Mathematik zur Folgerung, daß nur einer von sechs Aufsätzen wirklich neue Gedanken enthält; die fünf übrigen Artikel befassen sich mit Variationen und der Wiederholung bereits entwickelter Ideen. Wenn dies für alle Wissenschaften gilt, einschließlich der Ökonomie, dann kann der »echte« Forschungsbeitrag wirtschaftswissenschaftlicher Aufsätze schwerlich anhand der bloßen Zahl von Zeitschriftenartikeln gemessen werden, denn diese sind alles andere als homogen.

Aufsätze mit wirklich neuen Ideen lassen sich leichter von allen anderen absondern, wenn die Anzahl der zur Messung der Forschungsleistung hinzugezogenen Artikel so eingegrenzt wird, daß neue Gedanken und Ideen rasch deutlich werden. Dieses Vorhaben wird dadurch erreicht, daß man sich auf Veröffentlichungen in »qualitativ hochstehenden« und »angesehenen« Fachzeitschriften konzentriert. Selbstredend trägt auch in einer renommierten Zeitschrift nicht jeder Aufsatz unbedingt Neues zum bisherigen Erkenntnisstand in der Ökonomie bei. Doch ist die Wahrscheinlichkeit eines originellen Beitrags deutlich höher, als wenn die Gesamtheit der wirtschaftswissenschaftlichen Fachzeitschriften hinzugezogen wird. Damit stellt sich als nächste Frage, wie aus der großen Zahl von Fachzeitschriften die »qualitativ hochstehenden« ermittelt werden können oder, allgemeiner, wie eine vergleichende Einstufung von Zeitschriften nach ihrer Qualität erfolgen könnte.

II. Qualitative Einschätzung ökonomischer Fachzeitschriften

Seit Beginn der 70er Jahre ist eine Reihe von Arbeiten erschienen, in denen auf verschiedene Weise versucht wird, eine vergleichende Einschätzung der Qualität ökonomischer Fachzeitschriften vorzunehmen[19]. Sie lassen sich im wesentlichen nach drei Ansatzpunkten unterscheiden[20]:

1. Indirekte Einschätzung anhand der institutionellen Zugehörigkeit der in einer Fachzeitschrift Publizierenden;
2. Einschätzung anhand der Häufigkeit, mit der in Zitaten auf Aufsätze in einer Zeitschrift hingewiesen wird;
3. direkte Einschätzung der Reputation von Zeitschriften durch professionelle Ökonomen.

1. Zur ersten Gruppe rechnet der frühe Versuch von Moore (1972), für eine Stichprobe von 50 Fachzeitschriften und die Periode 1968–71 anhand der Anerkennung und Bedeutung der Universitäten der jeweils in diesen Zeitschriften Publizierenden eine Qualitätseinschätzung vorzunehmen. Moore argumentiert (1972, S. 156), daß »die Qualität einer Zeitschrift mit den professionellen Fertigkeiten der beitragenden Autoren verknüpft ist und daß diese Fertigkeiten wiederum eng mit der Qualität der Hochschule zusammenhängen, an der die Autoren lehren«. Zur Festlegung der (relativen) Qualität einer Universität zieht er eine Einstufung des American Council on Education hinzu, die sich auf 45 amerikanische Hochschulen mit einem Aufbaustudium in Ökonomie erstreckt. Die Verteilung der auf diese Weise mit der Qualität gewichteten Aufsätze legt die qualitative Rangfolge der Zeitschriften fest.

Das Vorgehen von Moore ist in mehrfacher Hinsicht problematisch. Zum einen besagt die institutionelle Zugehörigkeit noch nicht, daß der Aufsatz eines bei einer bestimmten Hochschule angestellten Wissenschaftlers deshalb »gut« oder »weniger gut« ist. Ebenso ist die Qualität des Outputs eines Fachbereichs sehr wahrscheinlich *nicht* homogen (weder in bezug auf ihre Mitglieder noch in der Zeit)[21]. Moore geht zum zweiten davon aus, daß die Zeitschriften danach zu ordnen sind, wie häufig die darin veröffentlichenden Autoren den ausgewählten amerikanischen Institutionen angehören. Viele der in den Vereinigten Staaten herausgegebenen Zeitschriften enthalten jedoch einen beträchtlichen Anteil von Beiträgen aus »Übersee«, und nahezu ein Dutzend der insgesamt 50 untersuchten Zeitschriften wird überdies im Ausland herausgegeben und enthält infolgedessen einen überdurchschnittlichen Anteil von Beiträgen aus diesen Ländern – zwei Tatbestände, denen Moore bei der Gewichtung seines Qualitätsindexes nicht Rechnung trägt[22]. Schließlich besteht bei diesem Qualitätsmaß offensichtlich die Gefahr des Zirkelschlusses: Die Festlegung der Rangfolge der amerikanischen Hochschulen orientiert sich zum erheblichen Teil an den Forschungsberichten dieser Institutionen und damit zugleich auch an den Veröffentlichungen ihrer Angehörigen. Wie Siegfried (1972) gezeigt hat, kann eine

Hochschule (mit einem Aufbaustudium in Ökonomie) ihre relative Position vor allem dadurch verbessern, daß die dort beschäftigten Wissenschaftler in ganz bestimmten Fachzeitschriften wie die *American Economic Review* oder *Econometrica* publizieren – beides Zeitschriften, die sich in Moores Gruppe der »Top 8« befinden[23].

2. Wesentlich häufiger ist der zweite Ansatzpunkt, die Auswertung von Zitierhinweisen, gewählt worden[24]. Alle darauf aufbauenden Studien gehen von der Annahme aus, daß die häufige Bezugnahme auf einen Artikel in einer anderen Veröffentlichung auf die besondere intrinsische Qualität dieser Arbeit hinweist. Eine Fachzeitschrift, die viele solcher »oft zitierten« Aufsätze enthält, wird entsprechend höher eingestuft als eine Zeitschrift, die nur gelegentlich eine irgendwo erwähnte Arbeit aufweist.

Von dieser Prämisse ausgehend, haben Skeels und Taylor (1972) die in der Zeitschrift American Economics publizierten Literaturlisten für Ökonomiestudenten hinzugezogen, um aus der Häufigkeit der angeführten Zeitschriften auf deren implizite Bewertung zu schließen. Allerdings ist nur ein kleiner Teil aller Literaturlisten verwendet worden. Billings und Viksnins (1972) haben die Querverweise (zu anderen Fachzeitschriften) untersucht, die sie in drei – etwas arbiträr ausgewählten – Zeitschriften fanden. Hieraus schließen sie auf die Qualität der zitierten Zeitschriften. Bush, Hamelman und Staaf (1974) haben auf die Anzahl Querverweise in 14 Zeitschriften (während der Periode 1966 bis 1970) abgestellt, die sich entweder auf die betreffende Zeitschrift selbst oder aber auf eine der 13 restlichen Fachzeitschriften erstrecken. Auf diese Weise gelangen sie zu einer relativen Einschätzung der Nützlichkeit der verschiedenen Zeitschriften als »Handwerkszeug für den Berufsökonomen«. Hamelman und Mazze (1974) haben dieselbe Methode ausschließlich auf finanzwirtschaftliche Zeitschriften angewendet[25].

Der Ansatz ist in neuerer Zeit verfeinert worden, indem – anstatt auf letztlich arbiträr ausgewählte Fachzeitschriften (und Buchmonographien) – auf die im Social Sciences Citation Index (SSCI) gesammelte Information zurückgegriffen wird. Diesem (erstmals 1969 erstellten) Index liegt die Auswertung von über 4000 sozialwissenschaftlichen Zeitschriften (und anderen Periodika) zugrunde. Liebowitz und Palmer (1984)[26] haben ein Iterationsverfahren entwickelt, mit dem Verweise in weniger fachspezifischen Zeitschriften eliminiert werden können und das eine Standardisierung der Periodika nach ihrem Umfang (pro vereinheitlichter Seite) und dem Alter der zitierten Aufsätze erlaubt. Sie sind damit in der Lage, unter den Fachzeitschriften eine um diese Einflüsse bereinigte Rangordnung zu erstellen. Laband und Sophocleus (1985) haben dieselbe Quelle dazu verwendet, um die Entwicklung und Verbreitung neuer Ideen im Zeitablauf zu verfolgen. Sie gehen von den in 40 ausgewählten Fachzeitschriften während der Periode 1974–76 veröffentlichten Aufsätzen aus und analysieren, in welchen Zeitschriften und jeweils wie häufig diese Aufsätze in den folgenden sechs Jahren (1977–82) zitiert wurden. Anhand der ermittelten Häufigkeit leiten sie die Rangordnung der einbezogenen Periodika ab.

Die Auswertung von Zitierhinweisen und -häufigkeiten gilt derzeit als angemessene Methode zur Einschätzung der relativen Bedeutung von Fachzeitschriften und anderen Publikationen wie auch der Leistung darin veröffentlichender Wissenschaftler[27]. Doch ist auch dieser Ansatz nicht ohne Probleme: Querverweise können genaugenommen nur als grobes Maß dafür angesehen werden, daß ein bestimmter Artikel Wesentliches zum heutigen Wissensstand beigetragen hat. Sie sagen noch wenig aus über die Qualität der Zeitschrift, in welcher der betreffende Aufsatz erschienen ist. Selbstredend läßt sich argumentieren, daß eine Fachzeitschrift, die viele solcher häufig aufgeführten Arbeiten enthält, auch »besser« ist als eine Zeitschrift, die nur gelegentlich einen anderswo häufiger zitierten Artikel aufweist. Diese Argumentation wird allerdings wiederum problematisch, wenn spezialisierte Fachzeitschriften mit allgemeinen wirtschaftswissenschaftlichen Zeitschriften verglichen werden[28]. Ein zweiter Einwand gegenüber der Zitatenanalyse besteht darin, daß bestimmte Ideen (und Aufsätze) mit sehr großem Einfluß auf die Profession bei diesem Vorgehen systematisch »zu kurz« kommen können. Wie Stigler und Friedland (1979) ausgeführt haben und auch quantitativ belegen konnten, gehören diese Gedanken und Arbeiten irgendwann zum Allgemeingut mit der Folge, daß nicht mehr auf die jeweiligen Originalquellen verwiesen wird[29]. Dem Verfasser werden also nicht mehr länger die »Verfügungsrechte« an seinem Produkt zugestanden, so daß die jeweilige Fachzeitschrift immer seltener erwähnt wird. In dem Maß, wie für die Entwicklung der Wirtschaftswissenschaften bedeutende Beiträge systematisch in ganz bestimmten Zeitschriften veröffentlicht werden, schneiden diese Periodika bei der Zitatenanalyse zu schlecht ab. Schließlich ist die Methode für einen Vergleich von Aufsätzen in verschiedenen, jeweils in sich geschlossenen Teilbereichen der Ökonomie nicht brauchbar. Sie liefert lediglich einen Anhaltspunkt für die Qualität von Arbeiten innerhalb eines bestimmten *Teil*gebietes[30]. Dieses Gebiet mag nur einen kleinen Bereich der Wirtschaftswissenschaften ausmachen. Doch wer legt fest, *wie bedeutend* dieser Teilbereich ist? Dieses Problem ist kaum zu lösen, wenn es darum geht, die Qualität von Zeitschriften festzulegen. Denn: Für einen quantitativ ausgerichteten Ökonomen werden nun einmal *Econometrica* und die *Review of Economics and Statistics* besonders wichtig sein; für den an dogmengeschichtlichen Fragen Interessierten sind beide Zeitschriften vermutlich weitgehend entbehrlich.

3. Einen Versuch, diesem Problem beizukommen, beinhaltet die dritte Gruppe von Studien. In ihnen geht es darum, durch professionelle Ökonomen (Angehörige der Peergruppe) eine direkte Einschätzung von Zeitschriften vornehmen zu lassen. Dabei werden neben den auf die Qualität von Zeitschriften gerichteten Fragen auch solche nach dem Bekanntheitsgrad der Periodika gestellt – wobei zu Kontrollzwecken bisweilen Zeitschriften aufgeführt werden, die es in Wirklichkeit nicht gibt.

Hawkins, Ritter und Walter (1973) haben 160 amerikanische Hochschullehrer um eine Einschätzung von insgesamt 87 Fachzeitschriften gebeten. Die Rücklaufquote betrug nach der zweiten Befragungsrunde (Anwendung der Delphi-Technik) 69%.

Aus der durchschnittlichen Punktezahl (maximal konnten der als am angesehensten eingestuften Zeitschrift 20 Punkte zugeordnet werden) und der Häufigkeit der Nennung errechnet sich die Prestige-Rangordnung der zugrundegelegten Fachzeitschriften[31].

TABELLE 1: Rangordnung der zwanzig führenden wirtschaftswissenschaftlichen Fachzeitschriften in vier amerikanischen Untersuchungen (Mitte der 60er, Beginn der 70er Jahre).

Zeitschrift[1]	Autoren (untersuchte Periode)			
	(1) Hawkins, Ritter und Walter[2] (1971)	(2) Billings und Viksnins[3] (1969–1971)	(3) Moore[4] (1968–1971)	(4) Skeels und Taylor[5] (1960–1968)
American Economic Review	1	1	1	1
Econometrica	2	2	2	6
Journal of Political Economy	3	4	5	2
Quarterly Journal of Economics	4	7	6	3
Review of Economics and Statistics	5	6	7	5
Review of Economic Studies	6	5	8	8
Economic Journal	7	3	4	4
Economica	8	8	3	7
Journal of the American Statistical Association	9	9	16	20
Oxford Economic Papers	10	11	12	12
International Economic Review	11	10	10	11
Journal of Finance	12	12	18	18
Journal of Law and Economics	13	17	19	16
Journal of Economic History	14	20	17	10
Canadian Journal of Economics	15	14	9	(21)
Southern Economic Journal	16	15	13	17
Journal of Business	17	13	(21)	(22)
Kyklos	18	(21)	11	–
Economic Development and Cultural Change	19	16	15	19
Journal of Regional Science	20	(22)	(22)	13
Economic Inquiry	(21)	18	14	–
Industrial and Labor Relations Review	(22)	19	20	9
Antitrust Bulletin	(23)	–	–	14
Yale Economic Essays	–	–	–	15
Anzahl berücksichtigter Zeitschriften	62	34	39	35

[1] Heutige Namensgebung: Zur korrekten Vergleichbarkeit sind die seit Mitte der sechziger Jahre hinzugekommenen Fachzeitschriften (Applied Economics, Rand (Bell) Journal of Economics, Brookings Papers on Economic Activities, Explorations in Economic History, History of Political Economy, Journal of Economic Literature, Journal of Economic Theory, Journal of Human Resources, Journal of International Economics, Journal of Money, Credit and Banking, Public Choice, Review of Income and Wealth) ausgeschlossen worden.
[2] Durchschnittliche Rangordnung (Hawkins, Ritter und Walter, Tab. 1)
[3] Gesamtreferenzrangordnung (Billings und Viksnins, S. 468).
[4] Gesamtrangordnung (Moore, Tab. 1).
[5] Gesamtrangordnung (Skeels und Taylor, S. 472).

Auch dieser Ansatz ist nicht ohne Probleme. Zum einen wird auf diese Weise ein ganz bestimmter Aspekt von Qualität betrachtet, nämlich das Prestige von Zeitschriften und der finanzielle Erfolg für den Verfasser eines Aufsatzes. Die Bedeutung, die eine Fachzeitschrift bei der Entwicklung neuer Erkenntnisse haben kann, wird nur zum Teil berücksichtigt. Zum anderen kann die Befragungstechnik selbst zu einer Reihe von systematischen Verzerrungen in den Antworten führen, etwa, wenn eine längere, alphanumerisch geordnete Liste von Fachzeitschriften vorgegeben wird, so daß sich u. a. die Frage stellt, ob später im Alphabet erscheinende Zeitschriften nicht »benachteiligt« sind.

Fast jede der vorgestellten Studien enthält eine Rechtfertigung für das darin gewählte Vorgehen, und in den meisten Untersuchungen wird auf die spezifischen Vorzüge des eigenen Ansatzes hingewiesen. Es besteht indessen kein Konsens darüber, ob eines der Maße den anderen gegenüber deutlich überlegen ist. Dies wird auch bei einem Blick in *Tabelle 1* deutlich, denn die dort aufgeführten Ergebnisse sprechen dafür, daß die verschiedenen Kennziffern hoch korreliert sind.

Ob eine Einschätzung durch professionelle Ökonomen erfolgt (Sp. 1), die Querverweise in Fachzeitschriften ausgewertet werden (Sp. 2), eine Einschätzung der Zeitschriften nach der institutionellen Zugehörigkeit der Autoren vorgenommen wird (Sp. 3) oder die Literaturlisten für Studenten hinzugezogen werden (Sp. 4) – es genügen 24 Zeitschriften, um in allen Fällen die zwanzig im Ansehen führenden Fachzeitschriften abzudecken[32]. Hinsichtlich der »Top 10« besteht erst recht weitgehende Übereinstimmung; größere Abweichungen in den Rängen ergeben sich erst im unteren Teil der Tabelle, also bei den schon eher spezialisierten Periodika, die nur für einen Teil der Fachökonomen von größerer Bedeutung sind.

Obwohl jede einzelne Rangfolge in *Tabelle 1* einen etwas anderen Qualitätsaspekt beinhaltet, besteht – wie aus *Tabelle 2* hervorgeht – ein dominierender Kern an

TABELLE 2: Korrelationskoeffizienten zwischen den Rangordnungen der führenden wirtschaftswissenschaftlichen Fachzeitschriften (Tabelle 1; Spearmans rho)[1].

Untersuchungen[2]	(1)	(2)	(3)	(4)
(1)	1,000	0,921	0,792	0,722
(2)		1,000	0,804	0,664
(3)			1,000	0,728
(4)				1,000

[1] Bei der Berechnung der Rang-Korrelationskoeffizienten mußten einzelne Zeitschriften ausgeschlossen werden, so beim Vergleich der Untersuchungen (1) und (2), (1) und (3) sowie (2) und (3) das Antitrust Bulletin und die Yale Economic Essays (N = 22 jeweils), beim Vergleich von (1) und (4) zusätzlich Kyklos (N = 21) und beim Vergleich von (2) und (4) sowie (3) und (4) zusätzlich das Economic Inquiry (N = 20 jeweils).

[2] (1) = Hawkins, Ritter und Walter (für 1971); (2) = Billings und Viksnins (für 1969–1971); (3) = Moore (für 1968–1971); (4) = Skeels und Taylor (für 1960–1968).

individueller Einschätzung. Die für alle paarweisen Vergleiche berechneten Rang-Korrelationskoeffizienten (Spearmans rho) liegen im Bereich zwischen 0,664 und 0,921, d. h., es besteht ein durchweg auf dem 99%-Sicherheitsniveau signifikanter positiver Zusammenhang zwischen den verschiedenen Einschätzungen[33].

Die qualitative Einstufung der Zeitschriften ist nicht nur bei Anwendung unterschiedlicher Ansätze recht ähnlich, sondern auch dann, wenn dieselbe Methode auf ein anderes (angelsächsisches) Land angewendet wird. In *Tabelle 3* sind die Ergebnisse einer Umfrage von Button und Pearce (1977) in Großbritannien wiedergegeben, bei welcher – der Methode von Hawkins, Ritter und Walter (1973) folgend – 150

TABELLE 3: Rangordnung der zwanzig führenden wirtschaftswissenschaftlichen Fachzeitschriften in den Vereinigten Staaten von Amerika (1971) und in Großbritannien (1976)[1].

Zeitschrift[2]	Vereinigte Staaten von Amerika Hawkins, Ritter und Walter[3] (1971)	Großbritannien Button und Pearce[3] (1976)
American Economic Review	1	1
Econometrica	2	6
Journal of Political Economy	3	3
Quarterly Journal of Economics	4	4
Review of Economics and Statistics	5	8
Review of Economic Studies*	6*	5*
Economic Journal*	7*	2*
Journal of Economic Theory	8	12
Economica*	9*	7*
Journal of the American Statistical Association	10	10
Journal of Economic Literature	11	9
Oxford Economic Papers*	12*	14*
International Economic Review	13	13
Journal of Finance	14	18
Journal of Law and Economics	15	–
Journal of Economic History	16	19
Canadian Journal of Economics	17	–
Journal of International Economics*	18*	15*
Journal of Money, Credit and Banking*	19*	16*
Annals of Mathematical Statistics	20	–
Journal of the Royal Statistical Society*	–	11*
Bulletin of Oxford University Institute of Economics*	–	17*
Manchester School of Economics and Social Studies*	–	20*

[1] Aus Gründen der Vergleichbarkeit beider Rangordnungen bleiben bei den Umfrageergebnissen für Großbritannien die nach 1971 neu erschienenen Zeitschriften außer Betracht.
[2] Heutige Namensgebung.
[3] Jeweils durchschnittliche Rangordnung. Die in Großbritannien oder auf dem europäischen Kontinent erscheinenden Zeitschriften sind mit einem Stern versehen.

Hochschullehrer und 50 Professoren an technischen Hochschulen um eine relative Einschätzung von 96 Fachzeitschriften gebeten wurden.

Die Rücklaufquote ist mit 38 % zwar deutlich niedriger als bei der amerikanischen Umfrage. Die relative Einschätzung der Zeitschriften stimmt gleichwohl weitgehend mit jener der amerikanischen Kollegen überein (mit einer insgesamt etwas stärkeren Gewichtung der in Großbritannien und auf dem europäischen Kontinent erscheinen-

TABELLE 4: Rangordnung der führenden finanzwirtschaftlichen Fachzeitschriften in den Vereinigten Staaten von Amerika 1967 und 1982; Ergebnisse der Befragung von Lehrstuhlinhabern[1].

Zeitschrift[2]	Erstes Erscheinungsjahr	Rangordnungen[3] 1967 (1)	1982 (2)	Rangordnung 1982 inkl. der Neuerscheinungen seit 1966 (3)	Subjektiv eingeschätzte Annahmerate (in %) zur Veröffentlichung eingereichter Aufsätze[4] (4)
American Economic Review	1911	1	1,5	1,5	16
Journal of Finance	1946	2	1,5	1,5	16
Journal of Financial Economics	1974	·	–	3	18
Journal of Financial and Quantitative Analysis	1966	·	–	4	20
Journal of Money, Credit and Banking	1969	·	–	5	11
Econometrica	1933	3	3	6	17
Review of Economics and Statistics	1919	4	4,5	7,5	20
Journal of Business	1928	5	4,5	7,5	19
Rand Journal of Economics	1970	·	–	9	16
Financial Management	1972	·	–	10	29
Accounting Review	1926	·	–[5]	11	23
Harvard Business Review	1922	6	6	12	21
International Economic Review	1960	7	7,5	14	22
Financial Analysts Journal	1945	8	7,5	14	25
Journal of Financial Research	1978	·	–		25
Risk Management	1954	·	–[5]	16	34
Banking	1908	9	9	17	41
Bankers Monthly	1883	10	10	18	42
Business Horizons	1958	·	–[5]	19	36
Best's Review	1938	11	11	20	42

[1] Den Berechnungen für 1967 liegen die Antworten von 91 (von insgesamt 134 angeschriebenen) Lehrstuhlinhabern an Business Schools zugrunde, jenen für 1982 die Antworten von 107 (von insgesamt 170 angeschriebenen) Lehrstuhlinhabern.

[2] Heutige Namensgebung.

[3] Aus Gründen der Vergleichbarkeit sind die nach 1965 neu erschienenen Fachzeitschriften nicht berücksichtigt (vgl. dazu Spalte 3). Die Rangordnungen wurden anhand der durchschnittlichen Punktzahlen für jede Fachzeitschrift gebildet; die Antwortenden konnten jeder Zeitschrift bis zu (maximal) 10 Punkten zuordnen.

[4] Jeweils Durchschnittswert der Schätzungen der Lehrstuhlinhaber.

[5] 1967 nicht erfragt.

den Fachzeitschriften), denn es sind lediglich drei weitere Zeitschriften erforderlich, um die 20 führenden Periodika bestimmen zu können. Auch ist die Übereinstimmung zwischen den in beiden Untersuchungen enthaltenen 78 Zeitschriften beträchtlich (der Rang-Korrelationskoeffizient beträgt 0,841).

Diese Gegenüberstellung soll indessen nicht vortäuschen, daß die zu einem bestimmten Zeitpunkt ermittelte Rangfolge auch in späteren Jahren die gleiche ist[34]. Gerade in den 70er Jahren sind zu den traditionell von Gesellschaften und Vereinigungen herausgegebenen Zeitschriften neue kommerzielle Verleger mit einer Reihe von Fachzeitschriften hinzugekommen[35], von denen einige rasch eine hohe Reputation erreicht haben. Dies läßt sich anhand der Ergebnisse einer wiederholten Umfrage von Coe und Weinstock (1968, 1983) unter den Lehrstuhlinhabern an amerikanischen Business Schools verdeutlichen *(Tabelle 4)*[36].

Wenn dem Vergleich der Befragungsergebnisse von 1967 und 1982 die im Jahr 1967 vorgegebene Liste von finanzwirtschaftlichen Fachzeitschriften zugrunde gelegt wird (Gegenüberstellung von Sp. 1 und Sp. 2), dann zeigen sich praktisch keine Unterschiede[37]. Allerdings sind, wie aus der dritten Spalte hervorgeht, zwischenzeitlich etliche finanzwirtschaftliche Fachzeitschriften hinzugekommen, von denen drei sogar auf Plätze unter den »Top 5« gelangt sind[38]. Gleichzeitig verdeutlicht die Tabelle eindrücklich, daß auf einem Spezialgebiet innerhalb der Wirtschaftswissenschaften ganz bestimmte Zeitschriften von besonderer Bedeutung sein können, denn von den in *Tabellen 1* und 3 aufgeführten Zeitschriften sind lediglich sechs[39] in *Tabelle 4* vertreten.

In abgeschwächtem Maße gilt dies aber auch für die eher allgemeinen ökonomischen Fachzeitschriften, wie aus den beiden ersten Spalten von *Tabelle 5* hervorgeht. Sie enthalten die Ergebnisse einer neueren Befragung von amerikanischen und kanadischen Lehrstuhlinhabern (Sp. 1)[40] und einer Erhebung unter den Hochschullehrern im deutschen Sprachraum (Bundesrepublik Deutschland, Österreich und deutschsprachige Schweiz, Sp. 2)[41].

Bei beiden Umfragen sind unter den jeweils 20 als führend erachteten internationalen Fachzeitschriften eine Reihe von Periodika angeführt, die erstmals Ende der 60er oder Anfang der 70er Jahre erschienen sind. Im Falle der amerikanischen Studie (Sp. 1) handelt es sich um vier Zeitschriften[42], wovon zwei (das *Journal of Money, Credit and Banking* und das *Journal of Economic Theory*) auch von den deutschsprachigen Kollegen zu den zwanzig führenden Fachzeitschriften gerechnet werden (Sp. 2). Letztere schätzen ebenso die auf dem europäischen Kontinent erscheinenden Zeitschriften (hier: *Journal of Public Economics* und *Journal of Econometrics*) etwas höher ein. Überhaupt legt der Vergleich beider Rangordnungen nahe, daß es wiederum länderspezifische Besonderheiten gibt, denn die auf dem jeweiligen Kontinent »angesiedelten« Fachzeitschriften schneiden im allgemeinen vergleichsweise besser ab (und umgekehrt). Gleichwohl besteht zwischen den in beiden Befragungen ermittelten Rangordnungen eine deutlich positive Beziehung (der Rang-Korrelationskoeffizient für die in beiden Umfragen enthaltenen 41 Zeitschriften beträgt

TABELLE 5: Rangordnung der zwanzig führenden internationalen wirtschaftswissenschaftlichen Fachzeitschriften; 1980–82.

Zeitschriften[1]	(erstmals erschienen)	(1) Befragung amerikanischer und kanadischer Lehrstuhlinhaber 1980[2]	(2) Befragung von Lehrstuhlinhabern im deutschen Sprachraum 1981–82[3]	(3) Ergebnisse der Zitatenanalyse (der zwischen 1975 und 1979 veröffentl. Aufsätze) 1980[4]
American Economic Review	(1911)	1	1	1
Econometrica	(1933)	2	5	3
Journal of Political Economy	(1892)	3	3	2
Quarterly Journal of Economics	(1886)	4	16	17
Review of Economics and Statistics	(1919)	5	6	15
Journal of Economic Theory	(1969)	6	13	5
Economic Journal*	(1891)	7*	2*	20*
Journal of Economic Literature	(1963)	8	4	19
Rand Journal of Economics	(1970)	9	(31)	8
Review of Economic Studies*	(1933)	10*	14*	6*
International Economic Review	(1960)	11	17	7
Economica*	(1921)	12*	(24)*	(28)*
Journal of the American Statistical Association	(1888)	13	–	16
Journal of Finance	(1946)	14	7	9
Journal of Law and Economics	(1957)	15	18	(21)
Economic Inquiry	(1962)	16	(22)	(23)
Brookings Papers on Economic Activities	(1970)	17	(34)	(12)
Journal of Business	(1928)	18	19	(33)
Canadian Journal of Economics	(1935)	19	(29)	(22)
Journal of Money, Credit and Banking*	(1969)	20*	12*	(27)*
Kyklos*	(1947)	(29)*	8*	(36)*
Management Science	(1954)	–	9	–
Harvard Business Review	(1932)	–	10	–
Journal of Public Economics*	(1972)	(27)*	11*	13*
Public Finance*	(1946)	(45)*	15*	(46)*
Journal of Econometrics*	(1973)	(22)*	20*	10*
Journal of Monetary Economics*	(1975)	(25)*	(26)*	4*
Scandinavian Journal of Economics*	(1899)	(43)*	(27)*	11*
Journal of Financial Economics	(1974)	(58)	–	14
Journal of Human Resources	(1966)	(31)	–	18

[1] Heutige Namensgebung.
[2] Liebowitz und Palmer (1983, Tab. 5, Sp. 2).
[3] Eigene Erhebung im deutschen Sprachraum (Bundesrepublik Deutschland, Österreich und deutschsprachige Schweiz). Die in Europa erscheinenden Zeitschriften sind mit einem Stern versehen.
[4] Liebowitz und Palmer (1984, Tab. 1, Sp. 3).

0,523). Derselbe Zusammenhang zeigt sich bei einem Vergleich mit den Ergebnissen der älteren Umfrage für die Vereinigten Staaten[43] und jener für Großbritannien[44].

Tabelle 5 enthält in Spalte 3 zusätzlich die Ergebnisse einer ebenfalls von Liebowitz und Palmer (1984) auf Grundlage des SSCI durchgeführten Zitatenanalyse, bei welcher – um den Einfluß bereits lange bestehender Periodika herauszufiltern – lediglich auf die Verweise auf die zwischen 1975 und 1979 erschienenen Aufsätze (im Stichjahr 1980) abgestellt wird. Nicht ganz unerwartet befinden sich unter den »Top 20« bereits sechs Fachzeitschriften[45], die erst in den späten 60er oder in den frühen 70er Jahren gegründet wurden. Umgekehrt schneiden einige alteingesessene Zeitschriften, die im Rahmen beider Umfragen (Sp. 1 und 2) sehr gute Ränge belegen (wie das *Economic Journal*, die *Review of Economics and Statistics* und, zumindest im Falle amerikanischer Ökonomen, das *Quarterly Journal of Economics*), bei Auswertung der Querverweise im SSCI (Sp. 3) deutlich schlechter ab. Beides bestärkt insgesamt die Vermutung, daß sich die befragten Hochschullehrer vor allem auf ihre in der Vergangenheit gewonnenen Erfahrungen und Eindrücke stützen[46], während bei der Zitatenanalyse von Liebowitz und Palmer (1984) gerade der jüngsten Entwicklung besonders Rechnung getragen wird[47]. Gleichwohl kommt es bei einem Vergleich der im angelsächsischen Raum durchgeführten Untersuchungen zu keinen gravierenden Divergenzen: Für die in beiden Untersuchungen von Liebowitz und Palmer (1983, 1984) enthaltenen insgesamt 102 Fachzeitschriften ergibt sich ein Rang-Korrelationskoeffizient von 0,852, d. h., es besteht eine weitgehende Übereinstimmung in der vergleichenden Einschätzung einer großen Zahl von ökonomischen Fachzeitschriften.

Die Einschätzung durch Hochschullehrer aus dem deutschen Sprachraum stimmt mit jener aufgrund der Befragung amerikanischer und kanadischer Ökonomen, aber auch mit den Ergebnissen der Zitatenanalyse (auf Grundlage des SSCI) weniger überein[48]. Diese Abweichungen können verschiedene Ursachen haben: die unterschiedliche Vorgehensweise, handelt es sich bei der Befragung im deutschen Sprachraum – im Gegensatz zu den bisherigen Umfragen unter angelsächsischen Ökonomen – um eine Befragung bei bewußtem *Verzicht* auf jegliche Informationsvorgabe[49]; darüber hinaus aber auch länderspezifische Unterschiede und Besonderheiten, wofür bereits die Ergebnisse in *Tabelle 3* (vergleichende Einschätzung durch britische gegenüber amerikanischen Ökonomen bei Anwendung derselben Technik) sprechen. Die Divergenzen bedeuten somit nicht unbedingt, daß die für den deutschen Sprachraum gewonnenen Ergebnisse weniger aussagekräftig sind[50]. Vielmehr werfen sie die eher grundsätzliche Frage auf, inwieweit bei der Einschätzung der quantitativen Forschungsleistung – sei es eines einzelnen Forschers, eines Forschungsteams oder eines ganzen Fachbereichs – auf eine primär »landesinterne Gewichtung« oder auf ein in stärkerem Maße »externes Bewertungssystem« (anglo-amerikanischer Provenienz) zurückgegriffen werden soll[51].

Diese letztlich nur durch Konsens aller Beteiligten zu klärende Frage soll hier nicht weiter interessieren[52]. Vielmehr wird im folgenden untersucht, ob die zusätzliche

Berücksichtigung qualitativer Aspekte gegenüber einer Beurteilung der universitären Forschungsleistung anhand rein quantitativer Kennziffern größere Modifikationen bewirkt.

III. Umfang und Qualität der universitären Forschungsleistung

Die vorgestellten Verfahren zur qualitativen Einschätzung von Fachzeitschriften[53] sind bislang hauptsächlich in den Vereinigten Staaten zur Bewertung der Forschungsleistung von Einzelpersonen und Teams (so bereits Clark 1957, in neuerer Zeit z. B. House und Yeager 1978), vor allem jedoch zur vergleichenden Einschätzung der Fachbereiche verschiedener Hochschulen hinzugezogen worden[54]. Das übliche Vorgehen besteht darin, die Anzahl von Publikationen in den jeweils 8, 16, 24 oder 35 »führenden« Fachzeitschriften zugrunde zu legen[55] und für jede Gruppe zu ermitteln, wie sich die darin enthaltenen Aufsätze auf die einzelnen amerikanischen Universitäten verteilen. Ist eine Hochschule in jeder einzelnen Gruppe sehr gut vertreten, kann sie als eine in der universitären Forschung führende Institution angesehen werden. Ist sie nur in einzelnen Gruppen mit an der Spitze, muß zusätzlich eine Gewichtung (zumindest) der Zeitschriftengruppen vorgenommen werden. Bei Niemi (1975) beispielsweise besteht diese Gewichtung darin, jeder Veröffentlichung in einer der sechs »Top«-Fachzeitschriften einfachheitshalber (jedoch reichlich arbiträr) das doppelte Gewicht zuzuweisen.

Weil bei diesem Vorgehen Universitäten mit großen Fachbereichen tendenziell begünstigt werden, drängt sich weiterhin eine Standardisierung der Forschungsleistung nach der Anzahl Hochschullehrer (so Miller und Tollison 1975, Smith und Gold 1976, Ekelund und Rivard 1977) und nach der Größe des Fachbereichs (inkl. Associate und Assistant Professors; vgl. Bell und Seater 1978, 1979, House und Yeager 1978) auf, ebenso nach der Anzahl (standardisierter) Seiten, aber auch nach der Anzahl von Autoren pro veröffentlichtem Beitrag[56].

Die auf dieser – noch stark quantitativ ausgerichteten – Grundlage durchgeführten Einstufungen von Fachbereichen und Universitäten erweisen sich im allgemeinen als recht konsistent. Beispielsweise gelangen die Mitte der 70er Jahre vorgenommenen Einschätzungen für die 20 in der Forschung führenden Hochschulen zu jeweils ganz ähnlichen Ergebnissen[57] – Ergebnissen, die sich überdies mit den Resultaten zu dieser Zeit durchgeführter direkter Befragungen von Ökonomen (meistens erfahrener Dekane) weitgehend decken[58]. Vergleichbare Einstufungen anhand der Publikationstätigkeit zu Beginn der 80er Jahre (Laband 1985) fallen allerdings schon wieder etwas anders aus, was dafür spricht, sie in gewissen Abständen zu wiederholen. Gleichzeitig läßt sich eine hinsichtlich der Qualität des publizierten Forschungsoutputs stärker abgestufte Gewichtung vornehmen[59]. Letzteres soll im folgenden anhand einer bereits vorliegenden, jedoch auf ausschließlich quantitativen Indikatoren aufbauenden Einstufung der universitären Forschungsleistung in der Bundesrepublik Deutschland verdeutlicht werden.

Hüfner, Hummel und Rau (1984) sowie Rau (in diesem Band) legen der vergleichenden Einschätzung der deutschen Hochschulen eine Reihe von volkswirtschaftlichen und betriebswirtschaftlichen Fachzeitschriften aus dem deutschen Sprachraum zugrunde, die sie für den Zeitraum von 1970 bis 1981 systematisch auswerten. Als Auswahlkriterium wurde zum einen die Anzahl der Abonnements (an einigen Fachbereichen), zum anderen die Herausgeberpolitik im Hinblick auf anonyme und auswärtige Begutachtung gewählt. Bei den volkswirtschaftlichen Zeitschriften handelt es sich um sieben[60], bei den betriebswirtschaftlichen um fünf[61] Periodika. Die ausgewählten Zeitschriften sind in bezug auf die Summe der jeweils enthaltenen Beiträge ausgewertet worden. Ferner wurde erfaßt, wie viele Aufsätze auf die wirtschaftswissenschaftlichen Fachbereiche der insgesamt 22 betrachteten deutschen Universitäten, wie viele auf die Gruppe der »Sonstigen« und wie viele auf das Ausland entfallen. Für beide Fächer wurden sodann anhand der (absoluten) Publikationshäufigkeit eine nicht-standardisierte Rangfolge der deutschen Hochschulen ermittelt, ebenso eine standardisierte Rangfolge, indem die Anzahl von Publikationen durch die Zahl der im Jahr 1977 an der entsprechenden Universität tätigen Hochschullehrer dividiert wurde. In *Tabelle 6* sind die anhand rein quantitativer Angaben berechneten Rangordnungen für die jeweils 20 führenden Universitäten wiedergegeben.

Im Fach Volkswirtschaftslehre (linke Hälfte der Tabelle 6) führt gemäß nicht-standardisierter Rangordnung deutlich die Universität Kiel, gefolgt von den Universitäten Konstanz, Mannheim und der FU Berlin. Rechts daneben ist die standardisierte Rangordnung angeführt. An der Spitze gibt es kaum Änderungen, denn Kiel und Konstanz führen weiterhin, gefolgt von den Universitäten Hamburg und Mannheim. Unter den »Top 10« neu zu finden sind nunmehr Bonn, Würzburg und die TU Berlin.

Im Fach Betriebswirtschaftslehre (rechte Hälfte der Tabelle 6) entfällt die höchste Anzahl·von Publikationen in Fachzeitschriften (nicht-standardisierte Rangfolge) auf die Universität Köln, gefolgt von Frankfurt, Bochum und Hamburg. Wird zusätzlich die Zahl der Hochschullehrer berücksichtigt (standardisierte Rangordnung), dann ändert sich das Ergebnis dahingehend, daß Kiel, Bonn, Augsburg und Freiburg auf Plätze unter den zehn führenden Universitäten vorrücken.

Unlängst hat Lerbinger (1985) eine ähnliche Studie vorgelegt, allerdings nur für die Publikationstätigkeit der Betriebswirte an 45 deutschen Hochschulen. Unter Betriebswirten werden alle hauptberuflich tätigen Wissenschaftler verstanden, was neben den – von Hüfner, Hummel und Rau berücksichtigten – Professoren auch die Privatdozenten einschließt. Zusätzlich zu den fünf von Hüfner, Hummel und Rau ausgewählten Fachzeitschriften hat Lerbinger zwei weitere Periodika (*Journal für Betriebswirtschaft, Schmalenbachs Zeitschrift für betriebswirtschaftliche Forschung*) einbezogen, ebenso Buchbesprechungen (von mehr als einer halben Seite) berücksichtigt und schließlich auch der Anzahl (standardisierter) Seiten Rechnung getragen.

TABELLE 6: Rangordnung der deutschen Universitäten in den Fächern Volks- und Betriebswirtschaftslehre gemäß der Publikationshäufigkeit 1970–1981.

Volkswirtschaftslehre[1]				Betriebswirtschaftslehre[1]			
Nicht-standardisierte Rangordnung		Standardisierte Rangordnung		Nicht-standardisierte Rangordnung		Standardisierte Rangordnung	
Universität	Zahl der Beiträge	Universität	Durchschnittliche Anzahl Beiträge pro Hochschullehrer	Universität	Zahl der Beiträge	Universität	Durchschnittliche Anzahl Beiträge pro Hochschullehrer
Kiel	103*	Konstanz	12,6	Köln	145	Kiel	14,0*
Konstanz	63	Kiel	11,4*	Frankfurt	80*	Bochum	12,8*
Mannheim	62	Hamburg	9,5*	Bochum	77*	Köln	12,1
FU Berlin	61	Mannheim	6,8	Hamburg	73*	München	7,8
Hamburg	57*	Bonn	6,0	München	63	Bonn	7,5*
Münster	52*	Tübingen	6,0*	Mannheim	59	Erlangen/Nürnberg	7,4
Tübingen	48*	Münster	5,2*	Münster	58	Saarbrücken	6,9*
Köln	46	Würzburg	5,2*	Saarbrücken	55*	Münster	6,4
München	44*	München	4,9*	Erlangen/Nürnberg	52	Augsburg	6,0
Frankfurt	38	TU Berlin	4,8	FU Berlin	45	Freiburg	6,0
Bonn	36	Köln	4,2	Göttingen	41	Bielefeld	5,5*
Marburg	35	TU München	4,0	TU Berlin	36	Hamburg	4,9*
TU Berlin	34	Augsburg	3,8*	Augsburg	30	Aachen	4,3
Bochum	33	Heidelberg	3,8	Bonn	30*	Frankfurt	4,2*
Saarbrücken	27	Erlangen/Nürnberg	3,5	Gießen	28	Göttingen	4,1
Würzburg	26*	FU Berlin	3,2	Kiel	28*	Gießen	4,0
Göttingen	25	Marburg	3,2	Aachen	26	Heidelberg	4,0
Augsburg	23*	Göttingen	3,1	Freiburg	12	Mannheim	4,0
Heidelberg	23	Saarbrücken	3,0	Bielefeld	11*	TU Berlin	3,3
Erlangen/Nürnberg	21	Bielefeld	2,6*	Würzburg	10	FU Berlin	2,5

[1] Ein Stern zeigt an, daß mehr als 50% der Veröffentlichungen der betreffenden Hochschullehrer in einer einzigen (volks- oder betriebswirtschaftlichen) Fachzeitschrift erfolgte.

Quelle: Zusammengestellt aus Hüfner, Hummel und Rau (1984, Tab. 4 bis 7).

Der Zeitraum erstreckt sich auf die etwas kürzere Spanne zwischen 1972 und 1981. Trotz der etwas unterschiedlichen Abgrenzung der Forschungsleistung[62] ist die nichtstandardisierte Rangordnung für die 20 in beiden Untersuchungen enthaltenen Hochschulen sehr ähnlich. Auch bei Lerbinger (1985, Tab. 1) ist die Universität Köln an der Spitze, gefolgt von den Universitäten Hamburg, Frankfurt und Bochum. Ebenso handelt es sich bei den restlichen der »Top 10« in beiden Studien um dieselben Universitäten; ähnlich verhält es sich mit den zehn folgenden Hochschulen[63].

Die Ergebnisse weichen jedoch deutlich voneinander ab, wenn ein Vergleich zwischen den standardisierten Rangordnungen angestellt wird. Für die insgesamt 13 Universitäten, unter denen jeweils eine Rangbildung vorgenommen werden kann[64], besteht nur noch eine schwache positive Beziehung zwischen den beiden Rangordnungen (Rang-Korrelationskoeffizient von 0,582).

Die Gegenüberstellung dieser beiden Versuche zur Ermittlung der universitären Forschungsleistung zeigt bereits deutlich, daß schon eine Erfassung nur des quantitativen Forschungsoutputs keineswegs problemlos ist. Beispielsweise mutet die Auswahl der berücksichtigten Zeitschriften (wie auch ihre Zahl) reichlich arbiträr an. Insbesondere mag erstaunen, daß selbst bei der Betrachtung der Forschungsleistung volkswirtschaftlicher Fakultäten keinerlei ausländische (insbesondere angelsächsische) Fachzeitschriften berücksichtigt wurden[65]. Ebenso scheint die jeweils nur für ein Stichjahr (1977 bei Hüfner, Hummel und Rau; 1982 bei Albach) ermittelte Zahl von Hochschullehrern und – noch schwerer wiegend – die entsprechende institutionelle Zuordnung von Veröffentlichungen keineswegs glücklich, denn damit wird der zeitlichen Entwicklung und den z. T. beträchtlichen personellen Änderungen bei einzelnen Universitäten[66] während einer Dekade nicht Rechnung getragen. Schließlich sei nur erwähnt, daß die in *Tabelle 6* aufgeführten Ergebnisse von einer Reihe weiterer Faktoren abhängen. Zum Beispiel deutet die hohe Konzentration von Publikationen der Angehörigen einer Universität auf lediglich eine Fachzeitschrift[67] darauf hin, daß etliche Zeitschriften den Charakter eines »publizistischen Hausorgans« angenommen haben[68].

Ungeachtet dieser und weiterer denkbarer Faktoren, die zu einer systematischen Verzerrung der Ergebnisse führen können[69], werden im folgenden die beiden standardisierten Rangordnungen von *Tabelle 6* zugrunde gelegt. Sie dienen jeweils als Referenzrangordnung (Gleichgewichtung der ausgewerteten Fachzeitschriften), anhand welcher in einem weiteren Schritt die Bedeutung der bislang fehlenden *qualitativen* Komponente (qualitätsgewichtete Abstufung der Zeitschriften) verdeutlicht werden soll. Die von Hüfner, Hummel und Rau (1984, S. 99) »an einigen Fachbereichen« erfragte Abonnentenzahl und das Kriterium der »Veröffentlichungspolitik im Hinblick auf anonyme und auswärtige Begutachtung« stellen lediglich abgeleitete Indizien und keine überzeugenden Näherungsgrößen für die Bedeutung dar, welche die deutschen Ökonomen den einzelnen Fachzeitschriften beimessen. Dies zeigt *Tabelle 7* recht deutlich, in welcher die Ergebnisse einer im Frühjahr 1981

TABELLE 7: Einschätzung der im deutschen Sprachraum erscheinenden wirtschaftswissenschaftlichen Fachzeitschriften durch Hochschullehrer in der Bundesrepublik Deutschland, Frühjahr 1981.

Zeitschrift[1]	Art der Zeitschrift[2]	(1) Gesamtrangordnung	(2) Nennungen in % des Totals
Kyklos	VWL*	1	14,1
Zeitschrift für gesamte Staatswissenschaft	VWL*	2	12,1
Weltwirtschaftliches Archiv	VWL*	3	11,6
Jahrbücher für Nationalökonomie und Statistik	VWL*	4	9,6
Finanzarchiv	VWL	5	9,1
Zeitschrift für Nationalökonomie	VWL	6	6,5
Zeitschrift für Betriebswirtschaft	BWL*	7,5	6,0
Zeitschrift für betriebswirtschaftliche Forschung	BWL*		
Kredit und Kapital	VWL	9	5,0
Die Betriebswirtschaft	BWL*	10	4,5
Jahrbuch für Sozialwissenschaften	VWL	11,5	4,0
Zeitschrift für Wirtschafts- und Sozialwissenschaften	VWL*		
Die Unternehmung	BWL*	13	3,0
Ordo	VWL	14	2,5
Konjunkturpolitik	VWL*	15	2,0
		Total (N)	199

[1] Heutige Namensgebung.
[2] VWL bedeutet »volkswirtschaftliche«, BWL »betriebswirtschaftliche« Fachzeitschrift. Ein Stern zeigt an, daß die betreffende Zeitschrift von Hüfner, Hummel und Rau (1984) berücksichtigt wurde.

Quelle: Eigene Berechnung.

durchgeführten Umfrage unter 236 in der Bundesrepublik Deutschland wohnhaften Hochschullehrern wiedergegeben sind[70].

Zunächst fällt auf, daß bei der von Hüfner, Hummel und Rau getroffenen Auswahl unter den *volkswirtschaftlichen* Zeitschriften eine Reihe von wichtigen Zeitschriften – so das *Finanzarchiv*, die *Zeitschrift für Nationalökonomie* sowie *Kredit und Kapital* – nicht enthalten sind. Dagegen werden andere (wie das von ihnen ausgewählte *Hamburger Jahrbuch für Wirtschafts- und Gesellschaftspolitik*) nicht zu den zehn wichtigsten Zeitschriften gerechnet, oder sie weisen, wenn man nur auf die volkswirtschaftlichen Zeitschriften abstellt, einen höheren als den 7. Rang auf (so die *Zeitschrift für Wirtschafts- und Sozialwissenschaften* und *Konjunkturpolitik*). Bei den *betriebswirtschaftlichen* Zeitschriften scheint die Auswahl – auch wegen der wesentlich kleineren Anzahl von Optionen – besser geglückt, denn bis auf die *Betriebswirtschaftliche Forschung und Praxis*[71] sind sie alle in *Tabelle 7* enthalten.

Die in *Tabelle 7* enthaltene Information erlaubt, einen Schritt weiter zu gehen als bisher, denn sie ermöglicht es, der quantitativen Forschungsleistung (*Tabelle 6*) die qualitative Dimension hinzuzufügen. Im folgenden werden dabei zwei Qualitätsindices verwendet: Zum einen der umgekehrte Rang der betreffenden Fachzeitschrift (eine Veröffentlichung in *Kyklos* erhält entsprechend sieben Punkte, eine solche im *Hamburger Jahrbuch für Wirtschafts- und Gesellschaftspolitik* einen Punkt), zum anderen der Prozentanteil von Nennungen, den die entsprechende Zeitschrift auf sich vereinigt (bezogen auf die Summe an Nennungen der ausgewerteten Fachzeitschriften). *Tabelle 8* enthält die Ergebnisse dieser Gewichtungen, wiederum getrennt nach den Fächern Volks- und Betriebswirtschaftslehre.

Betrachtet man zunächst wieder das Fach Volkswirtschaftslehre, dann ergibt sich für die beiden führenden Universitäten, Konstanz und Kiel, auch bei einer Qualitätsgewichtung des Publikationsoutputs (Index I) keine Positionsveränderung. Unter den weiteren Universitäten erfahren jedoch einige (insbes. Bielefeld, Heidelberg und Göttingen) deutliche Verbesserungen, so wie andere (insbes. Würzburg und Augsburg) erheblich schlechter abschneiden.

Gegen den verwendeten Qualitätsindex I kann man einwenden, daß er nur eine relative grobe Differenzierung nach Rängen vornimmt, und daran könnte man die Vermutung knüpfen, daß ein feiner abgestuftes Qualitätsmaß (wie Index II) weniger drastische Änderungen in der Rangordnung bewirkt (und möglicherweise auch an anderer Stelle). Dies ist jedoch nicht der Fall. Zwar fallen die Veränderungen gegenüber der ungewichteten Rangfolge bei Mitberücksichtigung des alternativen Qualitätsmaßes etwas gemäßigter aus als zuvor[72], doch bleibt es im Hinblick auf das Gesamtergebnis und die Struktur bei derselben Aussage[73]: Es sind vor allem die stärker theoretisch ausgerichteten Hochschulen (Bielefeld, Heidelberg, Bonn und Göttingen), die bei einer Qualitätsgewichtung des Forschungsoutputs in der Tabelle aufrücken.

Im Fach Betriebswirtschaftslehre kommt es beim entsprechenden Prozedere ebenfalls zu Positionsveränderungen zwischen den einzelnen Universitäten, doch halten sie sich in vergleichsweise engem Rahmen[74]. Hier gelangt Bielefeld unter die »Top 10«, gleichgültig, welches Qualitätsmaß hinzugezogen wird, und auch Mannheim erfährt einen Positionsgewinn. Bei den die Tabelle anführenden Universitäten kommt es zu keinen Veränderungen. Ebenso ergeben sich bei Anwendung beider Qualitätsindikatoren auch in der Struktur jeweils ganz ähnliche Ergebnisse[75].

Von Interesse ist schließlich, über den Qualitäts-Quantitäts-Zusammenhang etwas mehr Information zu gewinnen, also darüber, ob zwischen beidem – ceteris paribus – eine negative Beziehung besteht (mehr Qualität nur auf Kosten der Anzahl Publikationen und umgekehrt), oder ob möglicherweise sogar das Umgekehrte gilt, indem ein Mehr an Veröffentlichungen mit höherem Qualitätsstandard einhergeht. Bei Zerlegung der gewichteten Publikationshäufigkeit in ihre Mengen- und Qualitätskomponente ergibt sich jedoch weder für die eine noch für die andere Vermutung empirische Evidenz. In der Tat besteht zwischen beiden Merkmalsausprägungen keine statistisch signifikante Beziehung[76]. Allerdings ist von uns bewußt darauf verzichtet worden, eine Ceteris-paribus-Situation zu schaffen, also all jene Faktoren zu isolieren, welche auf die Quantität/Qualität der Forschungsleistung an den einzelnen Universitäten Einfluß haben könnten. Für eine derart weitergehende Analyse ist die

TABELLE 8: Rangordnung der deutschen Universitäten in den Fächern Volks- und Betriebswirtschaftslehre gemäß der qualitätsgewichteten Publikationshäufigkeit pro Hochschullehrer, 1970–1981.

Volkswirtschaftslehre[1,2]			Betriebswirtschaftslehre[1]		
Rangordnung der Universitäten ohne Qualitätsgewichtung	Rangordnung der Universitäten mit Qualitätsgewichtung		Rangordnung der Universitäten ohne Qualitätsgewichtung	Rangordnung der Universitäten mit Qualitätsgewichtung	
	Qualitätsindex I[3]	Qualitätsindex II[4]		Qualitätsindex I[3]	Qualitätsindex II[4]
1. Konstanz (12,6)	1. Konstanz (14,4)	1. Konstanz (14,4)	1. Kiel (14,0)*	1. Kiel (15,5)*	1. Kiel (15,7)*
2. Kiel (11,4)*	2. Kiel (12,3)*	2. Kiel (13,4)*	2. Bochum (12,8)*	2. Bochum (14,8)*	2. Bochum (15,0)*
3. Hamburg (9,5)*	3. Mannheim (7,5)	3. Mannheim (7,6)	3. Köln (12,1)	3. Köln (9,6)	3. Köln (9,9)
4. Mannheim (6,8)	4. Bonn (7,5)	4. Bonn (7,3)	4. München (7,8)	4. Bonn (9,4)*	4. Bonn (9,3)*
5. Bonn (6,0)	5. Tübingen (6,6)*	5. Tübingen (7,1)*	5. Bonn (7,5)*	5. Saarbrücken (8,4)*	5. München (8,4)
6. Tübingen (6,0)*	6. Hamburg (6,5)*	6. Münster (6,1)*	6. Erlg./Nbg. (7,4)	6. München (8,2)	6. Saarbrücken (8,4)*
7. Münster (5,2)*	7. Münster (6,0)*	7. Hamburg (6,1)*	7. Saarbrücken (6,9)*	7. Münster (7,4)	7. Münster (7,5)
8. Würzburg (5,2)*	8. Heidelberg (4,9)	8. München (5,2)*	8. Münster (6,4)	8. Bielefeld (7,3)*	8. Bielefeld (7,3)*
9. München (4,9)*	9. München (4,8)*	9. Heidelberg (5,2)	9. Augsburg (6,0)	9. Augsburg (5,8)	9. Augsburg (5,9)
10. TU Berlin (4,8)	10. TU Berlin (4,5)	10. TU Berlin (3,9)	10. Freiburg (6,0)	10. Freiburg (5,7)	10. Freiburg (5,6)
11. Köln (4,2)	11. Köln (3,7)	11. Göttingen (3,7)	11. Bielefeld (5,5)*	11. Erlg./Nbg. (5,6)	11. Erlg./Nbg. (5,6)
12. Augsburg (3,8)*	12. Bielefeld (3,6)*	12. Bielefeld (3,7)*	12. Hamburg (4,9)*	12. Hamburg (5,3)*	12. Hamburg (5,3)*
13. Heidelberg (3,8)	13. Erlg./Nbg. (3,6)	13. Erlg./Nbg. (3,6)	13. Aachen (4,3)	13. Frankfurt (4,8)*	13. Frankfurt (4,8)*
14. Erlg./Nbg. (3,8)	14. Göttingen (3,6)	14. Köln (3,6)	14. Frankfurt (4,2)*	14. Gießen (4,4)	14. Aachen (4,5)
15. FU Berlin (3,5)	15. Marburg (3,3)	15. Marburg (3,5)	15. Göttingen (4,1)	15. Heidelberg (4,3)	15. Mannheim (4,4)
16. Marburg (3,2)	16. Saarbrücken (2,9)	16. Saarbrücken (2,6)	16. Gießen (4,0)	16. Mannheim (4,3)	16. Gießen (4,3)
17. Göttingen (3,1)	17. Augsburg (2,8)*	17. FU Berlin (2,2)	17. Heidelberg (4,0)	17. Aachen (4,3)	17. Heidelberg (4,2)
18. Saarbrücken (3,0)	18. FU Berlin (2,7)	18. Augsburg (2,1)*	18. Mannheim (4,0)	18. Göttingen (3,3)	18. Göttingen (3,2)
19. Bielefeld (2,6)*	19. Würzburg (1,9)*	19. Würzburg (1,3)*	19. TU Berlin (3,3)	19. TU Berlin (3,1)	19. TU Berlin (3,1)
			20. FU Berlin (2,5)	20. FU Berlin (2,7)	20. FU Berlin (2,7)

[1] Die Klammern enthalten die durchschnittliche Anzahl von Publikationen pro Hochschullehrer der betreffenden Universität. Ein Stern zeigt an, daß mehr als 50% der Veröffentlichungen der betreffenden Hochschullehrer in einer einzigen (volks- oder betriebswirtschaftlichen) Fachzeitschrift erfolgten.

[2] Wegen fehlender Angaben mußte die TU München ausgeschlossen werden.

[3] Gewichtung der Veröffentlichungen mit dem umgekehrten Rang der betreffenden Fachzeitschrift.

[4] Gewichtung von Nennungen der betreffenden Zeitschrift (an der Summe der Nennungen der ausgewerteten Periodika).

Quelle: Eigene Berechnung.

Stichprobe (von lediglich 20 Hochschulen) etwas klein. Vor allem muß die Erfassung des Forschungsoutputs offenkundig noch erheblich verbessert werden[77]. Schließlich geht es uns hier in erster Linie darum, beispielhaft und unter primär methodischen Aspekten zu verdeutlichen, daß zwischen der quantitativen und der qualitätsgewichteten Publikationshäufigkeit beträchtliche Unterschiede bestehen können und es sinnvoll ist, dem qualitativen Aspekt der universitären Forschungsleistung mehr Aufmerksamkeit zu schenken.

IV. Über das bloße Messen hinaus

Wenn bei der Messung von Quantität und Qualität der universitären Forschungsleistung Fortschritte erzielt sind, läßt sich in einem weiteren Schritt der Prozeß der Leistungserstellung analysieren und ergründen, worauf sowohl interindividuelle Unterschiede als auch solche zwischen Teams und ganzen Fachbereichen zurückzuführen sind. Erste Versuche in dieser Richtung sind (insbesondere in den Vereinigten Staaten) unter Rückgriff auf das Konzept der Produktionsfunktion unternommen worden[78]. Allgemein formuliert beschreibt die Produktionsfunktion

$$Q = f(A, K)$$

eine Beziehung zwischen dem Output an ökonomischen Erkenntnissen (Q) und den zu ihrer Erstellung notwendigen Inputfaktoren. Letztere bestehen zum einen im Arbeitseinsatz (A), gemessen an der zur Schaffung neuer Erkenntnisse erforderlichen Zeit, zum anderen im Kapital (K) in Form von nicht an Menschen gebundenen Ressourcen, die zur Produktion von Q notwendig sind. Als konkrete Spezifikation für diese Gleichung wird im allgemeinen auf die (im Zusammenhang mit der Herstellung von Marktgütern entwickelte) Cobb-Douglas-Produktionsfunktion zurückgegriffen[79]:

$$Q = a \cdot A^{\alpha} \cdot K^{\beta}$$

Hierbei wird unterstellt, daß diese Funktion homogen und zweifach differenzierbar ist. Gilt $\alpha + \beta = 1$, dann handelt es sich um die klassische Cobb-Douglas-Funktion mit konstanten Skalenerträgen (eine proportionale Erhöhung beider Inputfaktoren bewirkt eine Zunahme des Outputs in gleichem, prozentualem Ausmaß). Doch kann die Produktion von Q auch zunehmende ($\alpha + \beta > 1$) oder abnehmende ($\alpha + \beta < 1$) Skalenerträge aufweisen[80].

Die Schätzung von Produktionsfunktionen setzt implizit voraus, daß der Fachbereich einer Universität quasi als Firma angesehen wird, in deren Aufgabenbereich die Entwicklung neuer ökonomischer Erkenntnisse fällt. Diese Annahme ist nicht ganz problemlos, denn es gibt noch weitere Produzenten von Forschungsleistung (private Institutionen und solche anderer öffentlicher Stellen). Vor allem liegt dem Konzept der Firma eine zentrale Entscheidungsfindung zugrunde, während sich universitäre Fachbereiche aus einer Vielzahl von Personen zusammensetzen, die weitgehend dezentral und letztlich aus individuellen Motivationen heraus ihre Entscheidungen treffen. Es ist daher zu berücksichtigen, wie die Individuen ihre Zeit und die sonstigen zur Verfügung stehenden Ressourcen einsetzen.

Cicarelli und Spizman (1984), welche für die nahezu 80 führenden ökonomischen Fachbereiche in den Vereinigten Staaten (in der Periode 1970 bis 1974) eine Cobb-Douglas-Produktionsfunktion schätzen, legen als Output die von Niemi (1975) ermittelte Publikationshäufigkeit in Fachzeitschriften (pro Wissenschaftler und Fachbereich) zugrunde[81]. Weil Informationen über die an sich erwünschten Inputmaße – die Anzahl der zur Forschung aufgewendeten Stunden und den (Buch-)Wert des eingesetzten Kapitals (Nutzung der Bibliothek, von Rechenanlagen usw.) – nicht zur Verfügung stehen, müssen beide Größen auf indirektem Wege ermittelt werden. Die wenn auch nicht ausschließlich zu Forschungszwecken aufgewendete Zeit wird von den beiden Autoren residual – aus der Gesamtzeit, abzüglich der für die Lehre und Studiumsbetreuung verwendeten Stunden – bestimmt, womit sie gleichzeitig unterstellen, daß zwischen der für Forschung und der für Lehre eingesetzten Zeit eine substitutive Beziehung besteht. Als Indikator für K, die Inanspruchnahme nicht an Personen gebundener Ressourcen, wird die Ausstattung der Bibliotheken gewählt, angenähert durch die Höhe des Zeitschriftenbudgets des betreffenden wirtschaftswissenschaftlichen Fachbereichs. Sofern diese Größe zu den anderen Arten von eingesetztem Kapital[82] in proportionaler Beziehung steht, wird damit auch deren Beitrag zur Entwicklung neuer Erkenntnisse (mit-)erfaßt. Wenn man Unterschiede in der Kapitalausstattung jedoch als wesentlichen Grund für unterschiedliche Forschungsleistung ansieht, wird einem diese Proportionalitätsannahme fragwürdig erscheinen. Man kann aber auch die genau umgekehrte Vermutung hegen, daß Unterschiede im universitären Forschungsoutput in erster Linie auf Unterschieden im »Humankapital« und in der Organisation der Forschung beruhen. Davon scheinen auch Cicarelli und Spizman auszugehen, mit dem Argument, daß sie nicht sämtliche amerikanischen Universitäten untersuchen, sondern eine hinsichtlich der Kapitalausstattung weitgehend homogene Gruppe.

Die Ergebnisse für die mit Hilfe der Methode der kleinsten Quadrate (OLS)[83] geschätzte log-lineare Spezifikation der Cobb-Douglas-Produktionsfunktion sind in *Tabelle 9* aufgeführt.

Die erste Zeile enthält die Resultate für die Gesamtheit der 77 betrachteten Universitäten. Sie sprechen nicht gerade dafür, daß die Entwicklung ökonomischer Erkenntnisse jenen Gesetzen folgt, denen die Produktion der sonstigen Güter und Dienste unterworfen ist. Das um die Anzahl Freiheitsgrade bereinigte multiple Bestimmtheitsmaß (R^2) ist mit 28 % nicht sehr hoch, und lediglich der Koeffizient für die Kapitalvariable (β) ist statistisch signifikant.

Die Hypothese, daß die herkömmliche Produktionstheorie auch auf die universitäre Forschung anwendbar ist, wird eher bestätigt, wenn lediglich die »Top 20« unter den Universitäten betrachtet wird (zweite Zeile). Das R^2 fällt etwas höher aus, beide Koeffizienten haben die erwarteten Vorzeichen und sind auf dem 95%-Sicherheitsni-

TABELLE 9: Schätzergebnisse für die Produktionsfunktion universitärer Forschungsleistung; verschiedene Gruppen amerikanischer Universitäten, 1970 bis 1974; OLS-Methode[1].

| | Geschätzte Parameterwerte für[2]: | | | |
einbezogene Universitäten	(α)	(β)	R^2	F-Wert
77 führende Universitäten	1,191 (1,68)	0,457** (4,94)	27,8	15,58[3]
»Top 20«-Universitäten	0,831* (2,21)	0,171** (2,74)	29,2	4,72[3]
57 im Rang folgende Universitäten	1,241* (2,48)	0,245** (2,80)	18,9	7,62

[1] Jeweils Ergebnisse der Regression III bei Cicarelli und Spizman (1984, Tab. 1 bis 3). Die für α angegebenen Werte sind berechnet worden, denn die Autoren verwenden, um Heteroskedastizitätsprobleme zu vermeiden, Pro-Kopf-Schätzungen ($\alpha = \alpha'-1$), d. h. sie schätzen α'.
[2] Ein Stern zeigt an, daß der Koeffizient der entsprechenden Variablen auf dem 95%-Sicherheitsniveau statistisch signifikant ist; zwei Sterne deuten Signifikanz auf dem 99%-Sicherheitsniveau an.
[3] Auf dem 95%-Sicherheitsniveau statistisch signifikant.

veau statistisch signifikant. Die Summe der Produktionselastizitäten ($\alpha+\beta$) beträgt 1,002, was für konstante Skalenerträge spricht. Daß es einen Sinn hat, für die Spitzenuniversitäten eine separate Produktionsfunktion zu schätzen, wird bei Betrachtung der Ergebnisse für die 57 im Rang folgenden Universitäten (dritte Zeile) deutlich. Zum einen fällt das R^2 für diese Gruppe von Hochschulen signifikant niedriger aus. Zum anderen ist die Schätzung, obwohl beide Koeffizienten statistisch signifikant sind, insgesamt nicht statistisch gesichert (wie die Ergebnisse des F-Tests zeigen). Schließlich ist der für den Einfluß des Faktors Arbeit geschätzte Koeffizient (α) unglaubwürdig hoch, weist er doch darauf hin, daß die durchschnittliche Forschungsproduktivität mit der Lehrbelastung in direktem positivem Zusammenhang steht – ein Ergebnis, das intuitiv nicht einleuchtet.

Schätzungen mit etwas anders spezifizierten (erklärenden) Variablen kommen zu ganz ähnlichen wie den bisherigen Resultaten, denn sie gelangen für die Gruppe der »sonstigen« Universitäten durchweg zu vergleichsweise schlechteren Ergebnissen (mit häufig nicht-signifikanten Parametern), während jene für die Spitzenuniversitäten wieder weitgehend bestätigt werden. Dies legt die Vermutung nahe, daß die »übrigen« Hochschulen gemäß einer anderen Produktionsfunktion als die Spitzenuniversitäten agieren[84] – eine Folgerung, welche durch die Ergebnisse des Chow-Tests erhärtet wird. Offenkundig ist für die in der Forschung führenden Universitäten beides, die für die Forschung aufgewendete Zeit und das eingesetzte Kapital, von großer Bedeutung. Beide Produktionselastizitäten (α, β) sind deutlich positiv, und es gilt – in Einklang mit zahlreichen empirischen Studien über Produktionsfunktionen – durchwegs $\alpha > \beta$. Insgesamt deuten diese Resultate darauf hin, daß der Ruf nach mehr für die Forschung verfügbarer Zeit durchaus seine realen Gründe hat und mehr ist als bloßes Lamentieren.

Weitere empirische Studien legen ganz ähnliche Folgerungen nahe[85]. Doch ist allen Untersuchungen gemeinsam, daß sie insgesamt nur einen bescheidenen Teil der Unterschiede in der universitären Forschungsleistung (in statistischem Sinne) erklären können. Dies gilt auch bei einer solchen (letztlich ad hoc) Unterscheidung zwischen Universitäten, wie sie von Cicarelli und Spizman vorgenommen wird. Dadurch erhalten sie zwar für eine Gruppe von Universitäten bessere Schätzergebnisse, es bleibt aber völlig offen, wieso die herkömmlichen produktionstechnischen Überlegungen nur auf bestimmte Hochschulen – die »Top 20« – zutreffen sollten; ebenso stellt sich die Frage, mit welchem Konzept die Forschungsleistungen der »übrigen« Universitäten erklärt werden können. Sicherlich läßt sich zusätzlich argumentieren, daß es – im Sinne der Theorie komparativer Vorteile – zwischen den Universitäten zu einer Art Arbeitsteilung zwischen Forschung und Lehre kommt[86]. Doch handelt es sich zum einen um eine typisch »nachgeschobene« Hypothese, die a priori nicht unbedingt überzeugt und auch nicht überprüft wird[87]. Zum anderen trägt sie kaum etwas dazu bei, die zwischen und innerhalb jeder Gruppe von Hochschulen beträchtlichen Unterschiede in der Forschungsleistung zu erklären.

Damit ist nicht gesagt, daß das Konzept der Produktionsfunktion für eine Analyse der Forschungseffizienz von Personen, Teams und ganzen Fachbereichen von Universitäten unbrauchbar ist, zumal die bisherigen Anwendungen noch recht einfach sind und den unterschiedlichen Inputs (sowie den möglichen Beziehungen zwischen ihnen) und den Outputcharakteristika nur unzureichend Rechnung tragen[88]. Allerdings ergeben sich Zweifel, ob die vor allem auf der *Motivations-* und *Anreiz*ebene angesiedelten Ursachen im Rahmen eines derartigen technischen Konzepts hinreichend berücksichtigt werden können. Beobachtete Unterschiede in der Forschungseffizienz werden bei einer weitergefaßten Betrachtung auch auf Unterschiede in der Organisationsstruktur und in der sog. X-Effizienz[89] zurückgeführt. Das sind zwei eng miteinander verflochtene Konzepte, welche den Produktionsprozeß aus einer ganz anderen Sicht als die herkömmliche neoklassische Theorie anzugehen versuchen. Anstatt gegebene Inputs in einen gleichsam vorbestimmten Output zu überführen, werden nunmehr die *Bedingungen* des Produktionsprozesses näher analysiert. Hierbei stellt sich die Frage, welche Organisationsarrangements und welche Arten von Anerkennungs- und Belohnungssystemen der Forschung eher abträglich sind, bzw. welche Anreize zu besonderer Forschungsleistung auffordern. Die ersten Schritte in diese Richtung[90] sind ermutigend und die Ergebnisse der entsprechenden Studien bestärken die Vermutung, daß zum besseren Verständnis der beträchtlichen Unterschiede im Forschungsoutput vor allem die auf der Anreizebene[91] angesiedelten Aspekte näher zu untersuchen sind. Selbst wenn es ein vermutlich noch recht langer Weg ist, bis daraus politikrelevante Ansatzpunkte und Maßnahmen abgeleitet werden können, ist es gleichzeitig der einzige Weg, um zu auch in institutioneller Hinsicht besser fundierten Entscheidungen zu gelangen.

V. Abschließende Bemerkungen

Dieser Beitrag befaßt sich mit der Messung und Einschätzung der universitären Forschungsleistung. Zunächst wird erörtert, weshalb die Erfassung und Bewertung des Forschungsoutputs im Bereich der Wirtschafts- und Sozialwissenschaften besondere Schwierigkeiten bereitet. Es werden sodann verschiedene Möglichkeiten diskutiert, wie die universitäre Forschungsleistung vergleichend beurteilt werden kann – sei es im Rahmen einer Zitatenanalyse über die vergleichende Einschätzung der Publikationsorgane oder eine Peer-Evaluation der Fachbereiche der verschiedenen Hochschulen. Es wird darüber hinaus für deutsche Hochschulen exemplarisch verdeutlicht, daß eine qualitative Gewichtung der Publikationstätigkeit zu Ergebnissen führt, die von denjenigen auf der Grundlage der rein quantitativen Publikationstätigkeit deutlich abweichen. Die weitere Betrachtung erstreckt sich auf die Analyse möglicher Bestimmungsgründe der – wie immer im einzelnen gemessenen – unterschiedlichen »Forschungseffizienz«. Es werden verschiedene Strategien diskutiert, wie über den Produktionsprozeß der universitären Forschung mehr Information gewonnen werden kann. Diese wiederum sollte ermöglichen, zu besseren Entscheidungen über die institutionellen Rahmenbedingungen der universitären Forschung zu kommen.

Wie abschließend erörtert wird, ist es bis dahin aber noch ein langer Weg. Es wäre daher verfehlt, aus den bisherigen Erkenntnissen oder auch nur aus den vorliegenden Messungen allzu weitreichende Folgerungen zu ziehen und konkrete Politikempfehlungen abzuleiten[92]. Überhaupt erscheint es fraglich, ob es sinnvoll ist, eines der diskutierten Maße direkt zur Steuerung der universitären Forschungsleistung einzusetzen. Es ist nämlich zu erwarten, daß die Forscher hierauf systematisch reagieren und daß es – etwa bei Anwendung der Zitatenanalyse – zu einer Zitateninflation (bei gleichzeitig selektiver Zitierweise)[93] kommt. Als Folge davon wird nicht nur die Aussagekraft dieses Indikators abgeschwächt. Schlimmer noch: Das gewählte Maß kann dazu anregen, vermehrt auf jenen Gebieten zu forschen, bei denen eine höhere (subjektive) Wahrscheinlichkeit (als auf dem bisherigen Forschungsgebiet) besteht, von anderen Autoren zitiert zu werden. So gesehen kann der Wettbewerb um »Zitierstimmen« nicht nur zu einer Verengung des Forschungsspektrums und zu einer insgesamt fragwürdigen Vereinheitlichung der Forschungsbemühungen führen (Garner, 1979)[94], sondern auch dazu, daß immer seltener neue, unkonventionelle Ideen entwickelt werden, wenn diese auf zunehmende Schwierigkeiten stoßen, in renommierten Zeitschriften Eingang zu finden. Oft genug jedoch kommt es in der Wissenschaft erst durch unkonventionelle Gedanken zu echten Fortschritten.

Auch wenn die praktische Verwendung von Maßen für die Forschungsleistung so gesehen für die konkrete Forschungspolitik möglicherweise recht bescheiden ist[95], für die Erarbeitung auf die Institutionen der Forschung gerichteter und anreizorientierter Entscheidungen ist die Erfassung und Bewertung der universitären Forschungsleistung unerläßlich. Derlei Entscheidungen setzen nämlich voraus, daß die vielfältigen Einflüsse auf die Forschungstätigkeit und ihre Zusammenhänge analysiert und empirisch überprüft werden können, was ohne den Versuch einer Beurteilung der Forschungsleistung schlechterdings unmöglich ist.

Anmerkungen

Die Übersetzungen englischsprachiger Titel und Zitate erfolgten durch die Autoren.

[1] Erste Schritte in diese Richtung sind im angelsächsischen Raum mit der Analyse des »Hochschullehrers als Nutzenmaximierer und Produzent von Lehre, Forschung und Einkommen« (Becker 1975, 1979; siehe auch Cuyler 1970) und des universitären Forschers als »Unternehmer« (O'Boyle 1984) eingeschlagen worden und reichen heute bis zur »Ökonomik der akademischen Lebensstellung« (McPherson und Winston 1983) und zu einer allgemeinen Theorie des »Rentenstrebens im akademischen Bereich« (Brennan und Tollison 1980). Von wenigen Ausnahmen abgesehen (verschiedene Arbeiten des Kölner Instituts für Bildungs- und Forschungspolitik, insbes. van Lith 1985 und in diesem Band, ferner Rätzer 1984 und Wieland 1985), ist es im deutschen Sprachraum zu keiner entsprechenden positiven analytischen Betrachtung gekommen. Vorherrschend sind vielmehr pauschale Klagen über ein »zu schlechtes Klima für die universitäre Forschung« (so etwa Wild 1981) oder auch normative Postulate, wie die Forschung an den Hochschulen selektiv gefördert werden solle (vgl. u. a. Glotz 1981, Kirsch 1982, Suter 1985).

[2] Als Inbegriff der angewandten Wohlfahrtsökonomik strebt die Nutzen-Kosten-Analyse eine Paretoverbesserung im gesellschaftlichen Ressourceneinsatz an (vgl. als Überblick Andel 1977), was voraussetzt, daß die Nutzen und Kosten einer Maßnahme erfaßt und anhand der individuellen Präferenzen monetär bewertet werden können. Wenn wesentliche Nutzenkomponenten nicht (adäquat) bewertbar sind, wie es bei einem erheblichen Teil der universitären Forschung der Fall ist, kann auf die Kosten-Wirksamkeits-Analyse zurückgegriffen werden; sie setzt lediglich eine vergleichende Einschätzung und Beurteilung der universitären Forschungsleistung voraus.

[3] Nachgefragte Leistungsmenge, multipliziert mit dem Gleichgewichtspreis. Bei dieser Bewertung »an der Grenze« (mit dem Gleichgewichtspreis) wird die Konsumentenrente nicht berücksichtigt. Handelte es sich beim Anbieter der Forschungsleistungen dagegen um einen Monopolisten, der perfekte Preisdiskriminierung betreibt, würde die gleiche Leistungsmenge mit dem Integral unter der Nachfragekurve, also inklusive der abgeschöpften Konsumentenrente, bewertet (vgl. im einzelnen Blankart 1975).

[4] Denkbar ist auch eine *substitutive* Beziehung zwischen neuen Forschungsresultaten und der Nachfrage nach einem privaten Gut: Steigt aufgrund neuer sozialwissenschaftlicher Erkenntnisse die Effizienz der öffentlichen Polizei in der Einbruchsbekämpfung, so schlägt sich dies ceteris paribus in einer Abnahme der privat getätigten Schutzmaßnahmen gegen Einbrüche nieder. Besteht zwischen dem privaten Gut und der staatlich erbrachten Leistung vollständige Substituierbarkeit, dann kann aus der beobachtbaren Nachfrage nach dem privaten Gut (Rückgang der privaten Abwehrmaßnahmen) auf die Wertschätzung des öffentlichen Gutes

(Auswirkung der verbesserten Effizienz der Polizei aufgrund neuer sozialwissenschaftlicher Erkenntnisse) geschlossen werden. Vgl. zu diesen und zu weiteren Möglichkeiten der Bewertung öffentlicher Leistungen im einzelnen Pommerehne (1986).

[5] Sofern die Risiken der Forschung nicht (hinreichend) privat versichert werden können, wofür gewisse Evidenz besteht, kann es – auch bei durchsetzbarem Ausschluß – im Fall der privat finanzierten Forschung zu einem suboptimalen Umfang an neuen Forschungserkenntnissen kommen. Erfolgt der Ausschluß über die Gewährung von Patenten, kann es zur Monopolisierung von Forschungsresultaten kommen, was ähnliche Folgen (eine gesellschaftlich suboptimale Nutzung) hat.

[6] Siehe u. a. Bolsenkötter (in diesem Band).

[7] So etwa die an den Forschungsaufwendungen oder den Kosten orientierten Kennzahlen, die ohne Kenntnis der Produktivität der Forschungsausgaben nicht gerade informativ sind (je höher die Kosten, gegebenenfalls pro Wissenschaftler, um so »wertvoller« die Forschungsergebnisse?).

[8] Zusätzlich kommen Ehrungen durch wissenschaftliche Vereinigungen und Universitäten in Betracht, ebenso erhaltene Preise (ebenfalls abgestuft nach ihrer Bedeutung), Einladungen zu Vorträgen (unter Berücksichtigung der Reputation der einladenden Institution/Hochschule) und die Gewährung von Stipendien und anderer Finanzmittel von dritter Seite (aber auch die Häufigkeit der erbetenen Gutachtertätigkeit für Forschungsinstitutionen und Fachzeitschriften) bis hin zur Zahl ehemaliger Doktoranden und Habilitanten, die wiederum in der universitären Forschung und Lehre tätig sind (gewichtet nach der Bedeutung der sie berufenden Hochschule).

[9] So etwa bei Hansen und Weisbrod (1972), welche für die Periode 1886 bis 1965 sämtliche im Index of Economic Journals aufgeführten Zeitschriften im Hinblick auf die enthaltenen Aufsätze und Autoren auswerten. Nach ihren Berechnungen ist der inzwischen verstorbene Harry G. Johnson der insgesamt meistpublizierende Ökonom im angelsächsischen Sprachraum (er veröffentlichte bis 1965 etwa 6 Zeitschriftenaufsätze pro Jahr), doch zählt er zugleich auch zu den international besten Wirtschaftswissenschaftlern. Auf dem Gebiet der Wirtschaftstheorie steht der Nobelpreisträger Paul A. Samuelson an erster Stelle (er führt auch die Liste der im Durchschnitt die längsten Aufsätze abfassenden Autoren an), gefolgt von solch bekannten Namen wie Arthur C. Pigou und Alvin H. Hansen. Insgesamt sprechen die Ergebnisse von Hansen und Weisbrod dafür, daß, wer »gut« ist und zu den »Top-Forschern« zählt, auch viel publiziert (doch darf daraus nicht der Umkehrschluß gezogen werden, daß, wer viel veröffentlicht, auch »gut« ist).

[10] So etwa von Blankart (1975) bei der Messung der Forschungsleistung der Mitglieder des Theoretischen Ausschusses der Gesellschaft für Wirtschafts- und Sozialwissenschaften (Verein für Socialpolitik) und bei der Erfassung der Forschungstätigkeit der ökonomischen Fachbereiche der schweizerischen Hochschulen (Blankart 1974).

[11] Auf die Berücksichtigung weiterer Indikatoren wird häufig mit dem Hinweis verzichtet, daß diese entweder zu sehr inputorientiert sind (z. B. die Höhe der finanziellen und sonstigen Forschungsmittel), vielfach an weit zurückliegende Forschungsleistungen anknüpfen (etwa bei Auszeichnungen, Ehrungen, verliehenen Preisen) und nur bedingt etwas über die zu erwartende künftige Leistung aussagen oder in keinem gesicherten Zusammenhang mit der Forschung stehen (z. B. bei Verdiensten aus der Berater- und Gutachtertätigkeit). Darüber hinaus stellt sich das heikle Problem, wie verschiedene Indikatoren – vor allem, wenn sie voneinander nicht unabhängig sind (Gefahr der Doppelzählung) – gewichtet werden sollen.

[12] Vgl. Borchardt (1978) mit zahlreichen Belegen. Mit der raschen Entwicklung der elektronischen Medien mag die Bedeutung der Fach-»Zeitschrift« sogar zunehmen, denn die einzelnen Beiträge können dann per Bildschirmtext noch schneller an den interessierten Leser übermittelt werden.

[13] Was sich unter anderem auch darin zeigt, daß amerikanische Universitätsbibliotheken ihre Aufwendungen für Fachzeitschriften anfangs der 70er Jahre um rund 70% erhöht haben, während jene für Bücher um lediglich 8% zugenommen haben (vgl. Fry und White 1976). Wie Liebowitz (1985) unlängst gezeigt hat, hängt diese Entwicklung mit dem gestiegenen Gebrauch von Fachzeitschriften zusammen, der seinerseits (zum Teil zumindest) auf die rasche Entwicklung im Photokopierwesen zurückzuführen ist.

[14] Dies äußert sich u. a. darin, daß die Rate der Obsoleszenz, d. h. des Nicht-mehr-Zitiertwerdens, für Buchveröffentlichungen wesentlich höher ist als jene für Zeitschriftenaufsätze. Wie Grubel (1981) anhand kanadischer Daten ermittelt hat, erstreckt sich in wissenschaftlichen Abhandlungen die Hälfte aller Hinweise auf Zeitschriftenaufsätze aus Veröffentlichungen der letzten vier Jahre (ähnlich schon Lovell 1973 für die Vereinigten Staaten), während die entsprechende Halbwertszeit bei Büchern lediglich etwas mehr als zwei Jahre beträgt. Aus langfristiger Perspektive könnte man allerdings argumentieren, daß auch Lehrbücher berücksichtigt werden sollen, weil sie bei der qualitativen Ausbildung der künftigen Forschergeneration(en) von erheblicher Bedeutung sind.

[15] Boyes, Happel und Hogan (1984) haben dies unlängst anhand einer Repräsentativumfrage unter mehr als 400 amerikanischen Universitäten verdeutlicht: Voraussetzung für die Beförderung vom Assistant zum Associate Professor war – zumindest in den letzten drei bis vier Jahren – die Veröffentlichung von mindestens drei Aufsätzen in ökonomischen Fachzeitschriften. Für die Beförderung zum Full Professor wurde in etwa die doppelte Anzahl von Zeitschriftenaufsätzen vorausgesetzt. Die jeweils erforderliche Zahl von Aufsätzen wurde jedoch stark herabgesetzt, wenn es sich um Veröffentlichungen in besonders renommierten Zeitschriften handelte.

[16] Vgl. Skeels und Fairbanks (1968), Katz (1973) und neuerdings wieder Ault, Rutman und Stevenson (1982) mit empirischer Evidenz, daß vor allem Veröffentlichungen in Fachzeitschriften den Karrierepfad eines Hochschul-Ökonomen positiv beeinflussen und seine Wahlmöglichkeiten (zwischen verschiedenen Ortschaften und Regionen) verbessern. Für die Politikwissenschaften sind McCormick und Bernick (1982) zu denselben Folgerungen gelangt.

[17] Wie Tuckman und Leahey (1975) anhand einer repräsentativen Stichprobe unter Ökonomen an amerikanischen Hochschulen gezeigt haben, hat für einen Autor, der bislang noch nichts veröffentlicht hat, der erste Zeitschriftenartikel einen deutlich positiven Einfluß auf die Höhe seines Gehalts (der sogar größer ist als der Einfluß seines ersten veröffentlichten Buches). Weitere Artikel erhöhen das Einkommen in – wie zu erwarten ist – immer geringerem Ausmaß. Siegfried und White (1973 a, b) haben verdeutlicht, daß dabei auch eine Rolle spielt, ob in spezialisierten Fachzeitschriften oder aber – was einen wesentlich höheren Einkommenszuwachs bewirkt – in durchwegs als höher eingestuften allgemeinen Fachzeitschriften veröffentlicht wurde. Diese Zusammenhänge sind auch in neueren Studien (mit fortgeschrittenen Schätzverfahren) bestätigt worden; vgl. Hansen, Weisbrod und Strauss (1978) sowie Moore, Newman, Raisin und Thomas (1983).

[18] So wie manche Akademiker darauf stolz sind (und Freude empfinden), wenn sie ihren gedruckten Namen sehen, dürfte es etliche mit einem intrinsischen Wunsch geben, zum

besseren Verständnis ökonomischer Prozesse beizutragen. Für die letztgenannte Gruppe mag die bloße Entwicklung und Verbreitung neuer Ideen in Fachzeitschriften »Belohnung« genug sein. Weil Veröffentlichungen in Zeitschriften dazu beitragen, die Reputation einer Fakultät aufrechtzuerhalten und zu verbessern, können schließlich stärker altruistisch motivierte Wissenschaftler dazu angeregt werden, Aufsätze zu schreiben und bei Fachzeitschriften einzureichen – zum Ruhm ihrer Institution und weniger aus persönlichem Nutzen.

[19] Frühere Versuche finden sich bereits in der Soziologie; vgl. u. a. Garfield (1963), Broadus (1967) sowie Cole und Cole (1967).

[20] Daneben findet sich auch der Versuch, Fachzeitschriften danach einzuschätzen, in welchem Umfang die enthaltenen Beiträge in spezialisierten Literaturzeitschriften wie dem Journal of Economic Literature besprochen werden (so z. B. Bennett, Johnson und Germanis 1980). Ob bestimmte, insbesondere fremdsprachige Zeitschriften und Aufsätze überhaupt besprochen werden, hängt allerdings u. a. davon ab, ob dem Herausgebergremium genügend Spezialisten zur Verfügung stehen. Wieviele Beiträge besprochen werden, liegt darüber hinaus im Belieben des betreffenden Spezialisten. Nicht unerwartet weicht daher die so ermittelte Rangordnung von Fachzeitschriften von der relativen Einschätzung mit den im folgenden erörterten Verfahren drastisch ab.

[21] Doch ließe sich dem dadurch Rechnung tragen, daß u. a. für die Herausgeberpraxis Korrekturen vorgenommen werden (z. B. ob eingereichte Aufsätze mit oder ohne Angabe des Autorennamens und der Institution an die Gutachter weitergegeben werden).

[22] Entsprechend sind seine Ergebnisse auch nur *bedingt* für einen internationalen Vergleich brauchbar, nämlich wenn die 45 amerikanischen Universitäten mit einem Aufbaustudium in Ökonomie *weltweit* führend sind, es m. a. W. keine gleichrangigen Hochschulen in anderen Ländern gibt!

[23] Bereits Crane (1967, S. 195) hat darauf aufmerksam gemacht, daß »die Zugehörigkeit eines Forschers zu einer bestimmten Hochschule so etwas wie einen ›Hallo‹-Effekt hinsichtlich seiner Arbeit bewirkt, was dazu führen kann, daß von ihm eingereichte Aufsätze nicht gleich objektiv eingeschätzt werden«.

[24] Dies gilt ebenso für die weiteren sozialwissenschaftlichen Disziplinen wie z. B. die Politikwissenschaft (siehe z. B. Giles und Wright 1975) oder die Sozialpsychologie (vgl. u. a. White und White 1977).

[25] Quandt (1976) hat ein ähnliches Vorgehen für den amerikanischen Literaturmarkt (inkl. Monographien) gewählt. Downing und Stafford (1981) haben so die als wichtig angesehenen klassischen Beiträge zur ökonomischen Theorie der Politik herausgefiltert, Grubel (1980) und Rock (1982) haben aus der Anzahl Querverweise die wesentlichen Arbeiten und Forscher auf dem Gebiet der internationalen Wirtschaftsbeziehungen bzw. der Geldtheorie ermittelt. Eagly (1975) hat bei der Auswertung von 18 Zeitschriften (für die Periode 1961–64 und 1970–71) einen verfeinerten Ansatz benutzt, um mögliche Strukturen im Kommunikationsgeflecht zu isolieren. Seine Untersuchung ermöglicht sowohl einen internationalen als auch einen intertemporalen Vergleich von Zeitschriften. Koen (1986) hat unlängst versucht, aus den Querverweisen in französischen Fachzeitschriften (der Jahre 1980–1982) die verschiedenen Gedankenströmungen und Schulen aufzudecken. Coats (1971) hat bereits zuvor ein (noch komplizierteres) Verfahren entwickelt, um aus den Querverweisen in Zeitschriften Anhaltspunkte für bedeutende Innovationen in der wirtschaftswissenschaftlichen Literatur zu gewinnen. Ihm geht es weniger um eine Bestimmung der »Top«-Fachzeitschriften als vielmehr um die Analyse kurzfristiger Schwankungen und langfristiger Entwicklungen in der

Ausrichtung einzelner Zeitschriften und der gesamten Fachliteratur sowie um die Isolierung der möglichen exogenen und endogenen Einflußfaktoren.

[26] Sie sind keineswegs die ersten, welche sich diese Quelle zunutze machen. Bereits White und White (1977) haben eine 10%-Stichprobe des SSCI von 1974 für eine Einschätzung der relativen Bedeutung psychologischer Fachzeitschriften zugezogen.

[27] So z. B. Hüfner, Hummel und Rau (1984, S. 84).

[28] Entsprechend problematisch wird dann auch ein Vergleich zwischen der Forschungsleistung an Universitäten mit in höherem Maße spezialisierten Fachbereichen mit jener von Universitäten mit stärker allgemein ausgerichteten Fachbereichen.

[29] Ähnlich Vandermeulen (1972, S. 466): »Ein bahnbrechender theoretischer Aufsatz wird zunächst fortwährend zitiert, und zwar immer dann, wenn ein neuer Aufsatz auf dem entsprechenden Gebiet erscheint. Im Lauf der Zeit handelt es sich bei den Arbeiten, auf welche die Leser verwiesen werden, jedoch immer seltener um den ursprünglichen Aufsatz als vielmehr um gelungene Popularisierungen der oft schwierigen Originalabhandlung.«

[30] Als Beispiel mag »Die Theorie der Firma« von Coase (1937) dienen, ein Artikel, der lange Zeit auf einen engen Bereich von ökonomischer Forschung beschränkt war. Erst die Integration dieses Forschungszweiges in umfassendere ökonomische Bereiche hat die Bedeutung dieser Arbeit erhöht, was dadurch zum Ausdruck kommt, daß sie häufiger zitiert wird.

[31] Eine ähnliche Umfrage haben Benjamin und Brenner (1974) sowie Coe und Weinstock (1969, 1983) unter den Betriebswirten an amerikanischen Universitäten und Broder und Ziemer (1984) unter Agrarökonomen durchgeführt. Weitere Anwendungen finden sich bei Button und Pearce (1977) für britische und bei Pommerehne (1986a) für deutsche Wirtschaftswissenschaftler, ferner bei Liebowitz und Palmer (1983) als Befragung amerikanischer und kanadischer Hochschullehrer. Von diesen Studien abgesehen ist der Umfrageweg nur selten von Ökonomen, häufig dagegen von Forschern in den anderen Bereichen der Sozialwissenschaften eingeschlagen worden. Beispielsweise haben Müller-Brettel und Dixon (1985) eine frühere amerikanische Umfrage (Peery und Adams 1981) auf europäische Verhältnisse adaptiert und einer Stichprobe von Entwicklungspsychologen in der Bundesrepublik Deutschland, in Frankreich und in Großbritannien vorgelegt. Mit der bemerkenswerten Ausnahme französischer Wissenschaftler ergab sich unter den Befragten eine beträchtliche Übereinstimmung in der relativen Einschätzung der relevanten Fachzeitschriften.

[32] Die Untersuchung von Bush, Hamelman und Staaf (1974) ist in der Tabelle nicht berücksichtigt worden, da in ihr lediglich für 14 Zeitschriften eine Rangordnung erstellt wird. Nach Aussage der Autoren kommt diese Rangordnung jedoch sehr nahe an die relative Einschätzung derselben 14 Zeitschriften bei Hawkins, Ritter und Walter (1973) heran.

[33] Wenn die den verschiedenen Rangordnungen zugrundeliegenden Kriterien, wie die Ergebnisse in *Tabelle 2* nahelegen, deutlich korreliert sind, dann sind die ausgewiesenen Rang-Korrelationskoeffizienten (zwischen jeweils zwei Reihen) von der Gesamtbeziehung (zwischen allen Ansätzen und Kriterien) nicht unabhängig. Aus diesem Grund haben wir auch die Kendallschen Korrelationskoeffizienten berechnet und mit den verschiedenen partiellen Korrelationskoeffizienten verglichen. Diese Gegenüberstellung zeigt, daß der Zusammenhang zwischen zwei Rangordnungen deutlich schwächer ist, wenn dem indirekten Einfluß der weiteren Reihen (iterativ) Rechnung getragen wird. Es ist dann sinnvoll, das Ausmaß an Konsens bezüglich aller vier Rangordnungen (und damit: der ihnen zugrundeliegenden Kriterien) zu ermitteln. Die Berechnung des entsprechenden Kendallschen Konkordanzkoeffizienten (W) ergibt einen signifikanten Wert von W = 0,819.

[34] Und zum Zweck des Vergleichs beider Umfrageergebnisse wurden in *Tabelle 3* ausschließlich die bereits 1971 bestehenden Zeitschriften zugrunde gelegt. Allerdings handelt es sich nur um eine Zeitschrift – das in Großbritannien herausgegebene Journal of Public Economics (erstmals 1972 erschienen) –, die es bis 1976 auf einen Platz unter den »Top 20« (17. Rang) geschafft hat.

[35] So z. B. der North-Holland Verlag (Amsterdam und New York) sowie der Sage Verlag (Berkeley und London), jeder mit über einem Dutzend allgemeiner als auch spezialisierter wirtschaftswissenschaftlicher Zeitschriften.

[36] Gewisse Hinweise ergeben sich bereits bei Betrachtung der in *Tabelle 2* ausgewiesenen Korrelationskoeffizienten: Der Zusammenhang zwischen zwei Rangordnungen ist nämlich um so enger, je mehr die den einzelnen Studien zugrundeliegenden Perioden sich überlappen – und nicht etwa, je ähnlicher die einzelnen Verfahren und zugrundeliegenden Kriterien sind.

[37] Der Rang-Korrelationskoeffizient beträgt 0,993.

[38] Entsprechend niedrig wird auch die in Sp. 4 aufgeführte Annahmerate für die bei diesen Zeitschriften eingereichten Aufsätze eingeschätzt (mit 11 % beim Journal of Money, Credit and Banking, 18 % beim Journal of Financial Economics und 20 % beim Journal of Financial and Quantitative Analysis; der Mittelwert für alle 20 Zeitschriften liegt bei 26 %), wobei in beide Einschätzungen die Spekulation eingehen dürfte, welche Zeitschriften von den Fachkollegen besonders zur Kenntnis genommen werden. Diese Überlegung ist durchaus rational, denn es handelt sich um eine in keynesianischem Jargon »sich selbst erfüllende Spekulation«: Bei den renommierten Zeitschriften werden ungleich mehr Aufsätze eingereicht als bei den weniger bekannten Periodika. Um so härter können deren Herausgeber selektionieren. Entsprechend hoch ist auch der Korrelationskoeffizient zwischen der durchschnittlichen Punktzahl jeder Zeitschrift und der subjektiv eingeschätzten Annahmerate eines zur Publikation eingereichten Aufsatzes; er beträgt für alle 20 Zeitschriften r = 0,937.

[39] Es handelt sich um American Economic Review, Econometrica, Review of Economics and Statistics, Journal of Finance, International Economic Review und Journal of Money, Credit and Banking.

[40] Umfrage unter insgesamt 107 Hochschullehrern in den Vereinigten Staaten und in Kanada (Rücklaufquote von 35 %), wobei eine alphanumerisch geordnete Liste von insgesamt 108 Zeitschriften vorgegeben wurde (vgl. im einzelnen Liebowitz und Palmer 1983).

[41] Umfrage unter 281 Lehrstuhlinhabern (Rücklaufquote von 56 %), wobei aus Gründen der Validität jedoch *keine* Liste von Zeitschriften vorgegeben wurde (vgl. im einzelnen Pommerehne, Schneider, Gilbert und Frey 1984). Vielmehr wurden die Befragten um die Mitteilung gebeten, welche beiden internationalen Fachzeitschriften sie aus ihrer Sicht für besonders wichtig erachten (dieselbe Frage wurde auch hinsichtlich der im deutschen Sprachraum angesiedelten Fachzeitschriften gestellt). Das Hauptanliegen dieser Umfrage bestand darin, das Ausmaß an Konsens/Dissens zu einer Vielzahl von ökonomischen Fragestellungen zu erforschen; es schien daher nicht angebracht, die Frage nach den wichtigen Fachzeitschriften auf eine größere Zahl von Periodika auszuweiten.

[42] Das Journal of Economic Theory (1969 erstmals erschienen) auf dem 5. Rang, das bis vor kurzem unentgeltlich abgegebene Rand Journal of Economics (ehemals: Bell Journal of Economics, 1970) auf dem 9., die Brookings Papers on Economic Activities (1970) auf dem 17. und das Journal of Money, Credit and Banking (1969) auf dem 20. Rang.

[43] Für die insgesamt 52 in der Untersuchung von Liebowitz und Palmer (1983) sowie bei Hawkins, Ritter und Walter (1973) einbezogenen Zeitschriften ergibt sich ein Rang-Korrela-

tionskoeffizient von 0,837; für die 32 in der letztgenannten Studie und in der Befragung deutschsprachiger Ökonomen enthaltenen Fachzeitschriften beträgt der entsprechende Korrelationskoeffizient 0,602.

[44] Der Rang-Korrelationskoeffizient für die 58 bei Button und Pearce (1977) und bei Liebowitz und Palmer (1983) einbezogenen Fachzeitschriften beträgt 0,781; jener für die 34 bei Button und Pearce und in der Befragung der deutschsprachigen Ökonomen enthaltenen Zeitschriften beträgt 0,635.

[45] Das Journal of Monetary Economics (4. Rang), das Rand Journal of Economics (8. Rang), das Journal of Econometrics (10. Rang), die Brookings Papers on Economic Activities (12. Rang), das Journal of Financial Economics (14. Rang).

[46] Insbesondere von Nachwuchswissenschaftlern wäre entsprechend zu erwarten, daß sie die in neuerer Zeit erschienenen Fachzeitschriften stärker berücksichtigen, was sich bei der Befragung deutschsprachiger Ökonomen in der Tat auch zeigte: Wird zusätzlich der Einschätzung durch die Hochschulassistenten Rechnung getragen, erweisen sich bereits sechs (anstatt vier) unter den 20 international führenden Periodika als vergleichsweise »junge« Fachzeitschriften (zusätzlich kommen hinzu das Journal of Monetary Economics und das Rand Journal of Economics). Eine etwas andere Evidenz für denselben Sachverhalt haben unlängst Grubel und Boland (1986) anhand einer Befragung von 750 vorwiegend amerikanischen und kanadischen Ökonomen im Jahr 1984/85 (Rücklaufquote von 33%) erbracht. Ihren Ergebnissen zufolge sind es vor allem die jüngeren Ökonomen (Associate und Assistant Professors), welche der mathematisch/theoretischen Orientierung (wie sie in den vielfach jüngeren Zeitschriften, etwa dem Journal of Economic Theory, dem Rand Journal of Economics und der Review of Economic Studies, vertreten wird) besonderes Gewicht beimessen, so daß diese Zeitschriften – hätten Liebowitz und Palmer (1983) auch die jüngeren (Nachwuchs-) Ökonomen befragt – in Sp. 1 vergleichsweise besser abgeschnitten hätten.

[47] Das vielleicht deutlichste Beispiel ist das Scandinavian Journal of Economics. Es wurde bis (einschließlich) 1975 unter dem Namen Swedish Journal of Economics geführt und enthielt vorwiegend auf die skandinavischen Länder Bezug nehmende und großteils auf Schwedisch abgefaßte Aufsätze. Seit der Namensänderung werden fast nur noch englisch abgefaßte Beiträge publiziert; auch hat lediglich ein kleiner Teil der Aufsätze einen direkten Bezug zu Skandinavien. Dieser Wandel mag das extrem unterschiedliche Abschneiden der Zeitschrift gemäß der Zitatenanalyse (11. Rang) und im Rahmen der Befragung (insbesondere) der amerikanischen und kanadischen Hochschullehrer (43. Rang) erklären.

[48] Für die insgesamt 36 in beiden Befragungen enthaltenen Periodika ergibt sich ein Rang-Korrelationskoeffizient von 0,520. Für die 37 sowohl in der Zitatenanalyse als auch in der Befragung deutschsprachiger Hochschullehrer enthaltenen Zeitschriften beträgt der entsprechende Koeffizient 0,497.

[49] So äußern Liebowitz und Palmer (1983) selbst gewisse Zweifel, ob die Befragten ihre lange Liste von alphanumerisch angeordneten Fachzeitschriften wirklich ernsthaft durchgegangen sind (der häufige Verzicht auf eine Punktzuweisung spricht eher dagegen), und vermuten, daß sich etliche Befragte an den Resultaten der früheren und sehr bekannten Umfrage von Hawkins, Ritter und Walter (1973) orientiert haben (ihre Studie ist die bei weitem am häufigsten zitierte auf diesem Forschungsgebiet!). Doch haben bereits diese Autoren zu bedenken gegeben, daß ihre Umfrageergebnisse nicht in bezug auf die Validität überprüft worden sind.

[50] Zumal die Grundlage der neueren Zitatenanalysen, der Social Sciences Citation Index,

keineswegs über jeden Zweifel erhaben ist. Zum Beispiel ist trotz der großen Anzahl einbezogener Zeitschriften eine beträchtliche Zahl von deutsch-, aber auch französischsprachigen Periodika nicht erfaßt; auch wird bei von mehreren Wissenschaftlern gemeinsam verfaßten Arbeiten lediglich der jeweils Erstgenannte berücksichtigt. Für eine weitergehende Kritik an der Verwendung des SSCI siehe Gerrity und McKenzie (1978) und Bourdieu (1984, Anhang).

[51] Für jede Variante lassen sich gewichtige Argumente anführen, ebenso dafür, die Gewichtungssysteme zu kombinieren.

[52] Zumal die Unterschiede in der qualitativen Einschätzung zumindest durch deutschsprachige und anglo-amerikanische Ökonomen nicht völlig differieren.

[53] Darüber hinaus gibt es bereits einige weiterführenden Untersuchungen, welche die Qualitätseinschätzung von Zeitschriften ihrerseits (in statistischem Sinne) zu erklären versuchen (so z. B. Danielsen und Delorme 1976 sowie Kagann und Leeson 1978) oder zur Bestimmung der (Abonnement-)Nachfrage hinzuziehen (vgl. u. a. Odagiri 1977 und McDonough 1982).

[54] Vgl. z. B. Opaluch und Just (1977), die aus der institutionellen Zugehörigkeit der Beitragenden zur führenden agrarökonomischen Zeitschrift, dem American Journal of Agricultural Economics, auf die relative Bedeutung von insgesamt zwölf Universitäten mit diesem Studiengang schließen. Ähnlich gehen Henry und Burch (1974), Bazley und Nikolai (1975), Andrews und McKenzie (1978) sowie Moore und Taylor (1980) bei einer vergleichenden Einschätzung der betriebswirtschaftlichen Fakultäten amerikanischer Hochschulen vor, wobei sie immerhin zwischen drei und fünf »führende« Fachzeitschriften hinzuziehen. Siegfried und Zak (1976) und Hogan (1984) schlagen zur Bestimmung der auf dem Gebiet der Volkswirtschaft führenden Universitäten den gleichen Weg ein. Eine andere Variante besteht darin, die Veröffentlichungen der Angehörigen einer Universität nur dann zu erfassen, wenn ihr Umfang ein kritisches Niveau, z. B. 1 % der Gesamtseitenzahl der betreffenden Fachzeitschrift(en), übersteigt (so das Vorgehen von Hogan 1973, 1975 sowie von Siegfried und Zak 1979).

[55] So die Gruppierung bei Moore (1972, 1973), die sich in verschiedenen weiteren Arbeiten (bei Frankena und Bhatia 1972, 1973, Niemi 1975 sowie bei Miller und Tollison 1975) wiederfindet. Selbstredend werden auch andere Gruppenbildungen vorgenommen.

[56] So nahezu alle in jüngster Zeit durchgeführten Einschätzungen der amerikanischen Hochschulen nach der Publikationstätigkeit; vgl. Graves, Marchand und Thompson (1982, 1984) sowie Hirsch, Austin, Brooks und Moore (1984), welche die Veröffentlichungen in jeweils denselben 24 ausgewählten Fachzeitschriften (im ersten Fall für die Periode 1974–78, im zweiten Fall für 1978–83) zugrunde legen; ähnlich auch Laband (1985), der auf die längere Periode 1971–83 abstellt.

[57] Bei einem Vergleich von insgesamt acht Einschätzungen der führenden Universitäten kommen Stolen und Gnuschke (1977) zu durchweg auf dem 99 %-Sicherheitsniveau signifikanten Rang-Korrelationskoeffizienten. Die Stärke der statistischen Beziehung nimmt allerdings sukzessive ab, wenn die weiteren, als weniger forschungsträchtig eingestuften Universitäten einbezogen werden.

[58] Vgl. bereits Hagstrom (1971), ferner die bei Graves, Marchand und Thompson (1982, Tab. 3) zusammengestellten Vergleichsangaben. Morgan und Fitzgerald (1977), Morgan et al. (1981), Morgan und Meier (1982) sowie McCormick und Bernick (1982) haben für die Verwaltungs- und die Politikwissenschaften entsprechende Gegenüberstellungen vorgenommen und sind durchweg zum gleichen Ergebnis gelangt.

[59] Eine weitere Möglichkeit besteht darin, eine Zitatenanalyse vorzunehmen, wie sie von Laband (1985) zur Einschätzung der 50 führenden amerikanischen, von Grubel (1981) zu jener von 44 kanadischen Hochschulen und von Heiber (1983) zur Einstufung der betriebswirtschaftlichen Fachbereiche an 43 deutschen Universitäten durchgeführt wurden (vgl. auch den Beitrag von Heiber in diesem Band). Doch sind die verfügbaren Grundlagen, wie schon erwähnt, alles andere als zufriedenstellend – was z. B. Heiber dazu bewogen hat, eine eher exemplarische Auswertung lediglich der deutschsprachigen Fachenzyklopädien der Betriebswirtschaft vorzunehmen. Bereits Dean (1976) hat auf eine weitere Möglichkeit für eine qualitative Einschätzung von Fachbereichen und Universitäten hingewiesen, indem er vorschlägt, sie danach einzustufen, in welchem Umfang die Angehörigen als Gutachter bei führenden Fachzeitschriften mitwirken und/oder als deren Herausgeber fungieren. Auch bei diesem Vorgehen gibt es jedoch eine Reihe von Problemen: Zum einen schneiden Universitäten, bei denen bedeutende Zeitschriften angesiedelt sind – so etwa Harvard mit dem Review of Economics and Statistics und dem Quarterly Journal of Economics –, deutlich besser ab. Zum anderen gibt es eine Reihe von Ökonomen, die aufgrund eigener intensiver Forschungsaktivitäten nicht über genügend Zeit verfügen und es daher ablehnen, in bedeutendem Umfang Gutachtertätigkeiten auszuüben. Schließlich kann es je nach Umfang und Art der eingereichten Manuskripte, aber auch wegen des Wechsels von Gutachtern, rasch zu größeren Änderungen in der gemessenen Qualität von Universitäten kommen, die kaum der Wirklichkeit entsprechen.

[60] In heutiger Namensgebung: Hamburger Jahrbuch für Wirtschafts- und Gesellschaftspolitik, Jahrbücher für Nationalökonomie und Statistik, Konjunkturpolitik, Kyklos, Weltwirtschaftliches Archiv, Zeitschrift für die gesamte Staatswissenschaft und Zeitschrift für Wirtschafts- und Sozialwissenschaft.

[61] Betriebswirtschaftliche Forschung und Praxis, Die Betriebswirtschaft, Die Unternehmung, Zeitschrift für Betriebswirtschaft und Zeitschrift für die betriebswirtschaftliche Forschung.

[62] Weitere Unterschiede bestehen u. a. darin, daß Lerbinger (1985) im Falle der gemeinsamen Autorenschaft (jedoch unterschiedlicher Universitäten) die Anzahl veröffentlichter Seiten anteilmäßig den entsprechenden Hochschulen zuordnet, während Hüfner, Hummel und Rau (1984) entsprechende Publikationen in vollem Umfang jedem einzelnen Autor und dessen Universität zurechnen.

[63] Der Rang-Korrelationskoeffizient für die 20 in beiden Untersuchungen enthaltenen Hochschulen beträgt 0,969. Implizit beschränkt man sich dabei auf die von Hüfner, Hummel und Rau (1984) angeführten Ergebnisse für lediglich 20 Universitäten. Wird demgegenüber Lerbingers Rangordnung für 45 Universitäten zugrunde gelegt, dann rangieren die in *Tabelle 6* auf dem 18. bis 20. Rang ausgewiesenen Hochschulen bei Lerbinger (1985) auf dem 26., dem 30. und dem 36. Rang!

[64] Für diese Hochschulen hat Albach (1985, Tab. 1) Angaben über die Anzahl Professoren und Privatdozenten (im Jahr 1982) vorgelegt. Nicht berücksichtigt sind die Universitäten Kiel, Augsburg, Freiburg, Bielefeld, Aachen, Heidelberg und die TU Berlin.

[65] Obwohl etliche Universitäten (etwa Bonn) dafür bekannt sind, daß zumindest einige unter den dort Lehrenden/Forschenden in überdurchschnittlichem Ausmaß in angelsächsischen Zeitschriften publizieren.

[66] Und hierauf weisen die Erhebungen von Gaugler, Gille und Weber (1985) hin.

[67] Ein Stern in *Tabelle 6* zeigt an, daß mehr als 50 % der Veröffentlichungen der betreffenden Hochschullehrer in einer einzigen Fachzeitschrift erfolgte.

124

68 Ähnliches haben bereits Yotopoulos (1961) am Beispiel dreier führender Fachzeitschriften und unlängst McDowell und Amacher (1986) bei der Analyse von 24 amerikanischen Periodika festgestellt. Die letztgenannten Forscher haben überdies gezeigt, daß die überdurchschnittliche Publikationshäufigkeit in einer »Hauszeitschrift« davon abhängt, ob der jeweilige Herausgeber und die Beitragenden in theoretischer und methodischer Hinsicht ähnliche Ansichten vertreten und ob die Zeitschrift in Zusammenarbeit mit einem der betreffenden Hochschule eng verbundenen Forschungsinstitut herausgegeben wird. Beide Voraussetzungen dürften in der Bundesrepublik Deutschland insbesondere im Falle von Kiel erfüllt sein und dazu beitragen, die führende Position dieser Universität (in statistischem Sinne) zu erklären.

69 Siehe auch die Kommentare von Olve (1985) und Albach (1985) zur Untersuchung von Lerbinger (1985).

70 Es handelt sich um eine Zufallsauswahl unter den Mitgliedern des Vereins für Socialpolitik. Die Befragten wurden um die Mitteilung gebeten, welche auf ihrem eigenen Fachgebiet die beiden für sie wichtigsten Zeitschriften sind, jeweils getrennt nach denen, die im deutschen Sprachraum und jenen, die außerhalb des deutschen Sprachraums angesiedelt sind. Die Rücklaufquote betrug 50,4 % (119 Antworten). Für eine ausführliche Erörterung dieser Umfrage und ihrer Ergebnisse (inkl. der Einschätzung der außerhalb des deutschen Sprachraums erscheinenden Fachzeitschriften) siehe Pommerehne (1986a).

71 Allein unter den betriebswirtschaftlichen Fachzeitschriften nimmt sie mit drei Nennungen den 5. Rang ein. Wegen der kleinen Anzahl von Nennungen bei den in der Rangordnung folgenden Zeitschriften sind in *Tabelle 7* nur die »Top 15« ausgewiesen.

72 Gleichwohl ist der Rang-Korrelationskoeffizient mit 0,739 etwas niedriger.

73 Der Korrelationskoeffizient zwischen den beiden qualitätsgewichteten Rangordnungen beträgt 0,979.

74 Die jeweiligen Rang-Korrelationskoeffizienten betragen 0,928 bzw. 0,949.

75 Der Korrelationskoeffizient zwischen den beiden Reihen von qualitätsgewichteten Kennziffern beträgt 0,982.

76 Der Korrelationskoeffizient zwischen der durchschnittlichen Publikationshäufigkeit pro Hochschullehrer und der Qualität der Veröffentlichungen gemäß Qualitätsmaß I beträgt im Falle der volkswirtschaftlichen Fachbereiche −0,018 und für die betriebswirtschaftlichen Fachbereiche −0,037. Auch wenn das feinere Qualitätsmaß II zugrunde gelegt wird, ergeben sich keine wesentlich anderen Beziehungen (Korrelationskoeffizienten von 0,041 bzw. 0,029; beide Koeffizienten sind ebenfalls nicht statistisch signifikant).

77 Durch Einbeziehung der Veröffentlichungen in allen wesentlichen, insbesondere den angelsächsischen Fachzeitschriften und ihre Standardisierung im Hinblick auf die Anzahl der (vereinheitlichten) Seiten sowie die jeweilige Zahl von Autoren. Was den qualitativen Aspekt betrifft, so ist eine breite vergleichende Einschätzung von Fachzeitschriften bzw. eine breit angelegte Zitatenanalyse vorzunehmen. Beides, die Erfassung von Quantität und Qualität der universitären Forschungsleistung sollte überdies in gewissen Zeitabständen und für unterschiedliche Perioden erfolgen, denn erst dann lassen sich trendmäßige Entwicklungen und größere Änderungen in jüngerer Zeit isolieren.

78 So hat schon Lovell (1973) versucht, mit Angaben für die Periode 1886 bis 1965 eine Produktionsfunktion zu schätzen. Allerdings leidet die Betrachtung eines so langen Zeitraums einerseits darunter, daß sich die Definition des Outputs über die Zeit hinweg verändert haben kann. Andererseits setzt das Konzept der Produktionsfunktion streng genommen

einen *gegebenen* Stand an Technologie voraus – eine Annahme, die bei einer derart weit zurückreichenden Zeitreihenanalyse ziemlich sicher nicht erfüllt ist. Beide Probleme lassen sich bei einer Querschnittsuntersuchung (Betrachtung einer größeren Anzahl Personen/ Universitäten zu einem festen Zeitpunkt) vermeiden; nicht unerwartet findet diese darum in jüngster Zeit vermehrt Anwendung.

[79] So z. B. bei Lovell (1973), Graves, Marchand und Thompson (1982), Cicarelli und Spizman (1984) sowie Backes und Sadowski (1985 und in diesem Band).

[80] Anders ausgedrückt: Eine proportionale Erhöhung beider Inputs kann zu einer überproportionalen ($\alpha + \beta > 1$) oder unterproportionalen ($\alpha + \beta < 1$) Outputsteigerung führen.

[81] Wobei Veröffentlichungen in einer der sechs führenden Zeitschriften ein höheres Gewicht erhalten.

[82] Denn ein »ideales« Maß für K würde auch die sonstige (physische) Ausstattung, das Angebot an Rechenanlagen und -programmen usw. einschließen.

[83] Die OLS-Methode liefert die besten unverzerrten linearen Schätzungen für beide Exponenten und erlaubt die Anwendung der üblichen statistischen Verfahren zum Hypothesentest.

[84] Weitere Typen von Produktionsfunktionen (etwa CES-Funktionen mit beliebiger Substitutionselastizität oder noch allgemeinere Translog-Funktionen) sind allerdings nicht verwendet worden.

[85] So z. B. die Untersuchung von Graves, Marchand und Thompson (1982) über die 100 führenden amerikanischen Universitäten und die jüngere Periode 1974 bis 1978. Ihren Schätzungen zufolge hat der Umfang an Lehrtätigkeit den stärksten dämpfenden Einfluß auf die Forschungsaktivität (doch kann er durch den Rückgriff auf Doktoranden etwas gemildert werden). Lerbinger (1985) kommt in seiner Untersuchung der Forschungsleistung betriebswirtschaftlicher Fachbereiche (an den deutschen Hochschulen) dagegen zu keiner negativen und in der Tendenz sogar zu einer positiven Beziehung zwischen Forschungsoutput und Lehrtätigkeit (gemessen an der Studenten/Hochschullehrer-Relation). Allerdings wird in dieser Arbeit keine Produktionsfunktion geschätzt (und entsprechend werden auch keine weiteren potentiellen Einflußfaktoren berücksichtigt), wie ihr darüber hinaus eine Reihe weiterer methodischer Mängel anhaftet (siehe Hax und von Hinten sowie weitere Kritiken in der Zeitschrift für Betriebswirtschaft 1986). Wie Daniel und Fisch (1986) anhand der Ergebnisse zweier Repräsentativumfragen (»Zur Lage der Forschung an den Universitäten« aus den Jahren 1977 und 1984) zeigen, wird die Belastung durch Lehre und Prüfungen von den deutschen Hochschullehrern als wesentlicher Hemmschuh für mehr Forschung angesehen.

[86] Indem jene Ökonomen, die in der Forschung besonders effizient sind, sich vor allem an die in der Forschung führenden Hochschulen begeben, während diejenigen, welche besonderes Talent zum Lehren besitzen, eher an einer der übrigen Universitäten tätig werden.

[87] Ein empirischer Test ist auch nicht einfach, denn er erfordert, daß zusätzlich eine Produktionsfunktion für den Lehr- und Ausbildungserfolg spezifiziert und geschätzt wird, ein – wie Hanushek (1979) und Needham (1982) erörtert haben – außerordentlich schwieriges Unterfangen. Es kommt hinzu, daß gute Forscher häufig gleichzeitig gute Lehrer sind (was umgekehrt jedoch nicht ohne weiteres der Fall ist), für diese Personen also eher eine komplementäre anstatt substitutive Beziehung zwischen Forschungs- und Lehrerfolg besteht (vgl. zu den näheren Bedingungen dieser Kuppelproduktion Allen 1980). Paul und Rubin (1984) argumentieren, daß bei Berufungen und Einstellungsverhandlungen deshalb in erster Linie auch auf die bisherige Forschungsleistung der Bewerber abgestellt wird.

[88] Was z. B. durchweg fehlt, ist eine explizite Berücksichtigung der jeweiligen Altersstruktur (»Jahrgangsmodelle« analog zum »vintage approach« für den Faktor Kapital), davon ausgehend, daß die Arbeitsproduktivität eines Forschers nicht konstant ist, sondern einem Lebenszyklus unterliegt. Für entsprechende empirische Evidenz siehe Eagly (1974) und Blankart (1975).

[89] Ein Konzept, das von Leibenstein (1976) entwickelt worden ist.

[90] Vgl. u. a. Bresser und Dunbar (1986), Bresser, Mittermeir sowie Backes und Sadowski (alle in diesem Band).

[91] Versuche, die Unterschiede in der Forschungsleistung einzelner Personen, Teams oder auch zwischen Fachbereichen verschiedener Universitäten auf vornehmlich individuelle Attribute zurückzuführen (so z. B. Daniel 1983), sind deshalb wichtig, um kaum änderbare (zumindest nicht kurzfristig beeinflußbare) Determinanten zu isolieren. Solange sie den Umweltbedingungen und damit den unterschiedlichen Anreizen nicht Rechnung tragen, liefern sie jedoch kaum Anhaltspunkte für die Politikberatung.

[92] Allerdings wäre es unseres Erachtens ebenso verfehlt, unter Hinweis auf die Schwierigkeit jeglicher Output- und Qualitätserfassung im nicht-marktlichen Bereich *jeden* Versuch der Qualitätseinschätzung von sich zu weisen (so in der Tendenz Weingart und Winterhager 1984). Sicherlich ist eine umfassende und genaue Qualitätseinschätzung nicht möglich. Doch stellt sich das Problem gar nicht in dieser Weise. Vielmehr kann es nur darum gehen, einen *Konsens* herbeizuführen, wie ein *gegebenenfalls* in der Forschungspolitik verwendetes Kriterium aussehen könnte, ebenso um die Untersuchung seiner spezifischen Eigenschaften (einbezogene Aspekte, Sensitivität in bezug auf die konkrete Formulierung usw.).

[93] Denn als Folge einer »Monetarisierung« von Fußnoten und Verweisen ist durchaus mit Zitierkartellen zu rechnen, oder doch mit solchen Strategien wie: »Zitiere nur einen Freund«, oder: »Zitiere nie einen Feind, mag dessen wissenschaftliche Leistung noch so achtbar sein!« (Voos und Dagaev 1976).

[94] Ähnliche Einflüsse werden auch von Seiten der Forschungsförderer ausgehen, denn die Gewährung von Projektmitteln, Stipendien u. ä. wird sich (ja muß sich möglicherweise sogar) an den entsprechenden Kriterien orientieren. Vgl. auch Castro (1968) und Ogden (1977), die bereits in der heutigen Praxis der Mittelvergabe gewisse Tendenzen feststellen, denenzufolge Forschungsvorhaben mit gut meßbarem Output ceteris paribus mit höherer Wahrscheinlichkeit gefördert werden.

[95] Doch heißt dies nicht, daß derlei Informationen nicht ganz praktisch genutzt und zur stärkeren Versachlichung und insofern zur Verbesserung von Entscheidungsgrundlagen verwendet werden können. Die Alternative sieht häufig so aus, wie dies Finkenstaedt (in diesem Band, S. 53) schildert: »Man kennt das ja aus Berufungskommissionen, wo eine zu große Anzahl von Publikationen genauso negativ eingeschätzt werden kann wie das Fehlen von Publikationen, und doch im nächsten Moment der eine Artikel mehr wert sein kann als zwei Monographien.« Dies gilt in entsprechender Weise für die Vergabe von Forschungsvorhaben. Wade (1975, S. 429) z. B. berichtet, daß die amerikanische National Science Foundation bei der Entscheidung über die Mittelvergabe im Bereich Chemie die Ergebnisse der Zitatenanalyse mitberücksichtigt, um so die Förderung jener Antragsteller einzuschränken, die zwar brillante Vorschläge unterbreiten, bislang aber keine bedeutenden wissenschaftlichen Leistungen erbracht haben. Umgekehrt sollen auf diese Weise jene vermehrt gefördert werden, die weniger gut abgefaßte Anträge stellen, jedoch bedeutende wissenschaftliche Leistungen vorweisen können.

Literatur

Albach, Horst, Lehre und Forschung als Kuppelproduktion, Zeitschrift für Betriebswirtschaft 55 (1985), 862–864.

Allen, Robert F., A Note on the Economic Meaning of Correlations between Teaching and Research Outputs, Journal of Economic Education 11 (1980), 49–52.

Andel, Norbert, Nutzen-Kosten-Analysen, in: Fritz Neumark, Hrsg., Handbuch der Finanzwissenschaft, Bd. 1. Tübingen: Mohr 1977, 477–518.

Andrews, Wesley T. und Patrick B. McKenzie, Leading Accounting Departments Revisited, Accounting Review 53 (1978), 135–138.

Ault, David E., Gilbert L. Rutman und Thomas Stevenson, Some Factors Affecting Mobility in the Labor Market for Academic Economists, Economic Inquiry 20 (1982), 104–132.

Backes, Ursula und Dieter Sadowski, Zur Messung von Forschungseffizienz, in: Forschungsschwerpunkt »Ökonomische Theorie der Hochschule«; Hrsg., Hochschule im Spannungsfeld von externer Funktionalität und interner Rationalität. Berlin 1985, 94–120.

Bazley, John D. und Loren A. Nikolai, A Comparison of Published Accounting Research and Qualities of Accounting Faculty and Doctoral Programs, Accounting Review 50 (1975), 605–610.

Becker, William E., The University Professor as a Utility Maximizer and Producer of Learning, Research and Income, Journal of Human Resources 10 (1975), 107–115.

Becker, William E., Professorial Behavior Given a Stochastic Reward Structure, American Economic Review 69 (1979), 1010–1017.

Bell, John G. und John J. Seater, Publishing Performance: Departmental and Individual, Economic Inquiry 16 (1978), 599–615.

Bell, John G. und John J. Seater, Publishing Performance: Departmental and Individual – Additions and Corrections, Economic Inquiry 17 (1979), 609–612.

Benjamin, Jones J. und Vincent C. Brenner, Perceptions of Journal Quality, Accounting Review 49 (1974), 360–362.

Bennett, James T., Manuel H. Johnson und Peter Germanis, An Abstract Approach to the Relative Ranking of Economics Journals, Nebraska Journal of Economics and Business 19 (1980), 52–64.

Billings, Bradley B. und George J. Viksnins, The Relative Quality of Economic Journals: An Alternative Rating System, Western Economic Journal 10 (1972), 467–469.

Blair, Douglas W., Rex L. Cottle und Myles S. Wallace, Faculty Ratings of Major Departments by Citations: An Extension, American Economic Review 76 (1986), 264–267.

Blankart, Charles B., Probleme der Messung und Bewertung von Forschungsresultaten – eine Anwendung auf die Ökonomie in schweizerischen Hochschulen, Schweizerische Zeitschrift für Volkswirtschaft und Statistik 110 (1974), 205–229.

Blankart, Charles B., Mikroökonomische Ansätze zur Messung des wirtschaftswissenschaftlichen Forschungsoutputs, Konjunkturpolitik 21 (1975), 148–169.

Borchardt, Knut, Wissenschaftliche Literatur als Medium wissenschaftlichen Fortschritts, Jahrbücher für Nationalökonomie und Statistik 193 (1978), 481–499.

Bourdieu, Pierre, Homo academicus. Paris: Editions de Minuit, 1984.

Boyes, William J., Stephen K. Happel und Timothy D. Hogan, Publish or Perish: Fact or Fiction? Journal of Economic Education 15 (1984), 136–141.

Brennan, H. Geoffrey und Robert D. Tollison, Rent Seeking in Academia, in: James M. Buchanan, Robert D. Tollison und Gordon Tullock, Hrsg., Toward a Theory of the Rent-Seeking Society. College Station: Texas A & M University Press 1980, 344–356.

Bresser, Rudi K. und Roger L. M. Dunbar, Context, Structure, and Academic Effectiveness: Evidence from West Germany, Organizational Studies 7 (1986), 1–24.

Broadus, Robert N., A Citation Study of Sociology, American Sociologist 2 (1967), 19–20.

Broder, Josef F. und Rod F. Ziemer, Assessment of Journals Used by Agricultural Economists at Land Grant Universities, Southern Journal of Agricultural Economics 16 (1984), 167–172.

Bush, Winston, Paul W. Hamelman und Robert J. Staaf, A Quality Index for Economic Journals, Review of Economics and Statistics 56 (1974), 123–125.

Button, Kenneth J. und David W. Pearce, What British Economists Think of their Journals, International Journal of Social Economics 4 (1977), 150–158.

Castro, Barry, The Scientific Opportunities Foregone because of More Readily Available Federal Support for Research in Experimental than in Theoretical Physics, Journal of Political Economy 76 (1968), 601–614.

Cicarelli, James und Lawrence Spizman, The Production of Economic Knowledge, Quarterly Review of Economics and Business 24 (1984), 41–50.

Clark, Kenneth E., America's Psychologists: A Survey of a Growing Profession. Washington, D.C.: American Psychological Association, 1957.

Coase, Ronald H., The Nature of the Firm, Economica 4 (1937), 386–405.

Coats, A. W. Robert, The Role of Scholarly Journals in the History of Economics: An Essay, Journal of Economic Literature 9 (1971), 29–44.

Coe, Robert K. und Irwin Weinstock, Publication Policies of Major Business Journals, Southern Journal of Business 3 (1968), 1–10.

Coe, Robert K. und Irwin Weinstock, Evaluating Journal Publication: Perception versus Reality, AACSB Bulletin 6 (1969), 23–27.

Coe, Robert K. und Irwin Weinstock, Evaluating the Finance Journals: The Department Chairperson's Perspective, Journal of Financial Research 6 (1983), 345–349.

Cole, Stephen und Jonathan R. Cole, Scientific Output and Recognition: A Study in the Operation of the Reward System in Science, American Sociological Review 32 (1967), 377–390.

Crane, Diana, The Gatekeepers of Science: Some Factors Affecting the Selection of Articles for Scientific Journals, American Sociologist 2 (1967), 195–201.

Cuyler, Anthony J., A Utility-Maximizing View of Universities, Scottish Journal of Political Economy 17 (1970), 349–367.

Daniel, Hans-D., Zur Messung und Förderung der Forschungsleistung deutscher Universitäten – Eine vergleichende Analyse empirischer Untersuchungen. Konstanz, 1983.

Daniel, Hans-D. und Rudolf Fisch, Lehrbelastung kein Forschungshemmnis? Warnung vor einem ökologischen Fehlschluß, Zeitschrift für Betriebswirtschaft 56 (1986), 426–433.

Danielsen, Albert L. und Charles D. Delorme, Some Empirical Evidence on the Variables Associated with the Ranking of Economic Journals, Southern Economic Journal 43 (1976), 1149–1160.

Davis, Paul und Gustav Papanek, Faculty Ratings of Major Economic Departments by Citations, American Economic Review 74 (1984), 225–230.

Dean, James W., An Alternative Rating System for University Economics Departments, Economic Inquiry 14 (1976), 146–153.

Downing, Paul B. und Elizabeth A. Stafford, Citations as an Indicator of Classic Works and Major Contributors in Social Choice, Public Choice 37 (1981), 219–230.

Eagly, Robert V., Contemporary Profile of Conventional Economics, History of Political Economy 6 (1974), 76–91.

Eagly, Robert V., Economics Journals as a Communications Network, Journal of Economic Literature 13 (1975), 878–888.

Ekelund, Robert B. und Richard J. Rivard, Publications and Output of Southern Economics Departments, 1970–1974: A Weighted Ranking, Review of Business and Economic Research 12 (1977), 72–78.

Frankena, Mark und Kul Bhatia, Journal Articles from Canadian Economics Departments, 1968–71, Western Economic Journal 10 (1972), 352–353.

Frankena, Mark und Kul Bhatia, Canadian Contributors to Economics Journals, 1968–1972, Canadian Journal of Economics 6 (1973), 121–124.

Fry, Bernhard M. und Herbert S. White, Publishers and Libraries: A Study of Scholarly Research Journals. Lexington, Mass.: Heath 1976.

Garfield, Eugene, Citation Indexes in Sociological and Historical Research, American Documentation 14 (1963), 289–291.

Garner, C. Alan, Academic Publication, Market Signaling, and Scientific Research Decisions, Economic Inquiry 17 (1979), 575–584.

Gaugler, Eduard, Gerd Gille und Bernd Weber, Die Entwicklung der Betriebswirtschaftslehre an den wissenschaftlichen Hochschulen in der Bundesrepublik Deutschland, in Österreich und in der Schweiz, Die Betriebswirtschaft 45 (1985) 427–453.

Gerrity, Dennis M. und Richard B. McKenzie, The Ranking of Southern Economics Departments: New Criterion and Further Evidence, Southern Economic Journal 45 (1978), 608–614.

Giles, Michael W. und Gerald W. Wright, Political Scientists' Evaluation of Sixty-Three Journals, Policy Science 8 (1975), 254–271.

Glotz, Peter, Man muß nur fördern wollen: Im System der Universität ist Spitzenforschung möglich, Deutsche Universitätszeitung 37 (1981), 730–733.

Graves, Philip E., James R. Marchand und Randall Thompson, Economics Departmental Rankings: Research Incentives, Constraints, and Efficiency, American Economic Review 72 (1982), 1131–1141.

Graves, Philip E., James R. Marchand und Randall Thompson, Economics Departmental Rankings: Reply and Errata, American Economic Reciew 74 (1984), 834–836.

Grubel, Herbert G., Citation Counts for Leading Economists, Economic Notes 8 (1979), 134–145.

Grubel, Herbert G., Citation Counts for Economists Specializing in International Economics: A Tribute to the Memory of Harry G. Johnson, Malayan Economic Review 25 (1980), 1–18.

Grubel, Herbert G., Canadian Economists' Citation and Publication Records, Canadian Journal of Higher Education 11 (1981), 27–43.

Grubel, Herbert G. und Lawrence A. Boland, On The Efficient Use of Mathematics in Economics: Some Theory, Facts and Results of an Opinion Survey, Vervielf. Manuskript, Simon Fraser University, Burnaby, Can., Jan. 1986.

Hagstrom, Warren O., Inputs, Outputs and the Prestige of American University Science Departments, Sociology of Education 44 (1971), 375–397.

Hamelman, Paul W. und Edward M. Mazze, Citation Patterns in Finance Journals, Journal of Finance 29 (1974), 1295–1301.

Hansen, W. Lee und Burton A. Weisbrod, Toward a General Theory of Awards, or, Do Economists Need a Hall of Fame? Journal of Political Economy 80 (1972), 422–431.

Hansen, W. Lee, Burton A. Weisbrod und Robert P. Strauss, Modeling the Earnings and Research Productivity of Academic Economists, Journal of Political Economy 86 (1978), 729–741.

Hanushek, Eric A., Conceptual and Empirical Issues in the Estimation of Educational Production Functions, Journal of Human Resources 14 (1979), 351–388.

Hawkins, Robert G., Lawrence S. Ritter und Ingo Walter, What Economists Think of their Journals, Journal of Political Economy 81 (1973), 1017–1032.

Hax, Herbert und Peter von Hinten, Der Studentenberg als Hemmschuh der Forschung?, Zeitschrift für Betriebswirtschaft 56 (1986), 180–184.

Heiber, Horst, Messung von Forschungsleistungen der Hochschulen: Ein empirischer Ansatz auf der Basis von Zitatenanalysen. Baden-Baden: Nomos 1983.

Henry, William R. und E. Earl Burch, Institutional Contributions to Scholarly Journals of Business, Journal of Business 47 (1974), 56–66.

Hirsch, Barry T., Randall Austin, John Brooks und J. Bradley Moore, Economics Departmental Rankings: Comment, American Economic Review 74 (1984), 821–826.

Hogan, Timothy D., Rankings of Ph. D. Programs in Economics and the Relative Publishing Performance of Their Ph. D.'s: The Experience of the 1960s, Western Economic Journal 11 (1973), 429–450.

Hogan, Timothy D., Statistical Measures of Faculty Quality: Correcting Previous Bias, Proceedings of the American Statistical Association (Business and Economics Section) (1975), 415–419.

Hogan, Timothy D., Economics Departmental Rankings: Comment, American Economic Review 74 (1984), 827–833.

House, Donald R. und James H. Yeager, The Distribution of Publication Success within and among Top Economics Departments: A Disaggregative View of Recent Evidence, Economic Inquiry 16 (1978), 593–598.

Hüfner, Klaus, Thomas Hummel und Einhard Rau, Ansätze zur Messung der Qualität von Hochschulen, in: Zentralinstitut für sozialwissenschaftliche Forschung, Hrsg., Hochschule zwischen Plan und Markt. Berlin: Freie Universität 1984, 77–123.

Kagann, Stephen und Kenneth W. Leeson, Major Journals in Economics: A User Study, Journal of Economic Literature 16 (1978), 979–1003.

Katz, David A., Faculty Salaries, Promotions, and Productivity at a Large University, American Economic Review 63 (1973), 469–477.

Kirsch, Guy, Staat und Hochschule: Privatisierung als Ausweg? Deutsche Universitätszeitung 38 (1982), 16–18.

Koen, Vincent, La production française de connaissance économiques: analyse bibliométrique, Revue Economique 37 (1986), 117–136.

Laband, David N., An Evaluation of 50 »Ranked« Economics Departments – by Quantity and Quality of Faculty Publications and Graduate Student Placement and Research Success, Southern Economic Journal 52 (1985), 216–240.

Laband, David N. und John P. Sophocleus, Revealed Preferences for Economic Journals: Citations as Dollar Votes, Public Choice 46 (1985), 317–324.

Leibenstein, Harvey, Beyond Economic Man: A New Foundation of Microeconomics. Cambridge, Mass.: Harvard University Press 1976.

Lerbinger, Paul, Der Studentenberg als Hemmschuh der Forschung? Eine empirische Untersuchung der Beiträge deutscher Hochschulen in betriebswirtschaftlichen Zeitschriften, Zeitschrift für Betriebswirtschaft 55 (1985), 848–858.

Liebowitz, Stan J., Copying and Indirect Appropriability: Photocopying of Journals, Journal of Political Economy 93 (1985), 945–957.

Liebowitz, Stan J. und John P. Palmer, Assessing the Impacts of Economic Journals, Vervielf. Manuskript, Universities of Rochester and Western Ontario, Juli 1983.

Liebowitz, Stan J. und John P. Palmer, Assessing the Relative Impacts of Economic Journals, Journal of Economic Literature 22 (1984), 77–88.

Lith, Ulrich van, Der Markt als Ordnungsprinzip des Bildungsbereichs. München: Oldenbourg 1985.

Lovell, Michael C., The Production of Economic Literature: An Interpretation, Journal of Economic Literature 11 (1973), 27–55.

May, Kenneth O., Growth and Quality of Mathematical Literature, ISIS 59 (1968), 363–371.

McCormick, James M. und E. Lee Bernick, Graduate Training and Productivity: A Look at Who Publishes, Journal of Politics 44 (1982), 212–227.

McDonough, Carol C., A Simultaneous Equation Model of the Demand for Academic and Professional Journals, Vervielf. Manuskript, University of Lowell, Febr. 1982.

McDowell, John M. und Ryan C. Amacher, Economic Value of In-House-Editorship, Public Choice 48 (1986), 101–112.

McPherson, Michael S. und Gordon C. Winston, The Economics of Academic Tenure: A Relational Perspective, Journal of Economic Behavior and Organisation 4 (1983), 163–184.

Miller, James C. und Robert D. Tollison, Rates of Publication per Faculty Member in Forty-Five »Rated« Economics Departments, Economic Inquiry 13 (1975), 122–123.

Moore, Lawrence J. und Bernhard W. Taylor, A Study of Institutional Publications in Business-Related Academic Journals, 1972–78, Quarterly Review of Economics and Business 20 (1980), 87–97.

Moore, William J., The Relative Quality of Economics Journals: A Suggested Rating System, Western Economic Journal 10 (1972), 156–169.

Moore, William J. The Relative Quality of Graduate Programs in Economics 1958–1972: Who Published and Who Perished, Western Economic Journal 11 (1973), 1–23.

Moore, William J., Robert J. Newman, John Raisin und R. William Thomas, A Quality-Adjustment Model of The Academic Labor Market: The Case of Economists, Economic Inquiry 21 (1983), 241–254.

Morgan, David R. und Michael R. Fitzgerald, Recognition and Production among American Political Science Departments, Western Political Quarterly 30 (1977), 342–350.

Morgan, David R. und Kenneth J. Meier, Reputation and Productivity of Public Administration/Affairs Programs: Additional Data, Public Administration Review 42 (1982), 171–173.

Morgan, David R., Kenneth J. Meier, Richard C. Kearney, Steven W. Hays und Harold B. Birch, Reputation and Productivity among U. S. Public Administration and Public Affairs Programs, Public Administration Review 41 (1981), 666–673.

Müller-Brettel, Marianne und Roger A. Dixon, Qualitative Ratings of Human Development Journals in France, West Germany and Great Britain, Human Development 28 (1985), 84–93.

Needham, Douglas, Improving Faculty Evaluation and Reward Systems, Journal of Economic Education 13 (1982), 6–18.

Niemi, Albert W., Journal Publication Performance during 1970–1974: The Relative Output of Southern Economics Departments, Southern Economic Journal 42 (1975), 97–106.

O'Boyle, Edward J., On the University Researcher as an Entrepreneur, International Journal of Social Economics 11 (1984), 114–125.

Odagiri, Hiroyuki, Demand for Economic Journals: A Cross Section Analysis, Review of Economics and Statistics 59 (1977), 493–499.

Ogden, Gerald R., Attempts to Control Access to the Literature of Agricultural Economics, Agricultural Economics Research 29 (1977), 90–95.

Olve, Niels-Göran, Some Comments on Lerbinger's Paper, Zeitschrift für Betriebswirtschaft 55 (1985), 859–861.

Opaluch, James und Richard E. Just, Institutional Affiliation of Authors of Contributions in Agricultural Economics, 1968–72, American Journal of Agricultural Economics 59 (1977), 400–403.

Paul, Chris W. und Paul C. Rubin, Teaching and Research: The Human Capital Paradigm, Journal of Economic Education 15 (1984), 142–147.

Peery, J. Craig und Gerald R. Adams, Qualitative Rankings of Human Development Journals, Human Development 24 (1981), 312–319.

Pommerehne, Werner W., Ansätze zur Erfassung der Präferenzen für öffentliche Güter: Ein Beitrag zur Verbesserung der kollektiven Willensbildung. Tübingen: Mohr 1986.

Pommerehne, Werner W., Die Reputation wirtschaftswissenschaftlicher Fachzeitschriften: Ergebnisse einer Befragung deutscher Ökonomen, Jahrbücher für Nationalökonomie und Statistik 201 (1986a), 280–306.

Pommerehne, Werner W., Friedrich Schneider, Guy Gilbert und Bruno S. Frey, Concordia discors or: What Do Economists Think?, Theory and Decision 16 (1984), 251–308.

Quandt, Richard E., Some Quantitative Aspects of the Economic Journal Literature, Journal of Political Economy 84 (1976), 741–755.

Rätzer, Ernst, Institutionelle Ursachen der geringen ökonomischen Forschungsaktivität im deutschsprachigen Raum, Kyklos 37 (1984), 223–246.

Rock, James M., Reading Books and Ranking of Macro-monetary Articles, Authors and Journals, Journal of Macroeconomics 4 (1982), 71–87.

Sadowski, Dieter und Ursula Backes, Analysen zur Forschungseffizienz – Grundlagen für die Forschungsfinanzierung an Universitäten? in: Gerhard Brinkmann, Hrsg., Probleme der Bildungsfinanzierung. Berlin: Duncker und Humblot 1985, 408–437.

Siegfried, John J., The Publishing of Economic Papers and its Impact on Graduate Faculty Ratings, 1960–69, Journal of Economic Literature 10 (1972), 31–49.

Siegfried, John J. und Kenneth J. White, Teaching and Publishing as Determinants of Academic Salaries, Journal of Economic Education 4 (1973a), 90–99.

Siegfried, John J. und Kenneth J. White, Financial Rewards to Research and Teaching: A Case Study of Academic Economists, American Economic Review, Papers and Proceedings 63 (1973b), 309–315.

Siegfried, John J. und Thomas A. Zak, Predicting Graduate Faculty Ratings for the 1970s, Economic Inquiry 14 (1976), 291–293.

Siegfried, John J. und Thomas A. Zak, Institutional Inequality in the Publishing of Economics Papers, 1970–74, Journal of Economic Education 10 (1979), 22–29.

Skeels, John W. und Robert P. Fairbanks, Publish or Perish: An Analysis of the Mobility of Publishing and Nonpublishing Economists, Southern Economic Journal 35 (1968), 17–25.

Skeels, John W. und Ryland A. Taylor, The Relative Quality of Economic Journals: An Alternative Rating System, Western Economic Journal 10 (1972), 470–473.

Smith, V. Kerry und Steven Gold, Alternative Views of Journal Publication Performance during 1968–71 and 1970–74, Eastern Economics Journal (1976), 109–113.

Social Sciences Citation Index [SSCJ]. Philadelphia: Institute for Scientific Information, Inc., 1969 ff.

Stigler, George J. und Claire Friedland, The Pattern of Citation Practices in Economics, History of Political Economy 11 (1979), 1–20.

Stolen, Justin D. und John E. Gnuschke, Reflections on Alternative Rating Systems for University Economics Departments, Economic Inquiry 15 (1977), 277–282.

Suter, Peter, Wiederwahl von Professoren ohne Automatismen: Zwei Thesen zur Sicherung der Qualität an den Technischen Hochschulen, Neue Zürcher Zeitung, Samstag/Sonntag 14./15. Sept. 1985, 37.

Tuckman, Howard P. und Jack Leahey, What is an Article Worth? Journal of Political Economy 83 (1975), 951–967.

Vandermeulen, Alice, Editor's Note, Western Economic Journal 10 (1972), 466.

Voos, Henry und Katherine S. Dagaev, Are all Citations Equal? Or Did We op. cit. Your Idem? Journal of Academic Librarianship 6 (1976) 19–21.

Wade, Nicholas, Citation Analysis: A New Tool for Science Administrators, Science 188 (1975), 429–432.

Weingart, Peter und Matthias Winterhager, Die Vermessung der Forschung: Theorie und Praxis der Wissenschaftsindikatoren. Frankfurt: Campus 1984.

White, Murray J. und K. Geoffrey White, Citation Analysis of Psychology Journals, American Psychologist 32 (1977), 301–305.

Wieland, Bernhard, Towards an Economic Theory of Scientific Revolution – A Cynical View, Erkenntnis 23 (1985), 79–95.

Wild, Wolfgang, Kein gutes Klima für die Forschung: Wissenschaftliche Spitzenleistungen werden in der Bundesrepublik selten, Deutsche Universitätszeitung 37 (1981), 727–730.

Yotopoulos, Pan A., Institutional Affiliation of the Contributors to Three Professional Journals, American Economic Review 51 (1961), 655–670.

HORST HEIBER

Messung universitärer Forschungsleistung mit Hilfe der Zitatenanalyse*

Einen Ausgangspunkt zur Ergebnismessung im Forschungsbereich wissenschaftlicher Hochschulen stellen zwei Prämissen dar:
- In einer permanent angespannten finanziellen Situation des Staates ist eine Rechenschaftspflicht der Hochschulen über ihren Output gegenüber dem Staat als ihrem mit Abstand bedeutendstem Geldgeber und damit gegenüber der gesamten Öffentlichkeit bzw. dem Steuerzahler unausweichlich;
- die Autonomie der Forschung in den Hochschulen ist ein grundlegender Bestandteil unseres demokratischen Staatssystems und soll unter Beachtung der ersten Prämisse, soweit möglich und sinnvoll, gewahrt bleiben.

Es kann als sicher angesehen werden, daß die Hochschulen unter der ersten Prämisse längerfristig nicht in der Lage sein werden, eine kurzfristig vielleicht ihren Interessen entgegenkommende Verweigerungsposition in diesem Konflikt einzunehmen; daher sollte es auch im eigenen Interesse der Universitäten liegen, sich mit dem Thema der Ergebnismessung ihrer Leistungen praktisch und mit Allokationskonsequenzen theoretisch auseinanderzusetzen. Aus der Sicht der Betriebswirtschaftslehre können Ansatzpunkte für Ergebnismaße der Hochschulen aus einem produktionstheoretischen Konzept der Forschungstätigkeit abgeleitet werden. Prinzipielle Gestaltungsmöglichkeiten liegen dabei – analog zum Vorgehen bei der Kontrolle von Unternehmen – in einer Verhaltens- und/oder einer Ergebniskontrolle. Wenn weitgehendes Einvernehmen darüber besteht, daß auf das Erkenntnisobjekt bezogene Verhaltensvorgaben für eine »erfolgreiche Forschung« insbesondere im Hinblick auf die Autonomieprämisse nicht gesetzt werden sollten, bleibt nur der – auch konzeptionell überlegenere – Weg einer Ergebnismessung.

Der Forschungsoutput könnte dann über die Produkteigenschaften oder die Wirkung der Forschungsergebnisse gemessen werden. Einem »marktwirtschaftlichen« Ansatz entspräche es, an den Wirkungen eines Gutes, d. h. dem Nutzen für den Verwender, anzusetzen. Dieser Nutzen würde durch den Marktpreis gemessen, der die ausgetauschte Gegenleistung darstellt und zugleich als Knappheitsindikator fungiert. Da die Forschungsleistung der Hochschulen in aller Regel wegen unentgelt-

---

* Zugleich Überblick zu: Heiber, H.: Messung von Forschungsleistungen der Hochschulen. Ein empirischer Ansatz auf der Basis von Zitatenanalysen. Nomos Verlagsgesellschaft, Baden-Baden 1983.

licher Abgabe keinen Marktpreis besitzt, entfällt diese spezielle Möglichkeit der Wirkungsmessung. Sieht man den in Geld bemessenen Marktpreis als konstituierende Bedingung für die Übertragung von marktwirtschaftsähnlichen Austauschkonzepten auf nicht erwerbswirtschaftliche Organisationen an, so ist der Blick für andere Austauschvorgänge verstellt, obwohl diese möglicherweise zur Kontrolle und ggf. zur Selbststeuerung im Sinne der gewünschten Autonomie herangezogen werden könnten.

Ergebnismaße lassen sich nämlich auch von den nichtmonetären Wirkungen der Forschung her konstruieren. Unter der Prämisse der Autonomie ist es nur konsequent, nicht wie beim Marktpreiskonzept am Nutzen eines Verwenders der Forschungsleistung außerhalb des Hochschulbereiches anzuknüpfen, sondern vielmehr primär den Nutzen für die Scientific Community zu betrachten; sie stellt wohl überwiegend die unmittelbar relevante Verwendergruppe für den Forschungsoutput dar. Dieser Nutzen, den ein Forscher oder eine Institution nach wissenschaftsinterner Auffassung (oder aus der Sicht der Praxis) für den Erkenntnisfortschritt seines Faches leistet, drückt sich i. d. R. in einer Art wissenschaftlicher Reputation aus.

Untersucht man den Ablauf wissenschaftlicher Forschungsprozesse genauer, so zeigen sich drei grundsätzliche Ansatzpunkte, an denen ein Forscher in Austauschprozesse einbezogen ist:

1. Bei der allgemeinen (Grundausstattung) oder auf den Einzelfall (Projekt) bezogenen Finanzmittelvergabe kann man sich vorstellen, daß es ein in der Person des Forschers begründetes Forschungspotential gibt (bzw. eine in einem Projektvorschlag dargelegte Erkenntnischance existiert), das gegen die zur Durchführung der Forschung benötigten Finanzmittel getauscht wird (erste Transaktionsebene). Dabei ist seitens des Staates die Mittelvergabe zum Teil auf wissenschaftsinterne Fachgelehrte (Berufungskommissionen, Gutachterausschüsse) übertragen. Da hier noch kein Erkenntnisbeitrag realisiert worden ist, sondern nur in Aussicht gestellt wird, soll in Anlehnung an das Realisationsprinzip des betrieblichen Rechnungswesens noch nicht von einer rechenschaftsfähigen Reputationszuweisung ausgegangen werden.

2. Die Möglichkeit, Forschungsergebnisse in die interne wissenschaftliche Kommunikation einbringen zu können, ist an die Beachtung wissenschaftlicher Normen bzw. Standards bei der Gewinnung und Darstellung der Erkenntnisse gebunden. Zumindest für wissenschaftsintern renommierte Kommunikationskanäle wie etwa bestimmte Fachzeitschriften, Schriftenreihen, die von führenden Wissenschaftlern betreut werden, oder auch für Beiträge in Nachschlagewerken ist die Publikationschance ein knappes Gut; sie zeichnet gleichzeitig den Autor dahingehend aus, daß er den – allerdings nur begrenzt intersubjektiv kommunizierbaren – wissenschaftsinternen Normen entsprochen hat. Deshalb wird hier in Übereinstimmung mit informalen Werturteilen im Wissenschaftsbereich von einer Reputationserteilung (z. B. durch Herausgeberkollegien) ausgegangen. Sie stellt die Gegenleistung für praktisch nicht meßbare Forschungsergebnisse dar und erscheint selbst allerdings auch nicht sinnvoll

direkt erfaßbar. Dies ist die zweite Transaktionsebene, die Erteilung »primärer« Reputation.

3. Erweisen sich Forschungsergebnisse eines Wissenschaftlers aus der Sicht von Fachkollegen als tragfähige Grundlage für die Gewinnung weiterer Erkenntnisse oder sind wissenschaftsexterne Verwender in der Lage, damit praktische Probleme einer Lösung näherzubringen, erwirbt jener Wissenschaftler dafür eine dementsprechende »sekundäre« Reputation. Sie wird unter anderem durch Zitate – den expliziten und formellen Verwendungsnachweis in wissenschaftlichen Publikationen –, aber auch durch Ehrungen manifestiert, die für herausragende Verdienste um die Erkenntnisentwicklung eines Faches oder die Lösung realer Probleme verliehen werden. Diese dritte Transaktionsebene der Zuweisung »sekundärer« Reputation wird deshalb konstruiert, weil Austauschprozesse dieser Art grundsätzlich auf multiplen, anonymen Prozessen der Verwendungsbeurteilung für Forschungsergebnisse beruhen.

Dieser letzte Aspekt weist auf eine starke Analogie zum klassischen Marktmodell des zweiseitigen Polypols, auf einen vollkommenen Markt – hier für veröffentlichte Forschungsergebnisse – hin. Er ist die Grundlage für die hier ganz eindeutig vertretene Präferenz für solche Ergebnismaße, die auf eine Erfassung der sekundären Reputation abstellen. Darüber hinaus sind an Ergebnismaße, die ein Rechenschaftsablegungsbedürfnis externer Adressaten – außerhalb der Scientific Community – zu berücksichtigen haben, einige formale Anforderungen zu stellen:

– Das Ergebnismaß muß einen gewissen Grad an »Einfachheit« besitzen, um auch von den externen Adressaten verstanden zu werden. Nur so kann eine allgemeine Akzeptanz erreicht werden. Unter diesem Gesichtspunkt sind beispielsweise komplizierte Gutachtersysteme (wie manche »peer review«-Systeme) skeptisch zu beurteilen. Ein Zitatenindex erfüllt dagegen diese Forderung wesentlich besser.

– Das Ergebnismaß muß einen gewissen Grad an »Verzerrungsfreiheit« besitzen und sollte von den Rechenschaftspflichtigen nicht allzu leicht manipuliert werden können. Diese Forderung kollidiert zunächst im Ansatz mit der Prämisse der Autonomie der Hochschulen, die den Mitgliedern der Scientific Community als Gruppe gerade die Diagnose wissenschaftlichen Fortschrittes überträgt. Die externen Adressaten müssen dann auf die Funktionsfähigkeit der Selbststeuerung vertrauen können.

Um trotz dieser Aspekte für den Versuch einer Ergebnismessung in der Hochschulforschung zu plädieren, muß man sich vor Augen halten, daß

– zum einen ein Ergebnismaß nicht die absolute Höhe, sondern eher die Relationen der Forschungsleistungen bestimmter Personen oder Institutionen untereinander widerspiegeln soll, also vor allem differenzierungsstark sein muß,

– zum anderen die Prämisse, die Autonomie der Hochschulen zu erhalten, als ein Angebot der Rechenschaftsberechtigten an die Hochschulen zu sehen ist; eine Ablehnung durch die Hochschulen könnte leicht einem Trend zu einer überwiegend wissenschaftsexternen Leistungsbeurteilung bzw. Bevormundung der Hochschulen zum Durchbruch verhelfen.

Kurzfristig wird es wohl keine Möglichkeit geben, »Erkenntniszuwachs« unmittelbar und mit »naturwissenschaftlichem Anspruch« messen zu können; deshalb erscheint es vertretbar, im Sinne einer Konvention zur Ergebnismessung einen Indikator zur Messung sekundärer Reputation vorzuschlagen, der an die sogenannten »Normen wissenschaftlichen Arbeitens«, wie etwa die des Zitierens, geknüpft ist. Jede manipulierende Verzerrung eines solchen Indikators durch die Mitglieder der Scientific Community schlägt dann auf sie selbst zurück. Mit einigem Optimismus läßt sich jedoch hoffen, daß es angesichts der andauernden Finanzprobleme des Staates auch ohne staatliche Vorschriften zu einer wissenschaftsinternen Konvention über eine solche oder ähnliche Form der Ergebnismessung für die Hochschulforschung kommt. Sie könnte vielleicht sogar eher einer Entwicklung in Richtung auf eine exaktere Einhaltung der zugrundeliegenden Normen als einer manipulativen Verzerrung Auftrieb geben; andernfalls entzöge sich die Scientific Community selbst ihre Chance zur Selbststeuerung. Im Falle der Zitate würde sie ihr Verweisnetz zerstören und ihre eigene Effizienz in der Literaturrecherche erheblich beeinträchtigen.

Unter diesen Gesichtspunkten erscheint dem Verfasser der Vorschlag, die Zahl der erhaltenen Zitate zu einem partiellen, aber wesentlichen Maßstab für die Wirkung von Forschungsergebnissen zu machen, als eine im Augenblick sinnvolle und auch relativ kurzfristig praktikable Lösung. Andere Maße wie Ehrungen etc. mögen später hinzukommen. Zukünftig häufiger durchgeführte Zitatenanalysen können dazu beitragen, Akzeptanzprobleme gegenüber dieser Alternative der Ergebnismessung abzubauen. Dazu ist allerdings die Festlegung genauerer Zählkonventionen erforderlich. Hierzu versuchte der Verfasser in der eingangs genannten Publikation einige Anregungen zu geben, zunächst durch die kritische Analyse einiger vorliegender Untersuchungen, in denen Zitierhäufigkeiten verwendet worden sind, dann durch die Beschreibung und Deutung einiger Ergebnisse einer eigenen Zitatenanalyse auf der Basis der »Enzyklopädie der Betriebswirtschaftslehre« (EdBWL) des Poeschel Verlages. Von den Verfassern der darin publizierten Beiträge wurde angenommen, daß sie als führende Fachwissenschaftler so weitgehend wie derzeit vorstellbar den mit Zitierungen verbundenen Normen entsprechen.

Ausgewertet wurden Zitate für Mitglieder des Verbandes der Hochschullehrer für Betriebswirtschaft, die nach dessen Mitgliederverzeichnis 1978 dreiundvierzig wissenschaftlichen Hochschulen in der Bundesrepublik Deutschland zugeordnet waren. Keine Berücksichtigung fanden Hochschulen, die zu diesem Zeitpunkt nicht mindestens ein wirtschaftswissenschaftliches Lehrangebot im Grundstudium aufweisen konnten. In einem ersten empirischen Teil wurden zunächst die bis 1978 erschienenen Bände dieser Enzyklopädie ausgewertet.

Damit wurde die von führenden Betriebswirtschaftlern selbst durchgeführte Bestandsaufnahme ihres Faches formal abgebildet, denn die Bibliographien zu den 1630 Handwörterbuchartikeln sollten den jeweiligen Bestand gesicherten Wissens aufweisen. Um beim fachkundigen Leser Akzeptanz für eine derartige Zitatenanalyse zu erzeugen, wurde zunächst eine personenbezogene Auswertung vorgenommen. Sie bezog sich sowohl auf die gesamte Betriebswirtschaftslehre als auch auf deren Teildisziplinen, wie sie durch die ausgewerteten speziellen Handwörterbücher abgesteckt vorgefunden wurden. Der Leser kann vergleichen, ob die meistzitierten Hochschullehrer auch seinem Urteil zufolge zu denjenigen Verbandsmitgliedern gehören, die die bedeutendsten Beiträge zum Wissensfundus der Betriebswirtschaftslehre geleistet haben. Die Konzentration von anderen Indikatoren der sekundären Reputation wie etwa Ehrenpromotionen oder Herausgeberschaften von führenden Fachzeitschriften auf die Gruppe meistzitierter Wissenschaftler legte dies nahe und unterstrich die formale Differenzierungsstärke von Zitierhäufigkeiten.

Auf der Untersuchungsebene der Hochschulen konnten diese Ergebnisse bestätigt werden. Hier wurden ebenfalls für die gesamte Betriebswirtschaftslehre und für die durch die Spezialbände der EdBWL definierten Teilbereiche mit Hilfe von relativen Impact-Faktoren deutliche Unterschiede in der sekundären Reputation von Hochschulen sichtbar. Die Faktoren zeigen die durchschnittliche Zitierhäufigkeit eines Verbandsmitgliedes an einer Hochschule an. Hohe relative Impact-Faktoren korrespondierten gleichfalls mit anderen, auf Hochschulebene zusammengefaßten sekundären Reputationsmaßen.

Eine Beschränkung der hochschulbezogenen Zitatenanalyse auf Zitate für die aktiven, d. h. die nicht-emeritierten Verbandsmitglieder, verdeutlichte die vergleichsweise hohe über Zitate vermittelte sekundäre Reputation, die inzwischen auch bei einigen Hochschulen zu verzeichnen ist, die bezüglich ihres betriebswirtschaftlichen Lehr- und Forschungsbetriebes der Ausbau- und Neugründungsphase ab etwa 1965 zuzuordnen sind. Damit konnten bisher schon wirksame Wettbewerbselemente im Forschungsbereich der untersuchten Disziplin abgebildet werden.

In einem zweiten empirischen Teil wurde das bisher vorgelegte empirische Material um Auswertungen der beiden 1980 und 1981 erschienenen Neuauflagen der Handwörterbücher der Organisation und des Rechnungswesens ergänzt. Dadurch war es möglich, die exemplarische Ergebnismessung um einen Zeitvergleich zwischen den jeweils ersten und zweiten Auflagen dieser beiden Nachschlagewerke für zwei Kernbereiche der Betriebswirtschaftslehre zu erweitern. Die über Zitate gemessene Reputation für die Forschungsergebnisse der siebziger Jahre konnten so einzelnen Wissenschaftlern und auch Hochschulen zugeordnet werden. Dabei zeigten die allgemeinen Zitierungsmuster im Vergleich der Auflagen eine wesentliche Konzentration der Produktion von Handwörterbuchartikeln auf Hochschulmitglieder und damit eine verstärkte Akademisierung. Gleichzeitig ist damit eine Verstärkung der wissenschaftsinternen Reputationszuweisung verbunden, da nunmehr in geringerem Umfang Zitate durch Praktiker erteilt werden konnten. Sowohl im Rahmen der personenbezogenen als auch der institutionenbezogenen Zitatenanalyse konnte gezeigt werden, daß sich dieses Instrument so ausgestalten läßt, daß zeitliche Veränderungen in der Reputationsstruktur der untersuchten Einheiten abgebildet werden können.

Für zukünftige Arbeiten auf diesem Gebiet ist das Schwergewicht auf eine aussichtsreich erscheinende Integration formaler Zitatenanalysen mit materiellen Analysen einzelner Forschungsleistungen zu legen. Dabei können die Ergebnisse von Zitatenanalysen als Anstoßinformation im Sinne eines »management by exception« zur genaueren gutachtlichen Überprüfung problematischer Einzelfälle verwendet werden. Die in der Rechenschaftsfunktion gebundene Fachkompetenz kann dadurch begrenzt werden. Zugleich kann ein solches Bemühen Anstöße für weitere Untersuchungen auf dem Gebiet der Rechnungslegung für Nicht-Gewinnorganisationen geben.

Ekkehard Klausa

Die Prestigeordnung deutscher Rechtsfakultäten

Eine Art Leistungsvergleich nach der Peer-Rating-Methode

1.   Prestige als soziales Kontrollmittel der Wissenschaft

Während in Deutschland die Öffnung der alten Elite-Universitäten das Mittelmaß gewaltig gestärkt hat, schaffen es die Amerikaner irgendwie, im akademischen System demokratische Strukturen – nämlich Breitenstudium bei hoher Chancengleichheit – mit einer meritokratischen Elitebildung zu verbinden. Während wir in Deutschland Mittelmäßigkeit für unvermeidbar halten, wenn 20 statt 6 % eines Altersjahrgangs studieren, stehen die amerikanischen Colleges und Universitäten 50 % der jungen Leute offen – und dennoch scheinen die Nobelpreise den Amerikanern nur so in den Schoß zu fallen.

Gewiß wäre es eine spezialistische Verblendung, diese beiden Tendenzen, den Abstieg der deutschen und den Aufstieg der amerikanischen Universität, allein organisatorisch erklären zu wollen, also mit wissenschaftssoziologischen Annahmen über die Folgen bestimmter Eigenheiten von Universitäten (etwa Karrieremuster und Belohnungsarten von Wissenschaftlern, Methoden der Forschungsförderung usw.). Selbstverständlich sind auch historische Kräfte höherer Ordnung im Spiel, etwa der Aufstieg Amerikas zur Weltmacht und der Abstieg Deutschlands zur Mittelmacht. Gleichwohl, so behaupte ich, ließe sich die Forschungsleistung der deutschen Universität beträchtlich steigern, wenn wir einige Wettbewerbsstrukturen der Amerikaner uns anzueignen bereit wären. Das Geheimnis des amerikanischen Erfolges liegt nicht zuletzt in der hierarchischen Gliederung des akademischen Massensystems. Zehn bis zwanzig Universitäten gehören zur Weltspitze, 50 bis 100 weitere sind hochsolide, Hunderte »laufen ferner«. Aber viele von ihnen »laufen« wirklich: denn sie möchten sich in der Hierarchie emporarbeiten.

Damit will ich natürlich nicht sagen, der deutsche Professor »laufe« überhaupt nicht. Aber wenn er es tut, so ist es in hohem Maße seine Privatentscheidung. Mit anderen Worten: Der Anreiz zum »Laufen«, zur überdurchschnittlichen Forschungsleistung, ist mangelhaft institutionalisiert. Finanziell hat ein Lebenszeitbeamter mit regelmäßigen Gehaltssteigerungen nach Dienstalter (und nach dem Ratschluß des Herrn Krause vom Beamtenbund) wenig davon, seine Nächte zu Tagen am Schreibtisch zu machen. Dagegen müssen viele amerikanische Professoren regelmäßig über eine Erhöhung ihres inflationär entwerteten Gehalts verhandeln und ihr Geld mit nachgewiesener Forschungsleistung rechtfertigen (das berichtete mir z. B. Neil Smelser 1976 als Chairman des Sociology Department an der UC Berkeley: Er verhandelte regelmäßig mit seinen Professoren, was ihre Publikationen der jüngsten Vergangenheit wert waren. Kam keine Einigung zustande, so entschied ein Gremium außerhalb des Fachbereichs).

Normale Lebenszeitbeamte unterliegen wenigstens der sozialen Kontrolle durch Vorgesetzte. Der Professor hat keine und kann keine haben. Selbst für den unabhängigen Richter gibt es die höhere Instanz. Meine These ist, daß der fehlende finanzielle Anreiz und der fehlende Vorgesetzte durch andere, wissenschaftstypische Formen sozialer Kontrolle ersetzt werden sollten. Deren klassische Form ist die Reputation, die wissenschaftliche Prestigeordnung zwischen Forschern und Forschungsinstitutionen.

Auch der hierarchische Anreiz ist mangelhaft ausgeprägt, wenn Dahrendorf (1962, S. 268) mit seiner These recht hat: »Das System der deutschen Hochschule beruht auf der Annahme der völligen Gleichrangigkeit aller Universitäten.« Nun wissen wir alle, daß immer schon einige »gleicher« waren als die anderen. Wenn diese inoffizielle Prestigeordnung einen Sinn hat, nämlich auf abgestufte Lehr- und Forschungsleistung verweist, dann kann man sie durch bestimmte Mittel verstärken und gezielter zu ihrem legitimen Zweck einsetzen. Zweck ist, daß es sich lohnen muß, zur Leistungselite zu gehören und sich dafür anzustrengen. Ich werde vor dem Hintergrund des amerikanischen Wettbewerbsmodells entsprechende deutsche Strukturen darstellen, die ich punktuell empirisch erforscht habe. Mir scheint, daß die regelmäßige Erforschung der Prestigeordnung einzelner akademischer Disziplinen, wie ich sie 1977 für juristische Fakultäten angestellt habe, ein relativ einfaches und relativ eindeutiges (konsensfähiges) Mittel wäre, den akademischen Leistungswettbewerb zu messen und zu steigern. Natürlich handelt es sich dabei nicht um einen Ersatz, sondern nur um eine Ergänzung für die in diesem Band vorgelegten Feinanalysen wissenschaftlicher Produktivität.

2. Die Prestigeordnung als Teil und Ergebnis des Wettbewerbs

Unter Prestige oder Reputation verstehen wir die fachliche Qualität eines Wissenschaftlers oder einer Gruppe von Wissenschaftlern (etwa eines Fachbereichs oder einer Hochschule), wie sie von relevanten Bezugsgruppen durchschnittlich wahrgenommen wird. Das Prestige der Harvard Law School wäre also in erster Linie die allgemeine Meinung von amerikanischen Rechtslehrern über die durchschnittliche wissenschaftliche Leistung und Leistungsfähigkeit des Lehrkörpers. Als Bezugsgruppen kommen weiter die amerikanischen Juristen allgemein, juristische Studienanwärter und Arbeitgeber von Law-School-Absolventen in Betracht. Reputation von

Individuen bildet sich durch Generalisierung von Einzelleistungen (Luhmann 1971, S. 237). Luhmann begreift Reputation als unumgängliches Mittel, mit dem Wissenschaft als informationsverarbeitendes System sich selbst steuert. Angesichts der Informationsflut hilft Reputation als Vorauswahl für knappe Aufmerksamkeit.

Soweit von Individuen die Rede ist, stößt diese Theorie der Reputation kaum auf Widerstand. Einem Wissenschaftler Kredit zu geben, weil er eine oder mehrere beachtliche Leistungen erbracht hat, das erscheint rational und vor allem zu Recht verdient. Emotionale Abwehr löst dagegen die Vorstellung von Prestige als Eigenschaft einer Fakultät aus, die Luhmann ebenfalls ausdrücklich als Träger von Reputation nennt (1971, S. 237). Den Mitgliedern einer Fakultät einfach schon als solchen Kredit zu geben – ist das nicht Privilegienwirtschaft, eine Sünde wider die Universalitätsnorm der Wissenschaft? Nun, die individuelle Reputation des Einzelwissenschaftlers reicht als »abkürzende Orientierungshilfe« nicht aus. Daß auch Institutionen Prestigekredit brauchen, zeigt sich deutlich am Beispiel der Zeitschrift: Wären in der amerikanischen Soziologie die wichtigen Artikel über 150 Zeitschriften verstreut und gäbe es nicht die drei oder vier, denen man Kredit und Aufmerksamkeit zuwenden dürfte, so käme eine disziplinäre Diskussion gar nicht erst zustande. Ähnlich erklärt und legitimiert sich die Prestigehierarchie zwischen den 100 bis 200 Fachbereichen für Soziologie oder Biologie.

Spricht diese Komplexität, spricht die schiere Zahl von Professoren aber nicht gerade gegen die Möglichkeit einer Prestigeordnung, die mehr ist als bloßes Vorurteil? Wenn Prestige wahrgenommene Qualität der Forschung ist, wer soll eine zutreffende Wahrnehmung so vieler Fachkollegen noch haben? Hier kann die Antwort nur angedeutet werden: Gerade der akademische Massenbetrieb macht die Prestigeordnung nötig, um personelle und meinungsmäßige Vielfalt in der Pyramidenstruktur zu bändigen. Cole und Cole (1973, S. 63, 79 f.) analysieren die soziale Schichtung im Wissenschaftssystem und verweisen auf das »funktionale Bedürfnis nach Stars«. Gerade ein Fach ohne harte, konsenserzwingende Bewertungsmaßstäbe wie Soziologie brauche solche »Leuchttürme der Orientierung« in einer sonst uferlosen Diskussion. Dazu bedarf es meines Erachtens nicht nur der Star-Individuen, sondern auch der Star-Institutionen, weil nur sie Standards längerfristig institutionalisieren können. Hat eine amerikanische Universität Reputation erworben, so zieht sie hervorragende Wissenschaftler, Studenten mit Leistungsstipendien und Mäzene an. Vermutlich handelt es sich um eine Spiralbewegung: Qualität führt zu Reputation, diese wieder zu besserer Qualität usw. Selbst wenn schlimmstenfalls Prestige ursprünglich auf Vorurteil und nicht auf Qualität beruhte, so führt es doch später zu dieser Qualität. Eine sich selbst erfüllende Prophezeiung ist am Ende nicht weniger wahr als andere Tatsachen. Was hat nun die Prestigeordnung mit der Messung von Forschungsleistung zu tun? Wiederum verkürzt: Prestige ist das Urteil der Fachkollegen über die *Wichtigkeit* des Forschungsbeitrags, den ein Fachbereich in der näheren oder ferneren Vergangenheit geleistet hat (empirische Belege dazu unten 2.2.) und der deshalb dort auch weiterhin erwartet werden darf.

2.1. AKADEMISCHE PRESTIGEORDNUNG IN DEN USA

Um das Phänomen der Prestigeordnung und seine Funktion zu bestimmen, stelle ich zunächst in Stichworten das amerikanische Beispiel vor. Dort ist das Phänomen ausgeprägter, die Funktion offensichtlicher. Riesman (1958, S. 351) skizziert die amerikanischen Colleges und Universitäten als endlose »akademische Prozession«, die sich »schlangengleich« vorwärtswindet. Der Kopf (die »high-brows«) bestimmt die Marschrichtung, die Mitte und das lange Ende (die »middle-brows« und »low-brows«) schlängeln nach besten Kräften hinterher. Im akademischen Irrgarten mit seinen über 2000 Colleges und Universitäten ist die Prestigeordnung ein unentbehrliches Orientierungsmittel für Eltern, Studenten und Drittmittelgeber. Den Universitäten selbst dient die Prestigeordnung als Orientierung, Rückkoppelung und Ansporn. Eine hochgeachtete akademische Institution, der American Council on Education (ACE), hat diese Prestigeordnung mehrfach ermittelt und berichtet mit Genugtuung, zahlreiche Universitäten hätten ihre Prestigewerte zum Anlaß genommen, ihr Lehrprogramm systematisch zu verbessern (Wilson 1970, S. IX).

Es hieße Eulen nach Athen tragen, wollte ich die zahlreichen mehr oder weniger »objektiven« Meßlatten akademischer Qualität erörtern, die in den USA ausprobiert worden sind. Ich beschränke mich auf die Prestigeordnung, also die subjektive Einschätzung der Qualität eines Fachbereichs durch auswärtige Fachkollegen. Sie ist Grundlage der im Auftrage des ACE aufgestellten Rangfolge von Roose/Andersen (1970). Cartter (1966) und Berelson (1960) weisen nach, daß alle möglichen »objektiven« Rangfolgen (etwa nach Publikationsindex in führenden Zeitschriften) der subjektiven Prestigeordnung sehr nahekommen. Das gilt allerdings ohne weiteres nur von einer relativ fest etablierten und gut bekannten Rangordnung wie der amerikanischen. Die subjektive Prestigeordnung der amerikanischen Law Schools ist im Cartter Report (1977) erhoben worden und entspricht ebenfalls im wesentlichen den vorangegangenen objektivierenden Rangfolgen (z. B. nach »Sachmittelausstattung« bei Kelso und Kelso 1972) und der geisteswissenschaftlich orientierten Einordnung bei Weyrauch (1976).

2.2. DIE PRESTIGEORDNUNG DEUTSCHER JURAFAKULTÄTEN

Die deutsche akademische Prestigeordnung ist weniger als die amerikanische ein öffentliches Phänomen, sondern stärker auf die Wahrnehmung innerhalb einzelner Fachgemeinschaften (scientific communities) beschränkt. Die amerikanische Prestigeordnung ist gerade deshalb viel ausgeprägter und steiler, weil am Prestigespiel nicht nur Fachkollegen, sondern auch Studenten, Arbeitgeber, Auftraggeber und die Öffentlichkeit allgemein teilnehmen. Die »Veröffentlichung« fachbereichsspezifischer Prestigeordnungen in Deutschland kann *ein* Anreiz zum Leistungswettbewerb sein. Im Jahre 1977 habe ich über 100 Rechtslehrer an den damals 28 juristischen

144

Fachbereichen gebeten, den Jurafakultäten Qualitätsnoten zu erteilen (vorzüglich – gut – bessere Mitte – untere Mitte – weiß nicht). Die erteilten Noten setzte ich in Ziffern von 1–5 um und berechnete einen Mittelwert für jede Fakultät. Das Ergebnis teilt *Tabelle 1* mit (Tabellen und ausführliche Erörterung des ganzen Verfahrens in: Klausa 1981, Teil IV; eine vorläufige Auswertung bei Klausa 1978).

Tabelle 2 bringt eine, wie mir scheint, recht überzeugende Kontrolle der Prestigeordnung. Die Rangfolge der Fachbereiche wird nunmehr danach bestimmt, wie viele der bedeutendsten Rechtslehrer der letzten zehn Jahre an den einzelnen Fakultäten lehren oder gelehrt haben. Wer diese Rechtslehrer sind, läßt sich natürlich wiederum

TABELLE 1: Prestigeordnung[1] der juristischen Fachbereiche (Fakultäten) der Bundesrepublik Deutschland.

Rang-platz	Name des Fachbereichs	Mittelwert	Standard-abweichung	N-Zahl
1.	München, Tübingen, (Freiburg[2])	1.76; 1.75	.737; .648	101; 101
4.	Bonn	2.33	.785	93
5.	Göttingen	2.48	.749	92
6.	Münster	2.54	.767	90
7.	Heidelberg	2.59	.816	91
8.	Hamburg I	2.72	.746	92
9.	Bielefeld, Frankfurt, Köln	2.82; 2.82; 2.79	.750; 1.055; .833	82; 86; 88
12.	Bochum	2.89	.733	83
13.	Regensburg	3.08	.745	81
14.	Mainz	3.20	.749	82
15.	Konstanz, Saarbrücken	3.28; 3.25	.874; .742	80; 79
17.	Augsburg, Kiel	3.37; 3.34	.823; .752	74; 84
19.	Erlangen/Nürnberg	3.52	.785	78
20.	Mannheim	3.57	.692	79
21.	Hamburg II (einstufig), Würzburg	3.65; 3.63	1.078; .818	61; 84
23.	Berlin	3.68	.929	88
24.	Gießen	3.73	.664	83
25.	Marburg	3.78	.788	85
26.	Hannover, Trier	4.09; 4.11	.956; 697	66; 87
28.	Bremen	4.50	.927	100

[1] Sie errechnet sich aus den Mittelwerten der abgegebenen Werturteile über deren akademische Qualität (Numerischer Wert für »vorzüglich« = 1, »gut« = 2, »bessere Mitte« = 3, »schlechtere Mitte« = 4, »schlecht« = 5). Beträgt der Mittelwert-Abstand zwischen zwei Fachbereichen mindestens 0.05, so wird er als zufällig interpretiert: Beide erscheinen pari passu (ein dritter Fachbereich, der von dem einen der beiden weniger als 0.05 entfernt ist, vom anderen aber mehr, erscheint jedoch einen Platz tiefer: vgl. Berlin im Verhältnis zu Hamburg II und Würzburg). Mitangegeben sind die Standardabweichungen und die N-Zahlen der Befragten, die über den jeweiligen Fachbereich ein Urteil abgaben (also nicht »weiß nicht« oder nicht antworteten).

[2] Freiburg wurde durch ein Versehen beim Vervielfältigen des Fragebogens in der Liste der zu bewertenden Fachbereiche auf der Mehrzahl der ausgehenden Fragebögen ausgelassen, nur in einer Minderzahl noch eingefügt. Eine Anzahl der Befragten fügte allerdings Freiburg von sich aus hinzu. Jedoch erscheint die Mittelwertangabe bei der geringen N-Zahl nicht sinnvoll. Berechnet man den Mittelwert gleichwohl, so liegt er bei denen von Tübingen und München.

Quelle: Klausa 1981, S. 264.

TABELLE 2: Rangordnung* nach abgestufter Konzentration bedeutender Rechtslehrer an den Fachbereichen.

Rang-platz	Name des Fachbereichs	Rangplatz in Tabelle 1	Absolute Zahl der Nennungen	Benannte Individuen
1.	München	1	62	21
2.	Freiburg	1	49	13
3.	Tübingen	1	42	14
4.	Bonn	4	33	13
5.	Hamburg I	8	26	8
6.	Göttingen	5	23	12
7.	Heidelberg	7	20	11
8.	Bielefeld, Frankfurt	9; 9	18	5; 13
10.	Köln	9	17	11
11.	Münster	6	15	4
12.	Augsburg, Bochum, Gießen	17; 12; 24	8	3; 4; 4
15.	Regensburg	13		6
16.	Berlin, Mainz, Marburg	24; 14; 25	5	2; 4; 3
19.	Erlangen/Nürnberg, Konstanz	19; 15	4	2; 2
21.	Kiel	17	3	3
22.	Bremen, Würzburg	28; 21	2	1; 2
24.	Hannover, Saarbrücken	26; 15	1	1
26.	Hamburg II, Mannheim, Trier	21; 20; 26	0	0

* Sie wird ermittelt nach der Häufigkeit der Nennungen von Fakultätsmitgliedern als »bedeutende Fachvertreter der letzten zehn Jahre« (Frageformulierung: »Wer sind auf diesem Gebiet« – dem engeren Fachgebiet des Befragten – »Ihrer Ansicht nach die vier westdeutschen Rechtslehrer, die in den letzten zehn Jahren den bedeutendsten Beitrag geleistet haben?«). Für emeritierte Rechtslehrer wird die letzte Fakultätszugehörigkeit gerechnet. Die absolute Zahl der Nennungen pro Fakultät bildet die Grundlage der Rangfolge. Daneben wird die Zahl der benannten Individuen angegeben (die 21 benannten Münchner Rechtslehrer wurden also im Durchschnitt je dreimal genannt). Zum Vergleich erscheint der Rangplatz aus Tabelle 1, also das Ergebnis der Prestigefrage.

Quelle: Klausa 1981, S. 275.

nur aufgrund eines Qualitätsurteils bestimmen. Die urteilenden Experten sind die 130 Rechtslehrer, die meinen Fragebogen beantworteten. Sie wurden gebeten, in ihrem engeren Fachgebiet höchstens vier Kollegen zu nennen, die in den letzten zehn Jahren den »bedeutendsten Beitrag« geleistet haben. Die Beurteiler waren also dieselben, die auch die Fakultäten als solche bewertet haben. Dennoch darf die Kontrolle als hinreichend unabhängig von der Fakultätsbewertung gelten. Die Benennung bedeutender Fachvertreter wird kaum mit einem Blick auf deren Fakultätszugehörigkeit geschehen sein. Im übrigen ist es unproblematisch, wenn Experten unter Einzelpersonen die »bedeutendsten Fachvertreter« identifizieren. Anders kann kein Nobelpreis verliehen, sollte keine Berufung vollzogen werden. Solche Individualbewertung ist alltäglich in der Wissenschaft und unbestritten legitim. Läßt sich mit diesem Verfahren die Prestigeordnung der Fachbereiche erhärten, so gewinnt auch diese an Legitimität.

TABELLE 3: Rangordnung* nach abgestufter Konzentration (nur) der gegenwärtig lehrenden bedeutenden Rechtslehrer.

Rang-platz	Name des Fachbereichs	Rangplatz in Tabelle 2	Rangplatz in Tabelle 1	Absolute Zahl der Nennungen heute Lehrender	Benannte heute lehrende Individuen
1.	München	1	1	44	13
2.	Freiburg, Tübingen	2; 3	1; 1	34	9; 11
4.	Bielefeld	8	8	18	5
5.	Frankfurt	8	9	17	12
6.	Köln, Heidelberg	10; 7	9; 7	13	8; 7
8.	Bonn, Hamburg I	4; 5	4; 8	11	7; 4
10.	Augsburg, Bochum, Gießen	12; 12; 12	17; 12; 24	8	3; 4; 4
13.	Regensburg	15	13	7	6
14.	Göttingen	6	5	6	6
15.	Mainz	16	14	5	4
16.	Konstanz, Marburg, Münster	19; 16; 11	15; 25; 6	4	2; 2; 3
19.	Bremen, Kiel, Würzburg	22; 21; 22	28; 17; 21	2	1; 2; 2
22.	Berlin, Erlangen/Nürnberg, Hannover, Saarbrücken	16; 19; 24; 24	23; 19; 26; 15	1	1
26.	Hamburg II, Mannheim, Trier	26; 26; 26	21; 20; 26	0	0

* Die Rangordnung wird ermittelt wie in Tabelle 2 (vgl. Erklärung dort), wobei aber nur die Nennungen für die heute an den betreffenden Fachbereichen lehrenden Rechtslehrer berücksichtigt werden, nicht für Emeritierte und Verstorbene.

Quelle: Klausa 1981, S. 278.

Rechnet man jede Nennung eines »bedeutenden Fachvertreters« der betreffenden Fakultät als Gutpunkt zu, so entsteht im wesentlichen dieselbe Rangfolge wie bei der subjektiven Prestigeordnung in *Tabelle 1*. Das gilt jedenfalls für die Spitzengruppe der 11 Fakultäten, die eine zweistellige Ziffer von Nennungen erhielten. Dahinter fällt die Zahl der Nennungen steil ab und stimmt die auf so spärlicher Grundlage aufbauende Rangfolge nicht mehr mit *Tabelle 1* überein. *Tabelle 2* zeigt auch, wie ausgeprägt die Prestigeordnung ist: Die drei Fachbereiche, die sich in *Tabelle 1* den ersten Platz teilen, vereinen auf sich nahezu dieselbe Anzahl von Nennungen (153) wie der gesamte Rest der Zehner-Spitzengruppe (155). Die fünf Spitzenreiter der Prestigeordnung haben zusammen erheblich mehr Nennungen (212) als die restlichen 23 zusammengenommen (174).

Schließlich habe ich einen Test gemacht, der aufklären soll, ob die Prestigeordnung eher die Gesamtleistung einer Fakultät in Vergangenheit und Gegenwart repräsentiert oder eher das gegenwärtige Potential. Dazu habe ich in *Tabelle 3* die Auszählung aus *Tabelle 2* wiederholt, zählte aber diesmal nur die Nennungen für gegenwärtig dort Lehrende (nicht für Emeriti). Wir sehen, daß sich die Rangfolge dadurch nicht unerheblich verschiebt. Ohne den Rückgriff auf die Vergangenheit können die

Großen Drei ihren Platz halten; Frankfurt, Bielefeld, Heidelberg und Regensburg verbessern sich; Bonn, Hamburg I und Göttingen steigen einige Plätze ab. Bei einem Vergleich von *Tabelle 1* mit *2* und *3* zeigt sich, nicht überraschend, daß die Prestigeordnung der Fakultäten Leistungen der Vergangenheit stärker berücksichtigt, daß also *Tabelle 2* der allgemeinen Wertschätzung der Fakultäten näher kommt als *Tabelle 3*. Andererseits erweist sich: Die Prestigeordnung für die Gegenwart *(Tabelle 3)* ist noch steiler als in *Tabelle 2*: Vereinten dort die ersten fünf Fachbereiche mehr Nennungen auf sich als die restlichen 23, so haben jetzt schon die ersten vier mehr Nennungen (130) als alle restlichen 24 (116).

Nur beiläufig kann ich noch erwähnen, daß die Prestigeordnung nicht, wie ich erwartet hatte, mit dem politischen Standort des Bewerters erheblich variiert. Aufgrund eines im Fragebogen enthaltenen politischen Einstellungstests bildete ich eine konservative und eine linksliberale Extremgruppe der Professoren, die ein Qualitätsurteil über die Fachbereiche abgaben. Bei einer latent politischen Disziplin wie der Rechtswissenschaft wären hier erhebliche Bewertungsdifferenzen denkbar gewesen. Sie blieben aus, jedenfalls was die Spitzengruppe betrifft. Natürlich wurden als »links« geltende Fachbereiche wie Bremen und Hamburg II von den Linksliberalen etwas günstiger beurteilt als von den Konservativen, aber eben nur überraschend wenig günstiger (Näheres bei Klausa 1981, S. 266 ff.). Bei aller politischen Kontroverse scheint es doch einen hohen fachlichen Qualitätskonsens zu geben.

3.   Nutzanwendung?

Auf die zahlreichen Einwände gegen die Prestigefrage kann ich hier nicht eingehen (und muß auf Klausa 1981, S. 282 ff. verweisen; dort habe ich insbesondere nachgewiesen, daß die Prestigeordnung keine Momentaufnahme in einem fließenden Bewegungsablauf ist, sondern eine relativ stabile, nur längerfristig wandelbare »intellektuelle Machtstruktur« einer Fachgemeinschaft abbildet). Was bringt es nun, diese Prestigeordnung für ein Fachgebiet aus Augurenwissen in ein veröffentlichtes Wissen zu verwandeln? Zunächst einmal einen relativ konsensfähigen Anhaltspunkt für Forschungsleistung (nicht im Hinblick auf die Menge, sondern die Wichtigkeit und Wirkung). Besonders wenn man mein Verfahren aus *Tabelle 2* anwendet, dürfte relativ viel Konsens erzielbar sein, selbst wenn um solche an die Nieren gehenden Verfahren erst einmal viel Theater gemacht wird (besonders Schelsky schäumte über meinen Fragebogen). Für die Mehrzahl der nicht hervorragenden Fachbereiche wird dieses veröffentlichte Wissen eine bittere, darum aber nicht weniger heilsame Medizin sein.

Daniel (1983, S. 73 f.) weist zwar darauf hin, daß zwischen der Forschungsleistung von Einzelwissenschaftlern ein und derselben Institution größere Unterschiede bestehen als zwischen Institutionen. Anders als er meine ich aber nicht, daß dies gegen eine stärkere Differenzierung zwischen Hochschulen spricht, also gegen Sanktionen bei der Forschungsförderung und durch Veröffentlichung von Prestigeordnungen. Jedem leistungsfähigen Einzelwissenschaftler bleibt es ja unbenommen, Drittmittel einzuwerben (etwa eine wenig angesehene Institution wie die FHSS in Berlin gewährt nur Anfangsfinanzierung von Forschungsprojekten und zwingt ihre Professoren dadurch, gut genug zu sein, um Drittmittel zu gewinnen). Aber auch die Institutionen müssen für ihren Wettbewerb um Qualität belohnt werden, denn nur sie können Standards langfristig institutionalisieren. Eine dieser Belohnungen ist ein veröffentlichter guter Platz in der Prestigeordnung. Neutrale angesehene Einrichtungen wie DFG oder Wissenschaftsrat könnten und sollten mit geringen Mitteln Prestigeerhebungen für möglichst viele Fachbereiche in Auftrag geben. Nach Anfangsschwierigkeiten würde dieses Verfahren rasch eine selbstverständliche und nützliche Übung werden wie in den USA.

Literatur

Berelson, Bernard. Graduate Education in the United States, New York / Toronto / London 1960.

Cartter, Allan M. An Assessment of Quality in Graduate Education, Washington D. C. 1966.

The Cartter Report on the Leading Schools of Education, Law, and Business, in: Change, Februar 1977, S. 44–48.

Cole, Jonathan R., Stephan Cole. Social Stratification in Science, Chicago / London 1973.

Dahrendorf, Ralf. Starre und Offenheit der deutschen Universität, in: Archives Européennes de Sociologie III, 1962, S. 263–293.

Daniel, Hans-Dieter. Zur Messung und Förderung der Forschungsleistung deutscher Universitäten – Eine vergleichende Analyse empirischer Untersuchungen. Konstanz 1983.

Kelso, Charles D., Jane Kelso. The AALS Study of Part-Time Legal Education, Final Report, Washington D. C. 1972.

Klausa, Ekkehard. Die Prestigeordnung juristischer Fakultäten in der Bundesrepublik und in den USA, in: Kölner Zeitschrift für Soziologie und Sozialpsychologie, 1978, S. 321–360.

Klausa, Ekkehard. Deutsche und amerikanische Rechtslehrer. Wege zu einer Soziologie der Jurisprudenz, Baden-Baden 1981.

Luhmann, Niklas. Selbststeuerung der Wissenschaft, in: ders., Soziologische Aufklärung, 2. Aufl., Opladen 1971, S. 232–252.

Riesman, David. Constraint and Variety in American Higher Education, Garden City 1958.

Roose, Kenneth D., Charles Andersen. A Rating of Graduate Programs, Washington D. C. 1970.

Weyrauch, Walter. Hierarchie der Ausbildungsstätten, Rechtsstudium und Recht in den Vereinigten Staaten, Karlsruhe 1976.

Wilson, Logan. Vorwort zu Roose/Andersen 1970, S. IV–X.

HANS-DIETER DANIEL UND RUDOLF FISCH

Forschungsproduktivität

Indikatoren, statistische Verteilung, Gesetzmäßigkeiten

1. Zur Situation der Forschung an den Universitäten

Die Forschung ist in diesem Jahrhundert zur wichtigsten Grundlage der Technik und des gesellschaftlichen Wandels geworden. Bund und Länder wenden daher jährlich mehr als sechseinhalb Milliarden DM für die Forschung an den Universitäten auf (Bundesministerium für Forschung und Technologie, 1982, S. 9). Nach Angaben des Statistischen Bundesamtes sind mehr als 70 000 Wissenschaftler hauptberuflich an den Universitäten tätig, davon etwa 16 000 als Professoren (Statistisches Bundesamt Wiesbaden, 1983, S. 15).

Angesichts dieser enormen finanziellen und personellen Anstrengungen werden die Beiträge der bundesdeutschen Hochschulforschung im internationalen Vergleich vielfach als nicht befriedigend erachtet. So bezweifelt beispielsweise der Wissenschaftsrat in seinen »Empfehlungen zur Forschung und zum Mitteleinsatz in den Hochschulen« vom 6. Juli 1979, ob der wissenschaftliche Ertrag und die Qualität der Forschung in der Bundesrepublik Deutschland entsprechend der materiellen Ausstattung und der Zahl der an den Hochschulen tätigen Wissenschaftler gewachsen sei (Wissenschaftsrat, 1979).

Der Wissenschaftsrat nennt eine Reihe von Anhaltspunkten, um die Stellung der Bundesrepublik in der internationalen Forschung zu charakterisieren: Neben Publikationsmaßen dienen dem Wissenschaftsrat (1979, S. 18–19) die Verleihung internationaler Preise und die Mitgliedschaft in wissenschaftlichen Akademien als Orientierungswerte für den Leistungsstand der bundesdeutschen Forschung.

Für die vormals prominente Stellung der deutschen Forschung in der Welt geben Gross und Gross (1927) ein anschauliches Beispiel: Im Jahre 1926 wurden in den Beiträgen der Zeitschrift »The Journal of the American Chemical Society« insgesamt 3633 Aufsätze zitiert. Von diesen im »most representative [journal] of American chemistry« zitierten Arbeiten waren 1667 Aufsätze (= 52,5 %) in deutscher Sprache, 1119 Aufsätze (= 35,2 %) in englischer und 300 Aufsätze (= 9,4 %) in französischer Sprache abgefaßt (Gross und Gross, 1927). Heute dagegen werden in amerikanischen Fachzeitschriften der Chemie britische und kanadische Aufsätze im Durchschnitt weit häufiger zitiert als Beiträge aus der Bundesrepublik Deutschland (National Science Board, 1983, S. 232).

Auch wenn verschiedene Anzeichen darauf hindeuten, daß die Leistungsfähigkeit der deutschen Hochschulforschung nach dem Ende des Zweiten Weltkrieges deutlich nachgelassen hat, so sollte nicht übersehen werden, daß es in der Bundesrepublik Deutschland gleichwohl sehr gute und international beachtete Forschung gibt: Nach einer Studie des Institute for Scientific Information (Garfield, 1976) erhielten im Zeitraum von 1961 bis 1975 sechzig Aufsätze, die in deutschen Fachzeitschriften publiziert wurden, mehr als 200 Zitierungen. Die zehn meist zitierten deutschen Aufsätze wurden in diesem Zeitraum durchschnittlich 977mal zitiert. Die zehn meist zitierten Aufsätze in französischen und japanischen Fachzeitschriften brachten es dagegen im Durchschnitt lediglich auf 244 respektive 383 Zitierungen. Einige dieser Aufsätze wurden in weniger als fünf Jahren mehr als 350mal zitiert, zum Beispiel Kesslers Aufsatz aus dem Jahre 1970 über den Nachweis gehinderter Rotationen und Inversionen durch NMR-Spektroskopie in der Zeitschrift »Angewandte Chemie«.

Trotz dieser und einer ganzen Reihe weiterer Spitzenleistungen[1] dürfte im ganzen gesehen die Einschätzung richtig sein, daß in der Bundesrepublik Deutschland ein Defizit an sehr guter Forschung besteht. Der frühere Präsident der Deutschen Forschungsgemeinschaft, Hans Maier-Leibnitz, schätzt den Anteil der Bundesrepublik an der Weltforschung insgesamt auf acht Prozent[2], den Anteil an der Spitzenforschung auf ein Prozent (Maier-Leibnitz, 1979 a, b).

2. Die Enquete »Zur Lage der Forschung an den Universitäten«

Um Hinweise dafür zu erhalten, wie die Spitzenforschung an unseren Universitäten gefördert werden könnte, wurde auf Anregung der Deutschen Forschungsgemeinschaft und mit finanzieller Unterstützung des Stifterverbandes für die Deutsche Wissenschaft, der Stiftung Volkswagenwerk, der Fritz Thyssen Stiftung und der Robert Bosch Stiftung im Wintersemester 1976/77 eine Repräsentativumfrage »Zur Lage der Forschung an den Universitäten« durchgeführt. An der Befragung beteiligten sich 3010 Professoren an 47 Universitäten und wissenschaftlichen Hochschulen mit Universitätsrang[3]. Der uns vom Institut für Demoskopie Allensbach zur Verfügung gestellte Rohdatensatz erlaubte eine vergleichende statistische Analyse der Forschungsproduktivität auf den drei Aggregationsebenen des Einzelwissenschaftlers, der Projektgruppe und der Universität. Darüber hinaus konnte auf allen drei Ebenen untersucht werden, welche Faktoren als hemmend für die Forschung angesehen werden (vgl. Fisch und Daniel, in diesem Band). Im folgenden wollen wir einige Ergebnisse der Sekundäranalysen dieses umfangreichen Datenmaterials zusammenfassend darstellen. Eigene Primärerhebungen und systematische Literaturrecherchen ergänzen und erhärten die im Rahmen der Sekundäranalysen gewonnenen Befunde[4].

3. Anhaltspunkte für die Bewertung von Forschungsleistungen

Der Beitrag eines Forschers zum wissenschaftlichen Fortschritt in seinem Fach entzieht sich einer auf anerkannten Konventionen basierenden Parametrisierung. Vergleichende Analysen der Forschungsleistung von Wissenschaftlern sind deshalb auf Indikatoren wissenschaftlicher Leistung, d. h. auf operationale Definitionen des unmittelbar nicht quantifizierbaren Indicandum, angewiesen (Fisch, 1979). Für den Bereich der Hochschulen hat die Wibera-AG im Auftrag des Stifterverbandes für die Deutsche Wissenschaft einen Katalog von international gebräuchlichen Indikatoren für die Messung und Bewertung von Forschungsleistungen zusammengestellt[5] (vgl. Bolsenkötter, 1976, S. 344).

Nach welchen Kriterien Wissenschaftler an amerikanischen Universitäten bewertet werden, geht aus einer Studie von Centra (1979) aus dem Jahre 1977 hervor. Der Autor fragte 158 Dekane amerikanischer Forschungsuniversitäten (Carnegie Institutional Classification), nach welchen Kriterien sie die Forschungsleistung eines Wissenschaftlers im Vergleich zu anderen Wissenschaftlern bewerten. Am häufigsten genannt wurden Publikationsmaße (insbesondere Publikationen in angesehenen Fachzeitschriften und in renommierten Verlagen) sowie Beurteilungen der Forschungsleistung durch Fachkollegen (Peers). Dagegen wurden Zitationsmaße, die meist in wissenschaftssoziologischen Untersuchungen verwendet werden, von den befragten Dekanen als ähnlich unbedeutend eingestuft (Rang 13) wie unveröffentlichte Manuskripte (Rang 15) und Selbstbeurteilungen (Rang 16). Zu einem ähnlichen Ergebnis kommt auch Seldin (1984) in einer Befragung von 616 Dekanen amerikanischer Liberal Arts Colleges. Während über die Hälfte der befragten Dekane bei der Beurteilung der Forschungsleistung von Wissenschaftlern stets Fachbücher oder Veröffentlichungen in angesehenen Fachzeitschriften berücksichtigt, orientieren sich nur 13,5 Prozent an Zitationsmaßen. An der Bowling Green State University wird nach einem umfangreichen Kriterienkatalog (Faculty Merit Reporting Form) über Gehaltserhöhungen entschieden. Die Forschungsleistung der Wissenschaftler wird nach 32 unterschiedlich gewichteten Kriterien beurteilt. Fachbücher, die im Berichtszeitraum publiziert wurden, werden mit 100 Punkten, Buchbeiträge mit 30 Punkten und Aufsätze in angesehenen Fachzeitschriften mit jeweils 25 Punkten bewertet. Zitationshäufigkeiten werden dagegen nicht berücksichtigt (Partin, 1984). Publikationsmaße sowie Beurteilungen der Forschungsleistung durch Fachkollegen dürften damit als die gebräuchlichsten Indikatoren wissenschaftlicher Leistung anzusehen sein.

4. Universitäts-Ranglisten

Publikationsmaße – wie auch andere Indikatoren der Forschungsleistung – werden nicht nur zur Beurteilung von Einzelwissenschaftlern herangezogen. Häufig aggregiert man individuelle Leistungswerte nach Hochschulinstituten und Universitäten, um festzustellen, welches die produktivsten Institute eines Faches (Heiber, 1983;

SCHAUBILD 1: Rangordnung westdeutscher Universitäten nach dem Produktivitätsindex von Spiegel-Rösing (1975, S. 40).

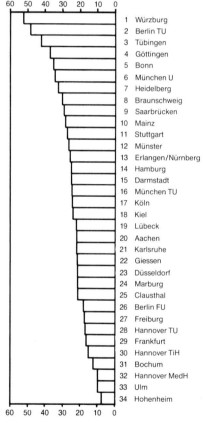

Erläuterung: Der Produktivitätsindex ist definiert als der durchschnittliche prozentuale Überhang an Veröffentlichungen gegenüber veröffentlichenden Erstautoren im Corporate Index des Science Citation Index im Zeitraum von 1967 bis 1971.

SCHAUBILD 2: Rangordnung der Universitäten und wissenschaftlichen Hochschulen in der Bundesrepublik Deutschland und West-Berlin nach der relativen Forschungsproduktivität (Indikator: Im Durchschnitt pro Hochschullehrer publizierte Anzahl von Artikeln in Fachzeitschriften und Sammelbänden im Zeitraum von 1974 bis 1976. Die Angaben wurden normiert nach der Fachzugehörigkeit der Professoren und der Größe der Universität).

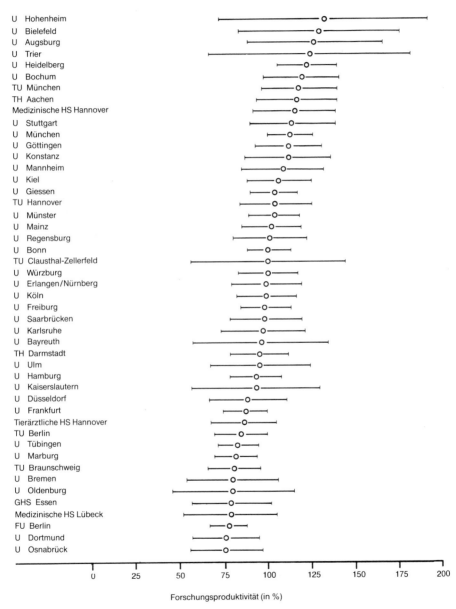

Forschungsproduktivität (in %)

Erläuterung: Die relative Forschungsproduktivität zweier Universitäten unterscheidet sich statistisch signifikant, wenn die Vertrauensbereiche der Mittelwerte sich nicht überschneiden.

Heckhausen, 1983; Hüfner et al., 1984; Klausa, 1978) oder die besten Universitäten eines Landes sind (Alexander von Humboldt-Stiftung, 1981; Daniel, 1983; Rau, 1984; Spiegel-Rösing, 1975). Selbst die Qualität der Forschung verschiedener Länder wird auf diese Weise einem statistischen Vergleich unterzogen (Burke und Price, 1981). Die Ergebnisse unserer Untersuchungen zeigen, daß es sehr problematisch ist, individuelle Leistungswerte nach Hochschulinstituten und Universitäten zu aggregieren, weil innerhalb der Institute und Universitäten ganz erhebliche Leistungsunterschiede zwischen den einzelnen Wissenschaftlern bestehen. Es ist nicht ungewöhnlich, daß einige Wissenschaftler bis zu 100mal mehr Aufsätze in Fachzeitschriften publiziert haben als andere. Das Arbeitsergebnis von Wissenschaftlern ist in einem bedeutend größeren Ausmaß Schwankungen unterworfen als beliebige andere individuelle Merkmale (vgl. Dobrov, 1969, S. 137–147; Shockley, 1957, S. 284; Sternberg, 1985). Die außerordentlich hohe interindividuelle Variabilität der Forschungsleistung schränkt die Aussagekraft von sogenannten »Universitäts-Hitlisten« erheblich ein. An einem Beispiel soll dies veranschaulicht werden: Die Universität Hohenheim belegt in einer Rangliste bundesdeutscher Universitäten, die vor zehn Jahren von Spiegel-Rösing (1975) im Auftrag des Bundesministeriums für Bildung und Wissenschaft erstellt wurde, den letzten Rangplatz (vgl. *Schaubild 1*). Nach den Ergebnissen der Enquete »Zur Lage der Forschung an den Universitäten« 1976/77 steht Hohenheim dagegen ganz an der Spitze (vgl. *Schaubild 2*).

5. Die Häufigkeitsverteilung wissenschaftlicher Publikationen

Wie läßt sich diese Diskrepanz erklären, da doch beide Studien die Universitäten nach ihrer durchschnittlichen Zeitschriftenproduktivität in eine Rangfolge brachten? Eine genaue Inspektion der Daten zeigt, daß die Forschungsproduktivität der Wissenschaftler an dieser vergleichsweise kleinen Universität sehr stark streut. So beträgt der Standardfehler des Mittelwertes für Hohenheim 30 Prozentpunkte, der Vertrauensbereich des Mittelwertes mithin ± 60 Prozentpunkte. Das hat zur Folge, daß in einer anderen, gleich großen Stichprobe von Professoren die durchschnittliche Forschungsproduktivität statt 134 Prozentpunkten auch nur 74 Prozentpunkte betragen könnte. Der Rangplatz der Universität Hohenheim hängt somit entscheidend davon ab, welche ihrer Wissenschaftler in die jeweilige Untersuchung einbezogen wurden. In der von uns ermittelten Rangliste deutscher Universitäten beruht die Spitzenstellung von Hohenheim allein auf der außerordentlich hohen Forschungsproduktivität eines einzigen Professors *(vgl. Schaubild 3)*.

Hohenheim ist kein Einzelfall. Die Individualleistungen sind an allen Universitäten mehr oder weniger inhomogen (vgl. *Schaubild 2*). Es gibt an jeder Universität Professoren, die sehr viel publizieren und solche, die kaum etwas veröffentlichen. In

SCHAUBILD 3: Häufigkeitsverteilung der wissenschaftlichen Produktivität in einer Stichprobe von 20 Professoren der Universität Hohenheim (Indikator: Nach dem jeweiligen bundesweiten Fachmittelwert normierte Anzahl von Artikeln in Fachzeitschriften und Sammelbänden im Zeitraum von 1974 bis 1976).

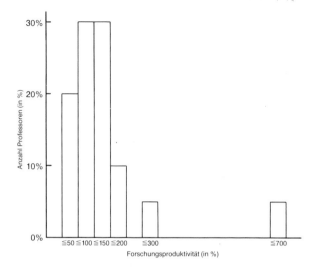

Erläuterung: Das Histogramm zeigt die prozentuale Häufigkeit von Professoren an der Universität Hohenheim, deren Forschungsproduktivität bis zu 50 %, 100 %, 150 % usw. des jeweiligen bundesweiten Fachmittelwertes beträgt. Ablesebeispiel: 20 Prozent der befragten Professoren an der Universität Hohenheim haben zwischen 1974 und 1976 höchstens halb soviel Aufsätze publiziert, wie es dem jeweiligen bundesweiten Fachmittelwert entspricht. Ein Hochschullehrer hat etwa siebenmal soviel Aufsätze publiziert, wie es dem Durchschnitt in seinem Fach entspricht.

Zahlen ausgedrückt: Lediglich drei Prozent der beobachtbaren Variation an Forschungsproduktivität sind, wie eine Analyse des Materials der Forschungs-Enquete zeigt, auf Leistungsunterschiede *zwischen* Universitäten zurückzuführen. 97 Prozent der Variation finden sich *innerhalb* der einzelnen Universitäten (Daniel, 1983).

Die These von der Inhomogenität der Individualleistungen konnte in einer zweiten Studie bestätigt werden. In einer vergleichenden Analyse der Forschungsproduktivität von 43 Psychologie-Instituten waren ebenfalls zwischen 92 und 97 Prozent der Variation an Forschungsproduktivität durch Leistungsunterschiede zwischen Wissenschaftlern innerhalb der einzelnen Institute bedingt[6] (Daniel, 1985a). Zu einem inhaltlich ähnlichen Ergebnis kam Heckhausen (1983, S. 11) in einer Untersuchung der Forschungsproduktivität von 33 Psychologie-Instituten: ». . . es [sind] immer nur sehr wenige (Wissenschaftler), die pro Jahr mehr als eine Arbeit veröffentlichen, während die meisten ganz selten oder gar nicht publizieren. Der Anteil der Autoren am Institutspersonal betrug 1972 nur 24 % und 1979 nicht mehr als 35 %.«

Wegen der hohen Inhomogenität der Individualleistungen ist es streng genommen statistisch unzulässig, Universitäten nach dem arithmetischen Mittel der Einzelleistungen in eine Rangfolge zu bringen. Wie wenig brauchbar dieses Verfahren beispielsweise für Allokationsentscheidungen ist, erkennt man auch daran, daß sich die Häufigkeitsverteilungen der Produktivität von Wissenschaftlern verschiedener Universitäten selbst im Falle großer Mittelwertsdifferenzen fast immer erheblich überschneiden (siehe auch Wottawa, 1981, S. 55–57). Um dies an einem Beispiel zu verdeutlichen: Die TU Berlin erzielt nach den Ergebnissen der Enquete »Zur Lage der Forschung an den Universitäten« mit einer durchschnittlichen Forschungsproduktivität von 85 Prozent einen statistisch bedeutend niedrigeren Mittelwert als etwa die TU München oder die TH Aachen mit einer durchschnittlichen Forschungsproduktivität von 119 beziehungsweise 118 Prozentpunkten. Betrachtet man die Häufigkeitsverteilungen der wissenschaftlichen Produktivität innerhalb der einzelnen Universitäten, so stellt man fest, daß trotz der großen Mittelwertsunterschiede 30 Prozent der Professoren an der TU Berlin in der Forschung rein quantitativ gesehen mehr leisten als 54 Prozent der Hochschullehrer an der TU München und als 62 Prozent der Professoren an der TH Aachen (Daniel, 1982).

In einem Aufsatz über die Voraussetzungen für Spitzenleistungen in der Forschung erinnert Klamann (1983, S. 651) daran, daß es auch an der klassischen deutschen Universität immer hervorragende Arbeitskreise mit hohem Erfolg und Ansehen gegeben habe, ohne daß die jeweilige Hochschule als Ganzes diesem Kriterium genügt hätte. Wenn es in der Forschung also »immer auf die Personen an(kommt)« (Maier-Leibnitz, 1974), dann sollten vergleichende Analysen der Forschungsleistung stets den Einzelwissenschaftler und gegebenenfalls seine Forschergruppe in den Mittelpunkt stellen. Betrachten wir deshalb im folgenden, wie sich Veröffentlichungen in Fachzeitschriften auf die Wissenschaftler einer Disziplin, in diesem Fall der Psychologie, verteilen.

6. Der Social Sciences Citation Index

In einer vergleichenden Analyse der Forschungsproduktivität im Fach Psychologie wählten wir als Indikator für Forschungsproduktivität die Anzahl der Beiträge je Wissenschaftler im Source Index des Social Sciences Citation Index (SSCI). Der SSCI ist ein bibliographisches Hilfsmittel in Registerform für die wichtigsten sozialwissenschaftlichen Fachzeitschriften der Welt. Er erscheint dreimal jährlich und weist die Beiträge in 1400 Zeitschriften und in 250 Buchreihen (monographic series) vollständig nach. Zusätzlich erfaßt der SSCI die Angaben zu fachrelevanten Aufsätzen aus über 3000 weiteren Zeitschriften. Das Gesamtwerk besteht aus vier sich gegenseitig ergänzenden Registern (Source Index, Permuterm Subject Index, Citation Index,

Corporate Index), die jeweils die gleichen Aufsätze unter verschiedenen Gesichtspunkten erschließen. Der Source Index ist ein Autorenregister. Er enthält alle Titel des Berichtszeitraums in alphabetischer Reihenfolge der Autoren und erlaubt festzustellen, was ein Wissenschaftler in den ausgewerteten Zeitschriften und Buchreihen publiziert hat. Trotz der großen Zahl ausgewerteter Fachzeitschriften registriert der SSCI bei weitem nicht alle Arbeiten, die in einem bestimmten Zeitraum publiziert wurden. Unseren Ergebnissen zufolge erfaßte der SSCI im Jahre 1978 nur 30 Prozent der insgesamt von bundesdeutschen Psychologen publizierten Beiträge in deutsch- und englischsprachigen Fachzeitschriften (vgl. Irle und Strack, 1983 und Daniel, 1985 a). Monographien und Lehrbücher, die im Jahre 1978 ein Fünftel aller Publikationen ausmachten, werden, wie oben bereits erwähnt, vom SSCI überhaupt nicht bibliographiert. Der SSCI eignet sich damit nur zur Analyse einer ganz bestimmten Form wissenschaftlicher Produktivität. Grundlagenforscher, die Ergebnisse einzelner empirisch-experimenteller Arbeiten veröffentlichen, dürften die größte Chance haben, vom SSCI als produktive Wissenschaftler ausgewiesen zu werden. Die Gültigkeit der folgenden Ausführungen wird dadurch jedoch nicht eingeschränkt.

Schaubild 4 zeigt die Häufigkeitsverteilung der wissenschaftlichen Produktivität im Fach Psychologie (Indikator: Anzahl der Beiträge im Source Index des Social Sciences Citation Index 1978–1982).

Von den 1554 Wissenschaftlern, die zwischen 1978 und 1982 an den 43 Psychologie-

SCHAUBILD 4: Häufigkeitsverteilung der wissenschaftlichen Produktivität im Fach Psychologie (Indikator: Anzahl der Beiträge im Source Index des Social Sciences Citation Index im Zeitraum von 1978 bis 1982).

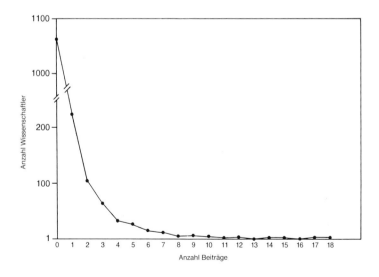

159

Instituten der Bundesrepublik beschäftigt waren, hatten 1061 (= 68 %) in diesem Zeitraum keinen Beitrag in einer der mehr als 4500 Zeitschriften und Buchreihen publiziert, die vom SSCI ausgewertet werden. 223 Wissenschaftler waren mit einem Beitrag, 104 mit zwei Beiträgen, 63 Wissenschaftler mit drei Beiträgen usw. im Source Index des SSCI vertreten. Jeweils ein Wissenschaftler hatte 14, 15, 17 und 18 Aufsätze publiziert. Ein auf dem Gebiet der Physiologischen Psychologie arbeitender Wissenschaftler war im genannten Zeitraum gar mit 34 Aufsätzen im Source Index des Science Citation Index (SCI) aufgeführt.

SCHAUBILD 5: Häufigkeitsverteilung wissenschaftlicher Produktivität.

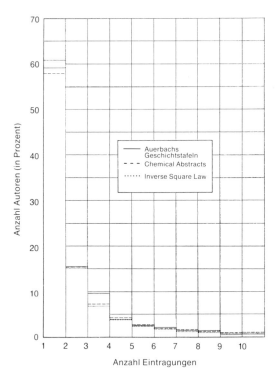

Erläuterung: Die Häufigkeitsverteilung zeigt die Prozentanteile von Autoren, die in den Auerbachschen Geschichtstafeln der Physik (vollständiges Alphabet) und im Autorenindex der Chemical Abstracts (Autoren mit den Anfangsbuchstaben A und B) im Zeitraum von 1907–1916 einmal, zweimal usw. erwähnt sind. Die punktierte Linie stellt die erwarteten Häufigkeiten nach dem Lotkaschen Gesetz dar (Quelle: Lotka, 1926, S. 321).

7. Das Lotkasche Gesetz

Die in *Schaubild 4* dargestellte Häufigkeitsverteilung wissenschaftlicher Produktivität weist eine charakteristische Form auf, die aus früheren Untersuchungen bereits bekannt ist. Wissenschaftliche Produktivität ist stets äußerst asymmetrisch verteilt. Lotka (1926) konnte für die Fächer Physik und Chemie zeigen, daß diese asymmetrische Verteilung wissenschaftlicher Produktivität einem statistischen Gesetz folgt. Dieses Gesetz besagt, daß die Anzahl der Personen, die n Aufsätze publizieren, proportional ist zu $1/n^2$ (daher wird dieses Gesetz auch »Inverse Square Law of Scientific Productivity« genannt). Nach dem Lotkaschen Gesetz erwartet man, daß auf 100 Autoren eines Forschungsgebietes, die in einem bestimmten Zeitraum nur einen Aufsatz publizieren, 25 Autoren mit zwei Veröffentlichungen kommen, 11 mit drei usw. (vgl. *Schaubild 5*).

Die Auswertung der umfangreichen Literatur zum Lotkaschen Gesetz zeigt, daß dieses Gesetz die Häufigkeitsverteilung der wissenschaftlichen Produktivität für verschiedene Fächer exakt beschreibt (vgl. Daniel, 1985 b). Das Lotkasche Gesetz gilt in der Physik und der Chemie (Lotka, 1926) ebenso wie in der Mathematik (Dresden, 1922) und der Ökonometrie (Leavens, 1953). Auch die Veröffentlichung von Monographien in der Anglistik (vgl. Finkenstaedt und Fries, 1978) folgt annähernd dieser Gesetzmäßigkeit (vgl. folgende *Tabelle*).

TABELLE: Häufigkeitsverteilung der wissenschaftlichen Produktivität im Fach Anglistik (Indikator: Anzahl der insgesamt publizierten Monographien): Beobachtete Häufigkeiten (Quelle: Finkenstaedt und Fries, 1978, S. 140–144, Spalte 3) und erwartete Häufigkeiten nach dem Lotkaschen Gesetz. N = 217

Anzahl Monographien	Beobachtete Häufigkeiten (Finkenstaedt und Fries, 1978)	Erwartete Häufigkeiten nach dem Lotkaschen Gesetz
Keine Monographie	23	–
1 Monographie	84	118
2 Monographien	69	29
3 Monographien	19	13
4 Monographien	11	7
5 Monographien	4	5
6 Monographien	3	3
7 Monographien	1	2
8 Monographien	3	2

8. Das »Square Root Law of Elitism« und das Pricesche Gesetz

Aus dem Lotkaschen Gesetz läßt sich ableiten, daß in einem bestimmten Forschungs-gebiet die Anzahl der besonders produktiven Wissenschaftler ungefähr die gleiche Größenordnung hat wie die Quadratwurzel aus der Gesamtzahl aller hier tätigen Wissenschaftler (Allison, 1980, S. 117–134). Price (1971, S. 74) bezeichnet dies als das »Square Root Law of Elitism« (»Any population of size N contains an effective elite of size $\sqrt{N}$«). Diese »Elite« bringt etwa die Hälfte aller wissenschaftlichen Produkte hervor (sog. Pricesches Gesetz; vgl. Price, 1976, S. 299 sowie Rescher, 1982; Fränz, 1973 und Dobrov, 1969).

Im Rahmen unserer Analyse der Forschungsproduktivität im Fach Psychologie konnten wir die Gültigkeit des Priceschen Gesetzes überprüfen. An den Psychologie-Instituten der Bundesrepublik waren im Jahre 1978 genau 917 Wissenschaftler beschäftigt. Nach dem Priceschen Gesetz wäre zu erwarten, daß 30 Personen 50 Prozent aller Beiträge publiziert haben, die im Source Index des SSCI für die Gesamtgruppe der 917 Wissenschaftler aufgeführt sind. Tatsächlich haben 37 Wissenschaftler (= 4 %) genau 50 Prozent der im SSCI dokumentierten Aufsätze und Buchbeiträge veröffentlicht. *Schaubild 6* zeigt, daß im Gesamtzeitraum von 1978 bis 1982 fünf Prozent aller Psychologen 47 Prozent aller Beiträge publiziert haben, die für die Gesamtgruppe der 1554 in diesem Zeitraum an Psychologie-Instituten der Bundesrepublik beschäftigten Wissenschaftler im Source Index des SSCI aufgeführt sind.

SCHAUBILD 6: Lorenz-Kurve der Verteilung wissenschaftlicher Produktivität im Fach Psychologie (Indikator: Summe der Teilbeiträge im SSCI im Zeitraum von 1978 bis 1982).

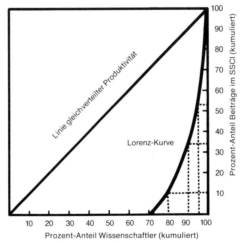

162

Die Ergebnisse dieser und anderer Studien bestätigen somit das Pricesche Gesetz, wonach die Hälfte aller wissenschaftlichen Produkte (Veröffentlichungen, Patente, gutachterliche Stellungnahmen) von einem relativ kleinen und stabilen Kern von Wissenschaftlern hervorgebracht wird[7].

Anmerkungen

[1] Weitere Beispiele hervorragender Forschung in der Bundesrepublik Deutschland finden sich in den folgenden zwei Bänden:»Spitzenforschung in Deutschland« (Flöhl, 1983) und »Forschung in der Bundesrepublik Deutschland« (Deutsche Forschungsgemeinschaft, 1983).

[2] Wonach bemißt man den Anteil der deutschen Beteiligung an der Forschung in der Welt? Nach einer Studie von Frame, Narin und Carpenter (1977) publizierten bundesdeutsche Wissenschaftler im Jahre 1973 sechs Prozent der im Science Citation Index bibliographierten Zeitschriftenaufsätze.

[3] Im Frühjahr 1984 wurden im Auftrag des Bundesministeriums für Bildung und Wissenschaft weitere 500 repräsentativ ausgewählte Hochschullehrer zur Lage der Forschung an den Universitäten befragt, um die Ergebnisse der Enquete »Zur Lage der Forschung an den Universitäten« 1976/77 zu aktualisieren.

[4] Wir danken dem Institut für Demoskopie Allensbach für die Überlassung der Rohdaten und dem Bundesministerium für Bildung und Wissenschaft, dem Ministerium für Wissenschaft und Kunst Baden-Württemberg sowie dem Ausschuß für Forschungsfragen der Universität Konstanz für die finanzielle Unterstützung unserer Arbeiten.

[5] Die Relevanz der vorgeschlagenen Indikatoren für die Forschungsmessung in der Anglistik und der Betriebswirtschaftslehre werden von Finkenstaedt und Fries (1978) und Heiber (1983) diskutiert.

[6] Indikatoren für Forschungsleistung waren: Anzahl der Beiträge insgesamt und Anzahl englischsprachiger Beiträge im Source Index des Social Sciences Citation Index (SSCI) sowie Anzahl der Seiten insgesamt und Anzahl englischsprachiger Seiten der im Source Index des SSCI aufgeführten Beiträge (jeweils mit und ohne Berücksichtigung von Koautoren).

[7] Das Pricesche Gesetz scheint weitgehend unabhängig von Zeit und Umständen zu sein:»We do know empirically that the productivity distribution laws are regular and constant over large historical, geographical, and topical spans« (Price, 1978, S. 85).

Literatur

Alexander von Humboldt-Stiftung: Pressegespräch der AvH am 19. Mai 1981 zum Jahresbericht 1980 der Alexander von Humboldt-Stiftung – Anlage zur Pressenotiz 5/81. II. 15 Hochschulen bevorzugt. Bonn: AvH-Pressestelle, 1981.

Allison, P. D. Processes of stratification in science. New York: Arno Press, 1980.

Bolsenkötter, H. Ökonomie der Hochschule (Band 1). Baden-Baden: Nomos, 1976.

Bundesministerium für Forschung und Technologie: Faktenbericht 1981 zum Bundesbericht Forschung. Bonn: Bundesministerium für Forschung und Technologie, 1982.

Burke, C. E. und Price, D. de S. The distribution of citations from nation to nation on a field by field basis – A computer calculation of the parameters. Scientometrics, 1981, 3, 363–377.

Centra, J. A. Determining faculty effectiveness. San Francisco: Jossey-Bass, 1980.

Daniel, H.-D. Zur Messung der Forschungsleistung deutscher Universitäten – Eine vergleichende Analyse empirischer Untersuchungen. Vortrag, gehalten auf Einladung des Vizepräsidenten der Technischen Universität Berlin anläßlich eines Kolloquiums der Kommission für Forschung und wissenschaftlichen Nachwuchs am 9. 11. 1982 an der TU Berlin, 1982.

Daniel, H.-D. Zur Messung und Förderung der Forschungsleistung deutscher Universitäten – Eine vergleichende Analyse empirischer Untersuchungen. Konstanz, 1983.

Daniel, H.-D. »Es kommt immer auf die Personen an« – Konsequenzen für einen Leistungsvergleich von Hochschulinstituten und Universitäten. Vortrag, gehalten anläßlich des Kolloquiums »Beiträge zur Messung und Förderung der universitären Forschungsleistung – Person, Team, Institution« vom 30. 1. 1985 – 1. 2. 1985 im Internationalen Institut für wissenschaftliche Zusammenarbeit e. V. Schloß Reisensburg, 1985 a.

Daniel, H.-D. Evaluation von Forschungsleistungen: Indikatoren – Statistische Verteilung – Korrelate. Vortrag, gehalten anläßlich der 2. Hohenheimer Gesprächstage zur Organisationspsychologie vom 28. 3. 1985 – 30. 3. 1985 an der Universität Hohenheim, 1985 b.

Deutsche Forschungsgemeinschaft: Forschung in der Bundesrepublik Deutschland. Beispiele, Kritik, Vorschläge (im Auftrag der Deutschen Forschungsgemeinschaft herausgegeben von Christoph Schneider). Weinheim: Verlag Chemie, 1983.

Dobrov, G. M. Wissenschaftswissenschaft. Berlin: Akademie-Verlag, 1969.

Dresden, A. A report of the scientific work of the Chicago Section, 1897–1922. Bulletin of the American Mathematical Society, 1922, 28, 303–307.

Finkenstaedt, T. und Fries, M. Zur Forschungsmessung in den Geisteswissenschaften. ad acta, 1978, Heft 3, 110–164.

Fisch, R. Wissenschaftliche Kreativität und Produktivität. In: Sund, H. und Timmermann, M. (Hg.) Auf den Weg gebracht. Idee und Wirklichkeit der Gründung der Universität Konstanz. Konstanz: Universitätsverlag Konstanz, 1979, 247–264.

Flöhl, R. (Hg.) Spitzenforschung in Deutschland – Natur und Wissenschaft: eine Bilanz. Stuttgart: Deutsche Verlags-Anstalt, 1983.

Fränz, K. Forschungseffizienz. Neue Zürcher Zeitung, 15. Januar 1973, Nr. 22, 15–16.

Frame, J. D., Narin, F. und Carpenter, M. P. The distribution of world science. Social Studies of Science, 1977, 7, 501–516.

Garfield, E. Highly cited articles. 27. Articles from German journals. Current Contents, 1976, No. 28, July 12, 516–523.

Gross, P. L. K. und Gross, E. M. College libraries and chemical education. Science, 1927, 66, 385–389.

Heckhausen, H. Zur Lage der Psychologie. Psychologische Rundschau, 1983, 34, 1–20.

Heiber, H. Messung von Forschungsleistungen der Hochschulen. Baden-Baden: Nomos, 1983.

Hüfner, K., Hummel, T. und Rau, E. Ansätze zur Messung der Qualität von Hochschulen. Berlin: Zentralinstitut für sozialwissenschaftliche Forschung der Freien Universität Berlin, September 1984.

Irle, M. und Strack F. Psychologie in Deutschland. Bericht zur Lage von Forschung und Lehre. Weinheim: Verlag Chemie, 1983.

Kessler, H. Nachweis gehinderter Rotationen und Inversionen durch NMR-Spektroskopie. Angewandte Chemie, 1970, 82, 237–253.

Klamann, D. Voraussetzungen für Spitzenleistungen in der Forschung – Erfahrungen eines Industriechemikers. In: Forschung in der Bundesrepublik Deutschland. Beispiele, Kritik, Vorschläge (im Auftrag der Deutschen Forschungsgemeinschaft herausgegeben von Christoph Schneider). Weinheim: Verlag Chemie, 1983, 649–658.

Klausa, E. Die Prestigeordnung juristischer Fakultäten in der Bundesrepublik und den USA. Kölner Zeitschrift für Soziologie und Sozialpsychologie, 1978, 30, 321–360.

Leavens, D. H. Communication. Econometrica, 1953, 21, 630–632.

Lotka, A. J. The frequency distribution of scientific productivity. Journal of The Washington Academy of Sciences, 1926, 16, 317–323.

Maier-Leibnitz, H. Der einzelne und der Fortschritt in Forschung und Entdeckung. DUZ, 1974, 30, 809–813.

Maier-Leibnitz, H. Vorwort. In: Deutsche Forschungsgemeinschaft. Aufgaben und Finanzierung VI (1979–1982). Boppard: Harald Boldt, 1979 a, 7–9.

Maier-Leibnitz, H. Doppelt soviel Spitzenforschung an den deutschen Hochschulen? In: Maier-Leibnitz, H. Zwischen Wissenschaft und Politik: Ausgewählte Reden und Aufsätze 1974–1979 (Im Auftrag der Deutschen Forschungsgemeinschaft herausgegeben von Hermann Fröhlich). Boppard: Harald Boldt, 1979 b, 126–137.

National Science Board: Science Indicators 1982. Washington, D. C.: National Science Board, 1983.

Partin, R. L. A case study: Evaluating faculty at Bowling Green State University. Change, 1984, 16, 31 und 51–53.

Price, D. de S. Some remarks on elitism in information and the invisible college phenomenon in science. Journal of the American Society for Information Science, 1971, 22, 74–75.

Price, D. de S. A general theory of bibliometric and other cumulative advantage processes. Journal of the American Society for Information Science, 1976, 27, 292–306.

Price, D. de S. Toward a model for science indicators. In: Elkana, Y., Lederberg, J., Merton, R. K., Thackray, A. und Zuckerman, H. (eds.) Toward a metric of science: The advent of science indicators. New York: Wiley, 1978, 69–95.

Rau, E. Mal diese, mal jene an der Spitze. Eine Rangfolge deutscher Hochschulen anhand der Stipendienvergabe. DUZ, 1984, 40 (19), 15–20.

Rescher, N. Wissenschaftlicher Fortschritt. Eine Studie über die Ökonomie der Forschung. Berlin: Walter de Gruyter, 1982, 102–119.

Seldin, P. Changing practices in faculty evaluation: A critical assessment and recommendations for improvement. San Francisco: Jossey-Bass, 1984.

Shockley, W. On the statistics of individual variations of productivity in research laboratories. Proceedings of the Institute of Radio Engineers, 1957, 45, 279–290.

Spiegel-Rösing, I. S. Zur Messung der Forschungsleistung von Institutionen: Wissenschaftliche Produktivität westdeutscher Universitäten. Eine explorative Untersuchung. In: Spiegel-Rösing, I. S., Fauser, P. M. und Baitsch, H. Beiträge zur Messung von Forschungsleistung – Institutionen, Gruppen und Einzelpersonen. Bonn: Schriftenreihe Hochschule, herausgegeben vom Bundesminister für Bildung und Wissenschaft, 1975, Nr. 16, 15–80.

Statistisches Bundesamt Wiesbaden: Personal an Hochschulen 1982. Stuttgart: Kohlhammer, 1983.

Sternberg, R. J. (ed.) Human abilities. New York: Freeman, 1985.

Wissenschaftsrat: Empfehlungen zur Forschung und zum Mitteleinsatz in den Hochschulen. Köln: Wissenschaftsrat, 1979.

Wottawa, H. Die Kunst der manipulativen Berichtlegung in der Evaluationsforschung. Zeitschrift für Entwicklungspsychologie und Pädagogische Psychologie, 1981, 13, 45–60.

DIETER BLASCHKE

Zur Beurteilung interdisziplinärer sozialwissenschaftlicher Forschung*

1. Fragestellung

Die Aufgabe, interdisziplinäre Forschungsvorhaben vom Einzelprojekt bis hin zum Forschungsverbund zu beurteilen, gehört zu den schwierigeren Aufgaben aller Forschungsförderungsinstitutionen, aber auch vieler Forschungseinrichtungen selbst. Sie steht nicht nur bei der Beurteilung von Anträgen und Entwürfen an, sondern sie bleibt auch während der ganzen Laufzeit solcher Projekte und nach deren Abschluß bestehen.

Anhand welcher Kriterien und Indikatoren[1] kann über interdisziplinäre Forschung oder zunächst generell über Forschung geurteilt werden, darüber, ob die Forschung voraussichtlich Erfolg haben wird, erfolgreich betrieben wird oder Erfolg hatte? Wie sind diese Kriterien beschaffen, wie lassen sie sich gewinnen, wie läßt sich ihre Verwendung begründen? Unsere Überlegungen beziehen sich auf den Arbeitsprozeß in der interdisziplinären Forschung. Die Frage der Operationalisierung von Kriterien, der Handhabbarkeit möglicher Merkmale und der Erfaßbarkeit von Indikatoren tritt dagegen in unserem Antwortversuch in den Hintergrund.

Nach einer gewissen Euphorie im Zusammenhang mit den Erwartungen, die der interdisziplinären Forschung vor Jahren entgegengebracht worden waren, und der Ernüchterung nach dieser ersten Phase scheint sich heute eine realistischere Auffassung durchgesetzt zu haben, was Chancen und Schwierigkeiten angeht. Eine Einigung in der Auffassung von interdisziplinärer Forschung und ihrer Besonderheiten in organisatorischer Hinsicht ist jedoch nicht zu erkennen (Klein 1985).

* Prof. Dr. Gerhard Wurzbacher zum 75. Geburtstag.

167

2. Typen interdisziplinärer Forschung

Wir wollen deshalb einen Vorschlag skizzieren (vgl. Blaschke 1978, S. 31 ff.), auf zwei Grundtypen interdisziplinärer Forschung zu achten, da mit diesen ganz unterschiedliche Anforderungen an Kooperation, Koordination, Kommunikation etc. verbunden sind. Neben der traditionellen Interdisziplinarität, dem sogenannten interdisziplinären Borgen, bei dem es nicht zu besonderen Kommunikationsproblemen kommt, stehen sich vor allem gegenüber
– die *interdisziplinäre Kooperation zur Lösung von Praxisproblemen* und
– die Kooperation mit dem Ziel *interdisziplinärer Theoriebildung.*
Der wissenschaftliche Beitrag und der Fortschritt wird im ersten Fall davon erwartet, daß es gelingt, die bewußt aus enger disziplinärer Sichtweise formulierten Problemstellungen und Lösungsvorschläge von Spezialisten aus verschiedenen Disziplinen zu einem Praxisproblem aufeinander zu beziehen und in den Maßnahmevorschlägen abzustimmen. Die im Verlauf dieser Kooperation entstehende »Argumentationsgemeinschaft« (Böhme 1974; 1975), zu der auch Praktiker gehören können, bezieht sich auf die Lösungsvorschläge zum Praxisproblem: auf deren Wirksamkeit, Brauchbarkeit, gegenseitige Vereinbarkeit. Sie stellt aber die theoretischen Grundlagen und die methodischen Zugänge der Einzeldisziplinen prinzipiell nicht in Frage.
Anders im Falle der interdisziplinären Theoriebildung. Hier geht es in erster Linie um die gemeinsame Etablierung eines eigenen wissenschaftlichen Gegenstandes, um die Problemdefinition, um die Formulierung eines theoretischen Zugangs zu einem Phänomen, das sich nicht daran hindern läßt zu existieren, obwohl es bis dahin wissenschaftlich nicht gelungen ist, es in den Griff zu bekommen. In dieser »Argumentationsgemeinschaft« stehen disziplinäre Theorien zur Disposition. Ein Erfolg dieser Bemühungen kann mit der Entstehung einer neuen Disziplin oder einer Spezialisierung verbunden sein.

3. Betrachtungsweisen

Die Angemessenheit von Kriterien und Indikatoren zur Beurteilung wird davon abhängen, ob das konkrete Projekt mehr der einen oder der anderen Seite der skizzierten Typologie zuneigt. Darauf werden wir im folgenden hinweisen. Zunächst ist jedoch die Frage zu stellen, auf welche Quellen wir uns stützen können. Wissenschaftstheoretiker und Wissenschaftshistoriker geben hierzu, hauptsächlich wegen der von ihnen bevorzugten Untersuchungsgegenstände, der Physik[2] bzw. abgeschlossener wissenschaftlicher Entwicklungen, wenig Hilfestellung.
Eine dritte Gruppe von Wissenschaftlern, auf die wir bei der Frage nach Kriterien

zurückgreifen könnten, sind jene, die das Geschäft der Bewertung wissenschaftlicher Arbeit betreiben. In der einen oder anderen Form gehören ja alle Wissenschaftler zu dieser Gruppe, da sie sich ständig auch mit den Produkten anderer auseinandersetzen. Sie helfen jedoch nicht viel weiter, denn über ihren (oft sehr großen) Erfahrungsschatz auf diesem Gebiet äußern sie sich selten schriftlich. Da es hier aber im Prinzip um ähnliche Probleme geht wie beim Zensurengeben, wären Äußerungen einzelner nicht von besonderem Nutzen. Zur Vereinheitlichung der Beurteilung von wissenschaftlichen Beiträgen, die zur Publikation eingereicht werden, sind jedoch Kriterienlisten erarbeitet worden. Diese sind für einige Aspekte unserer Fragestellung wertvoll.

Als vierte Gruppe bleiben noch die Wissenschaftler, die auf diesem Gebiet forschen. Für sie ist jedoch oft die Frage, anhand welcher Indikatoren sich wissenschaftliche Produktivität unterschiedlicher Forschungsorganisationen möglichst problemlos messen läßt, wichtiger als eine Grundsatzdiskussion (vgl. aber Weingart und Winterhager 1984 zu den sogenannten Wissenschaftsindikatoren). Die Frage nach dem geeigneten *Indikator* steht dann im Vordergrund; die nach möglichen *Kriterien* tritt dahinter zurück. Dennoch werden wir uns vor allem auf Beiträge aus dieser Gruppe stützen.

Über Forschung, auch über interdisziplinäre Forschung, entscheiden aber nicht nur Wissenschaftler, und es wird nicht nur anhand wissenschaftlicher Kriterien über sie entschieden. Die Mitsprache anderer ist zum Beispiel dort anzutreffen, wo es um die Setzung von Prioritäten für den Einsatz öffentlicher Gelder geht, also darum, ob überhaupt Geld für Wissenschaft und Forschung bereitzustellen sei und für welche Gebiete, Problemfelder oder Disziplinen.

Die Fragen der *Relevanz* der Forschung sind also von denen der *Qualität* von Forschung zu unterscheiden, und Diskussionen um die Beteiligung von Nicht-Wissenschaftlern an Entscheidungen über Forschung beziehen sich fast ausschließlich auf die Relevanzproblematik. Der Wissenschaftsrat hat 1975 zu Fragen der Forschungsbewertung Stellung genommen; diese Ausführungen verdeutlichen die verschiedenen Betrachtungsweisen der Forschungsbewertung.

1. Die Bewertung der Forschung soll nicht erst nach Beendigung der Forschung (als abschließende Bewertung) erfolgen, sondern auch die Planung (Eingangsbewertung) und die Durchführung der Forschung (begleitende Bewertung oder Zwischenbewertung) umfassen.
2. Etwas uneinheitlich ist angegeben, worauf sich die Bewertung richten soll: auf den »Erfolg«, wie es einmal heißt, oder auf »Qualität, Relevanz, Effizienz«, die etwas später genannt werden. Zwei der Begriffe lassen sich am besten durch eine schematische Darstellung erläutern: Effizienz und Erfolg. Sie gehören zu den ursprünglichen Begriffsbestimmungen[3], die der Wissenschaftsrat (1975, S. 163) gab (vgl. das *Schaubild* der folgenden Seite).

Relevanz und Qualität werden vom Wissenschaftsrat dann eingehender erörtert, sie sind auch die beiden Kriterien, mit denen wir uns im folgenden befassen werden.

SCHAUBILD: Beurteilungskriterien für Forschung
(nach Wissenschaftsrat 1975, S. 163).

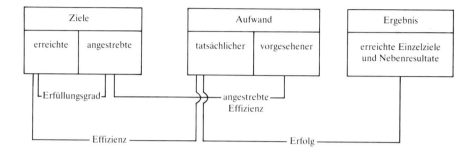

4. Relevanz

Der Wissenschaftsrat hat unter Relevanz ».. . die Bedeutung einer Forschungsarbeit im weitesten Sinn verstanden, das heißt, die wissenschaftliche und gesellschaftliche Bedeutung ihrer unmittelbaren Zielsetzungen ebenso wie ihrer mittel- und langfristigen sowie indirekten Auswirkungen« (1975, S. 164). Daß es bei einer inhaltlichen Festlegung dessen, was man unter Relevanz versteht, zu erheblichen Schwierigkeiten kommen kann, ist keine Frage. Dennoch scheint die Betonung, die der Wissenschaftsrat gerade dieser Frage zukommen ließ, eher darauf abzuzielen, diesen Komplex von Entscheidungen ins Bewußtsein von Forschern, Forschungsförderung und interessierter Öffentlichkeit zu bringen, als daß es um ein Resümee von Selbstverständlichkeiten ginge.

Die Auffächerung des Kriteriums in zehn, jedoch nicht als gleichwertig angesehene Aspekte, die jeweils noch Nebenfragen zur Präzisierung enthalten, zeigt die Vielfältigkeit des Kriteriums auf und läßt die möglichen Auseinandersetzungen, wenn sie einmal durch die explizite Darlegung herausgefordert worden sind, erahnen.

»Die Relevanzkriterien sollen die Beurteilung der Bedeutung einer Forschungsarbeit erlauben, und zwar ihrer Bedeutung im weitesten Sinn, d. h. auch ihrer mittel- und langfristigen sowie ihrer indirekten Auswirkungen auf wissenschaftliche ebenso wie auf nichtwissenschaftliche Bereiche« (Wissenschaftsrat 1975, S. 170). Die Relevanzkriterien werden in Frageform[4] vorgestellt, die erläuternden und präzisierenden Unterfragen sind hier weggelassen (Wissenschaftsrat 1975, S. 171–173):
1. Welche Bedeutung hat das Vorhaben innerhalb der beteiligten Fachrichtungen?
2. Welche Auswirkungen hat das Vorhaben auf andere als die beteiligten Fachgebiete und auf andere Probleme?

170

3. Führt das Vorhaben zu einer Verbesserung oder Erweiterung des methodischen Instrumentariums der Wissenschaft?
4. Welche Auswirkungen hat das Vorhaben auf die wirtschaftliche Entwicklung?
5. Welche Folgen hat das Vorhaben für die Entwicklung der materiellen Umwelt?
6. Welche Auswirkungen hat das Vorhaben auf die biologisch-medizinischen Lebensbedingungen?
7. Welche Folgen hat das Vorhaben für die soziale Umwelt und ihre Gestaltung?
8. Welche Auswirkungen hat das Vorhaben auf das geistige Leben und die individuellen Entfaltungsmöglichkeiten?
9. Welche Auswirkungen hat das Vorhaben auf die Verbesserung der zwischenmenschlichen Beziehungen?
10. Welche Auswirkungen hat das Vorhaben auf das Verhältnis der Völker zueinander?

Daß man im Wissenschaftsrat bei der Erörterung von Entscheidungen über solche Fragen – wie bereits angedeutet – nicht nur an Wissenschaftler gedacht hat, wird beim expliziten Hinweis auf das Verfahren der Deutschen Forschungsgemeinschaft zur Einrichtung von Sonderforschungsbereichen (SFB) deutlich[5]. Über die Zusammensetzung von Gremien und über deren Berufung kann man unterschiedlicher Meinung sein. Grundsätzlich besteht jedoch Einigkeit darüber, daß dort, wo es um praktische Relevanz geht, Wissenschaftler nicht prinzipiell überlegen sind (Solla Price 1964, S. 197). Die Diskussion um die Frage, wie weit Nicht-Wissenschaftler an den Relevanzentscheidungen zu beteiligen sind, wird schon seit längerer Zeit geführt.

Die Positionen, die in dieser Auseinandersetzung vertreten sind, lassen sich so zusammenfassen:
– Weiterhin (oder wieder) *volle Autonomie* für die Wissenschaft (Polanyi 1962);
– *eingeschränkte Autonomie* im Sinne einer Prioritätenliste von Disziplinen, die besonders zu fördern sind, jedoch keine weitergehenden Eingriffe in die wissenschaftliche Arbeit (Weinberg 1970; Rödel 1972, S. 104)[6];
– *Lenkung* der Wissenschaft durch weitgehende Eingriffe von außen.

Die Relevanz der Diskussion um die praktische Relevanz hängt allerdings für die Wissenschaft davon ab, ob Wissenschaft als Ganzes oder mindestens bestimmte Teile und Aspekte auch wirklich positiv[7] *steuerbar* sind. Fassen wir die Diskussion zu dieser Frage in kürzestmöglicher Form zusammen: Praxis ist für Wissenschaft unentbehrlich (Popper 1973, S. 339). Es gibt eine Fülle von Belegen dafür, wie die Forschung aus dem Kontakt mit der Praxis fruchtbare Anregungen und Neuorientierungen erfahren hat (vgl. Ben-David 1960 a, S. 558; 1960 b; 1972, S. 186; Storer 1972 b, S. 98–99). Ob Wissenschaft jedoch Probleme der Praxis mit Erfolg aufgreifen kann, hängt davon ab, ob es gelingt, die praktische Problemstellung mit Hilfe einer bestehenden oder einer neu zu schaffenden Theorie in ein wissenschaftliches Problem umzuformulieren. Das ist erst bei Wissenschaften im Stadium der Reife effektiv möglich (Böhme u. a. 1973; Hohlfeld 1976). Ob und wann dieses Stadium der Wissenschaftsentwicklung in einer Disziplin erreicht wird, ist, nach überwiegender Meinung, selbst nicht steuerbar. Die

Praxis kann also Impulse vermitteln, in Richtungen zu forschen und Problemstellungen aufzunehmen, die mit dem bisherigen theoretischen und methodologischen Instrumentarium nicht zu lösen sind (Ben-David 1960 a, S. 559). Diese Orientierung ist jedoch keine hinreichende Bedingung (und vermutlich auch keine notwendige): Entscheidungen über Forschung anhand von Kriterien praktischer Relevanz können durchaus wertvolle Impulse enthalten, doch ist das nicht immer der Fall.

Im folgenden werden wir uns mit den Kriterien und Problemen der praktischen Relevanz nicht weiter befassen, obwohl davon auszugehen ist, daß in Organisationen, die mit sozialwissenschaftlicher Forschung befaßt sind, sowie in ihren interdisziplinären Forschungsvorhaben Relevanzfragen auch im Verlauf der Forschung immer wieder auftauchen und gelöst werden müssen.

5. Qualität

Da die Qualitätsprüfung von Forschung, wie vom Wissenschaftsrat (1975, S. 159) betont wurde, nicht nur nach Abschluß der Arbeiten vorzunehmen ist, sondern auch vor Beginn und während der Forschungsarbeiten, kann nicht allein das Ergebnis Gegenstand der Bewertung sein.

Mit Hartmann (1969, S. 549) können wir Forschung bestimmen als »die methodische Suche nach neuen Erkenntnissen« und mit Krauch (1969, S. 1) sie als einen »geordneten Prozeß der Suche nach neuen Erkenntnissen« ansehen, der von Personen, heute meistens in arbeitsteiliger Kooperation in Organisationen, betrieben wird. Diese Elemente wollen wir der weiteren Gliederung zugrunde legen: die »neue Erkenntnis«, das Produkt der Forschung; die Art und Weise, wie die Forschung als »geordneter Prozeß« betrieben wird; die Personen und Organisationen, die daran beteiligt sind.

Kombinieren wir diese Elemente der Forschung mit den Zeitpunkten der Forschungsbewertung, so erhalten wir die folgende Übersicht, die zugleich unsere Gliederung mitbestimmt (siehe Übersicht auf gegenüberliegender Seite).

5.1. VORAUSGEHENDE BEWERTUNG

Vorausgehende Bewertung eines Forschungsvorhabens kann, was das *Produkt* angeht, lediglich Relevanzprüfung sein: die Wünschbarkeit der angestrebten neuen Erkenntnis unter verschiedenen Gesichtspunkten. Die *Art und Weise,* wie Forschung betrieben werden soll, welche Methoden zur Anwendung kommen, was die genauen Ziele der Forschung sind (soweit sie sich schon formulieren lassen), welcher Techniken man sich bedienen will u. a. m., werden im Design des Forschungsantrages vorge-

ÜBERSICHT: Inhaltlicher Bezug der Forschungsbewertung in Abhängigkeit vom Zeitpunkt.

Bewertung gerichtet auf	Kriterium	Zeitpunkt der Bewertung			
		vor Beginn	begleitend	nach Abschluß	lange nach Abschluß
Produkt	Wahrheit	Schlüssigkeit Theoriebezug	–	Begründung Prüfung	akzeptierte Theorie, Eponymie
Produkt indirekt	Praxisaspekt: Anwendung Relevanz Effizienz Erfolg	außerwissenschaftliche Relevanz	Zwischenergebnisse	Zielerreichung	Vorbild
	innerwissenschaftlicher Aspekt: Relevanz Aufnahme und Durchsetzung Qualität	Relevanz für die wissenschaftliche Entwicklung	Publikation von Zwischenergebnissen	Annahme zur Veröffentlichung	Zitation
Art und Weise der Forschung	Regeleinhaltung Arbeitsweise	Antrags-Designprüfung	Stand der Forschung in methodisch-technischer Hinsicht; Ausmaß der Kommunikation und Kooperation	Standardeinhaltung, Innovationen	Forschungsdesign als Paradigma
Person bzw. Organisation	»Name« »Ansehen« Lernerfolg	Der Garant	Erfahrungsgewinn	Qualifikationsgewinn	Nachwirkungen, Beratungen aller Art, Preise (Nobelpreis)

führt, Kriterienprüflisten liegen vor (Wissenschaftsrat 1975, S. 169–170; DFG-Mitteilungen 4/74), und die Verfahren sind weitgehend eingespielt, ebenso gibt es Gutachterstäbe. Die Prüfung der geplanten Kooperation stößt da schon auf größere Schwierigkeiten, denn Prüfstandards dafür scheint es nicht zu geben.

Auch die Prüfung interdisziplinärer Forschungsvorhaben erfolgt unter diesen Gesichtspunkten der Designmerkmale. Wo es möglich ist, die interdisziplinäre Problemstellung – wenigstens vorübergehend – in disziplinäre Teilprojekte zu zerlegen, ist das weitgehend unproblematisch. Die interdisziplinären Forschungsprojekte jedoch, die theoretisch Neuland betreten wollen, entziehen sich der Beurteilung zum Teil dadurch, daß sie die Zielangabe nur in Umrissen formulieren können[8]. Die Beurteilung eines solchen Forschungsantrages durch Fachgutachter verschiedener

Disziplinen steht wohl immer unter der Gefahr, daß diese versuchen, das von verschiedenen Disziplinen gemeinsam Gewollte gleich auf mehrere »Betten« verschiedener disziplinärer Prokrustes auszudehnen oder zurechtzustutzen.

Die Beurteilung des Produktes selbst sowie die Beurteilung der Art und Weise, wie ein Produkt zustande gekommen ist, man daran arbeitet bzw. daran zu arbeiten gedenkt (für die Vorausbeurteilung also der Antrag), sieht *im Prinzip* von der Person dessen ab, der die Arbeit betreibt. Ein anderes Kriterium richtet sich nun gerade auch auf Merkmale der Person[9] oder Organisation[10].

Person und Organisation als Gegenstand der Vorausbeurteilung[11]:

Person	Organisation[16]
Ansehen/Prestige[12]	Ansehen/Prestige[17]
Leistung[13]	Leistung
Produktivität[14]	Produktivität
Qualität[15]	Qualität[18]
	Kosten pro Produkt- bzw. Qualitätseinheit
Erfahrung (Forschung, Kooperation)	Leistungsfähigkeit[19]

Insbesondere dann, wenn man Anhaltspunkte für die Chance sucht, daß eine Forschungsarbeit unter Einhaltung der Standards und mit Aussicht auf erfolgreiche Beendigung betrieben wird, ist der Blick auf denjenigen, der die Forschung durchziehen will oder unter dessen Verantwortung sie stehen wird, üblich und wichtig[20].

Überblicken wir noch einmal die verschiedenen Erfolgskriterien und die Zeitpunkte, an denen sie für eine Beurteilung eingesetzt werden können, und beziehen wir sie auf unsere beiden idealtypischen Situationen interdisziplinärer Kooperation und Forschung, so zeigt sich, daß zusätzliche Schwierigkeiten der Effektivitätsbeurteilung zu den ohnehin feststellbaren hinzutreten:
Kriterien der Vorausbeurteilung sind
- »Name« (Ansehen, Leistung und Erfahrung) des verantwortlichen Wissenschaftlers oder des wissenschaftlichen Projektleiters;
- Qualifikation des Personals;
- »Name« des Instituts, Tradition der Zusammenarbeit am Institut, eingespielte Kooperationsformen innerhalb der Organisation und mit anderen, Erfahrungen im Umgang mit freien Kapazitäten zur Planung und zu »feasibility«-Studien, interne Kommunikations- und Informationssicherung, kommunikative Anbindung an die »scientific community«, genügende Größe (»kritische Masse«), Ausstattung mit Hilfseinrichtungen und dazugehörende Erfahrung des Personals (EDV, Methodenspezialisten, Dokumentation, Bibliothek, Verwaltung);

– Design der Studien und angemessener Umgang mit Techniken und Methoden, Einsatzplanung und Zeitplan.

Nach unserer Bestimmung der interdisziplinären Kooperation zur Lösung von Praxisproblemen sind diese Kriterien vermutlich sehr gut geeignet, um den Erfolg solcher immer auf Kurzfristigkeit anzulegender Projekte abzuschätzen. Je mehr dabei jedoch Aufgaben der Art, die wir als interdisziplinäre Theoriebildung beschrieben haben, im Verlaufe der Forschung auftauchen, desto weniger eignen sich die Kriterien zur Beurteilung. Darüber hinaus kann man vermuten, daß solcherart eingespielte Organisationen die interdisziplinäre Theoriebildung in günstiger Weise nur unterstützen können, soweit sie über organisatorischen »Überhang« verfügen, d. h., sie müssen es sich leisten können, die auf die vage Problemstellung angesetzte Gruppe aus dem sonst üblichen Zeitdruck herauszuhalten und auch die Möglichkeiten der Kommunikationseinschränkung und des Rückzugs der Gruppe oder einzelner zuzulassen oder gar dazu zu ermutigen.

Das hier angeschnittene Problem ist groß und betrifft in seinem Kern die Frage nach einem ausgewogenen Verhältnis zwischen einer Politik der Forschungsförderung und einer Politik des (möglichst billigen) Einkaufs von Forschungsergebnissen. Der Auftraggeber kann viel unvermittelter die Frage stellen: »Are we getting our money's worth?« (Brush 1977, S. 395). Er braucht sich kurzfristig nicht zu fragen, wie lange er noch auf vorhandene Kompetenz zurückgreifen kann. Auf lange Sicht muß sich die Forschungsförderung, also die Forschungspolitik, sagen lassen, daß gerade die immer wieder in neuer Gestalt sich äußernden großen z. B. »sozialen« oder Umwelt-Probleme sich durch die kurzfristigen und kurzatmigen (weil keine Erfahrungen kumulierenden) Projekte der Auftragsforschung kaum angehen lassen. Und auch diese verschlechtern sich in ihrem Aussagewert, wenn sie sich nicht auf Ergebnisse und Theorien aus einer (um das Wort »Grundlagenforschung« zu vermeiden) Forschung stützen können, die auftauchenden methodischen und inhaltlichen Fragen auch dann noch nachgehen kann, wenn der auf schnelle Beratung ausgehende Auftraggeber schon längst das erhalten hat, was er für sein Geld verlangen kann[21]. Bevorzugungen, die kurzfristige Projekte von seiten der geldgebenden Institutionen genießen, hängen engstens mit dem Problem zusammen, das hier erörtert werden soll. Außer der Zurückhaltung, sich langfristig zu binden, spielt in jenen Institutionen auch die Meinung eine Rolle, die Schwächen und Stärken von Einzelprojekten besser beurteilen zu können als die ganzer Institute und ihrer langfristigen Forschungsprogramme (Lazarsfeld und Spivack 1961, S. 28).

5.2. BEGLEITENDE BEWERTUNG

Für die *begleitende Bewertung* und *Zwischenbewertung* bieten sich Arbeitsberichte, Veröffentlichungen und Zwischenberichte an; die Deutsche Forschungsgemeinschaft (DFG) hat als Instrument Kolloquien angeregt, auf denen mündlich über den *Stand der Arbeiten* vorzutragen ist, wobei tunlichst neben den Gutachtern auch Wissenschaftler anderer Forschungsinstitutionen oder Universitäten einzuladen sind. Die Bedeutung solcher Veranstaltungen und Vorkehrungen ist auch unter dem Aspekt der Kritikoptimierung zu sehen (vgl. Blaschke 1978, S. 162 ff.). Probleme ergeben sich für interdisziplinäre Projekte speziell dann, wenn sie, wie das gelegentlich in der Entwicklungsländerforschung der Fall ist, fernab von der beschäftigenden Organisation arbeiten. Die begleitende Begutachtung in Form eines Feldaufenthaltes bringt zusätzlich zu der Anforderung, sich möglichst schnell ein umfassendes Bild über den Stand der Arbeiten zu verschaffen, finanzielle Probleme mit sich (Blaschke 1976 a, S. 22–23). Hierfür gilt: je enger sich die Forschung im traditionellen Rahmen der Sozialforschung hält, desto eher ist es während des Forschungsfortgangs möglich, zuverlässigen Einblick in den Stand der Arbeiten zu gewinnen. Je weiter sie in Neuland vorstößt und dabei auch auf methodisch-technische Neuerungen oder Versuche angewiesen ist, desto schwerer wird die Beurteilung.

Daß *Form und Intensität der Zusammenarbeit* eine große Rolle spielen, ist mehrfach angeführt worden. Für die Organisationsform der sogenannten Sonderforschungsbereiche ist deren Notwendigkeit für die Arbeit besonders betont und zum Beurteilungskriterium gemacht worden[22]. Für das interdisziplinäre Forschungsunternehmen ist davon auszugehen, daß bis zur Vorlage von ersten Ergebnissen oft sehr viel Zeit vergeht und daß es dann kaum andere Anhaltspunkte gibt, als die Kooperation zwischen den beteiligten Wissenschaftlern als den Indikator erfolgreicher Forschungsförderung heranzuziehen. Als Erfolgskriterium wird man es also akzeptieren müssen. Aber läßt es sich auch systematisch begründen?

1. Als Begründung für interdisziplinäre Forschung wird oft genug angeführt, man habe Ergebnisse erreicht, »which never could have been achieved without collaboration« (Luszki 1958, S. 125). Bevor ein solches »synergistisches Produkt«[23] jedoch vorliegt, muß man sich in der Beurteilung darauf stützen, ob die Bedingungen, unter denen es entstehen soll, gegeben sind.

2. Wichtiger für die Begründung scheint jedoch folgende Argumentation zu sein. Es gibt eine interessante Antwort eines französischen Psychologen auf die Frage nach dem Effektivitätskriterium für Interdisziplinarität: »The criterion for the effectiveness of interdisciplinarity is its ability to turn into a new discipline« (OECD 1972, S. 73)[24]. Das ist nun die Auffassung von Interdisziplinarität als interdisziplinäre Theoriebildung, die wir bisher schon vertreten haben. Wenn man solche zur Entstehung von Disziplinen oder »Spezialitäten« innerhalb einer Disziplin führenden Prozesse wissenschaftlicher Entwicklung auf ihre sozialen Aspekte hin untersucht, stößt man immer wieder auf Gruppierungen[25] von Wissenschaftlern, die Griffith und Mullins (1972, S. 959) »coherent and activist groups«[26] genannt haben. Das wichtigste Ergebnis ihrer Untersuchungen ist, daß der Theorieentwicklung durch diese Gruppen zeitlich immer eine soziale Entwicklung vorausgehe (Mullins 1973 a, S. 246), allerdings erfolge diese erst im Anschluß an Programmstatements.

Vorausgesetzt, es gäbe eine solche programmatische Äußerung (in publizierter

Form) als Grundlage eines Antrages, die auch Ziele sowie Wege zu deren Erreichung enthielte und als Beispiel wirkte, dann wäre es wichtig, auf die sozialen Prozesse zu achten. Dann könnte die Kooperation[27] sinnvolles Beurteilungskriterium sein. Die Indikatoren für eine solche Kooperation eignen sich jedoch für die begleitende Beurteilung nicht alle in gleicher Weise, da sie zum Teil bereits Publikationen voraussetzen:

- Koautorschaft[28];
- Bedankung bei Kollegen[29];
- Einschätzung der Möglichkeit, daß die Arbeit eines Gruppenmitgliedes ohne große Verzögerungen[30] von anderen fortgeführt wird;
- die Anzahl von Ein-Mann-Forschungsprojekten.

Daß mit derartigen Indikatoren große Schwierigkeiten verbunden sind, ist einsichtig: Es handelt sich z. T. um sehr schwer zu überprüfende Merkmale. Ihr Sinn ist nicht immer eindeutig. Die Vertrautheit aller Mitglieder mit allen Einzelteilen eines Projektes könnte ja auch Indikator für unzureichende Arbeitsteilung und Spezialisierung sein. Zum Teil handelt es sich um solche Merkmale, die sich – sobald man weiß, daß sie zur Erfolgsprüfung herangezogen werden sollen – manipulieren lassen.

Man wird jedoch trotz dieser und anderer Bedenken nicht darauf verzichten können, für die begleitende Bewertung Merkmale der Kooperation und Kommunikation in der Forschungsgruppe und der Forschungsorganisation mit heranzuziehen. Denn interdisziplinäre Forschungsunternehmen setzen eben die Kooperation voraus. Außerdem kann man während einer möglicherweise langen Zeitdauer keine wirklichen Zwischenergebnisse erwarten.

Es ist also durchaus an die Möglichkeit zu denken, bei Projektbesuchen oder ähnlichen Gelegenheiten Einschätzungsmaße hinsichtlich verschiedener Merkmale der Kooperation und Kommunikation zu verwenden. Dabei könnte man sich etwa an der Liste von Merkmalen des Funktionierens einer Gruppe orientieren, die Luszki (1958, S. 135–136) zur Einschätzung des Ausmaßes an Kooperation und Kommunikation innerhalb von Forschungsgruppen zusammengetragen hat:

- Akzeptierung der Führung ohne Rücksicht auf die Disziplinen, aus denen Führer und Forscher kommen;
- Rollenflexibilität[31];
- Entwicklung und Verwendung einer gemeinsamen Sprache;
- Freie Kommunikation zwischen allen Teammitgliedern;
- Freier Austausch von Informationen über die Forschung und Mechanismen, die diesen Austausch, wenn nötig, erleichtern;
- Gemeinsame Verwendung von Vorschlägen, Ideen und Daten durch die Mitglieder aus verschiedenen Disziplinen;
- Beteiligung aller Teammitglieder an der gemeinsamen Planung jedes Schrittes der Forschung;
- Gegenseitiges Lehren und Lernen zwischen den Teammitgliedern in einem andauernden Lernprozeß[32];

– Problemgerichtete und nicht an der Disziplin oder am einzelnen ausgerichtete Teamaktivität;
– Unterordnung der eigenen Methoden und Interessen unter das Projektziel.

5.3. ABSCHLUSSBEWERTUNG

Für die *abschließende Beurteilung* liegen im allgemeinen *Ergebnisse* vor, außerdem unter Umständen auch *Nebenresultate*, auf die man insbesondere dann zurückgreifen wird, wenn sich die angestrebten Ziele nicht verwirklichen ließen, das Projekt also ein Fehlschlag war. An einem Zitat von Sommer läßt sich gut aufzeigen, zwischen welche Extrempositionen die Bewertung von Forschungsergebnissen gespannt ist: »Der Begriff des Mißerfolges im Bereich der Wissenschaft ist sehr kompliziert. Theoretisch braucht nichts als völliger Mißerfolg angesehen zu werden, solange irgendwer noch irgendwas daraus gelernt hat. Mißt man nämlich den Erfolg daran, daß ein bedeutsamer Fortschritt der Erkenntnis erzielt wird, dann kann überhaupt nur ein kleiner Bruchteil aller Forschungsvorhaben als erfolgreich bezeichnet werden« (Sommer 1964, S. 73).

Zwischen diesen beiden Extremen der bedeutsamen neuen Erkenntnis und dem Lernerfolg einzelner Mitglieder einer Forschungsgruppe liegen also die feststellbaren *Ergebnisse* der Forschung: Nun stehen Produkt und Produzent[33] der Ergebnisse zur Beurteilung an; die Art und Weise, wie geforscht wurde, und die Organisation der Arbeit stehen dagegen nicht mehr zur Diskussion, es sei denn, sie ließen sich ebenfalls als Ergebnisse des Forschungsprojekts formulieren oder seien Teil des Auftrages gewesen[34].

Wo die Forschung auf »neue Erkenntnis« aus ist, geht es darum, »neue Theorien zu entdecken oder neue Anwendungen bestehender Theorien« zu finden (Jochimsen 1974, S. 10). Die neue Theorie muß sich die Frage gefallen lassen, ob sie eine wahre Theorie ist, da oberstes Ziel von Wissenschaft die Wahrheit ist. Aber niemand behauptet mehr, Wahrheit ließe sich direkt feststellen, und auch die Idee, die Ausmerzung falscher Theorien als »Annäherung an die Wahrheit« zu begreifen, ist stark umstritten (Kuhn 1972, S. 311–312). Es gibt also keine Möglichkeit, die Wahrheit selbst zum Kriterium der Bewertung zu machen. Man kann lediglich versuchen – und das wird ja auch getan –, Kriterien für Wahrheit aufzustellen. Geht es jedoch um die Auseinandersetzung zwischen Theorien, und das ist in der interdisziplinären Auseinandersetzung ebenso anzutreffen wie bei der interdisziplinär gewonnenen neuen Theorie, die im Gegensatz zu einer älteren steht, so zeigt sich schon die Begrenztheit der Kriterien für Wahrheit.

»Wenn zwei Personen beispielsweise über die relative Ergiebigkeit ihrer Theorie verschiedener Meinung sind . . ., dann kann keinem ein Fehler nachgewiesen werden, noch verhält sich einer der beiden unwissenschaftlich. Es gibt keinen neutralen Algorithmus für die Theoriewahl, keinen systematischen Entscheidungsvorgang, der bei richtiger Anwendung jeden einzelnen in der Gruppe zu derselben Entscheidung führen müßte. So trifft die Gemeinschaft der Fachleute und nicht ihre individuellen Mitglieder die wirksame Entscheidung ... Man muß vielmehr verstehen, wie ein bestimmter Satz gemeinsamer Werte mit den gemeinsamen besonderen Erfahrungen einer Fachgemeinschaft in Wechselwirkung steht, um zu sichern, daß die meisten Gruppenmitglieder letztlich eine Reihe von Argumenten eher für entscheidend halten als eine andere« (Kuhn 1972, S. 308–309; Auslassungen des Verfassers).

Ist die direkte Bewertung des Produkts unter dem obersten Ziel »Wahrheit« nicht möglich, so erfolgt sie unter Anwendung von Ersatzkriterien, die eine *indirekte Bewertung* zulassen. Diese richten sich auf Wirkungen der neuen Erkenntnis. Wenn das Produkt, die neue Erkenntnis, eine Problemlösung außerhalb der Wissenschaft ermöglicht oder eine solche zu versprechen scheint, wird es (unter Umständen über weitere Zwischenstufen angewandter Forschung) auf praktische Probleme übertragen. Der Erfolg läßt sich über kurz oder lang vielleicht finanziell oder durch andere Bewertungsverfahren wie vergleichende Einschätzungen durch Fachleute messen. Das meinen wir, wenn wir mit dem Kriterium *Anwendung* arbeiten.

Innerhalb der Wissenschaft wird das neue Produkt (die Theorie, die Methode, der Befund) auf wissenschaftliche Probleme angesetzt: Erste Erfolge damit werden in Form von Publikationen (einschließlich der sogenannten »grauen« Literatur) vorgestellt. Weitergehende Erfolge, die mit diesem Ansatz erzielt werden, sind dann durch Zitierungen nachweisbar. Dadurch erhält man Aufschluß über *Aufnahme* und *Durchsetzung*, wie wir dieses Kriterium nennen wollen.

Die Frage nach der Wahrheit wird durch die Beachtung der Aufnahme durch die Fachöffentlichkeit bzw. der Durchsetzung auf weiten Strecken zur Qualitätsfrage bzw. zur Frage der Einhaltung und Erfüllung von Qualitätsstandards. Sie führt schließlich, über die Zwischenstation der Zitierungen, zur »Sichtbarkeit« der Arbeit und des Wissenschaftlers, also zur Reputation. Die Frage nach der *Relevanz* erledigt sich durch die Anwendung, es geht nicht mehr um den potentiellen Einfluß, um die Bedeutung, sondern um die Wirkung, die sich als tatsächlicher Einfluß begreifen läßt (vgl. Weingart und Winterhager 1984, S. 141).

Typisch für die angewandte Forschung bzw. – in unseren Begriffen – die »interdisziplinäre Forschung zur Lösung von Praxisproblemen« ist das Forschungsprojekt und die dazugehörende Projektplanung. Zu ihr gehört die Festlegung eines Forschungsprogrammes, die Festlegung der personellen Ausstattung einschließlich der Aufgabenzuweisung und eventuell der hierarchischen Zuordnung, der Geräte- und Raumausstattung und des zeitlichen Ablaufs (Meyer 1968, S. 212–213). Alle mit diesen Festlegungen verbundenen Entscheidungen hängen offensichtlich vom Projektziel ab, es muß also einigermaßen klar angebbar sein. Und darauf bezieht sich auch die Erfolgsbestimmung: »The emphasis is usually upon results which are measured by the success attained in answering the particular question which the project set out to attack« (Dodds 1954, S. 128).

Da es sich um Forschung handelt – die sich ja immer dadurch auszeichnet, daß die

»exakte Zieldefinition« nicht möglich ist (Meyer 1968, S. 128), daß das Auftreten der »neuen Erkenntnis« in diesem Informationsgewinnungsprozeß ein stochastisch auftretendes Ereignis ist (Pfeiffer und Staudt 1974, S. 1523) und man sinnvollerweise auch die unerwarteten Funde nicht beiseite läßt –, ist der vollständige Bewertungszyklus[35] mit seinem Schwerpunkt des Vergleichs von Ziel und Ereignis desto weniger angemessen, je weiter ins Unbekannte die Forschung vorstoßen muß[36].

Der Versuch, den Wert einer Forschungsarbeit zu bestimmen, indem man die Aufnahme der wissenschaftlichen Produkte, also insbesondere neuer theoretischer Ansätze oder methodisch-technischer Neuerungen, zum Erfolgskriterium macht, stößt auf einige Schwierigkeiten, die zugleich die Grenzen der Anwendung des Kriteriums anzeigen. In erster Linie geht es hier um die *Annahme von Arbeiten zur Veröffentlichung* in angesehenen Publikationsorganen, Zeitschriften oder Reihen. Veröffentlichung der Ergebnisse der eigenen Arbeit, also die Übergabe der eigenen Leistung an »die allgemeinen Archive der Wissenschaft« (Price nach Ben-David und Collins 1974, S. 144), wird als eine Pflicht des Wissenschaftlers angesehen (Storer 1972 a, S. 71). Dieser Pflicht entspricht auf seiten des Lesers die Pflicht, sich mit dem Produkt auseinanderzusetzen, es zu kritisieren und zu zitieren[37] (soweit es die eigene Arbeit tangiert, soweit man darauf aufbaut oder sich davon absetzt; Storer 1972 a, S. 63). Die Begrenztheit des Kriteriums liegt also dort, wo nicht oder noch nicht veröffentlicht wird oder wo die Möglichkeiten zur Veröffentlichung eingeschränkt sind[38].

Was die Veröffentlichung angeht, wird unterstellt, daß die Tatsache, daß eine Arbeit »has been accepted for publication in a well-known refereed journal is probably *the best immediate indication* that it reports worthwhile research« (Brush 1977, S. 397–398, meine Hervorh. D. B.; vgl. Daniel und Fisch 1985, S. 185).

Darüber, welche Gesichtspunkte bei der Entscheidung eine Rolle spielen, einen Beitrag in einer Zeitschrift zu veröffentlichen, informieren die aus dem Anliegen der Erleichterung der wissenschaftlichen Kommunikation heraus entstandenen Listen mit Standards. An sie haben sich Autoren im voraus und die beurteilenden Herausgeber bei Vorliegen der Arbeit zu halten. In einer Veröffentlichung von Bixler aus dem Jahre 1928 fanden sich schon 581 Einzelpunkte, die zur Beurteilung von Publikationen über Forschungsarbeiten herangezogen werden konnten; Strauss (1969), der diese Arbeit erwähnt, stellte selbst eine Liste von zwanzig Punkten (Strauss 1969, S. 165 ff.; Friedrichs 1973, S. 396 ff.) als »Richtlinien für die Analyse von Forschungsberichten« zusammen:

1. Problemstellung;	8. Untersuchungsplan;	15. Interpretation;
2. frühere Arbeiten;	9. Forschungsinstrumente;	16. Schlußfolgerungen;
3. Gründe;	10. Durchführung;	17. Grenzen der Untersuchung;
4. Hypothesen;	11. Vorsichtsmaßnahmen;	18. Neue Projekte;
5. Annahmen;	12. Rohdaten;	19. Verbesserungen;
6. Population;	13. Ergebnisdarstellung;	20. Klarheit des Berichts.
7. Stichprobe;	14. Statistik;	

Etwas andere Ergebnisse hat Chase (1970) erhalten, als sie zum Zweck einer empirischen Untersuchung über die Bedeutung verschiedener Bewertungskriterien für wissenschaftliche Publikationen aus verschiedenen Quellen eine Kriterienliste erstellte (Reihenfolge der Vorlage durch die Buchstaben gekennzeichnet) und diese einer Auswahl von Professoren der zehn größten Universitäten der USA vorlegte mit der Bitte, eine Rangreihe zu erstellen. Die durchschnittliche Rangreihe war die folgende:

1. logical rigor (b);
2. replicability of research techniques (h);
3. clarity and conciseness of writing style (d);
4. originality (a);
5. mathematical precision (f);
6. coverage of significant existing literature (i);
7. compatibility with generally accepted disciplinary ethics (c);
8. theoretical significance (e);
9. pertinence to current research in the discipline (g);
10. applicability to »practial« or applied problems in the field (k).

Der Vergleich zwischen den 86 Professoren aus den Sozialwissenschaften und den 105 Naturwissenschaftlern zeigte, daß die Sozialwissenschaftler deutlich größeres Gewicht auf logische Klarheit und theoretische sowie praktische Bedeutsamkeit legten als die Naturwissenschaftler und der Replizierbarkeit der Forschungstechniken, Originalität, mathematischen Präzision und Literaturrepräsentation weniger Gewicht beimaßen. Chase schließt ihre Studie mit der Feststellung ab: »The results of this study indicate that the harder natural sciences stress precise mathematical and technical criteria, whereas the softer social sciences emphasize less-defined logico-theoretical standards« (1970, S. 264–65). Daraus folgert sie, daß die »Gatekeepers« der sozialwissenschaftlichen Zeitschriften weniger scharf greifende Kriterien zur Hand hätten und demzufolge wohl extra-rationale Einflüsse auf ihre Entscheidungen stärkeres Gewicht haben müßten.

Vermuten ließe sich aufgrund solcher Beobachtungen, daß die Beiträge interdisziplinärer Forschung, weil sie im Spannungsfeld unterschiedlicher disziplinärer Standards wissenschaftlicher Arbeit und Publikation entstehen, im Durchschnitt größere Schwierigkeiten haben müßten, in den angesehenen zentralen Zeitschriften der einzelnen Disziplinen unterzukommen. Das ist sicher mit ein Grund dafür, daß immer mehr Zeitschriften entstehen, die auf bestimmte »interdisziplinäre« Problemfelder ausgerichtet sind[39].

Vermag die Kritik der Fachkollegen nicht, die in publizierter Form vorliegende neue Erkenntnis zu widerlegen oder dient sie gar dazu, darauf aufzubauen und fruchtbare Forschung zu betreiben, so könnte der Erfolg nachträglich (wegen der Zitierpflicht) durch die Häufigkeit, mit der eine bestimmte Arbeit zitiert wird, festgestellt werden. Die Argumentation ist also im wesentlichen die folgende: Wenn sich feststellen läßt, daß viele Wissenschaftler einen theoretischen Ansatz oder eine methodische Neuerung für ihre eigene Arbeit heranziehen, auf ihr aufbauen und sie weiterentwickeln, so kann sie als wertvoller Beitrag gelten (zum Validitätsproblem: Weingart und Winterhager 1984, S. 132 ff.).

Ein sozialwissenschaftliches Beispiel erläutert diese Argumentation: »Few research designs in social psychology have been as seminal as the Asch conformity situation. Not only has this situation spawned numerous studies, it has fertilized ideas even beyond its own field« (Helmreich u. a. 1973, S. 341).

Umfassende Aussagen wie diese, die auf *Zitationszählungen*[40] beruhen können, sind jedoch oft erst viele Jahre nach dem ersten Erscheinen der bahnbrechenden Studien zu machen. Jahre der Durchsetzung und Verarbeitung sind dann vergangen, ehe gesagt werden kann, ein Ansatz hat sich bewährt, die Forschung hatte Erfolg[41]. Problematisch wird die Anwendung dieses Indikators immer, wenn es, wie in den Fällen interdisziplinärer Theoriebildung, um wirklich Neues[42] geht. Außerdem ist bei Zitationsanalysen und deren Anwendung zu bedenken: »Bei der Bewertung einzelner Forscher oder auch nur einer kleineren Zahl ist die Gefahr von Fehlern und ungerechtfertigten Schlußfolgerungen enorm hoch, wenn nicht eine Kontrolle durch Inhaltsanalysen, Expertenurteile und ähnliche Mechanismen vorgenommen wird« (Weingart und Winterhager 1984, S. 145).

Die beiden Möglichkeiten[43], die dann noch gegeben sind, einen neuen wissenschaftlichen Ansatz dennoch durchzusetzen, lassen keine Erfolgsbeurteilung von Forschung auf kurze Zeit zu: Das Abwarten, bis sich genügend Wissenschaftler gefunden haben, die den beschriebenen Weg weitergehen, oder der Verzicht auf die Akzeptierung von seiten der wissenschaftlichen Kollegen und der Aufbau einer eigenen »Schule«, wie es etwa am Beispiel der Psychoanalyse und auch ihrer Abspaltungen zu verfolgen ist. Es kommt dann auch oft als deutliche Reaktion auf die »Verhinderung der Publikation durch Verhinderung des Zugangs zu Zeitschriften« (vgl. Storer 1972 b, S. 115 ff.) zur Schaffung eigener Medien.

Anmerkungen

[1] *Kriterium* soll das Kennzeichen heißen, durch das sich Erfolg oder Effektivität feststellen lassen. *Indikatoren* sind dann die Einzelmerkmale, die konkret erfaßt werden. So wird z. B. die Qualität einer Arbeit als Kriterium angesehen, die Veröffentlichung in einer angesehenen Zeitschrift gilt dann als Indikator der Qualität.

[2] Krüger 1970, S. 9; dagegen Lenks (1977, S. 98) Hinweis auf das besondere Interesse, das die Soziologie von seiten der Wissenschaftstheorie verdiene.

[3] Die Begriffe sind jeweils definiert als Verhältnis der beiden Größen, auf die sie sich beziehen, z. B. Effizienz ist das Verhältnis der erreichten Ziele zum tatsächlichen Aufwand; die hier vorgenommene Erfolgsdefinition schließt also auch Nebenresultate ein!

[4] Es sei wenigstens angemerkt, daß die Beantwortung solcher Fragen eigentlich nur auf theoretisch-wissenschaftlicher Grundlage möglich ist, und daß es sich um typische interdisziplinäre Fragestellungen handelt.

[5] Der Wissenschaftsrat ist ja von seiner Zusammensetzung her und nach seinem Auftrag kein wissenschaftsinternes Gremium. Daß die DFG sich bei Begutachtungsfragen ausdrücklich auf die Wissenschaftler beruft, ist Ausdruck ihres Selbstverständnisses: »Es ist ein Prinzip der Forschungsgemeinschaft – und gegenüber den überall wuchernden Tendenzen zu einer zentralen Planungstechnokratie ist dieses Prinzip besonders wichtig –, solche urteilen zu lassen, die selbst wissenschaftlich arbeiten, und das sind bei uns die gewählten Gutachter und eventuell Sondergutachter« (Maier-Leibnitz 1975, S. 4). Diese Betonung der Wissenschaftler, zu denen seit 1971 Habilitierte gehören konnten (Dohnanyi 1972, S. 12), betrifft jedoch z. B. beim Programm der Sonderforschungsbereiche auch nur eine Teilentscheidung, da die Bewertung der wissenschaftlichen Qualität nur ein Teil des Verfahrens ist, und die Senatskommission, der der andere Teil obliegt, nicht nur Wissenschaftler umfaßt.

[6] Vgl. Radnitzky und Andersson (1970, S. 53); für sie stehen Polanyi und Weinberg als Markierungspunkte einer Entwicklung der Wissenschaftspolitik «von Autonomie zu Heteronomie«.

[7] Daß Wissenschaft in negativem Sinne steuerbar ist bzw. durch steuernde Eingriffe in ihrer Entwicklung stärkstens beeinträchtigt, zum Negativen beeinflußt werden kann, ist dagegen keine Frage.

[8] Ein typisches Beispiel eines solchen Projekts wird in »A Chronicle of Frustration and Achievement« von Riesman und Watson (1964) beschrieben.

[9] »The role of the ›gatekeeper‹ in this irrigation system of funding scientific research is of course a major one. The most prevalent method consists of maintaining a panel of experts to judge *the merits* of a proposal and *of the applicant*« (Hirsch, 1968, S. 103, meine Hervorhebung, D. B.).

[10] Das geschieht z. B., wenn das Forschungsinstitut oder die Universität, an der ein Forscher oder eine Forschergruppe arbeitet, in die Bewertung einbezogen ist.

[11] Zur Frage der Vorausbeurteilung siehe Wissenschaftsrat (1975, S. 169–170); hier geht es darum, so etwas wie einen Garanten oder eine Art Garantie dafür zu finden, daß der Eindruck, den man aus der Beurteilung des Antrages gewonnen hat, auch in der Verwirklichung zutreffen wird.

[12] Z. B. Beurteilungen durch andere Kollegen (auch per Interview), »tracing honorific awards« (Dieks und Chang 1976, S. 248, die das für Forschungszwecke verfolgten).

[13] Zum Zusammenhang von Produktivität und Qualität – im Durchschnitt (vgl u. Anmerkung 15) – siehe Klingemann 1974; Spiegel-Rösing u. a. 1975, S. 4–5.

[14] Anzahl der Veröffentlichungen.

[15] Z. B. Aufnahme von Arbeiten in Textbücher (Dieks und Chang 1976, S. 248); Anzahl der Zitate – zur Problematik der Verwendung dieses Maßes für Einzelpersonen siehe Spiegel-Rösing u. a. 1975, S. 12–13; Aufnahme zur Veröffentlichung in Zeitschriften mit »referee system« (Brush 1977, S. 397–98).

[16] Huber 1967, S. 301; Apostel 1972, S. 142–43; Spiegel-Rösing u. a. 1975.

[17] Z. B. Qualifikation, gemessen an den Mitarbeitern, Einladungen zu Vorträgen, Berufungen als Hochschullehrer, der Berufung als Gutachter oder in wissenschaftliche Beiräte, der Mitarbeit in internationalen Gremien, in Beiräten von Ministerien, der Herausgeberschaft angesehener Zeitschriften.

[18] Vgl. Battelle 1977, S. 17, eine Auftraggeberbefragung.

[19] Dobrov 1970, S. 48, Kriterien für eine optimale Organisationsstruktur.

[20] Hirsch, 1968, S. 105; Wissenschaftsrat 1975, S. 169, Punkte 2 und 3 der Qualitätskriterien.

[21] Zum desolaten Zustand der Sozialforschung in der Bundesrepublik Lutz 1975; vgl. auch Blalocks Klage über die US-amerikanischen Verhältnisse 1970, S. 5, 115.

[22] Vgl. dazu die Anforderungen an die Sonderforschungsbereiche der DFG: DFG-Mitteilungen 4/74; Wissenschaftsrat (1967); Pestel (1974); Wissenschaftsrat (1975, S. 168 ff., speziell Punkt 4 der Qualitätskriterien, S. 170); Blaschke 1976 a, 1976 b; Heeg 1976.

[23] Kruse et al. 1977, nach Steck 1977, S. 8; die Auffassung vom »synergistischen« Produkt – ein Begriff, der aus der Arzneimittelforschung stammt – ist auch die Auffassung von DFG und Wissenschaftsrat, vgl. dazu ». . . die Kurzformel: die Kooperation soll dahin führen, daß der Sonderforschungsbereich mehr ist als die Summe der Teilprojekte« (Streiter 1977, S. 21).

[24] Vgl. ähnlich die Aussage Weingarts (1974, S. 27) über die Interdisziplinarität als Vorform der Disziplin.

[25] Mullins 1973 a; 1973 b; 1974; Deutsch u. a. 1971.

[26] Mullins behauptet, »that theoretical changes occur within the boundaries of groups defined by coherent communication patterns« (Mullins 1973 a, S. 245).

[27] Steck 1977, S. 13.

[28] Als Ausdruck zunehmender Kooperation von Merton verwendet (nach Lazarsfeld und Spivack 1961, S. 10–11); Mullins (1973 a, S. 248, n12 »true co-authorship, resulting from joint research«); Friedrichs 1973, S. 402–403.

[29] Mullins 1973 a, S. 266–67; z. B. Wright und Hyman 1964, S. 140; besonders deutlich Kluckhohn u. a. 1965, S. 388 n.

[30] Eine Idee, die auf eine Äußerung von D. Kantowsky, Universität Konstanz, in einem Interview zurückgeht.

[31] Vgl. hierzu die Idee von Bahrdt (1966, S. 37), auch für die universitäre sozialwissenschaftliche Forschung zielbewußt »Springer« auszubilden, wie man sie in der Industrie seit langem kennt.

[32] Vgl. auch Carlsson et al. 1976, die bewußt darauf hinarbeiten, Forschungsorganisationen und -gruppen als »lernende Systeme« aufzufassen.

[33] Darauf, daß auch die Lernerfolge der Mitarbeiter als Erfolgsmerkmal angesehen werden können, sei nur der Vollständigkeit halber hingewiesen: Welche Fähigkeiten und Fertigkeiten haben sie erworben, welche akademischen Grade oder Beförderungen konnten sie aufgrund der Projektarbeiten erwerben? Krauch 1969, S. 8; Apostel 1972, S. 142; Pfeiffer und Staudt 1974, S. 1521; Pfeiffer und Bischof 1975, S. 64; Weiß 1977, S. 196.

[34] Vgl. z. B. den Auftrag des »Leitinstituts« im Projektverbund »Probleme der Ausländerbeschäftigung«, Projektverbund 1976; Korte u. a. 1977.

[35] Blake 1969, S. 68; Krauch 1969, S. 8–9; Apostel 1972, S. 142.

[36] Auf die besonderen Probleme der Kriterienbestimmung bei der Erfolgsermittlung staatlicher Maßnahmen zur Wissenschaftssteuerung haben Daele und Weingart 1974 hingewiesen; vgl. auch Brush 1977.

[37] Vgl. Weltz 1984.

[38] Storer 1972 b, S. 111; Hirsch 1968, S. 130. Gerade bei einem Großteil der angewandten Forschung interdisziplinärer Natur, die für Auftraggeber durchgeführt wird, dürfen nur allgemeine Berichte publiziert werden. Die Ergebnisse und die zur weiteren Anwendung und Replikation der Forschung notwendigen Einzelheiten dürfen dagegen nicht veröffentlicht werden (Battelle 1977, S. 19).

[39] Eine Auszählung der von Sage Publications 1978 herausgegebenen sozialwissenschaftlichen Zeitschriften ergibt z. B., daß von den 45 Zeitschriften 6 sich als ausgesprochen disziplinär orientiert darstellen, 11 in der Beschreibung die Wörter »interdisciplinary« oder »crossdisciplinary« enthalten und der Rest sich inhaltlich Problemgebieten zuwendet, die ebenfalls nicht einer Disziplin allein zuzuschreiben sind.

[40] Merton 1968; Broadus 1971; Cole 1972; zum Für und Wider der Zitierhäufigkeit: Spiegel-Rösing u. a. 1975, S. 8–14; zum »Versuch einer Theorie des Zitierverhaltens«: Gilbert 1977; Weingart und Winterhager 1984, S. 122 ff.

[41] Zum Zeitraum in den Sozialwissenschaften: Deutsch u. a. 1971.

[42] Beide Fälle sind durch Beispiele belegbar: die Ablehnung durch die Wissenschaft oder das Nicht-Reagieren und die Wiederentdeckung (ein aktueller Fall in der Soziologie auf der Grenze zur Geschichtswissenschaft ist Elias, vgl. Lepenies in: Elias 1977, Elias selbst 1977, S. 5; vgl. auch Ben-David 1960 a, S. 557; Carius 1959, S. 644) und andererseits die Aufnahme und Verbreitung von Arbeiten, die sich dann als Betrug, Fälschungen, Irrlehren erwiesen (Storer 1972 a, S. 69; 1972 b, S. 103–104; Koestler 1974; Medwedjew 1974, S. 181, 258; Fölsing 1984). Nach Storer handelt es sich in solchen Fällen immer um »das Problem, zwischen dem Spinner und dem Genie zu unterscheiden, das seiner Zeit voraus ist« (Storer 1972 b, S. 101). Seiner Meinung nach neigten die Wissenschaftler mit gutem Grund dazu, hier eine konservative Haltung einzunehmen. Unseres Erachtens ist das jedoch weniger eine Angelegenheit »konservativer« Haltung als eine der Unverträglichkeit von Paradigmen im Sinne Kuhns (1967, 1972).

[43] Storer 1972 b, S. 104–105. Er spricht hier von den zwei Möglichkeiten für das »Genie«.

Literatur

Apostel, L. (1972) Conceptual Tools for Interdisciplinarity, An Operational Approach, in: OECD 1972, 141–180.

Bahrdt, H. P. (1966) Historischer Wandel der Arbeitsteilung in der Wissenschaft, in: Krauch, H., Kunz, W., Rittel, H., RKW (Hrsg.) (1966) Forschungsplanung, Eine Studie über Ziele und Strukturen amerikanischer Forschungsinstitute, München – Wien: Oldenbourg, 26–39.

Battelle-Institute e. V. (1977) Battelle-Bilanz 1976, Frankfurt: Battelle.

Ben-David, J. (1960 a) Roles and Innovations in Medicine, American Journal of Sociology 65 (1960), 557–568.

Ben-David, J. (1960 b) Scientific Productivity and Academic Organization in Nineteenth Century Medicine, American Sociological Review 25 (1960), 828–843.

Ben-David, J. (1972) Scientific Entrepreneurship and the Utilization of Research, in: Barnes, H. (ed.). (1972) Sociology of Science, Harmondsworth: Penguin, 181–187.

Ben-David, J., Collins, R. (1974) Soziale Faktoren im Ursprung einer neuen Wissenschaft: Der Fall der Psychologie, in: Weingart, P. (1974 b), 122–154.

Blake, S. C. (1969) Forschung, Entwicklung und Management, München: Oldenbourg.

Blalock, H. M. Jr. (1970) An Introduction to Social Research, Englewood Cliffs, N. J.: Prentice-Hall.

Blaschke, D. (1976a) Probleme interdisziplinärer Forschung (= Beiträge zur Südasienforschung 18), Wiesbaden: Steiner.

Blaschke, D. (1976b) Kooperation der Forscher im Sonderforschungsbereich, in: Sonderforschungsbereiche als Steuerungsinstrument der Forschungspolitik – Wie haben sie gewirkt? Technische Berichte Nr. 21, SFB 79, TU Hannover 1976, 2–29.

Blaschke, D. (1978) Organisatorische Bedingungen interdisziplinärer Forschung in den Sozialwissenschaften (unveröffentl. Habil. WiSo Universität Erlangen – Nürnberg), Nürnberg.

Böhme, G. (1974) Die soziale Bedeutung kognitiver Strukturen. Ein handlungstheoretisches Konzept der scientific community, in: Soziale Welt 25 (1974), 188–208.

Böhme, G. (1975) Die Ausdifferenzierung wissenschaftlicher Diskurse, in: Stehr, N., König, R. (Hrsg.) (1975) Wissenschaftssoziologie, Studien und Materialien, Opladen: Westdeutscher Verlag, 231–253.

Böhme, G., van den Daele, W., Krohn, W. (1973) Die Finalisierung der Wissenschaft, Zeitschrift für Soziologie 2 (1973), 128 ff., wieder in: Diederich, W. (Hrsg.) (1974) Theorien der Wissenschaftsgeschichte, Frankfurt: Suhrkamp, 276–311.

Broadus, R. (1971) The Literature of the Social Sciences: Survey of Citation Studies, International Social Science Journal 23 (1971), 236–243.

Brush, S. G. (1977) The Search for Quality in University Research Programmes, Social Studies of Science 7 (1977), 395–400.

Carius, W. (1959) Forschung im Zeichen des Kollektivs, Studium Generale 12 (1959), 641–645.

Carlsson, B., Keane, P., Martin, J. B. (1976) R and D Organizations As Learning Systems, Sloan Management Review 17 (1976), 1–16.

Chase, J. M. (1970) Normative Criteria for Scientific Publication, American Sociologist 5 (1970), 262–265.

Cole, S. (1972) Wissenschaftliches Ansehen und die Anerkennung wissenschaftlicher Leistungen, in: Weingart, P. (1972), 165–187.

Daele, W. van den, Weingart, P. (1974) The Utilization of the Social Sciences in the Federal Republic of Germany, An Analysis of Factors of Resistance and Receptivity of Science to External Direction (= Report Wissenschaftsforschung Nr. 2), Bielefeld: Forschungsschwerpunkt Wissenschaftsforschung, o. J.

Daniel, H.-D., Fisch, R. (1985) Forschungsproduktivität: Indikatoren – Statistische Verteilung – Korrelate (Teil 1), Mitteilungen des Hochschulverbandes 33 (1985), 185–190.

Deutsch, K. W., Platt, J., Senghaas, D. (1971) Conditions Favoring Major Advances in Social Science, Science 171 (1971), 450–459.

Deutsche Forschungsgemeinschaft: (1974) DFG-Mitteilungen Heft 4, 1974 (Themenheft Sonderforschungsbereiche).

Dieks, D., Chang, H. (1976) Differences in Impact of Scientific Publications: Some Indices derived from a Citation Analysis, Social Studies of Science 6 (1976), 247–267.

Dobrov, G. M. (1970) Aktuelle Probleme der Wissenschaftswissenschaft, Berlin (DDR): Dietz.

Dodds, H. W. (1954) Project Research, American Scientist 42 (1954), 128–130.

Dohnanyi, K. von (1972) Ansprache des Bundesministers für Bildung und Wissenschaft, DFG-Mitteilungen 3 (1972), 7–13.

Elias, N. (1977) Adorno-Rede, Respekt und Kritik, in: ders. und Lepenies, W. Zwei Reden anläßlich der Verleihung des Th.-W.-Adorno-Preises (1977), Frankfurt: Suhrkamp.

Fölsing, A. (1984) Der Mogelfaktor. Der Wissenschaftler und die Wahrheit, Hamburg – Zürich: Rasch und Röhring.

Friedrichs, J. (1973) Methoden empirischer Sozialforschung, Reinbek: Rowohlt.

Gilbert, G. N. (1977) Referencing as Persuasion, Social Studies of Science 7 (1977), 113–122.

Griffith, B. C., Mullins, N. C. (1972) Coherent Social Groups in Scientific Change, »Invisible Colleges« may be consistent throughout Science, in: Science 177 (1972), 959–964; wieder in: Weingart, P. (1974 b), 223–238 (Kohärente soziale Gruppen im wissenschaftlichen Wandel).

Hartmann, H. (1969) Organisation der Forschung, in: Grochla, E. (Hrsg.) (1969) Handwörterbuch der Organisation, Stuttgart: Poeschel, 549–559.

Heeg, S. (1976) Kooperation – Erfolgsbedingung für einen Sonderforschungsbereich? in: Sonderforschungsbereiche als Steuerungsinstrument der Forschungspolitik – wie haben sie gewirkt? Technische Berichte Nr. 21, SFB 79, TU Hannover 1976, 52–85.

Helmreich, R., Bakeman, R., Scherwitz, L. (1973) The Study of Small Groups, Annual Review of Psychology 24 (1973), 337–354.

Hirsch, W. (1968) Scientists in American Society, New York: Random House.

Hohlfeld, R. (1976) Kognitive und institutionelle Determinanten der Wissenschaftslenkung in der Krebsforschung, in: Förch, G. (Hrsg.) (1976) Möglichkeiten der Planung anwendungsorientierter Forschungsprozesse (= Texte und Daten zur Hochschulplanung, Band 20), München: Verlag Dokumentation, 77–92.

Huber, G. P. (1967) Implications of Organization Theory for Research Management, Research Management 10 (1967), 301–307.

Jochimsen, R. (1974) Zur gesellschaftspolitischen Relevanz interdisziplinärer Zusammenarbeit, in: Holzhey, H. (1974) Interdisziplinär, Teil I, Basel: Schwabe, 9–35.

Klein, J. Th. (1985) The Interdisciplinarity Concept, Past, Present and Future, Interstudy Bulletin 6 (1985), No. 14, 5–33.

Klingemann, H. (1974) Ein Beitrag zur Methode der Messung individueller wissenschaftlicher Leistung, Zeitschrift für Soziologie 3 (1974), 356–374.

Kluckhohn, C. et al. (1965) Values and Value-Orientations in the Theory of Action, in: Parsons, T., Shils, E. A. (eds.) (1965) Toward a General Theory of Action, Theoretical Foundations for the Social Sciences, New York: Harper, 388–435.

Koestler, A. (1974) Der Krötenküsser, Reinbek: Rowohlt.

Korte, H., Kleinhans, H., Koch, C. (1977) Projektverbund »Probleme der Ausländerbeschäftigung«, Zweiter Zwischenbericht an das BMFT, Manuskript.

Krauch, H. (1969) Forschungsorganisation. Zielbestimmung, Projektstruktur, Partizipation, Mitteilungen und Nachrichten No. 55/56 (1969), 1–18, Deutsches Institut für Internationale Pädagogische Forschung, Frankfurt.

Krüger, L. (Hrsg.) (1970) Erkenntnisprobleme der Naturwissenschaften, Köln – Berlin: Kiepenheuer & Witsch.

Kuhn, Th. S. (1967) Die Struktur wissenschaftlicher Revolutionen, Frankfurt: Suhrkamp.

Kuhn, Th. S. (1972) Postskript – 1969 – zur Analyse der Struktur wissenschaftlicher Revolutionen, in: Weingart, P. (1972), 287–319.

Lazarsfeld, P. F., Spivack, S. S. (1961) Observations on the Organization of Empirical Social Research in the United States, Information, Bulletin of the International Social Science Council 1961, No. 29, 1–35.

Lenk, H. (1977) Zur Wissenschaftstheorie der Soziologie. Eine aktuelle Problemübersicht, in: Blaschke, D., Frey, H. P., Heckmann, F., Schlottmann, U. (Hrsg.) Sozialwissenschaftliche Forschung – Entwicklungen und Praxisorientierungen, Festgabe für Gerhard Wurzbacher zum 65. Geburtstag, Nürnberg: Verlag der Nürnberger Forschungsvereinigung, 97–147.

Lepenies, W. (1977) in: Elias, N. (1977), 7–33.

Luszki, M. B. (1958) Interdisciplinary Team Research – Methods and Problems, New York: New York University Press.

Lutz, B. (1975) Zur Lage der soziologischen Forschung in der Bundesrepublik – Ergebnisse einer Enquete der Deutschen Gesellschaft für Soziologie, in: Soziologie (1975) No. 1, 4–102.

Maier-Leibnitz, H. (1975) Prof. Heinz Maier-Leibnitz schreibt dem Kollegen K., DFG-Mitteilungen 1/1975, 3–8.

Medwedjew, S. A. (1974) Der Fall Lyssenko – Eine Wissenschaft kapituliert, München: dtv.

Merton, R. K. (1968) The Matthew Effect in Science, Science 159 (1968), 56–63.

Meyer, K. H. (1968) Möglichkeiten der Systemanalyse bei der Planung wissenschaftlicher Forschung, Nachrichten für Dokumentation 19 (1968) No. 6, 208–214.

Mullins, N. C. (1973 a) The Development of Specialties in Social Science: The Case of Ethnomethodology, Science Studies 3 (1973), 245–273.

Mullins, N. C. (1973 b) Theories and Theory Groups in Contemporary American Sociology, New York: Harper & Row.

Mullins, N. C. (1974) Die Entwicklung eines wissenschaftlichen Spezialgebiets: Die Phagen-Gruppe und die Ursprünge der Molekularbiologie, in: Weingart, P. (1974 b), 184–222.

OECD: (1972) Interdisciplinarity, Problems of Teaching and Research in Universities, Paris: OECD.

Pestel, E. (1974) Zur Lage der Sonderforschungsbereiche, DFG-Mitteilungen 4/1974, 4–13.

Pfeiffer, W., Bischof, P. (1975) Marktwiderstände beim Ansatz von Investitionsgütern, Die Unternehmung 29 (1975), 57–71.

Pfeiffer, W., Bischof, P., Staudt, L. (1974) Forschung und Entwicklung, betriebliche, in: Grochla, E., Wittmann, W. (Hrsg.) Handwörterbuch der Betriebswirtschaft, Stuttgart: Poeschel 1974, 4. Aufl., 1521–1530.

Polanyi, M. (1962) The Republic of Science, Minerva 1 (1962), 54–73.

Popper, K. R. (1973) Objektive Erkenntnis – Ein evolutionärer Entwurf, Hamburg: Hoffmann & Campe.

Projektverbund: (1976) »Probleme der Ausländerbeschäftigung«. Zwischenbericht für das BMFT, Manuskript.

Radnitzky, G., Andersson, G. (1970) Wissenschaftspolitik und Organisationsformen der Forschung, in: Weinberg, A. M. Probleme der Großforschung, Frankfurt: Suhrkamp, 9–64.

Rau, E. (1985) Beiträge und Untersuchungen zur Evaluation von Hochschulen, HIS-Kurzinformationen A 9/1985, 7–37.

Riesman, D., Watson, J. (1964) The Sociability Project: A Chronicle of Frustration and Achievement, in: Hammond, Ph. E. (ed.) (1964) Sociologists at Work, Essays on the Craft of Social Research, New York – London: Basic Books, 235–321.

Rödel, U. (1972) Forschungsprioritäten und technologische Entwicklung, Frankfurt: Suhrkamp.

Solla Price, D. J. de (1964) The Science of Science, in: Goldsmith, M., MacKay, A. (eds.) The Science of Science, London: Souvenir Press, 195–208.

Sommer, R. (1964) Im Reiche der Experten, Düsseldorf – Wien: Econ.

Spiegel-Rösing, I., Fauser, P., Baitsch, H. (1975) Beiträge zur Messung der Forschungsleistung: Institutionen, Gruppen, Einzelpersonen (= Schriftenreihe des Bundesministeriums für Bildung und Wissenschaft), Bonn.

Steck, R. (1977) Organisationsformen und Kooperationsverhalten interdisziplinärer Forschergruppen im internationalen Vergleich. Manuskript, vorgetragen auf der Tagung der Sektion Wissenschaftsforschung der Deutschen Gesellschaft für Soziologie in Heidelberg, 2. – 3. 12. 1977.

Storer, N. W. (1972a) Das soziale System der Wissenschaft, in: Weingart, P. (1972), 60–81.

Storer, N. W. (1972b) Kritische Aspekte der sozialen Struktur der Wissenschaft, in: ebd., 85–120.

Strauss, S. (1969) Guidelines for Analysis of Research Reports, Journal of Educational Research 63 (1969), 165–169.

Streiter, A. (1977) Konzentration der Kräfte, Empfehlungen des Wissenschaftsrates, DFG-Mitteilungen 2/1977, 21–23.

Weinberg, A. M. (1970) Probleme der Großforschung, Frankfurt: Suhrkamp.

Weingart, P. (Hrsg.) (1972) Wissenschaftssoziologie I, Wissenschaftliche Entwicklung als sozialer Prozeß, Frankfurt: Athenäum.

Weingart, P. (1974a) Das Dilemma: Die Organisation von Interdisziplinarität. Wirtschaft und Wissenschaft 22 (1974) No. 3, 22–28.

Weingart, P. (1974b) Wissenschaftssoziologie II. Determinanten wissenschaftlicher Entwicklung, Frankfurt: Athenäum.

Weingart, P., Winterhager, M. (1984) Die Vermessung von Forschung, Theorie und Praxis der Wissenschaftsindikatoren, Frankfurt: Campus.

Weiß, M. (1977) Indikatoren der Effektivität von Forschungseinheiten im Bereich erziehungswissenschaftlicher Begleitforschung, in: Mitter, W., Weishaupt, H. (Hrsg.) (1977) Ansätze zur Analyse der wissenschaftlichen Begleitung bildungspolitischer Innovationen, Frankfurt: Deutsches Institut für Internationale Pädagogische Forschung, 181–226.

Weltz, F. (alias Ableiter, G.) (1984) Festrede zur Eröffnung des Instituts für Zitierbetriebswirtschaft (IZB) an der Universität Köln, Soziale Welt 35 (1984), 372–377.

Wissenschaftsrat: (1967) Empfehlungen des Wissenschaftsrates zum Ausbau der wissenschaftlichen Hochschulen bis 1970, Tübingen: Mohr (Siebeck), wieder in: DFG-Mitteilungen 4/1974, 18–33.

Wissenschaftsrat: (1975) Empfehlungen zur Organisation, Planung und Förderung der Forschung, Bonn: Bundesdruckerei.

Wright, C. R., Hyman, H. H. (1964) The Evaluators, in: Hammond, Ph. E. (ed.) (1964) Sociologists at Work, Essays on the Craft of Social Research, New York – London: Basic Books, 121–141.

189

ROSWITHA SEHRINGER

Nationale Forschungsbeteiligung im internationalen Kontext

1. Zum Forschungsprogramm[1]

Der Tenor der wissenschaftspolitischen Stellungnahmen zur Situationsbeschreibung der deutschen Forschung wechselte in den letzten Jahren beständig zwischen »Kassandra-Rufen« und »Entwarnungstendenzen«. So wurde einmal der zunehmende und für eine exportorientierte Wirtschaft bedrohliche Rückstand der deutschen Forschung gegenüber dem Ausland konstatiert, während derartige Negativmeldungen meist kurze Zeit später bereits wieder durch exemplarische deutsche Forschungserfolge – wie etwa die Verleihung des Nobelpreises für Physik 1985 an den deutschen Wissenschaftler v. Klitzing oder die deutsche Beteiligung an der bemannten amerikanischen Weltraumforschung – relativiert wurden. Die beständige »Berg-und-Tal-Fahrt« in der wissenschaftspolitischen Argumentation, an der Politiker wie Wissenschaftler gleichermaßen beteiligt sind, kann als deutlicher Indikator für den Informationsbedarf in diesem auch politisch sensiblen Bereich gelten. Diese Hervorhebung – um nicht zu sagen Überbewertung – einzelner Faktoren kann nämlich nur dann so stark zum Tragen kommen, wenn ein breiteres Spektrum an strukturellen Informationen zur Bereichsbeschreibung fehlt. Zwar ist die amtliche und universitäre Forschungsberichterstattung in Deutschland in den letzten Jahrzehnten in ihren quantitativen Angaben etwas detaillierter geworden, generell hat sie vor allem im Hinblick auf die Verwendung von Output- und Strukturindikatoren jedoch längst nicht den Stand des Berichterstattungswesens in anderen Politikbereichen erreicht. Im internationalen Vergleich zeigt sich dieser Rückstand in der Forschungsberichterstattung bereits jetzt deutlich; er wiegt um so schwerer, als komparative Analysen unter Einbeziehung der deutschen Daten im Ausland bereits durchgeführt werden[2]. In jedem Fall stellen solche quantitativ-qualitativen Analysen eine Herausforderung an die deutsche Wissenschaftsforschung dar, und die Wissenschaftspolitik kann sich selbst bei Wahrung einer weitgehenden Zurückhaltung in Fragen von Forschung und Wissenschaft solchen komparativ quantifizierenden Argumenten nicht verschließen, zumal sie meist mit qualifizierender Interpretation versehen werden[3]. Diesen »Fakten« kann man nur mit eigenen Analysen begegnen, vor allem, da im Ausland detaillierte Kenntnisse über die Struktur des deutschen Wissenschaftssystems meist nur rudimentär vorhanden sind.

Ausgangspunkt unserer Analyse sind zunächst weniger die Produkte wissenschaftlichen Handelns, die konventionell mit dem Input an Geld und Personal und dem Output an Publikationen und Zitationen bzw. im Technologiebereich an der Anzahl und dem Transfer von Patenten gemessen werden; der Zugang zu wissenschaftlichen Aktivitäten erfolgt statt dessen über bestimmte Prozeß- und Strukturindikatoren. Eines der wichtigsten Strukturmerkmale der Wissenschaft ist ihre Differenzierung in Spezialgebiete. »Wo sie neu entstehen, markieren sie den Verlauf der Forschungsfront, sie verändern sich laufend sowohl in ihren kognitiven Grenzen als auch in ihrer personellen Zusammensetzung, an ihnen läßt sich der jeweils aktuelle Fortschritt der Wissenschaft ablesen. In der Wissenschaftsforschung ist die Struktur und Entwicklung von Spezialgebieten deshalb seit längerer Zeit ein wichtiger Gegenstand der Forschung. Die dazu durchgeführten Untersuchungen verweisen alle auf die große Bedeutung weniger Forscher bzw. kleiner, oft kohärenter Gruppen von Forschern, die die Keimzelle neuer Spezialgebiete bilden. Sie stellen ein Kommunikationsnetz dar, in dem die Gegenstände, Begriffe und Hypothesen, die das Spezialgebiet kennzeichnen, weitgehend konsensuell definiert werden« (Weingart/Winterhager, S. 173). Der Umstand, daß sich Spezialgebiete fortwährend verändern und – damit gleichbedeutend – einen geringeren Institutionalisierungsgrad als Disziplinen haben, macht die traditionellen Formen des Zugriffs unzureichend. Beispielsweise ist die Expertenbefragung als konventionelle und meist praktizierte Form der Informationsbeschaffung im Wissenschaftssystem daher für Informationen über Neuentwicklungen nur begrenzt verläßlich, da ihr Wert von den persönlichen Erkenntnissen und der Position des jeweiligen Informanten im Kommunikationsnetz abhängt. »Von daher gesehen ist die ›objektive‹, d. h. von subjektiven Urteilen unabhängige Gesamtübersicht über die kognitive und kommunikative Struktur einer Disziplin und deren Entwicklung eine sehr wichtige Information für wissenschaftspolitische Maßnahmen« (ebd., S. 174).

»Für die Wissenschaftspolitik[4] ebenso wie z. B. für die industrielle Forschungsplanung ist die möglichst schnelle Information über neue Entwicklungen in der Grundlagenforschung interessant, wenn Entscheidungen über Maßnahmen zur Förderung des Wissenstransfers, der Anwendung von Wissen und der Förderung von Innovationsstrategien geleistet werden sollen« (ebd., S. 174). Aufgrund der international arbeitsteiligen Struktur des gesamten Wissenschaftssystems ergibt sich schlüssig, daß solche Vergleichsprozesse zur Einordnung der nationalen Forschungsbeteiligung unbedingt einen internationalen Bezugsrahmen aufweisen müssen, selbst wenn die Frage, ob auf nationaler Ebene jede anderswo rasant verlaufende Forschungsaktivität ebenfalls nachzuvollziehen ist, unter bestimmten wissenschaftspolitischen und wirtschaftlichen Erwägungen eine andere Priorität aufweisen kann[5].

2. Die Cozitationsanalyse als objektive Methode der komparativen Forschungsanalyse

Ein Vorteil des relativ späten Einstiegs der Wissenschaftsforschung in die Indikatorendiskussion ab Mitte der siebziger Jahre besteht darin, daß die methodologische Diskussion über Meßziele und Operationalisierungsverfahren nach den Erfahrungen im Umgang mit ökonomischen Indikatoren und Sozialindikatoren bereits einen relativ hohen Differenzierungsgrad erreicht hatte. Da aber Wissenschaftsindikatoren aufgrund der fachlichen Kompetenz seitens der Betroffenen in besonderem Maße Akzeptanzprobleme aufwerfen, spielt auch der Faktor der starken wissenschaftsinternen Kontrolle und Kritik bei der Entwicklung solcher Ansätze eine nicht unerhebliche Rolle. Ausgehend von den vom amerikanischen National Science Board herausgegebenen »Science Indicator«-Bänden wurden zahlreiche Versuche unternommen, Daten über den Wissenschafts- und Technologiebereich mehr oder weniger stark zu aggregieren und in vergleichender Weise zu präsentieren. Zwar gibt es bislang keine grundlegende Theorie der Einbettung der so entwickelten *Wissenschaftsindikatoren* in ein Konzept des Erkenntnisfortschritts bzw. der optimalen wissenschaftspolitischen Steuerungsstrategie, dennoch existieren bereits einige vortheoretische Annahmen, die bestimmte Verbindungen zwischen ausgewählten Forschungskonzeptionen und angewandten Methodologien herstellen.

Die »Messung« interaktiver Strukturen im Wissenschaftsbereich über das Verfahren der Cozitationsanalyse beruht auf folgenden grundlegenden Annahmen: der konsensuell akzeptierten Wichtigkeit der schriftlichen Kommunikation im Wissenschaftssektor, d. h. konkret im Bereich der Grundlagenforschung, und dem universellen Charakter solcher Kommunikationsmuster. Unterschiede im Publikations- und Zitierverhalten zwischen einzelnen Disziplinen sind hierbei kein generelles, sondern ein mit methodischen Verfahren und Gewichtungsfaktoren eliminierbares Problem.

Die von Small und Griffith[6] entwickelte Methode basiert auf den Daten des Science Citation Index (SCI) des Institute for Scientific Information (ISI). Der SCI wurde Mitte der 60er Jahre als bibliographisches Hilfsmittel für wissenschaftliche Literaturrecherchen eingeführt. In gedruckter Form erscheinen heute drei verschiedene Ausgaben: der Science Citation Index (SCI) für den Bereich der Naturwissenschaften, der Social Sciences Citation Index (SSCI) für den Bereich der Sozialwissenschaften und der Arts & Humanities Citation Index (A&HCI) für den Bereich der Geisteswissenschaften. Allein für den SCI werden laufend die etwa 3000–4000 führenden wissenschaftlichen Zeitschriften der Welt ausgewertet, d. h., alle in diesen Zeitschriften veröffentlichten Arbeiten werden mit ihren bibliographischen Angaben einschließlich ihrer Literaturlisten (Zitate, Fußnoten) in die Datenbanken des ISI eingespeichert. Auf diese Weise wird der Datenbestand des SCI gegenwärtig jährlich um mehr als 600 000 wissenschaftliche Publikationen sowie ca. 10 Millionen Zitationen erweitert. Da die Zitationen in den Datenbestand mitaufgenommen werden, ist es möglich, das Kommunikationsgeschehen innerhalb der scientific community, soweit es sich in den Zeitschriften niederschlägt, zu erfassen. Mit diesem Instrumentarium lassen sich international komparative Analysen des Forschungsgeschehens in einem bislang nicht verfügbaren Umfang durchführen.

Bei der *Cozitationsanalyse* wird von der *Grundannahme* ausgegangen, daß zwei wissenschaftliche Arbeiten A und B, die von später erschienenen Arbeiten jeweils gemeinsam zitiert werden, in einem inhaltlichen Zusammenhang miteinander stehen. Der gesamte Datenbestand des SCI wird auf solche Cozitationspaare geprüft; mit Hilfe eines aufwendigen Verfahrens lassen sich alle Dokumente, die durch Cozitationen einer gewissen Stärke miteinander verbunden sind, in sog. Cozitationscluster gruppieren. Die Clusteranalyse mit anschließender multidimensionaler Skalierung zur anschaulichen Darstellung liefert eine schematische Rekonstruktion wissenschaftlicher Teilgebiete, so wie sie sich aus dem bloßen Beobachten des Publikations- und Zitationsverhaltens der Wissenschaftler ableiten läßt. Eine Darstellung der Forschungslandschaft in solchen clustern enthält sowohl die cluster einschließlich ihrer (Cozitations-)Bezüge untereinander als auch die zugehörigen Forschungsfronten: das cluster selbst besteht aus den durch Cozitation miteinander verbundenen zitierten Arbeiten; die Forschungsfront besteht aus der Menge derjenigen zitierenden Arbeiten des laufenden Jahres, die sich auf Arbeiten aus dem cluster beziehen.

Daneben bietet das Analyseverfahren eine Reihe von Strukturdaten über die Zahl der im cluster enthaltenen Dokumente und die Stärke des Cozitationszusammenhangs zwischen den Dokumenten des clusters; über die Größe der zugehörenden Forschungsfront, das Durchschnittsalter der Dokumente im cluster, Bezüge zu benachbarten clustern, die thematische Identifikation des clusters über die Titel der Arbeiten sowie die personelle, institutionelle und nationale Beteiligung an der zugehörenden Forschungsfront. Die institutionelle und nationale Beteiligung wird im Datensatz durch die vollständige Angabe der »corporate address« ermittelt. Es ist auch möglich, die Entwicklung der cluster im Verlauf der Jahre zu verfolgen. Mit diesem sog. cluster-tracking lassen sich dabei Entwicklungsrichtung und -geschwindigkeit von wissenschaftlichen Teilgebieten über mehrere Jahre hinweg verfolgen.

Der Vorteil des Cozitationsverfahrens besteht darin, neue und relevante wissenschaftliche Themata, die möglicherweise institutionell noch nicht eingebunden sind, aufzudecken und ebenso die dazugehörenden scientific communities zu ermitteln. Methodisch handelt es sich dabei um eine Aggregierung individueller Vorgehensweisen einzelner Wissenschaftler im Umgang mit wissenschaftlichen Erkenntnissen. Die so gewonnenen Informationen werden im weiteren Gang des Verfahrens nach inhärenten inhaltlichen Kriterien disaggregiert und in thematischen Zusammenhängen neu gruppiert. Die Clusteranalyse benötigt dabei keinerlei Vorgaben über disziplinäre Zuordnungen, sondern mißt tatsächliche Strukturen im Rahmen des wissenschaftlichen Kommunikationsgeschehens, sie ist überindividuell und unter den Rahmenbedingungen des Zugangs zu Informationen innerhalb des wissenschaftlichen Gesamtsystems ein Verfahren mit einem hohen Grad an Objektivität. Zudem ist die

Cozitationsanalyse kein Output-Indikator und steht daher nicht wie sonstige Publikations- und einfache Zitationsmaße im Verdacht der »simplen Effizienzmessung«.

Die Kritik an dieser empirischen Vorgehensweise richtet sich daher auch meist primär gegen die Reliabilität und Validität der Datenbasis sowie bestimmte Basisannahmen. Es trifft zu, daß der von ISI gesammelte Datensatz einen überproportional hohen Anteil amerikanischer wissenschaftlicher Zeitschriften enthält, und zwar vor allem in denjenigen Wissenschaftsbereichen, die einen hohen Dispersionsgrad der Forschungsgebiete und eine starke Spezialisierung der Literaturbasis aufweisen. Die Repräsentanz der europäischen Zeitschriften und der in ihnen publizierenden Wissenschaftler ist dagegen in Wissenschaftsbereichen, die über eine zahlenmäßig konzentrierte und thematisch breit angelegte Literaturbasis verfügen, angemessen gewährleistet. Aber abgesehen davon, daß es keine Konkurrenz zu dieser Informationsbasis gibt, richtet sich diese Kritik vor allem auf den Vorgang des reinen Rankings, d. h. der prozentualen Auflistung nationaler Publikationstätigkeit und Repräsentanz bei den Zitaten. Dieser »amerikanische Bias« ist auf der Meßebene von Zitaten etwas gemildert, da ja auch Wissenschaftler zitiert werden, die ihre Arbeiten außerhalb des regulär einbezogenen Zeitschriftensets veröffentlichen.

Das statistische Problem der disziplinären Unterschiede im Publikations- und Zitierverhalten, das durch die Festlegung zu hoher Schwellenwerte bei der Clusterroutine bislang zu einer systematischen Ausblendung bestimmter Wissenschaftsgebiete geführt hat[7], ist von ISI durch ein bestimmtes methodisches Gewichtungsverfahren dahingehend gelöst worden, daß diese disziplinären Unterschiede weitgehend entzerrt werden können. Dabei werden in einem mehrstufigen Verfahren zunächst die disziplinspezifischen Unterschiede im Zitierverhalten durch Normierung (»fractional citation counting«) relativiert. Die eigentliche Clusteranalyse wird dann mit variablen Schwellenwerten durchlaufen, wobei eine feste Obergrenze bezüglich der Clustergröße zu definieren ist. Durch Iteration der Clusterroutine kann schließlich die Hierarchie der cluster untereinander sichtbar gemacht werden[8].

Die Frage der Art der Korrelation zwischen der Dynamik der so verbessert meßbaren Publikationstätigkeit und der Dynamik des tatsächlich wissenschaftlichen Erkenntnisfortschritts kann ohne systematische Information weder positiv noch negativ beantwortet werden. Genau dies soll mit dem hier präsentierten Forschungsverfahren untersucht werden. Generell bleibt jedoch festzuhalten, daß die Untersuchung von neuen Forschungsfronten grundsätzlich nicht beim Zeitpunkt eines »Nullsekunden-time lag« ansetzen kann, sondern erst im Stadium des überindividuell wahrnehmbaren wissenschaftlichen Produktionsverhaltens, das im Grundlagenbereich mit Publikationstätigkeit gleichgesetzt wird.

Die Kritik an der Bibliometrie als Forschungsmethode konzentriert sich meist gleichlautend auf folgende Punkte:

1. Produktionsverhalten sei nicht identisch mit Produktivität, die Publikationshäufigkeit deshalb kein verläßlicher Indikator für wissenschaftlichen Erkenntnisfortschritt.

Da es sich bei der Cozitationsanalyse nicht um ein bloßes *Zählen* von Publikations- und Zitationshäufigkeiten handelt, sondern um die *Analyse* interaktiver Prozesse, wird diesem Einwand genügend Rechnung getragen. Es besteht in der empirischen Wissenschaftsforschung zudem weitgehende Übereinstimmung darüber, daß die Bewertung von Forschungsaktivitäten auf der individuellen Ebene durch das bloße Zählen der Publikationen und der dafür erhaltenen Zitate kein angemessenes Verfahren ist, wenngleich es der Einfachheit halber – beispielsweise bei Berufungsverfahren und der Verteilung bzw. Kürzung von Forschungsmitteln – zunehmend in der Praxis eingesetzt wird. Wie jedes Verfahren ist auch die Bibliometrie vor dem Mißbrauch der »platten« Anwendung quantitativer Ergebnisse nicht geschützt[9], um so mehr gilt es, durch solide Analysen auf seine Grenzen und Möglichkeiten hinzuweisen und mit abgewogenen Urteilen entsprechend korrigierend eingreifen zu können.

2. Die Chancen zur Veröffentlichung sowie die Rezeption wissenschaftlicher Erkenntnisse seien häufig kartellmäßig organisiert und kein Indikator für die Qualität wissenschaftlicher Arbeiten.

Um mit dem einfacheren Argument, den Zitierkartellen, zu beginnen: Das Datenmaterial bietet die Möglichkeit, sowohl übermäßige Selbstzitation als auch homogen strukturierte bi- und multilaterale Kommunikationsmuster eindeutig und relativ einfach zu identifizieren. Die Bewertung, ob es sich bei solcherart identifizierten scientific communities um *geschlossene soziale Systeme* handelt, deren Einfluß so weit reicht, daß andere Forschungskonzepte nicht zum Durchbruch gelangen können, ist eine Frage der vertiefenden Analyse der Ergebnisse. Sicher ernst zu nehmen ist hingegen das Argument, daß die Qualität einer Arbeit keine hinreichende Bedingung für ihre gute Plazierung in diesem Kommunikationsnetz sein muß. Es gibt aber eine Reihe von Einflußfaktoren, die solche Abschottungsstrategien unterlaufen. Die Einbeziehung sog. grauer Literatur (Arbeitspapiere, Institutsveröffentlichungen, Vorträge etc.) über die Zitate ist ein Korrekturfaktor, die Ausdifferenzierung neuer Publikationsorgane durch die Bildung wissenschaftlicher Schulen und Gegenschulen stellt eine zweite Gegenstrategie dar. Mit Hilfe des Datenmaterials läßt sich zudem feststellen, welche Wissenschaftlerkreise in welchen Zeitschriften gewissermaßen »konzentriert« repräsentiert sind. Und durch sog. journal-journal-citations läßt sich für Zeitschriften ein Wirkungsfaktor berechnen, der ihre relative Bedeutung in diesem Kommunikationsnetz widerspiegelt.

Die Cozitationsanalyse kann als eine hervorragende und völlig neue Möglichkeit angesehen werden, unabhängig von thematischen und organisationsbezogenen Vorgaben scientific communities zu identifizieren. Sie ist nach übereinstimmender Erfahrung derjenigen Wissenschaftler, die mit diesem Forschungsansatz bereits gearbeitet haben, für die Informationsgewinnung aktueller Forschungsentwicklungen allen herkömmlichen Methoden der Informationsbeschaffung durch Expertenbefragung weit überlegen. Erfahrungen in der Anwendung dieses Forschungsansatzes haben gezeigt, daß subjektive Einschätzungen von derartigen objektiven Meßmethoden in der Regel (unkontrollierbar) abweichen, wobei Experten bei der Konfrontation mit solchen objektiv gewonnenen Ergebnissen nach anfänglicher Überraschung plausible Interpretationen für diese Ergebnisse liefern. Insofern hat sich gezeigt, daß die Kombination von Cozitationsanalyse und Peer-Review ein geeignetes Verfahren ist, subjektiven Fehleinschätzungen vorzubeugen und die bibliometrischen Verfahren gleichzeitig mit interpretativen Aspekten, die in diesen Methoden nicht enthalten sind, zu vertiefen.

3. Untersuchungsschritte und Auswertungsstrategien der Bielefelder Studie

Die gesamte Konzeption des Projekts ist stark methodenbedingt und hängt unmittelbar von der Verfügbarkeit über umfassendes Datenmaterial und dem Einsatz neuer Analyseverfahren ab. Beides war in dieser Form für die deutsche Forschung bislang nicht vorhanden. Die deutsche Untersuchung bezieht als erste auch den sozialwissenschaftlichen Forschungsbereich in die Analyse mit ein. Diese Entscheidung ist eher pragmatisch zu begründen. Es bestand ein Interesse, eine möglichst große Bandbreite deutscher Forschungsentwicklungen abzubilden, wenngleich die starke Konzentration der Forschungsaufwendungen in den Naturwissenschaften die Frage nach der Priorität der Messung von Forschungseffizienz mehr oder weniger bereits selbst beantwortet. Aber da eine kritische Annäherung von Sozialwissenschaftlern an Ereignisse im naturwissenschaftlichen Forschungssektor häufig den Vorwurf der Blindheit auf dem einen Auge provoziert, schien eine breitere Anlage der Studie auch unter wissenschaftspolitischen Gesichtspunkten opportun.

Das speziell für diese Studie zusammengestellte Datenmaterial von ISI umfaßt folgende Informationen:

1. Eine Bibliographie aller wissenschaftlichen Publikationen, bei denen mindestens eine »corporate address« in der Bundesrepublik Deutschland (inkl. Berlin/West) liegt, aus dem SCI und SSCI für die Jahre 1975 bis einschließlich 1984.
2. Die Beteiligung an der ISI-Cozitations-Clusteranalyse des Jahrgangs 1984 (für den Gesamtdatenbestand SCI und SSCI). Ergebnis: 9508 cluster. Die Clusteranalyse wird mit variablen Zitations- und Cozitationsschwellenwerten gefahren, um disziplinspezifische Unterschiede im Zitationsverhalten auszugleichen. Die Gesamtmenge der erhaltenen cluster wird einem dreistufigen Aggregationsprozeß unterzogen (Bildung von Superclustern bzw. »regions«), so daß schließlich cluster auf vier verschiedenen Aggregationsniveaus zur Verfügung stehen (C_1: 9508, C_2: 1371, C_3: 179, C_4: 21; insgesamt also 11 079 cluster).
3. Die Ausgabe von Details für jedes der ausgewählten cluster:
   – Titel (Benennung des Spezialgebiets);

- Größe des clusters (Zahl der zitierten Dokumente);
- Größe der Forschungsfront (Zahl der zitierenden Dokumente);
- Durchschnittsalter der zitierten Dokumente;
- Nationale Beteiligung (Zahl und Prozentsatz der auf die fünf genannten Nationen entfallenden Dokumente der Forschungsfront);
- vollständige Bibliographie aller Dokumente der Forschungsfront (alle Autoren und deren institutionelle Adressen, Titel, Zeitschrift, Bandnummer, Adresse und Zahl der Zitationen zum cluster);
- Bibliographie aller zitierten Dokumente des clusters (Erstautor, Zeitschrift, Bandnummer, Seite und Erscheinungsjahr).

4. Die Ausgabe von zwei Registern:
   - Author Index für alle Dokumente der Forschungsfronten aller ausgewählten cluster;
   - Corporate Source Index dto.

5. Die Ausgabe von Details der cluster auf höheren Aggregationsebenen:
   - Titel (Benennung der »region«);
   - Größe des clusters (Zahl der zitierten Dokumente);
   - Größe der Forschungsfront (Zahl der zitierenden Dokumente);
   - Nationale Beteiligung (Zahl und Prozentsatz der auf die fünf genannten Nationen entfallenden Dokumente der Forschungsfront).

6. Das sog. Mapping: Unter Verwendung von Programmen zur multidimensionalen Skalierung werden für ausgewählte cluster bzw. »regions« graphische Darstellungen erstellt, wobei die Stärke der Cozitationsbezüge der cluster untereinander ebenso sichtbar wird wie die jeweilige nationale Beteiligung der genannten fünf Nationen an den Forschungsfronten (durch Farbcodierung). Zusätzlich zur Grafik wird eine Liste mit allen zitierten Dokumenten des clusters bzw. mit allen Titeln der zitierten cluster bei den »regions« ausgegeben. Mit den in dieser Form zu liefernden Daten können im Rahmen des Bielefelder Projekts generelle Aussagen zum aktuellen Stand der deutschen Grundlagenforschung, insbesondere im Vergleich zu den vier anderen führenden Wissenschaftsnationen gemacht werden.

Zur Überprüfung der aus der *Querschnittanalyse* gewonnenen Ergebnisse, gewissermaßen zur Validierung der Methode, wird zusätzlich ein zweiter Datensatz in die Analyse miteinbezogen, der den *Zeitreihenaspekt* berücksichtigt. Dieser Datensatz wird von Computer Horizons Inc. (CHI) geliefert. CHI ist eine auf den Bereich F&E-Indikatoren spezialisierte Consulting-Firma und besteht seit 1968. Sie erstellt quantitative Studien zum F&E-Bereich für private Firmen, für Behörden und für Organisationen der Wissenschaftsförderung. Datengrundlage für diese Studien sind dabei die ISI-Datenbanken einerseits und Patentdaten aus der US-Patent-Statistik andererseits. Seit der Einführung der »Science Indicators«-Berichte durch die amerikanische National Science Foundation (NSF) im Jahre 1972 hat CHI im Auftrag der NSF die bibliometrischen Indikatoren und die Daten zur Patentstatistik für diese alle zwei Jahre erscheinenden Berichte geliefert. Zu diesem Zweck wurden von CHI eigene

Datenbasen aufgebaut, die sowohl für die Patentdaten als auch für die bibliometrischen Indikatoren die Ausgabe von bereinigten Zeitreihen erlauben.

Speziell für die Science Indicators des NSB wurde von CHI eine »Science Literature Indicators Database« (SLI) entwickelt, die eine Reihe von Indikatoren zur Beurteilung der Forschungsleistung von Ländern im internationalen Vergleich enthält. Diese Datenbasis bietet in ihrer aktuellsten Version SLI 84 eine 10-Jahres-Zeitreihe von Publikationsraten, Zitationsraten, Maßen für internationale Kooperation sowie weiterer bibliometrischer Indikatoren für die Jahre 1973 bis 1982. Für die Produktion von SLI 84 wird aus dem Gesamtdatensatz des SCI zunächst ein Teildatensatz ausgegliedert. Dabei werden nur Publikationen übernommen, die aus einem »fixed journal set« stammen. Da im Laufe der Jahre aus verschiedenen Gründen zahlreiche Zeitschriften in den SCI neu aufgenommen worden sind, während andere wieder aus ihm herausgenommen wurden, müssen solche Schwankungen für die Zeitreihenbildung kontrolliert werden. SLI 84 bietet daher jeweils zwei Indikatorenwerte an: einmal berechnet auf der Grundlage des »1973 Journal Set« – ca. 2300 wissenschaftliche Zeitschriften, die seit 1973 vom SCI ausgewertet werden –, zum anderen berechnet auf der Grundlage eines »1981 Journal Set« – ca. 3100 wissenschaftliche Zeitschriften, so wie sie 1981 im SCI erfaßt sind.

Der so gewonnene Teildatensatz wird zudem einem umfangreichen Bereinigungsverfahren unterzogen, indem u. a. die verschiedenen Schreibweisen der Zeitschriftentitel, der Ländernamen und von ca. 3000 Institutionsnamen vereinheitlicht wurden. Jede aufgenommene Publikation bekommt eine Schlüsselzahl für ihre disziplinäre (field) und subdisziplinäre (subfield) Orientierung zugeordnet. Auf diese Weise enthält SLI 84 für alle Länder in einer 10-Jahres-Zeitreihe die Publikationsraten in allen 9 fields und allen 100 subfields und die Zitationsraten in allen 9 fields sowie einige weitere bibliometrische Indikatoren. Zusätzlich dazu wurde CHI von uns beauftragt, nationale Zitationsindikatoren, auch auf der subdisziplinären Ebene, zu ermitteln.

Unter Berücksichtigung aller methodologischen Restriktionen ist die Cozitationsanalyse besser als jedes andere Verfahren geeignet, als *Suchstrategie* für die Auswahl wissenschaftspolitisch interessanter und relevanter Fallstudien zu fungieren, da der Selektionsprozeß nicht mehr so zufällig und willkürlich für die Auswahl von Fallstudien ist. Die Gestaltung der Datensätze wurde in Kooperation mit beiden Instituten deshalb so organisiert, daß ein breites Spektrum an inhaltlichen Auswertungsmöglichkeiten erhalten bleibt, damit wissenschaftspolitische Interessen somit keinesfalls schon bei Beginn des Projektablaufs präjudiziert sind.

Folgende Problemstellungen lassen sich mit diesem breit angelegten Forschungskonzept bearbeiten:

1. Die Beschreibung des Standes der deutschen Grundlagenforschung durch einen breiteren Überblick über ihre Stärken und Schwächen.

2. Die Identifikation von Forschungsbereichen, in denen die Bundesrepublik generell unterrepräsentiert ist (Forschungslücken).

3. Unter der wissenschaftlichen Priorität der gezielten Förderung der »Spitzenforschung« ist a) die Ermittlung von international relevanten Forschungsfeldern, die mit deutschen Wissenschaftlern gut besetzt sind, ebenso von Bedeutung wie b) die Identifikation von relevanten Forschungsgebieten, deren Entwicklung zwar sehr rasant verläuft, die aber in der deutschen wissenschaftlichen Diskussion überhaupt noch nicht thematisiert wurden.

4. Unter Einbeziehung bestimmter Zeitreihen bietet die Cozitationsanalyse auch verschiedene Möglichkeiten für longitudinal angelegte Studien zur strukturellen und disziplinären Entfaltung der deutschen Grundlagenforschung.

5. Unter Einbeziehung zusätzlicher Strukturindikatoren (Zitationsraten) sowie weiterer Input- und Output-Maße lassen sich mit dem Datensatz auch relativ einfach Evaluierungen von Forschungsinstitutionen vornehmen.

6. Als ein völlig neuer Verwendungszusammenhang der Bibliometrie bietet sich die Ausweitung der Ergebnisse der Cozitationsanalyse auf technologische Forschungsbereiche an. Während bislang prinzipiell davon ausgegangen wurde, daß die Strukturen der Grundlagenforschung primär mit bibliometrischen Verfahren und die Strukturen von Technologiebereichen primär mit Lizenzen und Patenten abgebildet werden müssen, haben jüngste amerikanische Studien[10] gezeigt, daß diese Eingrenzung der Verfahren auf definierte Wissenschaftsbereiche nicht systematisch notwendig ist. Bei diesen empirischen Untersuchungen, die einmal das bibliometrische Verfahren und das andere Mal die Patentstatistik als Ausgangspunkt der Analyse hatten, wurde übereinstimmend eine starke Überlappung bei den Resultaten dieser Verfahren ermittelt. Wissenschaftspolitisch relevant ist bei diesen Ergebnissen, daß die postulierte Besonderheit der Grundlagenforschung einerseits und der technologieorientierten Forschung andererseits ebenso wie die behauptete Abhängigkeit technologieorientierter Entwicklung vom Vorlauf der Grundlagenforschung nicht aufrechterhalten werden kann. Es erscheint daher sinnvoll, der für Einzelfälle datenmäßig belegten Parallelität der Entwicklung von Grundlagenforschung und Technologie künftig weiter nachzugehen.

Die Entscheidung, welche dieser Fragestellungen in weiteren Analysen vertieft behandelt werden sollen, wird in einem Diskussionsprozeß mit Vertretern aus der Wissenschaftspolitik und den Förderorganisationen nach Vorlage eines ersten Überblicks über die Ergebnisse aus der Cozitationsanalyse getroffen. Je nach Art der Themenstellung werden einzelne Clusterergebnisse einer weiteren Mikroanalyse unterzogen, wobei mehrere Runden und Expertenbefragungen als Quelle zusätzlicher Informationsbeschaffung vorgesehen sind. Dieses mehrstufige Analysekonzept hat zwei wesentliche Vorteile: Zum einen bietet diese iterative Informationssuch- und Analysestrategie den Vorzug, daß auf jeder Untersuchungsebene Ergebnisse zu erwarten sind, die dann jeweils durch Resultate auf der nächsten Ebene erweitert, ergänzt und vertieft werden. Dieses Mehrebenenverfahren mit der differenzierten Darstellung unterschiedlicher Einflußfaktoren verhindert sicherlich Erklärungsmuster der Art einfacher, plakativer Kausalbeziehungen, die wissenschaftspolitisch unbefriedigend sein müssen; zudem sind Entscheidungen über den weiteren Projektablauf ebenfalls auf jeder Ebene möglich. Der andere wesentliche Vorteil liegt darin, daß mit dieser Verfahrensweise nicht in die bei externen Evaluierungen häufig praktizierten Fehler verfallen wird, d. h. Schlüsse für die Empfehlungen bestimmter wissenschaftspolitischer und wissenschaftsorganisatorischer Maßnahmen ausschließlich der Diskussion und Entscheidung der externen Evaluierer überlassen werden. Es wird Zweck der Expertenbefragungen sein, diese Ergebnisse unterschiedlicher Reichweite dann zu gewichten, um daraus anschließend auch Empfehlungen für wissenschaftspolitische Maßnahmen ableiten zu können.

Durch die breite Konzeptualisierung, die weitgefaßte datentechnische und methodologische Fundierung sind in diesem Projekt neueste Entwicklungen der empirischen Wissenschaftsforschung integriert. Die Flexibilität des Ansatzes, das thematische Schwergewicht je nach Interessenlage auf disziplinäre, institutionelle oder internationale Vergleiche zu fokussieren, ist ein wesentlicher Fortschritt gegenüber anderen Forschungskonzepten. Der Einsatz der relativ aufwendigen Cozitationsanalyse sollte jedoch vom jeweiligen konkreten Forschungsinteresse abhängig gemacht werden, denn Fragestellungen ohne diesen breiten internationalen Bezugsrahmen lassen sich durchaus auch mit einfacheren bibliometrischen Verfahren bearbeiten.

Anmerkungen

[1] An diesem Forschungsprojekt arbeiteten neben der Verfasserin des Artikels Peter Weingart und Matthias Winterhager, deren Publikation »Die Vermessung der Forschung. Theorie und Praxis der Wissenschaftsindikatoren«, Frankfurt/M. 1984, die wichtigsten konzeptuellen und wissenschaftspolitischen Argumente zu dieser Thematik enthält.

[2] Wissenschaftspolitische Studien auf der Basis von Cozitationsanalysen wurden zwischenzeitlich von Australien, Großbritannien, Niederlanden, Schweden, Spanien und USA durchgeführt. Vgl. Department of Science and Technology (Ed.), Australian Science and Technology Indicators, Final Report 1983, Sidney 1984; Advisory Council for Science Policy in the Netherlands (Ed.), Wetenschaps – en Technologie Indicatoren 1983, Den Haag 1984; Moed, H. F. et al. The Use of Bibliometric Data for the Measurement of University Research Performance, in: Research Policy, 14, 1985, pp. 131–149.

[3] Es ist in diesem Zusammenhang bemerkenswert, daß die bislang heftig kritisierte Forschungsevaluierung als Zweig der empirischen Wissenschaftsforschung durch die vom deutschen Wirtschaftsrat 1985 herausgegebenen »Empfehlungen zum Wettbewerb im deutschen Hochschulsystem« eine gewisse Enttabuisierung erfahren hat. Explizit wird (auf S. 8) darauf verwiesen, »daß es . . . (für den Hochschulbereich) . . . Kriterien für die Bewertung von Forschung und Lehre geben muß«.

[4] Der Begriff »Wissenschaftspolitik« beinhaltet nicht nur wissenschaftspolitische Maßnahmen der Exekutive auf den unterschiedlichen politischen Ebenen, sondern auch die gezielte Förderpolitik der großen Wissenschaftsförderorganisationen, deren Richtlinien in der Regel

innerhalb des relativ geschlossenen Sozialsystems »Wissenschaft« durch ein Peer-Review-System festgelegt und nur von dort kontrolliert werden.

5 Im derzeit in der politischen Diskussion befindlichen amerikanischen wissenschaftspolitischen »Langzeitprogramm« spielt der Gesichtspunkt, daß es sich die amerikanische Nation nicht mehr leisten kann, auf allen Forschungsgebieten gleichermaßen aktiv zu sein, eine wesentliche Rolle im Hinblick auf die Prioritätenfrage. Die Festlegung auf die Erfüllung »nationaler Ziele« wird bei der amerikanischen Forschungsförderung künftig ebenso bedeutsam sein wie die Tatsache, daß die finanziellen Ressourcen auf solche Forschungsschwerpunkte konzentriert werden, in denen die amerikanische Forschung – gemessen an den Resultaten bibliometrischer Verfahren – einen Vorsprung vor anderen Nationen hat. Vgl. Task Force on Science Policy, Report for the Committee on Science and Technology, U. S. House of Representatives, December 1984.

6 Vgl. Small, H. G., Griffith, B. C. The Structure of Scientific Literature, I: Identifying and Graphing Specialities, in: Science Studies (4), 1974, pp. 17–40; Griffith, B. C. et al. The Structure of Scientific Literature, II: Toward a Macro- and a Micro-Structure for Science, in: Science Studies (4), 1974, pp. 339–365; Garfield, E. Citation Indexing – its Theory and Application in Science, Technology and Humanities, New York 1979.

7 In der ersten der in Anmerkung 2 aufgeführten niederländischen Studien dominieren bei den Clusterergebnissen noch die biochemischen und biotechnischen Arbeiten, die sich im Gegensatz zur Mathematik durch eine rasche Publikationstätigkeit und -folge auszeichnen und bedingt durch den schnellen Erkenntnisfortschritt und auch einen vergleichsweise hohen Anteil an Zitaten pro Publikation. Vgl. Mombers, C. et al. Displaying Strengths and Weaknesses in National R & D Performance through Document Cocitation, in: Scientometrics (7), 1985, Nos. 3–6, pp. 341–355.

8 Vgl. Small, H. und Sweeney, E. Clustering the Science Citation Index using Co-citations I. A Comparison of Methods. Scientometrics (8), 1985, Nos. 3–4, pp. 391–411; Small, H., Sweeney, E. und Greenlee, E. Clustering the Science Citation Index using Co-citations II. Mapping Science. Scientometrics (8), 1985, Nos. 5–6, pp. 321–341.

9 Vgl. Garfield, E. Uses and Misuses of Citation Frequency, in: Current Contents, 1985, No. 43, pp. 3–9. Dieser Aufsatz bezieht sich auf einen von der New York Times Ende Januar 1985 veröffentlichten Artikel, in dem die von ISI für einen anderen Diskussionszusammenhang erstellten Tabellen über Publikations- und Zitationsraten aus dem ursprünglichen Kontext herausgerissen und der niedrigen Werte für die USA im Bereich Biochemie wegen journalistisch als zentrales Argument für Mittelkürzungen verwendet wurden.

10 Carpenter, M. P., Cooper, M., Narin, F. Linkage between Basic Research Literature and Patents, in: Research Management 23, No. 2 (1980), pp. 30–35.

Heinz-Rudi Spiegel

Forschungsleistungen im Vergleich

Ein kommentierendes Resümee*

Einleitung

Die Gesellschaft für deutsche Sprache (GfdS) beobachtet mit Aufmerksamkeit den
öffentlichen Sprachgebrauch – also den Sprachgebrauch der Medien, der Politik, der
Verwaltung und bestimmter gesellschaftlicher Gruppen, etwa den der Jugend, der
Friedensbewegung oder der Ökogruppen. Daraus ergibt sich alljährlich eine Liste
von Wörtern und Wendungen, die entweder in diesem Jahr besonders stark im
Umlauf waren oder als Neubildungen in Umlauf gesetzt worden sind. Das sind die
»Wörter des Jahres«[1]. Solche Sprachbeobachtung – geronnen in Listen – erfaßt nur
unzureichend die Lage eines Landes, sie kann aber einen Eindruck von der Befind-
lichkeit einer Gesellschaft vermitteln.

Würde man den aktuellen Sprachgebrauch für das fachsprachliche Subsystem
»Wissenschaftspolitik/Wissenschaftsförderung« analysieren, so würde man für die
jüngere Vergangenheit unschwer eine Liste von Wörtern zusammenstellen können –
ich will sie »wissenschaftspolitische Leitwörter« nennen –, die eine hohe Verwen-
dungsfrequenz aufweisen. Dazu gehören in einer ungewichteten Reihenfolge: Elite,
Spitzenforschung, wissenschaftliche Spitzenleistungen, Wettbewerb, Qualität, Differenzierung, Vielfalt, Anreize und nicht zuletzt Leistung.

Ihnen allen ist gemeinsam, daß sie von keiner normgebenden Instanz terminolo-
gisch festgelegt sind. Sie können von jedermann und nach Belieben verwendet
werden, ohne daß daraus eine Verpflichtung erwüchse, sagen zu müssen, was denn
»wissenschaftliche Spitzenleistung« und »Spitzenforschung« sei, wie man denn »Qua-

---

* In diesem Resümee sollen folgende Zitierweisen gelten: Beziehe ich mich unmittelbar auf
   einen Beitrag dieses Bandes, so füge ich lediglich den Namen des Referenten in Klammern
   an; beziehe ich mich auf Diskussionsbeiträge, so wird dem Namen des betreffenden Teilneh-
   mers ein D mit folgendem Doppelpunkt (D:) vorangestellt. Alle übrigen benutzten Quellen
   werden in herkömmlicher Weise zitiert. Die Verantwortung für alle Formulierungen und
   Wertungen liegt bei mir. Sollten sich Referenten oder Diskussionsredner unkorrekt oder
   mißverständlich wiedergegeben fühlen, so geht dies zu meinen Lasten. Für mannigfache
   Anregungen und hilfreiche Hinweise bei der Vorbereitung auf die Tagung wie auch ihre
   Auswertung danke ich Prof. Dr. Thomas Finkenstaedt und Dr. Franz Letzelter.

lität« und »Leistung« in den Wissenschaften zweifelsfrei und abgegrenzt gegen mindere Leistungen zu bestimmen vermöge. Das heißt, diese Leitwörter sind wohlfeile Leerformeln für die Politik, oder, wie Einhard Rau formulierte, sie »sind in der aktuellen hochschulpolitischen Auseinandersetzung bisher nur Topoi, die ein grundlegendes Problem zwar richtig benennen, ohne sich damit aber schon der Lösung dieses Problems auch nur anzunähern« (Rau).

Um so mehr muß diese Diskussion aufgegriffen, müssen die sie bestimmenden Schlagwörter inhaltlich gefüllt werden, soll sich nicht endgültig ein von Vorurteilen geprägtes negatives, manchmal sogar dramatisierendes Bild über das System, die Leistungsfähigkeit und den Leistungsstand der deutschen Forschung in der öffentlichen Meinung festsetzen. Auf ein solch dramatisierendes und gleichwohl falsches Meinungsbild verweist das folgende Zitat: »Dramatisierende Klagen über den Zustand der deutschen Wissenschaft sind aber auch deswegen unangemessen, weil gewisse Differenzierungen, komplementär zur Entwicklung der Größenordnung unseres Wissenschaftssystems, durchaus stattgefunden haben. Diese Differenzierungen sind sogar erheblicher, als denen zumeist gegenwärtig ist, die ihr Urteil über die Leistungsfähigkeit unserer Wissenschaft vorzugsweise auf vergleichende Nobelpreisstatistiken stützen. Es haben sich zwischen den Hochschulen, oft von Fachbereich zu Fachbereich wechselnd, sehr unterschiedliche Anspruchs- und Geltungsniveaus herausgebildet, die in der jeweiligen Fachkommunität durchaus bekannt und anerkannt sind.«[2] Angesprochen sind also jene informellen Rang- und Qualitätsordnungen, die in der Scientific Community kolportiert werden (vgl. auch Rau).

Genügen aber diese informellen Ordnungen innerhalb der Fachkommunität (noch), die zu einem Teil auch auf Vorurteilen beruhen können, um in unser Hochschulsystem mehr Wettbewerb zu bringen mit dem Ziel, universitäre Forschungsleistungen zu fördern und zu verbessern? Soll es in unserem Hochschulsystem mehr Wettbewerb geben – unbeschadet einem solchen Wettbewerb derzeit noch entgegenstehenden und im einzelnen noch zu benennenden rechtlichen Rahmenbedingungen –, so hat dies meiner Meinung nach zumindest folgende Voraussetzungen und Folgen:

– Jeder Wettbewerb bedarf eines verläßlichen Regelwerkes hinsichtlich der Wettbewerbsbedingungen und des Wettbewerbsverlaufs. Wettbewerb erfordert ein System der Leistungsmessung, das – wie problematisch dieses für den Bereich der Wissenschaft auch sein mag – von allen, die an der »Konkurrenz« teilnehmen (müssen?), akzeptiert werden kann, selbst dann, wenn es hin und wieder – wie im Sport – zu schwerwiegenden Fehlentscheidungen kommen mag. Die für die Leistungsmessung angewandten Methoden und Verfahren müssen so von der Scientific Community akzeptiert werden (können), daß das Prinzip der Leistungsmessung auch durch singuläre Fehlentscheidungen nicht in seinem Kern berührt wird.

– Es gibt nur dann Wettbewerbsteilnehmer, wenn es auch einen Anreiz gibt, sich den Mühen eines Wettbewerbs auszusetzen, verbunden mit der Möglichkeit der Niederlage. Als Anreize kommen vor allem in Betracht: öffentliche Anerkennung

(Prestige) und persönliche, materielle Vorteile. Im wissenschaftlichen Bereich können dies sein: die Berufung an eine renommierte Hochschule oder Fakultät (dies setzt schon die Existenz einer Rangliste – sei sie explizit oder informell – voraus), auch heute (noch?) die Berufung in eine »heile« Hochschulwelt mit der Forschung förderlichen Mitbestimmungsregelungen und/oder wenigen Kollegen in der Institutsleitung, Berufung zum Mitglied einer Akademie, einer anerkannten nationalen oder internationalen wissenschaftlichen Gesellschaft, Zugang zu zusätzlichen Forschungsmitteln (seien es hochschuleigene oder Drittmittel), Preise, Stipendien für Aufenthalte an Instituten für fortgeschrittene Studien, Centers of Excellence usw.[3]

– Erfolgschancen für eine Wettbewerbsteilnahme müssen realistisch einzuschätzen sein.

– Leistungsmessung bedeutet: Bessere und Schlechtere auszumachen, Sieger und Verlierer festzustellen und auch das Mittelfeld zu benennen, dem anzugehören keine Schande sein darf. Messung von Leistung bringt stets Wertungen, die sich in Ranglisten niederschlagen können.

– Wettbewerb im Hochschulsystem mit elaborierten Verfahren der Leistungsmessung und der Veröffentlichung von »Ergebnislisten« muß als ständiger Wettbewerb angelegt sein, der es erlaubt, sich durch erste Leistungen für die Aufnahme in Ranglisten zu qualifizieren, sich durch neue Leistungen auszuweisen, um so den eigenen Standort in Prestigeordnungen, Leistungslisten oder Rangskalen zu verändern.

Resümee

Die Beiträge des Teils I »Forschungsleistungen im Vergleich: Methoden und Befunde« können – ergänzt auch um persönliche kommentierende Anmerkungen – so resümiert werden:

1. In den siebziger Jahren schon wurde ausführlich eine »Effizienzkontrolle der Forschung« – insbesondere der Hochschulforschung – debattiert und gefordert. Fragen der Ökonomie, des Verhältnisses von Aufwand und Ertrag (Kosten-/Nutzenanalysen) und die Problematik der (gesellschaftlichen) Relevanz standen im Vordergrund des Interesses[4]. Die aktuelle Erörterung um Wettbewerb zwischen den Hochschulen und um Verfahren der Leistungsmessung von Forschung heute werden – zumindest vordergründig und soweit erkennbar – nicht unter diesen Vorzeichen geführt:

Wurden in den siebziger Jahren »die Möglichkeiten einer Effizienzkontrolle der Hochschulforschung im allgemeinen sogar verneint«[5], so werden heute Vorbehalte gegen die Anwendung von Methoden der Leistungsmessung auf die Wissenschaft (vgl. dazu Pommerehne) zumindest weniger heftig und verabsolutierend vorgetragen als vordem. Manches deutet darauf hin, daß die Bequemlichkeitskonvention, wonach »dergleichen nicht zuverlässig möglich sei«[6], zumindest an Wirksamkeit eingebüßt hat.

Die neuerliche Diskussion ist mitgeprägt von der Erwartung, Forschungsmittel dorthin zu lenken, wo sie den besten Ertrag versprechen (D: Wolff, Universität Tübingen) – auch mit dem Ziel, bewußt Forschungs- und Förderungsakzente in vernachlässigten Bereichen zu setzen (D: v. Massow, BMBW; vgl. dazu auch den Beitrag von Roswitha Sehringer in diesem Band). Entscheidungen über Ressourcenallokationen sollen mittels formalisierter, »objektiver« Meßverfahren rationaler, weniger in subjektiven Urteilen allein gründend, getroffen werden[7]. Die Erwartungen in solche »objektiven« Verfahren, die Hoffnung auf common-sense-fähige Urteilsgrundlagen seien um so größer, je weniger es dem einzelnen am Entscheidungsprozeß Beteiligten noch möglich sei, »in die Tiefen des Wissenschaftssystems zu steigen«; diese Erwartungen deuteten gleichzeitig auch auf ein geschädigtes Vertrauen in Expertenurteile hin (D: Schneider). Gleichzeitig wird aber in der Diskussion auch herausgearbeitet, daß bereits jetzt Gutachter Indikatoren, wie sie z. T. während des Kolloquiums erörtert werden, routinemäßig berücksichtigen und in ihre gutachterlichen Äußerungen aufnehmen. Selbst dann, wenn sie der Literatur der eigentlichen Wissenschaftsforschung eher skeptisch gegenüberstehen, beziehen Gutachter also – sei es bewußt, sei es unbewußt – die Erfahrungen der Wissenschaftsforschung in ihre Beurteilungspraxis ein (D: Schneider).

Ganz dieser Tendenz, diesen Beobachtungen folgend, wurde in einem Punkt Konsens erzielt: Subjektive und objektive Beurteilungsmaßstäbe oder Verfahren sollten nicht gegeneinander ausgespielt werden. Es sei ebenso falsch, unter »Berufung auf (falsch verstandene) Freiheitspostulate im Bereich der Forschung und Lehre« (Pommerehne) solche Versuche der Leistungsmessung abzulehnen, wie der Glaube, »man könne durch solche objektiven Verfahren das Bewertungsproblem lösen« (D: Kornadt). Die (subjektive) Beurteilung von Forschung durch gute Fachleute sei ein unverzichtbares Element jeder Bewertungspraxis; man braucht das Urteil von Fachleuten, die einen Überblick über das Fach besitzen, die innovative Ideen, an denen es in Deutschland zur Zeit wohl zu mangeln scheint, zu erkennen und zu beurteilen vermögen (D: Kornadt)[8]. Das heißt, subjektive und objektive Verfahren ergänzen einander in dem Bestreben nach besseren, gesicherteren und vielleicht auch gerechteren Entscheidungsgrundlagen.

2. Referenten und Teilnehmern des Reisensburger Kolloquiums waren sich darin einig, daß in der Bundesrepublik Deutschland im Vergleich zu den Vereinigten Staaten von Amerika ein erheblicher Nachholbedarf an Forschung für die Entwicklung von Verfahren zur Leistungsmessung von Forschung besteht. Daher sei es wünschenswert und erforderlich, daß alle jene Institutionen des Staates, der Wissenschafts- und Forschungspolitik sowie der Wissenschaftsförderung, die schon jetzt an vorläufigen Ergebnissen solcher Forschungsvorhaben interessiert seien und sie in ihre

Entscheidungsprozeduren zunehmend einbringen möchten, dieses Forschungsfeld selbst vermehrt zum Gegenstand von Förderung machten. Gerade weil man noch weit davon entfernt sei, über ein System von Indikatoren zu verfügen, das für Entscheidungen zureichend und genügend differenziert sei (D: Bolsenkötter), gelte es, die Versuche zur Messung von Forschungsleistungen fortzusetzen, bekannte Verfahren auf hiesige Verhältnisse zu übertragen, sie zu verfeinern und neue Indikatoren zu ermitteln. Dabei gelte es auch, der Frage nachzugehen, welche Indikatoren auf welche Objektbereiche anwendbar, ihnen angemessen seien.

3. Problematisch ist, wie die Ergebnisse von Leistungsmessungen universitärer Forschung derzeit innerhalb des bestehenden Hochschulsystems mit seinen rechtlichen Rahmenbedingungen wirksam gemacht werden können. Soll über Verfahren von Leistungsmessung und der Verbreitung ihrer Ergebnisse Bewegung in die Hochschullandschaft – in Forschung und Lehre – geraten, so müßten hierfür Freiräume – etwa mit Blick auf das Besoldungsrecht – geschaffen werden, die derzeit noch nicht gegeben sind. Wettbewerb innerhalb des Hochschulwesens in der Bundesrepublik Deutschland – z. B. um Studenten – ist daher auch noch mehr Forderung und Anspruch denn Realität.

4. Wenn es schon nicht gelingen kann, innerhalb des bestehenden Hochschulsystems unmittelbar Wettbewerb zu erzeugen, so sind doch Versuche der Leistungsmessung und der Veröffentlichung ihrer Ergebnisse geeignet, unseren Kenntnisstand auf diesem Gebiet ganz allgemein zu verbreitern und bereits jetzt eine Reihe praktischer Funktionen zu erfüllen und Wirkung zu entfalten:

– Produktivitätsanalysen von Forschung geben nach außen Rechenschaft über quantitative Forschungsleistungen; sie dürfen nicht die intern erforderliche qualitative Erörterung ersetzen (D: Bresser).
– Mit Hilfe formalisierter Meßverfahren lassen sich große Datensätze verhältnismäßig schnell grob sortieren, z. B. in Kategorien wie sehr gut, weniger gut, schlecht. Über den unmittelbaren Vergleich kann die Einzelleistung in einer gedachten Rangliste plaziert werden, wobei dann wiederum zu gewichten sein wird, wie respektabel diese Plazierung einzuschätzen ist – sicherlich ein subjektives Urteil.
– Solche Meßversuche sind dazu angetan, »über solche Fragen« – etwa der von Forschungszielen, von Forschungsmethoden und ihrer Bewertung in den Geisteswissenschaften – »mehr nachzudenken« (Finkenstaedt).
– Formalisierte Meßmethoden sind geeignet, die in der Wissenschaftlergemeinschaft häufig eher informell kolportierten Rang- und Qualitätsunterschiede zu überprüfen; sie können so auch als ein Bemühen »um die Objektivierung solcher ›Vorurteile‹ verstanden werden« (Rau).
– »Die ›Veröffentlichung‹ fachbereichsspezifischer Prestigeordnungen in Deutschland kann *ein* Anreiz zum Leistungswettbewerb sein« (Klausa).
– Schließlich können solche Forschungen, die in den Hochschulen von den einzelnen Fächern selbst initiiert und nach Möglichkeit in Zusammenarbeit des Fachmannes

für die Methode mit einem älteren, erfahrenen Fachmann für die Sache (Finkenstaedt) ausgeführt werden, der Gefahr entgegenwirken, daß der Wissenschaft und den Hochschulen eine Diskussion dieser Themen von außen, vornehmlich von der Politik, aufgezwungen wird.

Einvernehmen besteht darüber, daß die hier vorgestellten wie auch sonst vorliegenden Analysen und Studien nur Ergebnisse vorläufiger Art sein können; sie benennen mindestens ebenso viele Fragen, Probleme und noch zu überprüfende Hypothesen, wie sie Erkenntnisse vermitteln (Rau; weniger einschränkend Klausa).

5. Pauschalen Hinweisen auf das das amerikanische Hochschulwesen kennzeichnende »Ranking System«, verbunden mit der Empfehlung, es auf die Bundesrepublik Deutschland mit dem Ziel der Leistungssteigerung im Hochschulwesen zu übertragen, wird mit dem Hinweis auf die völlig verschiedenartigen Rahmenbedingungen, denen beide Systeme zu gehorchen haben, und den verschiedenen Traditionssträngen, denen beide Systeme entspringen, differenziert widersprochen. Es wird insbesondere auf die Markt- und Konkurrenzsituation abgehoben, in der die amerikanischen Universitäten, aber auch die amerikanischen Studenten stehen. Dieter Funk hat diese Situation mit ihren Voraussetzungen und ihren Effekten in einem Bericht über eine Studienreise zur Frage der »Förderung des wissenschaftlichen Nachwuchses in den Forschungsuniversitäten der Vereinigten Staaten« knapp so zusammengefaßt: »Die Konkurrenz unter den Studenten um die Zulassung durch eine möglichst gute Universität, die Konkurrenz unter den Hochschulen um die besten Studenten, setzt also in einem reputationsgesteuerten Marktsystem einen Optimierungsprozeß in Gang. Weil der Markt groß genug ist (und die Grenzen zwischen den verschiedenen Qualitätsstufen fließend), können auf ihm nicht nur die Besten, sondern auch die Zweit- und Drittbesten (sowohl Hochschulen als auch Studenten) ganz gut existieren[9].

In der Diskussion weist Bresser darauf hin, in Deutschland sei man zu sehr auf eine vermeintlich bessere Forschungssituation in den USA fixiert. Aber auch dort werde über zu geringe Forschungsproduktivität geklagt, über das Erlahmen der Forschungsproduktivität von Professoren, die eine Lebenszeitstellung (Tenure) erreicht hätten. Nicht zuletzt werde mit Sorge gesehen, daß man in einigen Wissenschaftsbereichen den Anschluß an Japan und Europa (!) verloren habe. Gleichwohl: Die Größe des Gesamtsystems führt in den USA schon aus statistischen Gründen immer wieder zu einer relativ großen Zahl von herausragenden Leistungen: »Spitzenbegabungen sind statistisch verteilt. In einem Land mit 200 Millionen Einwohnern muß es mit Wahrscheinlichkeit mehr Spitzenbegabungen geben als in einem Land mit nur 50 Millionen Einwohnern« (D: Wolff; vgl. auch die Hinweise im Beitrag von Daniel auf das Lotkasche Gesetz und das Pricesche »Square Root Law of Elitism«).

Diese Tatsache sowie die Varietät des Systems in den USA, eben seine Differenziertheit begünstigen eine Vielzahl sehr guter Leistungen. Wollte man diese Differenziertheit des Systems der USA auf die Bundesrepublik Deutschland in der Erwartung vermehrter wissenschaftlicher Spitzenleistungen übertragen, so hätte dies auch zur

Konsequenz, bewußt in Kauf zu nehmen, daß es dann selbstverständlich auch schlechte Universitäten gäbe; »schlechte« Universitäten, die unter dem Aspekt eines heute erforderlichen breiteren, praxisorientierten höheren Ausbildungsniveaus hier wie dort durchaus ihre Daseinsberechtigung haben (D: Bresser).

Eine solche Überlegung dürfte nur hypothetischen Charakter haben: So wie unser System zu groß geworden ist, als daß man ihm und den in ihm Wirkenden nur mit informellen Rangordnungen gerecht würde, so ist es zu klein für eine Differenzierung nach amerikanischem Muster. Auch die rechtliche Absicherung von Mindestqualifikationen, die im Hochschulstudium erworben werden (müssen) und durchaus ihre Vorteile für das Gesamtsystem haben, stehen dem entgegen. Die Überlegungen Markls hingegen zur regionalen Schwerpunktbildung in Lehre und Forschung mit einer gewissen Autonomie solcher Schwerpunktfakultäten – etwa hinsichtlich der Aufnahme von Studenten – könnte eine hiesigen Verhältnissen angemessene Alternative zum amerikanischen System sein.

6. In den Vereinigten Staaten von Amerika entwickelte und routinemäßig angewendete Verfahren der Leistungsmessung werden in der Bundesrepublik Deutschland seit Jahren diskutiert, erprobt und den deutschen Verhältnissen angepaßt. An erster Stelle sind hier die Zitatenanalysen zu nennen, die sämtliche ihr Vorbild im Science Citation Index (SCI) finden. Der Science Citation Index ist der wohl sichtbarste und bekannteste Ausdruck des Bemühens, »auch bei der Beurteilung von Forschungsvorhaben« – ich setze »von Forschungsleistungen« hinzu – »eine Objektivierung des Urteilsvorganges durch Quantifizierung zu erreichen«, wie der Generalsekretär der Deutschen Forschungsgemeinschaft, Carl Heinz Schiel, im Jahre 1977 bei einem internationalen Seminar über »Die Rolle der Forschung in wissenschaftlichen Hochschulen« formulierte[10]. Treffend knapp ist auch die Überschrift eines Beitrages in »The Times Higher Education Supplement« vom 30. November 1984, der sich mit der Problematik des Science Citation Index und seiner Übertragung auf die Verhältnisse in den Niederlanden befaßte. Die Überschrift lautete: »Turning words into facts and figures«.

Neben dem Verfahren der Zitatenanalyse, das nach allgemeiner Auffassung aus verschiedenen Gründen nicht als alleiniges Instrument für die Messung von Forschungsleistungen eingesetzt werden soll (zur Einschätzung der Zitatenanalyse bei interdisziplinärer Forschung vergleiche man Blaschke) – hier ist auch das Argument des Aufwandes einzubringen[11] –, wurde bisher eine Reihe weiterer Meßmethoden vorgestellt. Zu nennen sind

Ermittlung der Produktivität anhand von Publikationshäufigkeiten:
Einhard Rau ermittelt diese Produktivität über die Auswertung zwölf deutschsprachiger wirtschaftswissenschaftlicher Zeitschriften, denen »die anonyme Begutachtung der eingereichten Beiträge als Merkmal der Veröffentlichungspolitik« gemeinsam ist und die sich durch »die Breite des thematischen Spektrums ... für die Auswahl« auszeichnen (Rau).

Klausa hat demgegenüber in seinem »Produktivitätsindex« ungewichtet die Karlsruher Juristische Bibliographie der Jahre 1974 und 1975 ausgewertet. Das Verfahren vermag nicht zu überzeugen – Klausa bezeichnet es als weniger leistungsfähig als erhofft –, da für die Aufnahme in die Karlsruher Juristische Bibliographie keine qualitativen Vorgaben gemacht werden. Dies unterscheidet das Verfahren von entsprechenden Verfahren in den Vereinigten Staaten von Amerika. Die fehlenden qualitativen Kriterien für eine Aufnahme von Publikationen in eine rechtswissenschaftliche Bibliographie sind auch Ausdruck einer Publikationsphilosophie in der deutschen Rechtswissenschaft, die vor allem nach thematischen Aspekten und nach Adressatenkreisen differenziert – weniger nach Reputation[12].

Mit der Problematik der Auswahl von Datensätzen für die Ermittlung von Publikationshäufigkeiten unter dem Gesichtspunkt ihrer qualitativen Gewichtung befaßt sich Werner W. Pommerehne. Er gibt dafür in der vergleichenden Diskussion mit Hüfner et al.[13] Kriterien an und kommt zu dem Schluß: »Die Unterschiede zwischen der rein quantitativen und der qualitätsgewichteten Publikationshäufigkeit sind beträchtlich – und ändern sich nur wenig bei Zugrundelegung eines alternativen Qualitätsmaßes.«

Für die Geisteswissenschaften ist nach Finkenstaedt die Publikation die »Meßeinheit zur Gewinnung von Rohmaterial für die Bewertung von Forschungsleistungen«, da sich in ihr die Forschung niederschlägt. Finkenstaedt will nun aber nicht einfach quantitativ vorgehen, sondern er differenziert und gewichtet nach Publikationstypen (Monographie, Aufsatz, Rezension, Herausgeberschaft, Schulbücher, Betreuung von Dissertationen und Habilitationen), die dann für den einzelnen Wissenschaftler ein Publikationsprofil – nicht ein Forschungsprofil – ergeben. Bei diesem Verfahren mißt Finkenstaedt der Monographie besonderes Gewicht bei. Ab einem bestimmten Quantum an Publikationen wird allerdings eine solche Gewichtung entbehrlich.

Peer-Rating-Verfahren:
Dieses von Klausa vorgestellte Verfahren ermittelt eine Prestigehierarchie innerhalb der Wissenschaft oder einem ihrer Fächer durch Befragung von Mitgliedern der Scientific Community. Unter Prestige oder Reputation versteht Klausa – und wir übernehmen diese Definition verallgemeinernd – »die fachliche Qualität eines Wissenschaftlers oder einer Gruppe von Wissenschaftlern (etwa eines Fachbereichs oder einer Hochschule), wie sie von relevanten Bezugsgruppen durchschnittlich wahrgenommen wird« (Klausa). Neben anderen Ergebnissen sei darauf aufmerksam gemacht, daß bei der Ermittlung von Prestigeordnungen »Leistungen der Vergangenheit stärker berücksichtigt« werden. »Das gegenwärtige Potential muß sozusagen erst Vergangenheit werden, ehe es auf die Prestigeordnung voll durchschlägt.«[14]

Verteilung von Stipendiaten:
Schließlich ermittelt Rau eine Prestigeordnung innerhalb der deutschen Hochschulen, indem er die Verteilung von Stipendiaten renommierter Organisationen der deutschen Wissenschaftsförderung auf diese Hochschulen untersucht.

7. Die vorgestellten Fallstudien und Exempel für die Messung von universitären Forschungsleistungen in der Bundesrepublik Deutschland berücksichtigen weitgehend Forderungen, die in diesem Zusammenhang immer wieder gestellt werden:

Qualitätsstudien sollen sich möglichst nur auf einzelne Fächer, Fakultäten oder Fachbereiche beziehen[15]; so ist es für die Wirtschaftswissenschaften und die Rechtswissenschaften geschehen; Rau und Pommerehne verzichten darauf, Daten für die Volkswirtschaft und für die Betriebswirtschaft »zu einem Gesamtergebnis für wirtschaftswissenschaftliche Fachbereiche zu aggregieren« (Rau). Finkenstaedt gibt in anonymer Form Daten für die Anglistik, die uninterpretiert in eine Rangfolge gebracht worden sind.

Wie steht es aber, wenn sich Fächer in interdisziplinärer Forschung begegnen? Auf die Besonderheiten und Schwierigkeiten bei der Bewertung solcher Forschung geht ausführlich Dieter Blaschke ein. Dabei bezieht er sich allerdings mehr auf Fragen des Arbeitsprozesses in der interdisziplinären Forschung, als daß er Kriterien und Indikatoren für eine Bewertung benennt oder empfiehlt.

Als Leitgedanken der Ausführungen Blaschkes mag festgehalten werden, daß wirkliche interdisziplinäre Forschung – also nicht solche, die sich in disziplinäre Teilprojekte zerlegen läßt – sich häufig der vorausschauenden, begleitenden und ergebnisorientierten, also nachträglichen Bewertung mit Hilfe allein der üblichen Bewertungsverfahren verschließt.

Sie sind zwar auch dort von Wert, müssen jedoch den speziellen Bedingungen, unter denen sich interdisziplinäre Forschung vollzieht, angemessen eingesetzt (zum Beispiel unter Beachtung des Zeitfaktors im Forschungsprozeß selbst und bei der Durchsetzung von Forschungsergebnissen) und um eigene Maßstäbe ergänzt werden (zum Beispiel »Einschätzungsmaße hinsichtlich verschiedener Merkmale der Kooperation und Kommunikation« in einer interdisziplinären Forschungs-/Forschergruppe).

Durchgehend ist die Forderung, nicht nur die Ergebnisse *eines* Meßverfahrens zur alleinigen Beurteilungsgrundlage zu machen; es wird hingegen empfohlen – und in den vorliegenden Exempeln auch ansatzweise erfüllt –, »eine möglichst große Zahl von Kennziffern für die Beurteilung der Einheiten des Hochschulwesens heranzuziehen«[16]. Alle vorgestellten Fallstudien verwenden stets mindestens zwei Indikatoren, die dann zueinander interpretierend in Beziehung gesetzt werden.

8. Die vorgestellten Verfahren der Leistungsmessung erlauben es den Autoren, Prestige- und Rangordnungen unter den erfaßten und bewerteten Universitäten, Fakultäten und zum Teil auch Personen aufzustellen und sie auch öffentlich zu benennen. Dabei wird jedoch wenig herausgearbeitet, welche Aussagekraft diesen Rangordnungen in einer absoluten Bewertung zukommt. Also: Welcher Unterschied besteht in der Forschungsleistung zwischen Platz 1 und 11, zwischen Platz 1 und 30, zwischen Platz 10 und Platz 11, zwischen Platz 10 und Platz 21 usw.? »Was erklären diese Unterschiede?«, so fragt Pommerehne. Welche Schlüsse lassen sich aus diesen Rangordnungen hinsichtlich der Leistungsfähigkeit deutscher Forschung im internationalen Vergleich ziehen? Was bedeutet es für die Leistungsfähigkeit der deutschen Forschung, wenn Klausa für die Rechtswissenschaften feststellt: »Zwischen München und Bremen liegt nicht der Abstand wie zwischen den Universitäten

Harvard und Washburn... Der Abstand zwischen dem 1. und dem 28. Rangplatz ist sicher nicht größer als zwischen den top ten und den second ten etwa der Cartter-Untersuchung über die Law Schools.«[17]

Sollte doch die These Ralf Dahrendorfs, das System der deutschen Hochschulen beruhe auf der Annahme der völligen Gleichrangigkeit aller Universitäten erneut, aber differenzierter diskutiert werden müssen[18]? Müßte nicht die Bewertung einer »völligen Gleichrangigkeit« der Hochschulen mit Richtung auf eine »relative Gleichrangigkeit« verschoben werden? Einer »relativen Gleichrangigkeit«, die zwar Rangstufungen kennt, aber nicht jene »Differenzierung in Qualität und Prestige«, wie Klausa sie für das amerikanische Hochschulwesen am Beispiel der Rechtswissenschaften feststellt[19]. Eine Ursache für die bei uns im Vergleich zu den USA fehlenden großen Verwerfungen im Leistungsgefüge unter den Universitäten liegt zum großen Teil in der Organisation unseres Hochschulwesens als einem staatlichen Hochschulsystem begründet. In ihm setzt der Staat durch das Monopol der Prüfungsberechtigung[20], durch »formal vergleichbare Studienanforderungen, Abschlußregeln und Zugangsvoraussetzungen zum Beschäftigungssystem einerseits und ebenso vergleichbare Eingangsvoraussetzungen etwa zum Hochschullehrerberuf« (Rau) Standards, die aus einem öffentlichen Interesse heraus nicht nur eine gewisse Gleichrangigkeit unter den Hochschulen nicht nur bewirken, sondern sogar verbürgen müssen (siehe auch oben unter 5.). Daß solches die Herausbildung von Zentren überdurchschnittlicher Forschungsleistungen an den Universitäten eher behindert als herausfordert, mag einleuchtend sein.

Daniel kommt bei seinen Überlegungen als Konsequenz für einen Leistungsvergleich von Hochschulinstituten und Universitäten in einer Untersuchung aus dem Jahre 1983 zu folgendem Schluß: Ausgehend von der Beobachtung, die »zwischen den Universitäten beobachtbaren Produktivitäts- und Reputationsunterschiede (seien) viel kleiner als die innerhalb der Universitäten existierenden Leistungsunterschiede zwischen Einzelwissenschaftlern«, verwirft er die förderungspolitische These, Leistungsunterschiede zwischen Universitäten eigneten sich als Kriterium für die Zuteilung von Forschungsmitteln[21]. Er setzt dem mit Heinz Maier-Leibnitz[22] entgegen, Leistung und Erfolg einer Universität seien im wesentlichen auf einzelne Forscherpersönlichkeiten zurückzuführen, und daher sei es nur vernünftig, die Verteilung von Forschungsmitteln auch weiterhin am Niveau der Forschungsleistung von Einzelwissenschaftlern zu orientieren[23]. Er verteidigt diese These mit Daten, gewonnen aus einer Sekundäranalyse der Allensbach-Umfrage von 1976 »Zur Lage der Forschung an den Universitäten« (Indikatoren: Publikationshäufigkeit, Anfragen aus dem Ausland) und den Ergebnissen einer Untersuchung für das Fach Psychologie in der Bundesrepublik Deutschland (Indikator: Produktivität, gemessen anhand von Einträgen im Source Index des SSCI). Der Untersuchungsbefund bestätigt ihm, daß es eben »immer auf die Personen ankommt«. Er fordert daher nachdrücklich, vergleichende Analysen der Forschungsproduktivität von Universitäten und Forschungseinrichtungen so anzulegen, »daß eine Desaggregation der Leistungsdaten möglich ist, um aufzeigen zu können, welchen Wissenschaftlern Leistungsstand und Reputation einer Universität oder eines Hochschulinstituts zuzuschreiben sind« (Daniel).

Unterstützung findet der Befund Daniels in den Beobachtungen Heibers, wonach die Berücksichtigung oder Nichtberücksichtigung emeritierter Forscher bei einer Gewichtung von Forschungsleistungen wirtschaftswissenschaftlicher Fakultäten durchaus zu Verschiebungen in einer Rangordnung führen kann[24].

9. Soweit Rang- und Prestigeordnungen aufgestellt werden konnten – unbeschadet der relativen Bewertung zwischen Platz 1 und dem Schlußlicht –, vermögen die Autoren doch klar und überzeugend leistungshomogene Gruppen auszumachen. Dabei fällt auf, daß sich in der Spitzengruppe häufig große, alte Hochschulen befinden; ich nenne alphabetisch: Bonn, Freiburg, Göttingen, Heidelberg, Köln, München und Tübingen.

Gleichwohl gelingt es auch anderen Universitäten und Fachbereichen, bei fächerorientierten Qualitätsstudien oder bei Anlage anderer Meßverfahren in die Spitzengruppe solcher Rang- und Prestigeordnungen vorzustoßen: Erinnert sei etwa an Bielefeld, Bochum, Kiel oder Saarbrücken für den Bereich der Wirtschaftswissenschaften oder an Konstanz, das sich auch – nimmt man die Verteilung von Stipendiaten auf die verschiedenen Universitäten zur Meßlatte – besonderer Wertschätzung unter den Stipendiaten deutscher Wissenschaftsorganisationen erfreut.

10. Die in den verschiedenen Beiträgen differenziert vorgetragenen Auffassungen münden in die Empfehlung, mit den Ergebnissen solcher Leistungsmessungen behutsam umzugehen, sie nicht absolut zu setzen, ihre nur begrenzte Aussagefähigkeit – z. B. wegen methodischer Schwierigkeiten – zu erkennen und zu akzeptieren. Es fehlt auch nicht an Stimmen, die zumindest vorsichtig Bedenken äußern, die Ergebnisse solcher Untersuchungen unmittelbar den über Förderungsmittel Entscheidenden zu überlassen, da diese geneigt seien, zu rasch und unmittelbar wertende Schlüsse daraus zu ziehen. Selbst wenn man vor solchen unmittelbaren, voreiligen, in der Regel zu kurz greifenden Schlüssen warnt, »... die bloße Präsentation solcher Daten hat schon für sich einen enormen Suggestionswert, und es wird viele geben, die sich dem nicht entziehen können« (D: Kornadt).

In diesem Zusammenhang ist die Information bemerkenswert, wonach in den USA die Relevanz solcher Forschung für tatsächliche Politik, für wissenschaftliche Entscheidungen weniger groß sei, als hierzulande stets angenommen werde. Wenn überhaupt, dann hätten die Ergebnisse solch formalisierter Meßverfahren mehr die Funktion, eine Negativauslese zu treffen (siehe auch oben unter 4.). Die wirklich ausschlaggebenden Entscheidungsgrundlagen seien auch in den USA eben die kollegialen Bewertungen, d. h. die subjektive Einschätzung dessen, was jemand geleistet hat oder was man von ihm noch zu erwarten vermag (D: Bresser).

Es wird also deutlich, daß man die Bedeutung von Rangordnungen, die Ergebnisse formalisierter Meßverfahren ebensowenig überbewerten darf, wie man ihren Wert als Beurteilungsinstrument in Abrede stellen sollte. »Subjektive« und »objektive« Maßstäbe und Verfahren sollten ihre je eigene Bedeutung behalten bzw. durch hohe Forschungsleistungen auf diesem Feld zunehmend gewinnen, so daß sie einander zum Gewinn der Wissenschaft ergänzen.

Anmerkungen

[1] Vgl. Walther, Helmut und Otto Nüssler: Beobachtungen zum sprachlichen Geschehen 1984. In: Der Sprachdienst 29 (1985), Heft 1–2, S. 1–20.

[2] Aus einer gutachterlichen Stellungnahme für den Stifterverband für die Deutsche Wissenschaft. – Zur Bewertung von Nobelpreisstatistiken sei verwiesen auf die aufschlußreiche Arbeit von Küppers, Günter, Weingart, Peter und Norbert Ulitzka: Die Nobelpreise in Physik und Chemie 1901–1929. Materialien zum Nominierungsprozeß. In: Wissenschaftsforschung – Science Study Report 23. Bielefeld 1982, besonders S. 123 und 165.

[3] Vgl. dazu ausführlich Rupp, Hans Heinrich: Rechts- und Organisationsfragen der außeruniversitären »staatlichen« Forschung. In: Wissenschaftsrecht, Wissenschaftsverwaltung, Wissenschaftsförderung 17 (1984), Heft 1, S. 9 ff.

[4] Flämig, Christian: Effizienzkontrolle in der Hochschulforschung. In: Bilanz einer Reform. Denkschrift zum 450jährigen Bestehen der Philipps-Universität Marburg. Hrsg. vom Hochschulverband in Zusammenarbeit mit Hans-Bernd Harder und Ekkehard Kaufmann, Bonn 1977, S. 311–345; vgl. auch Wibera-Projektgruppe Bolsenkötter: Ökonomie der Hochschule. Eine betriebswirtschaftliche Untersuchung. Band 1, Baden-Baden 1976, S. 336 ff. Außerdem: Empfehlungen zu Organisation, Planung und Förderung der Forschung. Hrsg. vom Wissenschaftsrat, Köln 1975, bes. S. 159 ff. – Zu den Empfehlungen des Wissenschaftsrates zur Forschungsbewertung – insbesondere mit Blick auf die Begriffe »Relevanz« und »Qualität« – äußert sich in diesem Band ausführlich Dieter Blaschke.

[5] Flämig: a. a. O., S. 327, bes. Anmerkung 134.

[6] Kielmannsegg, Peter Graf: Adam Smith und Wilhelm von Humboldt – Überlegungen zur Frage, ob mehr Wettbewerb im deutschen Hochschulsystem wünschenswert und möglich sei (Jahresversammlung der WRK 1984, »Differenzierung und Wettbewerb im Hochschulbereich«; zitiert nach maschinenschriftlichem Manuskript).

[7] Zur Situation in den Niederlanden in der Ressourcenallokation und die in diesem Zusammenhang entstehenden Forschungen vgl. »Turning words into facts and figures«. In: The Times Higher Education Supplement vom 30. November 1984 und Wetenschaps- en Technologieindicatoren 1983. Hrsg. vom Raad von Advies voor het Wetenschapsbeleid (RAWB), S'Gravenhage 1983.

[8] Zur Problematik der Urteilsfähigkeit im Zusammenhang mit der Bewertung von Forschungsleistungen vgl. Förderung wissenschaftlicher Spitzenleistungen. Begründungen und Wege. Hrsg. vom Stifterverband für die Deutsche Wissenschaft, Essen 1982, bes. S. 32 ff.

[9] Funk, Dieter: Die Förderung des wissenschaftlichen Nachwuchses in den Forschungsuniversitäten der Vereinigten Staaten. Eindrücke von einer Studienreise (maschinenschriftliches unveröffentlichtes Manuskript), März 1984, S. 5.

[10] Schiel, Carl Heinz: Evaluierbarkeit von Forschungsprojekten. Möglichkeiten und Grenzen

aus der Sicht der Forschungsförderungsorganisationen. In: Wissenschaftsrecht, Wissenschaftsverwaltung, Wissenschaftsförderung (Beiheft 7: Die Rolle der Forschung in wissenschaftlichen Hochschulen), Tübingen 1979, S. 104.

[11] Vgl. Spiegel-Rösing, Ina, Fauser, Peter M. und Helmut Baitsch: Beiträge zur Messung von Forschungsleistung. Institutionen, Gruppen und Einzelpersonen (Schriftenreihe Hochschule 16, hrsg. vom Bundesminister für Bildung und Wissenschaft), Bonn 1975; Schiel: a. a. O., S. 109; Heiber, Horst: Messung von Forschungsleistungen der Hochschulen. Ein empirischer Ansatz auf der Basis von Zitatenanalysen (Schriften zur öffentlichen Verwaltung und öffentlichen Wirtschaft 66), Baden-Baden 1983, S. 99.

[12] Klausa, Ekkehard: Die Prestigeordnung juristischer Fakultäten in der Bundesrepublik und den USA. In: Kölner Zeitschrift für Soziologie und Sozialpsychologie 30 (1978), S. 339 ff.

[13] Hüfner, Klaus, Hummel, Thomas R. und Einhard Rau: Ansätze zur Messung der Qualität von Hochschulen. In: Hochschule zwischen Plan und Markt. Zentralinstitut für sozialwissenschaftliche Forschung, FU Berlin. Berlin 1984, S. 77–123.

[14] Klausa: a. a. O., S. 345.

[15] Zur Frage der interfachlichen Vergleichbarkeit und Bewertung von Forschungsleistungen vgl. Casimir, Hendrik B. G.: Evaluierbarkeit von Forschungsprojekten. Erfahrungen der Industrie. In: Wissenschaftsrecht, Wissenschaftsverwaltung, Wissenschaftsförderung (Beiheft 7: Die Rolle der Forschung in wissenschaftlichen Hochschulen), Tübingen 1979, S. 95 ff.

[16] Rau, Einhard: Mal diese, mal jene an der Spitze. Eine Rangfolge deutscher Hochschulen anhand der Stipendienvergabe. In: Deutsche Universitätszeitung 40 (1984), S. 15.

[17] Klausa: a. a. O., S. 335 mit Anmerkung 22.

[18] Dahrendorf, Ralf: Starre und Offenheit der deutschen Universität. In: Archives Européennes de Sociologie III (1962), S. 268.

[19] Klausa: a. a. O., S. 331 f.

[20] Ebd.

[21] Daniel, Hans-Dieter: Zur Messung und Förderung der Forschungsleistung deutscher Universitäten – Eine vergleichende Analyse empirischer Untersuchungen. Konstanz 1983, S. 3.

[22] Maier-Leibnitz, Heinz: Der einzelne und der Fortschritt in Forschung und Entdeckung. In: Deutsche Universitätszeitung 30 (1974), S. 809–813.

[23] Vgl. Daniel: a. a. O., S. 9 und 3.

[24] Vgl. Heiber: a. a. O., S. 231 ff.; anders Klausa in diesem Band.

II. Förderliche und hinderliche Einflüsse auf die Leistung von Forschungsgruppen

IGNAZ RIESER

Bedingungen effektiver und effizienter Forschung – personenspezifische Faktoren: Eine Literaturanalyse

1. Einleitung

Forscher haben in der Vorstellung der Allgemeinheit seit jeher besondere Züge. So schildert uns Jonathan Swift im 18. Jahrhundert einen mageren Mann mit langen struppigen Haaren, der die Angewohnheit besitzt, jeden anzubetteln. Die Vielfalt der heute zu dieser Frage vorliegenden Untersuchungsergebnisse zeigt ein differenzierteres Bild. Die Charakterisierung Swifts war zumindest voreilig oder gar subjektiv gefärbt. Weshalb aber dieses Interesse an den Eigenschaften des Forschers?

Die wissenschaftliche Forschung beansprucht zum einen erhebliche Ressourcen; hochentwickelte Industrieländer setzen heute mehr als 2 % des Bruttoinlandsprodukts für Forschung und Entwicklung ein. Zum andern wird häufig betont – und empirische Untersuchungen bestätigen diesen Befund –, daß der Fortschritt in der Wissenschaft einigen hervorragenden Wissenschaftlern zu verdanken ist. Die Forschungsproduktivität streut erheblich zwischen verschiedenen Wissenschaftlern.

Aufgrund dieser großen Bedeutung der Forschung sowie der festgestellten Produktivitätsunterschiede besteht ein eminentes Interesse, die Bedingungen herauszufinden, welche die Produktivität der Forschung beeinflussen. Bedingungen sind in dieser Betrachtungsweise Faktoren, welche die Situation prägen, in der Forschung geschieht. Je mehr man weiß, unter welchen Bedingungen relevante, qualitativ hochstehende und effiziente Forschungsarbeit geleistet wird, desto wirksamer läßt sich das Forschungssystem gestalten und somit die Forschung beeinflussen.

Die folgende Literaturübersicht befaßt sich mit einer Kategorie dieser Faktoren. Sie versucht eine Antwort zu geben auf die Frage: Was weiß man über die Abhängigkeit der Forschungseffektivität und -effizienz von personenspezifischen Bedingungsfaktoren?

Die Suche nach diesen Faktoren verfolgt verschiedene Zwecke:

1. Sie soll der Leitung von Forschungsorganisationen Instrumente zur Verfügung stellen, die eine gezielte Rekrutierung und Selektion von Forschungs- und Entwicklungspersonal ermöglichen.
2. Sie soll Mittel zur Identifikation von Talenten an Schulen und Universitäten liefern, die einer besonderen Förderung würdig scheinen.
3. Sie soll die Ableitung von Kriterien erlauben, anhand derer ex ante Entscheide zur Verteilung von Fördermitteln gefällt werden können.

4. Sie soll Hinweise zur Ausgestaltung des Sozialisationsprozesses künftiger Forscher geben.

Die Ermittlung von Zusammenhängen zwischen Einflußfaktoren und Forschungsleistung setzt allerdings Einigkeit über den Inhalt des Leistungsbegriffs und operationale Maßstäbe voraus. Dies ist beim heutigen Stand der Forschung in diesem Bereich nur begrenzt der Fall (vgl. z.B. Heiber 1983 oder Finkenstaedt in diesem Band). Obwohl diese Problematik die Aussagekraft der nachstehend referierten Untersuchungen erheblich einschränkt, soll an dieser Stelle auf eine detaillierte Kritik verzichtet werden.

2. Zum Ansatz

Die empirisch orientierten Sozialwissenschaften, die sich heute mit dem Forscher und seiner Arbeitsweise befassen, können auf eine reiche Tradition von Beobachtungen, Spekulationen, Interpretationen und Handlungsanweisungen in diesem Untersuchungsfeld zurückschauen. Die historische Analyse zeigt dabei zwei gegensätzliche Ansichten, welche zur Erklärung produktiven Forschertums herangezogen wurden.

- Die *Eigenschaftstheorie* vertritt die Auffassung, daß es die genialen Einzelnen sind, welche den Gang der Forschung bestimmen. Ein typischer Vertreter dieser Richtung ist Wilhelm Ostwald mit seiner Schrift über »Große Männer« (1910).
- In der *Situationstheorie* ist das individuelle Schöpfertum wenig relevant für die Produktion wissenschaftlichen Fortschritts. Der Einzelne ist bestenfalls der mehr oder weniger zufällige Vollender von Entwicklungen, für welche die Zeit reif war. Ein typischer Vertreter dieser Richtung war Alphonse de Candolle (1873). Ähnliche Ideen wurden auch von Ogburn und Thomas (1922) vertreten und an Beispielen des gleichzeitigen Auftretens der gleichen Idee oder Erfindung demonstriert.

Beide Positionen können durch Gestalten und Ereignisse der Geschichte belegt werden. Mit dem Wachstum der Wissenschaft, mit steigendem Bedarf an Forschern und mit der Veränderung der wissenschaftlichen Tätigkeit in Richtung »Normalarbeit« begannen auch die empirischen Sozialwissenschaften mit der systematischen Untersuchung dieser Phänomene. Dabei hat die Eigenschaftstheorie weiterhin einen bedeutenden Stellenwert. Grund mag die menschliche Tendenz sein, hervorstechende Ereignisse dem Wirken von Einzelpersonen zuzuschreiben.

Im folgenden wird als erstes beispielhaft die *Literatur* über »Große Männer« angesprochen. Als zweites werden Versuche gestreift, *psychologische Typologien* zu bilden. Als drittes werden verschiedene Ansätze geschildert, die *Beziehungen zwischen der Ausprägung einzelner Faktoren und dem Forschungserfolg* herauszuarbeiten. Zum Schluß soll versucht werden, die vorliegenden Ergebnisse gesamthaft zu beurteilen.

3.   Große Männer (Ostwald, 1910)

Wilhelm Ostwald untersucht die Biographien bahnbrechender Forscher wie Davy, Liebig, Faraday oder Helmholtz in bezug auf ihre Denk- und Arbeitsweise, ihr Temperament sowie auf bestimmte Merkmale ihres Werdegangs. Die Analyse bezweckt die Identifikation typischer Eigenschaften großer Forscher und versucht, generelle Anweisungen für das Bildungssystem abzuleiten. Es gelingt ihm, zwei Haupttypen herauszukristallieren, die er als *Klassiker* und *Romantiker* bezeichnet. Ihre Verschiedenheit liegt in der Reaktionsgeschwindigkeit ihres Geistes[1].

Klassiker zeichnen sich durch folgende Eigenschaften aus:
– Sie sind später reif.
– Sie sind wenig spontan und sehr selbstkritisch.
– Ihr wissenschaftliches Interesse geht in die Tiefe eines Gebiets.
– Sie sind schlechte Lehrer.
  Als Beispiele für diesen Typus werden Helmholtz und Gauß genannt.
Romantiker sind
– frühreif.
– Sie sind voller Begeisterung und auch fähig, andere zu begeistern.
– Sie sind deshalb gute Lehrer.
– Ihr wissenschaftliches Interesse geht in die Breite.
  Beispiele für diesen Typus sind Davy und Liebig.
  Aufgrund dieser einfachen Typisierung empfiehlt Ostwald den Universitätsverwaltungen seiner Zeit,
– Romantiker baldigst in Lehrstellungen zu bringen;
– Klassiker von unerwünschter Lehrarbeit zu befreien.

4.   Psychologische Typologien

Diese zweite Art von Studien versucht, aus einer größeren Anzahl von Normalfällen Gruppen zu isolieren, welche Ähnlichkeiten bezüglich Denkstil, Engagement, Arbeitsweise etc. aufweisen. Ein Beispiel ist die faktoranalytische Untersuchung von Gough und Woodworth (1960), welche acht Forschertypen identifiziert:
1. *Fanatiker*, für die die wissenschaftliche Arbeit zum Lebensinhalt geworden ist und deren Begeisterung für die Forschung bis zur Selbstlosigkeit geht.
2. *Pioniere*, welche neue Ideen schöpfen, neue Wege aufzeigen und zugleich gute Organisatoren und Lehrer sind.
3. *Diagnostiker* sind gute und verständnisvolle Kritiker, die in der Lage sind, die Stärken und Schwächen einer Arbeit herauszufinden.

4. *Eruditoren* haben ein hervorragendes Gedächtnis und finden sich leicht in verschiedenen Gebieten zurecht. Sie sind aber nicht schöpferisch veranlagt.
5. *Techniker* vollenden die Arbeit anderer Forscher. Sie sind aber auch gute Logiker und Stilisten.
6. *Ästheten* streben elegante Lösungen an und verachten zuweilen die Fleißarbeiter.
7. *Methodologen* weisen nicht immer bedeutende Leistungen auf. Sie sind begeistert von der Methodologie, leiten gern andere Wissenschaftler an und möchten hervorgehoben werden.
8. *Unabhängige* sind Individualisten, die keine administrativen Arbeiten ertragen können. Sie sind eigensinnig und von sich überzeugt. Sie treten nicht gern in der Öffentlichkeit auf und ziehen eine ruhige Arbeit ohne fremde Einmischung vor.

Studien dieser Art sind allerdings problematisch. Sie schaffen in der Regel keinen Bezug zum Forschungserfolg des Individuums. Im weiteren isolieren sie Idealtypen, die in reiner Form in der Realität nicht vorkommen. Aus diesen Gründen ist es kaum möglich, konkrete Schlußfolgerungen abzuleiten.

5. Systematische Untersuchung der Beziehungen zwischen der Ausprägung von Einzelfaktoren und Forschungserfolg

Dieser Ansatz dominiert die heutigen Untersuchungen auf diesem Gebiet. Die folgende Übersicht orientiert sich primär an den empirisch untersuchten Problemstellungen. Sie berücksichtigt aber auch Faktoren, die in anderen Gebieten, insbesondere in der Organisationstheorie, bedeutsam sind[2].

5.1. PROFESSIONALISIERUNG

Unter Professionalisierung versteht man – in vereinfachter Umschreibung – ein Bündel typischer Einstellungen bzw. Erwartungen, das den Mitgliedern bestimmter Berufsgruppen in mehr oder weniger großem Ausmaß gemeinsam ist. Professionalisierung ist ein Resultat der berufsspezifischen Sozialisation und umfaßt u. a. die folgenden Komponenten (Hill et al. 1981, S. 358):
- »Berufsvereinigung als zentrale Referenzgruppe (statt: System, in dem der Professionelle arbeitet);
- Verpflichtung gegenüber der Gesellschaft (statt: Selbstinteresse bzw. Interesse des Systems, in dem der Professionelle arbeitet);
- Selbstregulierung bzw. Kontrolle durch Berufskollegen (statt: Kontrolle durch in der Organisationshierarchie höher stehende Systemmitglieder);
- Identifikation mit der Arbeit (statt: Arbeit als Mittel zum Geldverdienen);

– Autonomie gegenüber dem sozialen System, in dem der Professionelle arbeitet (statt Entscheidungen aufgrund von Kriterien, die von der Systemleitung vorgegeben werden).«

Ein für die Wissenschaftsforschung außerordentlich anregendes Konzept war Gouldners (1957) und Mertons (1957) Unterscheidung zwischen »cosmopolitan« und »local«[3]. Der kosmopolitische Forscher ist auf die Scientific Community ausgerichtet. Er strebt durch seine Leistungen primär nach sozialem Status in diesem Kreis. Die Rolle des »cosmopolitan« wird vor allem dem akademischen Forscher zugeschrieben. Der lokale Forscher orientiert sich an der Organisation, in der er tätig ist, und strebt primär nach Anerkennung in diesem Kreis. Die Rolle des »local« wird vor allem Forschern in der Industrie zugeschrieben.

Das Konzept wurde verschiedentlich getestet:

– Die Ausrichtung an der Scientific Community führt in der Industrie zu Rollenkonflikten (Marcson 1960, Badawy 1975), insbesondere bei Wissenschaftlern, die im Bereich Forschung, im Gegensatz zur Entwicklung, tätig sind (Cotgrove und Box 1970).
– Die beiden Rollen sind nicht unbedingt inkongruent (Goldberg et al. 1965, Friedlander 1971, Jauch et al. 1978). Sie können sich unter bestimmten Bedingungen gegenseitig verstärken (Glaser 1963). Im weiteren wurden zusätzliche unabhängige Dimensionen identifiziert (Berger und Grimes 1973, Tuma und Grimes 1981).
– Die Ausprägung dieser Rollen verändert sich im Zeitablauf (Connor 1984), und zwar in Abhängigkeit vom organisatorischen Kontext (Tuma und Grimes 1981). Sie ist somit nicht nur das Resultat der Ausbildung zum Wissenschaftler, wie ursprünglich postuliert wurde (z.B. Hagstrom 1965, Crane 1965, Cotgrove und Box 1970).

Untersuchungen zum Einfluß der Rollenausprägung auf die Forschungsleistung haben folgende Ergebnisse gezeigt:

– Die wissenschaftliche Ausrichtung führt in der Tendenz zu höheren Forschungsleistungen (Rotondi 1975, Pelz und Andrews 1976), insbesondere bezüglich Veröffentlichungen und Vorträgen (Friedlander 1971, Stahl et al. 1979).
– Die organisatorische Ausrichtung führt vermehrt zu internen Papieren und Memoranden (Pelz und Andrews 1976, Stahl et al. 1979).

Diese Ergebnisse sind allerdings mit Vorsicht zu interpretieren. Die Definition der Erfolgsmaßstäbe beeinflußt tendenziell die Ergebnisse und entspricht auch nicht den unterschiedlichen Anreizsystemen wissenschaftlicher bzw. industrieller Organisationen. Aus diesem Grund schlagen die meisten Autoren eine weitere Erforschung des Untersuchungsgegenstandes vor.

5.2. DAS STREBEN NACH AUTONOMIE UND FREIHEIT

Das Streben nach Autonomie und Freiheit erklärt sich aus der Orientierung der Wissenschaftler an bestimmten Normen der Scientific Community (vgl. Merton 1973 sowie die Diskussion bei Mitroff 1974 und Mulkay 1977). Hagstrom (1965) unterscheidet dabei verschiedene Freiheiten:

a) die Freiheit der Wahl der Forschungsthemen;

b) die Freiheit der Wahl geeigneter Untersuchungsmethoden;

c) die Freiheit bei der Evaluation der Forschungsergebnisse, und zwar der eigenen als auch derjenigen anderer Forscher.

Unter Freiheit der Forschung wird i. a. die Freiheit der Themenwahl verstanden. Die beiden anderen Normen werden als selbstverständlich vorausgesetzt. Das Streben nach Autonomie und Freiheit wird in verschiedenen Studien untersucht. Im Vordergrund steht allerdings meistens nur Vorhandensein, Bedeutsamkeit und Ausmaß dieses Bedürfnisses (z. B. Marcson 1960, 1966, Cotgrove und Box 1970, Sutton 1984). Lediglich die Studie von Pelz und Andrews (1976) versucht, einen Zusammenhang zwischen der Ausprägung dieses Bedürfnisses und der Forschungsleistung zu ermitteln. Die Beziehung zwischen diesen zwei Variablen ist für alle untersuchten Situationen konsistent; sie sind jedoch nur schwach positiv miteinander korreliert.

5.3. SPEZIALISIERUNG

Spezialisiert ist ein Forscher, wenn er seine Anstrengungen auf eine eng begrenzte Zahl von Gebieten, im Extremfall nur eines, konzentriert (fachliche Spezialisierung). Spezialisierung ist eine Möglichkeit, einen Konkurrenzvorsprung zu erzielen und andere vom Eindringen ins eigene Gebiet abzuschrecken. Dieses Verhalten vermindert so den direkten Wettbewerb. Spezialisierung kann auch funktional durch eine Konzentration auf Forschung, Lehre oder Administration erfolgen.

Der Zusammenhang zwischen dem Ausmaß der Spezialisierung und der Leistung eines Forschers ist nur wenig untersucht. Die Ergebnisse sind dabei sowohl für die funktionale als auch die fachliche Spezialisierung vergleichbar: Spezialisierte Forscher sind weniger produktiv als Forscher mit mehreren Tätigkeitsgebieten.

- Administrative Tätigkeiten haben, sofern sie ein bestimmtes Ausmaß nicht überschreiten, eine positive Auswirkung auf die wissenschaftliche Produktivität (Pelz und Andrews 1976).
- Pelz und Andrews (1976) und Dewhirst und Arvey (1976) beziffern das Optimum der fachlichen Spezialisierung in der Größenordnung von drei bis vier Gebieten. Allerdings stellen sie dabei altersabhängige Differenzen fest, die z. T. auf den Sozialisationsprozeß eines Forschers zurückgeführt werden können: Junge Forscher benötigen eine Spezialisierung, um erste Erfolge erzielen zu können. Mit zunehmendem Alter verbreitern sich die Interessengebiete erfolgreicher Forscher.

5.4. KREATIVITÄT UND FORSCHUNGSLEISTUNG

Kreativität wird als zentrale Eigenschaft eines produktiven Forschers betrachtet. Die Bedeutung, welche dieser Eigenschaft zugemessen wird, zeigt sich im beinahe unüberschaubaren Schrifttum zu dieser Frage (vgl. z. B. den Sammelband von Taylor und Barron 1963 und die Übersichten bei Fisch 1977, Barron und Harrington 1981 sowie Mansfield und Busse 1981). Begründet wird diese Bedeutung mit der Annahme einer positiven Korrelation zwischen Kreativität und Produktivität. Kreativität wird in der Literatur unterschiedlich definiert. Zwei Hauptkategorien stehen im Vordergrund (Barron und Harrington 1981):

1. Kreative Leistungen und Resultate;
2. Kreativität als Fähigkeit, die sich in bestimmten Situationen zeigt und deren Ausmaß durch Personenvergleich ermittelt werden kann.

Ad 1. Die *resultatorientierte Forschung* vergleicht die Züge von Personen, die als kreativ erachtete Leistungen erbracht haben, mit den Zügen von Durchschnittspersonen und versucht, charakteristische Eigenschaften zu identifizieren. Hauptzweck dieser Forschung ist die Entwicklung von Tests und Checklisten zur (Früh-)Erkennung kreativer Personen (z. B. Gough 1979). Wichtigste Züge eines kreativen Forschers sind dann z. B. seine Fähigkeit, Probleme zu analysieren und zu vereinfachen, seine Fähigkeit, Konzepte aus einer Disziplin auf eine andere zu übertragen, seine Energie beim Streben nach Erfolg etc. (Parmenter und Garber 1971). Ein anderes Beispiel ist die Liste von Barron (1969), die aus den Hauptkategorien Motivation, Intelligenz, kognitiver Stil und soziales Verhalten besteht.

Ad 2. Die *fähigkeitsorientierte Forschung* versucht in erster Linie Testsituationen zu entwickeln, in denen die unterschiedlich ausgeprägten Fähigkeiten verschiedener Personen zum Ausdruck kommen und dementsprechend gemessen werden können.

Für beide Richtungen der Forschung gilt allerdings der Vorbehalt, daß der Begriff »kreativ« werturteilsbehaftet ist, da objektive Kriterien fehlen (Fisch 1977). Hinzu kommt für die fähigkeitsorientierten Ansätze der Einwand, daß Testergebnisse maßgeblich durch Faktoren beeinflußt werden können, die nicht in direktem Zusammenhang mit der Ausprägung kreativer Fähigkeiten stehen. Mansfield und Busse (1981, S. 4) illustrieren diesen Sachverhalt durch folgendes Beispiel: ». . . a person can get a higher score on a tin-can uses test if eagerness to please the tester causes him to use extra effort in generating alternatives.«

Empirische Untersuchungen zwischen der persönlichen Eigenschaft »Kreativität« und wissenschaftlicher Produktivität sind selten. Pelz und Andrews (1976) untersuchen die Beziehung der kreativen Fähigkeiten von Wissenschaftlern zu ihrer Forschungsleistung und stellen keinen statistischen Zusammenhang fest. Erklärt wird dieses Ergebnis durch den maßgeblichen Einfluß, den organisatorische Kontextfaktoren auf die Entfaltung vorhandener kreativer Fähigkeiten ausüben können. Die oben erwähnten Einwände bezüglich der Aussagekraft der Testmethoden gelten selbstverständlich auch hier.

5.5. MOTIVATION

Die Arbeitsmotivation von Wissenschaftlern in Forschungseinheiten gehört zu den Faktoren, die häufig untersucht wurden. Grund ist die Annahme einer positiven Korrelation zwischen Motivationsstärke und Produktivität. Die Motivationstheorie macht Aussagen über die Beweggründe des Verhaltens und Handelns von Menschen (bzw. von Forschern in unserem Zusammenhang). Eine eindeutige Fassung des Begriffs »Motivation« ist in den vorliegenden Untersuchungen nicht zu finden. So wird z. B. mit den Begriffen »dedication«, »morale«, »esprit de corps« (Pelz und Andrews 1976, Andrews ed. 1979) und »job involvement« (Lodhal und Keijner 1965) gearbeitet. Die Ergebnisse solcher Untersuchungen sind somit nur schwerlich direkt vergleichbar und z. T. widersprüchlich:
- Pelz und Andrews (1976) und Andrews (ed. 1979) erhalten schwach positive und statistisch signifikante Korrelationen zwischen Motivation und Leistung der untersuchten Wissenschaftler. Farris (1969) kommt unter Verwendung der gleichen Datenbasis zu ähnlichen, etwas differenzierteren Ergebnissen.
- Goodman et al. (1970) sowie Lawler und Hall (1970) finden keine Korrelation zwischen »job involvement« und Leistung.

Diese Widersprüche können auf verschiedene Faktoren zurückgeführt werden. Zum einen werden unterschiedliche Maßgrößen für den Erfolg verwendet (Beurteilungen durch Peers, Selbstbeurteilung des Forschers, objektive Outputgrößen wie Publikationen oder Patente). Zum anderen wird der Begriff »Motivation« unterschiedlich konzeptualisiert und mit unterschiedlichen Instrumenten »gemessen«.

5.6. ZUFRIEDENHEIT

Eng verwandt mit dem Begriff der Motivation ist der Komplex der (Arbeits-) Zufriedenheit. Eine klare Abgrenzung wird in empirischen Untersuchungen in der Regel nicht vorgenommen. Im weiteren wird der Begriff unterschiedlich konzeptualisiert. Ausgangspunkt für Untersuchungen des Zusammenhangs zwischen Zufriedenheit und Forschungsleistung ist oft die Analyse des Konflikts zwischen den Bedürfnissen des Forschers (im allgemeinen Selbstverwirklichungs- und Statusbedürfnisse) und den Verhaltenserwartungen der Organisation. Pelz und Andrews (1976) stellen dabei in ihrer Untersuchung einen konvexen Kurvenverlauf fest: Sowohl bei hoher als auch niedriger Übereinstimmung ist die Forschungsleistung geringer als im mittleren Bereich. Lawler und Hall (1970) konzeptualisieren den Begriff auf ähnliche Art, stellen aber keinen signifikanten Zusammenhang fest.

Die Meinung, im Leben von Forschern gäbe es besonders fruchtbare Perioden, ist weit verbreitet. So erreicht nach den Beobachtungen Pasteurs jedermann einen Lebensabschnitt, in dem»sich der Erfindergeist in seiner ganzen Pracht entfaltet und jedes Jahr durch neue Errungenschaft bestätigen muß« (zit. in Mikulinskij und Utkina 1978, S. 175). Die Untersuchungen Lehmans (1953, 1958, 1960) zeigten ein Abfallen der wissenschaftlichen Produktivität von Forschern nach dem Erreichen eines Höhepunktes im Verlauf des vierten Lebensjahrzehnts und lösten heftige Kontroversen aus.

Spätere Forschungen ergaben ein differenzierteres Bild. Verschiedene Untersuchungen zeigen einen sattelförmigen Kurvenverlauf: Eine erste Leistungsspitze wird im Bereich zwischen fünfunddreißig und fünfzig erreicht. Diese Spitze umfaßt vor allem innovative Arbeiten. Ein zweiter Höhepunkt zeigt sich zehn bis fünfzehn Jahre später. Er besteht vor allem aus integrativen Werken (Cotgrove und Box 1970, Pelz und Andrews 1976, Bayer und Dutton 1977, Stern 1978, Knorr et al. 1979). Zur Erklärung dieses Kurvenverlaufs können verschiedene Hypothesen herangezogen werden. Beispiele sind die »mid-life crisis«, die Beförderung der hervorragenden Forscher in Leitungspositionen mit hauptsächlich administrativen Aufgaben etc.

Die zweite Leistungsspitze könnte allerdings weniger der Person als vielmehr sozialen Faktoren zugeschrieben werden, indem die höhere Produktivität mit zunehmendem Alter durch Statuseffekte erklärt werden könnte. Ein höherer Status erleichtert den Zugriff auf Ressourcen wie Geld, nützliche Informationen, Assistenten oder Ausrüstung (sogenannter Matthäus-Effekt, Merton 1968). Die Bedeutung dieses Effekts kann aufgrund der vorliegenden Untersuchungen zumindest nicht ausgeschlossen werden (Farris 1969, Allison und Stewart 1974, Knorr et al. 1979).

Die Untersuchungen von Zuckerman und Merton (1973), Cole (1979) sowie Finkenstaedt (in diesem Band) ergänzen dieses Bild durch zusätzliche Aspekte. Eine desaggregierte Betrachtungsweise zeigt, daß hochproduktive Forscher im Zeitablauf auch hochproduktiv bleiben. Bei wenig produktiven Forschern nimmt der Output tendenziell mit fortschreitendem Alter ab. Die Entwicklung des Aggregats könnte sich somit aus zwei gegenläufigen Trends zusammensetzen.

6. Schlußfolgerungen

Die Suche nach personenspezifischen Faktoren, welche den Forschungserfolg beeinflussen, basiert auf der Annahme, daß sich erfolgreiche bzw. erfolgversprechende Forscher durch gewisse isolierbare und meßbare Eigenschaften von den nicht erfolgreichen bzw. erfolgversprechenden unterscheiden. Das sich aus den referierten

Untersuchungen ergebende Bild läßt an der Gültigkeit dieser Annahme zweifeln. Der heutige Stand der Forschung erlaubt keinesfalls eindeutige Aussagen:

1. Die Analyse der Biographien großer Männer befaßt sich mit Ausnahmeerscheinungen. Sie stellt allerdings keine Vergleiche an mit den Eigenschaften nicht erfolgreicher Forscher, so daß nicht festzustellen ist, welche Unterschiede bestehen.

2. Psychologische Typologien konstruieren Idealbilder, die in der Realität nicht vorkommen. Die Ermittlung systematischer Zusammenhänge zum Forschungserfolg ist somit nicht möglich.

3. Die Ergebnisse systematischer Untersuchungen der Beziehung zwischen der Ausprägung von Einzelfaktoren und Forschungserfolg sind z. T. wenig schlüssig und oft widersprüchlich. Dies könnte durch verschiedene Probleme konzeptioneller Natur begründet sein:

   a) So werden unterschiedliche Erfolgsdefinitionen verwendet (Zahl der Publikationen, Patente, Selbstbeurteilung, Beurteilung durch Peers etc.).

   b) Hinzu kommt die oft vernachlässigte Tatsache, daß die Eigenschaften eines Forschers in einem sozialen und organisatorischen Zusammenhang wirksam werden. Erfolge werden durch die Eigenschaften der Person und durch die Umwelt beeinflußt.

4. Schließlich sind die Zusammenhänge zwischen den Eigenschaften des Forschers und den Erfolgen weitgehend spekulativ, indem meist korrelationale Beziehungen ermittelt werden.

   a) Die Frage nach Ursache und Wirkung bleibt in der Regel unüberprüft.

   b) Die gemessenen Eigenschaften sind hypothetische Konstrukte, die sich auf weitere Eigenschaften zurückführen lassen.

   c) Schließlich sind unterschiedliche Eigenschaftskombinationen denkbar, welche ähnliche Wirkungen zeitigen können. Mangelhaft ausgeprägte Züge können durch andere kompensiert werden.

Aufgrund dieser Zweifel und Bedenken scheint es wenig sinnvoll, die Forschung auf der Basis der skizzierten Konzepte zu intensivieren, da nur geringe Hoffnung auf Durchbrüche besteht. Die konzeptionellen und methodischen Schwierigkeiten scheinen kaum lösbar zu sein. Meines Erachtens ist mehr zu erwarten von Ansätzen, die von einer erweiterten Perspektive ausgehen. Zu denken ist zum einen an die Untersuchung des Einflusses unterschiedlicher Ausprägungen von Eigenschaftskombinationen auf die Forschungsproduktivität. Zum andern sollte versucht werden, das Zustandekommen von Forschungsergebnissen zu verstehen, indem Arbeitsprozesse im Bereich der wissenschaftlichen Forschung systematisch analysiert und auf Erfolgs- bzw. Mißerfolgsfaktoren untersucht werden.

Die zum heutigen Zeitpunkt vorliegenden Ergebnisse über personenspezifische Bedingungsfaktoren effektiver und effizienter Forschung können nicht als Basis für konkrete Selektions- und Förderungsentscheide dienen. Aus diesem Grund ist es zweckmäßig, lediglich auf Informationen abzustellen, die entweder bereits vorhanden sind oder die aus typischen Arbeitssituationen gewonnen werden können:

1. Bei der Selektion und Rekrutierung von Forschungs- und Entwicklungspersonal können bereits vorhandene Leistungen beurteilt werden, die z. B. im Verlauf der Ausbildung erbracht worden sind. Im weiteren sollte hier versucht werden, mit Hilfe der Critical-incidents-Methode Verhaltensweisen potentieller Kandidaten in typischen Situationen auf relevante Merkmale zu untersuchen.
2. Dasselbe gilt auch für die Talentidentifikation.
3. Ex-ante-Entscheide über die Verteilung von Fördermitteln können auf der Basis vorgeschlagener Projekte und aufgrund der Ergebnisse abgeschlossener Vorhaben gefällt werden.
4. Die Ausgestaltung des Sozialisierungsprozesses künftiger Forscher sollte meines Erachtens dieser Ungewißheit Rechnung traten. Gewiß ist es notwendig, bestimmte Grundsätze wissenschaftlichen Arbeitens definitiv zu verankern. Die Offenheit dieses Prozesses ist aber von ausschlaggebender Bedeutung. Nur sie gibt uns Gewähr, daß sich die unterschiedlichen Talente verschiedener Forscher in größtmöglichem Maße entfalten können.

Anmerkungen

[1] Nach Ostwalds Ansicht sind Leute mit mittlerer Reaktionsgeschwindigkeit auch mittelmäßig.
[2] Die Übersicht stützt sich unter anderem auf eine Literaturrecherche von Richter (1983).
[3] Dieses Konzept wird in der organisationstheoretischen Literatur oft als Indikator zur Erklärung organisatorischen Innovationsverhaltens herangezogen (zum Beispiel Pierce und Delbecq 1977).

Literatur

Allison, P. D. und Stewart, J. A. Productivity differences among Scientists, in: American Sociological Review (1974), 596–606.
Andrews, F. M. (ed.) Scientific Productivity, Paris / Cambridge (1979).
Andrews, F. M. Motivation, diversity, and the performance of research units, in: Andrews, F. M. (1979), 253–289.
Badawy, M. K. Organizational Designs for Scientists and Engineers: Some Research Findings and Their Implications for Managers, in: IEEE Transactions on Engineering Management (1975), 134–138.
Barron, F. Creative Person and Creative Process, New York (1969).
Barron, F. und Harrington, D. M. Creativity, Intelligence, and Personality, in: Annual Review of Psychology (1981), 439–476.
Bayer, A. E. und Dutton, J. E. Career Age and Research – Professional Activities of Academic

Scientists. Tests of Alternative Nonlinear Models and some Implications for Higher Education Faculty Policies, in: Journal of Higher Education (1977), 259–282.

Berger, P. K. und Grimes, A. J. Cosmopolitan – local: A factor analysis of the construct, in: Administrative Science Quarterly (1973), 233–235.

Busse, T. V. und Mansfield, R. S. Selected Personality Traits and Achievement in Male Scientists, in: The Journal of Psychology (1984), 117–131.

Candolle, A. de. Histoire des sciences et des savants depuis deux siècles, Genève (1873).

Cole, S. Age and Scientific Performance, in: American Journal of Sociology (1979), 958–977.

Connor, P. E. Professionals in Organizations: Some Research Suggestions, in: IEEE Transactions on Engineering Management (1984), 7–11.

Cotgrove, S. und Box, S. Science, Industry and Society, London (1970).

Crane, D. Scientists at Major and Minor Universities: a study of productivity and recognition, in: American Sociological Review (1965), 699–714.

Dewhirst, H. D. und Arvey, R. D. Range of interest vs. job performance and satisfaction, in: R+D Management, July 1976, 18–23.

Domin, G. (Hrsg.) Wissenschaftskonzeptionen, Berlin (1978).

Farris, G. F. Some antecedents and consequences of scientific performance, in: IEEE Transactions on Engineering Management (1969), 9–16.

Fisch, R. Psychology of science, in: Spiegel-Rösing, I. und de Solla Price, D. (1977), 277–318.

Friedlander, F. Performance and orientation structures of research scientists, in: Organizational Behavior and Human Performance (1971), 169–183.

Glaser, B. G. The local-cosmopolitan scientist, in: American Journal of Sociology (1963), 249–259.

Goldberg, L. C., Baker, F., Rubenstein, A. H. Local – cosmopolitan: Unidimensional or multidimensional, in: American Journal of Sociology (1965), 704–710.

Goodman, P. S., Rose, J. H., Furcon, J. E. Comparison of motivational antecedents of the work performance of scientists and engineers, in: Journal of Applied Psychology (1970), 491–495.

Gough, H. G. A creative personality scale for the Adjective Check List, in: Journal of Personality and Social Psychology (1979), 1398–1405.

Gough, H. G. und Woodworth, D. G. Stylistic Variations among Professional Research Scientists, in: The Journal of Psychology (1960), 87–98.

Gouldner, A. W. Cosmopolitans and Locals, in: Administrative Science Quarterly (1957), 282–306.

Hagstrom, W. O. The scientific community, New York (1965).

Heiber, H. Messung von Forschungsleistungen der Hochschulen, Baden-Baden (1983).

Hill, W., Fehlbaum, R., Ulrich, P. Organisationslehre, 2 Bde., Bern/Stuttgart, 3. Aufl. (1981).

Hill, W. und Rieser, I. Die Förderungspolitik des Nationalfonds im Kontext der schweizerischen Forschungspolitik, Bern/Stuttgart (1983).

Jauch, L. R., Glueck, W. F., Osborn, R. N. Organizational loyalty, professional commitment, and academic research productivity, in: Academy of Management Journal (1978), 84–92.

Knorr, K. D., Mittermeir, R., Aichholzer, G., Waller, G. Individual publication productivity as a social position effect in academic and industrial research units, in: Andrews (1979), 55–94.

Lawler, E. E. III. und Hall, D. T. Relationship of job characteristics to job involvement, satisfaction and intrinsic motivation, in: Journal of Applied Psychology (1970), 305–312.

Lehman, H. C. Age and Achievement, Princeton (1953).

230

Lehman, H. C. The Chemist's Most Creative Years, in: Science (1958), 1213–1222.

Lehman, H. C. The Age Decrement in Outstanding Scientific Creativity, in: American Psychologist (1960), 128–134.

Lodhal, T. M. und Kejner, M. The definition and measurement of job involvement, in: Journal of Applied Psychology (1965), 24–33.

Mansfield, R. S. und Busse, T. V. The Psychology of Creativity and Discovery, Chicago (1981).

Marcson, S. The scientist in American industry, New York (1960).

Marcson, S. Scientists in government, New Brunswick, N. J. (1966).

Merton, R. K. Social theory and social structure, Glencoe, Illinois (1957).

Merton, R. K. The Matthew effect in science, in: Science (1968), 56–63.

Merton, R. K. The Sociology of Science: Theoretical and Empirical Investigations (Edited and with an Introduction by Norman W. Storer), Chicago (1973).

Mikulinskij, S. R. und Utkina, N. F. Probleme der Wissenschaftsentwicklung in Werken von Biologen des 19. Jahrhunderts, in: Domin (1978), 136–184.

Mitroff, I. I. The subjective side of science, Amsterdam (1974).

Mulkay, M. J. Sociology of the scientific research community, in: Spiegel-Rösing, I. und de Solla Price, D. (1977), 93–148.

Ogburn, W. F. und Thomas, D. Are inventions inevitable? in: Political Science Quarterly (1922), 83–93.

Ostwald, W. Große Männer, Leipzig (1910).

Parmenter, S. M. und Garber, J. D. Creative scientists rate creativity factors, in: Research Management (1971), 65–70.

Pelz, D. C. und Andrews, F. M. Scientists in organizations, Ann Arbor, Michigan (1976).

Pierce, J. L. und Delbecq, A. L. Organization structure, individual attitudes and innovation, in: Academy of Management Review (1977), 27–37.

Richter, M. Bedingungen effektiver und effizienter Forschung, Basel (1983).

Rieser, I. Koordination in der Forschungspolitik, in: Die Unternehmung (1984), 85–99.

Rotondi, T. Jr. Organizational identification: issues and implications, in: Organizational Behavior and Human Performance (1975), 95–109.

Spiegel-Rösing I. und de Solla Price, D. (Hrsg.) Science, technology and society, London/ Beverly Hills (1977).

Stahl, M. J., McNichols, C. W., Manley, T. R. Cosmopolitan-local orientations as predictors of scientific productivity, organizational productivity, and job satisfaction for scientists and engineers, in: IEEE Transactions on Engineering Management (1979), 39–43.

Stern, N. Age and achievement in mathematics: a case-study in the sociology of science, in: Social Studies of Science (1978), 127–140.

Sutton, J. R. Organizational Autonomy and Professional Norms in Science: A Case Study of the Lawrence Livermore Laboratory, in: Social Studies of Science (1984), 197–224.

Swift, J. Gullivers Reisen, Leipzig (1948).

Taylor, C. W. und Barron, F. Scientific Creativity, New York/London (1963).

Tuma, N. B. und Grimes, A. J. A Comparison of Models of Role Orientations of Professionals in a Research-Oriented University, in: Administrative Science Quarterly (1981), 187–206.

Zuckerman, H. und Merton, R. K. Age, aging, and age structure in science, in: Merton, R. K. (1973), 497–559.

RUDOLF FISCH UND HANS-DIETER DANIEL

Erfolg und Mißerfolg universitärer Forschungsprojekte

Empirische Untersuchungen mit besonderer Berücksichtigung der Arbeit in Forschungsgruppen

1. Fragestellung

Forschung wird – vor allem in natur- und technikwissenschaftlichen Disziplinen – immer häufiger in kleinen, arbeitsteilig organisierten Gruppen und immer seltener in Alleinarbeit durchgeführt (vgl. Bahrdt, Krauch und Rittel, 1960). Das zeigt sich ganz deutlich etwa am Anteil von Zeitschriftenaufsätzen, die von einzelnen Wissenschaftlern publiziert werden. So sank der Anteil von Einzelautoren im Journal of the American Chemical Society von 45 % im Jahre 1918 auf 14 % im Jahre 1950 (Phillips, 1955). Nur noch 4 % beträgt in dieser Zeitschrift der Anteil allein publizierender Autoren im Jahre 1983 (eigene Berechnung). Angesichts der oben skizzierten Tendenz stellt sich vor allem die Frage nach den Bedingungen erfolgreicher Arbeit in Forschungsgruppen.

Während über die Bedingungen individueller Forschungsarbeit eine kaum noch zu überschauende Fülle von empirischen Studien vorliegt (für eine Übersicht siehe Fox, 1983), sind Arbeiten über die Determinanten des Erfolgs von Forschungsgruppen heute fast noch genauso selten wie vor 30 Jahren, als Bush (1953, S. 185) beim ersten Symposium über Forschung in Gruppen resümierend feststellte: »Teamwork in research is an area largely unexplored«. Von den wenigen empirischen Untersuchungen, die verschiedene Bedingungen für Erfolg und Mißerfolg von Forschungsgruppen betrachtet haben, sind vor allem zu nennen: Andrews (1979), Birnbaum, Newell und Saxberg (1979), Hiebsch (1977), Manners und Stahl (1978), Matejko (1973), Parthey (1983) sowie Pineau und Levy-Leboyer (1983). Neben diesen mehr oder weniger breit angelegten Studien gibt es eine ganze Reihe von Arbeiten, die lediglich den Einfluß eines Faktors (Führungsstil des Projektleiters, Gruppengröße usw.) auf die Leistung von Forschungsgruppen untersucht haben, sowie einige Einzelfallstudien (z. B. Blaschke, 1976) und persönliche Erfahrungsberichte (z. B. Vester, 1969).

Im Rahmen einer Sekundäranalyse der Enquete »Zur Lage der Forschung an den Universitäten« 1976/77 bot sich für uns die Gelegenheit, Bedingungen für Erfolg und Mißerfolg universitärer Forschungsgruppen in der Bundesrepublik Deutschland zu untersuchen[1]. Die Forschungs-Enquete war von den Initiatoren sehr breit angelegt worden, um neben dem zentralen Aspekt der Forschungsförderung eine Vielzahl forschungsbezogener Themenkomplexe bearbeiten zu können. So erlaubt dieses umfassendste empirische Material, das je zu Aspekten der Hochschulforschung in der Bundesrepublik Deutschland zusammengetragen wurde, unter anderem auch, Fragen der Genese, der Organisation, des Ablaufs und des Erfolgs universitärer Forschungsprojekte zu untersuchen. Das Datenmaterial eignet sich zur Bearbeitung dieser Fragestellungen ganz besonders, weil die Enquete »Zur Lage der Forschung an den Universitäten« Detailauskünfte zu mehr als 2200 Forschungsprojekten enthält, die von Professoren allein oder mit anderen Wissenschaftlern zusammen bearbeitet und zwischen 1974 und 1976 abgeschlossen wurden. Der Begriff »Forschungsprojekt« wurde in der Enquete folgendermaßen definiert: »Eine umfangreichere Forschungsarbeit mit bestimmbarem Anfang und Ende, bei der etwas Publizierenswertes herauskommen soll«. Das Datenmaterial der Forschungs-Enquete wurde von uns im Hinblick auf folgende Fragen analysiert:

– In welchem Umfang wird heute an den Universitäten allein und in Gruppen geforscht?
– Für welche Fächer ist Alleinarbeit und für welche Fächer ist Forschung in Gruppen besonders charakteristisch?
– Wie hoch ist der Anteil erfolgreich abgeschlossener Forschungsprojekte?
– Von welchen Faktoren hängen Erfolg und Mißerfolg von Forschungsprojekten ab?
– Beeinflussen Projektgenese und Forschungsfinanzierung den Projekterfolg?
– Welche Gründe werden von Forschungsgruppen am häufigsten für unbefriedigende Projektabschlüsse genannt?
– Welchen Einfluß hat die Gruppengröße auf Leistung und Zufriedenheit der Mitarbeiter?
– Welche Form der Projektorganisation ist für universitäre Forschungsgruppen optimal?

2. Methode

Im Wintersemester 1976/77 führte das Institut für Demoskopie Allensbach auf Anregung der Deutschen Forschungsgemeinschaft und mit finanzieller Unterstützung des Stifterverbandes für die Deutsche Wissenschaft, der Stiftung Volkswagenwerk, der Fritz Thyssen Stiftung und der Robert Bosch Stiftung eine Repräsentativumfrage »Zur Lage der Forschung an den Universitäten«[2] durch. Befragt wurden 3010 Professoren und 1879 Nachwuchswissenschaftler (darunter 1246 Assistenten und wissenschaftliche Mitarbeiter, die hauptberuflich an einer Universität tätig sind und eine ganze Stelle inne haben, sowie 633 Doktoranden, die als wissenschaftliche Hilfskräfte oder Tutoren beschäftigt oder überhaupt nicht an der Universität angestellt sind) an 47 Universitäten und wissenschaftlichen Hochschulen mit Universitätsrang in der Bundesrepublik Deutschland und West-Berlin[3]. Die Stichprobe der Professoren war geschichtet nach Fächern, Hochschulen und Besoldungsgruppen. Bei den befragten Nachwuchswissenschaftlern handelte es sich um eine Zufallsauswahl aufgrund von Namenslisten, die die befragten Professoren erstellt hatten.

Vorrangiges Ziel dieser Grundlagenstudie war es, die Lage der Hochschulforschung unter den heute vielfach erschwerten Bedingungen (gestiegene Studentenzahlen, Veränderung der Hochschulstrukturen, knappe finanzielle Ressourcen usw.) fächer-, generations- und regionalspezifisch zu untersuchen, um daraus Maßnahmen für die künftige Forschungsförderung ableiten zu können (vgl. Noelle-Neumann, 1978). Die Fragebogen umfaßten jeweils 98 Fragen und 39 sozialstatistische Ermittlungen und wurden den Befragten in persönlichen Interviews zur Beantwortung vorgelegt. Die Interviews dauerten im Durchschnitt zwei Stunden; die Auskunftsbereitschaft der Befragten war außerordentlich hoch. Die Ausschöpfungsquote betrug 90 %, nur jede zehnte ausgewählte Zielperson konnte im Befragungszeitraum nicht erreicht werden oder hat das Interview verweigert (vgl. Schulz, 1979, S. 69). Im Oktober 1977 legte das Institut für Demoskopie Allensbach eine Grundauswertung des gesamten Untersuchungsmaterials in acht Tabellenbänden vor. Darin wurden Befragungsergebnisse nach Statusgruppen, nach der Intensität des Forschungsinteresses sowie nach elf Fachrichtungen gegliedert dargestellt. Bereits ein Jahr später wurde uns freundlicherweise der gesamte Rohdatensatz für Sekundäranalysen zur Verfügung gestellt.

Insgesamt 16 der 98 in der Enquete angesprochenen Fragenkomplexe beziehen sich direkt auf Organisation, Ablauf und Erfolg des zuletzt abgeschlossenen Forschungsprojekts. Eine Sekundäranalyse dieser Daten gibt Aufschluß über die Kriterien, den Umfang und die Verteilung des Projekterfolgs. Darüber hinaus können jene Einflüsse bestimmt werden, die sich nach Ansicht der Befragten förderlich oder hinderlich auf den Erfolg ihrer Forschungsprojekte ausgewirkt haben[4].

Der Erfolg universitärer Forschungsprojekte wurde in der Enquete mehrdimensional bestimmt. Im einzelnen werden von uns die Antworten auf folgende Fragen herangezogen:
– »Sind Sie voll befriedigt über den Ablauf und die Ergebnisse dieses Projekts, oder nur teilweise, oder nur wenig befriedigt?«
– »Liegt schon ein schriftlicher Bericht über die Ergebnisse vor, oder bisher noch nicht?«
– »Wurden Ergebnisse dieses Forschungsprojekts in irgendeiner Form veröffentlicht – als Vortrag, Aufsatz oder Buch?« (Mehreres kann angegeben werden!)

Der Fragebogen enthält eine Reihe von Variablen, die nach Kenntnis der Literatur geeignet scheinen, einen Teil der Variation des Projekterfolgs zu erklären. Zu den möglichen Erklärungsfaktoren zählen im einzelnen die Antworten auf folgende Fragen:
– »Könnten Sie nach dieser Liste sagen, woher die Ideen, die Anstöße zu diesem Projekt kamen?« (Mehreres kann angegeben werden! – Zutreffendes einkreisen!)

– »Und können Sie noch nach dieser Liste hier sagen, warum Sie sich gerade für dieses Thema entschieden haben? Was waren da die wichtigsten Gründe?« (Alles Zutreffende einkreisen!)
– »Woher kamen die Mittel, wie wurde dieses Projekt finanziert?« (Alles Genannte einkreisen!)
– »Wieviel Wissenschaftler waren außer Ihnen an diesem Projekt beteiligt (wissenschaftliche Hilfskräfte mitgezählt)?«
– »Wie war die Zusammenarbeit bei diesem Projekt organisiert? Könnten Sie es bitte nach dieser Liste sagen?« (Mehreres kann eingekreist werden!)
– Frage an Wissenschaftler, die nur teilweise oder wenig befriedigt sind über den Ablauf und die Ergebnisse des zuletzt abgeschlossenen Projekts: »Worüber sind Sie nicht so befriedigt, was hätten Sie sich anders gewünscht – könnten Sie es nach dieser Liste hier sagen?« (Alles Genannte einkreisen!)

Die Beziehungen zwischen den sechs aus den Fragen ableitbaren Indikatoren für Projekterfolg (Zufriedenheit über Ablauf und Ergebnisse des zuletzt abgeschlossenen Projekts; Vorlage eines Schlußberichts; Veröffentlichung der Ergebnisse als Vortrag, Aufsatz oder Buch; Ergebnisse bisher noch nicht veröffentlicht) und den potentiellen Erklärungsfaktoren für Erfolg und Mißerfolg von Forschungsprojekten wurden mit dem Chi-Quadrat-Test, der multiplen Regressionsanalyse und der Logitanalyse auf statistische Signifikanz getestet. Multiple Regressionsanalysen wurden nach dem OLS-Ansatz durchgeführt, da diese Methode unter bestimmten Bedingungen, die für unsere Daten erfüllt sind, zu gleichen Ergebnissen führt wie die logistische Regressionsanalyse, die für binär skalierte Kriteriumsvariablen indiziert wäre, jedoch weniger bekannt ist (vgl. Cleary und Angel, 1984). Mit Ausnahme der Logitanalysen wurden alle Berechnungen mit dem Konstanzer Statistischen Analyse System (KOSTAS) durchgeführt (vgl. Nagl und Walter, 1981). Für die Logitanalysen wurde das Computerprogramm GLIM (vgl. Baker und Nelder, 1978) verwendet.

3.   Ergebnisse

3.1.   FORMEN DER FORSCHUNGSBETEILIGUNG

Tabelle 1 zeigt, ob und in welcher Form die 3010 befragten Professoren an der universitären Forschung beteiligt sind. 73% aller Professoren haben zwischen 1974 und 1976 mindestens ein Forschungsprojekt abgeschlossen; 24% hatten in diesem Zeitraum kein Forschungsprojekt abgeschlossen, arbeiteten aber zum Befragungszeitpunkt an mindestens einem Forschungsprojekt. Lediglich 3% aller Professoren hatten weder im Untersuchungszeitraum ein Projekt abgeschlossen noch zum Befragungszeitpunkt ein Projekt in Bearbeitung. Zwei von drei Professoren forschen mit

236

TABELLE 1: Formen der Forschungsbeteiligung bei 3010 Professoren.

Formen der Forschungsbeteiligung	N		N (in%)	
Professoren, die zwischen 1974 und 1976 mindestens ein Forschungsprojekt abgeschlossen haben:				
– Teamforschung	1407		47	
davon gaben an:				
Ich war alleiniger Projektleiter		1052		35
Ich war einer der Projektleiter		134		5
Ein anderer war Projektleiter		64		2
Team als Ganzes verantwortlich		157		5
– Alleinarbeit	790		26	
Professoren, die zwischen 1974 und 1976 kein Forschungsprojekt abgeschlossen haben, jedoch zum Zeitpunkt der Befragung an mindestens einem Forschungsprojekt gearbeitet haben:				
– Teamforschung	411		14	
davon gaben an:				
Ich bin alleiniger Projektleiter		274		9
Ich bin einer der Projektleiter		47		2
Ein anderer ist Projektleiter		20		1
Team als Ganzes verantwortlich		70		2
– Alleinarbeit	297		10	
Professoren, die zwischen 1974 und 1976 kein Forschungsprojekt abgeschlossen haben und auch zum Zeitpunkt der Befragung kein Forschungsprojekt in Bearbeitung hatten	77		3	
Keine Angabe	28		1	

anderen Wissenschaftlern zusammen. Diese Art der Forschung wird im folgenden kurz Teamforschung genannt. Der Begriff Team wird in dieser Studie als Oberbegriff für eine Reihe sehr unterschiedlicher Gruppentypen verwendet. Damit sind nicht nur – wie etwa bei Neidhardt (1983) – Forschungsprojekte gemeint, deren Mitglieder formell gleichberechtigt an einer gemeinsamen Aufgabe kooperieren, sondern alle Projekte, an denen mehrere Personen beteiligt sind, unabhängig von der Organisation der Zusammenarbeit. Die häufigste Form der Teamforschung besteht darin, daß ein Professor als Projektleiter zusammen mit Nachwuchswissenschaftlern ein Projekt bearbeitet. Vergleichsweise selten führen mehrere Professoren gemeinsam ein Projekt durch. Die Zusammenarbeit zwischen einem Professor und mehreren Nachwuchswissenschaftlern (Graduate Assistants und Postdoctoral Fellows) scheint auch an amerikanischen Universitäten die häufigste Form der Zusammenarbeit zu sein (vgl. Hagstrom, 1964, S. 245).

Hinsichtlich der Form der Forschungsbeteiligung existieren ausgeprägte fachspezifische Unterschiede (vgl. *Tabelle 2*). Teamforschung herrscht vor in den Natur-, Medizin-, Ingenieur- und Agrarwissenschaften, wobei der höchste Anteil von Teamforschern in den Fächern Werkstoff- und Verfahrenstechnik, Maschinenbau und allgemeine Ingenieurwissenschaften sowie Agrarwissenschaft zu finden ist. In diesen

TABELLE 2: Formen der Forschungsbeteiligung nach 27 Fächergruppen – Angaben in Prozent, gerundet (N = 2981*).

Fächergruppen (Stichprobengröße)	Formen der Forschungsbeteiligung						
	Forschungsprojekt abgeschlossen					Kein Projekt abgeschlossen	
	Teamforschung				Alleinarbeit	Projekt in Bearbeitung	Keine Projektarbeit
	War alleiniger Projektleiter	War einer der Projektleiter	War nicht Projektleiter	Team als Ganzes verantwortlich			
Theologie (N = 104)	16	4	4	5	38	32	1
Philosophie (N = 48)	15	2	2	0	63	17	2
Geschichte (N = 107)	12	2	2	3	51	30	0
Geschichts- und Kunstwissenschaften (N = 71)	11	4	3	1	45	28	7
Kleine philologische Fächer (N = 84)	12	1	0	1	49	35	2
Orientalistik (N = 49)	6	0	2	2	47	41	2
Germanistik, Romanistik, Anglistik (N = 132)	14	2	0	6	39	37	2
Jura (N = 143)	14	4	3	4	55	18	2
Wirtschaftswissenschaften (N = 144)	37	3	0	5	40	13	2
Soziologie, Ethnologie (N = 71)	30	7	3	7	30	18	6
Politische Wissenschaften, Publizistik (N = 55)	16	4	4	13	31	33	0
Psychologie (N = 55)	44	7	0	5	25	13	5
Erziehungswissenschaften (N = 95)	31	5	3	9	21	25	5

Fächergruppen (Stichprobengröße)	Formen der Forschungsbeteiligung						
	Forschungsprojekt abgeschlossen					Kein Projekt abgeschlossen	
	Teamforschung				Alleinarbeit	Projekt in Bearbeitung	Keine Projektarbeit
	War alleiniger Projektleiter	War einer der Projektleiter	War nicht Projektleiter	Team als Ganzes verantwortlich			
Geographie (N=44)	27	2	0	2	48	20	0
Mathematik (N=163)	15	3	1	12	44	20	4
Physik (N=207)	43	6	4	10	14	23	≦0,5
Chemie (N=143)	53	4	1	1	13	27	1
Geowissenschaften (N=106)	48	4	5	4	21	19	0
Biowissenschaften (N=227)	47	3	≦0,5	4	13	30	2
Theoretische Medizin (N=229)	48	5	3	7	10	24	3
Klinische Medizin (N=311)	43	7	2	4	12	28	5
Agrarwissenschaft (N=86)	66	3	0	6	10	13	1
Maschinenbau und allgemeine Ingenieurwissenschaften (N=82)	62	1	7	2	11	11	5
Werkstoff- und Verfahrenstechnik (N=55)	62	9	4	5	11	9	0
Elektrotechnik, Informatik (N=72)	42	8	4	1	14	28	3
Architektur, Raumordnung, Vermessungswesen (N=47)	30	15	4	13	23	13	2
Bauingenieurwesen (N=51)	51	8	2	2	22	10	6

* 28 Professoren haben die Frage »Wer war der verantwortliche Projektleiter?« nicht beantwortet. Ein Hochschullehrer machte keine Angaben zu seiner Fachzugehörigkeit.

TABELLE 3: Beschreibung der Professorenstichproben (Angaben in Prozent, gerundet).

Merkmal	Teamforschung Professoren, die im Untersuchungszeitraum mindestens ein Forschungsprojekt abgeschlossen haben und die das zuletzt abgeschlossene Projekt mit anderen Wissenschaftlern zusammen als alleinige Projektleiter bearbeitet haben. N = 1052	Alleinarbeit Professoren, die im Untersuchungszeitraum mindestens ein Forschungsprojekt abgeschlossen haben und die das zuletzt abgeschlossene Projekt allein bearbeitet haben. N = 790
Alter:		
bis 39 Jahre	16	26
40–49 Jahre	50	47
50 Jahre und älter	34	27
Besoldungsgruppe*:		
H1, AH1 – AH3	2	3
H2, AH4	15	20
H3, AH5	28	26
H4, AH6	54	51
Antwortrate	95	94
Geschlecht: männlich	98	96
Konfession:		
evangelisch	57	53
katholisch	26	28
andere	1	2
ohne	17	17
Beruf des Vaters:		
Akademiker	54	48
Stipendiat gewesen	46	55
Auslandserfahrung	69	64
Politischer Standort:		
links	39	42
Mitte	27	31
rechts	35	28
Antwortrate	91	89

* Heute Besoldungsgruppen C 1 – C 4.

Fächern kommen im Durchschnitt auf einen Einzelforscher sechs bis sieben Professoren, die mit anderen Wissenschaftlern zusammen forschen. Alleinarbeit findet man am häufigsten in den Sprach-, Kultur- und Sozialwissenschaften, insbesondere in der Philosophie und der Jurisprudenz. In diesen Fächern kommt auf drei Einzelforscher durchschnittlich nur ein Hochschullehrer, der mit anderen Wissenschaftlern zusammen arbeitet.

Wir werden im folgenden aus Gründen der Stichprobenhomogenität die Analyse

TABELLE 4: Beschreibung der Stichprobe der wissenschaftlichen Mitarbeiter (Angaben in Prozent, gerundet).

Merkmal	Wissenschaftliche Mitarbeiter N = 443
Alter:	
bis 29 Jahre	27
30–34 Jahre	41
35–39 Jahre	24
40 Jahre und älter	8
Besoldungsgruppe:	
H1*	21
H2*	5
A13	33
A14	2
BAT IIa	32
BAT Ib	5
andere Besoldungsgruppen	2
Antwortrate	98
Geschlecht: männlich	91
Konfession:	
evangelisch	46
katholisch	26
andere	2
ohne	26
Beruf des Vaters:	
Akademiker	43
Stipendiat gewesen	47
Auslandserfahrung	33
Politischer Standort:	
links	63
Mitte	18
rechts	19
Antwortrate	90

* Heute Besoldungsgruppen C1 und C2.

auf zwei Formen der Forschungsbeteiligung beschränken. Berücksichtigen werden wir in der Unterstichprobe der Teamforscher nur Professoren, die zwischen 1974 und 1976 mindestens ein Forschungsprojekt abgeschlossen haben und die das zuletzt abgeschlossene Projekt mit anderen Wissenschaftlern zusammen als alleinige Projektleiter bearbeitet haben (N = 1052). In der Unterstichprobe der Einzelforscher sind ebenfalls nur Professoren vertreten, die im Berichtszeitraum mindestens ein Forschungsprojekt abgeschlossen haben (N = 790). Unberücksichtigt bleiben damit Professoren, die im genannten Zeitraum kein Forschungsprojekt abgeschlossen haben oder im zuletzt abgeschlossenen Projekt nicht alleinige Projektleiter waren. *Tabelle 3* zeigt einige sozialstatistische Merkmale der beiden ausgewählten Professorengruppen.

Wenn zum Vergleich die Stichprobe der Nachwuchswissenschaftler herangezogen wird, beziehen sich die Angaben auf Assistenten und wissenschaftliche Mitarbeiter, die bereits an Forschungsprojekten beteiligt waren und die im zuletzt abgeschlossenen Projekt nicht Projektleiter waren (N = 443). Nicht berücksichtigt werden Nachwuchswissenschaftler, die noch kein Forschungsprojekt abgeschlossen haben oder als wissenschaftliche Hilfskräfte am zuletzt abgeschlossenen Projekt beteiligt oder verantwortliche Projektleiter waren. Einige sozialstatistische Merkmale der ausgewählten Unterstichprobe von Nachwuchswissenschaftlern sind in *Tabelle 4* dargestellt.

3.2.   PROJEKTERFOLG

Etwa 20% aller Projekte sind im Berichtszeitraum abgeschlossen worden, ohne daß Forschungsergebnisse in irgendeiner Form publiziert wurden (vgl. *Tabelle 5*). Rund ein Drittel aller Projektleiter (vgl. *Tabelle 6*) und etwa 60% der Mitarbeiter von Forschungsprojekten sind mit dem Ablauf und den Ergebnissen des zuletzt abgeschlossenen Projekts nicht voll zufrieden (der Anteil erfolgreich abgeschlossener Projekte ist in der Gruppe der Einzelforscher gleich groß wie in der Gruppe der Teamforscher).

Die sechs verwendeten Indikatoren für Projekterfolg weisen für Teamforschung und Alleinarbeit nahezu das gleiche Korrelationsmuster auf (vgl. *Tabelle 7*). Leistung und Zufriedenheit korrelieren demnach kaum; Buch- und Zeitschriftenaufsätze sind negativ miteinander korreliert. Das heißt, werden die Ergebnisse von Forschungspro-

TABELLE 5:   Indikatoren des Projekterfolgs nach fünf Formen der Forschungsbeteiligung – Ja-Antworten in Prozent, gerundet.
Frage: »Wurden Ergebnisse dieses Forschungsprojekts in irgendeiner Form veröffentlicht – als Vortrag, Aufsatz oder Buch?«

Indikatoren des Projekterfolgs	Teamforschung[1]				Alleinarbeit[2] (N = 790)
	War alleiniger Projektleiter (N = 1052)	War einer der Projektleiter (N = 134)	Ein anderer war Projektleiter (N = 64)	Team als Ganzes verantwortlich (N = 157)	
Vortrag	55	50	47	42	36
Aufsatz	61	53	52	57	49
Buch	17	25	33	29	28
Bisher keine Ergebnisse veröffentlicht	18	13	13	13	19

[1] Professoren, die im Untersuchungszeitraum mindestens ein Forschungsprojekt abgeschlossen haben und die das zuletzt abgeschlossene Projekt mit anderen Wissenschaftlern zusammen bearbeitet haben.
[2] Professoren, die im Untersuchungszeitraum mindestens ein Forschungsprojekt abgeschlossen haben und die das zuletzt abgeschlossene Projekt allein bearbeitet haben.

TABELLE 6: Vorlage eines Schlußberichts und Zufriedenheit der Professoren über den Ablauf und die Ergebnisse des zuletzt abgeschlossenen Forschungsprojekts als Indikatoren des Projekterfolgs nach fünf Formen der Forschungsbeteiligung – Angaben in Prozent, gerundet.

Fragen: »Liegt ein schriftlicher Bericht über die Ergebnisse vor, oder bisher noch nicht?« »Sind Sie voll befriedigt über den Ablauf und die Ergebnisse dieses Projekts, oder nur teilweise, oder nur wenig befriedigt?«

Indikatoren des Projekterfolgs	Teamforschung				Alleinarbeit (N = 790)
	War alleiniger Projektleiter (N = 1052)	War einer der Projektleiter (N = 134)	Ein anderer war Projektleiter (N = 64)	Team als Ganzes verantwortlich (N = 157)	
Projektbericht:					
bisher nicht vorliegend	8	5	8	8	15
vorläufiger Bericht	31	35	24	25	22
Schlußbericht	61	60	68	67	62
Zufriedenheit:					
wenig befriedigt	2	1	3	1	0,5
teilweise befriedigt	32	38	50	40	36
voll befriedigt	66	61	47	59	63

jekten in Buchform veröffentlicht, dann erscheinen in der Regel keine Zeitschriftenaufsätze und umgekehrt. Die Vorlage eines Schlußberichts ist positiv korreliert mit der Veröffentlichung der Ergebnisse als Buch und nahezu unkorreliert mit der Veröffentlichung von Zeitschriftenaufsätzen.

Auch in anderen Studien hat sich gezeigt, daß der Projekterfolg eine sehr heterogene Größe ist, deren Bestandteile (z. B. Anzahl Publikationen, Zitationshäufigkeit, technologische und soziale Relevanz der Forschungsergebnisse) kaum miteinander korrelieren. In der von der UNESCO angeregten und geförderten »Internationalen Vergleichsstudie über die Organisation und Effektivität von Forschungseinheiten« (vgl. den Beitrag von Mittermeir in diesem Band) wird zwischen 56 verschiedenen Maßen von Projekterfolg unterschieden. Die Ergebnisse der Studie zeigen, daß »the performance-effectiveness of research units is a multidimensional concept, encompassing a variety of distinct aspects. Although it is tempting to think of research units as falling somewhere along a simple good-bad or effective-ineffective dimension, the data show that this is a much too simplistic conception. On the contrary, units that ›look good‹ by some criteria may – or may not – rate highly on other criteria« (Hemptinne und Andrews, 1979, S. 9 f.).

TABELLE 7: Interkorrelations-Matrix der Indikatoren des Projekterfolgs für zwei Formen der Forschungsbeteiligung (Teamforschung und Alleinarbeit).

Indikatoren des Projekterfolgs	Zufriedenheit	Schlußbericht	Vortrag	Aufsatz	Buch
Zufriedenheit	–				
	–				
Schlußbericht	.07[a/b]				
	.09[c]				
Vortrag	.11	.01			
	–.02	–.09			
Aufsatz	.07	.16	.40		
	.01	.17	.40		
Buch	–.03	.48	–.29	–.34	–
	.19	.53	–.38	–.51	–

[a] Phikorrelationskoeffizient

[b] Professoren, die im Untersuchungszeitraum mindestens ein Forschungsprojekt abgeschlossen haben und die das zuletzt abgeschlossene Projekt mit anderen Wissenschaftlern zusammen als alleinige Projektleiter bearbeitet haben (N = 1052).

[c] Professoren, die im Untersuchungszeitraum mindestens ein Forschungsprojekt abgeschlossen haben und die das zuletzt abgeschlossene Projekt allein bearbeitet haben (N = 790).

3.3. PROJEKTGENESE, FORSCHUNGSFINANZIERUNG UND PROJEKTERFOLG

Die Antworten der Befragten auf die beiden Fragen nach der Herkunft der Ideen zum Projekt und nach den Gründen für die Wahl des Themas erlauben festzustellen, welche Aspekte der Projektgenese zum Projekterfolg in Beziehung stehen. Den Befragten wurden Listen mit 15 verschiedenen Quellen für Projektideen und 22 möglichen Gründen für die Wahl von Forschungsthemen vorgelegt mit der Bitte, alles Zutreffende anzukreuzen. Da die zwei Fragen zur Projektgenese sowohl an Teamforscher als auch an Einzelforscher gestellt wurden, werden die Ergebnisse für beide Gruppen ausgewiesen. Statistisch signifikante Unterschiede zwischen Untergruppen der beiden Stichproben sind kenntlich gemacht. In den *Tabellen 8* und *9* ist der Zusammenhang zwischen verschiedenen Aspekten der Projektgenese und der Veröffentlichung von Forschungsergebnissen dargestellt, getrennt nach Teamforschung und Alleinarbeit. Den Zusammenhang zwischen Projektgenese und Zufriedenheit der Projektleiter mit dem Ablauf und den Ergebnissen des zuletzt abgeschlossenen Projekts zeigen die *Tabellen 10* und *11*. Aus den Tabellen geht hervor, daß lediglich bei Teamforschung ein statistisch gesicherter Zusammenhang zwischen Projektgenese und Projekterfolg besteht.

Projektleiter, die Ergebnisse des zuletzt abgeschlossenen Projekts veröffentlicht haben, nennen häufiger als ihre weniger erfolgreichen Kollegen folgende Anstöße

TABELLE 8: Zusammenhang zwischen den Ideen zum zuletzt abgeschlossenen Projekt und dem Projekterfolg (Indikator: Veröffentlichung der Ergebnisse des Projekts in irgendeiner Form: Ja/Nein) – Ja-Antworten in Prozent, gerundet (Mehrfachnennungen waren möglich).

Ideen zum Forschungsprojekt	Teamforschung		Alleinarbeit	
	Veröffentlichung der Ergebnisse des zuletzt abgeschlossenen Projekts		Veröffentlichung der Ergebnisse des zuletzt abgeschlossenen Projekts	
	Ja N = 867	Nein N = 185	Ja N = 638	Nein N = 152
Dieses Gebiet beschäftigte mich seit Jahren immer wieder	56	44**	58	58
Schloß sich einer vorangegangenen Arbeit an	54	48	45	42
Gehört zu einem längerfristigen Forschungsprogramm	49	43	32	28
Ich kam darauf beim Studium der Fachliteratur	21	14*	23	25
War ein spontaner Einfall von mir	23	15*	21	20
Ich wurde dazu bei Vorträgen, Tagungen, Kongressen angeregt	20	14	15	9
Ist in Gruppengesprächen entstanden	18	14	6	6
War ein Forschungsauftrag	12	20**	7	10
Ergab sich aus der Forschungsarbeit von Kollegen	9	6	8	4
Bin bei der Vorbereitung einer Lehrveranstaltung darauf gestoßen	7	5	14	14
War eine Anregung von Leuten, die selbst nicht unmittelbar in der Forschung tätig sind	5	8	5	7
War die Idee eines Kollegen	4	6	4	1
War eine Anregung derjenigen, die Forschungsmittel zur Verfügung stellen	5	8*	3	3
War ein Problem, das ich bei einer Tätigkeit außerhalb meines eigentlichen Berufs entdeckt habe	4	4	4	2
War die Anregung eines Studenten, eines Assistenten	3	5	≦0,5	1
Anregung aus eigener praktischer Tätigkeit	1	1	≦0,5	0

*   p ≦ .05, df = 1
** p ≦ .01, df = 1

zum Projekt: »Dieses Gebiet beschäftigte mich seit Jahren immer wieder«, »Ich kam darauf beim Studium der Fachliteratur«, »War ein spontaner Einfall von mir«. Demgegenüber geben Projektleiter, die keine Forschungsergebnisse publiziert haben, häufiger an: »War ein Forschungsauftrag«, »War eine Anregung derjenigen, die Forschungsmittel zur Verfügung stellen«. Die Analyse der Gründe für die Wahl des Themas führt zu einem ähnlichen Ergebnis: Ein größerer Anteil von Forschungsprojekten wurde mit einer Veröffentlichung der Ergebnisse abgeschlossen, wenn die Wahl des Forschungsthemas intrinsisch statt extrinsisch motiviert war. Freiheit bei der Wahl des Forschungsthemas gehört zum Ethos der Wissenschaft und ist – wie

TABELLE 9: Zusammenhang zwischen den Gründen für die Wahl des Themas des zuletzt abgeschlossenen Projekts und dem Projekterfolg (Indikator: Veröffentlichung der Ergebnisse des Projekts in irgendeiner Form: Ja/Nein) – Ja-Antworten in Prozent, gerundet (Mehrfachnennungen waren möglich).

Gründe für die Wahl des Themas	Teamforschung		Alleinarbeit	
	Veröffentlichung der Ergebnisse des zuletzt abgeschlossenen Projekts		Veröffentlichung der Ergebnisse des zuletzt abgeschlossenen Projekts	
	Ja N = 867	Nein N = 185	Ja N = 638	Nein N = 152
Das Thema hat mich persönlich brennend interessiert	56	47*	63	60
Es ergab sich aus früheren Untersuchungen, an denen ich beteiligt war	49	43	43	40
Mein Spezialgebiet, das Thema kann ich besonders gut bearbeiten	36	29*	38	40
Die Praxis verlangte dringend nach einer Lösung des Problems	35	42	20	21
Von dem Ergebnis hängt viel für die weitere Forschung ab	33	21**	22	23
Es war wirklich mal etwas Neues	30	21**	23	22
Für dieses Projekt standen geeignete Mitarbeiter zur Verfügung	37	42	7	5
Die vorhandenen Mittel des Instituts boten gute Voraussetzungen, dieses Projekt durchzuführen	34	25*	14	12
Diese Arbeit war in besonderem Maße geeignet, jüngere Mitarbeiter daran auszubilden	28	29	10	7
An dieses schwierige Thema hatte sich bisher niemand mit Erfolg herangewagt	17	16	18	19
Es fehlte noch ein Beweisstück für die Theorie	19	12*	14	16
Es sollte ein Beitrag zur Lösung gesellschaftlicher Probleme sein	14	15	13	14
Das ließ sich in vernünftiger Frist bewältigen	16	11	16	18
Ich wurde oft auf dieses Thema angesprochen und konnte keine befriedigende Antwort geben	14	16	11	10
Es bestanden gute Aussichten, für diese Arbeit Finanzmittel zu bekommen	16	22	4	8
Empirische Daten standen mir für die Analyse zur Verfügung	13	9	11	7
Ich konnte das Ergebnis eines anderen Forschers einfach nicht glauben	5	7	12	15
Dafür bestand von vornherein eine gute Veröffentlichungsmöglichkeit	5	2*	12	10
Um mich für ein weiteres Fachgebiet zu qualifizieren	5	5	10	7
Auftraggeber hat das Thema vorgegeben	3	7**	7	10
Es gibt eine überregionale Abstimmung von Arbeiten zu diesem Thema, und es war abgesprochen, daß ich dieses Gebiet bearbeite	5	3	3	1
Das war ich meinem Lehrer schuldig	2	1	3	1

* $p \leq .05$, df = 1   ** $p \leq .01$, df = 1

246

TABELLE 10: Zusammenhang zwischen den Ideen zum Projekt und der Zufriedenheit des Projektleiters mit dem Ablauf und den Ergebnissen des zuletzt abgeschlossenen Forschungsprojekts – Ja-Antworten in Prozent, gerundet (Mehrfachnennungen waren möglich).

Ideen zum Forschungsprojekt	Teamforschung			Alleinarbeit		
	Zufriedenheit über Ablauf und Ergebnisse des Projekts					
	voll befriedigt (N=692)	teilweise befriedigt (N=338)	wenig befriedigt (N=20)	voll befriedigt (N=498)	teilweise befriedigt (N=283)	wenig befriedigt (N=4)
Dieses Gebiet beschäftigte mich seit Jahren immer wieder	54	53	45	58	57	75
Schloß sich einer vorangegangenen Arbeit an	53	55	45	44	46	75
Gehört zu einem längerfristigen Forschungsprogramm	49	47	40	30	33	25
Ich kam darauf beim Studium der Fachliteratur	19	21	20	24	23	50
War ein spontaner Einfall von mir	23	19	0*	21	19	50
Ich wurde dazu bei Vorträgen, Tagungen, Kongressen angeregt	21	17	10	12	17	0
Ist in Gruppengesprächen entstanden	16	18	20	6	7	0
War ein Forschungsauftrag	12	14	35*	9	7	0
Ergab sich aus der Forschungsarbeit von Kollegen	8	10	10	8	7	0
Bin bei der Vorbereitung einer Lehrveranstaltung darauf gestoßen	7	5	10	14	13	25
War eine Anregung von Leuten, die selbst nicht unmittelbar in der Forschung tätig sind	6	5	10	5	5	0
War die Idee eines Kollegen	4	4	0	5	4	25
War eine Anregung derjenigen, die Forschungsmittel zur Verfügung stellen	5	7	5	3	4	0
War ein Problem, das ich bei einer Tätigkeit außerhalb meines eigentlichen Berufs entdeckt habe	4	4	5	2	5	0
War die Anregung eines Studenten, eines Assistenten	3	5	0	≦0,5	1	0
Anregung aus eigener praktischer Tätigkeit	1	2	0	0	1	0

* $p \leqq .05$, df = 2

TABELLE 11: Zusammenhang zwischen den Gründen für die Wahl des Themas und der Zufriedenheit des Projektleiters mit dem Ablauf und den Ergebnissen des zuletzt abgeschlossenen Projekts – Ja-Antworten in Prozent, gerundet (Mehrfachnennungen waren möglich).

Gründe für die Wahl des Themas	Teamforschung			Alleinarbeit		
	Zufriedenheit über Ablauf und Ergebnisse des Projekts					
	voll befriedigt (N=692)	teilweise befriedigt (N=338)	wenig befriedigt (N=20)	voll befriedigt (N=498)	teilweise befriedigt (N=283)	wenig befriedigt (N=4)
Das Thema hat mich persönlich brennend interessiert	58	49	40**	63	62	50
Es ergab sich aus früheren Untersuchungen, an denen ich beteiligt war	47	52	30	39	47	75
Mein Spezialgebiet, das Thema kann ich besonders gut bearbeiten	36	34	20	38	39	75
Die Praxis verlangte dringend nach einer Lösung des Problems	35	39	65*	21	21	0
Von dem Ergebnis hängt viel für die weitere Forschung ab	33	26	25	24	19	0
Es war wirklich mal etwas Neues	34	20	0***	26	19	25
Für dieses Projekt standen geeignete Mitarbeiter zur Verfügung	7	40	25*	5	8	25
Die vorhandenen Mittel des Instituts boten gute Voraussetzungen, dieses Projekt durchzuführen	31	35	10*	14	14	25
Diese Arbeit war in besonderem Maße geeignet, jüngere Mitarbeiter daran auszubilden	30	26	20	9	10	25
An dieses schwierige Thema hatte sich bisher niemand mit Erfolg herangewagt	18	16	20	19	17	0
Es fehlte noch ein Beweisstück für die Theorie	17	20	15	15	12	25
Es sollte ein Beitrag zur Lösung gesellschaftlicher Probleme sein	11	19	35***	12	15	0

Gründe für die Wahl des Themas

	Teamforschung			Alleinarbeit		
	Zufriedenheit über Ablauf und Ergebnisse des Projekts					
	voll befriedigt (N = 692)	teilweise befriedigt (N = 338)	wenig befriedigt (N = 20)	voll befriedigt (N = 498)	teilweise befriedigt (N = 283)	wenig befriedigt (N = 4)
Das ließ sich in vernünftiger Frist bewältigen	15	17	5	15	20	0
Ich wurde oft auf dieses Thema angesprochen und konnte keine befriedigende Antwort geben	13	18	10	9	14	0
Es bestanden gute Aussichten, für diese Arbeit Finanzmittel zu bekommen	14	22	30**	5	5	0
Empirische Daten standen mir für die Analyse zur Verfügung	12	13	5	10	11	25
Ich konnte das Ergebnis eines anderen Forschers einfach nicht glauben	6	4	0	13	13	25
Dafür bestand von vornherein eine gute Veröffentlichungsmöglichkeit	5	5	0	12	11	0
Um mich für ein weiteres Fachgebiet zu qualifizieren	5	4	0	9	11	25
Auftraggeber hat das Thema vorgegeben	3	4	15**	8	6	0
Es gibt eine überregionale Abstimmung von Arbeiten zu diesem Thema, und es war abgesprochen, daß ich dieses Gebiet bearbeite	5	3	5	2	4	0
Das war ich meinem Lehrer schuldig	2	2	0	4	1	0

* $p \leqq .05$, df = 2
** $p \leqq .01$, df = 2
*** $p \leqq .001$, df = 2

TABELLE 12: Zusammenhang zwischen der Finanzierung des Projekts und dem Projekterfolg (Indikator: Veröffentlichung der Ergebnisse des zuletzt abgeschlossenen Projekts in irgendeiner Form: Ja/Nein) – Ja-Antworten in Prozent, gerundet (Mehrfachnennungen waren möglich).

Finanzierung des Projekts	Teamforschung		Alleinarbeit	
	Veröffentlichung der Ergebnisse des zuletzt abgeschlossenen Projekts		Veröffentlichung der Ergebnisse des zuletzt abgeschlossenen Projekts	
	Ja N = 867	Nein N = 185	Ja N = 638	Nein N = 152
Mittel aus dem regulären Instituts-, Lehrstuhl-, Fachbereichsetat	64	54*	47	41
Deutsche Forschungsgemeinschaft	47	28***	22	13**
Private Mittel des Projektleiters, der Mitarbeiter	8	7	11	12
Industrie, Wirtschaft als Auftraggeber	11	10	3	3
Zentrale Hochschulmittel, die auf Antrag vergeben werden	6	4	4	2
Ministerien des Landes	6	9	3	5
Ausländische, internationale Institutionen	5	3	5	4
Bundesministerium für Forschung und Technologie	7	7	1	1
Gesellschaft der Freunde und Förderer der Hochschule, des Instituts	4	2	3	1
Stiftung Volkswagenwerk	3	4	2	2
Private Stiftungen	4	2	2	1
Landesamt für Forschungsförderung	3	3	1	0
Bundesministerium für Bildung und Wissenschaft	1	2	1	0
Max-Planck-Gesellschaft	2	–	1	0
Akademien der Wissenschaften	1	1	1	1
Bundesministerium des Innern	1	3	1	1
Fritz Thyssen Stiftung	$\leq$ 0,5	1	1	0
Fraunhofer-Gesellschaft	1	–	$\leq$ 0,5	0
Stifterverband für die Deutsche Wissenschaft	1	–	0	0
Robert Bosch Stiftung	–	–	$\leq$ 0,5	0
Andere Bundesministerien	5	7	1	3
Andere inländische Stiftungen	3	3	2	2
Keine Finanzmittel benötigt	4	7	28	40**

*   p $\leq$ .05,   df = 1
**   p $\leq$ .01,   df = 1
*** p $\leq$ .001, df = 1

Untersuchungen von Hagstrom (1965, S. 105) zeigen – für viele Wissenschaftler unverzichtbar.

Auch die Zufriedenheit der Projektleiter mit dem Ablauf und den Ergebnissen des Projekts weist den gleichen Zusammenhang zur Projektgenese auf: War die Idee zum Forschungsprojekt ein »spontaner Einfall« des Projektleiters, dann sind alle Befragten voll oder zumindest teilweise mit dem Projektablauf und den Ergebnissen

TABELLE 13: Zusammenhang zwischen der Finanzierung des Projekts und der Zufriedenheit des Projektleiters mit dem Ablauf und den Ergebnissen des zuletzt abgeschlossenen Projekts – Ja-Antworten in Prozent, gerundet (Mehrfachnennungen waren möglich).

Finanzierung des Projekts	Teamforschung			Alleinarbeit		
	Zufriedenheit über Ablauf und Ergebnisse des Projekts					
	voll befriedigt (N=692)	teilweise befriedigt (N=338)	wenig befriedigt (N=20)	voll befriedigt (N=498)	teilweise befriedigt (N=283)	wenig befriedigt (N=4)
Mittel aus dem regulären Instituts-, Lehrstuhl-, Fachbereichsetat	63	62	35*	44	50	25
Deutsche Forschungsgemeinschaft	45	42	25	22	18	25
Private Mittel des Projektleiters, der Mitarbeiter	8	7	0	12	12	0
Industrie, Wirtschaft als Auftraggeber	11	10	15	4	2	0
Zentrale Hochschulmittel, die auf Antrag vergeben werden	5	7	5	4	3	0
Ministerien des Landes	6	7	15	3	4	0
Ausländische, internationale Institutionen	4	5	0	4	5	0
Bundesministerium für Forschung und Technologie	6	8	15	1	1	0
Gesellschaft der Freunde und Förderer der Hochschule, des Instituts	4	3	0	3	3	0
Stiftung Volkswagenwerk	3	3	5	2	3	0
Private Stiftungen	4	4	5	2	3	0
Landesamt für Forschungsförderung	3	2	0	1	≦0,5	0
Bundesministerium für Bildung und Wissenschaft	1	2	0	1	≦0,5	0
Max-Planck-Gesellschaft	2	1	0	1	≦0,5	0
Akademien der Wissenschaften	1	1	0	1	1	25
Bundesministerium des Innern	1	2	5	≦0,5	1	0
Fritz Thyssen Stiftung	≦0,5	≦0,5	0	≦0,5	1	0
Fraunhofer-Gesellschaft	≦0,5	1	0	≦0,5	≦0,5	0
Stifterverband für die Deutsche Wissenschaft	0	0	0	0	0	0
Robert Bosch Stiftung	0	0	0	≦0,5	0	0
Andere Bundesministerien	5	6	5	1	2	0
Andere inländische Stiftungen	3	3	5	2	2	0
Keine Finanzmittel benötigt	5	4	10	30	31	50

* p ≦ .05, df = 2

zufrieden. In der Gruppe der wenig befriedigten Projektleiter geben 35% der Befragten an, daß das Projekt ein Forschungsauftrag gewesen sei, während dies nur bei 12% der voll befriedigten Projektleiter der Fall gewesen ist.

In der Gruppe der wenig befriedigten Projektleiter findet sich auch ein – statistisch bedeutsam – größerer Anteil von Befragten, die das Thema gewählt haben, weil die Praxis dringend nach einer Lösung des Problems verlangte, das Projekt ein Beitrag zur Lösung gesellschaftlicher Probleme sein sollte, der Auftraggeber das Thema vorgegeben hat. Auch rein pragmatische Gründe für die Wahl des Forschungsthemas finden sich in der Gruppe der wenig befriedigten Projektleiter besonders häufig: »Für dieses Projekt standen geeignete Mitarbeiter zur Verfügung« und »Es bestanden gute Aussichten, für diese Arbeit Finanzmittel zu bekommen«. Die mit dem Ablauf und den Ergebnissen des Projekts voll zufriedenen Projektleiter geben demgegenüber häufiger als die nur teilweise oder wenig zufriedenen Befragten an, daß sie sich für das Projekt entschieden hätten, weil das Thema sie »persönlich brennend interessiert« hat und weil es »wirklich mal etwas Neues« war.

Diese Ergebnisse bestätigen die in der Literatur vielfach geäußerte Überzeugung, daß intrinsisch motivierte Forschung erfolgreicher sei als extrinsisch motivierte (vgl. Polanyi, 1967). Auch die Kovariationen der Aussagen zur Forschungsfinanzierung und zum Projekterfolg bestätigen diese These (vgl. die *Tabellen 12* und *13*). In der Gruppe der erfolgreich abgeschlossenen Forschungsprojekte befinden sich besonders viele Projekte, die auf Antrag der Projektleiter von der Deutschen Forschungsgemeinschaft finanziert wurden. Dieser Zusammenhang zeigt sich sowohl bei Teamforschung als auch bei Alleinarbeit und ist statistisch hoch signifikant. In der Tendenz gilt dies auch für Forschungsprojekte, die aus dem regulären Instituts-, Lehrstuhl- oder Fachbereichsetat finanziert wurden. Diese Mittel stehen Wissenschaftlern ebenfalls für die freie und intrinsisch motivierte Forschung zur Verfügung.

3.4.   GRÜNDE FÜR DIE UNZUFRIEDENHEIT MIT DEM ABLAUF UND DEN ERGEBNISSEN DES PROJEKTS

Leiter und wissenschaftliche Mitarbeiter von Forschungsprojekten, die über den Ablauf und die Ergebnisse des zuletzt abgeschlossenen Projekts nicht voll befriedigt sind, wurden gefragt, womit sie nicht so zufrieden sind, was sie sich anders gewünscht hätten. Den Befragten wurde eine Liste mit 18 verschiedenen Antwortvorgaben vorgelegt mit der Bitte, alles Zutreffende anzukreuzen. *Tabelle 14* zeigt, daß die Ursachenzuschreibungen von Projektleitern und wissenschaftlichen Mitarbeitern bemerkenswerte Ähnlichkeiten aufweisen. »Persönlicher Zeitmangel, zu starke Belastung durch andere Aufgaben« wird von Projektleitern (62%) und von Projektmitarbeitern (57%) als häufigster Grund für Unzufriedenheit genannt, gefolgt von Faktoren, die im wissenschaftlichen Erkenntnisprozeß selbst begründet liegen: »Es tauchten methodische Probleme auf, die die Projektbearbeitung sehr erschwerten«

TABELLE 14: Gründe für die Unzufriedenheit mit dem Ablauf und den Ergebnissen des zuletzt abgeschlossenen Forschungsprojekts – Angaben in Prozent, gerundet (Mehrfachnennungen waren möglich).

Gründe für die Unzufriedenheit mit dem Ablauf und den Ergebnissen des Projekts	Projekt-mitarbeiter[a]	Projektleiter[b]		
		insgesamt	teilweise befriedigt	wenig befriedigt
	N = 443	N = 358	N = 338	N = 20
Persönlicher Zeitmangel, zu starke Belastung durch andere Aufgaben	57	62	64	30**[c]
Es tauchten methodische Probleme auf, die die Projektbearbeitung sehr erschwerten	37	39	39	40
Ich müßte das Projekt weiterführen können	11	30	30	30
Für das Projekt wären besser-qualifizierte Mitarbeiter nötig gewesen	11	24	23	35
Es wurden zuwenig Stellen bewilligt, Personalmittel gekürzt	18	22	23	10
Sachmittel waren unzureichend, wurden gekürzt oder nicht weiter bewilligt	25	21	21	20
Die Zusammenarbeit mit der Hochschulverwaltung und anderen Ämtern und Behörden war sehr schwerfällig, bürokratisch	14	17	17	20
Das Projekt stand unter zu großem Termindruck	15	16	17	10
Mitarbeiter haben sich nicht genügend für das Projekt engagiert	15	14	14	15
Die Ergebnisse sind (bisher) unbefriedigend	15	13	12	40***
Schwierigkeiten bei der Beschaffung des Datenmaterials, statistischer Unterlagen usw.	10	13	13	10
Die Untersuchung war erschwert durch Materialmängel, defekte Geräte usw.	16	13	13	5
Andere Forschungsfragen interessierten mich inzwischen stärker	9	10	9	25*
Die Kooperation unter den Projektmitarbeitern hätte besser sein können	20	10	10	10
Fachliteratur war schwer zugänglich, konnte nicht oder nur schwer beschafft werden	14	5	5	10
Schwierigkeiten bei Drucklegung, Publikation	5	5	4	5
Die Forschungstätigkeit war im wesentlichen vorgegeben, für eigene Initiativen blieb kaum Raum	4	3	3	10
Die Projektleitung war mangelhaft, die Projektplanung und -organisation waren unzureichend	11	2	2	5

[a] Assistenten und wissenschaftliche Mitarbeiter, die das zuletzt abgeschlossene Projekt zusammen mit anderen Wissenschaftlern bearbeitet haben und über den Ablauf und die Ergebnisse des Projekts nicht voll befriedigt sind.

[b] Professoren, die im Untersuchungszeitraum mindestens ein Forschungsprojekt abgeschlossen haben und die das zuletzt abgeschlossene Projekt mit anderen Wissenschaftlern zusammen als alleinige Projektleiter bearbeitet haben und die über den Ablauf und die Ergebnisse des Projekts nicht voll befriedigt sind (insgesamt 358 Projektleiter, davon waren 338 teilweise befriedigt und 20 wenig befriedigt).

[c] Statistisch signifikante Unterschiede zwischen teilweise und wenig befriedigten Projektleitern.

* $p \leq .05$, df = 1
** $p \leq .01$, df = 1
*** $p \leq .001$, df = 1

(Projektleiter: 39%, Mitarbeiter: 37%) und »Die Ergebnisse sind (bisher) unbefriedigend« (Projektleiter: 13%, Mitarbeiter: 15%). Neben diesen beiden am häufigsten genannten Faktoren – Zeitknappheit und sachimmanente Schwierigkeiten – werden unzureichende Forschungsressourcen (zuwenig Stellen, unzureichende Sachmittel usw.) sowie Führungs-, Motivations- und Kooperationsprobleme als weitere Ursachen für Unzufriedenheit genannt. Projektleiter suchen die Ursachen für Unzufriedenheit häufiger bei den Mitarbeitern als bei sich selbst und umgekehrt. »Für das Projekt wären besserqualifizierte Mitarbeiter nötig gewesen«, behaupten 24% der Projektleiter und nur 11% der wissenschaftlichen Mitarbeiter. Dafür urteilen 11% der Projektmitarbeiter: »Die Projektleitung war mangelhaft, die Projektplanung und -organisation waren unzureichend« (Projektleiter: 2%).

Unterscheidet man zwischen teilweise und wenig befriedigten Projektleitern, dann zeigen sich folgende Unterschiede in der Ursachenzuschreibung: Teilweise befriedigte Projektleiter nennen statistisch signifikant häufiger als wenig befriedigte Projektleiter »Persönlichen Zeitmangel, zu starke Belastung durch andere Aufgaben« (64% gegenüber 30%), während wenig befriedigte Projektleiter häufiger als ihre nur teilweise befriedigten Kollegen sagen: »Die Ergebnisse sind (bisher) unbefriedigend« (40% gegenüber 12%) und »Andere Forschungsfragen interessierten mich inzwischen stärker« (25% gegenüber 9%).

Leider erlauben es die Frageformulierung und die Filtertechnik des Fragebogens der Forschungs-Enquete nicht, die Richtung und Stärke des Zusammenhangs zwischen Forschungsressourcierung und Projekterfolg differenzierter zu untersuchen. Es konnte in dieser Studie lediglich festgestellt werden, daß etwa ein Fünftel der Projektleiter und der wissenschaftlichen Mitarbeiter ihre Unzufriedenheit über den Verlauf und die Ergebnisse des zuletzt abgeschlossenen Projekts auf unzureichende Sach- und Personalmittel zurückführen; diese Klage steht an fünfter und sechster Stelle in einer Liste mit 18 verschiedenen Gründen für Unzufriedenheit (vgl. auch Schulz, 1979, S. 74). Insgesamt gesehen scheinen andere Einflußfaktoren für den Projekterfolg maßgeblicher zu sein, allen voran Motivation, Erfahrung und Kompetenz des Projektleiters sowie ausreichend Zeit für Forschung.

In die gleiche Richtung weisen Ergebnisse der bereits zitierten internationalen Vergleichsstudie der UNESCO über die Effektivität und Organisation von Forschungseinheiten, die in einem Sammelband von Andrews (1979) veröffentlicht wurden. In diesem Sammelband stellen Hunya et al. (1979, S. 346) fest, daß »the countable outputs (the number of books, articles, patents, etc., produced by a research unit) were almost independent of the supply of facilities and services, and of the speed with which facility needs were satisfied«. Ebenfalls keinen Zusammenhang zwischen materiellen Ressourcen und Urteilen über die Leistungen einer Forschungseinheit (sog. Effectiveness) durch Vorgesetzte, Peers und externe Gutachter konnte Stolte-Heiskanen (1979, S. 148) feststellen: »The relationships of objective *material* resources to effectiveness are generally minimal and in the case of some items even consistently negative.« Der UNESCO-Studie zufolge sind die personellen Ressourcen

254

für den Forschungserfolg wichtiger als die materiellen Ressourcen: »On the whole, *human* resources seem to play a more important role in the effectiveness of research units. Of these, the contacts of the unit and the competence of the unit head seem to be the most important objective resources« (Stolte-Heiskanen, 1979, S. 149; Hervorhebungen im Original).

Aus diesen Befunden sollte nicht voreilig der Schluß gezogen werden, daß Forschungsressourcen unbedeutend für den Erfolg von Forschungsprojekten sind. Zumindest in der Bundesrepublik Deutschland wird bei der Bewilligung von Forschungsprojekten durch die Forschungsförderer stets eine ausreichende materielle und personelle Grundausstattung als Eigenleistung gefordert oder gegebenenfalls bei der Mittelbewilligung als Ergänzungsausstattung zur Verfügung gestellt. Insofern wäre der Rückschluß schon von dieser Praxis her unzulässig, materielle und personelle Ressourcen seien unwesentlich für den Forschungserfolg. Die Aussage ist eher eine relative: Die oben näher beschriebenen menschlichen Ressourcen sind, ab einem bestimmten Ausstattungsniveau, im Hinblick auf den Projekterfolg vergleichsweise wichtiger als weitere materielle Ressourcen.

3.5. GRUPPENGRÖSSE UND PROJEKTERFOLG

Die Gruppengröße gilt in der Kleingruppenforschung als wichtige Determinante für Leistung und Zufriedenheit von Gruppenmitgliedern. Eine Hypothese, die in der sozialpsychologischen Literatur häufig vertreten wird, besagt, daß mit wachsender Gruppengröße Leistung und Zufriedenheit zunächst zunehmen, ein Optimum bei fünf oder sechs Mitgliedern erreichen und danach wieder abnehmen (Slater, 1958). Begründet wird diese These damit, daß Gruppen mit mehr als sechs Mitgliedern nur schwer ein Zusammengehörigkeitsgefühl entwickeln, das dem einzelnen Bindung, Orientierung und Sicherheit gibt. Untergruppen können sich bilden und den Gedankenaustausch sowie die sozialen Beziehungen stören. Der einzelne kann zum »Mitläufer« werden, der sich inaktiv verhält (vgl. Albanese und Van Fleet, 1985). In Gruppen mit weniger als fünf Mitgliedern werden dagegen häufig nicht alle Aspekte eines Problems berücksichtigt. Es entwickeln sich zuwenig Anregungen, notwendige Kompetenzen für die Problembearbeitung fehlen.

Die Daten der Forschungs-Enquete haben wir herangezogen, um den Zusammenhang zwischen Gruppengröße und Projekterfolg empirisch zu untersuchen. Im Rahmen eines regressionsanalytischen Ansatzes wurden als Kontrollvariablen berücksichtigt: Fachzugehörigkeit der Befragten, Forschung unter Zuhilfenahme von Geräten (ja/nein), Besoldungsgruppe und akademisches Alter der Projektleiter. Das akademische Alter ist definiert als der Zeitabstand zwischen dem Jahr der Befragung und dem Jahr der Promotion und kann als Indikator für Forschungserfahrung interpretiert werden. Die Ergebnisse unserer Analysen lassen sich wie folgt zusammenfassen: An universitären Forschungsprojekten waren neben dem Projektleiter im Durchschnitt

TABELLE 15: Zusammenhang zwischen Projektgröße (Prädiktor) und sechs Indikatoren des Projekterfolgs unter Berücksichtigung von vier Kontrollvariablen (Hierarchische multiple Regressionsanalysen). N=1052[a].

Prädiktor- und Kontrollvariablen	Indikatoren des Projekterfolgs					
	Zufriedenheit	Schlußbericht	Vortrag	Aufsatz	Buch	Ergebnisse bisher noch nicht veröffentlicht
	Beta	Beta	Beta	Beta	Beta	Beta
Fachzugehörigkeit:						
Sprach- und Kulturwissenschaften	.03	$-.11^c$	$-.12^d$	$-.16^d$	$.23^e$	.06
Sozialwissenschaften	.00	$-.02$	$-.16^d$	$.17^d$	$.24^f$	.08
Naturwissenschaften	$.13^b$	$-.05$	.06	.07	$-.02$	$-.02$
Medizin	$.10^b$	$-.03$	.06	.04	.03	$-.02$
Ingenieurwissenschaften	.09	$-.03$	$-.04$	$-.05$	.00	$.11^c$
Braucht man Geräte? (Nein/Ja)	$-.01$	.04	.04	$.07^c$	$-.12^f$	.00
Besoldungsgruppe:						
H3, AH5	$-.03$	$-.01$	$-.03$	$-.07$	.03	.03
H4, AH6	$-.03$	$-.01$	.01	.02	.01	$-.02$
Akademisches Alter (1–33 Jahre)	$.09^d$	$-.02$	$-.11^d$	$-.07^b$	$.07^c$	.03
Anzahl beteiligter Wissenschaftler	$-.04$	$-.00$	$.09^d$	$.09^d$	$.11^e$	$-.08^d$
R	.15	.11	.26	.31	.41	.17
R^2	.02	.01	.07	.09	.17	.03

[a] Professoren, die im Untersuchungszeitraum mindestens ein Forschungsprojekt abgeschlossen haben und die das zuletzt abgeschlossene Projekt mit anderen Wissenschaftlern zusammen als alleinige Projektleiter bearbeitet haben.
[b] $p \leqq .10$
[c] $p \leqq .05$
[d] $p \leqq .01$
[e] $p \leqq .001$
[f] $p \leqq .0001$

4,7 Wissenschaftler und wissenschaftliche Hilfskräfte beteiligt. Das arithmetische Mittel ist in diesem Fall jedoch nicht sehr aussagekräftig, weil die Projektgröße sehr breit streut: Einen bis fünf Mitarbeiter hatten jeweils etwa 15 % aller Projektleiter, ein Fünftel hatte zwischen sechs und neun Mitarbeiter, die restlichen 7 % hatten zwischen zehn und 25 Mitarbeiter.

Hinsichtlich des Zusammenhangs zwischen Gruppengröße und Zufriedenheit der Projektleiter mit dem Ablauf und den Ergebnissen des Projekts ergab sich folgendes Ergebnis: Je kleiner die Forschungsprojekte, desto größer ist in der Tendenz der Anteil voll befriedigter Projektleiter (vgl. *Tabelle 15*). In Forschungsprojekten mit einem wissenschaftlichen Mitarbeiter sind 71 % aller Projektleiter voll befriedigt. Mit zunehmender Projektgröße fällt dieser Anteil stetig, in Projekten mit sechs Mitarbeitern sind nur noch 60% aller Projektleiter voll befriedigt. Auch bei den Nachwuchswissenschaftlern ist der Anteil voll befriedigter Gruppenmitglieder in kleinen, insbesondere in Drei-Personen-Gruppen, am höchsten (der Anteil voll befriedigter Projektmitarbeiter beträgt in Drei-Personen-Gruppen 52%, im Durchschnitt aller Gruppen nur 38%). Statistisch hoch bedeutsam ist der Zusammenhang zwischen der Größe des Projekts und der Veröffentlichung von Forschungsergebnissen: Der Anteil von Forschungsprojekten, die mit einer Veröffentlichung von Ergebnissen abgeschlossen wurden, ist erwartungsgemäß um so höher, je mehr Wissenschaftler an den Projekten beteiligt waren. Das gilt für die Veröffentlichung der Ergebnisse als Vortrag, Aufsatz oder Buch. Lediglich die Vorlage eines Schlußberichts ist nicht korreliert mit der Projektgröße.

Auch die Anzahl publizierter Zeitschriftenaufsätze, die in der Forschungs-Enquete leider nicht im Hinblick auf das zuletzt abgeschlossene Projekt erhoben wurde, hängt eng mit der Gruppengröße zusammen, wie beispielsweise Untersuchungen von Blume und Sinclair (1974, S. 231) zeigen. Danach liegen in der Chemie die Korrelationen zwischen Gruppengröße und Anzahl publizierter Zeitschriftenaufsätze im Bereich von r = 0.24 (Physikalische Chemie) und r = 0.56 (Analytische Chemie). Die mittlere Korrelation über alle Teil-Disziplinen der Chemie beträgt r = 0.32 (Blume und Sinclair, 1973, S. 29). Die Ergebnisse dieser und anderer Studien (z. B. Knorr et al., 1979, S. 83) zeigen mit hoher Übereinstimmung, daß größere Projekte im Durchschnitt mehr publizieren als kleinere. Doch publizieren größere Projekte auch vergleichsweise mehr pro Mitarbeiter? Diese Frage läßt sich am Datenmaterial der Forschungs-Enquete nicht untersuchen, doch liegen hierzu einige empirische Studien vor, die Hinweise auf eine Antwort geben.

Cohen (1980) hat für den Zeitraum von 1977 bis 1978 die Forschungsproduktivität von 60 Labors der Rockefeller University in Abhängigkeit von der Laborgröße untersucht. In den 60 Forschungslabors waren insgesamt 618 Wissenschaftler beschäftigt. Im Durchschnitt arbeiteten elf Wissenschaftler in einem Labor. Das kleinste Labor beschäftigte einen, das größte 27 Wissenschaftler. Cohen (1980, S. 47 f.) kommt zu dem Ergebnis, daß die Forschungseffizienz unabhängig von der Laborgröße ist: »Thus, as at Rockefeller University, the number of papers per capita appears to be roughly independent of the size of the collaborating group.«

Er schließt daraus, daß »if the number of publications or the number of primary publications is accepted as a measure of productivity and the number of people is accepted as a measure of invested resources, there is no gain in productivity to be sought by favoring the investment of resources differentially according to laboratory size per se« (Cohen, 1980, S. 49). In einer zweiten Studie konnte Cohen (1981) dieses Ergebnis bestätigen. Die Größe der Forschungslabors dreier biomedizinischer Forschungseinrichtungen (Rockefeller University, New York; National Institute for Medical Research, London; National Cancer Institute, Bethesda) hatte wiederum keinen Einfluß auf die Forschungseffizienz: »In these laboratories, ranging in size from 1 to 46 scientists, one additional scientist increases the expected annual number of publications of a laboratory by approximately 1.1, regardless of the size of the laboratory« (Cohen, 1981, S. 467).

Die Befunde von Cohen (1980, 1981) stehen in Widerspruch zu früheren Untersuchungen. Wallmark et al. (1966, 1973) stellen aufgrund ihrer Untersuchungsergebnisse folgende These auf: »The larger the team, the higher the productivity per member of the team« (1973, S. 80). Demgegenüber deutet Qurashi (1969, 1969–1970, 1972, 1975, 1977, zusammenfassend 1984) die Ergebnisse seiner zahlreichen Untersuchungen im Sinne der These, daß es für die Forschungseffizienz eine optimale Gruppengröße gibt. Cohen (1981, 1984) kritisiert zu Recht diese Studien wegen ihrer methodischen Unzulänglichkeiten und kommt nach einer statistischen Reanalyse der Originaldaten zu folgendem Schluß: »These data thus do not provide evidence that research efficiency increases, linearly or exponentially, with the size of a research group« (1984, S. 31). Die Ergebnisse der vorliegenden empirischen Studien zum Zusammenhang zwischen Gruppengröße und Forschungseffizienz sprechen alles in allem dafür, daß mit wachsendem Gruppenumfang die Produktivität des einzelnen Mitarbeiters konstant bleibt.

Diese Ceteris-paribus-Aussage muß allerdings eingeschränkt werden, wenn neben der Gruppengröße und der Forschungseffizienz intervenierende Variablen, wie beispielsweise die Forschungserfahrung des Projektleiters, berücksichtigt werden. Im Rahmen der UNESCO-Studie über die Organisation und Effektivität von Forschungseinheiten untersuchte Stankiewicz (1979a, 1979b) 172 natur- und technikwissenschaftliche Forschungsgruppen an schwedischen Universitäten und konnte zeigen, daß die Forschungserfahrung des Gruppenleiters den Zusammenhang zwischen Gruppengröße und Forschungseffizienz (= Output of published papers divided by the group size) entscheidend vermittelt: »There was a clear *positive* relationship between size and the productivity in the groups led by more experienced scientists and a *negative* one in the groups headed by the less experienced ones« (Stankiewicz, 1979a, S. 208; Hervorhebungen im Original).

3.6. FORSCHUNGSERFAHRUNG DES PROJEKTLEITERS, GRUPPENGRÖSSE UND KOOPERATIONSPROBLEME UNTER DEN MITARBEITERN

Die Forschungserfahrung des Projektleiters erwies sich auch in unserer Untersuchung als wichtige Determinante des Projekterfolgs. Betrachtet man das akademische Alter des Projektleiters als Indikator für Forschungserfahrung, dann nennen forschungserfahrene Projektleiter signifikant seltener als weniger erfahrene Projektleiter Kooperationsprobleme unter den Mitarbeitern als Grund für die Unzufriedenheit mit dem Ablauf und den Ergebnissen des zuletzt abgeschlossenen Projekts (vgl. *Tabelle 16*).

Tabelle 17 zeigt, daß neben der Forschungserfahrung des Projektleiters auch die

TABELLE 16: Zusammenhang zwischen Projektgröße (Prädiktor) und Kooperationsproblemen unter den Mitarbeitern (Kriterium) unter Berücksichtigung von vier Kontrollvariablen (Hierarchische multiple Regressionsanalyse). N = 358[a].

Prädiktor- und Kontrollvariablen	Kooperationsprobleme unter den Projektmitarbeitern (Nein/Ja) Beta
Fachzugehörigkeit:	
Sprach- und Kulturwissenschaften	.00
Sozialwissenschaften	.08
Naturwissenschaften	.01
Medizin	.05
Ingenieurwissenschaften	.03
Braucht man Geräte? (Nein/Ja)	−.04
Besoldungsgruppe:	
H3, AH5	.04
H4, AH6	.07
Akademisches Alter (1–33 Jahre)	−.14[b]
Anzahl beteiligter Wissenschaftler	.21[c]
R	.28
R^2	.08

[a] Professoren, die im Untersuchungszeitraum mindestens ein Forschungsprojekt abgeschlossen haben und die das zuletzt abgeschlossene Projekt mit anderen Wissenschaftlern zusammen als alleinige Projektleiter bearbeitet haben und die über den Ablauf und die Ergebnisse dieses Projekts nicht voll befriedigt sind.
[b] $p \leq .05$
[c] $p \leq .0001$

Gruppengröße mit Kooperationsproblemen unter den Mitarbeitern in Beziehung steht. In größeren Projekten treten häufiger als in kleineren Projekten Kooperationsprobleme auf, die dazu beitragen, daß ein Teil des Leistungspotentials großer Gruppen durch interne Reibungsverluste nicht realisiert werden kann (vgl. auch Steiner, 1966).

Erfordert die Forschungsaufgabe eine enge Kooperation unter den Mitarbeitern, dann fallen diese Reibungsverluste unter Umständen sehr stark ins Gewicht. Computerunterstützte Modellrechnungen zeigen beispielsweise, »daß die Erfolgswahrscheinlichkeit einer nicht-kooperierenden Gruppe von fünf Personen bei nur 49 % liegt und bei Übergang zur Kooperation auf 91 % ansteigt« (Zipse, 1972, S. 98, vgl. auch Steck und Sündermann, 1978).

TABELLE 17: Zusammenhang zwischen Projektgröße, Kooperationsproblemen unter den Mitarbeitern und fünf Indikatoren des Projekterfolgs unter Berücksichtigung von vier Kontrollvariablen (Hierarchische multiple Regressionsanalysen). N = 358.

Prädiktor- und Kontrollvariablen	Indikatoren des Projekterfolgs				
	Schluß-bericht	Vortrag	Aufsatz	Buch	Ergebnisse bisher noch nicht veröffent-licht
	Beta	Beta	Beta	Beta	Beta
Fachzugehörigkeit:					
Sprach- und Kulturwissenschaften	−.02	−.13[a]	−.28[d]	.34[e]	.00
Sozialwissenschaften	−.09	−.13	−.27[c]	.29[c]	.00
Naturwissenschaften	−.07	.06	−.06	.05	−.06
Medizin	−.04	.03	−.04	.14	−.05
Ingenieurwissenschaften	−.05	−.15[a]	−.28[d]	.11	.14
Braucht man Geräte? (Nein/Ja)	.05	−.06	−.03	−.14[c]	.03
Besoldungsgruppe:					
H3, AH5	.04	−.08	−.12	.09	.09
H4, AH6	.06	−.05	.00	.09	.05
Akademisches Alter (1–33 Jahre)	−.10	−.08	−.10	.04	.06
Anzahl beteiligter Wissenschaftler	.05	.12[b]	.16[c]	.08	−.10[a]
Die Kooperation unter den Projekt-mitarbeitern hätte besser sein können (Nein/Ja)	.05	−.07	−.10[b]	−.01	.10[a]
R	.13	.27	.38	.45	.22
R²	.02	.07	.14	.20	.05

[a] p ≦ .10   [b] p ≦ .05   [c] p ≦ .01   [d] p ≦ .001   [e] p ≦ .0001

3.7. ORGANISATION DER ZUSAMMENARBEIT UND PROJEKTERFOLG

Die Erörterung der Frage nach der optimalen Gruppengröße hat gezeigt, daß der Projektleitung und -organisation eine besondere Bedeutung für den Arbeitserfolg zukommt. Die Organisation der Zusammenarbeit im Projekt soll deshalb näher untersucht werden. Die Form der Projektorganisation wurde im Interview folgendermaßen erfragt: »Wie war die Zusammenarbeit bei diesem Projekt organisiert? Könnten Sie es bitte nach dieser Liste sagen?« (Mehreres kann angekreuzt werden!) Die Liste, die den Befragten vorgelegt wurde, enthielt fünf Antwortvorgaben:

A) Der Ablauf des Projekts wurde regelmäßig gemeinsam besprochen.

B) Die Aufgaben wurden von den Mitarbeitern überwiegend selbständig bearbeitet.

C) Die Aufgaben wurden von den Mitarbeitern nach detaillierter Anweisung des Projektleiters bearbeitet.

D) Es gab keine Aufgabenteilung, das Projekt wurde gemeinsam im Team bearbeitet.

E) Die Mitarbeiter haben völlig selbständig gearbeitet.

Die Antwortvorgaben B, C und E können beispielsweise im Sinne von Lewin,
Lippitt und White (1939) jeweils als Indikatoren des »demokratischen«, »autoritären«
und »Laissez-faire«-Führungsstils aufgefaßt werden. Die Antwortvorgabe D entspräche in dieser Forschungstradition dem »kollektiven« Führungsstil (vgl. Bahrdt et al.,
1960; Rittel, 1966; Claessens, 1962). Das war vermutlich auch das Verständnis der
Initiatoren der Forschungs-Enquete (vgl. Institut für Demoskopie Allensbach, 1978,
S. 96). Bei der ersten Antwortvorgabe handelt es sich strenggenommen nicht um
einen Aspekt des Führungsstils, sondern um ein Führungsmittel (vgl. Böhret und
Junkers, 1976). Die von Lewin, Lippitt und White (1939) umschriebenen Führungskonzepte sind ideologisch stark vorbelastet und wegen ihrer Mehrdimensionalität
empirisch schwierig zu fassen. Die aktuelle Führungsforschung verzichtet daher
zunehmend auf die eher summarischen Kategorien der Führungsstile und untersucht
Führung vor allem im Hinblick auf das Ausmaß an Autonomie, das Mitarbeitern bei
der Arbeit gewährt wird (vgl. v. Engelhardt und Hoffmann, 1974).

Je nachdem, in welchem Ausmaß die Mitarbeiter an forschungsbezogenen Entscheidungen beteiligt werden, lassen sich vier Arten der Willensbildung unterscheiden: Autonomie, Heteronomie, gleichrangiges Zusammenwirken und Dominanz.
Auf die Antwortvorgaben bezogen heißt das: Wurden die Aufgaben von den Mitarbeitern nach detaillierter Anweisung des Projektleiters bearbeitet, kann man von
Heteronomie der Willensbildung sprechen. Autonomie liegt vor, wenn die Mitarbeiter völlig selbständig gearbeitet haben. Wenn es keine Aufgabenteilung gab und das
Projekt gemeinsam im Team bearbeitet wurde, kann man von gleichrangigem
Zusammenwirken sprechen. Dominanz läge vor, wenn mehrere Entscheidungsträger
zusammenwirken würden, von denen einer überwiegenden Einfluß hat. Diese Art
der Willensbildung ist durch keine der Antwortvorgaben zufriedenstellend operationalisiert.

Da die Befragten mehrere Antwortvorgaben auswählen konnten, um die Organisation der Zusammenarbeit im Projekt zu beschreiben, werden wir im folgenden die
jeweiligen Antwortmuster in Beziehung setzen zu den sechs Indikatoren für Projekterfolg: Zufriedenheit mit dem Ablauf und den Ergebnissen des zuletzt abgeschlossenen Projekts; Veröffentlichung der Ergebnisse als Schlußbericht, Vortrag, Aufsatz
oder Buch; Beendigung des Projekts, ohne daß Ergebnisse in irgendeiner Form
publiziert wurden. Die Zusammenhänge zwischen den verschiedenen Formen der
Projektorganisation und den einzelnen Indikatoren für Projekterfolg werden aus der
Perspektive der Projektleiter und der wissenschaftlichen Mitarbeiter betrachtet. Die
nach dem Logit-Modell der Kontingenzprüfung zu analysierenden Datenstrukturen
sind in den *Tabellen 18* und *19* dargestellt; die Ergebnisse der Kontingenzprüfung
finden sich in *Tabelle 20*.

Welche Formen der Projektorganisation lassen sich rekonstruieren und wie ver-

TABELLE 18: Formen der Projektorganisation (Antwortkonfigurationen) und sechs Indikatoren des Erfolgs universitärer Forschungsprojekte. – Berücksichtigt sind die Angaben von 1049 Projektleitern, die das zuletzt abgeschlossene Projekt mit anderen Wissenschaftlern zusammen als alleinige Projektleiter bearbeitet haben.

Nr.	Antwort-konfiguration (J=Ja, N=Nein)					Besetzungs-häufigkeit	Indikatoren des Erfolgs universitärer Forschungsprojekte (Anzahl Ja-Antworten)					
	A	B	C	D	E	N	Voll be-friedigt*	Schluß-bericht*	Vortrag	Aufsatz	Buch	Ergebnisse bisher noch nicht veröf-fentlicht
1	N	N	N	N	J	5	4	5	2	2	1	1
2	N	N	N	J	N	41	29	23(1)	24	24	3	7
3	N	N	J	N	N	72	49	51	36	34	21	11
4	N	N	J	J	N	3	2	2	2	2	0	0
5	N	J	N	N	N	38	22(1)	23	13	17	7	12
6	N	J	N	N	J	2	1	1	1	1	0	1
7	N	J	N	J	N	3	2	1	2	2	0	1
8	N	J	J	N	N	12	8	8	6	7	3	2
9	J	N	N	N	N	196	126	111	97	112	32	39
10	J	N	N	N	J	9	6	7	6	7	4	0
11	J	N	N	J	N	112	78	76	71	76	15	12
12	J	N	N	J	J	1	1	1	1	1	0	0
13	J	N	J	N	N	170	106	106	96	116	26	26
14	J	N	J	N	J	3	2	2	2	2	1	0
15	J	N	J	J	N	30	18	23	23	21	3	2
16	J	N	J	J	J	2	0	1	1	2	0	0
17	J	J	N	N	N	248	166(1)	139(2)	136	146	31	59
18	J	J	N	N	J	3	2	2	2	2	1	0
19	J	J	N	J	N	23	14	11	16	14	6	3
20	J	J	J	N	N	64	45	38	36	41	18	8
21	J	J	J	N	J	3	3	1	2	2	0	1
22	J	J	J	J	N	6	4	4	3	4	3	0
23	J	J	J	J	J	3	3	3	2	3	1	0

A = Der Ablauf des Projekts wurde regelmäßig gemeinsam besprochen.
B = Die Mitarbeiter haben überwiegend selbständig gearbeitet.
C = Die Aufgaben wurden von den Mitarbeitern nach detaillierter Anweisung des Projektleiters bearbeitet.
D = Es gab keine Aufgabenteilung, das Projekt wurde gemeinsam im Team bearbeitet.
E = Die Mitarbeiter haben völlig selbständig gearbeitet.

* In Klammern steht die Anzahl der Personen, die bei dieser Frage »keine Angabe« hatten.

breitet sind sie? Konfigurationsanalysen der Angaben der Projektleiter und der wissenschaftlichen Mitarbeiter zeigen, daß jeweils 23 der 32 möglichen Formen der Projektorganisation empirisch besetzt sind. Professoren, die das zuletzt abgeschlossene Projekt als alleinige Projektleiter bearbeitet haben, nennen am häufigsten folgende Formen der Projektorganisation (vgl. *Tabelle 18*):

1. »Der Ablauf des Projekts wurde regelmäßig gemeinsam besprochen« in Verbindung mit »Die Mitarbeiter haben überwiegend selbständig gearbeitet« (N=248).

TABELLE 19:   Formen der Projektorganisation (Antwortkonfigurationen) und sechs Indikatoren des Erfolgs universitärer Forschungsprojekte. – Berücksichtigt sind die Angaben von 443 wissenschaftlichen Mitarbeitern, die das zuletzt abgeschlossene Projekt zusammen mit anderen Wissenschaftlern bearbeitet haben.

Nr.	Antwortkonfiguration (J=Ja, N=Nein)					Besetzungshäufigkeit	Indikatoren des Erfolgs universitärer Forschungsprojekte (Anzahl Ja-Antworten)					
	A	B	C	D	E	N	Voll befriedigt*	Schlußbericht*	Vortrag	Aufsatz	Buch	Ergebnisse bisher noch nicht veröffentlicht
1	N	N	N	N	J	19	7	1	8	10	4	6
2	N	N	N	J	N	21	6(1)	1	10	8	0	8
3	N	N	J	N	N	40	13	13	10	16	9	13
4	N	N	J	N	J	2	2	0	1	1	0	1
5	N	N	J	J	N	1	1	0	0	0	1	0
6	N	J	N	N	N	99	33(2)	17	52	49	10	28
7	N	J	N	N	J	9	3	1	4	4	0	4
8	N	J	N	J	N	8	1	1	2	4	0	3
9	N	J	J	N	N	9	0(1)	1	7	6	0	1
10	J	N	N	N	N	58	26(3)	6	31	27	3	21
11	J	N	N	N	J	12	6	3	6	3	5	3
12	J	N	N	J	N	22	8	7	17	13	3	3
13	J	N	J	N	N	22	9	2	10	5	1	10
14	J	N	J	N	J	1	0	0	0	0	0	1
15	J	N	J	J	N	1	1	0	1	1	0	0
16	J	J	N	N	N	94	35	9(1)	42	41	10	37
17	J	J	N	N	J	1	1	1	1	0	0	0
18	J	J	N	J	N	7	5	4	2	5	1	1
19	J	J	N	J	J	2	0	1	1	1	1	0
20	J	J	J	N	N	12	7	1	4	2	5	4
21	J	J	J	N	J	1	0	0	1	0	0	0
22	J	J	J	J	N	1	1	1	1	1	1	0
23	J	J	J	J	J	1	1	0	1	1	0	0

A = Der Ablauf des Projekts wurde regelmäßig gemeinsam besprochen.
B = Die Mitarbeiter haben überwiegend selbständig gearbeitet.
C = Die Aufgaben wurden von den Mitarbeitern nach detaillierter Anweisung des Projektleiters bearbeitet.
D = Es gab keine Aufgabenteilung, das Projekt wurde gemeinsam im Team bearbeitet.
E = Die Mitarbeiter haben völlig selbständig gearbeitet.

* In Klammern steht die Anzahl der Personen, die bei dieser Frage »keine Angabe« hatten.

2. »Der Ablauf des Projekts wurde regelmäßig gemeinsam besprochen« (N=196).

3. »Der Ablauf des Projekts wurde regelmäßig gemeinsam besprochen« in Verbindung mit »Die Aufgaben wurden von den Mitarbeitern nach detaillierter Anweisung des Projektleiters bearbeitet« (N=170).

4. »Der Ablauf des Projekts wurde regelmäßig gemeinsam besprochen« in Verbindung mit »Es gab keine Aufgabenteilung, das Projekt wurde gemeinsam im Team bearbeitet« (N=112).

5. »Die Aufgaben wurden von den Mitarbeitern nach detaillierter Anweisung des Projektleiters bearbeitet« (N=72).

Projektmitarbeiter nennen als häufigste Form der Projektorganisation (vgl. *Tabelle 19*): »Die Mitarbeiter haben überwiegend selbständig gearbeitet« (N=99). Und an zweiter Stelle: »Der Ablauf des Projekts wurde regelmäßig gemeinsam besprochen« in Verbindung mit »Die Mitarbeiter haben überwiegend selbständig gearbeitet« (N=94). Insgesamt gesehen stimmen die Angaben von Projektleitern und wissenschaftlichen Mitarbeitern über die Organisation der Zusammenarbeit sehr gut überein. Ordnet man die in den *Tabellen 18* und *19* aufgeführten Formen der Projektorganisation nach ihrer Besetzungshäufigkeit, dann beträgt der Rang-Korrelationskoeffizient nach Spearman 0.75. Die wenigen Nicht-Übereinstimmungen sind darauf zurückzuführen, daß Projektmitarbeiter vergleichsweise häufiger als Projektleiter angeben, die Mitarbeiter hätten überwiegend oder völlig selbständig gearbeitet; sie nennen seltener als Projektleiter regelmäßige gemeinsame Gespräche über den Ablauf des Projekts als Führungsmittel.

Wie sollte unter den Gesichtspunkten der Leistung und Zufriedenheit die Zusammenarbeit im Projekt gestaltet sein? Um diese Frage zu klären, haben wir im Rahmen des Logit-Modells der Kontingenzprüfung (vgl. Langeheine, 1980) zunächst getestet, ob zwischen den verschiedenen Formen der Projektorganisation und den sechs Indikatoren für Projekterfolg ein bedeutsamer Zusammenhang besteht. In einem zweiten Schritt wurde die Richtung des Zusammenhangs bestimmt.

Tabelle 20 zeigt im Überblick die Ergebnisse der Likelihood-Chi-Quadrat-Tests für die Nullhypothese, daß zwischen der Form der Projektorganisation und den sechs Erfolgskriterien kein Zusammenhang besteht (die Analysen wurden für die Daten der Projektleiter und der wissenschaftlichen Mitarbeiter getrennt durchgeführt). Sechs der zwölf Nullhypothesen müssen demnach verworfen werden. Die Angaben der Projektleiter über die Form der Projektorganisation stehen in Beziehung zur Veröffentlichung von Forschungsergebnissen als Buch und zu dem Umstand, daß die Ergebnisse des zuletzt abgeschlossenen Projekts bisher nicht publiziert wurden. Die Antworten der wissenschaftlichen Mitarbeiter stehen in Beziehung zu vier Kriterien des Projekterfolgs: Zufriedenheit mit dem Ablauf und den Ergebnissen des zuletzt abgeschlossenen Projekts, Vorlage eines Schlußberichts, Veröffentlichung der Ergebnisse als Vortrag und Veröffentlichung als Buch.

Der zweite Schritt der Analysen zeigt, daß zwei Formen der Projektorganisation die *Veröffentlichung von Forschungsergebnissen als Buch* fördern (Angaben der Projektleiter): Wurden »die Aufgaben . . . von den Mitarbeitern nach detaillierter Anweisung des Projektleiters bearbeitet«, dann konnten 29 % der Projekte ihre Ergebnisse in Buchform veröffentlichen. Hatten »die Mitarbeiter . . . völlig selbständig gearbeitet« und wurde »der Ablauf des Projekts . . . regelmäßig gemeinsam besprochen«, dann resultierte sogar in 44 % der Fälle mindestens eine Buchveröffentlichung (im Durchschnitt aller Projekte: 17 %). Für die Veröffentlichung von Forschungsergebnissen in Buchform scheint Teamarbeit im engeren Sinne (»Es gab keine

TABELLE 20:   Test der Unabhängigkeitsmodelle mittels des Likelihood-Chi^2-Tests.

Indikatoren des Projekterfolgs	Projektleiter Likelihood-Chi^2-Wert (df = 22)	Wissenschaftliche Mitarbeiter Likelihood-Chi^2-Wert (df = 22)
Zufriedenheit	15.43	37.50*
Schlußbericht	26.78	39.20*
Vortrag	24.88	36.40*
Aufsatz	27.28	28.46
Buch	36.74*	47.31**
Ergebnisse bisher noch nicht veröffentlicht	34.46*	22.43

*   p ≦ .05   **   p ≦ .01

Aufgabenteilung, das Projekt wurde gemeinsam im Team bearbeitet«) die ungünstigste Form der Projektorganisation zu sein: Nur 7 % der auf diese Weise organisierten Projekte wurden mit einer Buchveröffentlichung abgeschlossen. Auch wenn in Projekten, die nach Prinzipien der Teamarbeit organisiert waren, der Ablauf des Projekts regelmäßig gemeinsam besprochen wurde, liegt die Erfolgsrate mit 13 % noch immer deutlich unter dem Durchschnitt.

Die Analyse der Angaben der Projektmitarbeiter führt zu ganz ähnlichen Resultaten: Die Ergebnisse des zuletzt abgeschlossenen Projekts wurden in 23 respektive 42 % der Fälle als Buch veröffentlicht, wenn »die Aufgaben. . . von den Mitarbeitern nach detaillierter Anweisung des Projektleiters bearbeitet [wurden]« bzw. wenn »die Mitarbeiter . . . völlig selbständig gearbeitet [haben]«, »der Ablauf des Projekts [jedoch] regelmäßig gemeinsam besprochen [wurde]«. Demgegenüber konnte kein Forschungsprojekt mit einer Buchveröffentlichung abgeschlossen werden, wenn »es . . . keine Aufgabenteilung [gab], das Projekt . . . gemeinsam im Team bearbeitet [wurde]« und der Ablauf des Projekts *nicht* regelmäßig besprochen wurde.

Die Organisation der Zusammenarbeit steht auch in Beziehung zur *Beendigung des Projekts, ohne daß Ergebnisse in irgendeiner Form publiziert wurden.* Projekte, die nach Angaben der Projektleiter ohne Veröffentlichung von Ergebnissen abgeschlossen wurden, hatten – wie an anderer Stelle bereits berichtet – häufig unbefriedigende Ergebnisse, standen vor unlösbaren methodischen Problemen oder waren durch andere Aufgaben zu stark belastet. Doch auch die Organisation der Zusammenarbeit spielt eine wesentliche Rolle. Regelmäßige gemeinsame Gespräche über den Ablauf des Projekts sind offensichtlich besonders förderlich für die Publikation von Forschungsergebnissen. Unabhängig von der Art der Willensbildung im Projekt (Autonomie, Heteronomie, gleichrangiges Zusammenwirken) üben regelmäßige gemeinsame Gespräche einen positiven Effekt auf die Veröffentlichung von Forschungsergebnissen aus. Die folgende Gegenüberstellung zeigt den Anteil von Projekten, die *ohne* Veröffentlichung abgeschlossen wurden, in Abhängigkeit von verschiedenen Formen der Projektorganisation (Angabe der Projektleiter; siehe *Übersicht 1*).

Nach den Angaben der Projektleiter konnten Projekte am häufigsten mit minde-

ÜBERSICHT 1: Projektorganisation und Beendigung des Projekts ohne Veröffentlichung von Forschungsergebnissen (Auszug aus Tabelle 18).

Form der Projektorganisation	Projekte (in %), die ohne Veröffentlichung abgeschlossen wurden		Form der Projektorganisation
»Die Mitarbeiter haben überwiegend selbständig gearbeitet«	32	24	»Die Mitarbeiter haben überwiegend selbständig gearbeitet« in Verbindung mit »Der Ablauf des Projekts wurde regelmäßig gemeinsam besprochen«
»Die Aufgaben wurden von den Mitarbeitern nach detaillierter Anweisung des Projektleiters bearbeitet«	15	15	»Die Aufgaben wurden von den Mitarbeitern nach detaillierter Anweisung des Projektleiters bearbeitet« in Verbindung mit »Der Ablauf des Projekts wurde regelmäßig gemeinsam besprochen«
»Es gab keine Aufgabenteilung, das Projekt wurde gemeinsam im Team bearbeitet«	17	11	»Es gab keine Aufgabenteilung, das Projekt wurde gemeinsam im Team bearbeitet« in Verbindung mit »Der Ablauf des Projekts wurde regelmäßig gemeinsam besprochen«
»Die Mitarbeiter haben völlig selbständig gearbeitet«	20	0	»Die Mitarbeiter haben völlig selbständig gearbeitet« in Verbindung mit »Der Ablauf des Projekts wurde regelmäßig gemeinsam besprochen«

stens einer Veröffentlichung abgeschlossen werden, wenn der Ablauf des Projekts regelmäßig gemeinsam besprochen wurde und die Mitarbeiter entweder völlig selbständig gearbeitet hatten oder das Projekt ohne Aufgabenteilung im Team bearbeitet wurde. Auch die Analyse der Angaben der Projektmitarbeiter zeigt, daß Projekte am häufigsten mit einer Veröffentlichung abgeschlossen wurden, wenn »es keine . . . Aufgabenteilung [gab], das Projekt . . . gemeinsam im Team bearbeitet [wurde]« und »der Ablauf des Projekts . . . regelmäßig gemeinsam besprochen [wurde]«. 22 Projekte waren den Angaben der Mitarbeiter zufolge auf diese Weise organisiert und nur drei von diesen wurden ohne Publikation von Ergebnissen abgeschlossen. Diese Form der Projektorganisation führt allerdings – wie die Analysen zum Zusammenhang zwischen Projektorganisation und Veröffentlichung der Ergebnisse in Buchform gezeigt haben – nur in ganz seltenen Fällen zu Buchveröffentlichungen, überdurchschnittlich häufig dagegen zu Schlußberichten, Vorträgen und Zeitschriftenaufsätzen.

Neben der Veröffentlichung von Forschungsergebnissen steht auch die *Zufriedenheit der Mitarbeiter* mit dem Ablauf und den Ergebnissen des zuletzt abgeschlossenen Projekts in Beziehung zur Organisation der Zusammenarbeit. Die Ergebnisse zeigen, daß regelmäßige gemeinsame Gespräche über den Ablauf des Projekts nicht nur die Veröffentlichung von Forschungsergebnissen fördern, sondern auch die Zufriedenheit der Mitarbeiter, und zwar unabhängig von der Art der Willensbildung im Projekt.

ÜBERSICHT 2:   Projektorganisation und Zufriedenheit der Mitarbeiter (Auszug aus Tabelle 19).

Form der Projektorganisation	%-Anteil voll befriedigter Mitarbeiter		Form der Projektorganisation
»Die Mitarbeiter haben überwiegend selbständig gearbeitet«	33	37	»Die Mitarbeiter haben überwiegend selbständig gearbeitet« in Verbindung mit »Der Ablauf des Projekts wurde regelmäßig gemeinsam besprochen«
»Die Aufgaben wurden von den Mitarbeitern nach detaillierter Anweisung des Projektleiters bearbeitet«	33	41	»Die Aufgaben wurden von den Mitarbeitern nach detaillierter Anweisung des Projektleiters bearbeitet« in Verbindung mit »Der Ablauf des Projekts wurde regelmäßig gemeinsam besprochen«
»Es gab keine Aufgabenteilung, das Projekt wurde gemeinsam im Team bearbeitet«	29	36	»Es gab keine Aufgabenteilung, das Projekt wurde gemeinsam im Team bearbeitet« in Verbindung mit »Der Ablauf des Projekts wurde regelmäßig gemeinsam besprochen«
»Die Mitarbeiter haben völlig selbständig gearbeitet«	37	50	»Die Mitarbeiter haben völlig selbständig gearbeitet« in Verbindung mit »Der Ablauf des Projekts wurde regelmäßig gemeinsam besprochen«

Der höchste Anteil zufriedener Mitarbeiter (50 %) findet sich in Forschungsprojekten, in denen die Mitarbeiter völlig selbständig gearbeitet haben und in denen der Ablauf des Projekts regelmäßig gemeinsam besprochen wurde. Demgegenüber weisen Projekte, die ohne Aufgabenteilung im Team bearbeitet wurden, ohne daß der Ablauf des Projekts regelmäßig gemeinsam besprochen wurde, den niedrigsten Anteil zufriedener Mitarbeiter auf (29 %). Insgesamt gesehen schneidet diese Form der Projektorganisation hinsichtlich Leistung und Zufriedenheit der Forschungsgruppe am schlechtesten ab (siehe *Übersicht 2*).

Regelmäßige gemeinsame Gespräche erwiesen sich in unserer Studie als besonders wichtig für den Projekterfolg. Das gilt für alle Formen der Projektorganisation, aber ganz besonders für Projekte, die nach Prinzipien der Teamarbeit organisiert sind oder in denen die Mitarbeiter völlig selbständig arbeiten. Nur wenn der Ablauf des Projekts regelmäßig gemeinsam besprochen wird, zählen gleichrangiges Zusammenwirken (Teamarbeit) und autonom arbeitende Mitarbeiter zu den besten Formen der Projektorganisation. Dies wird unter anderem durch Ergebnisse von Pelz (1956, S. 321) bestätigt. Der Autor untersuchte den Zusammenhang zwischen Gruppenproduktivität und Ausmaß der den Mitarbeitern gewährten Autonomie in Abhängigkeit von der Häufigkeit der Gespräche zwischen Gruppenleiter und Mitarbeitern (vgl. *Schaubild*). In Übereinstimmung mit unseren Befunden ergab sich, daß »performance is highest when independence from the chief is combined with frequent contact with him«.

Wissenschaftliche Leistung in Abhängigkeit von der Autonomie der Mitarbeiter und der Häufigkeit der Gespräche zwischen Gruppenleiter und Mitarbeitern (Pelz, 1956, S. 322).

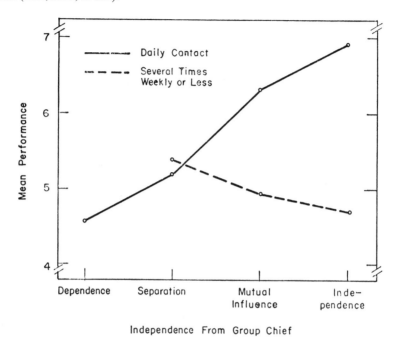

Independence From Group Chief

4. Zusammenfassung der wichtigsten Untersuchungsergebnisse

Die Ergebnisse unserer Sekundäranalyse der Forschungs-Enquete lassen sich wie folgt zusammenfassen: Im Berichtszeitraum wurden zwei Drittel aller universitären Forschungsprojekte in Gruppen bearbeitet. In der Regel arbeiteten an diesen Projekten jeweils ein Professor und mehrere Nachwuchswissenschaftler zusammen. Die Projektgröße wies eine erhebliche Variationsbreite auf, jedoch ohne deutliche Konzentration auf eine bestimmte Mitarbeiterzahl. Ein Fünftel der im Berichtszeitraum abgeschlossenen Forschungsprojekte publizierten keine Ergebnisse. Rund ein Drittel der Projektleiter und etwa 60% der wissenschaftlichen Mitarbeiter waren über den Ablauf und die Ergebnisse des zuletzt abgeschlossenen Projekts nicht voll befriedigt.

Leistung und Zufriedenheit von Forschungsgruppen kovariieren bedeutsam mit verschiedenen Faktoren. So zeigte sich beispielsweise, daß sowohl die Publikation von Forschungsergebnissen als auch die Zufriedenheit mit dem Ablauf und den Ergebnissen des Projekts in Beziehung stehen zur intrinsischen Forschungsmotivation des Projektleiters (dokumentiert in den Aussagen zur Projektgenese: »Dieses Gebiet beschäftigte mich seit Jahren immer wieder«, »War ein spontaner Einfall von mir« usw.). War die Wahl des Forschungsthemas dagegen eher pragmatisch (»Es bestanden gute Aussichten, für diese Arbeit Finanzmittel zu bekommen«) oder – wie in seltenen Fällen – extrinsisch motiviert (»Auftraggeber hat das Thema vorgegeben«), wurden Forschungsergebnisse seltener publiziert und es waren weniger Projektleiter mit dem Ablauf und den Ergebnissen des Projekts zufrieden.

Projektleiter und wissenschaftliche Mitarbeiter, die nicht voll und ganz mit dem Ablauf und den Ergebnissen des zuletzt abgeschlossenen Projekts zufrieden sind, nennen im wesentlichen die gleichen Gründe: »Persönlicher Zeitmangel, zu starke Belastung durch andere Aufgaben« wird mit großem Abstand an erster Stelle genannt, gefolgt von »Es tauchten methodische Probleme auf, die die Projektbearbeitung sehr erschwerten« und »Die Ergebnisse sind [bisher] unbefriedigend«. Unzureichende Ressourcierung sowie Führungs-, Motivations- und Kooperationsprobleme werden dagegen nur von vergleichsweise wenigen Befragten als Gründe für Unzufriedenheit genannt. Kooperationsprobleme in Forschungsgruppen hängen eng mit der Gruppengröße und der Forschungserfahrung des Projektleiters zusammen. Je größer die Forschungsgruppen, desto häufiger wird von Kooperationsproblemen unter den Mitarbeitern berichtet. Forschungserfahrene Projektleiter nennen Kooperationsprobleme seltener als weniger erfahrene Projektleiter.

Die Frage, ob es eine kritische oder optimale Größe für Forschungsgruppen gibt, ist aufgrund der Befundlage – auch in der Literatur – nicht abschließend zu beantworten. Die vorliegenden Befunde sprechen eher dafür, daß die Forschungsproduktivität des einzelnen Mitarbeiters unabhängig von der Gruppengröße ist. Die Zufriedenheit der Projektmitglieder ist in kleinen Gruppen jedoch höher als in großen. Hinsichtlich der Frage, welches die beste Form der Projektorganisation ist, stimmen die Ergebnisse der Analysen für Projektleiter und wissenschaftliche Mitarbeiter weitgehend überein: Von großer Bedeutung für Leistung und Zufriedenheit sind regelmäßige gemeinsame Gespräche über den Ablauf des Projekts. Diese sind ganz besonders wichtig, wenn das Projekt ohne Aufgabenteilung im Team bearbeitet wird oder wenn die Mitarbeiter völlig selbständig arbeiten.

Im Rahmen einer Sekundäranalyse konnten nur einige Determinanten des Forschungserfolgs untersucht werden. Als Mehrthemenbefragung ist die zugrunde gelegte Enquete »Zur Lage der Forschung an den Universitäten« natürlich nicht mit jenen in der Literatur berichteten Spezialerhebungen vergleichbar, die ausschließlich mit den Korrelaten und Determinanten des Erfolgs von Forschungsgruppen befaßt sind. Die mehrfach in diesem Beitrag zitierte internationale Vergleichsstudie der UNESCO über die Organisation und Effektivität von Forschungseinheiten (vgl. Andrews, 1979) erfaßte beispielsweise über 1200 Forschungsgruppen in sechs Ländern, siebzehn Disziplinen und sieben Organisationstypen. Im Unterschied zur

Forschungs-Enquete lagen für jede Forschungsgruppe im Durchschnitt Fragebogen von sechs Gruppenmitgliedern und drei externen Evaluatoren vor. Die Entwicklung des Fragebogens orientierte sich an einem systemtheoretischen Modell der Forschung in Gruppen und berücksichtigte eine viel größere Anzahl von Variablen als die Forschungs-Enquete. Auch wenn die von uns ausgewertete Forschungs-Enquete in dieser Hinsicht nicht mit der UNESCO-Studie vergleichbar ist, so weisen die Ergebnisse beider Studien dennoch bemerkenswerte Übereinstimmungen auf, wie auch der Beitrag von Mittermeir in diesem Band zeigt.

Dank dieser Studien wissen wir heute besser als vor dreißig Jahren (vgl. Bush und Hattery, 1953), was die Arbeit in Forschungsgruppen fördert und was sie behindert. Von einer Theorie der Forschung im Team sind wir jedoch noch weit entfernt (vgl. Neidhardt, 1980). Das liegt nicht zuletzt an methodischen Schwierigkeiten, die eine Analyse von Gruppen bereitet.

Inwieweit können beispielsweise die Aussagen einzelner Gruppenmitglieder aggregiert werden, um Indikatoren für Gruppenstrukturen und -prozesse zu erhalten? Diese Schwierigkeit wird ganz offensichtlich, wenn ausschließlich individuelle Sichtweisen das Ausgangsmaterial darstellen, wie in unserem Fall (vgl. zu dieser Problematik auch Manners und Stahl, 1978). Neben diesem speziellen Problem der Aggregation von Individualdaten zu Gruppenkennwerten bereitet die theoriegeleitete Analyse von Person-, Gruppen- und Kontextmerkmalen im Rahmen eines Mehrebenenansatzes große Schwierigkeiten (vgl. Hummell, 1972). Erst in allerjüngster Zeit hat die Mehrebenenanalyse durch Arbeiten von Kenny und La Voie (1985) Fortschritte gemacht, die auch der Theoriebildung im Bereich der Kleingruppenforschung neue Möglichkeiten eröffnen könnten.

Anmerkungen

[1] Wir danken dem Institut für Demoskopie Allensbach für die Überlassung der Rohdaten und dem Bundesministerium für Bildung und Wissenschaft, dem Ministerium für Wissenschaft und Kunst Baden-Württemberg sowie dem Ausschuß für Forschungsfragen der Universität Konstanz für die finanzielle Unterstützung unserer Arbeiten.

[2] Etwa zur gleichen Zeit führte die Infratest Sozialforschung GmbH im Auftrag des Bundesministeriums für Bildung und Wissenschaft eine Befragung von Lehrenden an westdeutschen Hochschulen durch. Beide Befragungen decken sich thematisch nur zum Teil. Der gesamte Bereich der Projektforschung war nicht Gegenstand der von Infratest durchgeführten Erhebung (vgl. Infratest Sozialforschung, 1977).

[3] Im Frühjahr 1984 wurden vom Institut für Demoskopie Allensbach im Auftrag des Bundesministeriums für Bildung und Wissenschaft weitere 508 repräsentativ ausgewählte Professoren zur Lage der Forschung an den Universitäten befragt. Die bisher unveröffentlichten Ergebnisse dieser Studie zeigen, daß die Lage der Forschung an den Universitäten weitgehend

unverändert ist. Die wichtigsten Schlußfolgerungen der ersten Hochschullehrerbefragung gelten nach Maier-Leibnitz weiter (vgl. Institut für Demoskopie Allensbach, o. J.).

[4] Wir realisieren natürlich, daß es sich bei den genannten Determinanten des Projekterfolgs nicht um Einflußfaktoren im objektiven, faktischen Sinne handelt, sondern um Ursachenzuschreibungen und Ansichten über denkbare Determinanten. Manch einem mag das beim Lesen vielleicht Unbehagen bereiten, weil man ja nicht wissen kann, »wie es wirklich ist«. Wenn man sich allerdings vergegenwärtigt, welche Schlußfolgerungen aus den Ergebnissen zu ziehen sind und was in Zukunft zu tun sein wird, dann ist festzuhalten, daß nicht Fakten handlungswirksam und entscheidungsrelevant werden, sondern Meinungen über vermeintliche Fakten. Insofern bleiben wir stets auf der gleichen Argumentationsebene. Um die Sprache nicht zu komplizieren, schreiben wir im folgenden so, als ob es sich um Fakten handeln würde.

Literatur

Albanese, R. und Van Fleet, D. D. Rational behavior in groups: The free-riding tendency. Academy of Management Review, 1985, 10, 244–255.

Andrews, F. M. (ed.) Scientific productivity: The effectiveness of research groups in six countries. Cambridge / Paris: Cambridge University Press / UNESCO, 1979.

Bahrdt, H. P., Krauch, H. und Rittel, H. Die wissenschaftliche Arbeit in Gruppen. Kölner Zeitschrift für Soziologie und Sozialpsychologie, 1960, 12, 1–40.

Baker, R. J. und Nelder, J. A. The GLIM System (Release 3): Generalised Linear Interactive Modelling. Oxford: NAG Central Office, 1978.

Birnbaum, P. H., Newell, W. T. und Saxberg, B. O. Managing academic interdisciplinary research projects. Decision Sciences, 1979, 10, 645–665.

Blaschke, D. Probleme interdisziplinärer Forschung: organisations- und forschungssoziologische Untersuchung der Erfahrungen mit interdisziplinärer Zusammenarbeit im SFB 16 unter besonderer Betonung des Dhanbad-Projektes. Wiesbaden: Steiner, 1976.

Blume, S. S. und Sinclair, R. Research environment and performance in British university chemistry. London: Her Majesty's Stationary Office, 1973.

Blume, S. S. und Sinclair, R. Aspects of the structure of a scientific discipline. In: R. Whitley (ed.) Social processes of scientific development. London: Routledge & Kegan Paul, 1974, 224–241.

Böhret, C. und Junkers, M. T. Führungskonzepte für die öffentliche Verwaltung. Stuttgart: Kohlhammer, 1976.

Bush, G. P. Teamwork in research: A commentary and evaluation. In: G. P. Bush und L. H. Hattery (eds.) Teamwork in research. Washington, D. C.: The American University Press, 1953, 171–186.

Bush, G. P. und Hattery, L. H. (eds.) Teamwork in research. Washington, D. C.: The American University Press, 1953.

Claessens, D. Forschungsteam und Persönlichkeitsstruktur. Kölner Zeitschrift für Soziologie und Sozialpsychologie, 1962, 14, 487–503.

Cleary, P. D. und Angel, R. The analysis of relationships involving dichotomous dependent variables. Journal of Health and Social Behavior, 1984, 25, 334–348.

Cohen, J. E. Publication rate as a function of laboratory size in a biomedical research institution. Scientometrics, 1980, 2, 35–52.

Cohen, J. E. Publication rate as a function of laboratory size in three biomedical research institutions. Scientometrics, 1981, 3, 467–487.

Cohen, J. E. Statistical theory aids inference in scientometrics (comments to Publication rate as a function of the laboratory/group size by M. M. Qurashi). Scientometrics, 1984, 6, 27–32.

Engelhardt, v. M. und Hoffmann, R.-W. Wissenschaftlich-technische Intelligenz im Forschungsgroßbetrieb. Frankfurt: Europäische Verlagsanstalt, 1974.

Fox, M. F. Publication productivity among scientists: A critical review. Social Studies of Science, 1983, 13, 285–305.

Hagstrom, W. O. Traditional and modern forms of scientific teamwork. Administrative Science Quarterly, 1964, 9, 241–263.

Hagstrom, W. O. The scientific community (Chapter III: Teamwork). New York: Basic Books, 1965.

Hemptinne, Y. de und Andrews, F. M. The International Comperative Study on the Organization and performance of Research Units. In: F. M. Andrews (ed.) Scientific productivity: The effectiveness of research groups in six countries. Cambridge / Paris: Cambridge University Press / UNESCO, 1979, 3–15.

Hiebsch, H. Wissenschaftspsychologie. Berlin: Deutscher Verlag der Wissenschaften, 1977.

Hummell, H. J. Probleme der Mehrebenenanalyse. Stuttgart: Teubner, 1972.

Hunya, P., Halász, A. und Fajszi, C. The analysis strategy of the Hungarian Research Team and some results on R & D facilities. In: F. M. Andrews (ed.) Scientific productivity: The effectiveness of research groups in six countries. Cambridge / Paris: Cambridge University Press / UNESCO, 1979, 333–352.

Infratest Sozialforschung: Befragung des wissenschaftlichen Personals der Hochschulen zur Entwicklung von Lehre und Forschung – Wintersemester 1976/77. München: Infratest Sozialforschung GmbH, 1977.

Institut für Demoskopie Allensbach: Untersuchung zur Lage der Forschung an den Universitäten: Kommentiertes Inhaltsverzeichnis. Institut für Demoskopie Allensbach, 1978.

Institut für Demoskopie Allensbach: Zur Lage der Forschung an deutschen Universitäten 1977–1984. Gesamtergebnisse im Trend (Kommentarband). Institut für Demoskopie Allensbach, o. J.

Kenny, D. A. und La Voie, L. Separating individual and group effects. Journal of Personality and Social Psychology, 1985, 48, 339–348.

Knorr, K. D., Mittermeir, R., Aichholzer, G. und Waller, G. Individual publication productivity as a social position effect in academic and industrial research units. In: F. M. Andrews (ed.) Scientific productivity: The effectiveness of research groups in six countries. Cambridge / Paris: Cambridge University Press / UNESCO, 1979, 55–94.

Langeheine, R. Log-lineare Modelle zur multivariaten Analyse qualitativer Daten. München: Oldenbourg, 1980.

Lewin, K., Lippitt, R. und White, R. K. Patterns of aggressive behavior in experimentally created ›social climates‹. Journal of Social Psychology, 1939, 10, 271–299.

Manners, G. E. und Stahl, M. J. Weighted individual perceptions and the productivity and innovativeness of research groups. R & D Management, 1978, 8, 79–82.

Matejko, A. Institutional conditions of scientific inquiry: Survey of research teams in Poland. Small Group Behavior, 1973, 4, 89–126.

Nagl, W. und H.-G. Walter (Hg.) Konstanzer Statistisches Analyse System (KOSTAS). Konstanz: Universität Konstanz (SFB 23), 1981.

Neidhardt, F. Buchbesprechung von: F. M. Andrews (Hrsg.) Scientific productivity. The effectiveness of research groups in six countries. Cambridge: Cambridge University Press 1979. Kölner Zeitschrift für Soziologie und Sozialpsychologie, 1980, 32, 620–624.

Neidhardt, F. Gruppierungsprobleme sozialwissenschaftlicher Forschungsteams. In: F. Neidhardt (Hg.) Gruppensoziologie: Perspektiven und Materialien. Opladen: Westdeutscher Verlag, 1983, 552–573.

Noelle-Neumann, E. Beabsichtigte und unbeabsichtigte Einflüsse in der Forschungsförderung. Ergebnisse der Allensbacher Umfrage unter Wissenschaftlern. Wirtschaft und Wissenschaft, 1978, 26, 6–16.

Parthey, H. Forschungssituation interdisziplinärer Arbeit in Forschergruppen. In: H. Parthey und K. Schreiber (Hg.) Interdisziplinarität in der Forschung. Berlin: Akademie-Verlag, 1983, 13–46.

Pelz, D. C. Some social factors related to performance in a research organization. Administrative Science Quarterly, 1956, 1, 310–325.

Phillips, J. P. The individual in chemical research. Science, 1955, 121, 311–312.

Pineau, C. und Levy-Leboyer, C. Managerial and organizational determinants of efficiency in biomedical research teams. In: S. R. Epton, R. L. Payne und A. W. Pearson (eds.) Managing interdisciplinary research. New York: Wiley, 1983, 141–163.

Polanyi, M. The growth of science in society. Minerva, 1967, 5, 533–545.

Qurashi, M. M. The optimum size of research groups for maximum effectiveness: Part I: Statistical formulation and analysis of the data for U. K., Canada and Pakistan. Pakistan Journal of Scientific Industrial Research, 1969, 12, 1–7.

Qurashi, M. M. The optimum size of research groups for maximum effectiveness: Part II: A theoretical model, and its correlation with the two basic empirical distributions. Pakistan Journal of Scientific Industrial Research, 1969–1970, 12, 315–323.

Qurashi, M. M. The optimum size of research groups for maximum effectiveness: Part III: The dependence of scientific output on the size of research groups or laboratories and verification of size parameters in Parkinsonian Law. Proccedings of the Pakistan Academy of Sciences, 1972, 9, 109–117.

Qurashi, M. M. The optimum size of research groups for maximum effectiveness: Part IV: Analysis of some data on specialist research and university science departments. Proceedings of the Pakistan Academy of Sciences, 1975, 12, 1–13.

Qurashi, M. M. The optimum size of research groups for maximum effectiveness: Part V: Preliminary study of the branching out of specialized institutes from parent labs. Proceedings of the Pakistan Academy of Sciences, 1977, 14, 89–94.

Qurashi, M. M. Publication rate as a function of the laboratory/group size. Scientometrics, 1984, 6, 19–26.

Rittel, H. Hierarchie oder Team? Betrachtungen zu den Kooperationsformen in Forschung und Entwicklung. In: H. Krauch, W. Kunz, H. Rittel und dem Rationalisierungs-Kuratorium der Deutschen Wirtschaft e. V. (Hg.) Forschungsplanung: Eine Studie über Ziele und Strukturen amerikanischer Forschungsinstitute. München: Oldenbourg, 1966, 40–70.

Schulz, R. Zur Lage der Forschung an deutschen Universitäten: Werkstattbericht über eine

Repräsentativumfrage unter Professoren, Assistenten und Doktoranden. Wissenschaftsrecht, Wissenschaftsverwaltung, Wissenschaftsförderung (Beiheft 7: Die Rolle der Forschung in wissenschaftlichen Hochschulen), 1979, S. 67–80.

Slater, P. E. Contrasting correlates of group size. Sociometry, 1958, 21, 129–139.

Stankiewicz, R. The effects of leadership on the relationship between the size of research groups and their scientific performance. R & D Management (Special Issue), 1979a, 9, 207–212.

Stankiewicz, R. The size and age of Swedish academic research groups and their scientific performance. In: F. M. Andrews (ed.) Scientific productivity: The effectiveness of research groups in six countries. Cambridge / Paris: Cambridge University Press / UNESCO, 1979b, 191–222.

Steck, R. und Sünderman, J. The effects of group size and cooperation on the success of interdisciplinary groups in R & D. R & D Management, 1978, 8, 59–64.

Steiner, I. D. Models for inferring relationships between group size and potential group productivity. Behavioral Science, 1966, 11, 273–283.

Stolte-Heiskanen, V. Externally determined resources and the effectiveness of research units. In: F. M. Andrews (ed.) Scientific productivity: The effectiveness of research groups in six countries. Cambridge / Paris: Cambridge University Press / UNESCO, 1979, 121–153.

Vester, F. Planung, Forschung, Kommunikation im Team. Konstanz: Universitätsverlag Konstanz, 1969.

Wallmark J. T. und Sellerberg, B. Efficiency vs. size of research teams. IEEE Transactions on Engineering Management, 1966, 13, 137–142.

Wallmark, J. T., Eckerstein, S., Langered, B. und Holmqvist, H. E. S. The increase in efficiency with size of research teams. IEEE Transactions on Engineering Management, 1973, 20, 80–86.

Zipse, H. W. Quantitative Aussage über die Erhöhung der Erfolgswahrscheinlichkeit durch gezielte Informationskopplungen (Kooperation). Hoesch Berichte aus Forschung und Entwicklung, 1972, Nr. 3, 98–101.

Roland Mittermeir

Leistungsdeterminanten von Forschungsgruppen

Personelle und materielle Ressourcen

Einleitung

Der hier vorgestellte Befund stützt sich auf Daten der ersten Runde der von der UNESCO koordinierten »International Comparative Study on the Organization and Performance of Research Units« (kurz: ICSOPRU). Aufgrund dieser Daten zeigten sich zwischen personellen bzw. materiellen Ressourcen von Forschungseinheiten und deren wissenschaftlicher Leistung keine hinreichend klaren Beziehungen, um etwa eine Produktionsfunktion für wissenschaftliche Leistung abzuleiten. Hingegen konnten organisationssoziologische Variable bedeutend mehr Varianz (insbesondere bei qualitativen Leistungsmaßen) erklären als materieller oder quantitativ-personeller Input. Dieser scheint vielmehr in bestimmten Kategorien von Forschungseinheiten indirekt, über Attribute des Leiters der Forschungsgruppe, zu wirken.

Warnend mag angemerkt werden, daß vor blindem Vertrauen in die Labilität der Beziehung zwischen quantitativem Input und dem Output einer Forschungseinheit der Frage nach der Meßmethodik von Forschungsleistung und auch der Frage nach der Verknüpfung unterschiedlich gemessener Faktoren nachgegangen werden sollte.

1.   Beschreibung des Datenmaterials*

Die in dieser Arbeit verwendeten Daten wurden 1974 in einer internationalen Studie unter koordinierender Hilfe der United Nations Educational, Scientific and Cultural Organization (UNESCO), Division of Science and Technology Policies, gesammelt. Die nationalen Forschungsteams der Teilnehmerländer waren konstituiert am Belgischen Archiv für Sozialwissenschaften, Louvain, Belgien; an der Finnischen Akademie der Wissenschaften, Helsinki, Finnland; an der Ungarischen Akademie der

* In Österreich wurde die Datenerhebung und ihre Computerauswertung, die am Institut für Höhere Studien, am Bundesrechenamt und an der Universität Wien durchgeführt wurde, durch die Unterstützung des Forschungsförderungsfonds der gewerblichen Wirtschaft ermöglicht.

TABELLE 1.1: Gliederung der internationalen Stichprobe; First round Daten.

Dimension	Kardinalität	Ausprägungsform	Stichprobenumfang
Land	6	Belgien	193
		Finnland	219
		Österreich	244
		Polen	192
		Schweden	152
		Ungarn	222
Forschungsdisziplin*	17	Mathematik	13
		Astronomie	6
		Physik	77
		Chemie	240
		Biologie	215
		Geologie	69
		Landwirtschaft	125
		Medizin	57
		Technologie	345
		Anthropologie	1
		Ökonomie	35
		Geschichte	5
		Jurid. Wissenschaft	12
		Pädagogik	2
		Politikwissenschaft	4
		Psychologie	2
		Soziologie	14
Organisationstyp	7	Hochschulen	598
		Hochschulassoziierte Forschungsinstitute	96
		Akademien	45
		Kooperative	257
		Industrie	217
		Vertragsforschungs- institute	4
		Andere	5
Gesamtstichprobe			1222

* Die Definition der Forschungsdisziplinen erfolgte gemäß der von der UNESCO publizierten »Proposed International Standard Nomenclature for Fields of Science and Technology«.

Wissenschaften, Ungarn; am Institut für Philosophie und Soziologie der Polnischen Akademie der Wissenschaften, Warschau, Polen; am Forschungspolitischen Schwerpunkt der Universität Lund, Schweden, und am Institut für Höhere Studien und Wissenschaftliche Forschung in Wien, Österreich. Seither wurden in mehreren industrialisierten Ländern wie auch in Entwicklungsländern Replikationen dieser »First round ICSOPRU-Studie« durchgeführt. Dieser erweiterte Datensatz konnte in der vorliegenden Arbeit allerdings nicht verwendet werden. Die Bezeichnung »internationale Daten« oder »internationale Stichprobe« bezieht sich somit stets nur auf den in *Tabelle 1.1* beschriebenen Datenbestand.

Untersuchungsgegenstand dieser Studie war bzw. ist die *Forschungseinheit*. Darunter wird eine eigenständige, an einen Leiter gebundene und mit eigenen wissenschaftlichen Aufgaben beschäftigte Gruppe von Wissenschaftlern verstanden. Um als Gruppe zu gelten, muß eine solche Einheit aus mindestens drei Mitgliedern bestehen, die bereits wenigstens ein halbes Jahr der Einheit angehören sollten. Die Mindestlebensdauer der Einheit war mit einem Jahr festgesetzt. Diese Definition setzt die Forschungseinheit als Zelle wissenschaftlicher Aktivität am untersten organisatorischen Niveau an. Motiv dafür war, damit die organisatorischen Rahmenbedingungen, welche Produktivität und Kreativität von Einzelforschern beeinflussen, am besten erfassen zu können.

Die Erhebungen stellten eine Querschnittsbefragung dar. Dabei wurden fünf unterschiedliche Informationsquellen verwendet: ein Fragebogen diente zur Erhebung von Charakteristika zur Beschreibung der Forschungseinheit (insbesondere Fragen nach quantitativen Ressourcen); drei unterschiedliche Arten von Fragebögen dienten der Datenerhebung vom Leiter der Einheit, von einer Auswahl wissenschaftlicher Mitarbeiter der Einheit und von einer Auswahl nichtwissenschaftlicher Mitarbeiter. Schließlich diente ein weiterer Satz von Fragebögen zur Leistungsbeurteilung der Einheit durch externe Evaluatoren. Damit konnten die vom Leiter beziehungsweise von den Mitarbeitern angegebenen Beurteilungen relativiert werden.

Da für jede Forschungseinheit Daten von mehreren wissenschaftlichen Mitarbeitern (nichtwissenschaftlichen Mitarbeitern, Externen) erhoben wurden, wurden die Antworten dieser Befragten jeweils kategoriespezifisch gemittelt. Dadurch liegt jeweils eine einzige Variable zur Beschreibung der Einheit aus der Sicht dieser Befragtenkategorie vor. Insgesamt umfaßte die Stichprobe 4057 Wissenschaftler. *Tabelle 1.2* und *1.3* geben Aufschluß über die Gliederung des Datensatzes nach Organisationstyp und Fachgebiet, in dem die untersuchten Einheiten arbeiten. Aufgrund der spezifischen österreichischen Interessen bezogen sich viele Auswertungen des österreichischen Teams schwerpunktmäßig auf industrielle Forschungseinheiten.

TABELLE 1.2: Stichprobenumfang in den einzelnen Teilnehmerländern nach dem Typ der Organisation, zu der die Einheit gehört.

Land	Hoch-schul-bereich	Hoch-schulasso-ziierte	Akade-mien	Koopera-tive	Industrie	Vertrags-for-schungs-institute	Andere	Total
Belgien	162			9	22			193
Finnland	67		2	73	73	4		219
Österreich	120	3		30	91			244
Polen		93	12	87				192
Schweden	152							152
Ungarn	97		31	58	31		5	222
Total	598	96	45	257	217	4	5	1222

TABELLE 1.3:   Stichprobenumfang in den einzelnen wissenschaftlichen Disziplinen nach dem Typ der Organisation, zu der die Einheit gehört.

Disziplin	Hochschulen und Hochschulassoziierte	Akademien	Kooperative	Industrie	Vertragsforschungsinstitute	Andere	Total
Mathematik und Astronomie	18			1			19
Physik	72		3	2			77
Chemie	151	12	30	47			240
Biologie	156	21	34		4		215
Geologie	37	3	26	2		1	69
Landwirtschaft	28	4	67	23		3	125
Medizin	39	4	11	3			57
Technologie	134	1	72	138			345
Sozialwissenschaften	59		14	1	1		75
Total	694	45	257	217	5	4	1222

2.   Messung von Forschungsleistung

Angelpunkt der hier angestellten Betrachtungen ist selbstverständlich die Messung von Forschungsleistungen. Während in vielen Untersuchungen von singulären Maßzahlen zur Beurteilung von Forschungsleistung ausgegangen wird, mußte im Rahmen der breit angelegten ICSOPRU versucht werden, die Vielschichtigkeit des Leistungsspektrums einer Forschungseinheit möglichst umfassend zu berücksichtigen. Dabei wurde auch versucht, gegenüber den unterschiedlichen organisatorischen Einbettungen bzw. den unterschiedlichen Fachdisziplinen »fair« zu sein. Andererseits schieden aufgrund der geographischen Spezifika der Stichprobe gewisse Meßgrößen wie etwa Citation-Counts als »faire« Leistungsindikatoren aus.

Somit wurde versucht, Forschungsleistung sowohl quantitativ als auch »qualitativ« zu erheben. Die quantitativen Maßzahlen, wie etwa Zahl der veröffentlichten Bücher, Zeitschriftenaufsätze, Patente, Prototypen etc., wurden vom Leiter der Forschungseinheit erhoben. Die qualitativen Maßzahlen, wie etwa praktische Anwendung der Forschungsergebnisse, wissenschaftliche Produktivität, wissenschaftliche Kreativität, Beitrag zu forschungs- bzw. bildungsorientierten Organisationszielen, Ruf innerhalb der scientific community, Grad der Nachfrage nach Publikationen, aber auch sozialer Wert und Nützlichkeit der Forschungsergebnisse oder Einhaltung von Zeitplänen und Budgettreue, wurden einerseits vom Leiter, andererseits von den Mitarbeitern und schließlich von externen Evaluatoren erhoben. Als externe Evaluatoren dienten dabei Fachvertreter, die über eine genaue Kenntnis der untersuchten Einheit verfügten und teils außerhalb der Organisation, der die untersuchte Einheit angehörte, teils aber auch innerhalb dieser Organisation, etwa als Kollegen oder Vorgesetzte, tätig waren.

Insgesamt wurden von jeder dieser drei Gruppen befragter Personen 15 Leistungsindikatoren auf fünfteiligen Likertskalen als Einstellungsmaße erhoben. Somit lagen selbst nach Mittelwertbildung über die Antworten der wissenschaftlichen Mitarbeiter und der externen Evaluatoren 45 Leistungsmaße vor. Auf der Grundlage von Korrelationsanalysen, mehrdimensionaler Skalierung, Faktorenanalyse und Clusteranalyse wurden daraus die im Kapitel 2.1. beschriebenen sieben abgeleiteten Maße definiert. Die quantitativen Leistungsindikatoren sind im Kapitel 2.2. näher beschrieben.

2.1. »QUALITATIVE« LEISTUNGSBEURTEILUNG

Aus den perzeptiven Originaldaten zur »qualitativen« Leistungsmessung wurden die folgenden zusammengesetzten Leistungsmaße abgeleitet:

1. *Allgemeiner Beitrag zum wissenschaftlichen und technischen Fortschritt*
Dieser Index wurde als Globalmaß für die Leistung der Einheit konzipiert. Diese Auffassung wird von den Daten insofern gestützt, als sich die entsprechenden Variablen in den Analysen mittels mehrdimensionaler Skalierung nahe dem Ursprung des Ergebnisraumes befinden. Mit den meisten anderen Effektivitätsmaßen, insbesondere mit Forschungseffektivität, korreliert dieser Index relativ hoch. Der einer Einheit für ihren allgemeinen Beitrag zugeordnete Score ergibt sich aus dem arithmetischen Mittel der Scores der Frage »Allgemeiner Beitrag zu Wissenschaft und Technik« für die Befragtengruppe, bestehend aus Leiter, Mitarbeitern und externen Evaluatoren.

2. *Wissenschaftlich-technische Anerkennung in der Fachwelt*
Diese Maßzahl wurde aus den vom Leiter und den wissenschaftlichen Mitarbeitern erhobenen Fragen »internationaler Ruf« und »Nachfrage nach Publikationen« gebildet und stellt somit das arithmetische Mittel aus insgesamt vier Einzelvariablen dar. Wenn man berücksichtigt, daß dieser Index die Einschätzung der Einheit durch die gesamte übrige Fachwelt repräsentiert, die in ihrer Bewertung sowohl quantitative als auch qualitative Aspekte der Leistung einer Forschungseinheit berücksichtigt, wird man diesem Index wohl eine Schlüsselstellung in der Bewertung der Einheit zumessen können. Seine Bedeutung geht also darüber hinaus, zu messen, in welchem Ausmaß die untersuchte Forschungseinheit ein Publizitätsziel erreicht hat.

3. *Forschungseffektivität*
Mit diesem Index wird für die meisten Einheiten eines der Hauptziele, wenn nicht das explizite Globalziel, gemessen. Er soll die Verwirklichung von Forschungsauf-

gaben durch die Einheit messen. Von den beiden vorher genannten Indikatoren, die eher einer Gesamtbewertung der Einheit innerhalb mehrerer Dimensionen entsprachen, unterscheidet sich diese Maßzahl durch ihren eindimensionalen Gehalt. Zur Bildung dieser Größe wurden die Variablen »Produktivität«, »Originalität«, »Kreativität« und »Beitrag zu Forschungszielen« herangezogen. Wie bereits unter Punkt 1 angedeutet und durch die Dominanz von Forschungszielen in Forschungseinheiten leicht interpretierbar, ergeben sich hohe Korrelationen zwischen einzelnen Variablen, welche die Indizes »Allgemeiner Beitrag«, »Anerkennung« und »Forschungseffektivität« bilden. Dennoch scheint aus Gründen des unterschiedlichen extensionalen Gehaltes der drei aus diesen Variablen gebildeten Effektivitätsmaße die Aufrechterhaltung der Trennung gerechtfertigt. Anschließende Analysen, die diese Maße zu prospektiven Inputvariablen in Beziehung setzten, bestätigten die Richtigkeit dieser Entscheidung.

4. Anwendbarkeit der Ergebnisse

Die Maßzahl für die Anwendbarkeit der Ergebnisse oder Produkte der Forschungseinheit mißt den Grad der Praxisbezogenheit. Sie wird durch die Frage gebildet, in welchem Ausmaß Forschungsresultate beziehungsweise experimentelle Entwicklungen der Einheit weiterverwendet oder praktisch angewendet werden. Das arithmetische Mittel aus diesen beiden vom Leiter und von den wissenschaftlichen Mitarbeitern der Einheit erhobenen Fragen ergibt den Score für den Index »Anwendbarkeit«.

5. Ausbildungseffektivität

Die Meßgröße »Ausbildungseffektivität« ist vor allem für universitäre Einheiten von Bedeutung, da dort Lehrziele neben Forschungszielen einen hohen Rang einnehmen. Für kooperative oder industrielle Einheiten erscheint sie von geringerer Wichtigkeit. Dies drückt auch ein Mittelwertvergleich aus, der in Österreich für universitäre Einheiten einen Durchschnittswert von 3,17 (positiv), für kooperative oder industrielle Einheiten einen Wert von 2,74 bzw. 1,86 (negativ) auf einer fünfteiligen Likertskala liefert. Die Meßzahl wurde als arithmetisches Mittel aus den Scores aller drei Gruppen von Evaluatoren für die Frage »Hat die Einheit einen nützlichen Beitrag zu den Zielen der Organisation in bezug auf Ausbildung von Wissenschaftlern und Ingenieuren geleistet?« gebildet.

6. Gesellschaftlicher Nutzen

Der Index für den gesellschaftlichen Nutzen der Forschung einer Einheit wurde aus dem arithmetischen Mittel der Antworten auf die Fragen nach dem »sozialen Wert« und der »Nützlichkeit zur Lösung gesellschaftlicher Probleme«, die in allen drei Befragtengruppen erhoben wurden, gebildet.

7. Organisatorische Effektivität

Dieser Index stellt einen Indikator für einen gut organisierten Arbeitsablauf innerhalb der Einheit dar und ist etwa dem theoretischen Konstrukt einer Planungseffizienz im administrativen Bereich gleichzusetzen. Der Index wurde aus den Variablen »Einhaltung des Zeitplans« und »Einhaltung des Arbeitsbudgets«

TABELLE 2.1: Beziehungen zwischen Effektivitätsmaßen (Pearsonsche Korrelationskoeffizienten).

Effektivitätsmaß	Internationale Daten						Österreichische Gesamtdaten					
	A	B	C	D	E	F	A	B	C	D	E	F
A. Allgemeiner Beitrag												
B. Anerkennung	.55						.54					
C. Forschungseffektivität	.67	.44					.66	.33				
D. Anwendbarkeit	.12	-.06	.33				.19	.05	.41			
E. Ausbildungseffektivität	.30	.35	.33	.33			.22	.32	.07	.23		
F. Gesellschaftlicher Nutzen	.32	.09	.29	.32	.09		.16	.12	.17	.19	.07	
G. Organisatorische Effektivität	.25	.15	.21	.08	.12	.19	.25	.25	.25	.14	.03	.04

Österreichische Daten

Effektivitätsmaß	universitäre Einheiten						kooperative Einheiten						industrielle Einheiten					
	A	B	C	D	E	F	A	B	C	D	E	F	A	B	C	D	E	F
A. Allgemeiner Beitrag																		
B. Anerkennung	.72						.64						.35					
C. Forschungseffektivität	.80	.63					.68	.42					.50	.17				
D. Anwendbarkeit	.39	.29	.39				.11	.44	.34				.10	.00	.42			
E. Ausbildungseffektivität	.26	.19	.40	.06			.16	.38	.13	.47			.16	.07	.21	.11		
F. Gesellschaftlicher Nutzen	.21	.11	.23	.29	.05		.43	.39	.47	.40	.34		-.06	-.10	-.10	-.15	.13	
G. Organisatorische Effektivität	.38	.32	.41	.17	.19	.01	.20	.28	.31	.57	.24	.21	.11	.12	-.05	.06	-.21	-.02

ABBILDUNG 2.1:   Vermutete Kausalstruktur zwischen den Effektivitätsmaßen.

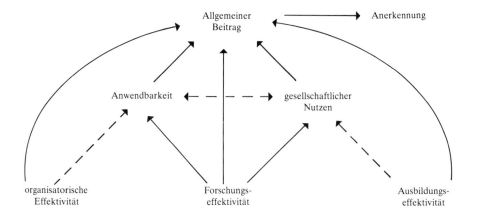

gebildet. Da man nicht annehmen konnte, daß die externen Evaluatoren über diese organisationsinternen Bereiche hinreichend präzise Auskunft geben können, wurde das arithmetische Mittel für die beiden eben genannten Variablen nur aus den Antworten des Leiters und der wissenschaftlichen Mitarbeiter gebildet.

Mit diesem Satz von Leistungsmaßen wurde keine völlige Überlappungsfreiheit erreicht. Vielmehr konnte angenommen werden, daß eine Kausalstruktur, wie sie etwa in *Abbildung 2.1* angedeutet ist, vorliegt. Die Beziehungen zwischen diesen Maßen ist in *Tabelle 2.1* wiedergegeben (für eine genaue Analyse dieser Maße vgl. Andrews 1979).

2.2.   QUANTITATIVE LEISTUNGSBEURTEILUNG

Da man sich bei der Konzeption des Fragebogens nicht nur auf perzeptive Maße zur Feststellung des Leistungsniveaus einer Forschungseinheit verlassen wollte, wurde auch die Zahl der von der befragten Forschungseinheit innerhalb der letzten drei Jahre erstellten schriftlichen oder materiellen Produkte sowie der erworbenen Rechte an diesen hinterfragt.

Im einzelnen wurden folgende Produktarten in die Erhebung einbezogen:

1. *Schriftliche Produkte*
   a) Bücher;
   b) neuartige wissenschaftliche Artikel
      – im Land der betreffenden Forschungseinheit;
      – im Ausland;
   c) Patente und Patentanwendungen

– im Land der betreffenden Forschungseinheit;

– im Ausland;

d) Algorithmen, Blaupausen, Flußdiagramme, Skizzen, Pläne;

e) Rezensionen und Bibliographien;

f) organisationsinterne Berichte über neuartige Forschungs- und Entwicklungsresultate;

g) interne Routineberichte;

h) andere schriftliche Produkte.

2. *Prototypen und andere undokumentierte Produkte*

a) experimentelle Prototypen von Vorrichtungen, Instrumenten und Apparaten, Bestandteilen von Vorrichtungen etc.;

b) experimentelle Prototypen von Materialien wie Fasern, Plastik, Glas, Metall, Legierungen, Substrate, Chemikalien, Drogen, Pflanzen etc.;

c) Originalcomputerprogramme;

d) audio-visuelle Materialien;

e) andere undokumentierte Produkte.

Neben diesen Indikatoren, die zu den perzeptiven und daher innerhalb gewisser Grenzen auch subjektiven Leistungsmaßen ein objektives Pendant darstellen, wurden auch auf der Ebene des Einzelforschers quantitative Leistungsgrößen erhoben. Dazu enthielten die Fragebögen für den Leiter und für die wissenschaftlichen Mitarbeiter im Fragenkomplex nach dem Persönlichkeitsprofil des jeweils Befragten

TABELLE 2.2: Quantitative Leistungsindikatoren – univariate Statistiken (internationale Gesamtdaten).

Bezeichnung	Mittelwert	Standardabweichung	Schiefe	0-Prod.* %	Verweigerungsrate
Bücher	.93	2.46	7.83	66.6	3
Artikel im Inland	8.71	12.29	2.83	23.2	3
Artikel im Ausland	5.26	8.92	2.84	38.5	3
Patente im Inland	.93	2.76	6.03	75.9	11
Patente im Ausland	.67	3.33	8.15	88.9	12
Algorithmen etc.	7.82	23.97	3.18	80.7	19
Rezensionen und Bibliographien	2.39	8.90	7.27	70.9	8
interne Berichte	9.23	16.81	3.40	30.6	7
Routineberichte	10.95	21.06	2.94	37.5	10
andere schriftliche Produkte	3.62	11.42	5.49	70.1	10
Prototyp-Geräte	2.21	8.12	8.06	68.4	17
Prototyp-Materialien	4.12	15.83	4.86	79.1	20
Computerprogramme	2.40	9.25	6.91	75.1	17
audiovisuelle Produkte	2.43	12.32	6.45	86.3	17
andere undokumentierte Produkte	1.23	8.67	8.88	94.3	17

* Die Spalte 0-Produzenten enthält den Anteil jener Einheiten an der Gesamtzahl derer, die eine gültige Antwort abgaben und behaupteten, das bestimmte Produkt nicht zu produzieren.

TABELLE 2.3: Transformation der quantitativen Outputvariablen durch Kategorienbildung.*

Variablenname				neuer Wert					
	0	1	2	3	4	5	6	7	9 = MD
Bücher	(0,98)	(1)	(2)	(3)	(4–5)	(6–96)	–	–	(97,99)
Artikel im Inland	(0,98)	(1–2)	(3–4)	(5–6)	(7–10)	(11–15)	(16–25)	(26–96)	(97,99)
Artikel im Ausland	(0,98)	(1)	(2)	(3–4)	(5–8)	(9–15)	(16–29)	(30–96)	(97,99)
Patente im Inland	(0,98)	(1)	(2)	(3)	(4–6)	(7–96)	–	–	(97,99)
Patente im Ausland	(0,98)	(1)	(2–5)	(6–11)	(12–96)	–	–	–	(97,99)
Algorithmen etc.	(0,98)	(1–9)	(10–95)	(96)	–	–	–	–	(97,99)
Rezensionen, Bibliographien	(0,98)	(1)	(2)	(3–4)	(5–10)	(11–96)	–	–	(97,99)
interne Berichte	(0,98)	(1–3)	(4–6)	(7–10)	(11–20)	(21–40)	(41–96)	–	(97,99)
Routineberichte	(0,98)	(1–3)	(4–8)	(9–13)	(14–25)	(26–95)	(96)	–	(97,99)
andere schriftliche Produkte	(0,98)	(1–2)	(3–5)	(6–12)	(13–96)	–	–	–	(97,99)
Prototyp-Geräte	(0,98)	(1)	(2–3)	(4–6)	(7–96)	–	–	–	(97,99)
Prototyp-Materialien	(0,98)	(1–2)	(3–5)	(6–20)	(21–96)	–	–	–	(97,99)
Computerprogramme	(0,98)	(1)	(2)	(3)	(4–5)	(6–15)	(16–96)	–	(97,99)
audiovisuelle Produkte	(0,98)	(1)	(2–4)	(5–20)	(21–96)	–	–	–	(97,99)
andere undokumentierte Produkte	(0,98)	(1–2)	(3–6)	(7–30)	(31–96)	–	–	–	(97,99)

* Die Werte 97, 98, 99 waren als missing-data-Codes vorgesehen. 97 bedeutet »unmöglich beantwortbar (z. B.: Anzahl unbekannt)«, 99 »keine Antwort« und 98 »nicht anwendbar«. Letzteres wurde daher mit 0 zur neuen Kategorie der Nullproduzenten zusammengefaßt.

einen Abschnitt, in dem die Zahl der von dieser Person produzierten Bücher, Artikel, Patente, Algorithmen, Rezensionen und Bibliographien, internen Berichte sowie Routineberichte erhoben wurde. In dieser Arbeit sollen jedoch nur die für die Forschungseinheit als Ganzes geltenden Maße verwendet werden. Gegenüber den Maßen auf der Ebene des Einzelforschers haben diese auch den Vorteil, daß das Problem von Mehrfachautorenschaften beziehungsweise von Autorenkollektiven als weitestgehend gelöst angesehen werden kann, da sich eine Gruppe von Autoren (im weitesten Sinne) im allgemeinen doch aus den Mitgliedern von nur einer Forschungseinheit konstituieren wird.

Während die univariaten Statistiken für die perzeptiven Leistungsmaße eine unmittelbare Verwendung der erhobenen Größen bzw. deren Verarbeitung zu zusammengesetzten Leistungsmaßen gestatteten, erlaubten die univariaten Statistiken über die quantitativen Maße keine derartige Vorgangsweise (siehe *Tabelle 2.2*). Insbesondere die extreme Schiefe dieser Maße, die weitestgehend durch einen hohen Anteil von Forschungseinheiten, die beim entsprechenden Leistungsmaß über keinen Output verfügten, bedingt ist, bereitete Schwierigkeiten. Durch Kategorienbildung, wie sie in *Tabelle 2.3* angegeben ist, konnte dieser Mangel teilweise behoben werden.

Der Versuch, innerhalb der quantitativen Maße zu einer weiteren Variablenreduktion zu gelangen, führte zu zwei deutlich getrennten Bündeln von wissenschaftlichen Produkten. Eines bestand aus Publikationen (Bücher, Artikel im In- und Ausland, Bibliographien), das andere aus materiellem Output und den zugehörigen schriftlichen Produkten (Patente, Prototypen, Programme, Berichte). Erwartungsgemäß bestand große Übereinstimmung zwischen dieser Gliederung, insbesondere auch aus Sicht der Nullproduzenten, und der organisatorischen Zugehörigkeit der Forschungseinheit zu Universitäten einerseits oder zu industriellen Organisationen andererseits.

Aus dem Versuch, eine objektive Gewichtung der Komponenten innerhalb einer zusammengesetzten Maßzahl zu erreichen (diese Gewichtung wurde schließlich subjektiv durch ein zweistufiges Delphi-Verfahren durchgeführt), entsprang ein weiterer

TABELLE 2.4: Zuordnungsvorschrift für das aufgrund der relativen Position einer Forschungseinheit konstruierte Leistungsmaß »relative Outputeffektivität«.

| Diversität | Spezialistentum | | |
| | Clusterung nach standardisierten Originalwerten | | |
	Produzenten	Mittel-stellung	Nicht-Produzenten
Clusterung nach dichotomisierten Werten			
Produzenten	5	4	3
Mittelstellung	4	3	2
Nicht-Produzenten	3	2	1

TABELLE 2.5: Univariate Statistiken des Maßes »relative Outputeffektivität«.

(Sub-)Stichprobe	Geltungsbereich des Maßes								
	internationale Gesamtstichprobe			internationale Industrie			österreichische Industrie		
	Mittelwert	Standardabweichung	Schiefe	Mittelwert	Standardabweichung	Schiefe	Mittelwert	Standardabweichung	Schiefe
Internationale Gesamtdaten	2.29	1.09	.42	*	*	*	*	*	*
Typologievergleich:									
akademisch-naturwissenschaftlich	2.10	1.14	.55	–	–	–	–	–	–
akademisch-medizinisch	2.39	1.11	.14	–	–	–	–	–	–
akademisch-angewandt	2.35	1.03	.33	–	–	–	–	–	–
kooperative	2.51	1.01	.31	–	–	–	–	–	–
industrielle	2.39	1.02	.79	2.04	1.12	.74	*	*	*
Ländervergleich industrieller Forschungseinheiten:									
Belgien	2.18	1.05	.62	1.82	1.01	1.48	–	–	–
Finnland	2.73	1.02	.52	2.63	1.16	.07	–	–	–
Ungarn	2.31	.91	.57	1.69	.98	1.26	–	–	–
Österreich	2.39	1.03	.95	2.18	1.14	.51	2.06	1.04	.55

TABELLE 2.6: Beziehungen zwischen »relativer Outputeffektivität« und den übrigen Leistungsmaßen (Pearson, r's, maximale Stichprobengröße).

Leistungsmaß	relative Outputeffektivität innerhalb der		
	Gesamtdaten	internationale Industrie	österreichische Industrie
allgemeiner Beitrag	.20	.26	.28
Anerkennung	.17	.17	.18
Forschungseffektivität	.19	.24	.24
Anwendbarkeit	.05	–.05	.06
Ausbildungseffektivität	.02	.05	–.04
gesellschaftlicher Nutzen	.22	.11	.04
organisatorische Effektivität	.07	–.05	–.07
Publikationen	.40	.29	.41
Patente und Prototypen	.35	.68	.76
Berichte und Algorithmen	.54	.30	.12

auf quantitativer Grundlage basierender Leistungsindikator, »relative Outputeffektivität«. Die Analysen, die dazu führten, versuchten eine Gewichtung der Grundvariablen nach relativer Knappheit durchzuführen. Auf clusteranalytischem Wege sollten Forschungseinheiten mit ähnlicher Zielstruktur ermittelt werden. Innerhalb dieser sollte versucht werden, knappe Outputarten entsprechend hoch zu bewerten.

Dieser Versuch, der einerseits mit den Originaldaten, andererseits mit dichotomisierten Originalvariablen (Null versus Produzent) vorgenommen wurde, brachte keine saubere Trennung der Forschungseinheiten nach Zielstrukturen, sondern vielmehr eine Gliederung in »Nullproduzenten«, »hochaktive Einheiten« und mit der 3-Cluster-Lösung noch eine entsprechende Zwischenkategorie. Dabei konnte die Clusterung nach den ursprünglichen Datenwerten als Erfassen von Spezialistentum, jene nach dichotomisierten Werten als Gliederung nach Diversität aufgefaßt werden. Vereinigt man diese beiden Gesichtspunkte, erhält man »relative Outputeffektivität« als quantitatives Maß auf einer fünfteiligen Skala mit günstigen statistischen Eigenschaften (siehe *Tabelle 2.4* bis *Tabelle 2.6*). Durch diesen Satz quantitativer wie qualitativer Leistungsmaße wurde ein Koordinatensystem geschaffen, innerhalb dessen einzelne Forschungseinheiten mit hinlänglicher Genauigkeit positioniert werden konnten. Im folgenden Abschnitt soll nun versucht werden, einen Zusammenhang zwischen diesen Leistungsmaßen und den einer Forschungseinheit zur Verfügung stehenden Ressourcen aufzuzeigen.

3. Determinanten von Forschungsleistung

3.1. ALLGEMEINE BEMERKUNGEN

Betrachten wir ein Auto. Um sich fortzubewegen, verbraucht es Benzin. Will man schneller fahren, geht es einen Berg hinauf oder hat man mehr Gewicht zu transportieren, benötigt man ein stärkeres Auto oder erhöht – innerhalb von vorgegebenen Grenzen – den Benzinverbrauch. Über eine Verbrauchsfunktion (Produktionsfunktion für Transportleistung) lassen sich diese Zusammenhänge exakt beschreiben.

Nichts wäre verlockender, als auch für Forschungsleistung eine solche Verbrauchs- bzw. Produktionsfunktion zu bestimmen. Hat man sie, so kennt man die Schrauben, die zu drehen sind, bzw. das Gas- oder Geldpedal, das getreten werden muß, damit die Forschungsziele einer Organisation oder Volkswirtschaft besser erreicht werden. Dem stellen sich allerdings einige grundlegende Probleme entgegen. Zum einen zeigen die Analysen, daß Forschungsleistung, ähnlich wie andere Arten intellektueller Leistungen (etwa Programmierleistung), entscheidend von der persönlichen Qualifikation des Einzelforschers abhängt. Andererseits stellt die Inhomogenität der verfolgten Forschungsziele und -inhalte jede Untersuchung vor entscheidende Schwierigkeiten. So erfordert etwa nicht jede Aufgabenstellung teure Geräte zu ihrer Lösung, für einige Problemstellungen ist die Verfügbarkeit solcher Geräte aber von entscheidender Bedeutung. Letzteres könnte man methodisch etwa dadurch umgehen, daß man nicht den Bestand an Geräten untersucht, sondern den Mangel an solchen Geräten erhebt. Dies war aufgrund des vorliegenden Datenmaterials auch möglich. Es bleibt aber die Frage: Was ist Mangel? Liegt Mangel dann vor, wenn eine Einheit wegen knapper Ressourcen an jeder sinnvollen Tätigkeit gehindert wird, oder wird als Mangel empfunden, wenn eine hochproduktive Forschungseinheit aufgrund ihres Agierens an der state-of-the-art-Grenze selbst bei objektiv bester Ausstattung diese Ausstattung stets als insuffizient gegenüber einem aufgrund jüngster Ergebnisse zusätzlich benötigtem Gerät empfindet?

Da aus dieser Sicht die punktuelle Präsentation von Einzelzusammenhängen wohl eher irreführend als aufklärend ist, möchte ich mich hier auf die Darstellung einiger Ergebnisse aus multiplen Regressionsanalysen und auf deren Diskussion beschränken. (Die bivariaten Analysen, die den Regressionsanalysen vorausgingen, sind in Mittermeir 1978 ausführlich beschrieben.) Derartige multiple Regressionsanalysen wurden für die grundlegenden Inputfaktoren *personelle Ressourcen*, *materielle Ressourcen* und *informationsbezogene Ressourcen* durchgeführt. Dabei wurde aus Homogenitätsgründen nur der Datensatz der industriellen Forschungseinheiten verwendet.

Neben diese im wesentlichen quantitativen Determinanten von Forschungsleistung treten noch die innerhalb dieser Studie nur bedingt analysierbaren *psychologisch-intellektuellen Fähigkeiten* der in der Forschungseinheit wirkenden Einzelpersonen sowie die in ICSOPRU sehr wohl untersuchten *gruppenspezifischen Determinanten* von Forschungsleistung.

3.2. PERSONELLE RESSOURCEN

Während man in Produktionsmodellen vom Faktor »Arbeit« spricht, ist hier von »personellen Ressourcen« die Rede. Damit soll klargestellt werden, daß nicht faktische prozedurale Verrichtungen und die dafür verbrauchte Arbeitszeit untersucht wurden, sondern Fragen nach dem personellen Aufbau einer Forschungseinheit im Mittelpunkt der Betrachtung standen. Bevor aber noch die Beziehungen zwischen den für die Beantwortung dieser Fragen relevanten Inputgrößen und den Leistungsmaßen dargestellt werden, sollen in *Tabelle 3.1* die Mittelwerte dieser Variablen in einzelnen Subgruppen des zu analysierenden Datensatzes gezeigt werden. Um den Personalstand an das dreijährige Beobachtungsintervall der Outputmaße anzugleichen, wurde bei den Variablen »Anzahl der Wissenschaftler« (. . . Techniker, Hilfskräfte) wenn möglich der Durchschnittswert über drei Jahre als Bezugsgröße verwendet.

Im Mittelwertvergleich für personelle Ausstattung fällt auf, daß industrielle Chemie-Forschungseinheiten personell etwas knapper bestückt sind als technologische Forschungseinheiten. In ganz besonderem Maße gilt dies für die Anzahl der Hilfskräfte. Auch das Verhältnis Hilfskräfte pro Wissenschaftler ist für chemische Forschungseinheiten viel kleiner als für technologische Labors. Genau umgekehrt verhält es sich jedoch mit der Relation »Zahl der Techniker pro Wissenschaftler«, für die auch eine eigene Variable gebildet wurde. Hier sind im chemischen Bereich höhere Zahlen gegeben. Bemerkenswert scheint an dieser Stelle noch der geringe Wert für die Relation Techniker/Wissenschaftler im akademischen Bereich zu sein. Berücksichtigt man die unterschiedlichen Kosten für diese beiden Personalgruppen, so scheinen hier noch beachtliche Rationalisierungsreserven zu liegen (vgl. Knorr 1975).

Des weiteren wurde der Einfluß von personeller Kontinuität auf die Leistungsfähigkeit von Forschungseinheiten untersucht. Dazu wurde für jede der drei Personalgruppen ein Fluktuationskoeffizient für einen Zeitraum von drei Jahren berechnet. Um dabei echtes Wachstum beziehungsweise echte Schrumpfungen im Personalstand auszuscheiden, wurde er aus dem Minimum der während der letzten drei Jahre ausgeschiedenen beziehungsweise neu aufgenommenen Mitarbeiter, bezogen auf den Personalstand von vor drei Jahren, berechnet. Aus dem Mittelwertvergleich sollen hier noch keine weitergehenden Schlüsse gezogen werden, außer der Bemerkung, daß hier doch deutliche Unterschiede zwischen den betrachteten Ländern vorliegen. So weist insbesondere Belgien für Wissenschaftler und Techniker eine extrem niedrige Fluktuation auf. Auch in Ungarn ist die Mobilität geringer als in Österreich und Finnland. Bemerkenswert hoch ist die Fluktuation des Hilfspersonals in Österreich (doppelt so stark wie beim wissenschaftlichen Personal – eine ähnliche Relation ist in

TABELLE 3.1: Mittelwertvergleich – personelle Ressourcen.

| Variablenname | Dimension | Industrielle Forschungseinheiten | | | | | | | | | | | | Akademische Forschungseinheiten Österreich | | |
| | | Österreich | | | Belgien | Finnland | | | Ungarn | | International | | | | | |
		gesamt	Technologie	Chemie	gesamt Technol.	gesamt	Technologie	Chemie	gesamt	Chemie	gesamt	Technologie	Chemie	gesamt	Technologie	Chemie
Anzahl der Wissenschaftler	Personen	4.9	5.2	1.8	6.6	3.8	5.2	2.8	7.7	9.4	5.0	5.4	4.6	5.6	5.2	6.9
Anzahl der Techniker		5.3	5.4	5.0	0.5	4.5	6.5	4.2	10.9	15.6	6.3	6.3	7.7	1.6	1.5	2.5
Anzahl der Hilfskräfte		2.8	3.0	.7	4.1	1.3	1.9	.5	2.5	2.0	2.3	2.8	1.0	1.4	1.4	1.5
Zahl der Techniker pro Wissenschaftler		1.7	1.8	2.6	1.6	1.0	1.0	1.3	1.5	1.6	1.4	1.4	1.6	.3	.3	.3
Fluktuation bei Wissenschaftlern		.21	.24	.00	.07	.31	.41	.21	.13	.10	.21	.24	.12	.23	.15	.30
Fluktuation bei Technikern		.29	.29	.27	.08	.30	.30	.33	.21	.33	.25	.25	.31	.17	.18	.23
Fluktuation bei Hilfskräften		.40	.45	.00	.20	.39	.28	.34	.17	.19	.33	.36	.14	.12	.08	.11
Zufriedenheit mit technischen Hilfsdiensten	5tlg. Skala	3.6	3.6	3.8	3.3	3.7	3.6	3.7	3.0	3.1	3.5	3.5	3.5	3.1	3.1	3.1
Angemessenheit personeller Ressourcen		3.1	3.1	3.1	3.4	3.5	3.5	3.7	3.2	3.1	3.3	3.2	3.4	2.7	3.1	2.9
Zufriedenheit mit Personalpolitik Bewertung durch: Einheitsleiter		2.7	2.7	2.5	3.9	3.6	3.4	3.7	3.2	3.3	3.2	3.1	3.3	3.2	3.1	3.2
Wiss. Mitarbeiter		2.8	2.7	2.9	3.1	3.0	2.8	2.9	3.1	2.8	2.9	2.8	2.9	2.9	3.2	3.0

Belgien gegeben). Im akademischen Bereich jedoch ist Hilfspersonal die relativ immobilste Personengruppe.

Von den verbleibenden drei mit Hilfe perzeptiver Variablen auf Likertskalen gemessenen Konzepten wurden bei »Zufriedenheit mit Personalpolitik« getrennte Analysen der Leiter- und Mitarbeiterbewertungen vorgenommen. Bei den beiden anderen wurden die Ratings beider Instanzen kombiniert. »Zufriedenheit mit Personalpolitik« ist eine Kombination aus den beiden Einzelfragen »Zufriedenheit mit Schulungs- und Weiterbildungsmöglichkeiten« und »Personalrekrutierungssystem«. Während bei Beantwortung dieser Frage Einheitsleiter und wissenschaftliche Mitarbeiter vielleicht etwas unterschiedliche Tatbestände vor Augen haben konnten, ist dies bei den beiden anderen Konzepten (technische Hilfsdienste, Angemessenheit personeller Ressourcen) weniger gegeben. Daher konnte für diese beiden Fragen eine Kombination der Bewertungen durch den Leiter beziehungsweise durch wissenschaftliche Mitarbeiter vorgenommen werden.

3.2.1. Regressionsmodell »Personelle Ressourcen«

Beim Versuch, für diese Variablen ein multivariates Modell aufzustellen, ist eine Reihe von Restriktionen zu berücksichtigen. Die meisten bivariaten Beziehungen zwischen Personal-Indikatoren und Outputmaßen wiesen relativ starke nichtlineare Anteile auf. Es wäre daher anzustreben, auch in einem multivariaten Modell nichtlineare Beziehungen zuzulassen. Als geeignetste Methode dafür würde sich etwa eine Multiple Classification Analysis anbieten. Bei dieser würde jedoch die Zahl der Einheiten pro Prädiktorzelle so gering sein, daß bei den schwachen Zusammenhängen, die in den bivariaten Analysen auftraten, selbst aus der internationalen Stichprobe mit insgesamt 217 industriellen Forschungseinheiten keine verläßlichen Schlüsse mehr gezogen werden könnten.

Um dieser Gefahr zu entgehen, muß man Analyseverfahren verwenden, die durch zusätzliche externe Information – etwa über die Form des Zusammenhangs – weniger stark von der Stichprobengröße abhängen. Als solches bietet sich vor allem die multiple Regression an. Damit ist aber auch der Bereich der zu analysierenden Beziehungen auf lineare Zusammenhänge eingeschränkt. Hierfür boten sich aber fast nur mehr die Variablen, die den Personalstand erhoben, an. Doch mußten auch hier vorweg Bedenken geäußert werden, ob angesichts der nur schwachen Input/Output-Beziehungen bei gleichzeitig deutlichen Zusammenhängen zwischen der Zahl der Mitarbeiter in den drei Personalgruppen die partiellen Korrelationskoeffizienten noch hinreichend hoch sind. Es wurden daher auch nur die Beziehungen zu Anerkennung, Forschungseffektivität und den drei quantitativen Leistungsmaßen analysiert.

Für *Forschungseffektivität* waren die Beziehungen so schwach, daß im internationalen Datensatz die partiellen Korrelationen nach Berücksichtigung der Zahl der Wissenschaftler verschwanden. Auch bei den österreichischen industriellen For-

TABELLE 3.2: Multiple Regressionsanalyse zwischen Personalstand und »Anerkennung«.*

		Internationale industrielle Forschungseinheiten			
Schritt	Variable	r	mult. R	B	beta
1.	Techniker	.28	.28	.021	.21
2.	Hilfskräfte	.18	.29	.016	.08
3.	Wissenschaftler	.22	.29	.007	.05
		$R^2 = .09$		A = 2.25	

		Österreichische industrielle Forschungseinheiten			
Schritt	Variable	r	mult. R	B	beta
1.	Techniker	.33	.33	.036	.31
2.	Hilfskräfte	.24	.35	.023	.13
3.	Wissenschaftler	.12	.36	−.008	−.06
		$R^2 = .13$		A = 2.43	

* B gibt den unstandardisierten, beta den standardisierten Regressionskoeffizienten an.

schungseinheiten konnten selbst nach Berücksichtigung aller drei Personalgruppen nur zwei Prozent der Varianz von Forschungseffektivität durch den Personalstand über die letzten drei Jahre erklärt werden (R = .14).

Deutlichere Beziehungen bestehen zu *wissenschaftlich-technischer Anerkennung* (siehe *Tabelle 3.2*). Bemerkenswert scheint dabei die Reihenfolge zu sein, mit der die einzelnen Variablen in die Analyse eingehen: Zuerst die Zahl der Techniker, dann jene der Hilfskräfte und schließlich erst, mit einem nur sehr geringen marginalen Beitrag, der in den österreichischen Daten sogar durch einen negativen Regressionskoeffizienten bewirkt wird, die Zahl der Wissenschaftler.

Noch erstaunlicher ist, daß sich diese Reihung bei *Publikationen* als abhängiger Variable wiederholt (siehe *Tabelle 3.3*). Der Erklärungswert liegt hier jedoch mit 14 Prozent beziehungsweise 12 Prozent etwas höher.

Für *Patente und Prototypen* liegt, ähnlich wie für *relative Outputeffektivität*, der Anteil erklärter Varianz unter den Werten für Publikationen. Außerdem nimmt – nach den bisherigen Ergebnissen ein wenig überraschend – hier die Zahl der Wissenschaftler die Spitzenposition als Prädiktorvariable ein. Die detaillierten Werte für Patente und Prototypen sind in *Tabelle 3.4* wiedergegeben. In den österreichischen Daten war der partielle Korrelationskoeffizient für Hilfskräfte, der im internationalen Datensatz negativ ist, zu gering ($r_{3,\ 12} = .011$) für einen weiteren Analyseschritt.

Versucht man, aus diesen Regressionsanalysen einen zusammenfassenden Schluß

TABELLE 3.3: Multiple Regressionsanalyse zwischen Personalstand und »Publikationen«.

		Internationale industrielle Einheiten			
Schritt	Variable	r	mult. R	B	beta
1.	Techniker	.32	.32	.29	.12
2.	Hilfskräfte	.28	.36	.86	.18
3.	Wissenschaftler	.31	.38	.64	.18
		$R^2 = .14$		A = 9.84	

		Österreichische industrielle Einheiten			
Schritt	Variable	r	mult. R	B	beta
1.	Techniker	.33	.33	.65	.26
2.	Hilfskräfte	.19	.34	.27	.07
3.	Wissenschaftler	.23	.34	.18	.07
		$R^2 = .12$		A = 8.59	

TABELLE 3.4: Multiple Regressionsanalyse zwischen Personalstand und »Patente und Prototypen«.

		Internationale industrielle Einheiten			
Schritt	Variable	r	mult. R	B	beta
1.	Wissenschaftler	.30	.30	.85	.24
2.	Techniker	.25	.30	.23	.10
3.	Hilfskräfte	.07	.31	−.19	−.04
		$R^2 = .09$		A = 18.78	

		Österreichische industrielle Einheiten			
Schritt	Variable	r	mult. R	B	beta
1.	Wissenschaftler	.27	.27	.60	.20
2.	Techniker	.24	.29	.59	.13
		$R^2 = .09$		A = 4.90	

zu ziehen, fällt die starke Bedeutung der Zahl der Techniker auf. Diese darf jedoch nicht überinterpretiert werden. In der Tat scheint es vielmehr so zu sein, daß Techniker und Hilfskräfte einen wichtigen Mechanismus der Umsetzung neuer Ideen bilden. Diese Katalysatorwirkung geht sogar bis in den Bereich der Publikationstätigkeit der Wissenschaftler. Es mag zwar sein, daß die Pivotstellung der Techniker in naturwissenschaftlichen industriellen Forschungseinheiten besonders deutlich ist, es gibt aber wohl in jeder Forschungsdisziplin, unabhängig vom Organisationstyp der Trägerorganisation der Einheit, Arbeiten, die sinnvollerweise an nichtwissenschaftliches Personal übertragen werden können. Damit sind Wissenschaftler mehr in der Lage, sich ihren eigentlichen, kreativen Aufgaben zuzuwenden. Ob angesichts dieser Tatsachen die Personalstruktur im universitären Bereich (vgl. *Tabelle 3.1*) als optimal angesehen werden kann, muß daher in Zweifel gezogen werden.

3.3.   MATERIELLE RESSOURCEN ALS INPUTFAKTOR

Unter ökonomischen Gesichtspunkten könnte man den Fragenkomplex der materiellen Ressourcen wahrscheinlich durch Analyse eines bereinigten Forschungsbudgets erschöpfend behandeln. Aufgrund der Anlage der Studie als Querschnittsuntersuchung konnten diese Zahlen jedoch nicht erhoben werden. In einer Vorstudie zum Test des Fragebogens hatte die entsprechende Variable einen extrem hohen Missing-Data-Anteil, der teilweise auf fehlende Bereitschaft zur Beantwortung (Eingriff in die »Privatsphäre« der Forschungseinheit, Furcht vor Konkurrenz), teilweise aber auch auf tatsächliche Unkenntnis über die aktuelle Höhe des Forschungsbudgets zurückzuführen war. Wegen dieser erhebungstechnischen Schwierigkeit und der zweifelhaften Validität der Frage wurde sie in der 1. Runde der ICSOPRU nicht mehr gestellt. Da das Jahresbudget also für eine Abschätzung der Bedeutung des Faktors Kapital nicht zur Verfügung stand, mußte auf andere Indikatoren ausgewichen werden. Ein solcher wurde vor allem im Wert der zur Verfügung stehenden Anlagen gefunden. Darüber hinaus werden in diesem Abschnitt die beiden für den Forschungsprozeß besonders wichtigen Inputgrößen »Bibliothek« und »EDV-Verfügbarkeit« behandelt.

Vor einer Regressionsanalyse sollen wieder kurz die univariaten Statistiken betrachtet werden (siehe *Tabelle 3.5*). Der erste Fragenkomplex, nämlich Ausstattung mit Geräten und Anlagen, wird dabei durch drei Variable behandelt. Die erste, »Wert verfügbarer Geräte und Anlagen«, wurde aus Fragen nach der Zahl verfügbarer Geräte und Anlagen innerhalb vorgegebener Wert-Klassen konstruiert. Der Mittelwertvergleich für dieses Inputmaß zeigt, daß im industriellen Bereich technologische Forschungseinheiten kapitalintensiver sind als solche, die im Bereich der Chemie tätig sind. Besonders ungarische Forschungseinheiten scheinen hier unter wesentlich stärkeren Restriktionen zu leiden als ihre westlichen Schwesterinstitutionen.

Neben den tatsächlichen Beständen an hochwertigen Ausrüstungsgegenständen,

294

TABELLE 3.5: Mittelwertvergleich – materielle Ressourcen.

| | | Industrielle Forschungseinheiten | | | | | | | | | | | | Akademische Forschungseinheiten Österreich | | |
| | | Österreich | | | Belgien | Finnland | | | Ungarn | | International | | | | | |
Variablenname	Dimension	gesamt	Tech-nologie	Chemie	gesamt Technol.	gesamt	Tech-nologie	Chemie	gesamt	Chemie	gesamt	Tech-nologie	Chemie	gesamt	Tech-nologie	Chemie
Wert verfügbarer Geräte und Anlagen	1000 US-$	164	169	124	182	144	214	113	77	45	145	180	96	155	121	227
Verzögerungen bei Miete oder Kauf von Geräten	Wochen	10.2	9.4	18.0	3.7	4.5	5.5	5.0	11.1	13.3	7.5	7.6	9.3	11.7	6.7	14.5
Angemessenheit wissensch.-techn. Ausrüstung	5tlg. Skala	3.5	3.5	3.9	3.1	3.5	3.4	3.6	2.9	2.8	3.4	3.4	3.4	3.1	3.2	3.4
eigene Bibliothekseinricht.	%	83	84	80	64	82	97	92	77	77	80	78	85	68	84	61
Zufriedenheit mit Bibliotheks- und Informationsdiensten	5tlg. Skala	3.4	3.4	3.7	3.2	3.7	3.2	4.3	4.0	4.1	3.6	3.4	4.1	3.6	3.7	3.7
Verfügbarkeit von EDV:																
nicht nötig	%	23	21	40	55	14	13	13	30	38	24	26	26	5	0	9
nötig, aber nicht verfügbar	%	8	8	10	9	2	0	4	23	16	8	7	8	8	0	17
extern verfügbar	%	31	29	50	13	49	45	66	47	46	38	29	57	54	57	52
eigene EDV-Dienste	%	38	42	0	23	35	42	17	0	0	30	38	9	33	43	22

295

die sich über Jahre hinweg kumulieren konnten, spielt in einer dynamischen Umwelt auch noch die Barriere, die zwischen Feststellung eines Mangels an Geräten und der Befriedigung dieses Mangels liegt, eine wesentliche Rolle. Diese Barriere ist am leichtesten über die Zeitspanne, die zu ihrer Überwindung nötig ist, zu ermessen. Aus dem dafür vorgesehenen Variablensatz wurde jene für Verzögerungen zwischen Anmeldung eines Bedarfes und Bewilligung der zur Bedarfsdeckung nötigen Mittel ausgewählt. Dabei wurde die Variable »Miete und Kauf von kleineren Geräten und Anlagen im Wert bis zu 500 Dollar pro Stück« verwendet, weil sie den geringsten Anteil an Missing-Data enthielt. Da diese Variable jedoch in den unterschiedlichen Ländern der internationalen Stichprobe über sehr divergierende Werte verfügt (Mittelwerte: Belgien 3.7 Wochen; Ungarn 11.1), ist sie im internationalen Datensatz nur bedingt aussagekräftig.

Um schließlich auch Bedarfsunterschiede an materiellen Ressourcen, die sich aufgrund unterschiedlicher Zielstrukturen ergeben und sich nicht in monetären Größen abbilden lassen, zu berücksichtigen, wurde noch das aus perzeptiven Variablen gewonnene Maß »Angemessenheit wissenschaftlich-technischer Ausrüstungen« gebildet. Es besteht aus den vom Leiter und von den wissenschaftlichen Mitarbeitern erhobenen gleichnamigen Fragen. Sieht man von Ungarn ab, liegen hier im Ländervergleich keine wesentlichen Unterschiede der Mittelwerte vor. Am unteren Ende der Skala findet man nach Ungarn die belgischen Einheiten, für die sich ebenso wie für österreichische akademische Einheiten ein Mittelwert von 3.1 ergibt.

Für die Analyse von Spezialfragestellungen wurden für Bibliothekseinrichtungen zwei Indikatoren verwendet. Zum einen wurde die Frage, ob die Einheit über eine eigene Bibliothek verfügt, betrachtet. Zum anderen wurden die von Leitern und wissenschaftlichen Mitarbeitern beantworteten Fragen nach Zufriedenheit mit Bibliothekseinrichtungen beziehungsweise Zufriedenheit mit Dokumentations- und Informationsdiensten zum Maß »Zufriedenheit mit Bibliotheks- und Informationsdiensten« kombiniert. In beiden Maßen zeigt sich wieder die bereits festgestellte knappe Ausrüstung ungarischer Forschungseinheiten. Dies gilt auch für die Frage nach der Verfügbarkeit von EDV-Leistungen, wo in Ungarn keine Einheiten mit eigenen Datenverarbeitungsanlagen in der Stichprobe industrieller Forschungseinheiten enthalten waren.

3.3.1. *Regressionsmodell »Materielle Ressourcen«*

Mittels bivariater Analysen wurde festgestellt, daß die Anzahl verfügbarer Geräte und Anlagen der interessanteste Inputfaktor aus dieser Variablengruppe ist. Da diese geschichtet in vier Wertkategorien erhoben wurde, sollen diese als Prädiktoren verwendet werden. Da jedoch in unterschiedlichen Forschungsdisziplinen unterschiedliche Anforderungen an derartige Ausrüstungsgegenstände vorliegen, mag es nicht allzu sehr überraschen, daß für die internationale Stichprobe industrieller

Forschungseinheiten die erklärte Varianz der Leistungsmaße unter vier Prozent blieb. Es werden im folgenden daher nur die aus dem homogeneren österreichischen Datensatz gewonnenen Ergebnisse dargestellt.

Tabelle 3.6 enthält neben den drei quantitativen Outputmaßen das rein qualitative Maß *Forschungseffektivität*. Obgleich hierfür die erklärte Varianz mit 13 Prozent deutlich unter der für *Publikationen* (21%), *Patente und Prototypen* (23%) beziehungsweise *relative Outputeffektivität* (25%) liegt, muß dies, verglichen mit anderen quantitativen Inputkonzepten, als relativ hoch angesehen werden. Es zeigt sich also, daß in homogenen Stichproben die Zahl der Ausrüstungsgegenstände ein guter Prädiktor für Forschungsleistungen ist. Neben dieser allgemeinen Aussage mag in

TABELLE 3.6: Multiple Regressionsanalysen zwischen der Zahl verfügbarer Geräte und Anlagen und Leistungsmaßen.

(Österreichische industrielle Forschungseinheiten)

Leistungsmaß	Schritt	Wertkategorie (1000 $)	r	mult. R.	B	beta
Forschungseffektivität	1	10 bis 30	.21	.21	.07	.48
	2	über 30	.06	.28	−.03	−.46
	3	2 bis 5	−.06	.35	−.01	−.32
	4	5 bis 10	.14	.36	.02	.24
					A = 3.93 $R^2 = .13$	
Publikationen	1	2 bis 5	.34	.34	.27	.31
	2	10 bis 30	.25	.37	4.68	.68
	3	über 30	.01	.44	−1.27	−.41
	4	5 bis 10	.25	.45	−.95	−.24
					A = 8.74 $R^2 = .21$	
Patente und Prototypen	1	über 30	−.15	.15	−3.22	−.82
	2	10 bis 30	.11	.42	3.82	.45
	3	2 bis 5	.05	.44	−.34	−.32
	4	5 bis 10	.14	.48	2.52	.51
					A = 26.90 $R^2 = .23$	
Relative Outputeffektivität*	1	5 bis 10	.25	.25	.03	.15
	2	über 30	−.06	.40	−.12	−.73
	3	10 bis 30	.24	.50	.26	.70
					A = 1.08 $R^2 = .25$	

* Die vierte Wertkategorie lieferte bei einem partiellen Korrelationskoeffizienten von .007 keinen weiteren Erklärungswert und konnte nicht mehr berücksichtigt werden.

Tabelle 3.6 auffallen, daß die Zahl der Anlagen mit einem Wert von über 30 000 Dollar stets negativ in die Regressionsgleichungen eingeht, bei Patenten und Prototypen sogar als erster Prädiktor. Offenbar kommen darin die Probleme zum Ausdruck, die sich durch den Betrieb teurer, hochkomplexer Anlagen (und vielleicht auch durch deren Störanfälligkeit) ergeben. Für Patente und Prototypen mag dabei auch noch gelten, daß derartig komplexe Anlagen sehr oft eher zu theoretischer (bzw. grundlagennaher) Arbeit als zu unmittelbar kommerziell verwertbarer Tätigkeit verleiten können.

Generell muß darauf hingewiesen werden, daß zwischen materiellem Input und Output keine einfachen kausalen Beziehungen vorliegen, sondern daß diese in einem wechselseitigen Abhängigkeitsverhältnis stehen. Durch Beschränkung auf homogenes Datenmaterial konnten im Gegensatz zu anderen Arbeiten positive Beziehungen zwischen dem Wert verfügbarer wissenschaftlicher Ausrüstungsgegenstände und Leistungskomponenten festgestellt werden. Analysiert man hingegen, differenziert nach ihrem Wert, die Anzahl verfügbarer Geräte und Anlagen, wird das Bild generell positiver Beziehungen durch negative Korrekturfaktoren ergänzt.

Für die beiden Spezialfaktoren, Bibliotheken und EDV, konnte festgestellt werden, daß sich eigene Bibliotheken generell günstig auswirken, daß aber für anwendungsorientierte Leistungsdimensionen die Gefahr eines zu breiten Literaturstudiums besteht und sich hier die Unterstützung gezielter Literatursuche durch Informationsdienste besonders bewährt. Die Verfügbarkeit von EDV-Leistungen erwies sich bei näherer Betrachtung als generell positiv, wobei allerdings kein Unterschied zwischen Einheiten mit direktem Zugang zu Rechnern und solchen, die auf externe Rechenzentren zurückgreifen können, festgestellt werden konnte.

3.4. INPUTFAKTOR INFORMATION

Ähnlich wie für den Komplex »Leistung einer Forschungseinheit« ergeben sich für den Fragenbereich des Informationsinputs erhebliche Probleme bei der Operationalisierung. Vor allem wenn man unter Information das raumzeitlich bedingte, entscheidungsrelevante Wissen versteht, erkennt man, daß es sich hier um kein objektiv und allgemein meßbares Phänomen handelt. Ein weiteres Problem, das aber in obiger Definition bereits implizit angedeutet ist, liegt in der subjektiven Einschätzung einer Nachricht als Information in Abhängigkeit vom bereits vorhandenen Wissensstand des Informationssuchenden. Da auf diesem tiefen subjektiven Niveau meines Erachtens eine befriedigende Operationalisierung bislang noch nicht gelungen ist, sollen hier nur Indikatoren für potentiellen Informationsinput, nämlich Zahl und Qualität der Kontakte zwischen Wissenschaftlern, die ja im allgemeinen mit einem Informationsaustausch über gerade laufende Forschungsvorhaben und dabei anstehende Probleme verbunden sind, behandelt werden. Dabei wurde gegliedert in Kontakte mit Forschern anderer Institutionen im Rahmen wechselseitiger Besuchsprogramme

TABELLE 3.7: Mittelwertvergleich – Informationsaustausch.

Variablenname	Dimension	Österreich gesamt	Österreich Technologie	Österreich Chemie	Belgien gesamt Technol.	Finnland gesamt	Finnland Technologie	Finnland Chemie	Ungarn gesamt	Ungarn Chemie	International gesamt	International Technologie	International Chemie	Akademische Forschungseinheiten Österreich gesamt	Akademische Technologie	Akademische Chemie
Besucher aus anderen Forschungseinheiten	Personen	2.6	2.8	1.4	.8	1.7	1.9	1.3	3.0	1.0	2.2	2.3	1.3	3.9	3.0	7.0
Besuche in anderen Forschungseinheiten	Personen	3.2	3.5	.8	.8	1.5	1.8	1.0	4.0	4.0	2.5	2.7	1.8	4.9	2.2	7.7
Besuchte Tagungen	Tagungen	4.7	5.0	2.4	11.2	4.2	4.6	3.9	6.3	7.7	5.4	5.8	4.6	5.4	5.0	5.7
Zufriedenheit mit externen Kontakten: Bewertung des Einheitsleiters	5tlg. Skala	3.1	3.1	3.0	3.6	3.7	3.4	3.8	3.5	3.7	3.4	3.3	3.6	3.5	3.4	3.6
Bewertung der wissenschaftlichen Mitarbeiter	5tlg. Skala	2.7	2.7	2.5	3.0	2.9	2.8	2.9	3.2	3.2	2.9	2.8	2.9	2.8	2.7	2.7
Zufriedenheit mit organisationsinternen Kontakten: Bewertung des Einheitsleiters	5tlg. Skala	3.6	3.5	3.9	3.5	4.4	4.4	4.6	3.7	3.9	3.9	3.8	4.2	3.9	3.9	4.0
Bewertung der wissenschaftlichen Mitarbeiter	5tlg. Skala	3.5	3.5	3.7	3.5	3.9	4.2	3.8	3.3	3.1	3.6	3.7	3.6	3.2	3.0	3.1
Anzahl versandter und erhaltener Publikationen	Stück	13.9	13.3	18.5	32.1	18.1	18.1	24.2	44.5	45.2	23.4	16.4	28.7	78.1	36.5	112.0
Zahl gemeinsam mit anderen Forschungseinheiten durchgeführter Projekte	Stück	2.0	2.1	1.0	2.3	1.3	1.2	1.2	3.3	3.2	1.9	1.9	1.7	2.2	1.6	3.6
Anteil gemeinsam betriebener Forschung	%	24.8	9.4	18.0	18.1	11.7	8.4	14.8	30.6	28.2	20.5	21.0	18.9	19.7	18.2	17.0

oder Kontakte auf Tagungen, des weiteren Kontakte über den unmittelbaren Austausch von Publikationen und schließlich, als besonders enge Form des Kontaktes, gemeinsam mit anderen Forschungseinheiten durchgeführte Forschungsprojekte.

Die Behandlung von gemeinsam durchgeführten Forschungsprojekten im Abschnitt Informationsinput mag etwas willkürlich erscheinen, da man hier ebensoleicht an beidseitige Erweiterungen der personellen und/oder vor allem der materiellen Kapazität der beteiligten Forschungseinheiten denken kann. Während man dies aber genausogut durch Vergabe von Teilprojekten an Dritte erreichen kann, spielt bei wirklich gemeinsam (mit gemeinsamem Management) geführten Forschungsprojekten doch sehr oft die Übertragung von Know-how eine wesentliche Rolle als Motivationsfaktor.

Die Mittelwerte der für die Messung des Informationsinputs verwendeten Indikatoren sind in *Tabelle 3.7* dargestellt. In den ersten beiden Zeilen sind die im Mittel von Forschungseinheiten innerhalb eines Jahres empfangenen Besucher aus anderen Forschungseinheiten beziehungsweise die Zahl der Wissenschaftler und Ingenieure der eigenen Forschungseinheit, die während des letzten Jahres fremde Forschungsstätten besuchten, angegeben. Im Mittelwertvergleich dieser beiden Variablen tritt zutage, daß vor allem belgische industrielle Forschungseinheiten die Möglichkeiten, die sich durch wechselseitige Besuchsprogramme bieten, kaum nützen. Am offensten in bezug auf Empfang und Aussendung von Besuchern erweisen sich österreichische und ungarische Forschungseinheiten. Die knappe direkte Besuchstätigkeit scheint in Belgien durch häufige Teilnahme an Tagungen kompensiert zu werden. Hier sind die belgischen Wissenschaftler etwa doppelt so oft vertreten wie Teilnehmer aus anderen Ländern der Stichprobe. Bei der Zufriedenheit mit Kontakten, gleichgültig ob organisationsintern oder extern, konnten keine derartigen deutlichen Unterschiede in den einzelnen Ländern festgestellt werden.

Beim Vergleich der Zahl der von einer Forschungseinheit versandten und erhaltenen Publikationen muß man auch die Zahl der von der Einheit selbst publizierten Arbeiten berücksichtigen, da hier definitionsgemäß eine hohe Autokorrelation vorliegt. Zieht man dies in Betracht, wird die Spitzenstellung ungarischer industrieller Einheiten (extrem hohe Zahl von Artikeln im Inland) nicht mehr überraschen. Die hohe Zahl bei den österreichischen akademischen Einheiten kann jedoch nicht mehr nur durch eigene Publikationstätigkeit erklärt werden, sondern muß auch auf höhere Informationsnachfrage als im industriellen Bereich zurückgeführt werden. Dennoch muß bei ungarischen Forschungseinheiten festgestellt werden, daß ihre hohe Kooperationsfreudigkeit auch in der Zahl beziehungsweise dem prozentualen Anteil gemeinsam betriebener Forschung zum Ausdruck kommt. Die Erklärung für diesen Tatbestand liegt offenbar im unterschiedlichen Gesellschaftssystem. Kooperation bedeutet dort für eine industrielle Forschungseinheit nicht Aufgabe von Wettbewerbsvorteilen gegenüber der Konkurrenz wie in marktwirtschaftlichen Systemen.

3.4.1. Regressionsmodell »Informationsaustausch«

Nach diesen Vorbemerkungen sollen nun wieder die wichtigsten Beziehungen in einem multivariaten Regressionsmodell dargestellt werden. Als Ausgangsvariablen werden die Zahl der Besucher einer Forschungseinheit, die Zahl der durch Einheitsmitglieder getätigten Besuche sowie die Zahl der Tagungen, an denen Mitglieder der Forschungseinheit teilnahmen, verwendet. Für alle drei Variablen waren die bivariaten Zusammenhänge hinreichend linear, so daß die Verwendung eines Regressionsansatzes gerechtfertigt erscheint. Die Darstellung soll sich hier auf die Leistungsmaße *Anerkennung* in der Fachwelt, *Publikationen, Patente und Protoypen* sowie *relative Outputeffektivität* beschränken. Für die vier anderen perzeptiven Leistungsmaße blieb der Anteil der erklärten Varianz unter fünf Prozent, so daß eine detaillierte Behandlung nicht nötig ist. Es mag lediglich erwähnt werden, daß zu Forschungseffektivität alle drei Inputvariablen einen positiven Beitrag liefern. Auch für Anwendbarkeit sind sämtliche Regressionskoeffizienten – mit Ausnahme derer für die Teilnahme an Tagungen – im internationalen Datensatz positiv. Für organisatorische Effektivität ist der Hauptprädiktor (Zahl der Wissenschaftler, die andere Einheiten besuchen) negativ.

Tabelle 3.8 zeigt, daß sich bei österreichischen Forschungseinheiten Besuche von Fachtagungen deutlicher auf die Leistung niederschlagen als in den übrigen Ländern der internationalen Stichprobe und daß die Zahl der Gäste meist stärker mit Leistung korreliert als die Zahl der Besucher in anderen Einheiten. Letzteres darf jedoch nicht kausal interpretiert werden, sondern dürfte vielmehr daher rühren, daß die Zahl der Gäste selbst schon als indirekter Leistungsindikator betrachtet werden kann. Der Anteil erklärter Varianz ist ziemlich unterschiedlich. So sind die hier ausgewählten Variablen nur sehr schwache Prädiktoren für das Maß *Patente und Protoypen* (5% erklärter Varianz), während sie für das zweite quantitative Zählmaß, *Publikationen,* hohen Erklärungswert besitzen (23% erklärter Varianz im internationalen Datensatz und sogar 43% für industrielle Forschungseinheiten in Österreich). *Anerkennung* und *relative Outputeffektivität* nehmen dabei mit etwa zehn Prozent eine Mittelstellung ein. Insgesamt kann gesagt werden, daß sich die untersuchten Informationsvariablen unter dem Gesichtspunkt des Anteils erklärter Varianz ebenbürtig neben Indikatoren der personellen oder materiellen Ressourcen stellen lassen, womit auch noch nachträglich die Qualifizierung als selbständiger Inputfaktor erbracht wurde.

TABELLE 3.8: Multiple Regressionsanalysen zwischen Informationsaustausch und Leistungsmaßen (industrielle Forschungseinheiten).

Stichprobe	Leistungsmaß	Schritt	unabhängige Variable*	r	mult.R	B	beta
international	Anerkennung	1	Gäste	.24	.24	.05	.24
		2	Tagungen	.17	.28	.02	.15
		3	Besuche	.06	.28	−.01	−.05
					$R^2 = .08$		A = 2.25
Österreich	Anerkennung	1	Tagungen	.24	.24	.03	.23
		2	Gäste	.21	.30	.04	.22
		3	Besuche	−.13	.35	−.02	−.18
					$R^2 = .12$		A = 2.49
international	Publikationen	1	Gäste	.37	.37	1.59	.30
		2	Tagungen	.35	.48	.98	.29
		3	Besuche	.24	.48	.37	.09
					$R^2 = .23$		A = 7.17
Österreich	Publikationen	1	Tagungen	.61	.61	1.70	.59
		2	Gäste	.30	.66	.86	.24
		3	Besuche	.06	.66	−.06	−.02
					$R^2 = .43$		A = 3.58
international	Patente und Prototypen	1	Besuche	.17	.17	.46	.12
		2	Gäste	.17	.21	.62	.12
		3	Tagungen	.14	.23	.33	.10
					$R^2 = .05$		A = 19.73
Österreich	Patente und Prototypen	1	Tagungen	.16	.16	.54	.15
		2	Gäste	.15	.21	.63	.14
		3	Besuche	−.00	.21	−.13	−.04
					$R^2 = .05$		A = 26.16
international	relative Outputeffektivität	1	Besuche	.26	.26	.04	.19
		2	Gäste	.23	.30	.04	.15
		3	Tagungen	.18	.33	.02	.13
					$R^2 = .10$		A = 1.75
Österreich	relative Outputeffektivität	1	Tagungen	.27	.27	.04	.25
		2	Gäste	.26	.36	.05	.25
		3	Besuche	−.03	.37	−.01	−.09
					$R^2 = .13$		A = 1.79

* Die Variablenbezeichnung »Gäste« steht für die Zahl der Wissenschaftler des In- und Auslands, die die betreffende Forschungseinheit während des letzten Jahres besuchten, während »Besuche« die Zahl der Wissenschaftler der eigenen Einheit angibt, die während des letzten Jahres bei fremden Einheiten auf Besuch waren.

3.5. EIN LINEARES GESAMTMODELL

Nachdem bisher stets nur einzelne Inputkonzepte mit Leistungsmaßen von Forschungseinheiten in Beziehung gesetzt wurden, soll nun in einer Art Gesamtmodell versucht werden, Variable unterschiedlicher Inputformen zu kombinieren und den gemeinsamen Effekt abzuschätzen. Es soll bereits vor Beschreibung der Ergebnisse davor gewarnt werden, diesen Versuch zu stark zu bewerten. Aufgrund der bis jetzt gesehenen Zusammenhänge darf man sich keine Überraschungen in Form von hohen Erklärungswerten erhoffen. Darüber hinaus kann man die Verwendung von acht Prädiktorvariablen unter den gegebenen Umständen als zumindest halbblinden Versuch kritisieren. Dennoch ist diese Analyse geeignet, Grenzen aufzuzeigen.

Folgende Prädiktorvariablen wurden in einem Regressionsmodell zu den einzelnen Leistungsmaßen in Beziehung gesetzt:
- Zahl der Wissenschaftler;
- Zahl der Techniker;
- Zahl der Hilfskräfte;
- Wert der verfügbaren Geräte und Anlagen;
- Zufriedenheit mit Bibliotheks- und Informationsdiensten;
- Zahl der Gäste;
- Zahl der Besuche;
- Teilnahme an Tagungen.

Die Analysen wurden wie alle bisherigen, getrennt für die österreichische und die internationale Stichprobe, durchgeführt. Neben den industriellen Forschungseinheiten wurde diesmal aber auch die Substichprobe der akademisch-naturwissenschaftlichen und die der akademisch-technologischen Forschungseinheiten analysiert. Vor näheren Ausführungen über die Bedeutung der Einzelvariablen in den verschiedenen

TABELLE 3.9: Anteil der durch die vorstehend genannten Inputkonzepte erklärten Varianz (in Prozent).

Leistungsmaß	akademisch-natur-wissenschaftliche Einheiten		akademisch-techno-logische Einheiten		industrielle Einheiten	
	int.	öst.	int.	öst.	int.	öst.
Stichprobenumfang:	482	93	165	33	217	91
Anerkennung	12	23	13	32	17	28
Forschungseffektivität	5	26	7	23	5	7
Anwendbarkeit	5	7	4	27	12	17
Organisatorische Effektivität	2	8	7	10	6	11
Publikationen	26	47	31	65	31	45
Patente und Prototypen	10	48	6	44	13	11
Relative Outputeffektivität	19	33	18	40	18	19

TABELLE 3.10: Erklärungswert einzelner Inputfaktoren in einem Regressions-Gesamtmodell (internationaler Datensatz).

Abhängige Variable Prädiktorvariable	akademisch-naturwissenschaftliche Einheiten				akademisch-technologische Einheiten				industrielle Einheiten			
	Schritt	r	marg. R²	Beta	Schritt	r	marg. R²	Beta	Schritt	r	marg. R²	Beta
Anwendbarkeit												
Zahl der Wissenschaftler	5	.21	.001	.05	6	.21	.006	.11	6	.22	.002	.06
Zahl der Techniker	3	.19	.017	.12	2	.21	.027	.00	1	.28	.079	.16
Zahl der Hilfskräfte	6	.13	.001	-.03	8	.17	.002	.06	7	.18	.001	.04
Wert der Anlagen	–	–	–	–	7	.15	.003	.06	8	.11	.000	-.02
Bibliotheksdienste	7	-.01	.000	-.02	5	.10	.007	.09	3	.23	.033	.19
Zahl der Gäste	1	.24	.058	.16	1	.26	.068	.13	2	.24	.042	.22
Zahl der Besucher	4	.20	.006	.08	3	.26	.009	.11	5	.06	.003	-.06
Tagungen	2	.23	.035	.14	4	.21	.008	.08	4	.17	.006	.08
Forschungseffektivität												
Zahl der Wissenschaftler	3	.14	.003	.05	1	.15	.022	.09	–	–	–	–
Zahl der Techniker	7	.09	.000	.02	4	.09	.009	.12	–	–	–	–
Zahl der Hilfskräfte	8	.09	.000	-.01	2	-.11	.016	-.16	6	.00	.000	-.02
Wert der Anlagen	4	.09	.001	.04	7	.07	.001	.03	3	-.03	.004	-.07
Bibliotheksdienste	6	.02	.000	.02	6	-.05	.004	-.06	4	.03	.002	.04
Zahl der Gäste	2	.13	.010	.11	3	.12	.012	.13	1	.18	.033	.15
Zahl der Besucher	5	.06	.001	-.03	–	–	–	–	2	.16	.010	.11
Tagungen	1	.17	.030	.13	5	-.04	.003	-.08	5	.04	.000	.02

Abhängige Variable	akademisch-naturwissenschaftliche Einheiten				akademisch-technologische Einheiten				industrielle Einheiten			
Prädiktorvariable	Schritt	r	marg. R²	Beta	Schritt	r	marg. R²	Beta	Schritt	r	marg. R²	Beta
Publikationen												
Zahl der Wissenschaftler	4	.34	.018	.16	1	.42	.175	.27	6	.31	.009	.12
Zahl der Techniker	2	.31	.073	.19	–	–	–	–	3	.32	.039	.06
Zahl der Hilfskräfte	6	.17	.002	-.05	6	.22	.001	.04	5	.28	.010	.12
Wert der Anlagen	7	.10	.000	-.02	5	.20	.005	.06	8	.17	.001	-.03
Bibliotheksdienste	–	–	–	–	4	.08	.009	.09	4	.19	.017	.14
Zahl der Gäste	3	.35	.043	.21	7	.29	.001	.02	1	.37	.136	.27
Zahl der Besucher	1	.35	.123	.20	2	.41	.086	.25	7	.24	.005	.08
Tagungen	5	.25	.002	.07	3	.33	.036	.18	2	.35	.092	.22
Patente und Prototypen												
Zahl der Wissenschaftler	2	.22	.028	.15	2	.19	.008	.10	1	.30	.089	.21
Zahl der Techniker	4	.15	.002	.06	1	.21	.044	.13	5	.25	.005	.11
Zahl der Hilfskräfte	5	.08	.002	-.04	8	.06	.001	-.05	6	.07	.002	-.05
Wert der Anlagen	3	.16	.007	.10	4	.12	.003	.06	7	.05	.001	-.04
Bibliotheksdienste	6	-.03	.001	-.04	6	.03	.002	.05	4	-.05	.004	-.07
Zahl der Gäste	8	-.11	.000	.01	3	-.01	.003	-.11	2	.17	.018	.11
Zahl der Besucher	1	.24	.059	.20	5	.10	.003	.07	3	.17	.006	.08
Tagungen	7	.12	.000	.01	7	.09	.001	.05	8	.14	.002	.04

305

Regressionsmodellen soll in *Tabelle 3.9* der Anteil der durch diese acht Variablen erklärten Varianz dargestellt werden.

Versucht man, *Tabelle 3.9* zu interpretieren, sollte man vorerst die Stichprobengrößen betrachten. Sieht man dabei, daß in der Kategorie österreichischer akademisch-technologischer Einheiten nur 33, international (akademisch-naturwissenschaftliche Einheiten) jedoch 482 Vertreter enthalten sind, können die Zahlen der einzelnen Spalten entsprechend relativiert gesehen werden. Betrachtet man *Tabelle 3.9* zeilenweise, fällt die Dominanz des Maßes *Publikationen* auf. Selbst in der internationalen Stichprobe konnten hierfür etwa 30 Prozent der Varianz erklärt werden. Somit muß diese Form wissenschaftlichen Outputs als die am leichtesten steuerbare angesehen werden. Unmittelbar mit dem Maß *Publikationen* hängen auch die beiden Indikatoren *relative Outputeffektivität* und *Anerkennung* zusammen. Man kann sie vom Maß *Publikationen* als kausal oder logisch abhängig betrachten.

Als nächstes kommen die beiden anwendungsorientierten Maße *Patente und Prototypen* und *Anwendbarkeit* der Ergebnisse, wobei wiederum für das quantitative Maß der Anteil erklärter Varianz im allgemeinen höher ist. Die Schlußposition nehmen *Forschungseffektivität* und *organisatorische Effektivität* ein, wobei innerhalb Österreichs für *Forschungseffektivität* im akademischen Bereich ein relativ hoher Erklärungswert erzielt werden konnte.

Im folgenden soll noch kurz für die vier Leistungsmaße *Anwendbarkeit, Forschungseffektivität, Publikationen* sowie *Patente und Prototypen* die unterschiedliche Bedeutung der acht Prädiktoren dargestellt werden *(Tabelle 3.10)*. Diese Leistungsmaße erscheinen deswegen als besonders interessant, weil bei ihnen größere Teile der Varianz erklärt werden, die Maße aber stark unterschiedliche Gesichtspunkte der Bewertung repräsentieren. *Forschungseffektivität* wurde trotz des geringen Anteils erklärter Varianz aufgenommen, weil es vielleicht am reinsten von allen Leistungsmaßen qualitative Aspekte der Forschungsleistungen mißt – daher aber auch von quantitativen Inputfaktoren weniger stark beeinflußt werden kann. Da die österreichischen Substichproben für acht Prädiktoren schon etwas knapp sind, werden nur mehr die Beziehungen im internationalen Datensatz dargestellt, wieder gegliedert nach akademisch-naturwissenschaftlichen, akademisch-technologischen und industriellen Forschungseinheiten.

Betrachtet man zuerst die Beziehungen zum Leistungsmaß *Anerkennung*, fällt die Dominanz der Variablen für Informationsaustausch und die, insbesondere im akademischen Bereich, geringere Bedeutung der materiellen Ressourcen auf. Bei letzteren spielt jedoch wiederum die Bewertung der Bibliotheks- und Informationsdienste eine größere Rolle als der Wert der Anlagen. Bevor man dies überinterpretiert, muß man jedoch die oben angestellten Homogenitätsüberlegungen und die daraus resultierenden unterschiedlichen objektiven Bedürfnisse verschiedener Forschungsdisziplinen berücksichtigen. Für Bibliotheken gilt diese Einschränkung weit weniger, daher können aber auch global höhere Beziehungen auftauchen. Innerhalb der Variablen zur Messung personeller Ressourcen fällt wieder die starke Bedeutung der Zahl der

Techniker auf. Dazu, daß die Zahl der Wissenschaftler meist erst sehr spät ins Modell aufgenommen wird, ist zu sagen, daß diese Variablen mit den Informationsaustausch-Variablen (insbesondere Zahl der Gäste und Besucher) und auch der Zahl der Techniker hoch korreliert. Daher geht der marginale Erklärungswert stark zurück, wenn Variable aus einer dieser beiden Gruppen bereits am Anfang ins Modell aufgenommen werden.

Zum zweiten perzeptiven qualitativen Leistungsmaß, *Forschungseffektivität*, kann gesagt werden, daß hier die Bedeutung der materiellen Ressourcen schon weit deutlicher zum Vorschein kommt als bei *Anerkennung*. Dies gilt insbesondere für industrielle Forschungseinheiten, wo beide Variablen sofort nach der Zahl der Gäste beziehungsweise der Besucher ins Modell eingehen. Für die Zahl der Wissenschaftler beziehungsweise der Techniker war der partielle Korrelationskoeffizient hier schon so gering, daß diese Variablen nicht mehr ins Modell aufgenommen werden konnten. Man muß jedoch berücksichtigen, daß durch sämtliche verwendeten Variablen im internationalen Datensatz nur fünf beziehungsweise sieben Prozent der Varianz des abhängigen Maßes erklärt werden können.

Die Bedeutung des Wertes verfügbarer Geräte und Anlagen geht beim Maß *Publikationen* wieder stark zurück. Hier liegt der größte Erklärungswert wieder bei den Informationsvariablen und (für akademisch-technologische Einheiten) bei der Zahl der Wissenschaftler in der Einheit.

Die Variablen »Zahl der Wissenschaftler« und »Zahl der Techniker« nehmen erst beim Maß *Patente und Prototypen* eine Schlüsselstellung ein. Die Zahl der Tagungsbesuche weist hier einheitlich einen sehr geringen Erklärungswert auf, während Besuchsprogramme (Gäste oder Besucher) nach wie vor gute Wirkungen zeigen. Auch die Variable »Wert verfügbarer Geräte und Anlagen« gewinnt hier wieder an Bedeutung.

4. Schlußfolgerungen

Zusammenfassend kann zu den in Kapitel 3.5 beschriebenen Regressionsanalysen festgestellt werden, daß es aufgrund der sich widersprechenden Anforderungen nach einer homogenen Stichprobe und nach einem großen Datensatz schwierig ist, klare Aussagen über die Bedeutung der einzelnen Inputkonzepte zu treffen. Geht man von der Reihenfolge, mit der die einzelnen Prädiktoren in das Gesamtmodell aufgenommen wurden, aus, muß wohl Informationsaustausch als generell wesentlicher Faktor für erfolgreiche Forschungstätigkeit angesehen werden. Freilich leidet gerade dieses Maß am stärksten unter dem Verdacht, Artefakt einer Rückkopplung zu sein.

Die Zahl der Wissenschaftler ist lediglich bei den Maßen *Publikationen* und *Patente und Prototypen* hoch ladender Prädiktor. Doch obwohl diese Menge-zu-Menge-

Beziehung trivialerweise stark positiv sein sollte, ist die relative Gewichtung dieses Inputfaktors nicht einheitlich stark (etwa nur 4. Position bei akademisch-naturwissenschaftlichen Einheiten oder 6. Position bei industriellen Einheiten). Vergleicht man die Erklärungswerte mit Ergebnissen anderer Analysen am selben Datenmaterial, kann nur der Schluß gezogen werden, daß die hier untersuchten quantitativen Ressourcen nicht mehr als eine Startvoraussetzung für effektive Forschungstätigkeit sind. Wie weit diese Startvoraussetzungen dann in Erfolg umgesetzt werden, bestimmt sich allerdings entscheidend durch die in einer Forschungseinheit wirkenden Einzelpersonen und durch entsprechende organisationssoziologische Rahmenbedingungen sowie durch die Führung der Einheit. Daß auch hier situationsspezifisch vorzugehen ist, wurde bereits gezeigt (vgl. Aichholzer 1977).

Literatur

Aichholzer, G., Mittermeir, R. und Waller, G. On the differential importance of human-relations-aspects for research activities: A comparison between academic and industrial research units. In: Proceedings: Conference of the International Sociological Association, Research Committee on the Sociology of Science, Akademiai Kiado, Budapest, 1977.

Andrews, F. M. Estimating the construct validity and correlated error components of the rated-effectiveness measures. In: Andrews (ed.) Scientific productivity, Cambridge University Press/UNESCO, Cambridge – Paris, 1979.

Knorr, K. D., Mittermeir, R., Aichholzer, G. und Waller, G. Internationale Vergleichsstudie über die Organisation und Effektivität von Forschungseinheiten, Bd. I, IHS, Wien, 1975.

Mittermeir, R. Leistungsdeterminanten von Forschungseinheiten. Dissertation, Wien, 1978.

Stolte-Heiskanen, V. Externally determined resources and the effectiveness of research units. In: Andrews (ed.) Scientific productivity, Cambridge University Press/UNESCO, Cambridge – Paris, 1979.

Wort des Dankes

Mein Dank gilt den Kollegen im internationalen Forschungsteam der ICSOPRU/first round, insbesondere aber den Kollegen am IHS, K. Knorr, G. Aichholzer und G. Waller. Für die Mithilfe bei der Abfassung dieses Manuskriptes bin ich A. Rainer zutiefst verbunden.

HORST GESCHKA

Anwendung von Kreativitätstechniken in der Forschung

1. Kreativität in Forschung und Wissenschaft

Die Bedeutung von Kreativität in Wissenschaft und Forschung ist unbestritten. Kreative Ideen werden gebraucht bei der
- Aufstellung von Hypothesen;
- Erarbeitung von Lösungen für erkannte Probleme;
- Konzipierung von Versuchsanordnungen;
- Interpretation experimenteller Ergebnisse;
- Anwendung und Umsetzung von Forschungsergebnissen (Wofür können beherrschte Phänomene genutzt werden?);
- Darstellung von Forschungsergebnissen (Lehre, Vorträge, Veröffentlichungen).

Berühmte Anekdoten zeigen die spontane kreative Komponente in wissenschaftlichen Erkenntnisprozessen: Archimedes, Newton, Kekulé. Aus Autobiographien und historischen Analysen geht hervor, daß wissenschaftliche Erkenntnisse häufig nicht rational-logisch abgeleitet wurden, sondern zunächst in intuitiv-kreativen Denkprozessen entstanden (Mendelejew, Poincaré, Einstein).

Wenn Kreativität im Forschungsprozeß benötigt wird, dann stellt sich auch die Frage, ob die erforderlichen kreativen Impulse gezielt und effizient durch Kreativitätstechniken eingebracht werden können. Diese Überlegung erscheint insbesondere dann relevant, wenn Forschung im Team betrieben wird.

2. Grundlagen der Kreativitätstechniken

Für den Begriff Kreativität gibt es eine Fülle von Definitionen. Ich möchte unter Kreativität die Fähigkeit verstehen, Wissens- und Erfahrungselemente aus verschiedenen Bereichen unter Überwindung verfestigter Strukturen und Denkmuster zu neuen Ideen zu verschmelzen.

Man hat erkannt, daß kreative Menschen – offenbar unbewußt – bestimmte Prinzipien anwenden, um zu neuen Ideen zu kommen. Diese sogenannten heuristi-

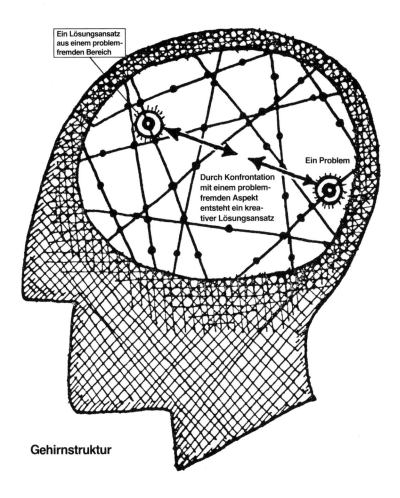

Ein Lösungsansatz aus einem problemfremden Bereich

Ein Problem

Durch Konfrontation mit einem problemfremden Aspekt entsteht ein kreativer Lösungsansatz

Gehirnstruktur

schen Prinzipien, wie etwa assoziieren, abstrahieren, Strukturen aus anderen Bereichen übertragen, kombinieren, variieren etc., schlagen eine Brücke vom Problem zu problemfremden Wissenselementen und leiten so zu neuen Ansätzen hin (vgl. *Schaubild* oben). Die heuristischen Prinzipien überwinden die festgefügten Denkstrukturen.

In den Kreativitätstechniken werden diese heuristischen Prinzipien in Form von Algorithmen simuliert. Einige heuristische Prinzipien (assoziieren, Strukturen über-

TABELLE 1:   Klassifizierung der Methoden der Ideenfindung.

Anregungsprinzip	Entstehungsprinzip	
	Assoziation/Abwandlung	Konfrontation
Verstärkung der Intuition	Methoden der intuitiven Assozia-tion – Brainstorming-Methoden · klassisches Brainstorming · Schwachstellen-Brain-storming · Parallel-Brainstorming – Brainwriting-Methoden · Ringtauschtechnik · Kartenumlauftechnik · Galerietechnik · Ideennotizbuch-Austausch · Ideen-Delphi	Methoden der intuitiven Konfronta-tion – Synektik und Varianten · Reizwortanalyse · Exkursionssynektik · visuelle Konfrontation in der Gruppe · Bildmappen-Brainwriting
Systematisch-analytischer Ansatz	Methoden der systematischen Abwandlung – Mehrdimensionale Morpho-logie und Varianten · Morphologisches Tableau · Attribute Listing – Problemlösungsbaum	Methoden der systematischen Kon-frontation – Morphologische Matrix und Varianten · Morphologische Matrix – Systematische Reizobjekt-ermittlung – K.-J.-Methode

tragen) fördern das intuitive Hervorbringen von Ideen, während andere (variieren, kombinieren, abstrahieren) eher in systematisch-analytischer Weise zu neuen Ansätzen hinführen.

Die zweite Grundlage der meisten Kreativitätstechniken ist die Gruppe. Wenn Kreativität wesentlich als Kombination verschiedener Wissens- und Erfahrungselemente verstanden wird, dann bringen mehrere Personen natürlich mehr Wissen und Erfahrung in den Ideengenerierungsprozeß ein als ein einzelner. Es muß allerdings sichergestellt sein, daß dieses Wissen auch zwischen den Gruppenmitgliedern ausgetauscht wird, also Kommunikation möglich ist und in offener Form stattfindet. Dies wird nur in einer relativ kleinen Gruppe möglich sein. Außerdem spricht gegen die größere Gruppe, daß der Wissenszuwachs der Gruppe mit zunehmender Größe abnimmt. Diese Überlegungen wurden durch viele Experimente und Erfahrungen bestätigt, wonach die optimale Gruppengröße für kreative Problembearbeitung bei 5 bis 7 Teilnehmern liegt.

Weltweit wurden über 100 Kreativitätstechniken erfaßt. Bei dieser Zahl ist eine Klassifizierung erforderlich. Sie kann nach zwei Aspekten vorgenommen werden:
– Das Ideenfinden kann entweder durch *Förderung der Intuition* oder durch *systematisches Vorgehen* methodisch unterstützt werden.

– Die Ideen werden entweder durch *Abwandlung* bekannter oder gedachter Lösungsansätze (eine Idee entwickelt sich aus der anderen, insbesondere in Form von Assoziationsketten) oder aus der *Konfrontation* mit problemfremden Wahrnehmungen generiert.

Stellt man die kreativitätsfördernde Vorgehensweise einerseits und das ideenauslösende Prinzip andererseits in einer Matrix einander gegenüber, so entstehen vier Methodengruppen, in die sich alle bekannten Kreativitätstechniken lückenlos einordnen lassen (vgl. *Tabelle 1*).

3. Vorstellung einiger ausgewählter Techniken

Hier können nur einige wenige Techniken präsentiert und besprochen werden. Ausgewählt wurden:
– Brainstorming;
– Schwachstellen-Brainstorming;
– Ringtauschtechnik;
– Kartenumlauftechnik;
– Visuelle Konfrontation in der Gruppe;
– Morphologische Matrix;
– K.-J.-Methode;
– Hypothesen-Matrix.

3.1. BRAINSTORMING

3.1.1. *Hintergründe und Philosophie*

Brainstorming ist die älteste, bekannteste und am häufigsten angewandte Kreativitätstechnik. Sie wurde 1938 vom Inhaber einer Werbeagentur vorgeschlagen. Die Methode stellt darauf ab, die negativen Erscheinungen von Konferenzen wie destruktive Kritik, Rivalität der Teilnehmer, Verzettelung in Nebensächlichkeiten zu überwinden. In der Gruppe sollen ein ungehemmtes Aussprechen von Ideen und eine gegenseitige Anregung erfolgen:
– Freies und ungehemmtes Aussprechen von Gedanken; auch zunächst sinnlos erscheinende und phantastische Ideen sind willkommen, da sie die anderen Teilnehmer zu durchaus verwertbaren Ideen inspirieren können.
– Die Ideen der anderen sind aufzugreifen und weiterzuentwickeln (Assoziationsbildung). Voraussetzung: Zuhören können und innerlich offen sein.

– Jegliche Bewertung und Kritik während der Sitzung sind zu unterlassen: keine »Killerphrasen« wie »Das gibt's schon!«, »Das können wir doch nicht!«
– Es sollten möglichst viele Ideen produziert werden; wenn die Zahl der Ideen sehr groß ist, steigt auch die Chance, daß darunter gute Ideen sind.

3.1.2. Erfahrungen

Obwohl Brainstorming oft als unproblematische und einfache Methode dargestellt wird, verlangt sie einen erfahrenen Moderator und disziplinierte Teilnehmer. Das Unterdrücken von Kritik – im Sinne von Richtigstellungen und Hinweisen auf Erfahrungen – wird dabei oft als frustrierend empfunden.

3.1.3. Anwendung in Wissenschaft und Forschung

Das freie Lossprudeln von Ideen in einer Gruppe gleichrangiger Personen wird oft als unangemessen für wissenschaftliche Arbeit angesehen. Der geringe Tiefgang und die Forderung, auch unsinnige Ideen tolerieren zu müssen, erschweren im Wissenschaftsbereich die Akzeptanz.

3.2. SCHWACHSTELLEN-BRAINSTORMING

3.2.1. Hintergründe und Philosophie

Bei dieser Brainstorming-Variante geht man von einer bestehenden Idee oder einem Konzept aus. Es werden zunächst Schwachstellen ermittelt und sodann Ansatzpunkte gesucht, diese Schwachstellen auszumerzen.

3.2.2. Vorgehen

Man geht in zwei Brainstorming-Runden vor:
1. Brainstorming: Auflisten aller Schwachstellen und Kritikpunkte sowie Bewertung der Schwachstellen und Bildung von Schwerpunkten.
2. Brainstorming: Ideenfindung zur Überwindung eines oder mehrerer Schwachstellen-Schwerpunkte.

3.2.3. Erfahrungen

Das zweistufige Vorgehen wird psychologisch positiv aufgenommen: Man kann zunächst Kritik üben und ist anschließend aber auch motiviert, konstruktiv Ideen einzubringen, um die selbst empfundenen Schwachstellen zu überwinden.

3.2.4. Anwendung in Wissenschaft und Forschung

Die Technik erscheint gut geeignet, für wissenschaftliche Ideen und Konzepte (z. B. Vorschläge für Forschungsvorhaben, Versuchsanordnung, Vortrag, Buch) von einem qualifizierten Kreis wesentliche Verbesserungsvorschläge zu erhalten.

3.3. RINGTAUSCHTECHNIK

3.3.1. Hintergründe und Philosophie

Die Ringtauschtechnik gehört zu den Brainwriting-Techniken, die in Europa entwickelt wurden. Bei diesen Techniken gelten die gleichen Grundprinzipien wie beim Brainstorming; die mündliche Kommunikation wird jedoch durch Niederschreiben und Weitergeben ersetzt. Probleme des Teilnehmerverhaltens und der Moderation werden bei diesen Techniken weitgehend ausgeschaltet. Sie sollten dann eingesetzt werden, wenn man zur Ideenfindung etwas Zeit zum Nachdenken und zur Ausgestaltung braucht.

Der Grundgedanke der Ringtauschtechnik besteht darin, die Teilnehmer in gewissem Umfang dazu zu zwingen, sich mit den Ideen der anderen Teilnehmer auseinanderzusetzen und sie weiterzuentwickeln. Außerdem soll durch einen formalen Zeittakt ein kreativitätsfördernder Zeitdruck erzeugt werden.

3.3.2. Vorgehen

Die Ringtauschtechnik ist bei einer Gruppe von 6 bis 15 Teilnehmern anzuwenden. In einer Zeit von 3 bis 6 Minuten werden jeweils drei Ideen auf ein Formular niedergeschrieben. Die Formulare werden auf Kommando reihum weitergereicht; nun sollen die Ideen, die auf den Formularen vorzufinden sind, verbessert, weiterentwickelt, ergänzt werden. Die Formulare werden viermal ausgetauscht. Anschließend geht man zu einer Bewertung über, die nach dem gleichen Austauschmechanismus vorgenommen wird.

3.3.3. *Erfahrungen*

Die Ringtauschtechnik bringt sehr viele Ideen hervor. Sie sorgt auch dafür, daß unterschiedliche Basisideen durchdacht, abgewandelt und verbessert werden. Die integrierte Bewertung ermöglicht ein sofortiges Meinungsbild über die Qualität der Ideen. Der strikte Austauschrhythmus kann allerdings bei manchen Teilnehmern zur Ideenblockade führen.

3.3.4. *Anwendung in Wissenschaft und Forschung*

Die Technik ist im wissenschaftlichen Bereich gut anwendbar. Positiv zu werten ist, daß mehr Zeit zur Verfügung steht, über eine Idee nachzudenken, als beim Brainstorming. Da man die Idee selbst niederschreibt, ist sichergestellt, daß sie richtig festgehalten wird. Die Methode eignet sich für solche Aufgabenstellungen bzw. Probleme, die viele Lösungsrichtungen und Ausgestaltungsmöglichkeiten zulassen (z. B. Versuchsanordnungen, Aufbereitung von Forschungsergebnissen u. ä.).

3.4. KARTENUMLAUFTECHNIK

3.4.1. *Hintergründe und Philosophie*

Eine Zwischenform zwischen dem sehr offenen Brainstorming und der stärker reglementierten Ringtauschtechnik ist die Kartenumlauftechnik. Bei dieser Technik können die Teilnehmer die Geschwindigkeit ihrer Ideenproduktion selbst bestimmen und sich Anregungen durch die Ideen der anderen Teilnehmer nach Belieben holen. Aus dem Niederschreiben der Ideen auf Karten ergeben sich Vorteile bei der Strukturierung, Bewertung und Präsentation der Ideen.

3.4.2. *Vorgehen*

Je eine Idee wird auf eine Karte (große Karteikarte, EDV-Lochkarte oder Metaplankarte) mit dicken Filzstiften notiert. Die beschriebenen Karten werden dem linken Nachbarn griffbereit hingelegt. Sobald der individuelle Ideenfluß nachläßt, geht man den Kartenstoß, der sich rechts gebildet hat, durch und läßt sich dadurch anregen. Neue Ideen und Weiterentwicklungen werden auf neue Karten geschrieben und alle Karten wiederum links abgelegt. Nach 20 bis 25 Minuten kann die Ideenfindung beendet werden.

Die anschließende Strukturierung führt man zweckmäßigerweise an einem großen

Tisch durch. Die endgültig gegliederten Ideenkarten werden dann an eine Pinnwand geheftet. Für die Bewertung hat sich das Punktekleben bewährt.

3.4.3. *Erfahrungen*

Die Erfahrungen sind mit denen der Ringtauschtechnik vergleichbar. Der freie Austausch ohne vorgegebenen Takt wird vielfach positiv empfunden. Die Methode wird vor allem in solchen Unternehmen angewendet, die die Metaplantechnik (eine Kommunikationstechnik, die u. a. mit Karten und Pinntafeln arbeitet) praktizieren. In der Regel wird die Kartenumlauftechnik bereitwillig aufgenommen und bringt keine Probleme in der Anwendung mit sich.

3.4.4. *Anwendung in Wissenschaft und Forschung*

Die Kartenumlauftechnik ist grundsätzlich in gleicher Weise im wissenschaftlichen Bereich einsetzbar wie die Ringtauschtechnik. Da Forschungs- und Hochschulinstitute mit der Metaplantechnik weniger vertraut und die Hilfsmittel nicht vorhanden sind, wird sie selten angewandt.

3.5. VISUELLE KONFRONTATION IN DER GRUPPE

3.5.1. *Hintergründe und Philosophie*

Diese Technik gehört zur Gruppe der Methoden der intuitiven Konfrontation. Diese Methodengruppe versucht, Phasen des natürlichen kreativen Prozesses nachzuahmen, wobei die sogenannte intuitive Konfrontation das essentielle ideengenerierende Prinzip darstellt. Biographische Darstellungen belegen, daß originelle Ideen häufig nicht aus der bewußten Problembearbeitung, sondern als Reaktion auf die Wahrnehmung völlig problemfremder Ereignisse, Gegenstände, Vorgänge, Gedanken usw. ganz plötzlich – als Eingebung – entstehen.

Das Phänomen der intuitiven Konfrontation wird als Technik eingesetzt, indem man völlig problemfremde Aspekte in den Ideenfindungsprozeß einbringt.

3.5.2. *Vorgehen*

Die visuelle Konfrontation in der Gruppe versucht, die Phasen eines natürlich ablaufenden kreativen Prozesses nachzuahmen, und zwar durch folgende Schritte:

316

- Problemerläuterung und -diskussion;
- Spontane Ideenfindung (Kurz-Brainstorming);
- Entspannung und Verfremdung durch Bildbetrachtung und Musik;
- Ideenentwicklung aus speziellen Reizbildern.

3.5.3. Erfahrungen

Diese nicht einfache Technik sollte dann angewandt werden, wenn individuelles Nachdenken und eventuell auch Gruppensitzungen mit vorangehend dargestellten Techniken nicht zu zufriedenstellenden Ansätzen geführt haben. Obwohl diese Technik eigentlich keine besonderen Moderationsprobleme stellt, gibt es in der Praxis Zurückhaltung, sie anzuwenden. Die Prozedur wird doch noch als so ungewöhnlich empfunden, daß man sie lieber mit einem externen Spezialisten als Moderator durchführt. Dementsprechend ist die Anwendung noch recht selten. Das gilt auch für andere ähnliche Techniken (z. B. Exkursionssynektik, Bildmappen-Brainwriting).

Die visuelle Konfrontation generiert Ideen unterschiedlichster Art: ins Detail gehende Ausgestaltungen ebenso wie generelle Lösungsrichtungen; präzise Vorstellungen, aber auch vage Vermutungen. Es ist in jedem Fall erforderlich, die »Ideenfragmente« fachlich durch- und auszuarbeiten.

3.5.4. Anwendung in Wissenschaft und Forschung

Die visuelle Konfrontation kann gerade in der Forschung sinnvoll eingesetzt werden. Im Gegensatz zu Brainstorming und den Brainwriting-Techniken ist diese Technik gerade dann anzuwenden, wenn Lösungen zu einem Problem nicht auf der Hand liegen. Voraussetzung ist allerdings, daß das Problem präzise abgegrenzt und dargestellt wird und die Gruppe genügend fachliche Kompetenz besitzt, um qualifizierte Lösungen generieren zu können. Die Akzeptanzbarriere gegenüber einem ungewöhnlichen Vorgehen ist im Wissenschaftsbereich niedriger einzuschätzen als in Industrieunternehmen.

Beim Battelle-Institut wurden gerade mit der visuellen Konfrontation gute Ergebnisse für wissenschaftliche Problemstellungen erzielt.

3.6. MORPHOLOGISCHE MATRIX

3.6.1. *Hintergründe und Philosophie*

Bei der morphologischen Matrix werden zwei wichtige Einflußfaktoren für einen Problembereich in Form einer Matrix einander gegenübergestellt. Dadurch wird ein Bereich gegliedert und übersichtlich gemacht; »weiße Felder« und neuartige Lösungsansätze können erkannt werden. Im Grunde ist das Periodensystem der Elemente eine morphologische Matrix; die beiden Parameter sind »Anzahl der Protonen im Kern« und »Konfiguration der Elektronenschalen«. Der morphologische Problemlösungsansatz geht auf den Schweizer Astrophysiker Fritz Zwicky zurück.

3.6.2. *Vorgehen*

Eine morphologische Matrix wird in folgenden Schritten erstellt:
– Suche nach den wichtigsten Parametern des Problems;
– Versuchsweise Aufstellung mehrerer morphologischer Matrizen, indem jeweils zwei Parameter zueinander in Beziehung gesetzt werden. Suche nach alternativen Ausprägungen zu jedem Parameter und Auflisten in Kopfzeile und Vorspalte;
– Auswahl einer Matrix, die für die Problemstellung am aussagefähigsten erscheint. Intensive Überprüfung und Vervollständigung der Ausprägungen;
– Durcharbeiten aller Matrixfelder (Suche nach Forschungs- oder Lösungsansätzen).
   Wenn die Parameter nur wenige Ausprägungen haben, läßt sich eine morphologische Matrix auch für mehr als zwei Parameter aufbauen (vgl. *Tabelle 2*).

3.6.3. *Erfahrungen*

Eine morphologische Matrix wird in der Regel nicht in einem Arbeitsschritt endgültig aufgestellt. Vielmehr entsteht sie durch Ausprobieren und Verbessern. Die Gruppe ist in diesem Prozeß hilfreich, die Matrix kann aber auch individuell erstellt werden; dies gilt vor allem für die Verbesserungen. Die morphologische Matrix hat sich insbesondere dann bewährt, wenn ein neues Gebiet bearbeitet werden soll und eine Gliederung noch nicht vorliegt; so entsteht eine bearbeitbare Struktur, Lücken und Lösungsrichtungen werden aufgezeigt. In der Industrie wird die morphologische Matrix häufig eingesetzt, um ein Suchfeld für neue Produkte zu bilden und zu strukturieren.

T<small>ABELLE</small> 2: Beispiel einer morphologischen Matrix mit 5 Parametern (Transporteinrichtungen).

P_1 Verbindung der Transporteinrichtung mit der Unterlage	$K_{1.1}$ stehend				$K_{1.2}$ hängend			
P_2 Anzahl Führungselemente	$K_{2.1}$ 1		$K_{2.2}$ >1		$K_{2.1}$ 1		$K_{2.2}$ >1	
P_3 Bahnkurve	$K_{3.1}$ fest	$K_{3.2}$ variabel	$K_{3.1}$ fest	$K_{3.2}$ variabel	$K_{3.1}$ fest	$K_{3.2}$ variabel	$K_{3.1}$ fest	$K_{3.2}$ variabel

P_4 Antrieb	P_5 Antriebsart								
$K_{4.2}$ fremd	$K_{5.2}$ intermittierend	1	2	3	4	5	6	7	8
	$K_{5.1}$ dauernd	9	10	11	12	13	14	15	16
$K_{4.1}$ eigen	$K_{5.2}$ intermittierend	17	18	19	20	21	22	23	24
	$K_{5.1}$ dauernd	25	26	27	28	29	30	31	32

Quelle: Rothenbach, F.: Problemfelder: Methodisches Instrument der Produkteentwicklung, s. Industrielle Organisation, 8/1970.

3.6.4. *Anwendung in Wissenschaft und Forschung*

Der Anwendung der morphologischen Matrix in der Wissenschaft steht nichts im Wege. Da diese Technik nicht an bestimmte Regeln einer Gruppensitzung gebunden ist, läßt sie sich in die Gepflogenheiten eines Instituts integrieren. Es gibt zahlreiche Anwendungsbeispiele der morphologischen Matrix im wissenschaftlichen Bereich. Beispielsweise hat Zwicky die zehn Formen von Energie in einer quadratischen Matrix angeordnet und daran eine Fülle von Überlegungen zur Energieumwandlung vorgenommen (vgl. *Tabelle 3*). Ropohl hat nach diesem Ansatz eine Systematik technischer Systeme aufgestellt.

TABELLE 3: Schema möglicher Energiewandlungssysteme (nach F. Zwicky).

Input	Output										Energieform des Inputs
	E_1	E_2	E_3	E_4	E_5	E_6	E_7	E_8	E_9	E_{10}	
E_1											kinetische Energie
E_2											elastische Energie
E_3											Gravitationsenergie
E_4											Wärmeenergie
E_5											elektrische Energie
E_6											magnetische Energie
E_7											chemische Energie
E_8											Strahlungsenergie
E_9											Atomkernenergie
E_{10}											Ruheenergie der Materie

3.7. K.-J.-METHODE

3.7.1. Hintergründe und Philosophie

Diese Technik wurde von dem japanischen Anthropologen Jiro Kawakita entwickelt, nach dessen Namensinitialen die Methode benannt ist. Die Methode entstand bei der Verarbeitung einer großen Menge von Einzelbeobachtungen zu fundierten Hypothesen, Strukturen und Beziehungen.

3.7.2. Vorgehen

Einzelinformationen werden auf Kärtchen niedergeschrieben. Wenn eine große Zahl dieser Karten vorliegt, werden sie ohne irgendeine Ordnung auf einem Tisch oder auf dem Fußboden ausgelegt. Man beginnt nun, die Karten auf Zusammenhänge zu prüfen, legt zusammengehörende Karten zueinander und gibt diesen Bündeln Oberbegriffe. Dieser Prozeß wird dann mit den Oberbegriffkarten wiederholt. Sobald die Zahl der Elemente überschaubar geworden ist, beginnt man sie durch Pfeile, die Abläufe, Wirkungen oder Informationsflüsse darstellen, zu vernetzen. Dem gesamten Vorgehen wird dadurch eine kreative Komponente gegeben, daß man nicht nur zuordnet, sondern auch Informationslücken findet, mögliche Einflüsse erkennt, Hypothesen formuliert und Schritte zu ihrer Prüfung überlegt.

3.7.3. *Erfahrungen*

In Japan wird die K.-J.-Methode häufig angewendet; sie rangiert bei Befragungen in der Wirtschaft unmittelbar hinter Brainstorming. Die Anwendungen reichen vom wissenschaftlichen Bereich über technische Aufgabenstellungen bis hin zur Erarbeitung von Werbestrategien. Die Anwendung der Methode durch unterschiedliche Personen oder Gruppen kann zu unterschiedlichen Ergebnissen führen. Dies zeigt die Vielschichtigkeit realer Problemfelder auf. Außerhalb Japans sind keine Anwendungen bekannt. Mit der Kartenumlauftechnik bestehen jedoch große Ähnlichkeiten.

3.7.4. *Anwendung in Wissenschaft und Forschung*

Die Methode wurde aus Erfordernissen einer wissenschaftlichen Disziplin heraus konzipiert. Die Übertragbarkeit auf andere wissenschaftliche Bereiche erscheint gegeben, wenn die gleichen Voraussetzungen (unerforschte Gebiete, viele Einzelbeobachtungen, Feld-Forschung im Gegensatz zu Laborforschung) vorliegen.

3.8. DIE HYPOTHESENMATRIX

3.8.1. *Hintergründe und Philosophie*

Die Hypothesenmatrix ist eigentlich keine Kreativitätstechnik in dem Sinne, daß sie hilft, Ideen zu einem vorgegebenen Problem zu finden. Sie stimuliert jedoch durchaus das kreative Denken – allerdings noch nicht lösungsorientiert. Die Hypothesenmatrix kann dann angewendet werden, wenn man sich tiefere Einsichten in die Beziehungen und Gemeinsamkeiten zweier Bereiche oder wissenschaftlicher Gebiete verschaffen möchte.

3.8.2. *Vorgehen*

Für die beiden Bereiche wird unabhängig voneinander je ein Satz mit Aussagen bzw. Hypothesen aufgestellt. Diese beiden Aussagensätze bilden die Dimensionen der Matrix. Man geht nun zeilen- oder spaltenweise vor und prüft, ob die jeweils durch ein Matrixfeld angesprochenen beiden Aussagen Beziehungen zueinander aufweisen;

TABELLE 4:   Beispiel einer Hypothesenmatrix.

Hypothesen zu Komplexbereich 2: Erziehungswesen

Hypothesen zu Komplexbereich 1: Umweltverschmutzung und Umweltschutz

	1	2	3	4	5	6	7	8	9	10	11	12	13	14	15	16	17	18	19	20	21	22	23	24	25	Zeilensummen
1																										0
2				×																						1
3																										0
4																										0
5																										0
6																										0
7			×																			×				2
8			×																			×				2
9					×																					1
10																										0
11			×														×									2
12								×				×												×		3
13																										0
14	×								×							×		×								4
15			×					×														×				3
16					×														×	×				×		4
17			×					×									×	×						×	×	⑥
18			×																			×			×	3
19						×																		×		2
20																										0
Spaltensummen	1	0	⑥	1	2	1	0	3	1	0	0	1	0	0	0	1	2	2	1	1	0	4	0	4	2	

ist dies der Fall, so wird in dem entsprechenden Feld ein Kreuz eingetragen. Wenn alle Felder der Matrix durchgearbeitet sind, werden die Summen der Kreuze in Spalte und Zeile gebildet (vgl. *Tabelle 4*).

Bei der Matrixauswertung betrachtet man vor allem die Zeilen und Spalten, die die meisten Kreuze aufweisen. Diese Häufungen zeigen intensive Zusammenhänge auf, die sich zu neuen übergreifenden Hypothesen, Forschungsansätzen oder Maßnahmenvorschlägen kreativ verarbeiten lassen.

3.8.3. *Erfahrungen*

Die Hypothesenmatrix hat sich als gedankliches Ordnungsinstrument insbesondere bei interdisziplinären komplexen Aufgabenstellungen bewährt. Die Bearbeitung dauert einige Tage. Obwohl es sich nicht um eine ausgeprägte Gruppenmethode handelt, ist es zweckmäßig, sowohl bei der Aufstellung der Aussagen/Hypothesen als auch beim Durcharbeiten der Matrix als Gruppe zu arbeiten.

3.8.4. *Anwendung in Wissenschaft und Forschung*

Die Methode ist für wissenschaftliche Aufgabenstellungen entwickelt worden und ist für diesen Bereich auch besonders geeignet.

4. Anwendungsbarrieren für Kreativitätstechniken in Wissenschaft und Forschung

Nach meinem Einblick gibt es eine Reihe von Barrieren für die Anwendung von Kreativitätstechniken im universitären Bereich. Ich möchte sie als (nicht abgesicherte) Thesen vorstellen:

Die Vorstellung, daß wissenschaftlich-kreatives Denken nach einer Technik und in einem straffen zeitlichen Rahmen erfolgt, stößt bei Wissenschaftlern auf Unverständnis und Widerspruch. Kreativitätstechniken sind heuristische Methoden (im Gegensatz zu deterministischen Methoden), d. h., sie erhöhen die Wahrscheinlichkeit, ein gestecktes Ziel zu erreichen. Sie können nicht den Anspruch erheben, immer zu besseren Ergebnissen hinzuführen als individuelles Nachdenken. Solche Methoden werden tendenziell als unwissenschaftlich abgetan.

Die Tradition wissenschaftlichen Arbeitens liegt in deutschen Hochschulen beim Einzelnen und nicht beim Team. Es fehlen die einfachen Hilfsmittel wie Flipcharts, Pinnwände u. ä. sowie der selbständige Umgang mit diesen Mitteln. Kreativitätstechniken werden ausschließlich in Managementseminaren gelehrt. An den Hochschulen werden diese Techniken nicht so vermittelt, daß sie praktiziert werden können. Wer im wissenschaftlichen Bereich bleibt, hat also kaum die Möglichkeit, sie zu erlernen oder zu erleben.

5. Zusammenfassung

Für Wissenschaft und Forschung ist Kreativität ein wesentliches Element. Eine Funktion von Kreativitätstechniken besteht darin, daß sie in Planungsprozesse gezielt und zeitlich planbar Ideen einbringen. Je mehr auch in der Forschung geplant und in Gruppen gearbeitet wird, desto mehr kommt auch die Anwendung von Kreativitätstechniken in Betracht.

Von der großen Zahl von Kreativitätstechniken eignen sich für den Einsatz in der Forschung nicht alle in gleicher Weise. Für die vorkommenden Aufgaben und die bestehenden Strukturen und Einrichtungen erscheinen einige Kreativitätstechniken im wissenschaftlichen Bereich gut anwendbar; sie wurden hier vorgestellt.

Literatur

Custer, Walter und Paul Dubach (Hrsg.) Praktische Anwendung der morphologischen Methode. Glarus/Schweiz (Fritz-Zwicky-Stiftung) 1979.

Geschka, Horst. Kreativitätstechniken in Produktplanung und -entwicklung. In: Der Innovationsberater. Freiburg 1982, 4/183 ff.

Geschka, Horst und Ute von Reibnitz. Vademecum der Ideenfindung. – Eine Anleitung zum Arbeiten mit Methoden der Ideenfindung. Frankfurt (Battelle) 1981.

Ropohl, Günter. Prolegomena zu einem neuen Entwurf der allgemeinen Technologie. In: Lenk, H. und S. Moser (Hrsg.) Techne – Technik – Technologie. Pullach bei München 1973, 152–172.

Zwicky, Fritz. Entdecken, Erfinden, Forschen im morphologischen Weltbild. München – Zürich 1966.

CHRISTOPH SCHNEIDER

Förderliche und hinderliche Einflüsse auf die Leistung von Forschungsgruppen

Ein kommentierendes Resümee

1. Fragen der Forschungspolitik und -verwaltung

Forschungspolitik und Forschungsverwaltung haben in jedem nationalen, disziplinären oder institutionellen Kontext ein und dasselbe Optimierungsproblem: Wie kann bei weitgehend gegebenen Personen (nur in der einzelnen Forschergruppe sind rasche Veränderungen manchmal möglich) und bei meist nur langsam – wenn überhaupt – veränderbaren Ressourcen die bestmögliche Forschungsleistung erzielt werden? Nicht zufällig konzentriert sich die Aufmerksamkeit von Gutachtern und Administratoren oft auf die Organisation als die Variable, die man am ehesten glaubt verändern zu können. Dazu ein in der Diskussion auf Schloß Reisensburg nicht erwähntes Zitat: »Von einigen bemerkenswerten Ausnahmen abgesehen haben wir . . . feststellen müssen, daß sich die Qualität der Forschungsarbeit . . . in keiner Weise auszeichnet . . . Die Schwierigkeiten . . . können nicht den Fehlern oder Handlungen einzelner Personen angelastet werden . . . Nach Ansicht der Kommission sind die Probleme . . . die logische Konsequenz einer Organisationsform, die ungeeignet ist, den höchsten Forschungsstandard zu erreichen, und die es unmöglich macht, auf neue Trends in der Forschung einzugehen« (Bericht der Beraterkommission für das Deutsche Krebsforschungszentrum 1982, S. 8–9).

Es kommt zwar durchaus vor, daß in einem Gutachten dezidiert empfohlen wird, Personen in der Leitung, unter den Mitarbeitern und in den Kontrollgremien eines Instituts auszuwechseln (Wissenschaftsrat 1985b), doch nehmen die organisatorischen Vorschläge – bis hin zur Radikallösung der Schließung und Neugründung (Wissenschaftsrat 1985a) – in aller Regel den breitesten Raum ein (Wissenschaftsrat 1981, 1982, 1984).

Der Politiker und der Administrator haben es mit den Rahmenbedingungen der Forschung zu tun. Ihre Vermutung, daß sie durch deren Optimierung etwas für die Leistungsfähigkeit der Forschung tun können, wird nicht nur durch Expertengremien (z.B. Wissenschaftsrat 1986), sondern auch durch viele einzelne Wissenschaftler unterstützt, die darin äußerst wirksame Einflüsse sehen (z.B. die Mehrzahl der von Seibold und Schneider 1983 zitierten Autoren). Unter den Rahmenbedingungen guter Forschung – so hieß es in einigen wahrscheinlich vorwiegend auf Lebenserfah-

325

rung gegründeten Beiträgen – spielen Leistungsanreize eine große Rolle: Einkommen (Rätzer, Bundesamt für Sozialversicherung, Bern) ebenso wie Anerkennung im Fach (Pommerehne). Ein wichtiger Anreiz kann die Publizität von Erfolgen sein, auch von Erfolgen in der Akquisition von Drittmitteln der Förderungsorganisationen. Warum gönnen manche deutsche Geldgeber der Scientific community nicht das sportliche Vergnügen der Lektüre von Bewilligungslisten ähnlich denen der National Science Foundation, die man in den Vereinigten Staaten von Amerika wie Baseball-Ergebnisse studiert (Finkenstaedt)?

Das Optimierungsproblem bezieht sich im Alltag nicht auf Forschung ganz allgemein, sondern auf spezifische Aufgaben in einem spezifischen disziplinären oder multidisziplinären Kontext (Thurn, Wissenschaftszentrum Berlin). Ein Problem, das dafür jeweils neu gelöst werden muß, ist das der optimalen Größe und Zusammensetzung von Arbeitsgruppen. Sie müssen der Aufgabe und dem Forschungsstil der beteiligten Disziplinen angepaßt werden. Allgemeingültige Regeln gibt es offenbar nicht. So muß in der Praxis die eigene Lebenserfahrung herhalten: Jeder bringt die seine in lange Diskussionen über Strukturprinzipien ein, bis ein Kompromiß gefunden ist (Thurn, Sehringer; vgl. auch den Beitrag von Fisch und Daniel in diesem Band). Optimierung ist der Versuch, mit den vorhandenen Kräften das beste Resultat zu erreichen. Es hilft wenig und wäre auch forschungspolitisch sinnlos, dabei der Utopie einer nur auf Spitzenforschung gerichteten Förderung nachzulaufen (Fisch). Spitzenforschung ist immer nur auf der Grundlage vieler Einzelbeiträge möglich, die nicht alle zur Spitze zählen können; sie gewinnt ihren Rang als Spitzenleistung auch erst aus ihrem Kontext (Mittermeir): eine Spitze ohne ein bestimmtes Umfeld ist keine Spitze mehr.

Optimierung ist keine ein für allemal zu lösende Aufgabe, sondern ein Prozeß (Thurn, Fisch). Dazu noch ein (zum Zeitpunkt der Diskussion auf Schloß Reisensburg noch nicht veröffentlichtes) Zitat:

»Sobald man die Aufgaben der Organisationsgestaltung und des Forschungsmanagements aus der Steuerungsperspektive und damit auch in ihrer zeitlichen Dimension als Prozesse betrachtet, wird deutlich, daß es gar nicht in erster Linie darauf ankommt, einer bestimmten Forschungsaufgabe sozusagen das passendste organisatorische Kleid anzumessen, d. h. die ›richtigen‹ organisatorischen Gestaltungsentscheidungen zu treffen. Es stellt sich nämlich im Vergleich der Probleme, mit denen es die Leiter sehr unterschiedlich organisierter Forschungseinrichtungen zu tun haben, bald heraus, daß es offenbar keine in sich unproblematischen Organisationslösungen gibt. Jede organisatorische Gestaltungsentscheidung (wobei hier auch Verfahrensentscheidungen einbezogen sind) ist nicht nur eine (versuchte) Problemlösung, sondern gleichzeitig eine Quelle neuer Probleme. Das aber heißt, daß es jede Forschungseinrichtung mit bestimmten Grundspannungen zu tun hat, die einerseits mit ihrer besonderen Organisationsform zusammenhängen, also strukturell bedingt sind, andererseits aber auch in ihren Umweltbeziehungen begründet liegen« (Mayntz 1985, S. 30 f.).

326

2. Methodologie von Untersuchungen zur Forschungsleistung

Viele in den vorgetragenen Studien identifizierte Faktoren haben offenbar nur einen vergleichsweise geringen Erklärungswert für den Forschungserfolg (Schneider); das gilt selbst für im vorwissenschaftlichen Verständnis so etablierte Variablen wie finanzielle Ausstattung und Zufriedenheit (Mittermeir), weniger hingegen für die Kommunikation (Fisch). Muß man daraus den Schluß ziehen, daß der Forschungserfolg in starkem Maße vom Zufall abhängt (Bresser, Rieser)? Oder ist »Zufall« – sieht man von der bekannten Tatsache ab, daß man in der Forschung auch häufig Unerwartetes findet und sich dies wie bei Mößbauer oder von Klitzing dann als nobelpreiswürdig herausstellen kann – hier doch eher der Sammelbegriff für das, was man im Kausalzusammenhang (noch) nicht versteht (Schneider)? Die Mehrheit der Diskussionsteilnehmer schien eher der zuletzt genannten Ansicht zuzuneigen; sonst wäre jedenfalls nicht erklärlich, warum ausführlich und engagiert über bessere Methoden gesprochen wurde.

Geht man von Fallstudien und multivariater Analyse von Befragungen als den beiden geläufigsten Untersuchungstypen aus, so scheint sich bei den Fallstudien neben dem Institutionenvergleich (wie bei Mayntz 1985) ein biographischer Ansatz gerade beim Thema »Forschungsleistungen« besonders anzubieten:

»Ein bißchen darstellen, was ein Wissenschaftler ist; Zeugnis davon ablegen.‹ – ›*Das sollte eigentlich bekannt sein* . . .‹ –

›O nein, das ist eines der größten Rätsel. Deshalb ist es interessant und faszinierend, Biographien zu lesen. Ich möchte einfach wissen, wie kommt der andere zum ersten Mal auf der Welt auf Ideen, wie setzt er diese durch, wie überzeugt er andere . . . Bei jedem ist das völlig anders.‹« (Maier-Leibnitz bei Edingshaus 1986, S. 285.)

Jedenfalls war dies die Ansicht von einigen, die sich professionell nicht mit der Erforschung von Forschungsleistungen befassen. Verwiesen wurde auf die Beispiele im Sammelband der Deutschen Forschungsgemeinschaft (1983) und die Jahresbände zu den Nobelpreisträgern (Schneider); warum könne man nicht bei Wissenschaftlern, deren großer Erfolg anerkannt sei, speziell die Lebensphase untersuchen, in der sie, noch nicht berühmt, die preisgekrönten Arbeiten durchgeführt haben (v. Massow, BMBW)? Herrn von Massows Hinweis auf Georges Köhler und Cesar Milstein in Cambridge folgte später der allgemeinere von Frau Janetzke (Alexander von Humboldt-Stiftung, Bonn) auf den Auslandsaufenthalt als ein biographisches Element, das wissenschaftlich wie forschungspolitisch mehr Aufmerksamkeit verdient. Leider ist aber offenbar der wissenschaftliche Aussagewert von Biographien eben deshalb problematisch, weil das Wichtige »bei jedem . . . völlig anders« (Fisch) ist. Versucht man eine Abstraktion und Standardisierung von Einflußfaktoren, so bleiben die Resultate entweder divergent oder sie werden trivial (Fisch, Schuler). Am nützlichsten ist noch die Untersuchung von Mißerfolgen (Finkenstaedt). Die Störfallanalyse deckt leichter allgemeine Faktoren auf und erlaubt auch Korrekturmaßnahmen in der Organisation oder – bei der Personalführung – in der Auswahl von Personen für Aufgaben (Schuler, Universität Hohenheim). Dafür sind aber Biographien – Mittelmaß findet, sieht man von Einzelerscheinungen wie Salieri ab, keinen Biographen – wegen ihrer Sujets und wegen der natürlichen Tendenz, Erfolgsgeschichten zu sein, nur begrenzt geeignet, und Autobiographien meist noch weniger (Fisch).

Die Möglichkeit der prospektiven Studie findet Befürworter (Finkenstaedt), eröffnet aber wenig Hoffnungen als gangbare Alternative. Zwar kommt die parallele Bearbeitung der gleichen Aufgabe durch mehrere Gruppen in der Industrie durchaus vor (Fisch), aber die Probleme, daraus ein kontrollierbares Experiment zu machen, sind nicht nur methodischer, sondern auch ethischer Art (Daniel).

So bleibt die Verbesserung der Anlage und der statistischen Analyse von Befragungen. Hier ist viel zu tun. Die Untersuchung von Prozeßvariablen wie der Kommunikation und von unterstützenden Systemen in der Institution, in der Forschung stattfindet, oder in ihrem Kontext (z. B. Begutachtungssystem des Förderers) bieten gute Aussichten (Fisch). Fortschritte sind zu erwarten, wenn man im Untersuchungsdesign den Umstand berücksichtigt, daß Forschungserfolg nicht normalverteilt ist (Bresser). Wichtig ist vor allem auch, die Synergie-Effekte zwischen den Einflußfaktoren einzukalkulieren: Diese wirken mit großer Wahrscheinlichkeit nicht additiv, sondern multiplikativ zusammen (Daniel). Innerhalb der Forschungsgruppen selbst wird es sich lohnen, die wechselseitige Bedingtheit von Status, Funktion und Motivation differenzierter zu betrachten (Finkenstaedt).

Für Forschungsverwaltung und Forschungspolitik bleibt die reflektierte Alltagserfahrung einstweilen und wohl noch lange notwendige und legitime Erkenntnisquelle. Die Untersuchung des Forschungsprozesses wird aber immer wichtigere Orientierungen in dem Maße geben können, wie sie ihre Methoden verbessern lernt.

Literatur

Bericht der Beraterkommission für das Deutsche Krebsforschungszentrum, Bonn 1982.

Deutsche Forschungsgemeinschaft (Hrsg.): Forschung in der Bundesrepublik Deutschland. Beispiele, Kritik, Vorschläge, Weinheim 1983.

Edingshaus, Anne-Lydia: Heinz Maier-Leibnitz. Ein halbes Jahrhundert experimentelle Physik, München 1986.

Mayntz, Renate: Forschungsmanagement – Steuerungsversuche zwischen Scylla und Charybdis, Opladen 1985.

Seibold, Eugen und Schneider, Christoph: Vorschläge, in: Deutsche Forschungsgemeinschaft 1983, S. 907–942.

Wissenschaftsrat: Stellungnahmen zu geisteswissenschaftlichen Forschungseinrichtungen außerhalb der Hochschulen, Köln 1981.

Wissenschaftsrat: Stellungnahmen zu den Wirtschaftsforschungsinstituten und zum Forschungsinstitut für Rationalisierung, Köln 1982.

Wissenschaftsrat: Stellungnahme zu erziehungswissenschaftlichen Einrichtungen außerhalb der Hochschulen, Köln 1984.

Wissenschaftsrat (1985a): Stellungnahme zur Gesellschaft für Information und Dokumentation, in: Empfehlungen und Stellungnahmen 1984, Köln 1985, S. 153–204.

Wissenschaftsrat (1985b): Stellungnahme zum Kriminologischen Forschungsinstitut Niedersachsen, in: Empfehlungen und Stellungnahmen 1984, Köln 1985, S. 114–137.

Wissenschaftsrat: Empfehlungen zur klinischen Forschung in den Hochschulen, Köln 1986.

III. Institutionelle Rahmenbedingungen effizienter Forschung an den Universitäten

URSULA BACKES UND DIETER SADOWSKI

Organisatorische Determinanten effizienter Forschung*

1. Wirtschaftlichkeitsvergleiche für Forschungsorganisationen

1.1. HYPOTHESEN ZUM ZUSAMMENHANG VON FORSCHUNGS-ERFOLG UND ORGANISATORISCHER UMWELT

Selbst wenn es gute Gründe dafür geben mag, Persönlichkeitsmerkmale wie Intelligenz, intrinsische Motivation oder »intellectual craftsmanship« (Mills)[1] für die Produktivität von Wissenschaftlern verantwortlich zu machen, werden wir im folgenden von Persönlichkeitsmerkmalen abstrahieren und auch nicht die psychologischen Konsequenzen von Auswahl-, Förderungs- oder Berufungsverfahren betrachten. Statt dessen konzentrieren wir uns auf den Einfluß der unmittelbaren akademischen Umwelt von Wissenschaftlern, schließen alternative Formen der Kollegialität ein, identische hochschulrechtliche oder tarifvertragliche Umweltbedingungen dagegen aus.

Die hohe Bedeutung der sozialisierenden Umwelt für die Publikationstätigkeit von Nachwuchswissenschaftlern einerseits, und der hohe prognostische Wert früher Publikationstätigkeit für die zukünftige Produktivität andererseits sind empirisch unbestritten. Long, Allison, McGinnis (1979)[2] ermittelten, daß nach einer neu angetretenen akademischen Anstellung während der ersten drei Jahre Verhaltensanpassungen bis hin zum allgemeinen Niveau der Institution erfolgten, d. h. eine Erhöhung der Publikationszahl in Abteilungen mit hohem Prestige und eine Senkung im umgekehrten Falle. Forschungsintensive Universitäten auf der einen Seite, lehrintensive Colleges und industrielle Forschungsabteilungen auf der anderen Seite beschreiben gegensätzlich wirkende Umwelten. Sie unterscheiden sich nicht allein in den Zeitbudgets und anderen Ressourcen, sondern in den Extremen durch den Grad der gewährten akademischen Freiheit bei der Auswahl von Themen und Methoden[3]. Im Universitätsvergleich hat Blau[4] auf die Aussagekraft des Anteils postgraduierter Studenten für die Forschungsproduktivität hingewiesen. Hogan (1981)[5] glaubt zeigen

---

* Die vorliegenden empirischen Ergebnisse sind Teil eines von der Deutschen Forschungsgemeinschaft finanzierten Forschungsprojekts. (Der Wiederabdruck erfolgt aus der Zeitschrift für erziehungs- und sozialwissenschaftliche Forschung 2 [1985] 1, S. 59–79.)

zu können, daß die Forschungsaktivität auch den Graduierungsprozeß fördere. Weniger eindeutig zu benennen, jedoch in fast allen Arbeiten zur Erklärung von Forschungsproduktivität herangezogen, finden sich die Struktur der Zusammenarbeit, der Gedankenaustausch und die Kommunikation mit anderen Wissenschaftlern des unmittelbaren Kollegenkreises, aber auch der weiteren scientific community. Die Diskussion mit Kollegen, also deren Kritik, Fragen und Anerkennung, stimulieren die Kreativität und Aktivität von Wissenschaftlern in so entscheidender Weise, daß ihr Verhalten so verstanden werden kann, als ob sie prestigemaximierende Individuen seien. Zwar schließen sich hohe Reputation und hohes Einkommen nicht generell aus, dennoch scheinen Einkommensanreize unter Wissenschaftlern, die mit Marktfähigkeit Käuflichkeit assoziieren könnten, nicht immer die besten[6] oder die effizientesten Belohnungen zu bilden. Für die USA und Großbritannien untersuchte Gaston (1978)[7] die Bedeutung verschiedener Anreize. Auch das deutsche Besoldungssystem vertraut nur beschränkt auf eine Einkommensmotivation der Professoren.

Um die organisatorischen Bedingungen für ertragreiche Forschungsarbeit zu finden, ist also zu fragen, wie sehr die an deutschen Universitäten geltenden Belohnungssysteme Reputation mit wissenschaftlicher Produktivität koppeln durch Berufungen, Übertragungen von Ämtern oder Herausgeberschaften und Ehrungen, und weiterhin, ob es »kritische Massen« oder minimal effiziente Betriebsgrößen für Forschungsgruppen gibt. Vorstellungen und Meinungen dazu lassen sich leicht auffinden. Die »Empfehlungen zur Forschung in der Psychologie« des Wissenschaftsrates[8] von 1983 sprechen diesen Problemkreis an. Sie sehen die Bildung von Forschungsgruppen mit älteren und jüngeren Wissenschaftlern vor und schlagen auch überregionale Zusammenschlüsse von auf einem Gebiet ausgewiesenen Wissenschaftlern vor.

In einer Untersuchung des Instituts für Demoskopie in Allensbach (1976/77) finden sich bei den Professoren, die die Entwicklung der Forschung in den letzten drei Jahren ungünstig einschätzen, starke Klagen über zeitliche Überlastung durch Lehre, Selbstverwaltung und Mangel an Mitarbeitern als Kollegen. 97 % der Betriebswirte hielten aus diesen Gründen eine intensive Forschung an der Universität kaum noch für möglich. Jeder vierte Volkswirt und jeder fünfte Betriebswirt klagten darüber, an ihren Universitäten keinen kompetenten Gesprächspartner zu haben. Auch der mangelnde Kontakt mit ausländischen Forschern und der geringe interdisziplinäre Gedankenaustausch wurden kritisiert[9].

Aufgrund dieser Einschätzung vermuten wir in den folgenden Variablen grundsätzlich einen hohen Erklärungswert für Unterschiede in der Forschungsproduktivität, und zwar bei

- dem Forschungszeitbudget von Wissenschaftlern, das vor allem durch Lehre, Prüfungen, Selbstverwaltung und universitätsexterne Beratung eingeschränkt werden kann;
- dem Personal eines Faches nach Zahl und Art (akademisches und nichtakademisches Personal unterschiedlicher Kategorien, d. h. formaler Qualifikation, Vertragsdauer etc.);

– der Sachausstattung eines Faches (Bibliotheksmittel, Rechner, Arbeitsräume);
– den Kooperationsprozessen (Koautorenschaften, Doktorandenbetreuung, Kolloquien, Vorträge und Tagungsteilnahme).

Für empirische Untersuchungen müssen Operationalisierungen gewählt werden, die oft nur Surrogatmaße darstellen können. Auch die Datenbeschaffung, etwa über die Zeitbudgetverwendung in der Selbstverwaltung, kann auf direktem Wege unmöglich sein. So erklärt sich die Vielzahl der versuchten Ansätze, der wir im folgenden einen einzelwirtschaftlichen hinzufügen. Danach fassen wir wesentliche Ergebnisse zur Erklärung von Effizienzunterschieden zusammen und versuchen, sie mit unserer empirischen Studie über die Universität Trier zu verbinden.

1.2. DIE PRODUKTIONSFUNKTION ALS ABBILD VON FORSCHUNGSPROZESSEN

In bester Tradition betriebswirtschaftlicher Forschung wird das Kernstück der Theorie des Forschungsverhaltens von Organisationen oder Organisationseinheiten, wie etwa von Fächern an Universitäten, eine (Forschungs-)Produktionsfunktion sein. Die Produktionsfunktion ist in der Unternehmenstheorie, von den Ausnahmen technischer Verbrauchsfunktionen und Engineering-Production-Functions abgesehen, kein Abbild der realen Produktionsverfahren, sondern dient als elementares und abstraktes Konzept dazu, hoch aggregierte Effizienzaussagen machen zu können. Wir gehen davon aus, daß eine betriebswirtschaftliche Theorie von Forschungsorganisationen weniger ingenieurmäßiger Abbildungen und der Lösung wohlstrukturierter Optimierungsmodelle bedarf, sondern daß viele der eigentlichen Probleme gerade auf der ganz und gar nicht beiläufigen, sondern zentralen Unsicherheit über Ursache-Wirkungs-Zusammenhänge, angemessene Strategien und organisatorische Arrangements beruhen. Wir werden deshalb die Produktionsfunktion als grobe Kennzeichnung unterschiedlicher organisatorischer Arrangements interpretieren. Das gilt für so naheliegende Differenzierungen wie Einzelforschung und Projektforschung, schließt aber auch Anreiz- und Kontrollverfahren ein. Es ist vor allem Leibenstein[10] zu verdanken, nichttechnische, sondern verhaltenswissenschaftliche Elemente in die mikroökonomische und einzelorganisatorische Produktionstheorie eingebracht und als »X-Effizienz« differenziert zu haben.

2. Zur Quantifizierung der Ineffizienz von Forschung: Methode und Beispiel

2.1. DAS INEFFIZIENZMASS

Effizienz bzw. Ineffizienz wird im Rahmen dieser Arbeit als eine relationale Größe definiert; die Bezugsgröße für das Ineffizienzmaß bilden dabei die sogenannten bestpraktizierenden Forschungsgruppen, diejenigen also, die mit gegebenem Ressourceneinsatz (Personal, Sachmittel etc.) den höchsten Forschungsoutput erstellen[11]. Forschungsgruppen, die mit identischem Ressourceneinsatz weniger Output erstellen als die Bestpraktizierenden, werden in diesem Sinne als ineffizient bezeichnet, wobei das Ausmaß der Outputabweichung zur Quantifizierung der Ineffizienz herangezogen wird. Die hier zur Anwendung kommende frontier production function-Analyse geht auf Farrell (1957)[12] zurück, dessen Isoquantenmodell den Aussagegehalt des quantitativen Ineffizienzmaßes in einer Zwei-Faktoren-Welt bildhaft verdeutlichen kann.

In dem Schaubild sind alle zur Erstellung *einer* Outputeinheit beobachteten Kombinationen des Einsatzes an Input 1 (z. B. Personal) und Input 2 (z. B. Sachmittel) abgetragen. Die bestpraktizierenden Forschungsgruppen sind diejenigen, die *eine* Outputeinheit mit dem geringsten Inputverbrauch erstellen, die also am dichtesten

SCHAUBILD: Isoquanten-Modell.

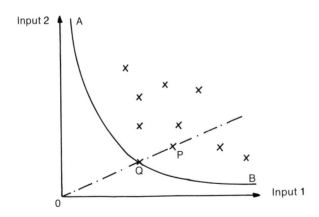

X: Beobachtete Inputkombination zur Erstellung einer Outputeinheit
Q: »Effiziente« Forschungsproduktion
P: »Ineffiziente« Forschungsproduktion
AB: »Umhüllende« oder »bestpractice« Produktionsfunktion

336

zum Ursprung (d. h. Null Einsatz an Input 1 und 2) liegen. Sie bilden die Grundlage zur Berechnung einer durchgehenden Grenzproduktionsfunktion (AB), die alle beobachteten Inputkombinationen nach unten umhüllt, d. h., die in der Realität im besten Fall möglichen Input-Output-Verhältnisse für Forschungsproduktion widerspiegelt. Die Punkte auf der »Umhüllenden« – das sind die in der Realität beobachteten und daraus abgeleiteten bestpraktizierenden Forschungsproduktionen – bilden somit einen realitätsnahen Referenzzustand zur Beurteilung aller beobachteten Produktionskombinationen.

Als Maß für die Ineffizienz der Forschungsgruppe P wird also das Verhältnis der Strecken 0Q/0P, welches immer kleiner oder gleich 1.0 ist, herangezogen. Somit kann allen Forschungsgruppen ein (In)effizienzgrad zwischen 0.0 und 1.0 zugewiesen werden. Aigner und Chu (1968)[13] und Timmer (1971)[14] haben durch lineare Programmierung das Konzept derart weiterentwickelt, daß eine Vielzahl von Inputfaktoren berücksichtigt werden kann und, entsprechend den realen Produktionsverhältnissen, die Art der Produktionsfunktion frei wählbar ist.

Die Hauptschwierigkeiten des Verfahrens bestehen in der Quantifizierung der In- und Outputs sowie der Wahl einer geeigneten Forschungsproduktionsfunktion. Mögliche Lösungen dieser Probleme sollen anhand der Analyse der Forschungsleistungen an der Universität Trier veranschaulicht werden.

2.2. INPUTFAKTOREN

Für die Universität Trier, die lediglich geistes- und sozialwissenschaftliche Fächer umfaßt, wurden die Inputs auf den dort dominierenden Faktor »wissenschaftliches Personal«[15] begrenzt. Dieser wurde aufgespalten in Professoren, Assistenzprofessoren, wissenschaftliches Personal auf Dauer und wissenschaftliches Personal auf Zeit.

2.3. OUTPUTFAKTOREN

Ausgangspunkt bei der Bildung von Outputindikatoren zur Quantifizierung von Forschungsleistungen sollen hier die der Forschungseinheit aufgetragenen Ziele und Funktionen sein[16]. Die von den unterschiedlichsten Adressatengruppen an Forschungseinheiten gerichteten Erwartungen können nach Weiss[17] in sechs Dimensionen erfaßt werden. Diese sind 1. sozialpolitisch planerische, 2. wissenschaftliche und 3. erziehungswissenschaftliche Relevanz, 4. Fortbildungsleistungen, 5. Dissemination und 6. Auftragserfüllung. Im Rahmen dieser Arbeit wird dabei vorrangig die Dimension »Dissemination«, also die Verbreitung wissenschaftlicher Ergebnisse und ansatzweise die Dimension »wissenschaftliche Relevanz« betrachtet. Unter diesem eingegrenzten Blickwinkel bieten sich Leistungsmaße an, die auf Publikationen als Analyseeinheiten beruhen[18]. Daß hiermit nicht alle Aspekte wissenschaftlicher

TABELLE: Gewichtungsfaktoren unterschiedlicher Outputindikatoren

| Outputindikator | Gewichtungsfaktor | | | | |
	Mono-graphie	Aufsatz Sammelband	Aufsatz Zeitschrift	Herausg. Sammelband	Herausg. Zeitschrift
Nr. 1/Crane[a]	4	1	1		
Nr. 2/Meltzer[b]	18	1	1		
Nr. 3 Thorp/Lauch[c]	4	1	1	2	
Nr. 4 Backes[d]	4	1	1	2	2
Nr. 5 Blankart[e]	Seiten	Seiten	Seiten		

[a] Vgl. Crane, D.: Scientists at major and minor universities: A study of productivity and recognition. In: American Sociological Review, 30 (1965), 699–714.

[b] Die Begründung basiert auf der Annahme, daß ein Kapitel einer Monographie einem Aufsatz entspricht, wobei ein Buch durchschnittlich 18 Kapitel beinhaltet. Vgl.: Meltzer, B. N.: The productivity of social scientists. In: American Journal of Sociology, July (1949), 25–29.

[c] Thorp und Jauch, zitiert nach Norris, G.: The effective university. A management by objectives approach. Saxon House: Teakfield Ltd. 1978, S. 101.

[d] Dieses Maß nach Backes (vgl. Anm. 21) entstand durch Abwandlung desjenigen von Thorp und Jauch, da die Herausgebertätigkeit von wissenschaftlichen Zeitschriften bei der Beurteilung von Forschungsleistungen ebenfalls berücksichtigt werden sollte, wobei einem einzelnen Jahrgang das gleiche Gewicht wie der Herausgabe eines Sammelbandes zugemessen wird.

[e] Vgl.: Blankart, B.: Mikroökonomische Ansätze zur Messung des wirtschaftswissenschaftlichen Forschungsoutputs. In: Konjunkturpolitik, 21 (1975), 148–169.

Leistung berücksichtigt werden können (zwei von sechs Dimensionen), Qualitätsaspekte schwer zu berücksichtigen sind[19] und unerwünschte Verhaltensänderungen durch Verwendung derartiger Maße für Mittelzuweisungen oder Belohnungszuweisungen denkbar sind (Produktion langer Publikationslisten auf Kosten der Qualität)[20], scheint eindeutig; das sollte nach unserer Ansicht allerdings nicht dazu führen, jeglichen Versuch der Leistungsmessung zu unterbinden oder zu unterlassen.

Für die Universität Trier wurde die Leistung anhand der Zahl und Art der Publikationen ihrer Wissenschaftler gemessen. Es wurden dabei Monographien, Aufsätze in Zeitschriften und Sammelbänden sowie die Herausgabe von Zeitschriften und Sammelbänden erfaßt und durch die Bildung unterschiedlicher Gewichtungsfaktoren fünf alternative Outputindikatoren kreiert.

2.4. DIE PRODUKTIONSFUNKTION

Die Gegenüberstellung der Ergebnisse von Schätzungen auf der Basis linearer Produktionsfunktionen, welche u. a. vollständige Substituierbarkeit der eingesetzten Faktoren implizieren, mit solchen auf der Basis von Cobb-Douglas-Funktionen, welche nur eingeschränkte Substituierbarkeit implizieren, ergab bei der Interpretation eine höhere Plausibilität für die mit Cobb-Douglas-Funktionen geschätzten

Werte[21]. Wir gehen im folgenden deshalb nur auf Schätzungen mit Hilfe von Cobb-Douglas-Funktionen ein.

2.5. STRUKTURMERKMALE DES ERHEBUNGSMATERIALS

Untersuchungseinheiten der Effizienzanalyse sind Fächer der Universität Trier und nicht einzelne Wissenschaftler. Damit werden sowohl auf Individualebene mögliche Verzerrungen der Publikationsmaße[22] von der Tendenz her ausgeglichen, als auch auf a priori nicht unerwünschten Arbeitsteilungen beruhende individuelle Leistungs-differenzen über alle Mitglieder eines Faches nivelliert. Untersuchungsperioden werden über drei Jahre hinweg gebildet, da individuell verschiedene Zeitplanungen und unterschiedliche Publikationsgewohnheiten bei Wahl sehr kurzer Zeiteinheiten dazu führen, daß die Leistungsindikatoren stark von periodischen Schwankungen geprägt sind[23]. Als Ausgangsmaterial liegen für zwölf untersuchte Fächer für den Zeitraum von 1970 bis 1982 Daten über den Personalinput und den Forschungsoutput vor, gemessen anhand fünf alternativer Indikatoren.

2.6. CHARAKTERISTIKA DER FORSCHUNGSPRODUKTION AN DER UNIVERSITÄT TRIER

Anhand des im vorhergehenden Kapitel beschriebenen Datenmaterials läßt sich die frontier production function, d. h. die Produktionsfunktion, welche die bestmög-lichen Produktionsverhältnisse abbildet, errechnen. Verwendet man einen Outputin-dikator, der Monographien sowie Aufsätze in Sammelbänden und Zeitschriften umfaßt (vgl. Outputindikator Nr. 1 in der *Tabelle* weiter oben), so ergibt sich die Grenzproduktionsfunktion[24]

$$Y = 7.93 \, P^{0.73} \, WPaD^{0.24} \, WPaZ^{0.07}.$$

Demgemäß würde eine einprozentige Erhöhung des Einsatzes an Professoren eine 0.73-prozentige Erhöhung des Outputs an Publikationen bewirken. In Abweichung hiervon zöge ein verstärkter Einsatz von wissenschaftlichem Personal auf Dauer einen deutlich geringeren Effekt (Produktionselastizität = 0.24) und ein zusätzlicher Einsatz von wissenschaftlichem Personal auf Zeit eine nur 0.07-prozentige Output-steigerung nach sich.

Eine proportionale Erhöhung des Einsatzes aller Personalkategorien würde somit insgesamt eine überproportionale Steigerung des Outputs bewirken (Skalenelastizität = 1.04)[25]. Durch Einsetzen der in den einzelnen Facheinheiten im Zeitablauf verfügbaren Personalressourcen in die Grenzproduktionsfunktion lassen sich die unter den gegebenen Umständen maximal erreichbaren (potentiellen) Outputs für jedes Fach errechnen. Hierzu werden die in der Realität beobachteten, in der Regel geringeren Outputs in Relation gesetzt, so daß für alle Fächer Effizienzgrade zwischen 0 und 100 % errechnet werden können, je nachdem, ob sie im jeweiligen Zeitraum den maximal möglichen Output tatsächlich realisieren können oder nicht.

3. Die Erklärung von Effizienzunterschieden

Nachdem gezeigt wurde, wie durch das Konzept der frontier production function-Analyse unterschiedliche Effizienzstrukturen aufgedeckt werden können, geht es im folgenden darum, Ursachen für effiziente bzw. ineffiziente Forschung aufzuzeigen.

3.1. GENERELLE DETERMINANTEN FÜR EFFIZIENTE FORSCHUNGS-PRODUKTION

Für die Forschung in Hochschulen oder selbständigen Instituten können Einflußfaktoren auf insgesamt vier verschiedenen Ebenen analysiert werden[26].

1. *Umwelt*

Einerseits werden das Verhalten und die Verhaltensspielräume der Forscher durch ihre Umwelt bestimmt: hochschul- oder haushaltsrechtliche Regelungen oder die Möglichkeiten der Studentenauswahl durch die Universitäten oder Fachbereiche wären Beispiele[27]. Aktuelle hochschulpolitische Maßnahmenvorschläge, wie die Zulassung von Privatuniversitäten als Stachel im Fleisch der Universitäten oder Möglichkeiten der Auswahl von zumindest einem Teil der Studenten durch die Professoren, bauen letztlich darauf, daß der Umwelteinfluß »Konkurrenz« einen der wesentlichen Einflüsse auf die Leistung von Mitgliedern der Universitäten darstellt.

2. *Organisation*

Auf einer zweiten Ebene können unterschiedliche Organisations- und Ausstattungsstrukturen innerhalb der Forschungsinstitution die Forschungsleistungen eines Faches determinieren. Dabei denken wir an Variablen wie Entscheidungspartizipation, Fachbereichsgliederungen, Kontroll- und Förderungsmöglichkeiten, Budgetzuweisungsregelungen, Selbstverwaltungsstrukturen, räumlich/sächliche Ausstattung oder Bibliotheksdienste[28]. Zur Erklärung des Einflusses der genannten Variablen auf das Verhalten der universitären Organisation existieren verschiedene Modelle, die jeweils unterschiedliche Aspekte akzentuieren[29].

Empirische Studien liegen jeweils für einzelne Teilaspekte der Organisationsstruktur in bezug auf Forschungsleistungen vor. Den Zusammenhang zwischen Organisationsgröße bzw. formalen Organisationsstrukturen und den Publikationen sozialwissenschaftlicher Forschungsinstitute hat von Alemann (1981, s. Anm. 35) analysiert. Er kann u. a. aufzeigen, daß Hierarchiebildung zwar die Forschungsleistungen fördern kann, hierfür jedoch eine Mindestgröße der Institute gegeben sein muß. Außerdem ergibt sich, daß der Einfluß der organisatorischen Struktur auf die Forschungsleistungen bei Universitätsinstituten geringer ist als in außeruniversitären Forschungsinstituten, wobei letztere insgesamt als weniger produktiv eingestuft werden können[30].

Offen ist allerdings, inwieweit die Formalstruktur von Instituten die Selbständigkeit und Arbeitsbedingungen einzelner Forscher widerspiegeln kann, oder ob nicht Einzelregelungen und informelle Strukturen von höherer Bedeutung für die Forschungsleistungen sind[31]. Die Bedeutung der Führungsperson und ihrer unterschiedlichen Qualitäten für die Forschungsproduktion einer gesamten Gruppe und die Qualität der Forschungsergebnisse haben z. B. Knorr, Mittermeir, Aichholzer und Waller (1979)[32] analysiert, wobei hier signifikante Zusammenhänge zwischen den Führungsqualitäten des Leitungspersonals – gemessen anhand der Zufriedenheit des Personals, der Arbeitsorganisation, des Betriebsklimas etc. – und den Forschungsleistungen aufgezeigt werden konnten.

Gemeinsam ist den organisationstheoretischen Modellen und den empirischen Studien, daß sie sich weitgehend auf die Betrachtung interner Entscheidungsregeln und -prozeduren sowie Formalstrukturen konzentrieren und damit sowohl Umwelteinflüsse als auch Fragen der Motivation und Anreize für Organisationsmitglieder vernachlässigen[33].

3. *Arbeitsteilung und -diversifizierung*

Die letztgenannten Aspekte können auf der Ebene von »Personengruppen« durch die Analyse der zwischen den Einzelpersonen von Forschungsgruppen ablaufenden sozialen Prozesse zur Erklärung von Verhalten herangezogen werden. Gegenstand der Analyse sind Verfahren der Arbeitsteilung und des gemeinsamen Arbeitens, bzw. die hierdurch implizierten Motivations- und Anreizstrukturen oder kreativitätsfördernden bzw. hemmenden Kommunikations- oder Zusammenarbeitstrukturen[34].

Von besonderem Interesse ist die Frage, inwieweit die Leistungen von Forschungsgruppen durch die Gemeinsamkeit von Forschung und Lehre eher behindert oder gefördert werden. Die Beziehungen zwischen Forschung und Lehre in unterschiedlich gestalteten Forschungseinheiten und die Konsequenzen für die Forschungsproduktion analysiert von Alemann (1981), und er empfiehlt, daß in »idealen Forschungsinstituten« dem wissenschaftlichen Personal die Möglichkeit zur Lehre gegeben sein sollte[35]. Andrews (1979)[36] kommt zu dem Ergebnis, daß Wissenschaftler, die nicht ihre ganze Zeit auf die Forschung verwenden, sondern ihre Tätigkeit diversifizieren, z. B. durch Lehre, höhere Forschungsleistungen aufweisen als ausschließlich mit der Forschung beschäftigte Personen; dies könnte darauf zurückgeführt werden, daß sich hierdurch ein breiteres Wissensspektrum ausbilden kann, welches in Konsequenz zu einer höheren Problemlösungsfähigkeit führt[37]. Andererseits kann Heckhausen (1983)[38] eine negative Korrelation von $r = 0.32$ zwischen der Forschungsproduktivität, gemessen anhand von Publikationen, und der Belegzahl (Zahl der Studenten und des wissenschaftlichen Personals) ermitteln, so daß allgemeingültige Aussagen und

Schlußfolgerungen weitere Analysen und empirische Studien verlangen. Die gegenseitigen Einflüsse von Forschung und Lehre für Wissenschaftler, die gleichzeitig in beiden Bereichen tätig sind, analysiert Faia (1980)[39] vor dem Hintergrund der Rollentheorie. Er weist einerseits auf das Problem der »self-fulfilling-prophecy« im Zusammenhang mit einem oft vorherrschenden Bild der Unvereinbarkeit beider Rollen hin und zieht andererseits systematisch gesammelte empirische Studien heran, von denen einzelne keinerlei Zusammenhang (weder positiv noch negativ), die Mehrzahl jedoch positive Zusammenhänge zwischen den Leistungen in beiden Bereichen nachweisen können.

Den Zusammenhang zwischen internen und externen Kommunikationsstrukturen und Forschungsleistungen analysiert eine Studie von Visart (1979)[40], nach der die beiden Faktoren zusammen einen hohen Anteil (31 %) der insgesamt beobachteten Streuungen des Publikationsoutputs erklären können. Dabei kann die interne Kommunikation, d. h. diejenige zwischen den Mitgliedern einer Forschungsgruppe, im Vergleich zu allen anderen Variablen den größten Teil der aufgetretenen Leistungsdifferenzen erklären. Zu ähnlichen Ergebnissen kommt Daniel (1983), der für bundesdeutsche Universitäten nachweisen kann, daß besonders produktive Universitäten (gemessen an Zeitschriftenaufsätzen) Hochschullehrer beschäftigen, die überdurchschnittlich viel in überregionalen Gremien und Verbänden engagiert sind. Außerdem weisen Universitäten niedrige Forschungsproduktivitäten auf, wenn Gespräche mit Kollegen innerhalb des Faches als Anregung für wissenschaftliche Arbeiten fehlen[41]. Besondere Beachtung fand in empirischen Analysen zu diesem Problemkomplex der Einfluß der Zusammenarbeit von hervorragend ausgewiesenen Wissenschaftlern mit noch nicht etablierten Nachwuchswissenschaftlern auf deren aktuelle und langfristig zu erwartende Leistungen. Studien von Reskin (1979)[42] und Long, Allison und McGinnis (1979)[43] lassen dabei den Schluß zu, daß insgesamt die Qualität der Ausbildung und die Zusammenarbeit und Koautorenschaft mit hervorragenden Wissenschaftlern während der Promotionsphase entscheidende Determinanten für die Produktivität der Nachwuchswissenschaftler und damit auch der betreffenden Forschungsgruppe darstellen.

4. *Individuen*

Nicht zuletzt hängt die Forschungsleistung eines Faches auch von individuellen Charakteristika der beteiligten Personen ab, so z. B. ihren intellektuellen Fähigkeiten, Arbeitsgewohnheiten, psychologischen Verhaltensweisen, Karriereinteressen, Leistungsorientierung sowie ihren jeweiligen Forschungserfahrungen. So konnten Cattell und Drevdahl (1955)[44] in empirischen Untersuchungen aufzeigen, daß produktive Wissenschaftler starke und dominante Persönlichkeiten sind und besondere Präferenzen für Exaktheit und Präzision aufweisen. Einen nicht geringen Einfluß auf die wissenschaftliche Produktivität hat, wie bereits erwähnt, die von Mills[45] benannte »intellectual craftsmanship«, also die Organisation von Zeit, Raum und Material. Dies belegen u. a. empirische Untersuchungen von Simon (1974)[46] und Hargens (1975), die besondere Arbeitsgewohnheiten bzw. Arbeitsstrukturen für Wissenschaftler mit hohen Leistungen aufzeigen konnten[47]. Ansatzpunkte für erhöhte Forschungsleistungen ergeben sich in diesem Zusammenhang durch entsprechend ausgestaltete Auswahl-, Förderungs- und Berufungsverfahren.

Sieht man von dem zwar oft als dominant behaupteten Einfluß des Einkommens oder finanziellen Belohnungen auf die Motivation und damit die Leistungen der Forscher ab und schenkt statt dessen Analysen Glauben, die die Bedeutung akademischer Freiheit, Zusammenarbeit mit Studenten und Kollegen, Streben nach individueller Selbstverwirklichung, Erfolg, Anerkennung, Prestige oder Macht für die Motivation und Leistung des Forschers aufweisen[48], so scheint es dringend erforderlich, weitere Untersuchungen und Präzisierungen von Umwelteinflüssen, Organisationsstrukturen sowie Kommunikations- und Zusammenarbeitsmustern in bezug auf Belohnungsmechanismen, Motivationsquellen, Kreativitätssteigerungen, aber auch Wettbewerbs- und Drucksituationen zu untersuchen, um damit Determinanten für hohe wissenschaftliche Leistungen bestimmen zu können.

3.2. DIE GRÜNDE FÜR EFFIZIENZUNTERSCHIEDE AN DER UNIVERSITÄT TRIER

Auf der Grundlage dieser Übersicht haben wir einzelne Faktoren herausgegriffen und auf ihre Erklärungskraft für die in Trier festgestellten Effizienzstrukturen hin geprüft, und zwar haben wir uns lediglich auf die aus dem unmittelbaren akademischen Umfeld des Forschers resultierenden Einflüsse beschränkt.

3.2.1 *Forschung und Lehre*

Als erster Indikator für die Belastung des wissenschaftlichen Personals mit Lehrtätigkeiten wurde die durchschnittliche Anzahl der Studenten, bezogen auf das gesamte Personal des Faches, gebildet. Eine Gegenüberstellung dieser Erklärungsvariablen mit den Effizienzwerten der jeweiligen Fächer läßt dabei keineswegs den von Betroffenen häufig beklagten negativen Zusammenhang zwischen Forschung und Lehrbelastung[49] erkennen. Vielmehr deutet ein Korrelationskoeffizient von r = 0.341 darauf hin, daß die beiden Tätigkeitsfelder im betrachteten Zeitraum in harmonischem Verhältnis zueinander standen.

Als weiterer Indikator für die Lehrbelastung wurde die durchschnittliche Zahl der Abschlußprüfungen, bezogen auf die Professoren eines Faches, herangezogen, wobei auch hier ein negativer Zusammenhang[50] vermutet wird. Für den hier vorliegenden Datensatz unterstützt der Korrelationskoeffizient von 0.382 jedoch keineswegs die These vom negativen Zusammenhang, sondern läßt vielmehr eine positive, wenn auch schwache Beziehung zwischen der Forschungseffizienz und der Zahl der Abschlußprüfungen vermuten.

Somit deutet die Situation an der Universität Trier darauf hin, daß die oft geforderte Trennung von Forschung und Lehre nicht unbedingt von Vorteil ist, weder für die Forschung noch für die Lehre.

3.2.2. Forschung und Selbstverwaltung

Der Einfluß von Selbstverwaltung auf die Forschungsleistungen wurde indirekt mittels der zeitlichen und administrativen Belastungen geprüft, die für die Phase der Neugründung eines Faches entstehen. Dazu wurde die Entwicklung des Effizienzgrades mit größer werdendem Abstand zum Gründungsdatum eines Faches betrachtet. Für die Anfangsphase, in der hohe Belastungen durch die Erstellung von Studienplänen und Prüfungsordnungen, Berufungen oder die Anschaffung und Installation von Geräten unterstellt werden, sind die Effizienzwerte im allgemeinen sehr niedrig. Mit größer werdendem Abstand zum Gründungsdatum steigen die Effizienzwerte systematisch an, allerdings lassen sich für einige Fächer innerhalb des letzten betrachteten Zeitraums auch absolut sinkende Effizienzwerte aufzeigen.

Die Ergebnisse deuten also darauf hin, daß mit dem Aufbau eines Faches die Forschungstätigkeiten teilweise stark beeinträchtigt werden, wobei die in der letzten Phase beobachteten sinkenden Tendenzen darauf hindeuten, daß hier zusätzliche Faktoren im Spiel sind, die weitere Untersuchungen verlangen.

3.2.3. Forschung und Zusammenarbeit

In Ergänzung zu den bisher untersuchten Einflußgrößen wurde der Zusammenhang zwischen Forschungsleistungen und dem Ausmaß der Zusammenarbeit der beteiligten Forscher analysiert. Als Indikator für Zusammenarbeit wurde in einem ersten Schritt die durchschnittliche Zahl der in Koautorenschaft entstandenen Publikationen gewählt[51]. Eine Gegenüberstellung dieses »Kooperationsindikators« mit den Effizienzwerten deutet darauf hin, daß geringe Zusammenarbeit (hier bis zu durchschnittlich 0,3 gemeinsamen Werken) mit relativ niedrigen Effizienzwerten einhergeht, während anfänglich zunehmende Zusammenarbeit zu merklichen Effizienzsteigerungen führt. Als zweiter Indikator für die Zusammenarbeit wurde die durchschnittliche Zahl der zusammenarbeitenden Autoren, d. h. die Gruppengröße, herangezogen. Dabei scheint tendenziell eine anfängliche Steigerung der Gruppengröße die Forschungstätigkeiten zu aktivieren, da sie von steigenden Effizienzwerten begleitet wurde. Ab einer Größe von ca. drei Personen ergibt sich jedoch für das hier betrachtete Datenmaterial eine Tendenz zu sinkenden Effizienzwerten, so daß anzunehmen ist, daß eine kritische Gruppengröße existiert, oberhalb derer die Nachteile von Gruppenarbeit, z. B. organisatorischer Aufwand, Koordinations- und Abstimmungsprozesse, ihre Vorteile, so die Produktion von Belohnung, Anerkennung,

Anreiz und damit Motivation, überwiegen und eine weitere Vergrößerung der kooperierenden Gruppe nicht sinnvoll wäre.

3.2.4. *Fachspezifität von Forschungsproduktion*

Ein besonderes Problem der hier vorgestellten Analyse ist die Frage, inwieweit die gefundenen Effizienzwerte durch unterschiedliche Charakteristika der einzelnen Wissenschaftsdisziplinen geprägt sind. Als Kontrollvariable wurde deshalb versuchsweise ein von Kort[52] ermittelter Standardisierungsgrad für einzelne wissenschaftliche Disziplinen herangezogen, der anzeigen soll, in welchem Maße in einer Disziplin Übereinstimmung über die wesentlichen Forschungsthemen, -ansätze und -methoden besteht. Es zeigt sich, daß für eine nach durchschnittlichem Effizienzgrad gebildete Rangordnung die an den Extrempunkten liegenden Fächer jeweils auch an den Extrempunkten der Skala für den Standardisierungsgrad liegen (Rechtswissenschaft 9.4 bzw. Politikwissenschaft 0.0). Außerdem liegen Fächer mit eher niedrigem Standardisierungsgrad (Soziologie 2.499 bzw. Germanistik 4.735) tendenziell im unteren Teil der Rangskala, während Fächer mit einem eher hohen Standardisierungsgrad tendenziell am oberen Ende der Skala zu finden sind.

Diese Ergebnisse bestätigen demnach Befunde anderer empirischer Untersuchungen, wonach unterschiedliche Forschungsleistungen auf unterschiedliche Charakteristika der Wissenschaften zurückgeführt werden können und fächerspezifische Publikationsgewohnheiten existieren[53]. Die Unterschiede schlagen sich bei einer gemeinsamen Betrachtung dieser Fächer unter dem Aspekt des Bestmöglichen in systematischen Differenzen der Effizienzwerte nieder, so daß Vergleiche zwischen stark unterschiedlichen Fächern, unter Verwendung des hier vorgestellten Meßinstruments, weniger aussagekräftig sind als solche innerhalb eines einzelnen Fachgebietes[54].

Zusammenfassend lassen sich als Determinanten für effiziente bzw. ineffiziente Forschungsproduktion an der Universität Trier die Lehre als eher fördernde Einflußgröße, Selbstverwaltung als eher behindernder Störfaktor und Zusammenarbeit innerhalb eines gewissen Rahmens als förderliche Größe herauskristallisieren. Die Verallgemeinerungsfähigkeit dieser Hypothesen soll in der Zukunft durch Effizienzvergleiche für einzelne Fächer über verschiedene Universitäten hinweg untersucht werden.

Anmerkungen

[1] Vgl.: Mills, C. W.: The sociological imagination. New York: Oxford University Press 1959.

[2] Vgl.: Long, J. S.; Allison, P. D.; McGinnis, R.: Entrance into the academic career. In: American Sociological Review, 44 (1979), 816–830.

[3] Vgl.: Box, S.; Cotgrove, S.: The productivity of scientists in modern industrial research laboratories. In: Sociology, 2 (May 1968), 163–172.

[4] Vgl.: Blau, P. M.: The organization of academic work. New York, London, Sydney, Toronto: Wiley 1973.

[5] Vgl.: Hogan, T. D.: Faculty research activity and the quality of graduate training. In: Journal of Human Resources, 16 (1981) 3, 400–415.

[6] Vgl.: McKeachie, J.: Perspectives from psychology: Financial incentives are ineffective for faculty. In: Lewis, D. R.; Becker, W. E. (Hrsg.): Academic rewards in higher education. Cambridge, Mass.: Ballinger 1979, 5–21.

[7] Vgl.: Gaston, J.: The reward system in British and American science. New York, Chichester, Brisbane, Toronto: Wiley 1978.

[8] Vgl.: Wissenschaftsrat: Empfehlungen zur Forschung in der Psychologie. Köln 1983.

[9] Vgl.: Köcher, R.: Zur Lage der Forschung in den Wirtschaftswissenschaften: Ergebnisse der Allensbacher Forschungsenquete. In: DBW, 39 (1979) 2, 275–288.

[10] Vgl.: Leibenstein, H.: Beyond economic man. A new foundation for microeconomics. Cambridge, Mass.: Harvard Univ. Press 1976.

[11] Es handelt sich hierbei also um »Effizienz im komparativen Sinne«, die als konstitutives Merkmal die normative Komponente des Bestmöglichen bzw. des relativ Besten beinhaltet. Vgl. hierzu auch: Reding, K.: Die Effizienz staatlicher Aktivitäten. Baden-Baden: Nomos 1981, S. 20 ff. – Eichhorn, P.: Begriff der Effizienz und Probleme ihrer Messung in den Hochschulen. In: Westdeutsche Rektorenkonferenz (Hrsg.): Effizienz der Hochschulen. Bonn 1980, S. 33 ff.

[12] Vgl.: Farrell, M. J.: The measurement of productive efficiency. In: Journal of the Royal Statistical Society, Series A (General), 120 (1957), 253–290.

[13] Vgl.: Aigner, D. J.; Chu, S. F.: On estimating the industry production function. In: American Economic Review, 58 (1968) 4, 826–839.

[14] Vgl.: Timmer, C. P.: Using a probabilistic frontier production function to measure technical efficiency. In: Journal of Political Economy, 79 (1971), 776–794.

[15] Vgl.: Wibera-Projektgruppe: Ökonomie der Hochschule: eine betriebswirtschaftliche Untersuchung. Bd. 1, S. 304 ff. – Verry, D.; Davies, B.: University costs and outputs. Amsterdam: Elsevier 1976, S. 23 ff. – Oettle, K.: Hochschulen: Öffentliche Verwaltungen oder öffentliche Unternehmungen? In: Westdeutsche Rektorenkonferenz (Hrsg.): Effizienz der Hochschulen. Bonn 1980, S. 66 f.

[16] Input- oder prozeßbezogene Leistungsindikatoren werden damit aus der Analyse ausgeschlossen, wobei diesen nach Weiss auch eher der Status von Bedingungen für effizientes Handeln zugemessen werden kann. Indirekt werden diese Indikatoren allerdings in die Analyse einbezogen, da die Inputfaktoren in die Bildung des Effizienzmaßes unmittelbar einfließen und prozeßorientierte Variablen in dem hier praktizierten zweistufigen Verfahren im zweiten Schritt (Ursachenanalyse) Berücksichtigung finden. Vgl.: Weiss, M.: Indikatoren

der Effektivität von Forschungseinheiten im Bereich erziehungswissenschaftlicher Begleitfor-schung. In: Mitter, W.; Weishaupt, H. (Hrsg.): Ansätze zur Analyse der wissenschaftlichen Begleitung bildungspolitischer Innovationen. Weinheim, Basel: Beltz 1977, S. 185.

[17] Vgl. ebd. S. 189 ff.

[18] Vgl. hierzu auch die Argumentation von Bear, D. V. T.: The university as a multi-product firm. In: Lumbsden, K. G. (Hrsg.): Efficiency in universities: The La Paz Papers. Amster-dam: Elsevier 1974, S. 94. – Norris, G.: The effective university. A management by objectives approach. Saxon House: Teakfield Limited 1978, S. 87. – Lipetz, B. A.: The measurement of efficiency of scientific research. Carlisle, Mass.: Intermedia 1965, S. 110 ff. und National Science Board: Science indicators 1980. Washington: U. S. Government Printing Office 1981, S. 16 ff.

[19] Erwähnenswert scheint in diesem Zusammenhang, daß Einwände, welche gegenüber quanti-tativen Maßen vorgebracht werden, meist in gleichem Maße auch auf qualitative Beurteilun-gen zutreffen. Dabei sind Verzerrungen und »Ungerechtigkeiten« quantitativer Maße für jeden offen erkennbar, wohingegen qualitative bzw. subjektive Beurteilungen ein gewisses Maß an Willkür beinhalten. Vgl. West, L. H. T.; Hore, T.; Boon, T.: Publication rates and research productivity. In: Vestes, 23 (1980) 2, S. 36 f.

[20] Vgl.: Lofthouse, D.: Thoughts on »publish or perish«. In: Higher Education, 3 (1974) 3, S. 59 ff.

[21] Vgl.: Backes, U.; Sadowski, D.: Zur Messung von Forschungseffizienz. In: Forschungspro-jektschwerpunkt »Ökonomische Theorie der Hochschule« (Hrsg.): Beiträge zum Symposium »Hochschule im Spannungsfeld von externer Funktionalität und interner Rationalität«. Berlin, Heft 3, (März 1985).

[22] So z. B. das Gleichsetzen von Publikationen mit fundamentaler Bedeutung für ein wissen-schaftliches Gebiet und solchen, die lediglich Trivialitäten zum wiederholten Male wieder-geben. Damit wären Autoren, die nur wenige, dafür aber sehr qualifizierte Beiträge produ-zieren, benachteiligt, wofür als bedeutsames Beispiel immer wieder Newton herangezogen wird. Vgl.: Fränz, K.: Forschungseffizienz. In: Neue Züricher Zeitung, 15. 1. 1973, S. 15 f. – Hubbert, M. K.: Are we retrogressing in science? In: Science, 139 (1963), S. 887. – Klingemann, H.: Ein Beitrag zur Methode der Messung individueller wissenschaftlicher Leistung. In: Zeitschrift für Soziologie, 3 (1974) 4, S. 358.

[23] Vgl.: Heiber, H.: Messung von Forschungsleistungen der Hochschulen. Ein empirischer Ansatz auf der Basis von Zitatenanalysen. Baden-Baden: Nomos 1983, S. 82 ff.

[24] Diese wurde unter Ausschluß der extremen Beobachtungen errechnet, d. h., es handelt sich hier um ein probabilistisches Modell im Gegensatz zu deterministischen Modellen, die alle Beobachtungen einbeziehen, dadurch aber auch sehr sensibel auf Verzerrungen in den Daten reagieren.

[25] Im Vergleich hierzu ergaben sich unter Verwendung alternativer Outputindikatoren und Funktionsformen teilweise abweichende Ergebnisse. Vgl. hierzu auch: Backes/Sadowski, a. a. O.

[26] Vgl.: Kort, U.: Akademische Bürokratie. München: Verlag Dokumentation 1976, S. 12 ff.

[27] Einen derartigen Ansatz wählen z. B. Garvin, der die Einflüsse der Umwelt auf inneruniver-sitäre Strukturen untersucht, und Livingstone, der die Einflüsse des britischen Hochschulsy-stems auf das Verhalten in Universitäten analysiert. Vgl.: Garvin, D. A.: The economics of university behavior. London: Academic Press 1980, 7–16. – Livingstone, H.: The university: an organizational analysis. London, Glasgow: Blackie and Son 1974, S. 20 ff.

[28] Vgl.: Kowalewska, S.: Patterns of influence and the performance of research units. In: Andrews, F. M. (Hrsg.): Scientific productivity. Cambridge: Cambridge Univ. Press 1979, S. 170 ff. – Stolte-Heiskanen, V.: Externally determined resources and the effectiveness of research units. In: Andrews, F. M. (Hrsg.), a. a. O., S. 121 ff. – Stankiewicz, R.: The size and age of Swedish academic research groups and their scientific performance. In: Andrews, F. M. (Hrsg.), a. a. O., S. 218 ff.

[29] Vgl.: Sadowski, D.; Backes, U.: Analysen zur Forschungseffizienz – Grundlagen für die Forschungsfinanzierung? In: Brinkmann, G. (Hrsg.): Probleme der Bildungsfinanzierung. Berlin: Duncker und Humblot 1985.

[30] Die Ergebnisse belegen somit auch die Bedeutung der erstgenannten Analyseebene für die Forschungsleistungen von an sich abgeschlossenen Forschungseinheiten oder -gruppen, d. h. den Einfluß institutioneller Rahmenbedingungen und der Einbindung der Institution in die Umwelt auf das Verhalten der Forscher bzw. Forschungsgruppen.

[31] Vgl.: Alemann, H. v.: Zur Struktur sozialwissenschaftlicher Forschungsinstitute in der Bundesrepublik Deutschland. In: Lüschen, G. (Hrsg.): Deutsche Soziologie seit 1945. Opladen 1979, S. 217.

[32] Vgl.: Knorr, K. D.; Mittermeir, R.; Aichholzer, G.; Waller, G.: Leadership and group performance: a positive relationship in academic research units. In: Andrews, F. M. (Hrsg.), a. a. O., S. 112.

[33] Vgl.: Garvin, D. A., a. a. O., S. 4 f.

[34] Vgl.: Nance, E. C.: Self investment theory and academic work. Washington, D. C.: University Press 1981, S. 144. – Fox, M. M.: Publication productivity among scientists: A critical review. In: Social Studies of Science, 13 (1983), S. 293. – Reskin, B.: Academic sponsorship in scientists careers. In: Sociology of Education, 52 (July 1979), S. 129. – McKeachie, J.: Enhancing productivity in postsecondary education. In: Journal of Higher Education, 53 (1982) 4, 460–463. – Friedkin, N. E.: University social structure and social networks among scientists. In: American Journal of Sociology, 83 (1977) 6, S. 1444.

[35] Vgl.: Alemann, H. v.: Sozialwissenschaftliche Forschungsinstitute. Opladen: Westdeutscher Verlag 1981, S. 233 f.

[36] Vgl.: Andrews, F. M.: Motivation, diversity, and the performance of research units. In: Andrews, F. M. (Hrsg.), a. a. O., S. 269.

[37] Vgl.: Ebd. – Blau, P. M., a. a. O., S. 107. – Hogan, T. D., a. a. O., 400–415.

[38] Vgl.: Heckhausen, H.: Zur Lage der Psychologie. In: Psychologische Rundschau, 34 (1983) 1, S. 15.

[39] Vgl.: Faia, M. A.: Teaching, research and role theory. In: Annals of the American Academy of Political and Social Science, 448 (March 1980), S. 36 ff.

[40] Vgl.: Visart, N.: Communication between and within research units. In: Andrews, F. M. (Hrsg.), a. a. O., S. 223.

[41] Vgl.: Daniel, H.-D.: Zur Messung und Förderung der Forschungsleistung deutscher Universitäten – Eine vergleichende Analyse empirischer Untersuchungen. Universität Konstanz, Diss. 1983 (Masch. verf.), S. 34.

[42] Vgl.: Reskin, B., a. a. O., S. 129 f.

[43] Vgl.: Long, J. S.; Allison, P. D.; McGinnis, R., a. a. O., S. 816 ff.

[44] Vgl.: Cattell, R. B.; Drevdahl, J. E.: A comparison of the personality profile of eminent researchers with that of eminent teachers and administrators and of the general population. In: British Journal of Psychology, 46 (Nov. 1955), S. 248 ff.

[45] Vgl.: Mills, C. W., a. a. O., S. 195 ff.

[46] Vgl.: Simon, R. J.: The work habits of eminent scientists. In: Sociology of Work and Occupation, 1 (Aug. 1974), 327–335.

[47] Ausgewiesene Wissenschaftler investieren danach einen sehr hohen Zeitaufwand in ihre Forschungsgebiete, arbeiten häufig an mehreren Problemen gleichzeitig und verwenden oft die Zeit am frühen Morgen für das Niederschreiben von Ergebnissen. Vgl.: Cattell/Drevdahl, a. a. O., S. 248. Hierbei ist allerdings zu beachten, daß einerseits die Kausalität der Zusammenhänge ungeklärt bleibt und die Ergebnisse je nach Fach stark differieren können. Vgl.: Hargens, L. L.: Patterns of scientific research: A comparative analysis of research in three scientific fields. Washington, D. C.: American Sociological Association 1975, S. 97 ff.

[48] Vgl.: Gaston, J., a. a. O., S. 1 ff. – Meister, H. P.: Forschungsförderung und Kreativität. In: Wissenschaftsrecht, Wissenschaftsverwaltung, Wissenschaftsförderung, 15 (1982) 2, 121–138.

[49] Vgl. hierzu die Auswertung einer Befragung des Instituts für Demoskopie in Allensbach zur Situation der Forschung an bundesdeutschen Universitäten, so z. B. in Köcher, R., a. a. O., S. 283 f.

[50] Siehe Anmerkung 49.

[51] Siehe hierzu auch das gleichgeartete Vorgehen des National Science Board zur Analyse von Zusammenarbeitsstrukturen. Vgl.: National Science Board, a. a. O., S. 105 ff.

[52] Vgl.: Kort, U., a. a. O., S. 24.

[53] Vgl.: Lodahl, J. B.; Gordon, G.: The structure of scientific fields and the functioning of university graduate departments. In: American Sociological Review 37 (Feb. 1972), S. 70 f. – Kort, U., a. a. O., S. 22; – Gaston, J., a. a. O., S. 23 f. – Alemann, H. v., 1981, a. a. O., S. 203. – Weingart, P.; Winterhager, M.: Die Vermessung der Forschung. Frankfurt/M.: Campus 1984, S. 102.

[54] Vgl. hierzu auch Moravcsik, M. J.: Measures of scientific growth. In: Research Policy, 2 (1973), S. 268 f.

Rudi K. Bresser

Fachbereichsorganisation und Forschungsleistung

1. Institutionelle Determinanten universitärer Forschungsleistungen

Die Organisationsliteratur unterscheidet zwischen personenspezifischen und institutionellen Bestimmungsfaktoren universitärer Forschungsleistungen (Bean, 1982; Blau, 1973). Personenspezifische Faktoren wirken sich direkt auf die Forschungsproduktivität einzelner Wissenschaftler aus und umfassen z. B. das Ausmaß individueller Leistungsmotivation sowie die vergangenen Erfolge auf dem Gebiet der wissenschaftlichen Leistungserstellung (Szilagyi und Wallace, 1983).

Für diese Untersuchung sind lediglich die institutionellen Determinanten von Forschungsleistung bedeutsam. Institutionelle Faktoren wirken sich indirekt, vermittelt durch personenspezifische Faktoren, auf die Forschungsleistungen der Universitätsangehörigen aus. Zu den institutionellen Faktoren, die sich in empirischen Untersuchungen wiederholt als relevant für die Intensität von Forschungsleistungen erwiesen haben, zählen a) fachspezifische Unterschiede, b) das Prestige einer Institution, c) die Verfügbarkeit von Ressourcen, d) die Lehrbelastung und e) die Organisationsstrukturen (Bean, 1982).

a) Fachspezifische Unterschiede

Die Arten und Intensitäten von Forschungsleistungen variieren nach Maßgabe des Entwicklungsstandes wissenschaftlicher Disziplinen. Derartige Unterschiede wurden am deutlichsten im Rahmen der von Kuhn (1970) entfachten Paradigmaforschung analysiert und abgegrenzt. Wissenschaftler, die in Institutionen (z. B. Fachbereichen) unterschiedlicher Disziplinzugehörigkeit arbeiten, benutzen unterschiedliche Veröffentlichungsmedien und publizieren mit unterschiedlicher Intensität in Abhängigkeit vom Stand der Paradigmaentwicklung innerhalb ihrer Disziplinen. Wissenschaftler aus Fachbereichen und Disziplinen mit stärker entwickelten Paradigmen (z. B. Naturwissenschaftler) publizieren mehr Zeitschriftartikel und weniger Bücher als Wissenschaftler (z. B. Sozialwissenschaftler) aus Disziplinen mit weniger stark entwickelten Paradigmen (Bresser, 1979; Creswell und Bean, 1981; Neumann, 1977). Diese unterschiedlichen Publikationsgepflogenheiten lassen sich durch Konsensunterschiede erklären, die jeweils charakteristisch für Disziplinen mit stärkerer oder schwächerer Paradigmaentwicklung sind (Bresser, 1979). In Disziplinen mit stark entwickelten Paradigmen besteht ein relativ hohes

Ausmaß an Konsens hinsichtlich relevanter Forschungsfragen, angemessener Forschungsmethoden und der Interpretation von Forschungsergebnissen. Im Gegensatz hierzu sind größere Meinungsverschiedenheiten zu denselben Problemstellungen kennzeichnend für Disziplinen mit schwächer entwickelten Paradigmen. Aufgrund der größeren Übereinstimmung in der Bewertung von Forschungsproblemen ist es für Wissenschaftler aus Disziplinen mit stärkerer Paradigmaentwicklung naheliegend, einen kurzen, standardisierten Weg der wissenschaftlichen Kommunikation, d. h. Zeitschriftenartikel, zu wählen. Demgegenüber haben Wissenschaftler aus Disziplinen mit geringer entwickelten Paradigmen einen höheren Begründungsaufwand und kommunizieren deshalb häufiger durch Bücher mit ihrer Umwelt.

b) Prestige

Im Rahmen der amerikanischen Universitätsforschung erwies sich das Prestige einer Universität (i. d. R. gemessen anhand der Immatrikulationsentscheidungen hochqualifizierter Studienanfänger) als ein Faktor, der stark mit der Forschungsproduktivität von Fakultätsmitgliedern korrelierte (Blackburn et al., 1978; Blau, 1973; Long, 1978). Obwohl sich die staatlichen Universitäten Deutschlands vermutlich nicht so klar in eine Prestigeordnung bringen lassen wie amerikanische Universitäten, da letztere in einem wesentlich differenzierteren System operieren, ist Prestige dennoch ein interessanter Faktor der Organisationsgestaltung, denn Prestige wirkt selbstverstärkend: Das Prestige einer akademischen Institution beruht im wesentlichen auf Forschungsleistungen, die von Organisationsmitgliedern in der (meist jüngeren) Vergangenheit erbracht wurden. Verfügt eine Universität (oder ein Fachbereich) über hohes Prestige, so ist sie in der Lage, besonders produktive Wissenschaftler anzuziehen und zu berufen, deren überdurchschnittliche Leistungen dann das zukünftige Prestige der Institution sicherstellen.

c) Ressourcen

Finanziell und anderweitig großzügig ausgestattete Institutionen haben überdurchschnittlich produktive Fakultätsmitglieder (Allison und Stewart, 1974; Blau, 1973). Dieses Ergebnis läßt sich zurückführen auf die Fähigkeiten »reicherer« Universitäten, verhältnismäßig mehr Ressourcen für Forschungszwecke verfügbar zu machen und selektiver bei der Berufung von Hochschullehrern zu sein. Für das deutsche Universitätswesen scheinen andere Beziehungszusammenhänge zu gelten, die nachfolgend zusammen mit den Ergebnissen dieser Untersuchung diskutiert werden.

d) Lehrbelastung

Je stärker die Lehrbelastung, desto geringer ist die Forschungsproduktivität von Hochschullehrern (Astin, 1978; Bean, 1982; Blackburn et al., 1978). Dieses Ergebnis der amerikanischen Universitätsforschung belegt, daß Forschung und Lehre nicht unbedingt eine sich gegenseitig verstärkende produktive Einheit darstellen, sondern in einem konfliktbeladenen Wechselverhältnis zueinander stehen. Vergleichbare Daten lassen sich für das deutsche Universitätswesen kaum ermitteln, da die Lehrdeputate durch staatliche Reglementierungen weitgehend standardisiert sind. Die im Ausland gewonnenen Daten legen jedoch nahe, daß sich auch im deutschen Universitätswesen höhere Forschungsleistungen erzielen ließen, wenn Hochschullehrer mit hoher Forschungsproduktivität ihre Lehrbelastung verringern könnten.

e) Organisationsstrukturen

Einige Studien haben empirisch oder theoretisch dargestellt, daß bestimmte Aspekte universitärer Organisationsstrukturen in einem Beziehungszusammenhang mit Forschungsleistungen stehen (Bean, 1982; Blau, 1973; Clark, 1960). So hat Blau (1973) z. B. aufzeigen können, daß Universitäten, an denen die Entscheidungskompetenzen in akademischen Fragen eindeutig in den Händen der Fakultätsmitglieder liegen, höhere Forschungsleistungen erzielen.

Die vorliegende Untersuchung analysiert die Beziehungszusammenhänge zwischen Organisationsstrukturen und bestimmten Kontextmerkmalen zu Forschungsleistungen von Hochschullehrern. Zum Kreis der berücksichtigten Kontextmerkmale zählen einige der oben beschriebenen Faktoren, insbesondere der Entwicklungsstand disziplinärer Paradigmen, die Verfügbarkeit von Ressourcen und die Lehrbelastung der Universitätsprofessoren. Untersuchungseinheit ist die Grundeinheit des deutschen Universitätswesens, d. h. jene Untergliederung, die in der Regel als Fachbereich und mitunter auch als Fakultät oder Abteilung bezeichnet wird. Eine Beschreibung der verwendeten Fachbereichsstichprobe erfolgt auf S. 364.

2. Der Kontingenzansatz in der Organisationsforschung

Theoretische und methodische Grundlage dieser Studie bildet der von Pugh et al. (1963, 1968, 1969) entwickelte Kontingenzansatz in der Organisationsforschung. Dieser Ansatz unterscheidet zwischen Organisationsstrukturen im engeren Sinne und einem organisatorischen Kontext (Bresser, 1979; Holdaway et al., 1975). Organisationsstrukturen im engeren Sinne umfassen das Netz der offiziell autorisierten Regelungen, die mit dem Zweck festgelegt werden, das Verhalten von Organisationsmitgliedern auf bestimmte Organisationsziele auszurichten. Organisationsstrukturmerkmale sind z. B. der Grad der internen Differenzierung, der Grad der Entscheidungszentralisierung und das Ausmaß der Verfahrensstandardisierung oder -formalisierung. Kontextmerkmale umfassen bestimmte Aspekte der Situation, in der sich eine Organisation befindet und die sich auf die Entwicklung bestimmter Organisationsstrukturen auswirken kann. Zu den häufiger berücksichtigten Kontextmerkmalen zählen die Organisationsgröße, die verwendeten Technologien und das Alter einer Organisation. Sowohl Kontext- als auch Strukturmerkmale gelten im Rahmen des Kontingenzansatzes als mögliche Bestimmungsfaktoren organisatorischer Leistungen. Vor einer Beschreibung der hier verwendeten Kontext- und Strukturvariablen sei der Begriff der Forschungsleistung, wie er in dieser Untersuchung verwendet wird, definiert.

3. Forschungsleistungen von Universitätsfachbereichen

Organisatorische Leistungsfähigkeit wird in der Literatur nicht einheitlich definiert (Pennings und Goodman, 1977; Steers, 1977). Gewöhnlicherweise werden vier Ansätze voneinander unterschieden: der Zielerreichungsansatz, der Systemansatz, der Prozeßansatz und der Interessengruppenansatz. Strasser et al. (1981) versuchten, die Effektivitätsliteratur zu ordnen und entwickelten zu diesem Zweck ein Kontinuum. Am einen Ende des Kontinuums befindet sich ein reines Zielmodell organisatorischer Effektivität, das andere Ende ist durch ein reines Systemmodell gekennzeichnet. Im Einklang mit dem von Pugh et al. (1963) entwickelten Kontingenzansatz (auch als Aston-Ansatz bezeichnet), übernimmt diese Studie ein Effektivitätsmodell, das sich näher am Systemmodellende des obigen Kontinuums befindet. Die spezifischen Leistungskriterien dieser Studie wurden allerdings von Zielvorstellungen abgeleitet, die verschiedene politische Interessengruppen während der Reform des deutschen Universitätswesens in den 70er Jahren als Programmpunkte betrachteten.

Es ist besonders mühsam, angemessene Leistungskriterien für Universitätsorganisationen zu entwickeln, da sich eine zentrale Gruppe konkreter und meßbarer Ziele, Prozesse oder Resultate für solche Organisationen nicht eindeutig identifizieren läßt (Weick, 1976). So benutzte z.B. Gross (1968) 47 Ziele, um fünf zentrale Dimensionen universitärer Leistungen zu beschreiben, und Cameron (1978) verwendete ca. 130 Variablen, um neun Dimensionen universitärer Effektivität zu entwickeln.

Innerhalb des deutschen Universitätssystems spiegelt sich die Vielfalt möglicher Universitätsziele in den Ansichten wider, die von verschiedenen politischen Interessengruppen vertreten werden. Während der Expansionsphasen in den 60er und 70er Jahren entstand eine Vielzahl alternativer Universitätsreformmodelle. Konservativ eingestellte Interessenvertreter hofften auf eine Expansion des Universitätssystems ohne Preisgabe der traditionellen Strukturen (Mikat und Schelsky, 1966). Liberale schlugen vor, die Expansion mit mehr Wettbewerbselementen zu koppeln, etwa in der Form von Privatuniversitäten (Engels, 1974; Maitre, 1973). Politisch »links« ausgerichtete Interessenvertreter wiederum forderten eine stärkere gesellschaftliche Verantwortung von Wissenschaft und die (auf Drittelparität ausgerichtete) Demokratisierung universitärer Entscheidungsstrukturen (Schumm, 1969). Trotz dieser Meinungsvielfalt gab es auch Reformvorstellungen, die von fast allen Interessengruppen (zumindest implizit) geteilt wurden. Konsens existierte z.B. hinsichtlich der Entwicklung von Universitätskapazitäten; sie sollten erweitert werden, damit mehr Forschung betrieben werden konnte und mehr Menschen eine Universitätsausbildung erhielten (Mikat und Schelsky, 1966; Engels, 1974; Schumm, 1969).

Aufgrund dieser Übereinstimmung war es für diese Untersuchung zweckmäßig, Leistungskriterien auszuwählen, die die formalen Fachbereichskapazitäten zur Erbringung von Forschungsleistungen bewerten. Die verwendeten fünf Maße sind objektive (keine perzeptorischen) Indikatoren und entsprechen damit dem Meßtypus, der im Rahmen des Aston-Ansatzes zur Messung von Kontext- und Strukturmerkmalen verwendet wurde. Mit Ausnahme von zwei Publikationsmaßen sind alle Kriterien Durchschnittswerte, die für Zeitspannen von zwei bis fünf Semestern berechnet wurden. Durch eine Berechnung von Durchschnittswerten ist es möglich, den Einfluß von außergewöhnlichen Semestern zu reduzieren (Child, 1974). Die Festlegung eines Minimums von zwei Semestern erlaubt es, noch relativ junge Fachbereiche zu berücksichtigen. Ein Maximum von fünf Semestern zur Durchschnittswertbildung stellt sicher, daß die Datenerhebung sich nicht zu weit in die Vergangenheit erstreckt. Diese Einschränkung ist notwendig, da die Daten zu Kontext- und Strukturmerkmalen der Fachbereiche im Querschnitt erhoben wurden. Die Leistungsindikatoren sind nachfolgend kurz beschrieben. Details sind in Bresser (1979) ausgeführt.

Die Variablen »Buchpublikationen-Index« und »Zeitschriftenpublikationen-Index« erfassen die durchschnittliche Zahl der selbständigen Schriften bzw. Zeitschriftenpublikationen, die die drei zuletzt an einen Fachbereich erstberufenen Professoren zum Zeitpunkt ihrer Bewerbung angefertigt hatten. Durch die Beschränkung beider Indikatoren auf den Kreis der erstberufenen Professoren war es möglich, die höhere Produktivität jener Bewerber konstant zu halten, die bereits als Professoren an anderen Universitäten tätig waren. Fachbereiche mit hohen Werten hinsichtlich dieser Variablen haben offensichtlich Hochschullehrer berufen, die bereits in der Vergangenheit überdurchschnittlich viele Bücher und Zeitschriftenartikel veröffentlicht hatten. Insofern ist zu vermuten, daß solche Fachbereiche auch in Zukunft über eine relativ hohe Kapazität verfügen, derartige Publikationen zu erstellen.

Der Indikator »Forschungssemester-Index« ergibt sich als die durchschnittliche Zahl der pro Semester freigestellten Professoren, bezogen auf die Gesamtzahl der in einem Fachbereich lehrenden (und in angemessenen Zeitabständen zur Freistellung berechtigten) Professoren. Die Variable mißt die formale Kapazität eines Fachbereichs, Professoren für Forschungszwecke von Lehr- und Prüfungspflichten freizustellen. Ein ähnliches Maß zur Erfassung formaler Forschungsleistung wurde von Bolsenkötter (1978) vorgeschlagen.

Die Variable »Nachwuchs-Index« ist definiert als das durchschnittliche Verhältnis der pro Semester abgeschlossenen Habilitationen zur Zahl der vollendeten Dissertationen. Hohe Werte auf diesem Index kennzeichnen eine relativ höhere Kapazität eines Fachbereichs, Hochschullehrernachwuchs heranzubilden.

Das Maß »Dissertationen-Index« nimmt eine Zwischenstellung zwischen Forschungs- und Lehrleistung ein (Bresser, 1979). Es ist definiert als das durchschnittliche Verhältnis der pro Semester abgeschlossenen Dissertationen, bezogen auf die Zahl der Absolventen in den Hauptstudiengängen eines Fachbereichs. Fachbereiche mit hohen Dissertationsquoten haben eine höhere formale Kapazität, Forschungsleistungen in der Form von Promotionsleistungen zu erbringen.

Aus systemtheoretischer Sicht stellen sich die fünf Leistungsindikatoren als Maße dar, die Aspekte der formalen Forschungskapazitäten eines Universitätsfachbereichs festhalten. Insofern ist es möglich, unter Zuhilfenahme der operationalisierten Kriterien bestimmte Kontingenzfaktoren zu erforschen, die sich fördernd oder hemmend auf Forschungskapazitäten auswirken können. Nachfolgend werden – in Anlehnung an Pugh et al. (1963) – kontextuelle und strukturelle Kontingenzfaktoren definiert und ihre Verhältnisse zu den entwickelten Forschungsleistungsindikatoren prognostiziert.

4. Kontextmerkmale von Universitätsfachbereichen

Zur Messung des organisatorischen Kontextes werden elf Variablen verwendet (Bresser, 1979), die sich durch Faktorenanalyse auf zwei Kontextdimensionen reduzieren lassen. Darüber hinaus findet der Stand der Paradigmaentwicklung als eine zusätzliche disziplinspezifische Kontextdimension Verwendung.

4.1. PARADIGMAENTWICKLUNG

Der Entwicklungsstand disziplinärer Paradigmen kann als eine disziplinspezifische Situations- oder Kontextlage bezeichnet werden, die die Arten und Intensitäten wissenschaftlicher Kommunikationsprozesse innerhalb bestimmter Disziplinen beeinflußt. Für die Zwecke dieser Untersuchung wird die Kontextdimension Paradigmaentwicklung durch die Zugehörigkeit eines Fachbereichs zu bestimmten Disziplinen gemessen. Naturwissenschaftliche Fachbereiche der Disziplinen Physik und Chemie repräsentieren ein stärkeres Ausmaß an Paradigmaentwicklung, während sozialwissenschaftliche Fachbereiche der Disziplinen Wirtschaftswissenschaften und Rechtswissenschaften durch ein geringeres Ausmaß an Paradigmaentwicklung gekennzeichnet sind. Diese Klassifizierung stimmt mit anderen Studien überein; sowohl Kort (1976) als auch Salancik et al. (1980) identifizieren die Disziplinen Physik und Chemie – im Vergleich zu den Wirtschafts- oder den Rechtswissenschaften – als Wissenschaften höherer Paradigmaentwicklung.

Empirische Untersuchungen haben die Bedeutung disziplinärer Paradigmaentwicklung für viele Bereiche wissenschaftlicher Aktivität hervorgehoben. Neben der Intensität intradisziplinärer Meinungsverschiedenheiten und den verschiedenen Arten wissenschaftlicher Kommunikation (Lodahl und Gordon, 1972; Neumann, 1977) werden dem Entwicklungsstand von Paradigmen auch Einflüsse auf organisatorische Kontextlagen (Lodahl und Gordon, 1973a; Pfeffer et al., 1976; Bresser, 1984a, 1984b) und Organisationsstrukturen (Lodahl und Gordon, 1973b; Beyer und Lodahl, 1976; Bresser, 1984a) beigemessen. Wie bereits zu Beginn dieses Beitrags dargestellt, ist zu erwarten, daß auch die Bewertung von Forschungsleistungen von paradigma-abhängigen Unterschieden geprägt ist.

Für die hier entwickelten Leistungsindikatoren ergeben sich folgende Prognosen: Aufgrund der beschriebenen Konsensunterschiede ist zu erwarten, daß naturwissenschaftliche Fachbereiche niedrigere Buchpublikations- und höhere Zeitschriftenpublikationswerte aufweisen als sozialwissenschaftliche Fachbereiche. Konsensunterschiede erklären auch zu erwartende Differenzierungen für den Forschungssemester-Index. Wissenschaftler aus Disziplinen geringerer Paradigmaentwicklung finden es aufgrund ihrer Differenzen und Kommunikationsprobleme vermutlich besonders attraktiv, ein Forschungssemester zu beanspruchen, um an anderen Universitäten Forschung mit Kollegen gleicher Weltanschauung zu betreiben. Demgegenüber dürfte für Wissenschaftler aus Disziplinen höherer Paradigmaentwicklung das Forschungsfreisemester nicht so bedeutsam sein, denn sie finden relativ leicht Kollegen mit ähnlichen Überzeugungen in ihren eigenen Fachbereichen (Wilkes, 1976). Aus diesen Gründen ist zu erwarten, daß sozialwissenschaftliche Fachbereiche höhere Werte auf dem Forschungssemester-Index einnehmen als naturwissenschaftliche Fachbereiche.

Im Zuge der Universitätsreformdebatten wurde die Habilitation öfter als eine antiquierte Initiierungsprozedur kritisiert, die den wissenschaftlichen Fortschritt hemmt (Bresser, 1982). Seit der Reorganisation des Universitätssystems während der 70er Jahre wurden zwar etwas häufiger Professoren berufen, die über andere Qualifikationen als eine abgeschlossene Habilitation verfügten, die Habilitation ist aber immer noch die üblicherweise zu erbringende Qualifikation für Berufungskandidaten. Da der höhere Konsens innerhalb naturwissenschaftlicher Disziplinen eine fachbereichsinterne Übereinstimmung hinsichtlich der Qualifikationsanforderungen für Berufungskandidaten erleichtert, wird erwartet, daß die naturwissenschaftlichen Fachbereiche höhere Werte auf dem Nachwuchs-Index verzeichnen als die sozialwissenschaftlichen Fachbereiche.

Konsens im Hinblick auf Studienanforderungen läßt erwarten, daß Fachbereiche aus Disziplinen mit höherer Paradigmaentwicklung in relativ größerem Umfang Doktoranden zum Abschluß einer Promotion führen. Der Wert einer abgeschlossenen Promotion ist in den naturwissenschaftlichen Disziplinen relativ hoch. Durch die Promotion stellt ein Doktorand unter Beweis, daß er anerkannte Forschungsmethoden selbständig anwenden kann, und diese Befähigung ist von Bedeutung, um in den Laboratorien potentieller Arbeitgeber erfolgreich tätig sein zu können. In den Sozialwissenschaften ist die zur Promotion führende Ausbildung weniger standardisiert, und der Wert einer Promotion für praktische Berufswege ist häufig umstritten.

TABELLE 1: Prognostizierte Korrelationen.

	Buch-publikationen	Zeitschriften-publikationen	Forschungs-semester	Nachwuchs	Disser-tationen
Paradigmaentwicklung	–	+	–	+	+
Ausbildungsbedeutung	–	–	+	–	–
Ressourcenverfügbarkeit	+	+	+	+	+
Akademische Kontrolle	–	–	+	–	+
Bürokratische Kontrolle					–

Aus diesen Gründen steht zu erwarten, daß die Promotion eher in den Naturwissenschaften als Standardqualifikation angesehen wird, und naturwissenschaftliche Fachbereiche haben deshalb höhere Dissertationsquoten als sozialwissenschaftliche Fachbereiche.

Alle prognostizierten Beziehungen zwischen dem Maß »Paradigmaentwicklung« und den Forschungsleistungsindikatoren sind in der ersten Zeile der *Tabelle 1* verzeichnet. Ein Pluszeichen indiziert, daß ein Fachbereich mit höherer Paradigmaentwicklung vermutlich höhere Werte auf dem jeweiligen Leistungsindikator einnimmt. Ein Negativzeichen gibt an, daß solche Werte vermutlich geringer sind für Fachbereiche mit höherer Paradigmaentwicklung.

4.2. ORGANISATORISCHE KONTEXTDIMENSIONEN

In weitgehender Übereinstimmung mit dem Aston-Ansatz (Pugh et al., 1969) wurden Variablen für die folgenden sechs organisatorischen Kontextbereiche entwickelt: Organisationsgröße, Leistungsorientierung, Organisationstechnologie, historische Entwicklung, Abhängigkeit und Standortgegebenheiten. Die exakten Operationalisierungen sind in Bresser (1979) beschrieben.

Die Fachbereichsgröße ist durch vier Indikatoren repräsentiert: dem Fachbereichspersonal, den Fachbereichsstudenten, den finanziellen Ressourcen eines Haushaltsjahres und dem Umfang des Lehrveranstaltungsangebots, gemessen in Semesterwochenstunden. Die Dienstleistungsorientierung eines Fachbereichs ist durch einen als »Betreuungsverhältnis« bezeichneten Index dargestellt. Dieser Index ist das Verhältnis aller in einem Fachbereich eingeschriebenen Studenten zu dem beschäftigten wissenschaftlichen Personal. Drei Variablen messen bestimmte Aspekte der Technologien, die in Lehr- und Examensprozessen zur Anwendung gelangen. Die »Technische Leitungsspanne« ist das Verhältnis des gesamten Personals zu den Professoren und hauptamtlich beschäftigten Dozenten eines Fachbereichs. Der »Prozentsatz Diskussionsveranstaltungen« stellt den Anteil dar, in dem die Nicht-Vorlesungsveranstaltungen eines Fachbereichs zu dem gesamten Lehrveranstaltungsangebot beitragen. Das Maß »Prüfungstechnologie« erfaßt alle mündlichen und schriftlichen Abschlußprüfungen, denen sich die Studenten der Hauptstudiengänge eines Fach-

TABELLE 2: Faktorenanalyse für 11 Kontextvariablen (n = 35).

| Variable | Faktoren und Faktorenladungen | |
	I. Ausbildungsbedeutung	II. Ressourcenverfügbarkeit
Fachbereichspersonal	.10	.93
Fachbereichsstudenten	.76	.46
Finanzielle Ressourcen	−.30	.83
Lehrveranstaltungsangebot	−.11	.68
Betreuungsverhältnis	.90	.09
Technische Leitungsspanne	−.72	.43
Prozentsatz Diskussionsveranstaltungen	−.66	.44
Prüfungstechnologie	.77	−.06
Fachbereichsalter	.67	.02
Verflechtungsgrad	−.20	−.68
Geographische Dispersion	.46	.40
Prozentsatz der Gesamtvarianz	34.2	29.3

bereichs am Ende ihres Studiums unterziehen müssen. Je stärker Examina am Studienende konzentriert sind, desto stärker ist die Prüfungstechnologie (traditionell) zeitpunktbezogen und nicht studienbegleitend. Die historische Bedingtheit eines Fachbereichs ist durch sein Alter gekennzeichnet. Die Abhängigkeit eines Fachbereichs von anderen Organisationen ist durch das Maß »Verflechtungsgrad« dargestellt. Es erfaßt den Umfang der Serviceleistungen, die ein Fachbereich von gesamtuniversitären Dienststellen bezieht. Die Standortgegebenheiten eines Fachbereichs sind durch den Indikator »Geographische Dispersion« erfaßt. Der Indikator mißt die Zahl der voneinander getrennten Gebäude, auf die sich das Fachbereichspersonal verteilt.

An anderer Stelle (Bresser, 1979, 1984a) wurde dargestellt, daß die Größenvariablen stark interkorreliert sind und die Variablen »Betreuungsverhältnis«, »Technische Leitungsspanne« und »Verflechtungsgrad« ebenfalls stark mit den Größenindikatoren korrelieren. Diese Korrelationen legen nahe, die Kontextvariablen durch Faktorenanalyse auf eine kleinere Zahl unabhängiger Dimensionen zu reduzieren. Nachdem eine »Principal Component«-Analyse mit Varimaxrotation durchgeführt wurde, erschien eine Zwei-Faktorenlösung als am sinnvollsten interpretierbar. Diese orthogonalen Faktoren sind in *Tabelle 2* wiedergegeben.

Der erste Faktor erhält die Bezeichnung »Ausbildungsbedeutung«, da er für jene Variablen besonders starke (höher als |.66|) Ladungen verzeichnet, die für die Ausbildung großer Studentenzahlen bedeutsam sind. So sind z.B. Fachbereiche mit hohen Studentenzahlen ebenfalls gekennzeichnet durch hohe Betreuungsverhältnisse, relativ geringe Unterstützung durch technisches Personal, eine verhältnismäßig große Zahl von Vorlesungsveranstaltungen und eine auf Effizienz ausgerichtete, zeitpunktbezogene Prüfungstechnologie. Der zweite Faktor erhält die Bezeichnung »Ressourcenverfügbarkeit«, denn er verzeichnet für jene Variablen hohe Ladungen (höher als $|.68|$), die auf einen relativen Wohlstand und die Unabhängigkeit eines Fachbereichs schließen lassen. Die Variablen mit hohen Ladungen auf diesem Faktor umfassen das Fachbereichspersonal, die finanziellen Ressourcen, das Lehrveranstaltungsangebot und den Verflechtungsgrad (negativ).

Im nachfolgenden werden standardisierte Faktorenwerte (Mittelwert = 0, Standardabweichung = 1) der entwickelten Faktoren benutzt, um den organisatorischen Kontext von Universitätsfachbereichen zu kennzeichnen. Die beiden Kontextdimensionen stehen in enger Beziehung zu zwei verschiedenen Aspekten der Organisationsgröße: Studentenzahl versus Ressourcen. Darüber hinaus repräsentieren sie zwei Situationsgegebenheiten unterschiedlicher Vorteilhaftigkeit. Ein Fachbereich mit hohen Werten auf dem Faktor »Ausbildungsbedeutung« operiert unter relativ ungünstigen Kontextbedingungen hinsichtlich der Lehrbelastung der Hochschullehrer und der Berücksichtigung studentischer Ausbildungswünsche. Große Studentenzahlen müssen von relativ wenigen Hochschullehrern ausgebildet werden, die aufgrund mangelnder technischer Unterstützung auf Vorlesungen und eine inflexible, zeitpunktbezogene Examenstechnologie zurückgreifen, um den Ausbildungsanforderungen gerecht zu werden. Demgegenüber zeigen hohe Werte auf dem Faktor »Ressourcenverfügbarkeit« an, daß ein Fachbereich von relativ vorteilhaften Kontextbedingungen gekennzeichnet ist, denn er verfügt über relativ umfangreiche personelle und finanzielle Ressourcen, die ein differenziertes Lehrveranstaltungsangebot ermöglichen und größere Unabhängigkeit garantieren.

Ist man bemüht, Zusammenhänge zwischen diesen Kontextdimensionen und den Leistungsvariablen zu prognostizieren, so ergeben sich einige Hinweise aus der Literatur über die Einflüsse organisatorischer Größe. Größe wurde wiederholt als ein Faktor kritisiert, der ungünstige Forschungsbedingungen entstehen läßt (Goodman, 1962; Stroup, 1966). Diese Kritik ließ sich durch empirische Untersuchungen allerdings nicht erhärten. Hagstrom (1971) und Blau (1973) konnten positive Beziehungen zwischen Organisationsgröße und Forschungsleistung nachweisen und führten diese Ergebnisse darauf zurück, daß größere Universitäten über umfangreichere Ressourcen verfügen.

Für diese Studie werden ebenfalls positive Zusammenhänge zwischen der Organisationsgröße und den Leistungsvariablen erwartet, sofern ein Fachbereich groß im Sinne personeller und finanzieller Ressourcen ist. »Ressourcenverfügbarkeit« ist voraussichtlich positiv mit allen Leistungsvariablen korreliert (vgl. *Tabelle 1*). Die Verfügbarkeit von Ressourcen bewirkt einen relativen Wohlstand und erlaubt einem Fachbereich, bei Berufungen höhere Publikationsanforderungen zu stellen, Forschungssemester in größerem Umfang zu befürworten, mehr Nachwuchskräfte zur Habilitation und zur Promotion zu führen. Wenn hingegen ein Fachbereich eine große Studentenzahl auszubilden hat, ergeben sich vermutlich nachteilige Konsequenzen für die Forschungsleistungen. Ein Fachbereich, der in starkem Maße mit Lehrverpflichtungen belastet ist, wird bei Berufungen eher geringere Publikationsanforderungen stellen, und er wird verhältnismäßig weniger Nachwuchswissenschaftler zur Habilitation oder zur Promotion führen können. Allerdings läßt eine starke Lehrbelastung vermuten, daß viele Professoren sich um ein Forschungssemester bemühen. Aus diesen Gründen werden negative Korrelationen der Kontextdimension »Ausbildungsbedeutung« mit den Publikationsindizes, dem Nachwuchs-Index und dem Dissertationen-Index prognostiziert, während eine positive Korrelation mit dem Forschungssemester-Index erwartet wird (siehe *Tabelle 1*).

5. Fachbereichsstrukturmerkmale

Universitäten wurden in der soziologischen Literatur als kollegiale oder als bürokratische Organisationen beschrieben. Vertreter des kollegialen Modells (Parsons und Platt, 1968) betrachteten Universitäten als stark differenzierte professionelle Organisationen, deren Mitglieder über ein hohes Maß an Autonomie verfügen und in denen sich Kontrolle weitgehend als Selbstkontrolle vollzieht. Vertreter des bürokratischen Modells (Blau, 1973; Holdaway et al., 1975) schlugen vor, Universitäten nicht anders als andere Organisationen zu behandeln, denn die Verhaltensweisen von Universitätsmitgliedern seien durch formale Reglementierungen weitgehend bürokratisch kontrolliert. Becker und Gordon (1966) integrierten beide Ansätze und beschrieben Universitäten als Organisationen, die sowohl kollegiale als auch bürokratische Strukturmerkmale aufweisen. Empirische Ergebnisse aus den amerikanischen, deutschen und englischen Universitätssystemen (Beyer und Lodahl, 1976; Bresser, 1984a) unterstützen Becker und Gordons umfassendere Konzeption.

Für diese Untersuchung wurden – wieder in Übereinstimmung mit dem Aston-Ansatz von Pugh et al. (1968) – 17 Strukturmaße entwickelt. Die Variablen umfassen drei Spezialisierungsmaße, ein Maß der akademischen Selbstkoordination, ein Standardisierungsmaß, ein Professionalisierungsmaß, einen Indikator formaler Planungsprozesse, drei Formalisierungs-, drei Zentralisierungs- und vier Konfigurationsmaße. Kurze operationale Definitionen dieser Maße sind in *Tabelle 3* angegeben; Details sind in Bresser (1979) verzeichnet.

Die Strukturvariablen wurden (wie vorher die Kontextvariablen) einer Faktorenanalyse unterzogen, die drei voneinander unabhängige Faktoren zum Resultat hatte (Bresser, 1984a). Die Ergebnisse dieser Analyse sind in *Tabelle 4* wiedergegeben. Der erste Faktor, als »Akademische Kontrolle« bezeichnet, enthält hohe Ladungen (höher als |.60|) für die drei Spezialisierungsmaße und für einige andere Variablen, die als sich ergänzende akademische Kontrollverfahren angesehen werden können. So läßt sich z.B. vermuten, daß in hochdifferenzierten Fachbereichen kontroverse Probleme durch Selbstkoordinationsmechanismen gehandhabt werden (hohe Ladung der Variablen »Selbstkoordination«). Routineprobleme können demgegenüber leichter durch Verwaltungspersonal bewältigt werden, was der hohen Ladung des Indika-

TABELLE 3: Kurzbeschreibungen für 17 Strukturvariablen.

1) *Funktionale Spezialisierung*
   Die Skala erfaßt, inwieweit in einem Fachbereich für 17 administrative und technische Hilfsfunktionen Spezialisten beschäftigt sind.

2) *Akademische Stellenspezialisierung*
   Die Anzahl der unterschiedlich ausgeschriebenen und bezeichneten Hochschullehrerstellen.

3) *Akademische Institutsspezialisierung*
   Die Summe aller in einem Fachbereich existierenden Institute, Betriebseinheiten oder Seminare, die nicht als Serviceeinheiten definiert sind.

4) *Selbstkoordination*
   Der Zeitaufwand (Sitzungsstunden, gewichtet nach der Mitgliederzahl), der durch Sitzungen der offiziellen Selbstverwaltungsgremien eines Fachbereiches im Sommersemester 1977 entstand.

5) *Studienstandardisierung*
   Die Skala erfaßt acht Aktivitätsbereiche, anhand derer der Studienverlauf mehr oder minder stark reglementiert werden kann.

6) *Professionalisierungsgrad*
   Der Anteil der habilitierten Lehrkräfte am gesamten selbständig lehrenden Lehrpersonal.

7) *Planungsprogrammierung*
   Für acht Planungsbereiche wurde ermittelt, ob schriftliche Pläne für kurz-, mittel- oder längerfristige Zeiträume existierten.

8) *Gesamtformalisierung*
   Erfaßt wurde für 37 Aktivitätsbereiche, ob die Verfahrensabläufe durch schriftlich fixierte Regeln, Formulare oder Dokumentationen gekennzeichnet waren.

9) *Studienformalisierung*
   Diese zehnstufige Skala umfaßt jene Aktivitätsbereiche des Gesamtformalisierungsmaßes, die ausschließlich den formalisierten Informationsfluß zwischen dem Fachbereichspersonal und den Studenten kennzeichnen.

10) *Verwaltungsformalisierung*
    Diese siebenundzwanzigstufige Skala ist ebenfalls eine Subskala des Gesamtformalisierungsmaßes. Sie erfaßt jene Formalisierungen, die der Informationsflußregelung durch und für die Fachbereichsadministration dienen sowie ausgewählte Aspekte der Personalverwaltung.

11) *Autonomie*
    Das Maß erfaßt für 14 Entscheidungsbereiche, in welchem Ausmaß die tatsächliche Entscheidungskompetenz bei den Fachbereichen selbst und nicht bei fachbereichsexternen Instanzen liegt.

12) *Personalbeeinflussung*
    Die Zahl der Fälle, in denen während zweier Semester Personalentscheidungen des Fachbereichs durch externe Entscheidungsebenen aufgehoben, modifiziert oder zur erneuten Beschlußfassung an den Fachbereich zurückverwiesen wurden.

13) *Strukturbeeinflussung*
    Wie Variable 12, lediglich bezogen auf die Beeinflussung von Strukturentscheidungen wie z.B. interne Differenzierungen oder Prüfungsordnungen.

14) *Leitungsspanne Dekan*
    Die Zahl der dem Dekan oder Fachbereichssprecher unterstellten Verwaltungsmitarbeiter.

15) *Leitungsspanne Hochschullehrer*
    Das Verhältnis aller Akademischen Räte, wissenschaftlichen Mitarbeiter, Tutoren, Hilfskräfte und sonstigen Mitarbeiter zu den Professoren und Dozenten eines Fachbereichs.

16) *Prozentsatz sonstiges Personal*
    Der relative Anteil des sonstigen Personals am gesamten Personal eines Fachbereichs.

17) *Prozentsatz Sekretärinnen*
    Der relative Anteil der Sekretärinnen und Schreibkräfte am gesamten Fachbereichspersonal.

TABELLE 4:   Faktorenanalyse für 17 Strukturvariablen (n = 35).

	Faktoren und Faktorenladungen		
Variable	I. Akademische Kontrolle	II. Bürokratische Kontrolle	III. Konfiguration
Funktionale Spezialisierung	.79	.30	-.09
Akademische Stellenspezialisierung	.71	-.18	-.38
Akademische Institutsspezialisierung	.74	-.19	.10
Selbstkoordination	.60	.36	.02
Studienstandardisierung	-.08	-.08	-.73
Professionalisierung	-.63	.04	.13
Planungsprogrammierung	-.20	.26	.41
Gesamtformalisierung	-.03	.74	.20
Studienformalisierung	-.70	-.19	-.24
Verwaltungsformalisierung	.06	.76	.17
Autonomie	-.08	.47	.21
Personalbeeinflussung	.45	.66	-.01
Strukturbeeinflussung	.36	.72	-.08
Leitungsspanne Dekan	.77	.14	-.04
Leitungsspanne Hochschullehrer	-.03	-.44	.72
Prozentsatz sonstiges Personal	-.16	.29	.71
Prozentsatz Sekretärinnen	-.11	-.22	-.84
Prozentsatz der Gesamtvarianz	26.4	19.7	11.3

tors »Leitungsspanne Dekan« im ersten Faktor entnommen werden kann. Der zweite Faktor, »Bürokratische Kontrolle«, verzeichnet positive Ladungen (höher als $|.66|$) für vier Variablen, die als typische Bürokratiemerkmale angesehen werden können. Der dritte Faktor, »Konfiguration«, zeigt hohe Ladungen (höher als $|.71|$) für einige Konfigurationsmaße.

Der erste Faktor korrespondiert mit dem kollegialen, der zweite mit dem bürokratischen Organisationsmodell für Universitäten, während der dritte Faktor residualen Charakter hat. Im weiteren Verlauf dieser Untersuchung werden standardisierte Faktorenwerte der Faktoren »Akademische Kontrolle« und »Bürokratische Kontrolle« als Maße verwendet, die die Organisationsstrukturen von Universitätsfachbereichen kennzeichnen. Fachbereiche mit hohen Werten auf der Strukturdimension »Akademische Kontrolle« sind stark spezialisiert, betonen Selbstkoordination sowie Koordinationsaktivitäten durch die Dekanate. Fachbereiche mit hohen Werten auf der Dimension »Bürokratische Kontrolle« sind in ihren Entscheidungen stark von externen Instanzen beeinflußt, und sie betonen formalisierte Verwaltungsprozesse.

Sofern Fachbereiche in starkem Maße in akademische Kontrollprozesse verwickelt sind, ist es denkbar, daß ihre Forschungskapazitäten leiden. Wenn es notwendig ist, die Koordinationsprobleme differenzierter Fachbereiche durch einen hohen Selbstverwaltungsaufwand zu bewältigen, dann wirkt sich dies kontraktiv auf die Zeit aus, die ein Hochschullehrer auf die Forschung verwenden kann. Es wird deshalb prognostiziert, daß die Variable »Akademische Kontrolle« negativ mit den beiden Publikationsindizes und dem Nachwuchs-Index korreliert (siehe *Tabelle 1*). Die Prognose einer negativen Beziehung zum Nachwuchs-Index ist plausibel, da die meisten Habilitanden als Dozenten oder Hochschulassistenten und damit als Hochschullehrer im weiteren Sinne tätig sind. Demgegenüber wird hinsichtlich des Dissertationen-Index eine positive Beziehung mit der »Akademischen Kontrolle« vorhergesagt, denn starke interne Spezialisierungsprozesse und vermehrte Selbstkoordinationsprozesse erhöhen die Kapazitäten von Fachbereichen, eine spezialisierte Graduiertenausbildung zu erteilen. Eine positive Beziehung wird ebenfalls für den Forschungssemester-Index prognostiziert. Wenn Fachbereiche ihre Professoren stark mit Selbstverwaltungsaufgaben belasten, ist es wahrscheinlich, daß die Hochschullehrer verstärkt von Forschungssemestern Gebrauch machen, um sich auf vernachlässigte Forschungsprojekte konzentrieren zu können.

Da sich bürokratische Verwaltungsvorschriften in der Regel nicht auf Forschungsaktivitäten erstrecken (Blau, 1973), werden keine Beziehungen zwischen der »Bürokratischen Kontrolle« und den Publikationsindizes, dem Forschungssemester-Index und dem Nachwuchs-Index prognostiziert (siehe *Tabelle 1*). Dagegen wird eine negative Beziehung zwischen dem Dissertationen-Index und der Strukturdimension »Bürokratische Kontrolle« erwartet, denn es war nachzuweisen, daß bürokratische Vorschriften sich demotivierend auf Studenten auswirken und die Studienabbrecherquoten erhöhen (Blau, 1973).

6.   Stichprobe und Datenerhebung

Daten für diese Untersuchung wurden von einer geschichteten Zufallsstichprobe gewonnen, die 35 Fachbereiche von 21 deutschen Universitäten umfaßte. Die Stichprobe wurde nach Disziplinzugehörigkeit geschichtet, um disziplinspezifische Unterschiede, die infolge unterschiedlich starker Paradigmaentwicklung zu erwarten sind, zu kontrollieren. Die Stichprobe basiert auf 18 sozialwissenschaftlichen Fachbereichen aus den Disziplinen Rechts- und Wirtschaftswissenschaften und auf 17 naturwissenschaftlichen Fachbereichen der Disziplinen Physik und Chemie. Die Datenerhebung erfolgte durch Interviews mit Dekanen und leitenden Verwaltungsangestellten im Wintersemester 1977/78. Zur Durchführung der Interviews dienten zwei standardisierte Fragebögen. Um eine Verifizierung der Interviewangaben durchführen zu können, wurden die Interviewpartner aller untersuchten Fachbereiche um die Überlassung von Kopien relevanter Dokumente und Statistiken gebeten. Weitere Einzelheiten werden von Bresser (1979) beschrieben.

7. Datenanalyse

Der t-Test wird benutzt, um die Signifikanz von Unterschieden zwischen Stichprobenmittelwerten zu überprüfen. Korrelative Beziehungen werden durch Produkt-Moment-Korrelationskoeffizienten und durch partielle Korrelationskoeffizienten überprüft. Die relative Bedeutung aller unabhängigen Variablen wird durch hierarchische multiple Regressionsanalysen und begleitende F-Tests geprüft.

8. Resultate

Tabelle 5 enthält Mittelwerte und Standardabweichungen für die Leistungsindikatoren. Ein Vergleich der Mittelwerte zwischen den beiden Fachbereichsgruppen zeigt signifikante disziplinabhängige Unterschiede für vier der fünf Leistungsindikatoren. Professoren in sozialwissenschaftlichen Fachbereichen veröffentlichen mehr Bücher und weniger Artikel als ihre Kollegen in naturwissenschaftlichen Fachbereichen. Darüber hinaus machen Professoren sozialwissenschaftlicher Fachbereiche intensiveren Gebrauch von Forschungssemestern als Professoren naturwissenschaftlicher Fachbereiche. Naturwissenschaftliche Fachbereiche führen verhältnismäßig mehr Doktoranden zur Graduierung als sozialwissenschaftliche Fachbereiche.

Diese disziplinabhängigen Unterschiede stimmen (mit Ausnahme des Nachwuchs-Index) mit unseren Hypothesen und mit den Ergebnissen amerikanischer und deutscher Paradigmaforschung überein (Bresser, 1979; Bresser und Dunbar, 1986; Neumann, 1977). Die Forschungsleistungen von Universitätsfachbereichen differieren nach Maßgabe des Entwicklungsstandes disziplinärer Paradigmen. Disziplinabhängige Unterschiede existieren ebenfalls für die hier verwendeten Kontext- und Strukturdimensionen. Verglichen mit den naturwissenschaftlichen Fachbereichen weisen sozialwissenschaftliche Fachbereiche höhere Werte für die Dimensionen »Ausbildungsbedeutung« ($p < .001$) und »Akademische Kontrolle« ($p < .12$) sowie geringere Werte für die Dimensionen »Ressourcenverfügbarkeit« ($p < .09$) und »Bürokratische Kontrolle« ($p < .12$) auf. Diese interdisziplinären Unterschiede für fast alle untersuchten Variablen machen es notwendig, daß die prognostizierten korrelativen Beziehungen insbesondere für die beiden Untergruppen der sozial- und naturwissenschaftlichen Fachbereiche überprüft werden. Korrelationen in der Gesamtstichprobe stehen unter dem Verdacht, Scheinkorrelationen darzustellen, die durch disziplinspezifische Unterschiede vermittelt werden.

Tabelle 6 verzeichnet Korrelationen zwischen den Leistungsindikatoren und den entwickelten Kontext- und Strukturdimensionen. In der Gesamtstichprobe weist die als »Dummy-Variable« operationalisierte Dimension »Paradigmaentwicklung« vier

TABELLE 5: Mittelwerte und Standardabweichungen für 5 Leistungsindikatoren.

	Gesamtstichprobe		Sozialwissenschaftliche Fachbereiche		Naturwissenschaftliche Fachbereiche	
Variable	Mittelwerte	Standard-abweichungen	Mittelwerte	Standard-abweichungen	Mittelwerte	Standard-abweichungen
Buchpublikationen-Index (30, 17, 13)*	3.03	1.47	3.71***	1.61	2.15***	0.52
Zeitschriftenpublikationen-Index (30, 17, 13)	20.39	12.70	14.32**	7.43	28.33**	13.99
Forschungssemester-Index (35, 18, 17)	0.059	0.046	0.087***	0.045	0.030***	0.024
Nachwuchs-Index (35, 18, 17)	0.120	0.097	0.110	0.090	0.131	0.106
Dissertationen-Index (30, 16, 14)	0.337	0.287	0.115***	0.033	0.589***	0.231

* Die Zahlenangaben unter den Variablenbezeichnungen indizieren die Stichprobengröße für die Gesamtstichprobe und die beiden Fachbereichsuntergruppen. Für einige Leistungsindikatoren ist die normale Stichprobengröße von 35 (Gesamtstichprobe), 18 (sozialwissenschaftliche Fachbereiche) und 17 (naturwissenschaftliche Fachbereiche) aufgrund fehlender Werte reduziert.

** Differenzen zwischen den sozial- und naturwissenschaftlichen Fachbereichsgruppen sind signifikant auf dem .01-Niveau.

*** Differenzen zwischen den sozial- und naturwissenschaftlichen Fachbereichsgruppen sind signifikant auf dem .001-Niveau.

TABELLE 6:   Korrelationen zwischen Kontext-, Struktur- und Leistungsvariablen.

Variable	Buchpubli-kationen (30, 17, 13)[1]	Zeitschriften-publikationen (30, 17, 13)	Forschungs-semester (35, 18, 17)	Nachwuchs (35, 18, 17)	Disser-tationen (30, 16, 14)
	Gesamtstichprobe				
Paradigmaentwicklung[2]	−.53*	.56*	−.63*	.11	.84*
Ausbildungsbedeutung	.49*	−.36*	.62*	−.16	−.73*
Ressourcenverfügbarkeit	−.04	−.18	−.01	−.43*	.36*
Akademische Kontrolle	.15	−.36*	.27	−.46*	−.19
Bürokratische Kontrolle	.20	.11	−.12	.31*	.14
	Sozialwissenschaftliche Fachbereiche				
Ausbildungsbedeutung	.11	.19	.36	−.24	.08
Ressourcenverfügbarkeit	.08	−.03	.44*	−.51*	−.32
Akademische Kontrolle	−.14	−.11	.28	−.57*	−.15
Bürokratische Kontrolle	.52*	.04	.06	.51*	.13
	Naturwissenschaftliche Fachbereiche				
Ausbildungsbedeutung	.41	.15	−.11	.12	−.44*
Ressourcenverfügbarkeit	.16	−.57*	−.11	−.47*	.15
Akademische Kontrolle	.38	−.33	−.28	−.33	.16
Bürokratische Kontrolle	.62*	−.15	.07	.12	−.07

* $p \leq .05$.
[1] Siehe Tabelle 5.
[2] Paradigmaentwicklung ist als »Dummy-Variable« operationalisiert mit Werten von 1 für naturwissenschaft-liche Fachbereiche und Werten von 0 für sozialwissenschaftliche Fachbereiche.

signifikante Korrelationen mit den Leistungsindikatoren auf, die mit den in *Tabelle 5* dargestellten disziplinabhängigen Mittelwertunterschieden korrespondieren. Dar-über hinaus sind die Kontext- und Strukturdimensionen in neun Fällen signifikant mit den Leistungsindikatoren korreliert. Alle Korrelationen der Gesamtstichprobe sind jedoch mit Vorsicht zu behandeln, da sie maßgeblich durch Disziplinunterschiede vermittelt sind. So ergibt sich z. B. eine negative Korrelation zwischen »Paradigma-entwicklung« und dem Buchpublikationen-Index, da (naturwissenschaftliche) Fach-bereiche mit höherer Paradigmaentwicklung in der Regel geringere Werte auf dem Buchpublikationen-Index einnehmen. In ähnlicher Weise kann etwa die positive Korrelation zwischen der Dimension »Ausbildungsbedeutung« und dem Buchpubli-kationen-Index als disziplinabhängig interpretiert werden; da die sozialwissenschaft-lichen Fachbereiche systematisch höhere Werte für die Variablen »Ausbildungsbe-deutung« und Buchpublikationen-Index verzeichnen als die naturwissenschaftlichen Fachbereiche, ist es wahrscheinlich, daß die Werte für alle Fachbereiche in der Gesamtstichprobe so angeordnet sind, daß sich eine stärkere positive Korrelation ergibt. Im folgenden werden die Korrelationen für die beiden Fachbereichsunter-gruppen verwendet, um die in *Tabelle 1* dargestellten Hypothesen zu überprüfen.

Innerhalb der sozialwissenschaftlichen Fachbereiche (siehe *Tabelle 6*) weisen der Zeitschriftenpublikationen-Index und der Dissertationen-Index keinerlei signifikante

Beziehungen zu einer der operationalisierten Kontext- oder Strukturdimensionen auf. »Bürokratische Kontrolle« ist positiv mit dem Buchpublikationen-Index korreliert und widerspricht damit der Erwartung, daß Bürokratiemerkmale keine Beziehung mit Forschungsleistungen aufweisen (siehe *Tabelle 1*). In bürokratisch kontrollierten Fachbereichen besteht u. U. eine Tendenz, insbesondere solche Kandidaten zu berufen, die die traditionelle Veröffentlichungsform innerhalb der Sozialwissenschaften (Bücher) als Medium ihrer Forschungsarbeiten gewählt haben. In Übereinstimmung mit unseren Hypothesen sind die beiden Kontextdimensionen (insbesondere Ressourcenverfügbarkeit) positiv mit dem Forschungssemester-Index korreliert. Die Kapazität eines Fachbereichs, Nachwuchskräfte zur Habilitation zu führen, scheint (im Gegensatz zu unseren Erwartungen) negativ durch eine großzügige Ausstattung mit Ressourcen beeinflußt zu sein. Wie erwartet, leidet diese Kapazität ebenfalls, wenn ein Fachbereich stark in akademische Kontrollprozesse verstrickt ist. »Bürokratische Kontrolle« ist positiv mit dem Nachwuchs-Index verbunden. Da die Habilitation ein standardisiertes Verfahren zur Initiierung von Nachwuchswissenschaftlern ist, ist diese Korrelation nicht verwunderlich, obwohl sie nicht erwartet wurde.

Innerhalb der naturwissenschaftlichen Fachbereiche ist es der Forschungssemester-Index, der keinerlei Beziehungen mit Kontext- oder Strukturdimensionen aufweist. Ebenso unerwartet wie in den Sozialwissenschaften besteht eine positive Korrelation zwischen »Bürokratischer Kontrolle« und dem »Buchpublikationen-Index«. Ebenfalls in Abweichung von unseren Erwartungen ist »Ressourcenverfügbarkeit« negativ mit dem Zeitschriftenpublikationen-Index verbunden. Wenn die Kontextvariablen, die den beiden Kontextdimensionen zugrunde liegen, berücksichtigt werden, stellt sich heraus, daß nicht nur Ressourcen negativ mit dem Zeitschriftenpublikationen-Index verbunden sind. Die Variablen »Fachbereichsstudenten« ($r = -.52$), »Betreuungsverhältnis« ($r = -.72$) und »Prozentsatz Diskussionsveranstaltungen« ($r = -.67$), d. h. drei Variablen, die den Faktor »Ausbildungsbedeutung« konstituieren, sind ebenfalls signifikant und negativ mit den »Zeitschriftenpublikationen« korreliert. Dies ist *Tabelle 6* nicht zu entnehmen, da die Korrelation zwischen den Maßen »Ausbildungsbedeutung« und »Zeitschriftenpublikationen-Index« insignifikant ist ($r = .15$). Daher ist zu vermuten, daß Organisationsgröße, gleichgültig, ob als Zahl der Studenten oder als Verfügbarkeit von Ressourcen gemessen, in naturwissenschaftlichen Fachbereichen dazu beiträgt, die Publikationsanforderungen für zu berufende Professoren zu verringern.

Wie in der sozialwissenschaftlichen Fachbereichsgruppe, so ist der Nachwuchs-Index auch in der naturwissenschaftlichen Gruppierung unerwartet negativ mit dem Maß »Ressourcenverfügbarkeit« korreliert. Diese Ergebnisse könnten eine Eigenart des deutschen Universitätssystems während der 70er Jahre widerspiegeln. Im Zuge der starken Universitätsexpansion entschieden sich mehr und mehr Doktoranden für eine Universitätskarriere, obwohl sich die Möglichkeiten, neue Hochschullehrer einzustellen, aufgrund knapperer Haushaltmittel nach der anfänglichen Einstellungswelle rasch verringerten (Bresser, 1982; Dallinger et al., 1978). Durch die Stellenkontraktion der 70er Jahre mögen viele promovierte Nachwuchskräfte ihre Universitätskarriere als gefährdet angesehen haben. Aufgrund der Stellen- und Ressourcenknappheit könnten sich deshalb viele promovierte Nachwuchskräfte dafür entschieden haben, eine zusätzliche Qualifikation in Form einer Habilitation zu erwerben, um bessere Chancen für eine Hochschullehrerlaufbahn zu erhalten. – In Übereinstimmung mit unseren Erwartungen ist der Dissertationen-Index negativ mit der Ausbildungsbedeutung korreliert.

In der sozialwissenschaftlichen Fachbereichsgruppe sind sowohl die beiden Strukturdimensionen als auch das Maß »Ressourcenverfügbarkeit« mit dem Nachwuchs-Index korreliert. Da »Ressourcenverfügbarkeit« darüber hinaus auch positiv mit den Strukturdimensionen korreliert, ist es denkbar, daß diese Kontextdimension die Zusammenhänge des Nachwuchs-Index mit den Strukturindikatoren vermittelt. Um dies zu überprüfen, werden partielle Korrelationskoeffizienten errechnet, die den Einfluß der Variablen »Ressourcenverfügbarkeit« konstant halten. Es ergibt sich, daß die partielle Korrelation zwischen dem Nachwuchs-Index und dem Maß »Akademische Kontrolle« insignifikant wird, während die Korrelation des Index mit dem Maß »Bürokratische Kontrolle« signifikant bleibt ($r = .58$, $p < .01$) und somit nicht als kontextuell vermittelt gelten kann.

Die Resultate für die beiden Fachbereichsgruppen lassen darauf schließen, daß die Kontextdimensionen die Varianz der untersuchten Forschungsindikatoren besser prognostizieren als die Strukturdimensionen. Nach Berücksichtigung der partiellen Koeffizienten ergibt sich, daß die »Akademische Kontrolle« in keiner Fachbereichsuntergruppe mit einem Forschungsindikator verbunden ist; das Maß »Bürokratische Kontrolle« weist drei signifikante Korrelationen auf. Dagegen sind die Kontextdimensionen in fünf Fällen signifikant mit Leistungsindikatoren korreliert. Um die relative Prognosefähigkeit aller unabhängigen Variablen (das Maß »Paradigmaentwicklung« eingeschlossen) besser beurteilen zu können, werden hierarchische multiple Regressionen für die Gesamtstichprobe durchgeführt (siehe *Tabelle 7*).

Die unabhängigen Variablen werden in der folgenden Reihenfolge in die multiplen Regressionsgleichungen einbezogen: »Paradigmaentwicklung« wird als erste Variable berücksichtigt, da diese disziplinspezifische Kontextdimension an anderer Stelle als ein Faktor beschrieben wurde, der sowohl organisatorische Kontextbedingungen als auch Organisationsstrukturen beeinflussen kann (Bresser, 1984a, 1984b; Lodahl und Gordon, 1973a, 1973b). »Ausbildungsbedeutung« und »Ressourcenverfügbarkeit« werden als zweite und dritte Variable eingeschlossen, denn sie repräsentieren einen organisatorischen Kontext, der sich auf die Entwicklung von Organisationsstrukturen auswirken kann (Child, 1975; Pugh et al., 1969). »Akademische Kontrolle« wird an vierter Stelle berücksichtigt, denn sie ist vermutlich ein wichtigerer Kontrollfaktor in Universitätsorganisationen als bürokratische Vorschriften (Bresser, 1984a). »Bürokratische Kontrolle« wird als letzte Variable in die Regressionsgleichungen eingeschlossen.

TABELLE 7: Hierarchische multiple Regressionen der Leistungsindikatoren mit Kontext- und Strukturdimensionen als unabhängige Variablen.

Prädiktor	Buchpublikationen			Zeitschriften-publikationen			Forschungssemester-Index		
	R^2	$\triangle R^2$	F	R^2	$\triangle R^2$	F	R^2	$\triangle R^2$	F
Paradigmaentwicklung****	.283	.283	12.11*	.309	.309	15.41**	.393	.393	21.06***
Ausbildungsbedeutung	.298	.015	.64	.323	.014	.71	.438	.045	2.45
Ressourcenverfügbarkeit	.304	.006	.28	.504	.181	9.02**	.451	.013	.66
Akademische Kontrolle	.332	.028	1.18	.517	.013	.63	.459	.008	.45
Bürokratische Kontrolle	.440	.108	4.61*	.519	.002	.09	.459	.000	.01

Prädiktor	Nachwuchs-Index			Dissertationen-Index		
	R^2	$\triangle R^2$	F	R^2	$\triangle R^2$	F
Paradigmaentwicklung****	.012	.012	.59	.702	.702	75.70***
Ausbildungsbedeutung	.025	.013	.60	.717	.015	1.60
Ressourcenverfügbarkeit	.251	.226	10.77**	.750	.033	3.65
Akademische Kontrolle	.258	.007	.33	.761	.011	1.20
Bürokratische Kontrolle	.391	.133	6.35*	.777	.016	1.74

* $p < .05$, **$p < .01$, *** $p < .001$, **** siehe Tabelle 6.

Die Regressionsergebnisse (*Tabelle 7*) bestätigen erneut die Bedeutung des Entwicklungsstandes disziplinspezifischer Paradigmen für die Bewertung von Forschungsleistungen. Paradigmaunterschiede erklären das höchste Ausmaß an Varianz in vier der fünf Regressionsgleichungen. Ressourcenverfügbarkeit hat eine negative Auswirkung auf den Nachwuchs-Index, erklärt aber die meiste Varianz für diesen Indikator. Ressourcenverfügbarkeit hat ebenfalls eine signifikant negative Auswirkung auf den Zeitschriftenpublikationen-Index. Darüber hinaus erklärt lediglich das Maß »Bürokratische Kontrolle« signifikante Varianzmengen, und zwar für den Buchpublikationen- und den Nachwuchs-Index.

Die im Zusammenhang mit den Korrelationsanalysen geäußerte Vermutung, daß die Kontextdimensionen mehr Varianz erklären als die Strukturdimensionen, bedarf nun einer Modifikation. Diese Mutmaßung findet ihre klare Bestätigung, wenn man den Stand der Paradigmaentwicklung (als disziplinspezifische Kontextdimension) zusammen mit den beiden organisatorischen Kontextdimensionen betrachtet und somit von einem Kontext im weiteren Sinne spricht. In diesem Fall findet die Vermutung allerdings aufgrund der überragenden Bedeutung der Variablen »Paradigmaentwicklung« ihre Bestätigung. Diese überragende Bedeutung bleibt im übrigen selbst bei einer Umkehrung der Einschlußreihenfolge in die Regressionsgleichungen erhalten. Wenn das Maß »Paradigmaentwicklung« zuletzt in die Regressionsgleichungen eingeht, erklärt es immer noch signifikante Varianzmengen für vier Leistungsindikatoren.

Die Mutmaßung einer größeren Prognosefähigkeit der Kontextdimensionen findet keine Bestätigung, wenn lediglich der organisatorische Kontext mit den Strukturdimensionen verglichen wird. Jeweils nur eine Kontext- oder Strukturdimension erklärt jeweils nur für zwei Leistungsindikatoren signifikante Varianzmengen.

9. Diskussion der Ergebnisse

Diese Studie untersuchte fünf Indikatoren der formalen Forschungsleistungen von Universitätsfachbereichen im Hinblick auf kontextuelle und strukturelle Bedingungsfaktoren. Die Kriterien maßen Kapazitätsaspekte und wurden aus der Universitätsreformdebatte der 60er und 70er Jahre abgeleitet. Drei Kontextdimensionen wurden berücksichtigt. Der disziplinspezifische Kontext wurde durch das Maß »Paradigmaentwicklung« eingefangen, der organisatorische Kontext war durch die Dimensionen »Ausbildungsbedeutung« und »Ressourcenverfügbarkeit« repräsentiert. Die Organisationsstrukturen der Fachbereiche wurden durch die Maße »Akademische Kontrolle« und »Bürokratische Kontrolle« dargestellt (Bresser, 1979; 1984a).

Die Ergebnisse heben die Wichtigkeit der Variablen »Paradigmaentwicklung« für all jene Studien hervor, die die Funktionsweisen von Universitätsfachbereichen zum Forschungsgegenstand haben. Disziplinspezifische Unterschiede, erklärbar durch unterschiedlich stark entwickelte Paradigmen, existieren hinsichtlich des organisatorischen Kontextes und der Organisationsstrukturen von Universitätsfachbereichen (Bresser, 1984a, 1984b; Lodahl und Gordon, 1973a, 1973b). Die Resultate dieser Untersuchung weisen darüber hinaus darauf hin, daß auch Leistungsunterschiede zwischen Fachbereichen in starkem Maße durch den Grad der Paradigmaentwicklung beeinflußt zu sein scheinen. Für vier der fünf Leistungsindikatoren existieren hochsignifikante Leistungsunterschiede zwischen Fachbereichsgruppen aus Disziplinen mit unterschiedlich starker Paradigmaentwicklung. Die Regressionsanalysen zeigen ferner, daß die Prognosefähigkeit des Maßes »Paradigmaentwicklung« in der Regel höher ist als die anderer kontextueller oder struktureller Faktoren.

Der Analyse der Effektivitätskorrelate für die beiden Untergruppen sozialwissenschaftlicher und naturwissenschaftlicher Fachbereiche ist zu entnehmen, daß die entwickelten Kontext- und Strukturdimensionen häufig sehr unterschiedliche Korrelationen mit den Forschungsindikatoren aufweisen. Darüber hinaus ergeben sich mehrere Korrelationen, die von unseren Hypothesen abweichen. Dies ist nicht so verwunderlich, wenn man bedenkt, daß die Verhältnisse zwischen Kontext, Struktur und Effektivität im universitären Raum bisher kaum erforscht wurden. Die entsprechenden Forschungen haben den Rahmen der Exploration noch nicht verlassen.

Immerhin lassen sich für beide Fachbereichsgruppen auch einige Gemeinsamkeiten erkennen. Jene Leistungsindikatoren, die für eine bestimmte Fachbereichsgruppe weniger stark ausgeprägt sind (z. B. »Zeitschriftenpublikationen« in den Sozialwissenschaften oder »Forschungssemester« in den Naturwissenschaften), haben in der Regel auch keine signifikanten Korrelationen mit Kontext- und Strukturdimensionen innerhalb der entsprechenden Fachbereichsgruppe. Dieser Umstand bestätigt die Konstruktvalidität der entwickelten Kontext- und Strukturdimensionen; signifikante Kontext- und/oder Strukturkorrelationen existieren durchweg für jene Leistungsindikatoren, die in den jeweiligen Fachbereichsgruppen stärker ausgeprägt und damit bedeutsamer sind.

Eine weitere Gemeinsamkeit ergibt sich hinsichtlich der Rolle der Organisationsgröße, gemessen als Ressourcenverfügbarkeit. Diese Kontextdimension scheint sich, unseren Erwartungen entgegenstehend, eher negativ auf die Forschungskapazitäten auszuwirken (siehe z. B. die Korrelation mit dem Nachwuchs-Index). Die einzige Ausnahme bildet die positive Korrelation zwischen »Ressourcenverfügbarkeit« und dem Forschungssemester-Index in der sozialwissenschaftlichen Fachbereichsgruppe. Dieser Kapazitätserweiterungseffekt kann jedoch eine eher technokratische Antwort auf die relativ hohe Ausbildungsbelastung sein, der sich Sozialwissenschaftler gegenübersehen (Heydebrand, 1983). Wenn Sozialwissenschaftler in relativ wohlhabenden Fachbereichen mehr Forschungssemester fordern, da sie ihren Forschungsaufgaben aufgrund einer hohen Lehr- und Verwaltungsbelastung im Laufe eines »normalen« Semesters nicht nachkommen können, dann erscheint die positive Korrelation zwischen Ressourcen und Forschungssemestern in einem weniger günstigen Licht. Eine verstärkte Nachfrage nach Forschungssemestern könnte dann als der Versuch interpretiert werden, zumindest ein Minimum an Forschungsaktivitäten aufrechtzuerhalten.

Abschließend einige Bemerkungen zur Universitätsreform. Obwohl diese Studie den Rahmen der Exploration nicht verläßt und als Querschnittsanalyse keine klaren Kausalitäten feststellen kann, ermöglichen die Ergebnisse dennoch einige Spekulationen, die als Denkanstöße für zukünftige Universitätsreformexperimente Verwendung finden könnten:

These 1: Ein großer Teil der institutionellen Bedingungslagen von Forschungsleistungen ist durch geplante Universitätsreform und geplanten organisatorischen Wandel nicht beeinflußbar. Wenn dem paradigmatischen Entwicklungsstand wissenschaftlicher Disziplinen eine so überragende Bedeutung in der Beeinflussung von Forschungsleistung zukommt, wie es diese Untersuchung vermuten läßt, dann verbleibt dem Organisationsgestalter ein relativ geringer Manövrierspielraum. Paradigmen verändern sich durch graduelle wissenschaftsinterne Prozesse und nicht durch im Stadium der Planung befindliche Universitätsreformen. Es wäre z. B. wenig sinnvoll und außerdem mit dem Postulat der freien Forschung unvereinbar, wenn eine geplante Universitätsreform Sozial- oder Naturwissenschaftler dazu anhalten wollte, mehr in Zeitschriften zu veröffentlichen bzw. mehr Bücher zu publizieren. Eine

sinnvolle Universitätsreform muß die durch Selbstregulierung entstandenen disziplinspezifischen Forschungspraktiken einzelner Wissensgebiete und ihrer universitären
Organisationen als Eckdaten anerkennen und dann innerhalb der Disziplinen einver-
nehmlich flexible Anreizsysteme schaffen, die die spezifischen Forschungsprozesse
der Einzeldisziplinen intensivieren können. Hierzu ein banales Beispiel: Wenn unter
Naturwissenschaftlern der Drang zu Forschungssemestern relativ gering ist, wäre es
wenig sinnvoll, eine Forschungsförderungsstrategie für die Naturwissenschaften auf
die Ermöglichung von mehr Forschungssemestern auszurichten. Wichtiger wäre es,
den naturwissenschaftlichen Fachbereichen komplexere Technologien zur Verfügung
zu stellen, so daß aktuelle Forschungsergebnisse, die sich rasch in wissenschaftlichen
Zeitschriften veröffentlichen lassen, angestrebt werden können.

These 2: Eine Universitätsreform muß stärker als in der Vergangenheit den
organisatorischen Kontext zum Gegenstand geplanten Wandels machen. Die Refor-
men der 70er Jahre haben vor allem Merkmale der Organisationsstrukturen verändert. So haben die neueren Universitäts- und Hochschulgesetze zu Veränderungen
der Entscheidungsstrukturen und vieler Universitätsrollen geführt. Die Ergebnisse
dieser Studie legen nahe, daß diese Strukturmanipulationen nicht unbedingt eine
optimale Reformstrategie darstellten; zu wesentlichen Kapazitätsverbesserungen
haben sie nicht geführt. Die Verbindungen der Kontextdimension »Ressourcenverfügbarkeit« mit mehreren Leistungsvariablen lassen vermuten, daß höhere Kapazi-
tätssteigerungen oder -auslastungen möglich sind, wenn der organisatorische Kontext
verändert wird. Da (im Hinblick auf Personal und Ressourcen) große Fachbereiche
häufig geringere Leistungen erzielen als kleine Fachbereiche, bietet es sich an,
Reformbemühungen auf eine Verkleinerung existierender Fachbereiche auszurichten. Eine derartige Strategie mag zunächst einen hohen finanziellen Aufwand erfor-
dern, auf lange Sicht kann sie jedoch dazu beitragen, daß vorhandene Forschungskapazitäten besser ausgelastet werden.

Literatur

Allison, P. D. und J. A. Stewart. (1974) Productivity differences among scientists: evidence for
    accumulative advantage. American Sociological Review 39, 596–606.
Astin, H. (1978) Factors affecting women's scholarly productivity . In: The Higher Education of
    Women, H. Astin und W. Z. Hirsch (Eds.). New York: Praeger Press.
Bean, J. P. (1982) A causal model of faculty research productivity. Paper presented at the
    annual meeting of the American Educational Research Association, New York.
Becker, S. W. und G. Gordon. (1966) An entrepreneurial theory of formal organizations. Part I:
    Patterns of formal organizations. Administrative Science Quarterly 11, 315–344.
Beyer, J. M. und T. M. Lodahl. (1976) A comparative study of patterns of influence in United
    States and English universities. Administrative Science Quarterly 21, 104–129.

Blackburn, R. T., Behymer, C. E. und D. E. Hall. (1978) Correlates of faculty publications. Sociology of Education 51, 132–141.

Blau, P. M. (1973) The organization of academic work. New York: Wiley.

Bolsenkötter, H. (1978) Leistungserfassung in Hochschulen. Betriebswirtschaftliche Forschung und Praxis 30, 1–24.

Bresser, R. K. (1979) Fachbereichsorganisationen – Eine empirische Untersuchung der Zusammenhänge zwischen Organisationsstruktur, Kontext und Erfolg. Frankfurt/Main: Haag und Herchen.

Bresser, R. K. (1982) Kausalstrukturen in der Hochschulpolitik. Frankfurt/Main: H. Deutsch.

Bresser, R. K. (1984a) Structural dimensions of university departments and their context: the case of West Germany. Organization Studies 5, 119–146.

Bresser, R. K. (1984b) The context of university departments: differences between fields of higher and lower levels of paradigm development. Research in Higher Education 20, 3–15.

Bresser, R. K. und R. L. M. Dunbar. (1986) Context, structure, and academic effectiveness: evidence from West Germany. Organization Studies 7, 1–24.

Cameron, K. S. (1978) Measuring organizational effectiveness in institutions of higher education. Administrative Science Quarterly 23, 604–632.

Child, J. (1974) Managerial and organizational factors associated with company performance – Part I. Journal of Management Studies 11, 175–189.

Child, J. (1975) Managerial and organizational factors associated with company performance – Part II. A contingency analysis. Journal of Management Studies 12, 12–27.

Clark, B. R. (1960) The open door college. New York: MacGraw Hill.

Creswell, J. W. und J. P. Bean. (1981) Research output, socialization, and the Biglan model. Research in Higher Education 15, 69–91.

Dallinger, P., Bode, C. und F. Dellian. (1978) Hochschulrahmengesetz: Kommentar. Tübingen: Mohr.

Engels, W. (1974) Bildung ohne Leistung und Wettbewerb? Mitteilungen des Hochschulverbandes 22, 347–352.

Goodman, P. (1962) The community of scholars. New York: Random House.

Gross, E. (1968) Universities as organizations: a research approach. American Sociological Review 33, 518–544.

Hagstrom, W. G. (1971) Inputs, outputs, and the prestige of university science departments. Sociology of Education 44, 375–397.

Heydebrand, W. V. (1983) The technocratic administration of higher education. Working Paper. New York: New York University.

Holdaway, E. A., Newberry, J. F., Hickson, D. J. und R. P. Heron. (1975) Dimensions of organizations in complex societies: the educational sector. Administrative Science Quarterly 20, 37–58.

Kort, U. (1976) Akademische Bürokratie: Eine empirische Untersuchung über den Einfluß von Organisationsstrukturen auf Konflikte an westdeutschen Hochschulen. München: Dokumentation.

Kuhn, T. S. (1970) The structure of scientific revolutions, 2nd extended edition. Chicago: University of Chicago Press.

Lodahl, J. B. und G. Gordon. (1972) The structure of scientific fields and the functioning of university graduate departments. American Sociological Review 37, 57–72.

Lodahl, J. B. und G. Gordon. (1973a) Funding the sciences in university departments. Educational Record 54, 74–82.

Lodahl, J. B. und G. Gordon. (1973b) Differences between physical and social sciences in university graduate departments. Research in Higher Education 1, 191–213.

Long, J. S. (1978) Productivity and academic position in the scientific career. American Sociological Review 43, 889–908.

Maitre, H. J. (1973) Die Privatuniversität. München: Langen-Müller.

Mikat, P. und H. Schelsky. (1966) Grundzüge einer neuen Universität. Gütersloh: Bertelsmann.

Neumann, Y. (1977) Standards of research publication: Differences between the physical sciences and the social sciences. Research in Higher Education 7, 355–367.

Parsons, T. und G. M. Platt. (1968) The American academic profession: a pilot study, supported by the National Science Foundation, Grant GS 513.

Pennings, J. M. und P. S. Goodman. (1977) Toward a workable framework. In: New Perspectives on Organizational Effectiveness. P. S. Goodman und J. M. Pennings (eds.), 146–184. San Francisco: Jossey-Bass.

Pfeffer, J., Salancik, G. R. und H. Leblebici. (1976) The effect of uncertainty on the use of social influence in organizational decision-making. Administrative Science Quarterly 21, 227–245.

Pugh, D. S., Hickson, D. J., Hinings, C. R., Macdonald, K. M., Turner, C. und T. Lupton. (1963) A conceptual scheme for organizational analysis. Administrative Science Quarterly 8, 289–315.

Pugh, D. S., Hickson, D. J., Hinings, C. R. und C. Turner. (1968) Dimensions of organization structure. Administrative Science Quarterly 13, 65–105.

Pugh, D. S., Hickson, D. J., Hinings, C. R. und C. Turner. (1969) The context of organization structures. Administrative Science Quarterly 14, 91–114.

Salancik, G. R., Staw, B. M. und L. R. Pondy. (1980) Administrative turnover as a response to unmanaged organizational interdependence. Academy of Managemant Journal 23, 422–437.

Schumm, W. (1969) Kritik der Hochschulreform. München: Juventa.

Steers, R. M. (1977) Organizational effectiveness: a behavioral view. Santa Monica, Ca.: Goodyear.

Strasser, S., Eveland, J. D., Cummins, G., Deniston, O. L. und J. H. Romani. (1981) Conceptualizing the goal and system models of organizational effectiveness – Implications for comparative evaluation research. Journal of Management Studies 18, 321–340.

Stroup, H. (1966) Bureaucracy in Higher Education. New York: Free Press.

Szilagyi, A. D. und M. J. Wallace. (1983) Organizational behavior and performance. Santa Monica, Ca.: Goodyear.

Weick, K. (1976) Educational organizations as loosely coupled systems. Administrative Science Quarterly 21, 1–19.

Wilkes, J. (1976) Cognitive research style in paradigm and preparadigm fields. Ph. D. Dissertation. Ithaca, N. Y.: Cornell University.

ULRICH VAN LITH

Institutionelle Rahmenbedingungen für eine leistungsstarke Hochschulforschung

Einleitung

Die wirtschaftlich-technische und kulturelle Entwicklung der Bundesrepublik Deutschland hängt entscheidend von den Leistungen der Forschung ab, von der immer noch ein großer Teil, besonders die Grundlagenforschung, an unseren Hochschulen stattfindet. Um so erstaunlicher ist es, wie wenig bisher das Augenmerk in der Öffentlichkeit auf die Effizienz der Hochschulforschung und auf Maßnahmen zu ihrer Steigerung gerichtet worden ist. Und wenn dies geschah, dann standen dabei hauptsächlich technizistische betriebswirtschaftliche Planungs- und Quantifizierungsaspekte im Vordergrund statt grundsätzliche ordnungspolitische Überlegungen, die nicht selten mehr zu bewirken vermögen als komplizierte Planungsmodelle, welche die in ihnen handelnden Menschen zu Schablonen und interesselosen Agenten der Planer werden lassen. Darüber hinaus neigt man angesichts des Studentenberges immer noch dazu, Hochschuleffizienz in erster Linie als eine Effizienz in der Ausbildung von Studenten zu begreifen, was der Hochschulforschung abträglich ist.

Forschungseffizienz ist selbstverständlich nur ein Teilaspekt der Hochschuleffizienz, das heißt, des wirtschaftlichen Ressourceneinsatzes im Hochschulbereich. Vermutlich ist dieser Aspekt aber der wichtigere, da die wissenschaftliche Lehre aus der Forschung (Produktion neuen Wissens) fließt und durch die Förderung der Forschung und ihrer Leistungskraft gleichzeitig die Lehre vor allem inhaltlich verbessert wird.

1.   Was ist unter Forschungseffizienz zu verstehen?

Die volkswirtschaftliche Frage nach der Effizienz der Forschung hat ihre Berechtigung, weil die Forschung knappe Ressourcen verzehrt, die anderweitig in einer Volkswirtschaft nicht mehr eingesetzt werden können. Den Verzicht auf die anderweitige Verwendung dieser knappen Ressourcen kann man von den Mitgliedern der Gesellschaft jedoch nur verlangen, wenn die Vorteile, die aus der Verwendung dieser

Mittel für die Forschung erwachsen, zumindest gleich groß, möglichst aber doch größer sind als in alternativen Verwendungen. Die volkswirtschaftliche Effizienz der Forschung ist demnach verletzt, wenn für Steuerzahler und andere Nachfrager nach Forschungsleistungen der Nutzen aus einer alternativen Verwendung der Ressourcen größer ist als in der Forschung oder umgekehrt in die Forschung zu wenig Mittel fließen, so daß der Nutzen und die Wohlfahrt der Nachfrager gesteigert werden könnte, wenn zusätzliche Mittel der Forschung zuflössen.

Daraus folgt, daß der Steuerzahler und andere private Nachfrager nach Forschungsleistungen wie Unternehmen, Stiftungen, Kirchen und Verbände bei gegebenem Bedarf nach Forschungsleistungen um so weniger bereit sind, Mittel zu Forschungszwecken zur Verfügung zu stellen, je unwirtschaftlicher und unproduktiver im Forschungsbereich verfahren wird und je weniger die Mittel an die Forscher gelangen, die am leistungsfähigsten sind[1]. Das gleiche gilt umgekehrt. Die entscheidende Frage auf dieser abstrakten Ebene lautet deshalb: Wie kommen wir zu möglichst genauen Informationen darüber, wieviel Mittel für die Forschung bereitgestellt werden sollen, und wie können wir sicherstellen, daß diese Mittel auch wirtschaftlich verwendet werden? Um dieser Frage nachzugehen, ist es zweckmäßig, zwischen Grundlagenforschung und angewandter Forschung zu unterscheiden, weil sie sich hinsichtlich der informationalen und ressourcensteuernden Aspekte unterscheiden.

2. Wieviel Mittel sollen in welche Bereiche der Forschung fließen?

2.1. DIE FINANZIERUNG DER GRUNDLAGENFORSCHUNG – VOM GIESSKANNENPRINZIP ZUR NACHFRAGE- UND ANGEBOTSORIENTIERTEN SCHWERPUNKTBILDUNG IN DER GRUNDLAGENFORSCHUNG

In der Grundlagenforschung als zweckfreier Forschung ist die Frage nach dem Wieviel und Wofür äußerst schwierig. Der Nutzen dieser Forschung kann im Einzelfall nicht vorhergesagt werden; erst recht ist nicht bekannt, wann und bei wem der Nutzen dieser Forschung anfallen wird. Die Erwartungswahrscheinlichkeit, daß der Nutzen diesem oder jenem Mitglied der Gesellschaft zugute kommt, ist in den meisten Fällen gleich groß, so daß zweckmäßigerweise möglichst alle zahlungsfähigen Mitglieder der Gesellschaft zur Finanzierung der Grundlagenforschung herangezogen werden.

Wie aber kann man trotz dieser Eigenschaften der Grundlagenforschung möglichst »richtige« Informationen über die Größenordnung des Forschungsbudgets gewinnen?
– Die Anmeldung des Forschungsbedarfs durch die Hochschulen und die Deutsche Forschungsgemeinschaft,

– das Abwägen des Forschungsbudgets gegenüber alternativen Verwendungen der Gelder im Rahmen des Staatshaushaltes,

– der internationale Vergleich der Größenordnung des Forschungsbudgets mit derjenigen von Staaten vergleichbarer Wirtschaftskraft

sind hier Hilfsmittel. Sie reichen aber allein nicht aus.

Zum einen verflüchtigen sich die forschungsbegründeten Bedarfsansätze, wenn die Forschungs- und Hochschulhaushalte durch den Finanzminister, das Kabinett und das Parlament behandelt werden, zum anderen kommt es nicht selten bei internationalen Vergleichen zu Irrationalitäten, die durch Renommierwettbewerb hervorgerufen werden und einer effizienten internationalen Arbeitsteilung in der Forschung entgegenstehen. Auch kann es geschehen, daß die Forschungs- und Wissenschaftslobby die Bedarfsansätze zu hoch, d. h. über das volkswirtschaftlich »richtige« Maß hinaus, ansetzt.

Das politische Abwägen gegenüber alternativen Verwendungen ist sicher ein finanzpolitisches Erfordernis, dem sich die Forschung zu unterziehen hat. Dieses Verfahren muß aber ergänzt werden durch einen Mechanismus, der Signale gibt, wenn es zu großen Fehlentwicklungen kommt (und zwar sowohl im Hinblick auf ein aufgeblähtes wie auch ein zu kleines Forschungsbudget), und der möglichst selbst Korrekturen an der Entwicklung der staatlichen Förderung der Grundlagenforschung vornehmen kann. Welche institutionellen Vorkehrungen sind dazu erforderlich?

Bekanntlich sind die Ergebnisse der Grundlagenforschung international ein öffentliches Gut[2]. Sie werden in den wissenschaftlichen Zeitschriften und anderen Organen publiziert. Die Frage stellt sich deshalb, inwieweit überhaupt der Staat (bzw. seine Steuerzahler) die Grundlagenforschung zu finanzieren haben. Immerhin wäre es rational, wenn er sich gegenüber anderen hochentwickelten Ländern in die Trittbrettfahrerposition begibt und anderen Staaten die Kosten der Grundlagenforschung aufbürdet, wie dies z. B. zeitweilig Japan getan hat. Eine solche Sichtweise der ökonomischen Zusammenhänge wäre jedoch recht oberflächlich.

1. Grundlagenforschung hat bekanntlich zur angewandten Forschung komplementären Charakter. In vielen Fällen wird man in der angewandten Forschung und in der Entwicklung neuer Produkte nur Fortschritte machen, wenn von den Forschern und Ingenieuren zugleich das theoretische Grundlagenwissen beherrscht wird, sie über neue Erkenntnisse möglichst schnell informiert und in der Lage sind, mit diesem umzugehen. Das macht Grundlagenforschung im eigenen Land ökonomisch sinnvoll. Für die Finanzierung der Grundlagenforschung folgt daraus, diese unter Beachtung der internationalen Arbeitsteilung in den Bereichen zu fördern, wo die eigenen Industriezweige international Spitzenpositionen erreicht haben oder man Erwartungen hegt, daß derartige Positionen erreicht werden können. Das käme einem nachfrageorientierten Element der Ressourcenlenkung der Grundlagenforschung gleich und würde bedeuten, daß der Wunsch hochentwickelter Industriezweige nach verstärkter Grundlagenforschung und die Bereitschaft dieser Industrien, Mittel zur Grundlagenforschung, speziell für ihre anwendungsorientierte Komponente, selbst aufzubringen,

als ökonomisch wichtige Information zur effizienten Ressourcenlenkung genutzt werden können. Für die Forschungspolitik bedeutet das mit anderen Worten: Staatliche Mittel für die Grundlagenforschung sollten möglichst flexibel durch zusätzliche, private Beiträge ergänzt werden können. Die Bereitschaft bestimmter Industriezweige, etwa über Forschungsfonds, joint venture und Arbeitsgemeinschaften zur Finanzierung der Grundlagenforschung in bestimmten Bereichen verstärkt beizutragen, kann als Signal gewertet werden, daß die diesen Bereichen staatlicherseits bereitgestellten Mittel nicht ausreichen, wie umgekehrt der Rückzug der privaten Wirtschaft aus bestimmten Gebieten der Grundlagenforschung als ein Hinweis gelten kann, daß die staatlichen Mittel von diesen Unternehmen als ausreichend betrachtet werden.

Aus diesen Ausführungen darf nicht gefolgert werden, daß sich der Staat in diesen Bereichen der Grundlagenforschung eventuell ganz aus seiner Verantwortung zurückziehen kann. Vielmehr kann es sich hier nur um zusätzliche Informationen und Indikatoren handeln, durch die den staatlichen Stellen Hinweise gegeben werden, ob die Mittel, die sie ihrerseits zur Forschungsfinanzierung bereitstellen, in etwa der volkswirtschaftlich »richtigen« Größenordnung entsprechen. In der Bundesrepublik Deutschland lassen sich die Voraussetzungen für eine solche Steuerung der Grundlagenforschung vor allem durch eine *Liberalisierung der Drittmittelforschung* verbessern.

2. Nun wird die Entwicklung der Forschung nach dem theoretischen Erkenntnisstand nicht nur indirekt nachfrageorientiert gesteuert[3], sondern auch durch Eigengesetzlichkeiten und wissenschaftsimmanente, zum Teil zufallsbedingte Faktoren beeinflußt[4]. Unabhängig von den Erfordernissen der anwendungsorientierten Forschung und der Struktur der intelligenten Industrien einer Volkswirtschaft kann die Grundlagenforschung plötzlich Eigendynamik entwickeln und durch hervorragende Forscher auf Gebieten überraschend international Führung erlangen, wo ein komplementäres Element zur angewandten Forschung für Wirtschaft und Verwaltung zumindest zunächst nicht erkennbar ist. Die daraus einer Volkswirtschaft erwachsenden technologisch-wirtschaftlichen wie auch kulturell-geistigen Chancen gingen ihr verloren, wenn diese Faktoren als Signale und Informationen nicht ebenfalls bei der Bestimmung der volkswirtschaftlich »richtigen« Größenordnung und Struktur der Finanzierung der Grundlagenforschung berücksichtigt würden.

Allerdings ist hier die Entscheidungssituation für die forschungsfinanzierenden Instanzen schwieriger als bei der nachfrageorientierten Lenkung, da diese kaum Kriterien zur Hand haben, nach denen die Forschungsanträge ihrer wissenschaftlichen Qualität und ihrem volkswirtschaftlichen Nutzen nach beurteilt und das Forschungsbudget sowie dessen Struktur bestimmt werden können. Intime Kenntnisse der Qualität der Forscher und ihrer Vorhaben sind dabei besonders hilfreich (Gutachterverfahren, Besetzung der forschungsfördernden Institutionen mit in der Grundlagenforschung erfahrenem Personal)[5]. Eine Stärkung dieses angebotsorientierten Elements der Ressourcenlenkung läßt sich erreichen, wenn der Wettbewerb um

Mittel der Grundlagenforschung sich möglichst frei entfalten kann, das heißt, insbesondere Kartellierungen im System der Mittelbeantragung und -vergabe vermieden und die in Frage kommenden Finanzierungsquellen möglichst zahlreich gehalten werden (Forschungsföderalismus, Schaffung zusätzlicher großer Wissenschaftsstiftungen und Forschungsförderungsorganisationen nach dem Muster der Deutschen Forschungsgemeinschaft auf nationaler und europäischer Ebene).

Daraus folgt für die Finanzierung der Grundlagenforschung insgesamt: Die staatlicherseits durch das Forschungsbudget der Grundlagenforschung zugewiesenen Mittel sollten leicht ergänzungsfähig sein durch Drittmittel. Die Einrichtung von Stiftungslehrstühlen, von Fonds für die Grundlagenforschung, von Arbeitsgemeinschaften verschiedener Industriezweige zur Förderung bestimmter Vorhaben in der Grundlagenforschung wie auch eine möglichst ungehinderte Einrichtung privater Forschungsinstitute, die sich der Grundlagenforschung widmen, sollte möglich sein und durch Verbesserung der Rahmenbedingungen gefördert werden. Ebenso sollte das Forschungsantragswesen freizügig organisiert und durch eine Vielzahl von Forschungsförderungseinrichtungen von Kartellierungstendenzen möglichst freigehalten werden. Unter diesen Voraussetzungen würde das Auffinden der volkswirtschaftlich »richtigen« Größenordnung des Forschungsbudgets erleichtert und die Allokation der Mittel durch einen verstärkten Wettbewerb relativ effizient werden.

2.2. DIE FINANZIERUNG DER ANGEWANDTEN FORSCHUNG

In der angewandten Forschung läßt sich die Frage nach der volkswirtschaftlich richtigen Größenordnung und Verteilung der auf sie zu verwendenden Ressourcen wesentlich leichter beantworten. Die Nachfrage nach Leistungen der angewandten, zweckbezogenen Forschung ist eine individuelle Nachfrage, die von Unternehmen, verschiedenen Behörden des Bundes und der Länder sowie zahlreichen anderen natürlichen und juristischen Personen artikuliert wird. Dementsprechend bilden sich Preise, die die erwarteten Kosten und Nutzen der Anbieter und Nachfrager von Leistungen der angewandten Forschung widerspiegeln. Das produzierte zweckbezogene Wissen steht zumindest zunächst dem Auftraggeber zur Verfügung, und je nach vertraglicher Vereinbarung kann er die Rechte (Patente, Urheberrechte) daran erwerben.

Eine staatliche Aufgabe, angewandte Forschung zu finanzieren, besteht nur insofern, als der Staat als Produzent und Repräsentant öffentlicher Güter wie Rechtsgüter, äußerer und innerer Sicherheit, Umweltschutz, angewandte Forschung nachzufragen hat. Die Entwicklung zum Wohlfahrtsstaat und die damit verbundene Aufgabenkumulierung in staatlichen Händen hat dazu geführt, daß der Staat sich stärker in der angewandten Forschung engagiert als in der Grundlagenforschung, die aus ökonomischen Gründen seine primäre Aufgabe sein sollte. Aber auch die relativ kurze Amtszeit der Regierungen in freiheitlichen Demokratien und der im Vergleich

zur Grundlagenforschung konkreter zu fassende, zeitlich nähere und wahrschein-
lichere Nutzen der angewandten Forschung führen dazu, daß der Staat sich aus
volkswirtschaftlicher Sicht tendenziell zu stark in der angewandten und zu wenig in
der Grundlagenforschung engagiert. Auf letztere sollte der Staat mehr Mittel konzentrieren und damit die angewandte Forschung freier machen. Im Rahmen einer
Politik, die den Produktions- und Versorgungsstaat auf die zentralen staatlichen
Funktionen zurückstutzt, dürfte es auch dem Staat eher gelingen, sich auf seine
originäre Aufgabe, die Finanzierung der Grundlagenforschung, zu konzentrieren und
dadurch die Forschungseffizienz zu steigern. Vor allen Dingen aber wird die angewandte Forschung, die im wesentlichen Auftragsforschung ist und einen großen
Teil der Drittmittel umfaßt, an unseren Hochschulen durch zahlreiche administrative,
organisatorische, haushalts- und arbeitsrechtliche Vorschriften behindert, nicht
zuletzt durch das Verbot der wirtschaftlichen Eigenständigkeit der Hochschulen.

3. Wie kann sichergestellt werden, daß die den Hochschulen
   zu Forschungszwecken zufließenden Mittel wirtschaftlicher
   verwendet werden?

Bereits aus den allgemeinen Ausführungen wurde deutlich, daß in der Frage, wieviel
Forschungsmittel wofür bereitzustellen sind, der freie Wettbewerb eine entscheidende Rolle spielt. Nun existiert aber in der Bundesrepublik Deutschland in der
Forschung ein keineswegs unbedeutender Wettbewerb um Grundausstattungen, um
Mittel der Deutschen Forschungsgemeinschaft, um andere Drittmittel und For-
schungsaufträge. Der entscheidende Punkt ist aber wohl, daß dieser Wettbewerb sich
nicht frei entfalten kann. Er wird durch viele gesetzliche und Verwaltungsvorschriften
behindert und ist nicht in der Lage, für eine möglichst wirtschaftliche Verwendung
der Forschungsmittel zu sorgen. Im folgenden sollen deshalb einige Aspekte aufgezeigt werden, die zur Verbesserung der Ausnutzung der vorhandenen Forschungskapazität und indirekt auch zur Auffindung der richtigen Größenordnung und -struktur
dieser Kapazität von besonderer Wichtigkeit sind.

3.1. LEISTUNGS- UND KOSTENTRANSPARENZ
ALS VORAUSSETZUNGEN EINER RELATIV EFFIZIENTEN
FORSCHUNGSFINANZIERUNG

Geht man von einem gegebenen Forschungsbudget aus und will man die verfügbaren
Forschungsmittel effizient einsetzen, so setzt das voraus, daß ausreichende Informationen darüber vorhanden sind und was sie kosten. Denn erst das Verhältnis der

bewerteten Leistung zu den Kosten gibt Auskunft über die (interne) Effizienz. Effizienz setzt also Leistungs- und Kostentransparenz voraus. In der öffentlichen Diskussion wird insbesondere der Mangel an Informationen über die Leistungen der Hochschulen, also die fehlende Leistungstransparenz, beklagt und die Forderung erhoben, einen Index oder eine Kennzahl zu entwickeln, nach der die Leistungen der Hochschulen zu messen sei. Daraus ließe sich dann eine Rangliste der Hochschulen – ähnlich einer »Bundesliga-Tabelle« – ableiten.

1. Zunächst ist zweifelhaft, ob der Vorwurf der mangelnden Leistungstransparenz für die Hochschulforschung in seiner pauschalen Form tatsächlich zutrifft. Sowohl bei der Berufung von Hochschulforschern, also bei der Allokation von Grundausstattungen, als auch beim Wettbewerb um Mittel der Deutschen Forschungsgemeinschaft, deren Gutachter die Qualität der Forschungsvorhaben prüfen, und bei der Mittelvergabe durch wissenschaftliche Stiftungen und Auftraggeber der Wirtschaft (wenigstens soweit es sich um Großunternehmen handelt), werden relativ gute Kenntnisse über die Leistungen und das Leistungsvermögen der Forscher und Forschungsinstitute auf den für den Nachfrager relevanten Forschungsgebieten geschaffen. Dies ist aber eine andere, dezentrale, gewiß nicht vollkommene, aber doch mehr auf den individuellen Nachfrager zugeschnittene Leistungstransparenz, die sich von Leistungskennziffern und -indices deutlich unterscheidet, die auf alle Nachfrager und deshalb nur auf den nicht real existierenden Durchschnittsnachfrager zugeschnitten sind.

Den Vorwurf der Leistungsintransparenz in der Grundlagen- und angewandten Forschung wird man in seiner undifferenzierten Form nicht aufrechterhalten können. Ein Index und eine aus ihr abgeleitete »Bundesliga-Tabelle« deutscher Hochschulen trägt deshalb zur Verbesserung der Ressourcenlenkung zwischen den Forschern kaum etwas bei. Wer als Konsument etwa richtet sich bei seinen Einkäufen nach dem Konsumentenpreisindex, den das Statistische Bundesamt allmonatlich berechnet? Wir verzichten bei Käufen auf die Verwendung eines solchen Index, weil dessen Informationen für unsere individuellen Bedürfnisse zu ungenau sind. Wir orientieren uns an den Güterqualitäten, den Preisen, dem Service und anderem im erreichbaren Umfeld, soweit wir das zur Befriedigung unserer individuellen Wünsche für nützlich halten. Obwohl die meisten Güter des täglichen Bedarfs leicht vergleichbare oder gar standardisierte Produkte sind, ist es individuell sehr verschieden, was wir wo und wann suchen und wieviel Mühe und Kosten wir auf uns nehmen, um das Richtige möglichst preisgünstig zu finden. In der Forschung gibt es aber nicht einmal standardisierte Produkte. Der Informationswert eines Index zur Messung der Leistung von Hochschulen wird deshalb aus volkswirtschaftlicher Sicht nicht hoch eingeschätzt (gleichwohl könnte er die Aufmerksamkeit der Öffentlichkeit auf die Hochschulen lenken, und ein »Hochschul-Toto« könnte als Finanzierungsinstrument etwa des wissenschaftlichen Nachwuchses dienen).

2. Trotzdem ist die Situation keinesfalls so, daß in der Bundesrepublik Deutschland bereits ein Optimum an Leistungstransparenz erreicht wäre. Mancher Forscher und dessen Leistungen werden nicht oder zu spät erkannt, manches wirtschaftlich und

technisch verwertbare Wissen und manche Forschungskapazität liegen brach, weil der Anreiz, Informationen über die verfügbaren Forschungsqualitäten und -kapazitäten zu produzieren, zu gering ist, und auch Formen des Marketings neuer Erkenntnisse (Forschungsberichterstattung, Werbung, Technologietransfer-Zentren, Kooperation mit der Wirtschaft national wie international) bisher nicht hinreichend ausgeprägt waren.

Auf der Nachfragerseite haben vor allen Dingen kleine und mittlere Unternehmen Schwierigkeiten, hinreichende Informationen darüber zu gewinnen, welche neueren Erkenntnisse vorliegen oder welche Forschungskapazitäten zur Lösung ihrer Probleme zur Verfügung stehen oder aufgebaut werden könnten. Hier bildet sich allerdings allmählich die Institution des Technologieberaters und -maklers heraus, die die Funktion der Informationssuche und Steigerung der Leistungstransparenz in den angewandten Forschungsbereichen für potentielle Auftraggeber und Verwender neuen Wissens mit übernimmt und fördert. Die Aufgabe der Technologieberater und -vermittler besteht und sollte vor allen Dingen darin bestehen, für Unternehmen, die aus Wirtschaftlichkeitsgründen keine eigene Abteilung zur Beschaffung notwendiger Forschungs- und Entwicklungsinformationen unterhalten können, einen solchen Service anzubieten.

Bei der Frage der Steigerung der Forschungseffizienz durch vermehrte Leistungstransparenz kommt es in erster Linie darauf an, die Rahmenbedingungen für alle Beteiligten, also die Anbieter wie auch die Nachfrager nach Forschungsleistungen (einschließlich der Technologie vermittelnden und beratenden Berufe), so zu setzen, daß sie ein verstärktes Interesse daran haben, über ihre Forschungskapazitäten und ihr qualitatives Leistungsvermögen zu informieren bzw. sich darüber informieren zu lassen und Suchkosten auf sich zu nehmen. Die Verbesserung der Voraussetzungen für einen Informationsmarkt, auf dem dezentral und spontan Informationen über Leistungen und Leistungsvermögen gezielt geschaffen werden, falsche Informationen durch Wettbewerber korrigiert und die Anwendung von Leistungsmaßstäben und -bewertungsverfahren permanent der Korrektur ausgesetzt werden, ist eine geeignetere Strategie als ein auf administrativem Wege ermittelter Index, von dem womöglich auch noch Aussagen über die Quantität und Qualität der akademischen Lehre erwartet werden. Ein offener Informationsmarkt ist einem System vorzuziehen, in dem die Bewertung der Leistungen weitgehend monopolartig einer Instanz gewollt oder ungewollt überlassen bleibt, die nicht dem Druck des Wettbewerbs ausgesetzt ist und nur schwach ausgeprägte Anreize hat, die von ihr vorgenommene Leistungsfeststellung und -bewertung permanent und schnell zu revidieren. Keinesfalls wäre eine derartige Instanz, für die verschiedene staatliche Institutionen (Kultusministerkonferenz, Bund-Länder-Kommission für Bildungsplanung und Forschungsförderung, Wissenschaftsrat, Bundesministerium für Bildung und Wissenschaft) in Frage kämen, in der Lage, die vielfältigen Informationen zu erzeugen, um die sehr unterschiedlichen und sich oft schnell wandelnden individuellen Informationsbedürfnisse der Wirtschaft und Verwaltung zu befriedigen. Die Devise lautet deshalb: Stärkung der

Leistungstransparenz in der Forschung durch Schaffung eines offenen Informations-
marktes über Forschungsleistungen und Vermeidung einer Entwicklung, in der
sogenannte Leistungstransparenz administrativ und monopolartig geschaffen wird.

Am ehesten läßt sich ein solcher Informationsmarkt verwirklichen, indem das
Verbot der wirtschaftlichen Eigenständigkeit der Hochschulen weitgehend aufgeho-
ben, die Zahl der die Grundlagenforschung finanzierenden Institutionen auf nationaler und europäischer Ebene erhöht und die Drittmittel- und Auftragsforschung sowie
die Kooperation mit der Wirtschaft, speziell mit mittleren und kleinen Unternehmen,
durch Abbau von Kooperationshemmnissen gefördert wird. Hierzu gehört eine
größere Verantwortung des Kanzlers und seiner Wirtschaftsverwaltung für die Forschungseffizienz seiner Hochschule und eine Wiederbelebung der Funktion der
Kuratorien und Verwaltungsausschüsse ebenso wie eine Stärkung der Eigenständigkeit der einzelnen Institute an der Universität. Durch derartige Maßnahmen würde
auch die Kostentransparenz der Hochschulen ohne administrativen Zwang gestärkt.

3.2. LEISTUNGSANREIZE UND FREIRÄUME FÜR DIE FORSCHUNG DURCH UMORIENTIERUNG DER ROLLE DES FORSCHERS VOM FORSCHER-BEAMTEN ZUM FORSCHER-UNTERNEHMER

1. Die Tätigkeit des Hochschulforschers ist keine verwaltende Tätigkeit, die durch
einheitliche Anweisungen und Anordnungen geregelt werden kann, wie dies für
Verwaltungsdienste sonst möglich ist. Vielmehr setzt seine Tätigkeit einen weitrei-
chenden eigenverantwortlichen Handlungsspielraum voraus, der eher der Rolle des
Unternehmers im Sinne des selbständig handelnden, Wagnis eingehenden und enga-
gierten Menschen entspricht. Die Interpretation der Rolle des Forschers und Professors als Freiberufler und Selbständiger erscheint deshalb funktionsgerechter und
wirtschaftlicher. Professoren haben aus diesem Grunde nach deutschem Recht stets
einen Sonderstatus unter den Staatsbediensteten eingenommen. Eine Umkehrung
der derzeitigen Entwicklung[6] zum Forscher-Beamten in eine Entwicklung zum
Forscher-Unternehmer würde der Forschungseffizienz förderlich sein.

2. Soll die Hochschulforschung leistungsfähig bleiben und leistungsfähiger werden,
so muß sie außerdem in der Lage sein, auf den Märkten für höchstqualifizierte
Kräfte, auf denen sie mit anderen Nachfragern konkurriert, u. a. in der Besoldung
Schritt zu halten. Die Verbeamtung des Hochschulforschers und die Nivellierung
seiner Besoldung durch das Bundesbesoldungsgesetz haben aber dazu geführt, daß
die Hochschulforschung mit anderen Nachfragern nach hochqualifizierten Kräften im
In- und Ausland in vielen Fällen nicht mehr mithalten kann[7]. Eine Auflockerung der
C-Besoldung und eine wesentliche Ausweitung des Verhandlungsspielraums des
Hochschulforschers mit dem Minister, möglichst aber mit der Wirtschaftsverwaltung
der Hochschule, wäre hier zweckdienlich[8]. Das gleiche gilt auch für *Ausstattungsver-
handlungen*, die inzwischen wieder etwas von ihrer Uniformiertheit verlieren.

3. Die zu weit getriebene Verbeamtung der Forscher beeinträchtigt darüber hinaus die *Fluktuation* zwischen Hochschulforschung und Praxis, die wesentlich dazu beiträgt, die anwendungsorientierte Grundlagenforschung und die angewandte Forschung stärker mit den Erfordernissen der Wirtschaft und den Mitgliedern der Gesellschaft abzustimmen. Die elfenbeinernen Wände der Universität sind dadurch dicker geworden. Eine Auflockerung der Besoldungsvorschriften und eine in die Kompetenz der jeweiligen Hochschule gestellte Zulassung von Nebentätigkeiten würde einen wesentlichen Beitrag zur Förderung des wissenschaftlichen Nachwuchses leisten und die Forschungseffizienz auf mittlere und längere Sicht verbessern.

Neben Förderungsprogrammen für habilitierte Nachwuchswissenschaftler (Fiebinger-Plan, Heisenberg-Programm) könnten vor allem durch eine Differenzierung der Besoldung und die dadurch gewonnenen finanziellen Spielräume dem wissenschaftlichen Nachwuchs größere Chancen eingeräumt werden. Die Verantwortlichkeiten an den Hochschulen für die Kontinuität des wissenschaftlichen Nachwuchses müßten dabei stärker als bisher auf zentraler und Fakultätsebene angesiedelt sein. Desgleichen würde eine freizügige Handhabung der Nebentätigkeit Fehler in der Nachwuchspolitik leichter und humaner korrigieren helfen.

3.3. DEZENTRALE, EIGENVERANTWORTLICHE ANPASSUNG DER UNIVERSITÄREN ORGANISATIONS- UND ENTSCHEIDUNGSSTRUKTUREN AN DIE ERFORDERNISSE DER FORSCHUNG

Die Gruppenuniversität in ihrer Festschreibung im Hochschulrahmengesetz und den Landesgesetzen ist eine den Erfordernissen der Forschung fremde und mehr politisch motivierte Organisationsstruktur, die das individuelle Recht des Forschers einschränkt und im unterschiedlichen Grade Forscher zwingt, sich an kollektiven Ressourcenverteilungsprozessen zu beteiligen, um die eigenen Forschungsaktivitäten durch Entscheidungen des Kollektivs möglichst nicht beeinträchtigen zu lassen. Auch die Beteiligung von Studenten an der Arbeit dieser Kommissionen kann aus der Sicht der Forschungseffizienz nicht begründet werden, weil sie keine Verantwortlichkeiten übernehmen können. Als fragwürdig muß gleichfalls die gesetzliche Verankerung der Einheitsverwaltung in den Landesgesetzgebungen gelten, die die universitätsinternen Ressourcenverteilungsprozesse oft ohne Sachnotwendigkeit kollektiviert, statt sie soweit wie möglich zu einem individuellen Verhandlungsprozeß zwischen Forscher und Hochschulverwaltung zu machen.

Der Gesetzgeber sollte deshalb von solchen Vorschriften abgehen. Die Auffassung, es gäbe *die* effiziente Organisationsform der Forschung an unseren Hochschulen, ist nicht haltbar. Vielmehr ist eine Vielzahl von Organisationsmustern denkbar, die den unterschiedlichen Erfordernissen der Hochschulforschung gerecht wird. Den Hochschulen sollte aus Gründen der Wirtschaftlichkeit der Spielraum eingeräumt werden, über die Organisation ihrer Forschung im Rahmen der Verfassung eigenständig zu entscheiden. Unter den Bedingungen verstärkten Wettbewerbs um Ressourcen und um Anteile an den Forschungsmärkten ist zu erwarten, daß sich relativ effiziente Muster der Forschungsorganisation herausbilden, während unwirtschaftliche zweckinadäquate Organisationsstrukturen ohne gesetzlichen Zwang oder administrativen Druck ausscheiden. Auch dürfte sich zeigen, ob nicht eine stärkere Dezentralisierung der Entscheidungsbefugnisse von den zentralen Instanzen auf Forschungseinheiten und Institute der Forschung förderlich ist. Sie würde sich unter diesen Voraussetzungen spontan herauskristallisieren.

3.4. FLEXIBILISIERUNG DES HAUSHALTSRECHTS UND DEREGULIERUNG DER DRITTMITTELFORSCHUNG

1. Die Hochschulen sind, soweit sie unmittelbar staatlich finanziert werden, haushaltsrechtlich unselbständige Anstalten. Sie unterliegen den Vorschriften des Haushaltsrechts, die auf übliche Verwaltungsdienststellen zugeschnitten sind. Für derartige Aufgaben, die eine sichere Einteilung nach Haushaltsjahren sowie nach Personal- und Sachmitteln möglich machen, mag das zweckmäßig sein. Für die Forschung trifft das nicht zu. Insbesondere in den Natur- und Ingenieurwissenschaften sind die Verhältnisse so, daß Planung und Durchführung von Forschungsprojekten von heute auf morgen Finanzierungspläne änderungsbedürftig oder gar gegenstandslos machen. Die Haushaltsgrundsätze der zeitlichen und sachlichen Bindung, die eine Übertragung auf das nächste Haushaltsjahr oder einen Rückgriff auf das vorangehende Haushaltsjahr sowie die ein- und doppelseitige Deckungsfähigkeit von Haushaltspositionen weitgehend begrenzen, vermindern den wirtschaftlichen Einsatz der Ressourcen in der Forschung und behindern diese selbst. Das bekannte »Dezemberfieber« ist dafür nur ein Beispiel.

Zwar wird immer wieder betont, daß das Haushaltsgrundsätzegesetz durchaus gewisse Spielräume für die zeitliche Übertragung und die Deckungsfähigkeit von Haushaltspositionen eröffne. Der Hochschulforschung wird jedoch dieser nach dem Gesetz bestehende Handlungsspielraum genommen, weil die Finanzministerien ihn restriktiv auslegen und handhaben. Es wäre zu prüfen, wie die Finanzbehörden von der Sachnotwendigkeit einer flexibleren Handhabung des Haushaltsrechts und der Ausschöpfung der finanzwirtschaftlichen Entscheidungsspielräume, die es läßt, zu überzeugen sind. Ebenso sollte geprüft werden, ob nicht die Globalzuweisung dann eine der Forschung förderliche Finanzierungsform ist, wenn die Entscheidungsstruktur der Hochschule interne Verteilungskämpfe weitgehend verhindert. Dies könnte unter der Voraussetzung der Trennung von akademischer und Wirtschaftsverwaltung am ehesten erwartet werden und wird durch ausländische Erfahrungen erhärtet[9]. Die Bedeutung des unmittelbar staatlich finanzierten Haushalts nimmt jedoch unter den skizzierten Bedingungen desto mehr ab, je mehr Forschung (und Lehre) aus zusätzlichen Quellen wie Drittmitteln, Gelder von Auftraggebern, Studiengeldern und Bildungsgutscheinen[10] finanziert werden kann.

2. Im Hinblick auf andere finanzielle Mittel, die der Hochschule zufließen, sind die Universitäten als Körperschaften privatrechts- und vermögensfähig. Sie unterliegen aber vielen Reglementierungen, die den Zufluß und die wirtschaftliche Verwendung der Mittel beeinträchtigen. Hier ist vor allem § 25 des Hochschulrahmengesetzes zu nennen, zu dem bereits die Knopp-Kommission festgestellt hat, daß er die Drittmittelforschung der aus Etatmitteln finanzierten Forschung als zweitrangig behandelt und eine Art Drittmittelfeindlichkeit suggeriert[11]. Besonders nachteilig für die Drittmittelforschung ist eine Interpretation dieser Vorschrift als Genehmigungspflicht, wie sie teilweise in die Landeshochschulgesetze eingeflossen ist.

Wenn Konflikte zwischen den Forschenden sowie in der Aufgabenerfüllung zwischen Forschung und Lehre auftreten, ergeben sie sich unabhängig davon, ob die Projekte aus Haushaltsmitteln der Hochschule oder aus Drittmitteln finanziert werden. Derartige Konflikte lassen sich bei größerer wirtschaftlicher Eigenständigkeit hochschulintern über Verrechnungspreise, Nutzungsgebühren, »Auskaufen« aus Lehrverpflichtungen, eine flexiblere Handhabung der Forschungsfreisemester und ähnliches lösen. Die Drittmittelforschung braucht aber auch nicht im Hinblick auf die Lehre als zweitrangig zu gelten, da sie – soweit sie angewandte Forschung ist – sich in besonderer Weise eignet, Studenten mit der Anwendung theoretischen Wissens vertraut zu machen.

Die administrative und buchhalterische Abwicklung von Drittmittelprojekten könnte in ihrer Wirtschaftlichkeit gefördert werden, wenn für den Drittmittelempfänger die Option bestünde, entweder die Dienste der Verwaltung der Universität in Anspruch zu nehmen (sogenanntes Verwahrkontoverfahren) oder selbst für die ordnungsgemäße Abwicklung etwa mit Hilfe eines Wirtschaftsprüfers oder Steuerberaters zu sorgen (Sonderkonto- oder Privatkontoverfahren). Bei der Verwendung der Drittmittelgelder, insbesondere bei der Einstellung wissenschaftlichen Personals im Rahmen der allgemeinen arbeitsrechtlichen Vorschriften, wäre eine größere Vertragsfreiheit der Forschungseffizienz dienlich. Die Vorschrift (§ 25 Abs. 4 S. 1 HRG), die aus Drittmittel bezahlten hauptberuflichen Mitarbeiter als Personal der Hochschulen (BAT) einzustellen, müßte aufgegeben und durch das Prinzip der Freiwilligkeit ersetzt werden. Die Auflockerung, die dadurch in der Vergütung bei wissenschaftlichen Mitarbeitern erreicht würde, trüge dazu bei, die Beschäftigung wissenschaftlicher Nachwuchskräfte zu erleichtern.

Durch eine solche Regelung würde allerdings unter den derzeitigen Bedingungen die Übernahme dieses Personals in den öffentlichen Dienst erschwert[12], soweit sich beide Vertragsparteien auf eine privatdienstvertragliche Regelung einigen. Die Abwanderung wissenschaftlicher Nachwuchskräfte in die Wirtschaft würde jedoch gefördert. Gelänge es außerdem, den hauptamtlichen Hochschulforscher und Professor wieder mehr als selbständigen »Wissenschaftsunternehmer« zu betrachten, der als Beamter lediglich ein Mindesteinkommen erhält (oder etwa wie niedergelassene Ärzte und Rechtsanwälte für seine Altersvorsorge in Versorgungskassen einzahlt), so würde auch die Übernahme dieser meist jungen Forscher in eine hauptberufliche

Position der Hochschule erleichtert. Allerdings entstehen bei der Befristung von Arbeitsverträgen im Rahmen der Drittmittelforschung arbeitsrechtliche Probleme, die den Abschluß von Zeitverträgen für den Drittmittelempfänger mit Risiken belasten und bei der derzeitigen Rechtsprechung der Arbeitsgerichte den Abschluß von Privatdienstverträgen erschweren[13]. Gerade aber Privatdienstverträge erleichtern eine flexible übertarifliche Honorierung besonders qualifizierter Mitarbeiter, die über den BAT-Tarif nur beschränkt möglich ist. Eine Deregulierung der Drittmittelforschung und eine Öffentlichkeitsarbeit, die der ideologischen Verbrämung der Auftragsforschung der Wirtschaft entgegenwirkt, wäre der Forschung an den Hochschulen förderlich und könnte besonders dem wissenschaftlichen Nachwuchs zusätzliche Beschäftigungsmöglichkeiten schaffen.

3.5. FÖRDERUNG DER WISSENSCHAFTSSTIFTUNGEN

Schon aus den vorangegangenen Ausführungen ist deutlich geworden, daß die Effizienz der Forschung auch von Umständen abhängt, die außerhalb der wissenschaftlichen Hochschulen liegen. Ein wichtiger, bisher nur erwähnter Faktor ist die Leistungsfähigkeit des Stiftungswesens. Wissenschaftsstiftungen fördern die dezentrale eigenverantwortliche Vergabe von Mitteln nach unterschiedlichen, dem Stiftungszweck entsprechenden Kriterien. Auch sind sie gegenüber anderen Drittmittelgebern oft flexibler und tragen dazu bei, den administrativen Aufwand bei der Vergabe von Forschungsmitteln zu senken. Vor allen Dingen aber sind sie ein Instrument der Forschungsförderung, das Freiräume gegenüber dem Staat als dominierendem Forschungsförderer schafft, den Wettbewerb in der Forschung belebt und eine kontinuierlichere, von Haushaltslagen des Staates und sachfremden politischen Einflüssen freiere Forschungsfinanzierung tendenziell möglich macht.

Schon heute tragen die gemeinnützigen Stiftungen in der Bundesrepublik Deutschland einen nicht unerheblichen Teil zur Drittmittelforschung bei. Von den 282 mittleren bis großen Stiftungen und stiftungsähnlichen Einrichtungen mit einem Ausgabenvolumen von 880 Mill. DM entfielen 1979 rund 260 Mill. DM auf die Forschungsförderung. Die gemeinnützigen Stiftungen (nicht nur die Wissenschaftsstiftungen) sind aber durch die Körperschaftsteuerreform von 1977 benachteiligt worden[14]. Nach Angaben der Stiftungen kam es zu Einnahmeausfällen aus Kapitalerträgen in Höhe von ca. 50 Mill. DM[15].

In Anbetracht dieser volkswirtschaftlichen und forschungspolitischen Vorzüge der Wissenschaftsstiftungen erscheint es angebracht,

a) die gemeinnützigen Stiftungen steuerrechtlich so zu stellen, wie sie vor der Körperschaftsteuerreform standen (also die steuerliche Belastung der Kapitalerträge von 36% auf 28% zu senken), und

b) ihnen Möglichkeiten einzuräumen, das Stiftungsvermögen aus Teilerträgen aufzustocken oder Rücklagen zu bilden, um über einen längeren Zeitraum hinweg den

Stiftungszweck besser verfolgen zu können (also u. a. das Stiftungsvermögen gegen inflationäre Verluste zu schützen).

Man sollte versuchen, die Finanzminister der Länder zu bewegen, ihren für die Forschung ungünstigen Beschluß vom Mai 1984 zu überdenken. Zu prüfen wäre insbesondere, ob nicht eine Neuregelung des Anrechnungsverfahrens bei der Körperschaftssteuer gefunden werden kann, die die angeblich präjudizierenden Wirkungen für gemeinnützige Stiftungen und Körperschaften (Kirchen, Kommunen) vermeidet. Speziell sollte man in dem Zusammenhang darauf verweisen, daß die zu Forschungszwecken zur Verfügung gestellten Mittel Zukunftsinvestitionen sind, gewissermaßen Versicherungsprämien für ein zukünftiges Wachstum der Wirtschaft, die unabhängig vom Staatshaushalt gezahlt werden, um den zukünftigen Wohlstand der Gesellschaft sichern zu helfen.

3.6. EINE FORSCHUNGSFREUNDLICHERE BILDUNGSPOLITIK

Die Forschungseffizienz der Hochschulen wird schließlich durch die staatliche Bildungspolitik beeinflußt. Die Politik nach dem Bürgerrecht auf Bildung und die staatliche Planung der Hochschulkapazitäten beeinträchtigen die Leistungsfähigkeit der Forscher, die meistens zugleich akademische Lehrer sind. Sie haben zu einer erheblichen Belastung des wissenschaftlichen Personals mit Lehraufgaben geführt, die den Spielraum für Forschung zeitlich, kräftemäßig und organisatorisch erheblich einschränkt[16]. Nicht selten tritt zudem der Fall ein, daß zu Forschungszwecken eingestelltes und aus Drittmitteln finanziertes Personal in die Berechnungen der Lehrkapazität nach der Kapazitätsverordnung eingeht und entsprechend die Forschungskapazität kürzt.

Darüber hinaus verhindern die staatliche Genehmigung der Studien- und Prüfungsordnungen und der Einfluß der suprauniversitären Studienreformkommissionen eine Lehre, die sich mit der Forschung einheitlich verbindet. Das vermindert die Produktivität der Forscher und den Transfer neuen Wissens in die Praxis. Eine Neuorientierung der Bildungspolitik, die die Auswahl der Studenten in die Kompetenz der Hochschulen und ihrer Fakultäten legt und auf die zentrale Vergabe von Studienplätzen verzichtet, die Verantwortung für die Reform der Studieninhalte unter veränderten Rahmenbedingungen ausschließlich zur Aufgabe einer jeden Fakultät macht, würde indirekt die Hochschulforschung fördern.

4. Schlußbemerkung

Es wurde aufzuzeigen versucht, daß durch eine *Vielzahl* von Maßnahmen die Forschung an unseren Hochschulen gefördert und eine wirtschaftlichere Verwendung der knappen Mittel erreicht werden kann. Entscheidend kam es dabei darauf an, deutlich zu machen, daß die Effizienz der Forschung an den deutschen Hochschulen am besten gesichert werden kann, indem wir sie frei machen, sie aber gleichzeitig in die wissenschaftliche und wirtschaftliche Eigenverantwortung nehmen und bei einer möglichst großen Zahl von Finanzierungsquellen unter einen sich selbst regulierenden (freien) Wettbewerb stellen. Falsch wäre es, die Diskussion um die Steigerung der Forschungseffizienz auf die eine oder andere Maßnahme zu verkürzen. Dafür sind die mit ihr verbundenen Probleme zu vielschichtig. Es kommt vielmehr darauf an, an vielen Stellen, da und dort etwas »zu drehen« und zu verändern, um die Lage der Forschung an unseren Hochschulen zu verbessern.

Anmerkungen

[1] Dieser Effekt wird verstärkt, wenn eine Abwanderung der Forschungsnachfrage zur außeruniversitären Forschung und ins Ausland möglich ist. Hier ist etwa in jüngster Zeit an die Entscheidung der Firma Hoechst vom Mai 1981 zu denken, 50 Millionen Dollar in das Howard Goodmans Institut, Boston, zu investieren, um die Genforschung voranzutreiben, statt sie ähnlichen Forschungsinstituten in der Bundesrepublik Deutschland zur Verfügung zu stellen.

[2] Allerdings gibt es auch Tendenzen, diesen der Grundlagenforschung eigenen Charakter von öffentlichem Gut (Bereitstellung von Grundlagenwissen zum Nulltarif) einzuschränken. Siehe hierzu etwa die Ausführungen von Karl-Heinz Narjes auf der Jahrestagung des Bundesverbandes der Deutschen Industrie im Mai 1984, der auf die amerikanischen Anstrengungen verweist, mit Hilfe militärischer Forschungsprogramme in den Schlüsseltechnologien einen Vorsprung zu erarbeiten und den Zugang zu diesem Wissen durch das Verteidigungsministerium zu kontrollieren.

[3] Siehe hierzu Schmookler, J.: Invention and Economic Growth, Cambridge, Mass. 1966.

[4] Vgl. u. a. Rosenberg, N.: Science, Invention and Economic Growth, in: Economic Journal, Vol. 84 (1974), 90–108.

[5] Hier könnte die Personalpolitik der National Science Foundation der USA beispielhaft sein. Ich verdanke Herrn Direktor Daniel Newlon in diesem Zusammenhang wertvolle Hinweise.

[6] Die Verbeamtung der Hochschulforscher auf Lebenszeit und eine zu zentrale politische Steuerung der Forschungs- und Hochschulkapazitäten durch den Staat haben schließlich den wissenschaftlichen Nachwuchs in eine schwierige Lage gebracht. Diese beiden Maßnahmen gefährden die Kontinuität der wissenschaftlichen Forschung und deren Effizienz auf langfristige Sicht.

[7] Dorff, G.: Diskussionsbeitrag in »Wege zu einer neuen Bildungspolitik«, Bildungspolitische Studien 6, Köln 1984, 55.

[8] Siehe zur Einführung leistungsabhängiger Lohnelemente u. a. Letzelter, F.: Wettbewerb und Leistungslohn, in: DUZ, Nr. 11, 1984; Lith, U. van: Plädoyer für eine Renaissance der Hochschulpolitik als Ordnungspolitik, Köln 1983, 16 f. und passim.

[9] Froedge-Toma, E.: Residual Claimants and Boards of Directors: The Case of Universities, Paper Presented at the Public Choice Meeting in Phoenix, Ariz., March 1984.

[10] Siehe hierzu Lith, U. van: Der Markt als Ordnungsprinzip des Bildungsbereichs. Verfügungsrechte, ökonomische Effizienz und die Finanzierung schulischer und akademischer Bildung, München 1985, 182–261.

[11] Bericht der Expertenkommission zur Untersuchung der Auswirkungen des Hochschulrahmengesetzes (HRG), 50 f.

[12] Wissenschaftliche Mitarbeiter, die im Privatdienstverhältnis stehen, sind gegenüber den Landesbediensteten benachteiligt, da ihre Dienstzeiten im Rahmen dieser Verträge nicht als Vordienstzeiten im öffentlichen Dienst anrechnungsfähig sind. Ebenso sind sie von der Zusatzversorgung durch die Versorgungsanstalten der Länder und des Bundes ausgeschlossen.

[13] Der Wissenschaftsrat hat sich hierzu eingehend geäußert. Siehe dazu: Zur Problematik befristeter Arbeitsverhältnisse mit wissenschaftlichen Mitarbeitern, Köln 1982.

[14] Siehe hierzu u. a. Flämig, C.: Die Erhaltung der Leistungskraft von gemeinnützigen Stiftungen. Ein Beitrag zur Reform des Stiftungssteuerrechts. Hrsg. vom Stifterverband für die Deutsche Wissenschaft, Essen-Bredeney 1984; Karpen, U.: Gemeinnützige Stiftungen im pluralistischen Rechtsstaat, Frankfurt 1980, bes. 33 f.

[15] Arbeitsgemeinschaft deutscher Stiftungen, Jahrestagung 1983 (Berechnungen zu den steuerrechtlichen Anliegen von Leo Mohren).

[16] Siehe dazu die empirische Untersuchung zum Zeitbudget der Hochschullehrer von Lith, U. van: Die Kosten der akademischen Selbstverwaltung, München 1979; ferner die Untersuchung des Instituts für Demoskopie Allensbach zur Lage der Forschung an deutschen Universitäten, Archiv-Nr. 1264.

HANS-JOACHIM KORNADT

Messung und Förderung von Forschungsleistung: ein kritischer Rückblick

Die Diskussionen anläßlich des Kolloquiums »Messung und Förderung universitärer Forschungsleistung« haben überraschend deutlich eine Übereinstimmung darin gezeigt, daß die Produktivität der universitären Forschung verbessert werden könnte und sollte. Das Augenmerk auf dieses Problem zu lenken ist schon allein deswegen nötig, weil für die Forschung beträchtliche öffentliche Mittel aufgewendet werden, und zwar nicht nur unmittelbar in Form von Forschungsgeldern, sondern auch indirekt durch die Bereitstellung von Personal- und Sachmitteln in den Universitäten, weil diese eben nicht *nur* Ausbildungsstätten sein sollen. Bei knapper werdenden Ressourcen, aber auch ganz allgemein ist der Forscher verpflichtet, dem Steuerzahler Rechenschaft darüber abzulegen, was mit dessen Geld geschieht. Die Frage nach der Effizienz der Forschung ist somit mehr als gerechtfertigt.

Bemerkenswert an diesem Kolloquium war auch die Tatsache, daß die Teilnehmer so offen und unangefochten diese Frage nach der Effizienz der Forschung stellen und diskutieren konnten: Leistung und Leistungsmessung sind keine tabuierten Themen mehr, auch nicht in bezug auf Forschung. Das ist nicht selbstverständlich. Es gab Zeiten, in denen dieses Thema an den Universitäten und überhaupt in der Bundesrepublik eine heftige, erbitterte Diskussion ausgelöst hätte und wo für die einen Forschung eine Privatsache des Forschers war, die er nur seiner persönlichen Karriere zuliebe betrieb, während die anderen jede Forschung schon an sich guthießen und die Frage nach der Effizienz nur das wissenschaftliche Banausentum des Fragers offenbarte – und was wurde nicht schon alles als »Forschung« ausgegeben.

Für das eigentliche Thema des Kolloquiums stand zunächst einmal das Problem der *Messung* von Forschungsleistungen im Vordergrund der Diskussion. Als wesentliches Ergebnis ist festzuhalten, daß hier wichtige, aber auch noch in vielen Aspekten ungelöste *Forschungsprobleme* bestehen. Eines davon ist das *Indikatorproblem*. Eine ganze Reihe von Indikatoren wurde in den einzelnen Beiträgen bereits vorgestellt. Alle besitzen einen gewissen Aussagewert, bei jedem bestehen jedoch noch Einwände. Es wurde vor allem deutlich, daß man eigentlich niemals nur mit einem einzigen der bisher gewählten Indikatoren – und in einer Untersuchung kann man nun einmal in der Regel nur einen Indikator oder höchstens einige wenige verwenden – allein auskommt. Erst mehrere zusammengenommen können offenbar ein befriedigendes Bild ergeben.

Eine andere Frage ist: Worauf sollen diese Indikatoren eigentlich angewendet werden? Soll man sie auf Organisationseinheiten anwenden? Diese können im Prinzip sehr groß sein; man könnte im Grunde sogar die Produktivität von Nationen vergleichen wollen. In mancher bildungspolitischen oder wissenschaftspolitischen Diskussion bildet eine solche Vorstellung wohl vielfach den Hintergrund, wenn auch einen recht vagen. Ernsthafter lassen sich dagegen Universitäten vergleichen; man kann Institute oder kleinere Funktionseinheiten (Forscherteams, Arbeitseinheiten) vergleichen und natürlich auch Individuen. Bei vergleichenden Untersuchungen kommt es jedoch auf die Fragestellung, das Tertium comparationis, an und darauf, ob aussagefähige Indikatoren gewählt werden. Bloße Vergleichsdaten sagen noch nicht viel aus; das eigentlich Interessante und Weiterführende wäre erst die Analyse der funktionellen Ursachen. Letztlich wird man auch nur in diesem Zusammenhang den Wert von Indikatoren beurteilen können.

Bei der Betrachtung von Individuen werden zwei ganz unterschiedliche Gesichtspunkte häufig nicht klar voneinander getrennt: das ist einerseits die Produktivität von Wissenschaftlern und die sie fördernden oder beeinträchtigenden (z. B. institutionellen, finanziellen) Bedingungen; andererseits geht es um Bedingungen, unter denen ein junger Mensch sich einmal zu einem produktiven Wissenschaftler entwickeln kann. Das sind zwei sehr unterschiedliche Fragen, die m. E. deutlich auseinandergehalten werden müssen. Dieser Unterschied ist wichtig, wenn man über die Möglichkeiten einer gezielten Förderung nachdenken will: Man muß wissen, ob damit die Arbeitsbedingungen von Wissenschaftlern gemeint sind oder die Möglichkeiten der Nachwuchssuche und -förderung. In Diskussionen über die Frage, ob die Produktivität eines Wissenschaftlers von den persönlichen Eigenschaften eines »guten Wissenschaftlers« abhängt, sollte diese Unterscheidung ebenfalls eine Rolle spielen, auch dann, wenn die »Persönlichkeitseigenschaften« nicht im einfachen trait-psychologischen Sinn, sondern komplexer verstanden werden. Es ist sicher ein weiteres und auch noch ungelöstes Problem, a) welche Persönlichkeitsmerkmale eines guten Wissenschaftlers (angenommen, es gäbe solche) auch schon bei jungen Leuten vorhanden sind und somit zur Grundlage einer Prognose gemacht werden könnten, b) welche sich erst entwickeln und c) welches dann die förderlichen oder beeinträchtigenden Bedingungen für deren Entwicklung sind.

Ein erstes Resümee ergibt: In bezug auf Indikatoren und Forschungsgegenstände müssen viel mehr Differenzierungen als bisher vorgenommen werden, und man muß sich vor globalen Schlußfolgerungen hüten.

Des weiteren sind die Ergebnisse, über die in den vorliegenden Beiträgen berichtet wird, insgesamt gesehen noch recht unübersichtlich. Manchmal hat man den Eindruck, daß mit großem Aufwand etwas bestätigt wird, was ohnehin schon bekannt ist, und manch einer mag sich dann fragen, ob nicht viele solcher Bemühungen am Ende doch trivial sind und ob man auf diese Weise letztlich überhaupt weiterkommt. Dazu läßt sich generell feststellen, daß alle in diesem Band veröffentlichten Untersuchungen quasi die Pionierphase der Erforschung der Messung und Förderung von Forschungsleistung darstellen. Natürlich darf man hier nicht stehenbleiben. Solche ersten und völlig unerläßlichen Untersuchungen gehen zunächst davon aus, daß jemand aus mehr oder weniger vorwissenschaftlichem Verständnis Fragen stellt, zu ihrer Beantwortung entsprechende Methoden entwickelt und Daten gewinnt. Auch wenn die gewonnenen Daten mit mehr oder weniger komplizierten Verfahren ausgewertet werden – die Ergebnisse müssen doch wieder in den vorwissenschaftlichen Erkenntnisstand eingebaut und können nur aus ihm heraus interpretiert werden.

Komplizierte statistische Berechnungen und Analysen allein führen jedoch nicht weiter, das ist eigentlich für jeden Wissenschaftler selbstverständlich. Daran schließt sich die Forderung an, die Ausgangsüberlegungen zu verbessern, und zwar systematisch. Jetzt ist ein Stadium der Vorkenntnisse erreicht, in dem begonnen werden kann, zu komplexeren Hypothesen vorzustoßen, d. h., erste Hypothesen über *funktionelle Zusammenhänge* zu entwickeln. Damit sind Hypothesen über die Funktion einzelner Elemente von Forschungseinheiten gemeint, also etwa von Instituten oder Arbeitsgruppen, funktionelle Hypothesen über das, was eigentlich einen besonders produktiven Wissenschaftler ausmachen könnte, Hypothesen darüber, wie sich diese Funktionseinheiten entwickeln, also eine Art Persönlichkeitsforschung über besonders gute Wissenschaftler einerseits oder auch Hypothesen über das System der Randbedingungen (z. B. Forschungsklima) andererseits, die hier förderlich oder hinderlich sind. Es kommt vor allem darauf an, Beziehungen bzw. kausale Zusammenhänge zu erkennen. Korrelationen helfen dabei nicht weiter, wirkliche Erklärungen müssen gefunden werden. Dazu sollten jedoch keine Ad-hoc-Erklärungen oder alltäglichen Konzepte herangezogen werden, sondern es müßten Hypothesen aus einer wissenschaftlich begründeten Theorie abgeleitet und geprüft werden. Deren Prüfung könnte dann wirklich weiterführen.

Es ist bereits mehrfach erwähnt worden, daß Forschungsdefizite bestehen. Diese werden aber nicht beseitigt durch immer mehr Forschungen gleichen Typs, vielmehr sollten theoretische Überlegungen angestellt werden über die Bedingungen und Prozesse produktiver Forschung. Solche theoretischen Überlegungen könnten sich aus verschiedenen Disziplinen entwickeln, und mit Sicherheit liefert auch die Denk- und Motivationspsychologie bereits eine Menge sicheren Wissens dazu. Mit anderen Worten: Mehr Forschung ist auf alle Fälle nötig, aber sie müßte in diese theoriegeleitete Richtung gehen und sollte bevorzugt gefördert werden.

Als nächstes stellt sich die Frage, ob denn schon aus den bis jetzt vorliegenden Forschungsergebnissen Schlüsse gezogen werden können. Mögliche Schlüsse und Konsequenzen würden nicht nur die *Messung* von Produktivität betreffen, sondern vor allem auch den zweiten wichtigen Themenbereich des Kolloquiums und dieses Werkes, die *Förderung* von Forschungsproduktivität. Doch sollte hier noch größte Zurückhaltung geübt werden. Vieles scheint doch noch nicht klar genug zu sein, und allzu oft kann man zu den vorgeschlagenen Interpretationen Gegenhypothesen aufstellen. Es ist bestimmt nicht übertrieben zu sagen, daß dieses Gebiet im momentanen Forschungsstadium sehr schwer überschaubar wirkt. Deshalb wäre die Weitergabe von einzelnen Forschungsergebnissen an Forschungsförderungs-Institutionen bzw. Bildungspolitiker verfrüht und besonders verhängnisvoll, wenn dies mit dem Unterton geschähe, daß bereits gesicherte Erkenntnisse vorliegen. Aber selbst dann, wenn man die Vorläufigkeit des Ergebnisses betonte, wären Politiker immer noch geneigt, vorschnell Schlüsse in bezug auf die Anwendung zu ziehen, die äußerst einseitig, wenn nicht sogar falsch und kontraproduktiv sein könnten.

Ein anderer Punkt, der zur Vorsicht Veranlassung gibt, ist die Diskussion, die über den Unterschied zwischen sogenannten objektiven und subjektiven Daten oder zwischen »objektiver Beurteilung« und »subjektiver Beurteilung« geführt wird. Auf keines von beiden kann man verzichten. Diese Tatsache muß nachdrücklich unterstrichen werden, weil überall da, wo man anfängt, mit »objektiven« Forschungsmethoden zu operieren und die Ergebnisse zu quantifizieren, der Sog einer gewissen Überzeugungskraft »objektiver« Daten und Zahlen vorausgesetzt werden muß, dem man nur schwer widerstehen kann. Bei dem unbefriedigenden Grad an theoretischer Durchdringung muß vermieden werden, allzu feinkörnige methodische Fragen zu stellen, die rechnerisch zwar bearbeitet werden können, aber doch nur scheinbar genaue Antworten geben. Ein besonderes Problem dabei ist, daß man diese Scheingenauigkeit den quantitativen Daten gar nicht mehr ansieht, obwohl sie in keinem Verhältnis zur Vagheit der theoretischen Grundannahmen steht. Man ist dabei in Gefahr, sozusagen in eine Falle zu stolpern, aus der man nachher schlecht wieder herauskommt, wenn anderen das Ergebnis für eine unmittelbare Anwendung gut in ihr Vorurteil paßt.

Im folgenden möchte ich noch auf drei untergeordnete Punkte näher eingehen:
1. Die weitere Forschung sollte die großen Forschungsergebnisse und -richtungen, die jetzt schon erarbeitet worden sind, genauer interpretieren und unseren theoretischen Hintergrund möglichst erweitern und präzisieren. Das ist eine große, mittelfristige Aufgabe. Kurzfristig sollte jedoch die Indikatorenfrage noch einmal aufgegriffen werden. Ein sehr häufig gewähltes Produktivitätskriterium sind Publikationsmaße dieser oder jener Art. Hubert Markl weist in seinem Beitrag darauf hin, daß es Publikationen ganz unterschiedlicher Güte gibt. Man müßte daher auf jeden Fall versuchen, den *Qualitätsgehalt* einer Publikation als Forschungsergebnis mit einzuschätzen – und wenn es auch nur eine grobe Klassifikation wäre. Eine solche Einschätzung ist selbstverständlich nur durch einen Fachexperten oder in Zusammenarbeit mit ihm möglich.

Publiziert beispielsweise ein Wissenschaftler aus seinen Arbeiten laufend kleinere Zeitschriftenartikel und ein anderer faßt viele kleine Arbeiten in einem einzigen großen Buch zusammen – besitzt nun der eine mit vielen publizierten Artikeln eine größere Produktivität als der Buchautor?

Bei dieser Frage kann man nicht umhin, die Qualität mitzuberücksichtigen. So gibt es eine ausgesprochen *imitierende* Forschung: Da hat irgendwo in den USA jemand eine Idee oder ein Verfahren entwickelt, das nach Deutschland transportiert wird und plötzlich einen Boom erzeugt mit einer großen Anzahl von Einzelforschungen, die alle dasselbe machen mit derselben Methode und derselben Fragestellung, lediglich an einer geringfügig modifizierten Population oder einem anderen Gegenstandsbereich. Das ist ein Typ von Forschung, der uninteressant und im Sinne des Erkenntnisfortschritts unproduktiv ist. Dann gibt es die *nachbessernde* Forschung, die ein bißchen weitergeht, indem sie dieselbe Idee auf eine etwas modifizierte Fragestellung anwendet oder einen Teilaspekt der Methode verbessert, im übrigen aber doch im herkömmlichen Denkrahmen bleibt. Wenn solche Forschung im Ausland nicht zur Kenntnis genommen wird, so ist das nicht weiter verwunderlich. Daneben aber gibt es, wenn auch selten, die *innovative* Forschung. Sie stößt mit ihren Ideen wirklich in Neuland vor, eröffnet vielleicht ein ganz neues Forschungsfeld.

Deshalb ist es unerläßlich, die Qualität der Publikationen einzuschätzen und auf diesem Hintergrund theoretische Überlegungen über die Formen, Bedingungen und Randbedingungen der sich dann erst zeigenden Unterschiede in der Produktivität anzustellen.

2. Wenn es um Personen geht, muß man auch noch andere Gesichtspunkte für die Beurteilung von Produktivität heranziehen. Gerade gute Wissenschaftler haben oft neben dem Veröffentlichen wissenschaftlicher Arbeiten noch *andere Produktivitätsfelder*. Die Lehre darf z.B. nicht vernachlässigt werden, und vor allem nicht die Nachwuchsförderung. Ferner gibt es die Initiierung von Projekten oder ganzen Schwerpunkten, die konstruktive Anregung und Anleitung von Teams, die Gutachter- und Reviewer-Tätigkeiten. Das alles sind Aufgaben, die u.U. für die Förderung und Produktivitätssteigerung einer ganzen Disziplin sehr wichtig sind, ohne sich jedoch in der Anzahl der Publikationen des betreffenden Wissenschaftlers selbst niederzuschlagen. Möglicherweise müßte man gar so umfassende Aktivitäten wie etwa die Förderung von Wissenschaft in einem größeren Bereich, etwa der Wissenschaftspolitik oder -administration, mit in Betracht ziehen. Die Kriterien, die zur Beurteilung der Produktivität von Wissenschaftlern und Wissenschaft als Ganzes verwendet werden, dürfen daher auf keinen Fall zu eng sein.

3. Eines läßt sich im Hinblick auf eine mögliche Förderung allerdings festhalten: Die Einschätzung in den vorliegenden Beiträgen, daß es so etwas wie ein forschungsförderndes oder forschungsfeindliches *Klima* in einem Institut gibt, ist nicht widerlegt worden. Wird Forschung überhaupt als etwas Positives betrachtet, das Ansehen oder Selbstachtung verschafft? Genießen Ideenreichtum, präzises Wissen, Anstrengung und Mühe, die man in kritischen Phasen auf sich nimmt, eine positive Wertschätzung oder nicht? Hinsichtlich dieses Forschungsklimas bestehen in Instituten große Unterschiede. Vielfältige produktivitätsrelevante – wenn auch wohl schwer objektivierbare – Faktoren hängen davon ab. Das ist mit Sicherheit durch gezielte Förderungsmaßnahmen zu beeinflussen.

Für künftige Erörterungen des Themas scheinen mir noch zwei Fragen diskussionswürdig und klärungsbedürftig, ohne daß hier schon Antworten gegeben werden können:

Erstens: Man müßte nun in eine Debatte eintreten, welche der hier behandelten Themen besonders sinnvoll sind und weiterverfolgt werden sollten. Wo bestehen Verbesserungsmöglichkeiten der Aussagen durch weitere Untersuchungen im Sinne der oben angedeuteten Gesichtspunkte?

Zweitens: Wie sollten sich Wissenschaftler gegenüber der Frage verhalten, wie die bisher bereits vorliegenden Ergebnisse im Hinblick auf die Forschungsförderung angewendet werden könnten? Forschungsförderer und Forschungspolitiker werden vermutlich besonders daran interessiert sein, was man nach den vorliegenden Ergebnissen verbessern könnte, um die Forschungsproduktivität positiv zu beeinflussen. Möglicherweise werden sie sich fragen, ob man es überhaupt versuchen sollte oder ob es vielleicht gar keinen Sinn hat. Oder vielleicht werden sie schlußfolgern, daß, wenn zum Beispiel die Ausstattung nicht so wichtig sein sollte, auch nicht so viel dafür getan werden muß. Dieser Auseinandersetzung mit den Politikern, die nun einmal finanzwirksame Entscheidungen zu treffen haben, muß man sich stellen und darauf vorbereitet sein.

Die anläßlich des Reisensburg-Kolloquiums geführten Diskussionen und vor allem die ihnen zugrundeliegenden Forschungen müssen als äußerst wertvoll, ja unverzichtbar angesehen werden, auch wenn manche Ergebnisse noch keine unmittelbare Anwendung in der Praxis finden können. Ein wichtiges Ziel wurde dennoch erreicht: es hat eine Sensibilisierung stattgefunden, ein Problembewußtsein für effiziente und produktive Forschung ist entstanden und die neugewonnenen Erkenntnisse werden eine Förderung der Selbstreflexion innerhalb der Forschung bewirken. Dazu soll auch dieses Werk beitragen.

Abkürzungsverzeichnis

AACSB	American Assembly of Collegiate Schools of Business
AALS	Association of American Law Schools
ACE	American Council on Education
AFF	Ausschuß für Forschungsfragen
AvH	Alexander von Humboldt-Stiftung
A & HCI	Arts & Humanities Citation Index
BAT	Bundesangestelltentarif
BFuP	Betriebswirtschaftliche Forschung und Praxis (Zeitschrift)
BMBW	Bundesministerium für Bildung und Wissenschaft
BMFT	Bundesministerium für Forschung und Technologie
CES	Constant Elasticity of Substitution
DBW	Die Betriebswirtschaft (Zeitschrift)
DFG	Deutsche Forschungsgemeinschaft
DUZ	Deutsche Universitätszeitung
EdBWL	Enzyklopädie der Betriebswirtschaftslehre
FHSS	Fachhochschule für Sozialarbeit und Sozialpädagogik
F & E	Forschung & Entwicklung
GfdS	Gesellschaft für deutsche Sprache
HIS	Hochschulinformationssystem GmbH
HRG	Hochschulrahmengesetz
ICSOPRU	International Comparative Study on the Organization and Performance of Research Units
IEEE	Institute of Electrical and Electronic Engineers
IHS	Institut für höhere Studien (Wien)
ISI	Institute for Scientific Information

KapVo	Verordnung über die Grundsätze für eine einheitliche Kapazitäts-erweiterung/-festsetzung zur Vergabe von Studienplätzen
KOSTAS	Konstanzer Statistisches Analyse System
MIT	Massachussetts Institute of Technology
NAG	Numerical Algorithms Group
NSF	National Science Foundation (USA)
OECD	Organization for Economic Cooperation and Development
OLS	Ordinary Least Squares
RAWB	Raad von Advies voor het Wetenschapsbeleid (Niederlande)
RKW	Rationalisierungs-Kuratorium der deutschen Wirtschaft
SCI	Science Citation Index
SFB	Sonderforschungsbereich
SPES	Sozialpolitisches Entscheidungs- und Indikatorensystem für die Bundesrepublik Deutschland
SSCI	Social Sciences Citation Index
UC	University of California
UNESCO	United Nations Educational, Scientific, and Cultural Organization
WRK	Westdeutsche Rektorenkonferenz

Autorenregister

BACKES, URSULA, geboren 1959. Studium der Volkswirtschaftslehre und Politikwissenschaft in Trier. 1984 Diplom-Volkswirt. Seit 1984 wissenschaftliche Mitarbeiterin am Fachbereich IV der Universität Trier (Abteilung Wirtschaftswissenschaften). Gegenwärtiger Forschungsschwerpunkt: Hochschulökonomie, insbesondere Messung von Forschungsleistungen und organisatorische Determinanten für Forschungseffizienz, Genossenschaftstheorie. Verschiedene Publikationen zu diesem Themenkreis (1985).

BLASCHKE, DIETER, geboren 1938 in Hamburg. Studium der Sozialwissenschaften an der Universität Erlangen-Nürnberg. Diplom-Sozialwirt 1965, Assistent am dortigen Lehrstuhl für Soziologie und Sozialanthropologie. Dr. rer. pol. 1971, Dr. rer. pol. habil. (Soziologie) 1979. Lehrstuhlvertretungen Universität Bamberg, Universität Bayreuth. Seit 1981 am Institut für Arbeitsmarkt- und Berufsforschung der Bundesanstalt für Arbeit, Nürnberg. Forschungsschwerpunkte: regionale Mobilität, berufliche Sozialisation; soziale Qualifikationen, Probleme älterer Arbeitnehmer.

BOLSENKÖTTER, HEINZ, geboren 1933. Studium der Betriebswirtschaftslehre in Münster und Köln, Promotion (Dr. rer. pol.) 1960 in Köln; Wirtschaftsprüferexamen 1968; seit 1957 tätig bei WIBERA Wirtschaftsberatung AG, Düsseldorf (zunächst als Prüfungsassistent, später als Prüfungsleiter und Abteilungsleiter, derzeit als Direktor); Geschäftsführer der DFK WIBERA GmbH, Düsseldorf; Mitglied des Board of Directors von DFK International, Amsterdam; Mitarbeit in fachlichen Gremien auf den Gebieten des wirtschaftlichen Prüfungswesens, des Rechnungswesens und der öffentlichen Wirtschaft. Schwerpunkte der fachlichen Arbeit: Wirtschaftliches Prüfungswesen, Öffentliche Wirtschaft, Wissenschaftsökonomie, Rundfunkökonomie.

BRESSER, RUDI K., geboren 1948 in Gelnhausen. Studium der Rechts- und Wirtschaftswissenschaften in Frankfurt am Main und Berlin. Promotion 1979 in Frankfurt am Main. 1980–1981 Adjunct Assistant Professor am Department of Management der New York University. 1981–1984 Assistant Professor of Management am Bernard M. Baruch College der City University of New York. Seit 1985 Associate Professor am Baruch College der City University of New York (seit 1986 mit tenure). 1986 Gastprofessor an der Université de Paris (Dauphine). Publikationen über die Strukturen und Funktionsweisen deutscher Universitäten. Zahlreiche Aufsätze zu Fragen der Organisationsforschung in amerikanischen, deutschen und englischen Zeitschriften. Gegenwärtige Forschungsschwerpunkte: funktionale und insbesondere dysfunktionale Konsequenzen strategischer Planungsprozesse; Strukturen und Prozesse unternehmerischer Innovationen; die Bedeutung von Organisationskulturen für den Erfolg strategischer Unternehmensplanungsprozesse.

DANIEL, HANS-DIETER, geboren 1955. Studium der Psychologie in Konstanz, Promotion (Dr. rer. soc.) 1983. 1979–1984 wissenschaftlicher Angestellter am Lehrstuhl für Sozialpsychologie der Universität Konstanz, seit 1985 Hochschulassistent an der Universität Konstanz. Studienaufenthalte an der Universität Ulm (Abteilung für Wissenschaftsforschung), in Los Angeles und Aix-en-Provence. Aufsätze und Buchbeiträge zur Sozialpsychologie und empirischen Wissenschaftsforschung.

FINKENSTAEDT, THOMAS, geboren 1930. Studium der Anglistik, Germanistik, Geschichtswissenschaft und Pädagogik in München. Staatsexamen 1952, Promotion 1955, Habilitation 1959 in München. Extraordinarius für Englische Philologie in Saarbrücken (1960), Ordinarius (1961); Lehrstuhl für Englische Sprachwissenschaft in Augsburg (seit 1972). Forschungsinteressen und Schwerpunkte der Veröffentlichungen: Sprachsoziologie, Lexikographie, Geschichte und Statistik der Anglistik; bayerische Volkskunde.

FISCH, RUDOLF, geboren 1939 in Hagen/Westfalen; Studium der Psychologie, Physiologie und Psychiatrie in Frankfurt (Main), Münster und Bochum. Promotion 1967 in Bochum. 1967–1972 Assistent in Bochum, Düsseldorf und Saarbrücken; Habilitation 1972; 1972–1974 Wissenschaftlicher Rat und Professor an der Universität des Saarlandes, Saarbrücken; seit 1974 Professor für Sozialpsychologie an der Sozialwissenschaftlichen Fakultät der Universität Konstanz. Gegenwärtige Forschungsinteressen und Arbeitsfelder: Innovation, Kreativität und Produktivität in Organisationen; Motivation, insbesondere Leistungsmotivation, Macht und Einfluß; Interaktionsprozesse in und zwischen Arbeitsgruppen, insbesondere Kooperation und Führung; systematische Evaluation von Führungstrainings.

GESCHKA, HORST, geboren 1938. Studium des Wirtschaftsingenieurwesens an der TH Darmstadt; 1963–1969 wissenschaftlicher Assistent für Betriebswirtschaftslehre an der TH Darmstadt und Universität Marburg. 1969 Promotion (Dr. rer. pol.) in Darmstadt. Von 1969 bis 1983 beim Battelle-Institut Frankfurt: u. a. Leiter der Abteilung Innovationsplanung bzw. Strategische Planung, Leiter des Seminarprogramms. Lehrauftrag »Innovationsmanagement« an der TH Darmstadt seit 1971. Seit 1983 selbständiger Unternehmensberater mit den fachlichen Schwerpunkten: Kreativitätstechniken, Innovationsplanung, Szenario-Technik und strategische Planung. Zahlreiche Aufsätze und Buchbeiträge zu diesen Themenkreisen.

HEIBER, HORST, geboren 1949. Studium der Wirtschaftswissenschaften in Bochum. 1976–1982 wissenschaftlicher Assistent und Mitarbeiter am Seminar für Theoretische Wirtschaftslehre der Ruhr-Universität Bochum und am Universitätsseminar der Wirtschaft (USW), Erftstadt. Promotion (Dr. rer. oec.) 1982. Arbeitsgebiete: Kostenrechnung für Kommunalverwaltungen, Leistungsmessung für Hochschulaktivitäten. 1982 Wechsel zur Flender GmbH & Co. KG, Bocholt, z. Z. Leitung des Finanzbereiches im Werk Tübingen.

KLAUSA, EKKEHARD, geboren 1941 in Gleiwitz/Oberschlesien. 1961/62 Fulbright-Stipendium in den USA, Jura- und Soziologiestudium in Berlin, Dr. jur. 1972. 1973–80 Assistenzprofessor für Rechtssoziologie, FU Berlin. 1975/76 Research Associate, UC Berkeley. Rechts-, wissenschafts- und wissenssoziologische Veröffentlichungen. Habilitation für Soziologie 1979. 1980/82 medienpolitischer Referent im Bundesinnenministerium. Seitdem Regierungsdirektor an der Senatskanzlei Berlin.

KORNADT, HANS-JOACHIM, geboren 1927 in Stargard/Pommern; Studium der Rechtswissenschaft, der Psychologie und der Physiologie in Marburg; Promotion (Dr. phil.) 1956; 1957–1961 Wissenschaftlicher Assistent in Würzburg; 1961–1964 Dozent an der Pädagogischen Hochschule Saarbrücken; 1964–1968 Professor an der Pädagogischen Hochschule Saarbrücken; seit 1968 Professor für Pädagogische Psychologie und Erziehungswissenschaft an der Universität des Saarlandes, Saarbrücken. Seit 1968 Mitglied des wissenschaftlichen Beirates beim Bundesminister für wirtschaftliche Zusammenarbeit. 1975–1981 Mitglied des Wissenschaftsrates; 1980 Research Fellow, Japan Society for the Promotion of Science. 1982–1984 Präsident, 1984–1986 Vizepräsident der Deutschen Gesellschaft für Psychologie. Seit 1985 Vorsitzender des Fachbeirates für das Max-Planck-Institut für Psychologische Forschung, München. Seit 1975 viele Forschungsaufenthalte in Ost- und Südostasien. Forschungsgebiete: Kulturvergleich, Motivation, Erziehung und Persönlichkeitsentwicklung.

VAN LITH, ULRICH, geboren 1943. Studium der Wirtschaftswissenschaften, Wirtschaftspädagogik und der französischen Sprache. Promotion (Dr. rer. pol.) 1975; 1975–1984 Wissenschaftlicher Assistent am Wirtschaftspolitischen Seminar der Universität Köln; Habilitation 1983; 1983–1985 Wissenschaftlicher Leiter des Instituts für Bildung und Forschungspolitik, Köln. Forschungsgebiete: allgemeine Wirtschaftspolitik, Ökonomie des Bildungswesens, Forschungs- und Technologiepolitik. Forschungsaufenthalte in den Vereinigten Staaten von Amerika und Großbritannien. Seit August 1985 Leiter der Geschäftsstelle der Peter Klöckner-Stiftung.

MARKL, HUBERT, geboren 1938 in Regensburg; Studium der Biologie, Chemie, Geographie an der Universität München, 1962 Promotion in Zoologie; 1965/66 Forschungsaufenthalte in den USA (Harvard und Rockefeller University); 1967

Habilitation für Zoologie an der Universität Frankfurt am Main; 1968–1974 ordentlicher Professor an der Technischen Hochschule Darmstadt; seit 1974 ordentlicher Professor für Biologie an der Universität Konstanz. Mitgliedschaften (u. a.): Heidelberger Akademie der Wissenschaften; Deutsche Akademie der Naturforscher Leopoldina; Korr. Mitglied der Bayer. Akademie der Wissenschaften; Ehrenmitglied der American Academy of Arts and Sciences, Boston. 1977–1983 Vizepräsident, seit 1986 Präsident der Deutschen Forschungsgemeinschaft, Bonn. Forschungsschwerpunkte: Verhaltensforschung und Sinnesphysiologie, Evolution sozialen Verhaltens bei Tieren.

MITTERMEIR, ROLAND, geboren 1950 in Wien; Studium der Betriebswirtschaftslehre an der Wirtschaftsuniversität Wien und der Informatik an der Technischen Universität Wien. Promotion 1978, Habilitation 1982. 1974–1978 Mitarbeiter am Institut für Höhere Studien, Wien (Projekt: UNESCO – Internationale Vergleichsstudie über Organisation und Leistung von Forschungseinheiten); 1974–1978 und 1979–1984 Assistent am Institut für Angewandte Informatik und Systemanalyse der TU Wien, 1978–1979 Assistant Professor an der University of Texas, Austin. Seit 1984 Professor für Informatik mit besonderer Berücksichtigung der betrieblichen Anwendung an der Universität Klagenfurt. Diverse Veröffentlichungen zu Themen der Forschungsorganisation, Projektorganisation und zu verschiedenen Themen der Angewandten Informatik.

POMMEREHNE, WERNER W., geboren 1943 in Freiburg i. Br. Studium der Nationalökonomie in Freiburg i. Br., Bochum und Basel. Promotion (Dr. rer. soc.) 1975 in Konstanz. 1971–1977 Wissenschaftlicher Assistent in Konstanz. Habilitation 1983 in Zürich. Wissenschaftlicher Oberassistent in Zürich seit 1977. Forschungsaufenthalte und Lehrtätigkeit an den Universitäten Genf, Konstanz, Madison (Wisconsin), Paris-X-Nanterre, Poitiers und Zürich. Seit 1986 Professor an der FU Berlin. Gegenwärtige Forschungsinteressen und Arbeitsfelder: Ökonomische Analyse der Entwicklung des öffentlichen Sektors; Steuerhinterziehung und Schwarzarbeit; Bewertung öffentlicher Leistungen: Ökonomik der Kunst und Kultur.

RAU, EINHARD, geboren 1944. Studium der Soziologie, Volkswirtschaftslehre, Betriebswirtschaftslehre und der Politischen Wissenschaften an der Freien Universität Berlin. Diplom 1969. 1969–1974 wissenschaftlicher Angestellter im Planungsstab der Universität Stuttgart und bei der Hochschulinformationssystem GmbH. 1975 bis 1980 wissenschaftlicher Assistent im Lehrbereich Ökonomie und Planung der Pädagogischen Hochschule Berlin. 1980 Promotion (Dr. phil.) an der Technischen Universität Berlin. 1980–1985 wissenschaftlicher Assistent am Zentralinstitut für Unterrichtswissenschaften und Curriculumentwicklung (ZI 7) der Freien Universität Berlin. Seit 1985 wissenschaftlicher Mitarbeiter in der Arbeitsstelle Bildungsorganisation, Bildungsverwaltung und Bildungspolitik am ZI 7. Studienaufenthalte in

Schweden und den USA. Arbeitsbereiche: Internationaler Vergleich von Hochschulsystemen, Evaluation von Hochschulen, Hochschulforschung. Veröffentlichungen zum Hochschulwesen Schwedens, der USA und zur Hochschulevaluation.

RENGGLI, MARTIN F. P., geboren 1958 in Uster. Studium der Wirtschaftswissenschaften in Zürich; lic. oec. publ. 1984. 1984–1986 Wissenschaftlicher Assistent und Mitarbeiter am Institut für empirische Wirtschaftsforschung der Universität Zürich. Forschungsinteressen und Arbeitsfelder: Forschungs- und Bildungsökonomik, Analyse von Sozialversicherungssystemen. Seit März 1986 Mitarbeiter der Marktforschungsabteilung der Firma Hilti, Schaan (Fürstentum Liechtenstein).

RIESER, IGNAZ, geboren 1946. Studium der Nationalökonomie in Basel. Promotion (Dr. rer. pol.) 1979. 1980 wissenschaftliche Mitarbeit an der Forschungsstelle Arbeitsmarkt der Universität Basel. 1981–1983 Mitarbeit an einem Forschungsprojekt über die Forschungspolitik des Schweizerischen Nationalfonds zur Förderung der wissenschaftlichen Forschung. Seit 1984 wissenschaftlicher Mitarbeiter am Betriebswirtschaftlichen Institut an der Universität Basel sowie daneben seit 1985 Leiter der Wirtschaftsinformatikschule an der Höheren Wirtschafts- und Verwaltungsschule Luzern. Arbeitsschwerpunkte: Unternehmensplanung, Forschung und Entwicklung in Unternehmen, Forschungspolitik der Schweiz.

SADOWSKI, DIETER, geboren 1946 in Coburg. Studium der Wirtschaftswissenschaften, Geschichte und Philosophie in Bochum, München, Dublin und Bonn. Promotion 1976 in Bonn. 1979 Habilitation in Bonn. 1973–79 Assistent und Habilitationsstipendiat in Bonn, 1979/80 Heisenberg-Stipendiat an der Stanford University. Seit 1980 ordentlicher Professor für Betriebswirtschaftslehre an der Universität Trier. 1985 Visiting Fellow an der University of New England, Australien. Gegenwärtige Forschungsinteressen und Arbeitsfelder: Betriebswirtschaftslehre der öffentlichen Verwaltung, insbesondere von Bildungs- und Gesundheitsinstitutionen; Arbeits- und Bildungsökonomie, insbesondere Fragen der beruflichen Bildung und der Integration Behinderter.

SCHNEIDER, CHRISTOPH, geboren 1940. Studium der klassischen Altertumswissenschaft in Cambridge (dort Bachelor of Arts 1962), Paris und Köln (dort Doktorexamen 1966). Wissenschaftlicher Assistent, danach (1971) persönlicher Referent des Rektors und Sekretär des Ausschusses für Forschungsfragen der Universität Konstanz 1966–1972; wissenschaftlicher Mitarbeiter im Planungs- und im Senatsreferat der Geschäftsstelle der Deutschen Forschungsgemeinschaft 1973–1983; wissenschaftlicher Mitarbeiter in der Geschäftsstelle des Wissenschaftsrates seit 1983.

SEHRINGER, ROSWITHA, geboren 1949. Studium der Soziologie und Politischen Wissenschaften an der Universität Mannheim; Diplom 1974. 1974–1978 wissenschaftliche Angestellte an der Universität Frankfurt (Mitglied der sozialpolitischen Forschergruppe der Universitäten Frankfurt und Mannheim; SPES-Projekt). 1976 und 1977 Studienaufenthalte in Stockholm. 1979 Consultant bei der OECD in Paris. 1979–1981 wissenschaftliche Angestellte an der Universität Mannheim (bis 1984 Mitglied des Sonderforschungsbereichs 3, Mikroanalytische Grundlagen der Gesellschaftspolitik). Promotion (Dr. phil.) 1984. Seit 1984 wissenschaftliche Angestellte am Universitätsschwerpunkt Wissenschaftsforschung der Universität Bielefeld. Aufsätze und Buchbeiträge zu Themen der Sozial- und Gesellschaftspolitik in Deutschland und Schweden. Arbeiten zur Arbeitsmarkt- und Berufsbildungspolitik in Deutschland. Derzeitiger Arbeitsschwerpunkt: quantitative, international vergleichende Wissenschaftsforschung und Wissenschaftspolitik.

SPIEGEL, HEINZ-RUDI, geboren 1942 in Lüdenscheid/Westfalen. Studium der Germanistik und Geschichte an der Universität Marburg; 1968 Staatsexamen; 1969–1975 Wissenschaftlicher Referent in der Hauptgruppe Mensch und Technik des Vereins Deutscher Ingenieure (VDI); seit 1976 Wissenschaftsreferent im Stifterverband für die Deutsche Wissenschaft (Programmplanung, Mittelvergabe); Vorsitzender des Normenausschusses Terminologie im Deutschen Institut für Normung (DIN); Publikationen insbesondere zur Fachsprachenforschung, Terminologiearbeit und Terminologienormung.

KONSTANZER BEITRÄGE ZUR SOZIALWISSENSCHAFTLICHEN FORSCHUNG

Herausgeber: Rudolf Fisch und Kurt Lüscher

Zu beziehen durch jede Buchhandlung

UNIVERSITÄTSVERLAG KONSTANZ GMBH

KONSTANZER BIBLIOTHEK

Eine Schriftenreihe aus dem breiten Spektrum
der Forschung an der Universität Konstanz
für wissenschaftlich interessierte Leser

Herausgeberkollegium: Peter Böger,
Friedrich Breinlinger, Jürgen Mittelstraß,
Bernd Rüthers, Jürgen Schlaeger,
Hans-Wolfgang Strätz, Horst Sund,
Manfred Timmermann, Brigitte Weyl

Zu beziehen durch jede Buchhandlung

UNIVERSITÄTSVERLAG KONSTANZ GMBH